LA PSYCHOLOGIE

D'UNE CONVERSION

DU POSITIVISME AU SPIRITUALISME

OUVRAGES DU MÊME AUTEUR

De la résolution des contrats en droit romain et en droit fiscal (Thèse de doctorat). Paris, Ch. Noblet, 1870.

Impôt direct de 3 p. 100 sur le revenu des valeurs mobilières (Commentaire de la loi du 29 juin 1872). Paris, édité par l'auteur, en 1872.

Traité pratique des radiations hypothécaires. Paris, Marchal et Billard, 1878.

Traité des droits d'enregistrement, de timbre et autres taxes de même nature, en ce qui concerne les établissements ecclésiastiques et religieux (Fabriques, Séminaires, Congrégations, etc.). Paris, Bureau du *Journal des Conseils de fabrique*, 1881.

Traité des taxes fiscales établies sur les valeurs mobilières (Actions, obligations, etc.). Paris, Marchal et Billard, 1891.

Nombreux traités, non signés, dans la 3ᵉ édition du *Dictionnaire des droits d'enregistrement, de timbre, de greffe et d'hypothèques*, en 6 vol. in-4°, dont une notable partie (près de 3 volumes) a été publiée sous sa direction. Paris, Marchal et Billard, 1874-1886.

ALPHONSE PRIMOT

Directeur général honoraire de l'Enregistrement, des Domaines
et du Timbre (Ministère des Finances).

LA PSYCHOLOGIE

D'UNE

CONVERSION

DU POSITIVISME AU SPIRITUALISME

PARIS

LIBRAIRIE ACADÉMIQUE

PERRIN ET Cⁱᵉ, LIBRAIRES-ÉDITEURS

35, QUAI DES GRANDS-AUGUSTINS, 35

1914

AVANT-PROPOS

1er janvier 1907 !

Cette date marque le point de départ d'une grave et importante évolution dans ma vie d'ici-bas.

Hier encore, je dirigeais au ministère des Finances un grand service dans lequel j'ai pendant de nombreuses années creusé mon sillon et dont les dossiers conserveront longtemps les traces de mon passage. Hier, j'ai donné ma dernière signature et fait pour la dernière fois acte d'autorité sur les 4.000 agents que j'avais sous ma surveillance et dont les sympathies, j'ose l'espérer, me suivront dans la retraite.

Aujourd'hui, je ne suis plus qu'un personnage décoratif, regrettant le contact journalier de toutes ces intelligences que je dirigeais, auxquelles je m'étais et reste encore profondément attaché, et pour lesquelles je ne serai plus bientôt qu'un lointain souvenir. Que faire pour donner satisfaction à ce besoin d'activité que je sens encore en moi, pour employer utilement ce qui me reste de facultés pensantes ?

Depuis plusieurs années, une étude m'attire. Le

temps m'a toujours manqué pour céder à cette attraction. L'objet de cette étude, c'est moi-même, c'est ma personnalité, en tant que reflet de toutes les personnalités qui se meuvent, pensent et agissent sur la surface du globe. C'est, pour tout dire en un mot, l'âme humaine, ses origines et sa destinée.

A quoi bon, au point où vous en êtes, diront les sceptiques, une aussi étrange préoccupation ? Vous avez atteint votre soixantième année ; c'est le déclin qui commence. Demain, dans quelques jours, quelques années au plus, vous retomberez dans le néant, d'où vous venez. On versera quelques larmes plus ou moins sincères sur votre tombe. On rappellera, en vaines paroles que le vent emporte, les étapes laborieuses de votre vie administrative ; puis la foule d'amis ou d'indifférents, qui aura accompagné votre dépouille à sa dernière demeure, se dispersera et tout sera dit : vous appartiendrez au passé, c'est-à-dire à ce qui n'est plus.

Eh bien ! C'est précisément contre cette pensée que tout mon être proteste. En me repliant sur moi-même, en scrutant les profondeurs de ma conscience, je commence à douter que ma personnalité, mon moi, soit simplement le résultat fortuit d'une rencontre d'atomes qui se sont agrégés en vertu de leurs affinités naturelles ; j'ai l'intuition qu'une force préexistante, centrale et intelligente a produit elle-même cette agrégation dans un but déterminé, et que cette force consciente et directrice, lorsqu'elle n'aura plus besoin de ces atomes pour le but mystérieux qu'elle poursuit, survivra à leur désagrégation. Cette force, c'est mon

âme, et une vive et irrésistible curiosité me prend
en ce moment de savoir d'où elle vient et où elle
va.

Curiosité bien légitime assurément ! Qui, plus que
moi, est intéressé à la solution de ces graves problèmes? Quel autre peut avoir le désir de savoir si
l'emploi que j'ai fait de ma vie jusqu'à ce jour a
servi ou, au contraire, n'a pas contrarié les vues
obscures, mais cependant certaines, que la nature
ou, pour mieux parler, Dieu avait sur mon âme ?
Et si je me suis trompé, au cours de mon existence,
sur la direction que j'ai donnée à mes pensées et
à mes actions ; si mon âme, sous l'empire de passions égoïstes, s'est éloignée du droit chemin qui
doit la conduire à sa destinée, n'est-il pas pour moi
de la plus haute importance de le savoir, de redresser
ces erreurs pendant qu'il en est temps encore, et de
rentrer dans la bonne voie ?

Ces lignes, que j'écrivais au lendemain de ma mise
à la retraite, comme pour me tracer la tâche qui me
restait à accomplir sur cette terre, n'ont, bien que
datant de plusieurs années, rien perdu de leur actualité. Elles sont, en effet, une introduction toute naturelle à l'ouvrage que je livre aujourd'hui à la pu-
blicité. Ces sept dernières années, en effet, je les ai
consacrées à une étude approfondie de la psychologie expérimentale, et j'ai été ainsi conduit : d'une
part, à reviser de fond en comble les idées erronées
que je m'étais faites sur la constitution et les desti-

nées de l'être humain ; d'autre part, à me rapprocher, sur ces points essentiels, de l'enseignement chrétien, dont je m'étais tenu si longtemps éloigné. Cette évolution s'est faite en deux étapes successives : c'est à rendre compte de la première que je me suis attaché exclusivement dans le présent volume.

Mais cette œuvre de psychologie pure sera suivie prochainement, si Dieu me laisse le temps et les forces nécessaires, d'un autre volume qui complétera le premier, en achevant de décrire et de justifier la seconde étape de ma conversion, c'est-à-dire la résolution, à laquelle mon étude a finalement abouti, de revenir, après de longs détours, à la foi traditionnelle qui avait inspiré et dirigé mes premiers pas dans la vie.

Aux lecteurs, maintenant, de dire si je n'ai pas été jusqu'ici trop inférieur à la tâche que je m'étais imposée. Je me rends bien compte de tout ce qui m'a manqué pour être à la hauteur d'une aussi vaste entreprise, et je m'excuse auprès d'eux de ma témérité. Qu'ils veuillent bien, dans tous les cas, n'imputer mes défaillances qu'à mon inexpérience dans une matière que j'aborde pour la première fois et à laquelle mes études et mes travaux de droit et de jurisprudence, si nombreux qu'ils fussent, m'avaient mal préparé, et qu'ils ne mettent en doute ni ma sincérité, ni ma bonne volonté.

Paris, le 1er janvier 1914.

PREMIÈRE PARTIE

HISTOIRE DE MES PREMIÈRES ANNÉES
MON ÉVOLUTION VERS LA LIBRE PENSÉE
ET LE POSITIVISME

1

CHAPITRE PREMIER

Souvenirs de jeunesse.

1. — Je suis né, le 23 août 1846, à Poligny, coquette petite ville, qui s'étale paresseusement à l'ouverture de l'une de ces nombreuses vallées, si verdoyantes, que le travail séculaire des eaux a creusées, comme des golfes, de distance en distance, le long de la première chaîne du Jura.

Mes origines sont des plus modestes. La famille de mon père fabriquait et vendait des étoffes à bon marché, à l'usage des cultivateurs et des vignerons. La maison avait été fondée par mon grand-père dans un des faubourgs populaires de la ville ; peu à peu elle avait prospéré, ce qui lui avait permis, à la fois, d'étendre le champ de ses affaires et de se transporter dans un quartier plus riche et plus commerçant.

Le « père Primot », c'est ainsi qu'on désignait communément mon aïeul dans son entourage, était un catholique convaincu ; il passait pour avoir du bon sens et être de bon conseil.

Ma grand'mère partageait naturellement les convictions religieuses de son mari et j'ai toujours entendu dire qu'elle y apportait la fougue de son tempérament, qui était ardent et passionné. Elle eut de son mariage avec mon grand-père onze enfants, dont cinq ont vécu assez longtemps pour que je les connusse et que je conservasse d'eux un souvenir vivace et affectueux.

2. — L'oncle Louis, d'abord, l'aîné de la famille : c'était un homme simple, peu instruit, mais d'un caractère droit, d'une gaîté inaltérable et dont la probité était proverbiale. Travailleur infatigable, il était toujours levé à la pointe du jour et accomplissait sa tâche journalière avec un entrain et une bonne humeur que j'ai rarement rencontrés, au même degré, chez un autre homme du peuple. Du reste, tous les membres de la famille, que des mœurs patriarchales groupaient dans la poursuite d'un but commun, autour du même foyer, collaboraient joyeusement à la tâche tracée à chacun par leur chef.

Le soir venu, l'oncle Louis, satisfait de lui-même et des autres et le sourire aux lèvres, s'accordait quelques instants de repos et de distraction, en allant rejoindre quelques camarades de son âge et de son rang avec lesquels il faisait, en été, une partie de quilles, jeu du pays dans lequel il déployait une adresse remarquable, et, en hiver, une partie de *bête hombrée*. Il fallait l'entendre, à son retour, raconter à table ses prouesses et rire de la déconfiture de ses adversaires. Son rire était communicatif et le récit de ses exploits nous mettait tous en verve et égayait le repas.

C'était là, avec sa pipe, qui ne le quittait jamais, et une fréquentation assidue des offices religieux, son seul délassement et, si simple qu'il fût, il suffisait à faire de lui l'homme le plus heureux de la terre.

3. — Tante Marie, l'aînée de ses sœurs, n'a jamais joué qu'un rôle secondaire dans la famille. Sa santé, toujours précaire, ne lui permettait aucun travail. Toute confite en dévotion, elle passait la plus grande partie de son temps à prier pour les siens et à appeler sur eux les bénédictions du ciel. Sa grande préoccupation était de faire de moi un jeune homme pieux et

craignant Dieu ; aussi m'associait-elle, toutes les fois qu'elle le pouvait, et bien que je m'en défendisse de mon mieux, à ses exercices religieux, qui remplissaient la plus grande partie de ses journées.

4. — J'arrive à celle de mes tantes qui a exercé sur ma destinée une influence décisive : tante Jeanne, cette seconde mère à laquelle je dois tout ce que j'ai été et tout ce que je suis.

Après la mort de mon grand-père, c'est elle qui, bien que ma grand'mère lui eût survécu, avait pris la direction de toute la maisonnée. Son autorité, servie par un jugement droit, un caractère ferme et une intelligence peu commune, s'était imposée du jour au lendemain à tous les survivants, trop heureux de sentir une direction à laquelle ils pussent se confier en toute sécurité, pour ne pas s'y soumettre volontairement. L'oncle Louis, qui l'acceptait comme les autres, malgré sa qualité de frère aîné, ne protestait devant le monde que pour la forme et en appelant tante Jeanne « *Le Capitaine* ». Ses deux autres frères, l'oncle Ambroise et mon père, la subissaient eux-mêmes dans la direction de leurs propres affaires, bien que leur situation de pères de famille, vivant depuis leur mariage en dehors du foyer commun, leur conférât une indépendance relative. Quand tante Jeanne avait dit : « *Je veux* », il pouvait bien y avoir quelques murmures, et encore combien timides ; mais on obéissait.

5. — On le vit bien lorsque, dans un élan de générosité dont, pour ma part, je ne saurais trop me féliciter, tante Jeanne eût décidé que les enfants de ses frères seraient, à partir d'un certain âge, élevés par elle et à ses frais. L'oncle Louis et tante Marie, qui ne laissaient pas que de s'inquiéter des lourdes charges que cette résolution allait leur imposer, hasardèrent bien quelques objections, mais finalement ils durent s'incliner.

Restait à obtenir le consentement de nos parents.

L'oncle Ambroise, dont la femme venait de mourir
et qui avait la charge d'une nombreuse famille, ne protesta que pour la forme et ce fut son fils, mon cousin
Auguste, qui le premier quitta le toit paternel pour
l'intérieur plus confortable qui lui était offert.

Mon père et ma mère, qui avaient trois enfants, dont
une fille, furent moins accommodants. Ils nous aimaient
tendrement et, bien qu'ils se rendissent compte des avantages que ce changement présentait pour notre avenir,
il leur en coûtait de se séparer de nous. Mais tante
Jeanne était tenace et l'idée maîtresse qui avait inspiré
sa résolution était de celles auxquelles une femme de
son tempérament renonce difficilement. Elle entendait,
disait-elle, faire de nous de bons chrétiens et elle ne
voulait s'en remettre à personne du soin de réaliser ses
intentions.

Enfin, après une lutte qui dura plusieurs mois et au
cours de laquelle j'encourageais la résistance de mes
parents, car je redoutais d'avance le tempérament autoritaire de ma tante, tout s'arrangea ; mes parents
comprenant que l'offre qui leur était faite était, tant pour
moi que pour mon plus jeune frère, un secours inespéré
que le souci de notre avenir ne leur permettait pas de
refuser, finirent par céder à une volonté plus forte que
la leur.

C'est ainsi que je pris place, j'avais dix ans à peine,
sous le toit hospitalier de tante Jeanne et que j'appartins
désormais à la direction exclusive de ma généreuse
bienfaitrice.

6. — J'étais trop jeune pour me rendre compte de
l'immense service qu'elle me rendait et n'éprouver que
des sentiments de reconnaissance. Ce qui me frappa surtout, ce furent les atteintes portées à ma liberté par une
surveillance et une discipline étroites qui ne se relâchè-
rent jamais. Les premiers moments furent des plus pénibles et suscitèrent parfois de ma part des mouvements
de révolte, qui furent vite domptés. Je ne tardai pas

toutefois à sentir la nécessité de me soumettre et je
m'accoutumai peu à peu à ma nouvelle vie. Mon cœur,
du reste, répondait de plus en plus à l'affection de ma
mère adoptive ; j'aurais voulu pouvoir lui en donner des
témoignages visibles, mais les sentiments de respect
et de crainte que son air, naturellement sévère, m'inspirait, paralysaient mes élans de tendresse et m'empê-
chaient de m'y abandonner. Elle n'éprouvait, de son côté,
aucun besoin d'effusions de cette nature, qu'elle ne ju-
geait pas nécessaires à son rôle d'éducatrice. Un devoir
bien fait, une conduite bien réglée la satisfaisaient plus
que les baisers les plus tendres. Elle avait la passion
de l'ordre et de la régularité. C'est par ce côté-là surtout, plutôt que par son côté mystique, que la religion
l'avait conquise et exerçait sur tous ses actes une influence souveraine.

7. — J'avais atteint ma onzième année et je montrais
de réelles dispositions pour l'étude. En se chargeant de
mon éducation, ma tante avait caressé l'espoir que, do-
cile à son influence, je me laisserais doucement diriger
vers l'état ecclésiastique, état qui, à ses yeux, n'avait
pas son égal en ce monde. Le moment était venu de
réaliser ses intentions. Au commencement de l'année
scolaire 1857 à 1858, je fus placé par elle au Petit Séminaire de Vaux, au moment où cet établissement d'instruction secondaire, situé à deux kilomètres de Poligny,
entrait dans une longue ère de prospérité, à laquelle
vient de mettre fin, à l'heure où j'écris (février 1907),
la brutale expulsion de ses professeurs, effectuée par
un gouvernement sectaire, en vertu de la loi du 9 décembre 1905 sur la séparation des Églises et de l'État.

Tout d'abord, la vie réglée et presque cénobitique à
laquelle nous soumettait une discipline sévère, bien que
paternelle, révolta tous mes instincts d'indépendance que
ma tante avait déjà eu tant de peine à dompter. Je n'ai
pas souvenir d'avoir traversé pendant ma vie une période aussi pénible ; ma détresse était immense. Ma vo-

cation pour l'état ecclésiastique, en supposant qu'elle eût jamais existé autrement que dans l'imagination et les désirs de ma tante, ne résista pas à cette épreuve. Je déclarai bien haut et j'écrivis à ma tante que je ne voulais pas être prêtre et je m'en fis un argument, que je croyais décisif, pour demander qu'on me retirât du Petit Séminaire.

La réponse que je reçus fut sans réplique. Jamais, m'y disait-on, on n'avait eu la pensée de m'imposer le choix d'un état. Quand le moment serait venu, ma liberté à cet égard serait entière. Mais, pour le moment, il s'agissait, non de choisir une profession, mais de préparer mon avenir, quel qu'il dût être, par de bonnes études. Et c'est à quoi je devais uniquement m'appliquer, en renonçant à tout espoir de quitter la maison qui m'avait été assignée, tant que mes études ne seraient pas achevées.

Je me le tins pour dit et, cette première crise passée, je me mis résolument au travail.

8. — Le Petit Séminaire était dirigé alors par l'abbé Petit, homme d'une haute intelligence, qui s'était voué à la tâche d'y relever le niveau des études et qui se montra, tant qu'il fut à la tête de cette maison d'enseignement, aussi bon pédagogue qu'excellent administrateur. Son air autoritaire et sa parole, brève et tranchante, en imposaient aux élèves et leur inspiraient autant de crainte que de respect. Il s'occupait lui-même de l'impulsion à donner aux études et exerçait une surveillance spéciale et personnelle sur les élèves qui se préparaient au baccalauréat. Le résultat de cette surveillance salutaire fut que chaque année les candidats qui se présentaient à ces épreuves, ne comptaient, sauf de rares exceptions, que des succès.

En même temps, l'abbé Petit ne négligeait rien pour former nos caractères et faire de nous des hommes. Dans de courtes conférences qu'il nous faisait chaque semaine, il nous instruisait des devoirs qui nous attendaient dans le monde, des convenances et usages auxquels il fallait savoir se conformer, et insistait sur le rôle de la volonté. Il s'attachait en outre à développer en nous le sens de la responsabilité, et, pour s'assurer que nous avions compris ses leçons, et que nous saurions, le cas échéant, nous en inspirer, il tenta une expérience qui pouvait paraître d'autant plus hardie qu'elle était sans précédents dans les annales de la pédagogie, et qui, d'ailleurs, réussit complètement. La salle d'étude des *grands* était composée des élèves de la classe de rhétorique et des deux classes de philosophie. Il supprima le maître d'études qui était chargé de sa surveillance et, en nous informant lui-même de la mesure, nous prévint que nous n'avions à compter que sur nous-mêmes pour assurer l'ordre et le silence et empêcher qu'ils fussent troublés par les mauvais élèves. Ses prévisions ne furent pas trompées et il ne fut jamais besoin de faire intervenir l'autorité supérieure pour maintenir le calme et le recueillement dans cette réunion de jeunes gens laissés à eux-mêmes et au sentiment de leur responsabilité.

9. — Ce qui, dans cette maison comme dans toutes celles que les prêtres dirigent, contribuait à maintenir l'ordre, c'était, à n'en pas douter, la discipline religieuse, à laquelle les esprits les plus rebelles finissaient par se plier. Cette discipline, en effet, s'exerce non seulement sur les actes, mais encore sur les désirs et les plus secrètes pensées. Elle assouplit la volonté et donne peu à peu à l'enfant soumis à son influence une grande maîtrise sur soi-même et sur ses passions naissantes. Chacun sait, tout au moins pour en avoir entendu parler, à quelles suggestions malsaines est exposée la moralité de l'enfant soumis au régime de l'internat. Alexandre Dumas fils a écrit dans *l'Affaire Clémenceau :*

On s'étonne de l'immoralité, du scepticisme, de la dépravation des temps modernes : entrez dans le premier collège venu, remuez cette apparente jeunesse, appelez à la surface ce qui est au fond, analysez cette vase, vous ne vous étonnerez plus. La source est empoisonnée depuis longtemps ; et quand on n'a pas été un enfant, on ne devient pas un homme.

Les turpitudes auxquelles le grand romancier fait allusion ne sont que trop réelles et constituent une des grandes misères des internats insuffisamment surveillés. Elles ont arraché un cri de douleur et de dégoût à mon ami regretté, Génin [1], qui, sous le pseudonyme du « Docteur J. Agrippa », et sous le titre de *La Première Flétrissure*, publia, en 1873, peu de temps après sa sortie du lycée, une brochure dans laquelle il dénonce les immondes promiscuités dont il avait été le témoin attristé.

Je me souviens de l'impression que me causa la lecture de cette brochure. Ce fut de la stupéfaction. J'avais passé huit années dans l'internat du Petit Séminaire de Vaux, sans avoir jamais constaté rien qui ressemblât aux tristes scènes que mon ami racontait et dont l'exactitude me fut d'ailleurs confirmée plus tard par d'autres récits émanant d'anciens internes des lycées. Et cependant je n'étais pas un de ces élèves simples et naïfs auxquels de pareilles mœurs, si elles eussent existé autrement qu'à l'état d'exception, pussent échapper. Dès l'âge de quatorze ans, ma puberté se manifestait par des signes irrécusables ; en outre, je faisais ma société des élèves les plus éveillés et les plus réfractaires à la discipline de la maison, de ceux qu'on désignait communément sous le qualificatif de la *bande joyeuse*, ce qui leur avait valu du reste l'honneur d'une surveillance particulière. Nous nous exprimions entre nous librement et sans la moindre contrainte, et les élèves vicieux, s'il y en avait eu, ne se seraient pas défiés de nous. Comment expliquer, s'il y avait eu réellement autour de moi un foyer d'infection tel que celui décrit par mon ami

---

1. Fils de l'universitaire bien connu, François Génin, dont les ouvrages, sans avoir eu la vogue de ceux de Michelet et d'Edgar Quinet, ses contemporains et amis, tiennent toutefois une place honorable dans l'histoire de la littérature.

Génin, que je n'aie rien vu, rien compris, et que je sois arrivé au terme de mes études sans la moindre souillure et encore vierge de corps et d'esprit?

Des enfants ne vivent pas dans une atmosphère viciée sans en ressentir bientôt les effets. Si nous sommes restés sains, moi et tous les camarades dont j'avais fait ma société habituelle, c'est que l'air que nous respirions n'était pas empoisonné.

Évidemment, ce résultat, dont ne sauraient trop se féliciter tous ceux qui comme moi en ont bénéficié, nous en sommes redevables à la discipline religieuse dont les plus réfractaires subissaient l'influence salutaire, sans même s'en rendre compte.

Bénis soient les maîtres vénérés qui ont ainsi préservé nos âmes et nos corps de cette plaie immonde qui tarit dans les jeunes cœurs jusqu'aux sources de la vie morale, et, souvent même, celles de la vie physique.

10. — En 1865, à la fin de l'année scolaire, je subis sans coup férir les épreuves du baccalauréat. Le moment était venu pour moi de choisir une carrière ; ma résolution fut bientôt prise. Si je n'eusse consulté que mes goûts, j'aurais donné la préférence au barreau : mais il eût fallu pour cela des ressources moins précaires et plus durables que celles dont je disposais. Ce qui importait avant tout, c'était de mettre fin le plus tôt possible aux sacrifices pécuniaires de ma généreuse tante et, par conséquent, de faire un choix qui m'assurât promptement le pain quotidien. Je suivis donc la pente qui, à cette époque, poussait la plupart des jeunes gens vers les carrières administratives.

L'*Administration de l'Enregistrement, des Domaines et du Timbre*, notamment, jouissait alors d'une grande considération dans le monde de la petite bourgeoisie ; ce n'était pas pour déplaire à ma tante qui, si elle n'appartenait pas tout à fait à ce monde-là, vers lequel elle se sentait attirée, n'était pas fâchée que son neveu y eût ses entrées.

C'est ainsi que j'allai un beau matin me faire inscrire
à Lons-le-Saunier, sur la liste des candidats au grade
de surnuméraire dans l'Administration de l'Enregistrement ; qu'après avoir, pendant un an, étudié de mon
mieux les matières du programme, je me présentai, au
mois d'août 1866, devant le comité d'examen qui, pour
la région à laquelle j'appartenais, se tenait à Dijon, et
qu'au mois de décembre suivant je recevais un pli administratif, que je relus plusieurs fois, tant ma surprise
fut grande et ma joie profonde, et qui m'annonçait à la
fois mon admission et ma nomination à l'emploi de surnuméraire à Paris.

Je partis dans les premiers jours du mois de janvier
1867, muni des recommandations de ma bonne tante, qui
ne me voyait pas, sans une sainte terreur, échapper à
sa direction pour affronter les périls d'une ville qu'elle
avait l'habitude de désigner sous le nom de *la Babylone moderne.*

CHAPITRE II

Des croyances religieuses à la libre pensée.
Comment je suis devenu positiviste.

11. — Un double courant s'offrit à moi dès mes premiers pas dans la grande ville, et je me trouvai, comme dans la Fable antique, en face de deux chemins : celui du vice et celui de la vertu. Ce fut ce dernier que je parus tout d'abord disposé à suivre. Un de mes anciens condisciples de Vaux, Vuilletet, achevait à cette époque de préparer ses études de droit. Il était membre du cercle catholique et assistait régulièrement aux conférences qui s'y tenaient, et où il prenait souvent la parole, se préparant ainsi aux luttes du barreau et de la politique. Il m'y entraîna, et je me trouvai ainsi, dès les premiers jours, dans un milieu jeune, intelligent, où les distractions saines ne faisaient pas défaut, et où il m'eût été relativement facile de conserver, à l'exemple de l'ami qui m'y avait introduit, la pureté de ma foi religieuse.

D'un autre côté, j'avais reçu le meilleur accueil de M. Ravelet, rédacteur en chef du journal le *Monde*, auquel son père, alors sous-préfet de l'Empire à Poligny, m'avait spécialement recommandé. Mme Ravelet m'avait admis une fois pour toutes aux réunions intimes qui se tenaient dans son salon tous les mercredis soirs, et où je rencontrais les membres les plus connus du parti catholique.

12. — Ainsi se trouvait établi autour de moi un véritable cordon sanitaire, et il semblait que je dusse pour longtemps être protégé contre les séductions et les entraînements de la vie parisienne. ·

Peut-être en eût-il été ainsi si j'avais borné là mes relations. Mais j'avais vingt ans, et un sang chaud et ardent coulait dans mes veines. Le cercle d'amis dans lequel je m'étais d'abord confiné, ne tarda pas à me paraître trop étroit et bien austère. J'avais la curiosité de mon âge, et je sentais vaguement palpiter autour de moi une vie différente de celle à laquelle j'étais initié. Des difficultés de logement qu'avait provoquées l'ouverture de l'Exposition universelle de 1867 m'amenèrent à quitter le quartier du Luxembourg que j'habitais depuis quatre mois pour aller m'installer dans une mansarde de la rue des Beaux-Arts. C'était rompre avec les habitudes de vie qui jusqu'alors m'avaient protégé. Mes relations avec le milieu qui m'avait tout d'abord accueilli s'espacèrent de plus en plus, et d'autres les remplacèrent.

13. — A ce moment vivaient à Paris, de la vie d'étudiants, dans le quartier même où j'avais transporté mes pénates, plusieurs compatriotes de mon âge, avec lesquels je n'avais eu jusqu'alors que des rapports lointains et accidentels. Je me rapprochai d'eux, et je ne tardai pas à prendre goût à leur société. C'étaient de gais compagnons, arrivés à Paris avec toutes les illusions de leur âge et tous ces rêves de gloire et d'avenir qui hantent des cerveaux de vingt ans. Pas un d'eux ne doutait qu'il ne fût né pour conquérir le monde. En attendant, ils travaillaient avec ardeur, se souciant peu des privations auxquelles la modicité de leurs ressources les condamnait, et pratiquant entre eux, lorsque les subsides de la famille se faisaient trop attendre, le régime du crédit mutuel. Quand le cap de la fin du mois devenait trop dur, ils s'en consolaient en lisant les scènes de la *Vie de Bohème*, qui était alors comme le bréviaire

de la jeunesse, à laquelle elle inspirait, à défaut d'autres vertus, le dédain, à la vérité plus factice que réel, du luxe et de la richesse.

Chaque soir, ils se réunissaient après dîner, en attendant de retourner à leur travail, dans une salle mal éclairée d'un café de la rue de Seine. C'est là que je leur fus présenté. Leur accueil, je n'ai pas besoin de le dire, fut joyeux et cordial ; mais ce qui me frappa tout d'abord, ce fut la présence dans ce cénacle de jeunes et jolies personnes qui joignirent leurs acclamations et leurs souhaits de bienvenue à celles de mes nouveaux amis. C'était un des aspects de la vie parisienne qui s'ouvrait à moi pour la première fois ; j'en fus ému au point de trahir un embarras qui n'échappa pas à mon entourage et dont il s'égaya. Mais, au fond, j'étais sous le charme, et lorsque je rentrai chez moi, ce ne fut pas sans peine que je parvins à m'endormir, et les rêves que je fis manquèrent d'austérité.

14. — Ce fut le point de départ de la révolution qui devait s'accomplir en moi. Jusque-là, j'étais resté chrétien de fait. J'avais encore, au mois d'avril précédent, rempli mon devoir pascal : ce fut pour la dernière fois. La lutte était engagée entre les croyances de ma jeunesse et les suggestions de la libre pensée. L'homme sincère éprouve le besoin irrésistible de mettre d'accord ses croyances avec ses aspirations et ses mœurs. « C'est, dit Brunetière dans son ouvrage *Sur les chemins de la croyance*[1], ce que pensaient les Pascal, les Bossuet et les Bourdaloue, des *Libertins* de leur temps, qu'ils accusaient de ne se détacher de la religion que pour se soustraire aux prescriptions de la morale. »

Le problème de ma vie intérieure était ainsi posé : il fallait ou demeurer fidèle aux enseignements de ma famille et du Petit Séminaire, et, dans ce cas, je devais rester chaste, et pour cela rompre avec mes amis de la veille pour retourner à ceux de la première heure que

1. Paris, Perrin, 1905.

j'avais délaissés ; ou trouver dans une nouvelle conception de la vie une justification, ou tout au moins une
excuse, aux faiblesses auxquelles mon amour du plaisir
et mes nouvelles fréquentations paraissaient devoir
m'entraîner.

15. — Quand la lutte s'engage ainsi dans les profondeurs de la conscience d'un jeune homme arrivé à la
période critique dans laquelle je venais d'entrer, de
quelles armes sa vertu dispose-t-elle, en dehors de la
grâce divine, pour qu'elle ait des chances sérieuses de
triompher ? Plus on y réfléchit, plus on est amené à se
rendre compte de leur fragilité et à déplorer l'immense
disproportion qui existe, en telle occurrence, entre la
puissance de l'attaque et celle de la défense.

A peine notre jeune homme fait-il ses premiers pas
dans le monde, que toutes les bonnes pensées dont son
cœur est rempli, toutes les sages résolutions que son
éducation religieuse lui inspire, entrent en conflit avec
toutes les forces physiques, intellectuelles, et surtout
amorales, qui l'entourent de tous côtés et l'entraînent
dans un courant diamétralement opposé à celui qu'il
voudrait suivre.

Dans cette société qui roule dans ses flots toutes les
énergies humaines, et qui se réclame de Voltaire, de
Jean-Jacques et des encyclopédistes, il ne rencontre que
mépris, dédain et raillerie pour toutes les idées et les
traditions qu'on lui a enseignées, pour tout ce qu'on lui
a appris à vénérer. Quand il s'efforce de lutter contre
ses instincts, de maîtriser ses passions, et de mettre sa
conduite d'accord avec ses principes, il n'aperçoit autour
de lui que des hommes sans frein, ni vertu, qui se flat-
tent de s'être libérés de toutes les servitudes en procla-
mant la bonté de l'homme à l'état de nature et le droit
souverain de l'instinct à se satisfaire. Dans ce milieu
corrompu par les sophismes de la libre pensée, le jeune
homme pieux apparaît comme un fossile, un être anté-
diluvien, ayant un mors dans la bouche, que les hommes

se montrent entre eux, le sourire aux lèvres, comme un être déformé par les superstitions, et que les femmes elles-mêmes dédaignent comme un mâle auquel on aurait enlevé sa virilité [1].

Quelle force d'âme ne lui faut-il pas pour conserver, au milieu de cette réprobation presque générale, la conscience de sa supériorité morale et le gouvernement de ses passions ?

Car, des passions, il en a comme ceux qui le raillent et c'est contre elles qu'il aura le plus de peine à lutter, s'il tient à conserver l'intégrité de sa foi religieuse. Leur attaque est d'autant plus dangereuse qu'il a vingt ans, ne l'oublions pas, et qu'elles viennent à lui sous le couvert d'une des forces les plus puissantes de la nature, de cet instinct mystérieux et irrésistible, l'amour, que Dieu a mis dans l'homme comme un principe de vie et qui a toujours été le maitre du monde.

D'après Foggazzaro, écrit M. Robert Léger dans une

---

1. Ce tableau, qui se rapporte à mes premières années, celles que je raconte, devrait aujourd'hui, pour rester exact, subir quelques retouches. Le respect humain, qui paralysait de mon temps les jeunes gens désireux de rester fidèles à leur éducation catholique, a beaucoup diminué, et c'est là un heureux symptôme du progrès qui s'accomplit lentement dans les esprits cultivés et qui les réconcilie peu à peu, et sans même qu'ils s'en doutent, avec l'idée religieuse. Ce symptôme n'a pas échappé à l'esprit pénétrant de Brunetière qui, dans une conférence faite à Florence, le 8 avril 1902 (*Discours de combat*; Paris, Perrin, 1909), s'écriait : « Nous avons aujourd'hui le courage de nous dire catholiques, mais on ne l'a pas toujours eu ; et nous aurions tort de nous admirer de l'avoir, mais il y a jadis fallu presque de l'héroïsme... Il fut un temps où l'on redoutait, en pratiquant sa religion, ou même en professant tout simplement sa foi, de se décerner à soi-même comme un brevet d'insuffisance ou de pauvreté d'esprit, et, en effet, on l'obtenait tout de suite des disciples de Littré ou de Renan. Il fut un temps où, la simplicité de la croyance passant pour être en raison inverse de la culture intellectuelle et de la vigueur de l'esprit, on n'osait croire qu'en secret, honteusement et lâchement, en s'en défendant comme d'une concession que l'on aurait faite à la coutume, à la famille, aux nécessités sociales... Regretterons-nous que ce temps ne soit plus ? ou méconnaitrons-nous l'importance de ce changement ? »

étude publiée dans la *Revue des Deux Mondes* (n° du 15 fév. 1907, p. 812), sur les idées de ce grand poète et romancier italien :

L'amour, tel que le connaît actuellement l'espèce humaine, est un des plus clairs produits de l'évolution. Il procède de l'instinct sexuel, mais il n'est pas l'instinct sexuel. Celui-ci n'apparaît même dans la nature que longtemps après la vie organique ; il est, au début, purement polygamique, et puis il se raffine par la production de tendances monogamiques ; enfin l'amour purement monogamique s'élabore en un désir d'union complète et éternelle. Par cet élément d'éternité, l'amour introduit l'homme dans le voisinage immédiat de Dieu : et c'est pourquoi l'amour est un sentiment supérieur à tous les sentiments. Cependant, cette tendance nouvelle, même chez l'homme, n'est pas affranchie des éléments antérieurs et de la nature instinctive. De là les luttes qui déchirent les meilleurs d'entre les hommes ; au fond d'eux gronde encore la bête ancestrale en proie à toutes les fureurs de l'instinct, qui ne distingue pas, et l'intelligence purifiante en est parfois obscurcie et lassée. Mais aussi nous sentons en nous comme le tressaillement d'une vie future où l'amour s'épanouira en une union vraiment éternelle, définitivement dégagé, cette fois, des servitudes de l'animalité.

Ce double aspect de l'amour explique l'indulgence du monde, d'une part, et les sévérités de l'Église, de l'autre, pour ses manifestations. L'indulgence du monde ne distingue pas ; elle couvre ses écarts et ses faiblesses aussi bien que son radieux épanouissement dans l'œuvre de vie pour laquelle Dieu l'a créé. Mais l'Église sait que cette œuvre de vie cache souvent, dans notre monde païen et matérialiste, une œuvre de mort, et c'est pour cela qu'elle poursuit de ses rigueurs tout ce qui, dans l'amour, n'est pas purifié par la sainteté du but.

Faut-il s'étonner qu'en entrant dans le monde où tout (les êtres, les choses, les livres) lui parle d'amour, notre jeune aspirant à la vie veuille boire, sans plus attendre, à toutes ses sources, et surtout à la plus profonde, la plus mystérieuse et la plus irrésistible ? Sans doute, il ne demanderait pas mieux, tant qu'il a encore

le cœur pur, que de sanctifier son amour, de l'élaborer,
selon la haute pensée de Foggazzaro, « en un désir
d'union complète et éternelle ». C'est même sous cet
aspect d'éternité que son imagination conçoit l'amour
pour la première fois, et continuera à le concevoir, tant
que l'abus qu'il en aura fait n'aura pas desséché son
cœur. Mais trop d'obstacles se dressent à son âge contre
ce besoin d'éternité pour qu'il puisse le satisfaire. L'indignité de l'objet de son amour, qui ne tardera pas à lui
apparaître, les nécessités de la vie sociale qui ne permettent guère à un jeune homme de vingt ans de fonder une famille, et mille autres contingences qu'il serait
trop long de rappeler ici, ne tardent pas à lui donner le
sens des réalités et à le placer en définitive dans cette
cruelle alternative : ou de résister d'une manière absolue et pendant les plus belles années de sa jeunesse au
plus puissant des instincts humains, ou de méconnaître
les enseignements moraux et religieux dont son cœur
est rempli, en se laissant glisser peu à peu sur la pente
des amours faciles et de la débauche.

Tel est le combat qui se livre chaque jour dans l'âme
des milliers de jeunes gens que la vie du monde saisit
au moment où ils quittent l'établissement d'instruction
et la pieuse famille qui leur ont inculqué les principes
d'une forte éducation religieuse. Tel est celui que j'eus
à subir dès les commencements de l'année 1867.

16. — Ce combat ne devait pas se terminer à mon
honneur. J'ai d'avance plaidé les circonstances atté-
nuantes de ma chute ; elle fut rapide et profonde. Les
diverses influences que j'ai décrites agirent sur moi
avec une force qui, aujourd'hui, me trouble et m'humi-
lie. Il ne leur fallut que quelques jours pour désagréger
en moi tout ce fonds de croyances, toute cette armature
de préceptes salutaires, que mes parents et mes maîtres
avaient mis vingt ans à construire [1].

1. Dans une remarquable étude biographique, publiée par la
Revue des Deux Mondes (avril 1913, p. 520), M. Louis Bertrand,

Dès lors, j'appartenais, il me semblait alors que ce fût sans retour, au monde de la libre pensée.

Je ne raconterai pas toutes les défaillances qui s'en-suivirent. Je n'écris pas ici une autobiographie, qui manquerait d'intérêt. Si je parle de moi, c'est unique-ment pour rendre plus sensibles, en les concrétant, les lois psychologiques qui président à l'évolution terrestre d'une âme humaine. Tout ce que je puis dire, c'est que ma vie fut dès ce moment ce qu'est fatalement la vie d'un jeune homme qui n'a plus de direction morale. Il me restait, toutefois, dans ce désastre de toutes mes croyances antérieures, un réel amour de l'ordre, reli-quat des habitudes de discipline auxquelles j'avais été pendant si longtemps soumis, un goût très prononcé pour le travail, que soutenait l'ambition de parvenir, un grand fonds d'honnêteté, la crainte d'encourir le blâme de ma tante, et, enfin, certaines manières de penser et de sentir que créent l'hérédité et l'éducation et qui sur-vivent à toutes les crises intérieures. Ce fut ce qui me préserva des chutes irrémédiables.

Tout en me livrant avec ardeur au plaisir, je sus éviter tout ce qui pouvait nuire à mes études et com-promettre mon avenir. J'avais appris, sous l'influence de la foi, à commander à mes passions ; je continuai,

---

après avoir décrit cette crise de la puberté et la perturbation morale qu'elle apporta chez un de nos plus grands saints, fait observer que, racontée par celui qui en fut victime, cette crise sort de l'autobiographie et prend une signification générale.

« Une fois pour toutes, dit-il, sous une forme définitive et en quelque sorte classique, avec sa subtile expérience de médecin des âmes, saint Augustin a diagnostiqué la crise de la puberté chez tous les jeunes gens de son âge, chez tous les jeunes chrétiens qui viendront après lui. En effet, l'histoire d'Augustin se répète pour chacun de nous. La perte de la foi coïncide toujours avec l'éveil des sens. A ce moment critique, où la nature nous réclame pour son service, l'aperception des choses spirituelles s'éclipse ou s'abolit chez le plus grand nombre. L'accoutumance aux bruta-lités de l'instinct finit par tuer la délicatesse du sens intérieur. Ce n'est pas la raison qui détourne de Dieu l'adolescent, c'est la chair. L'incrédulité ne fait que fournir des excuses à la vie nou-velle qu'il mène. »

pour des raisons purement humaines, à leur tracer les
limites nécessaires. Et c'est ainsi que, toute ma vie,
Dieu me fit la grâce, que je ne méritais guère, de me
faire profiter, dans une certaine mesure, des bienfaits
d'une éducation dont j'avais répudié toutes les contraintes et toutes les charges.

17. — Bien que j'eusse rompu avec les pratiques religieuses, l'évolution de mon esprit ne fut pas aussi rapide que celle de mon cœur et de ma volonté et mit
encore quelque temps à s'accomplir. De vagues inquiétudes subsistaient encore en moi et je m'interrogeais
parfois avec angoisse sur la valeur des raisons qui
avaient déterminé ma nouvelle orientation.

De guerre lasse, je me réfugiai provisoirement dans
un vague spiritualisme, auquel les principes mêmes
de la libre pensée, dont je proclamais naïvement la sou-
veraineté, ne me défendaient pas d'acquiescer. Ce spiritualisme, plus sentimental que raisonné, qui trouvait
sa meilleure expression dans la *Profession de foi du
vicaire savoyard*, de Jean-Jacques Rousseau, et dans
les œuvres de poètes et de romanciers, tels que Lamartine, Victor Hugo, George Sand, était encore à la
mode dans les dernières années de l'Empire et à l'au-
rore de la troisième République. Il n'avait pas encore
été supplanté par le Positivisme. Des républicains,
comme Jules Simon, ne craignaient pas de s'en inspirer
dans leurs ouvrages d'éducation et de sociologie. Pour
beaucoup d'âmes élevées, mais qui voulaient rester indépendantes, il tenait lieu de religion.

Le spiritualisme, pris de cette manière, fait judicieusement
remarquer M. Jules Lemaître (*Conférences sur Jean-Jacques
Rousseau*)[1] est si bien une religion capable d'agir sur la vie,
que jusqu'au milieu du dix-neuvième siècle et jusque dans
la première moitié du second Empire, nous avons eu dans la
bourgeoisie française, et même parmi les paysans (j'en ai
connu), des aïeux et des pères — en très grand nombre —

1. Paris, Calman-Lévy, 1907.

dont l'âme vivait de cette religion-là, un peu en marge, mais non tout à fait en dehors du catholicisme de leurs femmes et de leurs filles. Il est fâcheux qu'elle ait décliné (faute peut-être de consistance dogmatique) ; car, sans suffire à tout, elle servait bien à quelque chose, et c'était encore un reflet du christianisme.

Si cette doctrine peut, comme le prétend l'éminent conférencier, tenir lieu de religion, ce n'est guère, à la vérité, que pour un petit nombre d'âmes apaisées et assagies, que les passions de la jeunesse ne tourmentent plus. En ce qui me concerne, et c'est là sans doute ce qui me l'avait fait accepter, elle s'accommodait très bien de toutes les faiblesses de la chair. Elle nous permettait même, à moi et à mes compagnons de plaisir, de les revêtir d'une lueur de poésie, qui les ennoblissait et les excusait à nos yeux, et l'on aurait pu parfois nous surprendre, déclamant à nos maîtresses les pages les plus spiritualistes de Lamartine, de Victor Hugo, et aussi de Musset, le poète prestigieux de l'amour : il nous semblait qu'ainsi nous remplissions, vis-à-vis de ces jeunes femmes qui nous écoutaient, le noble rôle d'éducateurs.

Un pareil spiritualisme devait, de toute évidence, être le bienvenu pour nos âmes aveulies, auxquelles il n'imposait ni contraintes, ni privations. Il ne faisait, en somme, et c'est de quoi sans doute je lui étais reconnaissant, que m'endormir dans une trompeuse quiétude et dissiper mes derniers remords. Il y réussit si bien que, lorsque la guerre de 1870 éclata, et que je fus incorporé dans le 3ᵉ bataillon de la garde nationale mobile du Jura, mon cœur était tellement vide de tout sentiment religieux qu'aucune de ses anciennes fibres ne vibra sous les émotions de la lutte et que j'affrontai étourdiment la mort, qui nous guettait à chaque pas, sans penser une seule fois à me prémunir, par les moyens qu'offre le christianisme, contre ses redoutables conséquences.

18. — Les événements qui venaient de s'accomplir et

qui avaient laissé notre pays mutilé pour longtemps,
avaient atteint jusqu'au cœur tous les patriotes, c'est-à-
dire la France entière, car, alors les doctrines interna-
tionalistes et antimilitaristes n'avaient pas encore semé
la division et la haine, comme aujourd'hui, entre ses
enfants. On ne pensait qu'à la revanche, que l'on espérait décisive et prochaine. La troisième République, qui
s'était établie sur les ruines de l'Empire, dont elle avait
à réparer les fautes et les imprudences, apparaissait à
la jeunesse comme l'instrument de salut et de régéné-
ration. Comme tous ou presque tous les hommes de
mon âge, je croyais aux bienfaits de la liberté, et je
considérais comme des ennemis de la patrie tous ceux
que leurs traditions et leur amour de l'ordre poussaient
à entraver les efforts faits pour la fonder. Aussi la tentative du 16 mai eut-elle en moi un adversaire déclaré,
et son avortement me combla de joie. J'applaudissais
aux périodes enflammées de Gambetta, lorsque l'éloquent tribun dénonçait le *cléricalisme* comme l'ennemi
des nouvelles institutions et lui opposait, comme le dra-
peau auquel la nation devait se rallier, la doctrine,
qu'il prétendait seule scientifique, du *positivisme*. Déjà,
en effet, apparaissaient, dans les conceptions de nos
hommes d'État, cet engouement, souvent irraisonné,
cette superstition nouvelle pour tout ce qui se réclame
de la science, comme si la science était seule à gou-
verner le monde.

19. — Dans la détresse où la perte de mes croyances
religieuses et l'abandon de toute idée directrice avaient
laissé mon âme, une doctrine philosophique, qui, comme
le positivisme, affichait la prétention de fonder exclusivement la connaissance humaine sur les certitudes de
la science et de rejeter provisoirement et jusqu'à ce
qu'elles fussent scientifiquement vérifiées, toutes les
hypothèses dans lesquelles s'étaient complu nos aïeux,
devait fatalement exercer sur mon esprit désemparé
une irrésistible séduction. Elle m'apparaissait moins

comme une doctrine que comme une méthode, qui allait
permettre à l'homme de reviser toutes ses conceptions,
d'élaguer comme un poids mort toutes celles qui n'auraient pas reçu l'estampille de la science et de marcher
ainsi d'un pas assuré et fatalement progressif dans la
voie de la vérité. Cette méthode, non seulement des
hommes, que je considérais comme de grands penseurs,
l'enseignaient du haut des chaires publiques à toute
une génération qui les admirait, non seulement elle régnait en souveraine dans les Académies et dans le corps
universitaire; mais les hommes d'État se l'appropriaient
et la présentaient, du haut de la tribune parlementaire,
comme la clef de tous les problèmes politiques et so-
ciaux, comme le phare lumineux sur lequel ils devaient
s'orienter pour conduire l'humanité au bonheur.

On peut dire aujourd'hui qu'elle a été, depuis quarante ans, l'axe de la politique républicaine; que c'est
en son nom et sous son inspiration qu'ont été tentées
toutes les réformes et qu'ont été commises toutes les
fautes. Elle est incontestablement responsable de l'état
d'anarchie morale auquel cette politique a abouti; et si
notre pays, comme on a malheureusement des raisons
de le craindre, continue à subir le courant qui l'entraîne
et roule, de chute en chute, jusqu'à l'abîme, c'est cette
doctrine stérile et desséchante qu'il faudra accuser.
L'arbre pourra alors, comme il peut l'être déjà pour tout
esprit non prévenu, être définitivement jugé par ses
fruits.

C'est qu'en effet, bien que ses disciples s'en défen-
dent, le positivisme ne diffère qu'en apparence du matérialisme et conduit aux mêmes conséquences. Sans doute
il conserve à l'égard des grands problèmes de la destinée humaine une prudente réserve et se défend de
vouloir les résoudre. Mais sa neutralité n'est qu'hypo-
crisie. En effet, du moment que, selon son enseignement,
Dieu n'apparaît plus comme le Créateur et le régulateur
de tout ce qui existe; du moment que, pour l'homme, le

passage sur notre planète n'est qu'un accident sans
lendemain et sans aucune sanction, son ambition ne
doit plus avoir d'autre visée qu'une accommodation plus
ou moins parfaite aux conditions de la vie physique,
telles qu'elles lui sont révélées par la science. Or, la
science ne lui parle ni de devoir, ni de sacrifices, ni de
dévouement à ses semblables ; elle est et restera toujours
individualiste. Elle n'a trouvé que le mot de *solidarité*
pour exprimer la nécessité d'une intelligente adaptation
au milieu social dans lequel l'homme est condamné à
vivre. Mais chacun, individuellement, est seul juge des
conditions de cette adaptation et, s'il se sent le plus fort,
nul doute qu'il ne les fasse tourner à son profit. Il n'y
a qu'une raison supérieure, inspirée par une ferme
croyance aux lois morales et à leur caractère impératif,
qui puisse lui faire accepter les sacrifices nécessaires.
Mais, ces lois morales, la science ne les connaît pas, et
c'est ainsi que le positivisme, qui ne reconnaît que la sou-
veraineté de la science, tombe infailliblement dans les
bas-fonds impurs du matérialisme.

20. — C'est là que j'en étais finalement arrivé après
quelques années de luttes intérieures, de tiraillements,
de retours sur moi-même, d'études et de réflexions plus
ou moins profondes et plus ou moins sincères. La vie
ne m'apparaissait plus que comme une expérience intéressante, non exempte de charmes, pleine dans tous
les cas d'imprévus et dans laquelle il fallait batailler
avec entrain pour ne pas se laisser écraser par la cohue
des appétits.

Mais le ciel était vide, et ni les sublimes espérances,
ni les craintes salutaires du grand et mystérieux problème de la destinée n'avaient prise désormais sur mon
esprit. Pauvre raison humaine qui produit de tels désas-
tres ! Y a-t-il lieu d'en être si fier ?

Il était à craindre que cet état d'âme ne se prolongeât
indéfiniment. Car, depuis que j'avais pris mon parti
de considérer la vie sous cet aspect positif et matéria-

liste, rien n'était venu troubler ma quiétude, ni sonner
dans ma conscience le rappel des graves pensées que
j'y croyais définitivement étouffées. Le travail, dont
j'avais fait mon seul devoir, donnait ses fruits et j'étais
en passe de recueillir tous les avantages matériels d'une
carrière administrative dans laquelle je devais par la
suite atteindre les premiers degrés de la hiérarchie.
Célibataire jusqu'à ma trente-sixième année, doué d'un
optimisme inébranlable, d'une santé parfaite et d'un bon
équilibre nerveux, entouré d'amis éprouvés qui n'ont
jamais trahi ma confiance, aimant les arts et tout ce
qui charme le cœur et entretient le rêve, je me laissais
doucement bercer au rythme de la vie, n'ayant, en toutes
circonstances, d'autre souci que d'en écarter les amer-
tumes et de n'en recueillir que les sourires. A trente-
six ans, c'est-à-dire à l'heure précise où cet épicurisme
commençait à me peser et où je sentais le besoin d'une
vie moins vide et moins égoïste, ma bonne étoile plaçait sur ma route la fleur que mon cœur attendait pour
entrer au port, et dont la grâce et le parfum devaient
jusqu'à la fin ravir mes yeux et embaumer mon existence. Dieu, bien que je me fusse éloigné de lui, ne
cessait pas de me traiter en enfant gâté.

Ce ne sont donc ni les difficultés de la lutte, ni les
déceptions, ni la lassitude d'une vie tourmentée et trop
pesante, ni la souffrance, enfin, qui, quelques années plus
tard, vinrent m'ouvrir les yeux et poser à mon esprit le
mystérieux point d'interrogation : D'où viens-tu ? Où
vas-tu ?

Il y a de par le monde de nombreuses âmes ramenées
à Dieu par la souffrance ou par les coups subits de la
destinée, qui, en ébranlant l'être tout entier, font remonter à la surface des sentiments de foi et d'espérance qui
semblaient à jamais éteints. C'est à la suite d'une de
ces crises de l'âme, qu'il raconte lui-même dans la préface de son livre *la Bonne Souffrance*, que notre grand
poète Coppée est revenu simplement, après quarante

années de complète indifférence, aux pratiques religieuses de son enfance.

Pour moi, rien de pareil. Le hasard, ou plutôt la Providence, a tout fait. C'est ce qu'on verra dans le prochain chapitre.

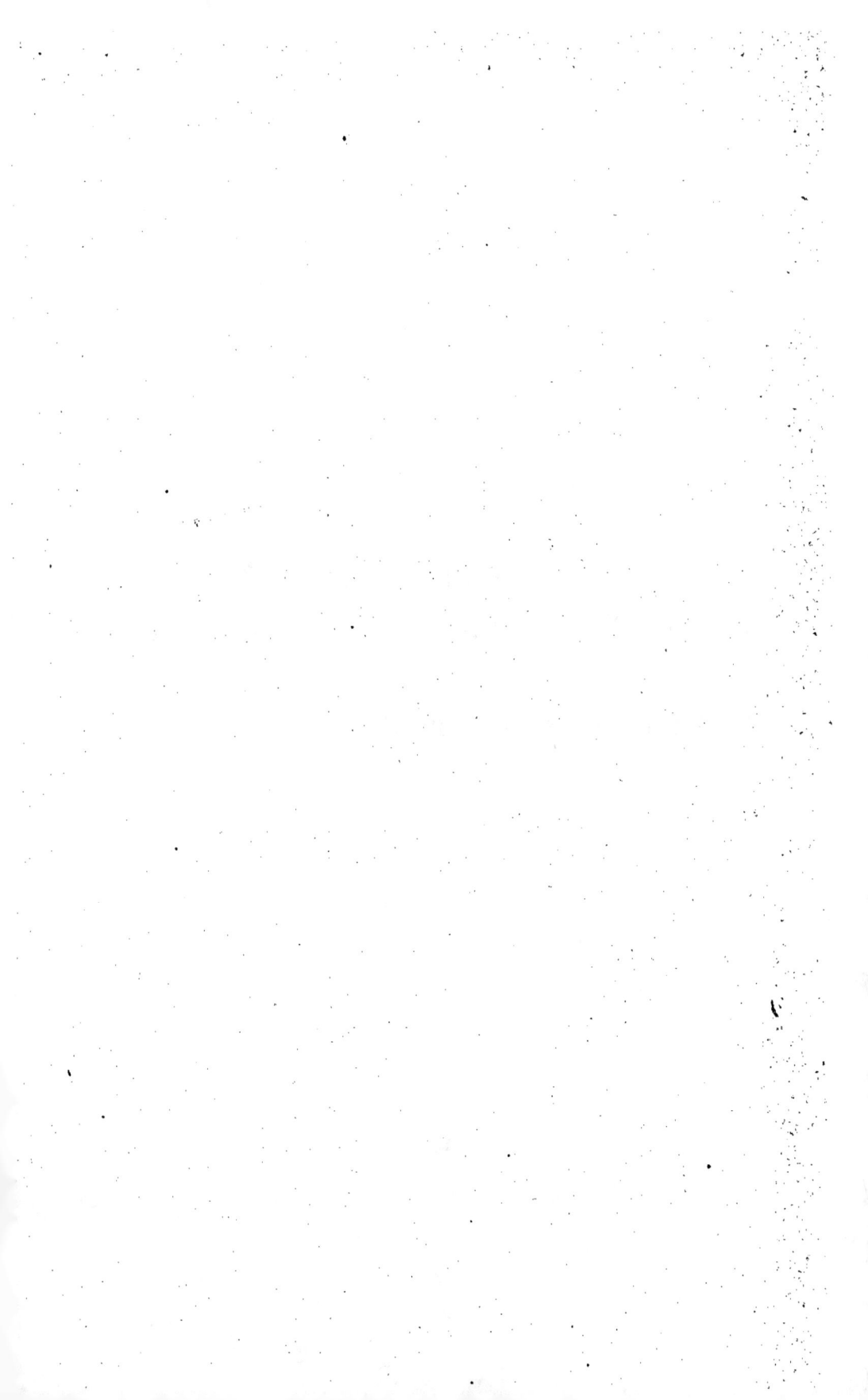

DEUXIÈME PARTIE

DU POSITIVISME AU SPIRITUALISME
ESSAI D'UNE DÉMONSTRATION DE L'AME
ET DE SA SURVIVANCE
PAR LA PSYCHOLOGIE EXPÉRIMENTALE

CHAPITRE PREMIER

Introduction à l'étude de la psychologie expérimentale.

21. — Ainsi que je l'ai déjà fait entendre, le positivisme, comme le sable du désert, flétrit et détruit sur son passage tout ce qui germe et tend à monter vers le ciel. Et pourtant il n'arrive pas et n'arrivera jamais, malgré tous ses efforts et ses prétentions scientifiques, à arracher du cœur humain les espérances que Dieu, fort heureusement, a mises en lui. C'est qu'en effet l'instinct de l'homme, pour entrevoir certaines vérités, le sert mieux que la science. Aussi sûrement que l'être physique aspire à la nourriture pour entretenir ses forces, l'être spirituel, que le positivisme ne veut pas connaître, aspire à l'infini. De là vient que tous les peuples, dès leur origine, ont d'instinct été religieux. « L'homme, a dit un philosophe, est un animal religieux. »

Arrivé à la période de ma vie (quarante-cinq ans), dont il me reste à évoquer les impressions, ayant vécu depuis vingt-cinq ans dans l'ambiance de la doctrine positiviste, je n'étais pas en état de comprendre ce besoin d'absolu qui tourmente l'homme, cette fièvre de l'inconnu qui l'agite et le pousse à rechercher les secrets de sa destinée au delà de la portée de ses sens et de son expérimentation scientifique.

Pour croire, notamment, que l'homme après la mort,

doit continuer, sous une autre forme et dans un autre
milieu, l'évolution commencée sur cette terre, il aurait
fallu concevoir qu'il pût exister tout un monde d'intelligences invisibles, vivant d'une autre vie que la nôtre
et échappant aux investigations et au contrôle de la
science, mais mon esprit était fermé à cet ordre de
conceptions.

Et pourtant ce monde invisible n'avait pas attendu
que je l'eusse découvert pour s'imposer à l'attention des
penseurs.

« Il y a, disait déjà l'immortel Shakespeare, plus de
choses dans le ciel et sur la terre, que n'en concevra
jamais notre philosophie. » Et, plus récemment, comme
s'il avait tenu à paraphraser cette profonde pensée, le
docteur Duclaux, de l'Institut Pasteur, s'exprimait ainsi :
« Ce monde, peuplé d'influences que nous subissons
sans les connaître, pénétré de ce *quid divinum* que
nous devinons sans en avoir le détail, est plus intéressant que celui dans lequel s'est confinée notre pensée.
Tâchons de l'ouvrir à nos recherches ; il y a là d'im-
menses découvertes à faire, dont profitera l'humanité. »

22. — Comment mes yeux se sont-ils ouverts à la
lumière ? Comment mon esprit en est-il venu à admettre
ce qui, depuis plusieurs années, lui était devenu totalement étranger, ce qu'il n'avait longtemps considéré que
comme un rêve de poète, comme une fiction imaginée
par l'homme pour calmer ses inquiétudes et endormir ses
souffrances ?

Il est probable que cette évolution ne se fut jamais
accomplie et que je serais mort dans mon erreur, si
j'eusse continué sans interruption à habiter Paris. La
vie tourmentée et fiévreuse à laquelle sont fatalement
condamnés ceux que leurs occupations retiennent dans
ses murs, laisse peu de place à la méditation et ne leur
permet guère de faire d'utiles retours sur eux-mêmes et
d'interroger le sphynx qui garde le secret de nos destinées. Le travail, les relations mondaines, les plaisirs, le

spectacle toujours renouvelé de la rue, véritable kaléidoscope qui sollicite constamment l'attention, toute cette vie rémuante, trépidante, ensorcelante, est plus propre à éparpiller l'esprit qu'à le concentrer et à l'amener à cet état de recueillement qui seul peut lui permettre d'acquérir le sens et la compréhension de l'invisible.

Fort heureusement pour moi, le souci de ma santé, que des excès de travail, auxquels je m'étais laissé entraîner depuis une dizaine d'années, menaçaient de compromettre, me détermina, à l'âge de quarante-cinq ans, à quitter Paris. Je fus, sur ma demande, envoyé, en 1889, à Mézières, pour y diriger le service de l'Enregistrement, des Domaines et du Timbre dans le département des Ardennes. Cette résolution eut les plus heureuses conséquences non seulement pour ma santé, mais aussi pour mon avenir administratif. Elle en eut de plus utiles encore pour mon avenir moral ; car elle fut le point de départ de l'évolution qui, pendant le temps qu'elle mit à s'accomplir, me fit, lentement et progressivement, remonter le courant que j'avais descendu si rapidement vingt ans auparavant, et me ramena au spiritualisme, d'abord, et, finalement, à la foi religieuse de ma jeunesse.

23. — Mes nouvelles fonctions m'absorbèrent entièrement pendant les deux premières années qui suivirent mon installation à Mézières. Mais dès que je fus suffisamment initié aux travaux qu'elles comportaient, je pus enfin jouir chaque jour de quelques heures de loisir. J'en consacrai une partie à des promenades régulières que le pittoresque d'un pays accidenté rendait fort attrayantes. Le surplus fut employé à la lecture. Depuis de nombreuses années je n'avais lu que les ouvrages de droit et de finances dont la connaissance m'était nécessaire pour mes travaux administratifs ou pour les publications spéciales que j'avais entreprises. Désormais, il m'était loisible d'aborder un autre genre d'études et je choisis celle vers laquelle mes goûts m'attiraient, c'est-

à-dire l'étude de la philosophie. Je commençai d'abord,
je dois l'avouer, sans méthode, sans direction, au hasard
des livres qui me tombaient sous la main et avec toutes
les préventions d'un esprit convaincu de la seule efficacité de la méthode positiviste. Une circonstance toute
fortuite vint tout à coup, au moment où rien ne pouvait
faire prévoir ce changement, donner une orientation
nouvelle à mes recherches et à mes méditations.

Un jour, au cours d'une de nos promenades habituelles
dans les environs de Mézières, nous rencontrâmes une
dame de cette localité avec laquelle ma femme était
entrée en relations et qu'elle me présenta. La conversation s'engagea et je fus surpris de lui entendre émettre
des idées élevées sur la destinée de l'homme et sur son
immortalité. Elle avait sur ces mystérieux problèmes
des solutions précises, très indépendantes de celles que
fournit la foi religieuse, bien qu'elle fût pratiquante, et
qui dénotaient en elle une conviction profonde et inébranlable. Je lui demandai d'où elle tenait ces certitudes ; elle me répondit qu'ayant perdu un enfant tout
jeune, elle avait eu la preuve réelle et sensible de sa
survivance ; elle me parla de *médiums*, et, sur ma demande, m'expliqua qu'on entendait par là certaines personnes douées d'aptitudes spéciales qui leur permettent
de servir d'intermédiaires entre les vivants et les morts
et qui assurent ainsi, dans des circonstances et sous
des conditions déterminées, la communication du monde
visible avec l'invisible.

J'avoue que j'eus peine à dissimuler un sourire sceptique, tant ce langage était nouveau pour moi. Elle s'en
aperçut et me dit qu'elle ne pouvait en quelques instants
de conversation, mettre en évidence les éléments de sa
conviction et les preuves sur lesquelles elle s'appuyait ;
mais elle m'offrit de me prêter quelques ouvrages qu'elle
avait en sa possession et qui, s'ils ne parvenaient pas
à me faire partager sa foi, ne manqueraient pas de m'intéresser et de m'ouvrir des aperçus nouveaux sur un

monde dont je paraissais ne pas soupçonner l'existence.

24. — J'acceptai son offre et je lus les quelques volumes qu'elle m'envoya. Cette lecture et quelques timides expériences que, sur ces entrefaites, je tentai dans l'intimité d'un groupe d'amis, et qui donnèrent des résultats suffisants pour que mon incrédulité fût ébranlée, éveillèrent en moi le désir de pénétrer plus avant dans ce domaine mystérieux qui jusque-là m'était resté complètement fermé.

C'est ainsi et à la suite de circonstances bien futiles, comme on vient de le voir, que je commençai mes explorations dans le monde de l'Invisible et que j'abordai l'étude de cette partie, non la moins importante, des faits connus sous le nom de *Phénomènes psychiques ou métapsychiques*, que le *spiritisme*, si longtemps et si injustement raillé et décrié, a eu du moins le mérite de faire sortir de l'ombre, et que la science, après les avoir niés purement et simplement, commence depuis quelques années à enregistrer et à interpréter.

A partir de ce moment, je saisis toutes les occasions qui se présentèrent de faire des expériences personnelles ; elles m'aidèrent à comprendre celles que faisaient d'autres chercheurs, mieux outillés que moi pour ce genre d'études et d'observations, et à considérer comme admissible la réalité de leurs découvertes. Je lus et relus avec la plus scrupuleuse attention tous les ouvrages de spiritisme (plus de 200 volumes). Il y a un choix à faire dans cet amas de publications. L'ivraie doit être séparée du bon grain ; beaucoup d'entre elles présentent des observations insuffisamment approfondies et des conclusions trop souvent hâtives ; quelques-unes dénotent chez leurs auteurs plus de crédulité et de naïveté que de sens critique. Mais tous ces livres sont des œuvres de bonne foi, écrites par des âmes honnêtes et désintéressées. Il n'en saurait être autrement ; car les travaux de cette nature ne sont pas encore de ceux qui enrichissent leurs auteurs ou qui les conduisent à l'Aca-

démie : ce qui n'empêche pas, du reste, le spiritisme,
c'est une justice à lui rendre, de compter dans ses rangs
au grand nombre d'écrivains distingués, de penseurs
profonds et d'apôtres aussi éloquents que convaincus.

Ce qui a le plus fait défaut jusqu'à présent dans les
études des spirites, c'est une bonne méthode, un bon
système de coordination qui permette d'en faire une
synthèse lumineuse et persuasive. Mais il ne faut ni
s'en étonner, ni en tirer argument pour les tenir en suspicion. Il n'y a relativement que très peu de temps,
quelques années au plus, qu'elles sont sorties de
la période empirique et que des esprits solides ont
bien voulu s'en occuper. Le jour viendra, et il vient
à grands pas, où un bon travail d'élagage se fera,
où un classement clair et méthodique dégagera ce
qui est acquis de ce qui est encore douteux et permettra de formuler des solutions certaines et indiscutables.

25. — Quoi qu'il en soit, je ne tardai pas à comprendre que, dans l'ignorance où j'étais des données du
problème dont j'avais entrepris l'examen, j'avais moi-
même complètement manqué de méthode en commençant
mon travail par l'étude de cet ordre de phénomènes qui
avait tout d'abord éveillé mon attention, c'est-à-dire du
phénomène spirite. Avant de dégager la loi qui préside
à la communication, au moyen des médiums, des vivants avec les morts, à supposer que cette loi existe, ne
fallait-il pas, en effet, rechercher d'abord si cette communication est psychologiquement possible et si elle peut
s'expliquer par le jeu naturel de certaines facultés inhérentes à l'être humain ?

Ainsi envisagé, le spiritisme m'apparut (ce qu'il
est en réalité) comme une branche, comme un chapitre
de la psychologie expérimentale, et c'est seulement en
le considérant sous cet aspect qu'on pouvait, me sem-
blait-il, trouver la clef de l'important problème qu'il
soulève et donner à sa solution une base rationnelle et

scientifique. Dès lors, le champ de mon étude s'élargissait et se modifiait tout à la fois, puisque d'une part, il devait embrasser toute la psychologie expérimentale et que, d'autre part, la question spirite, qui avait d'abord sollicité et absorbé toute mon attention, y devait désormais passer au second plan, comme une question secondaire et subordonnée au plan général.

Mes yeux s'ouvrirent définitivement sur ce point à la lecture de quelques ouvrages de psychologie écrits par de véritables hommes de science, tels que Ch. Richet, Ribot, Pierre Janet, Alfred Binet, Bérillon, le docteur Gyel, Myers, le colonel de Rochas, etc. Désormais, je pouvais avancer d'un pas plus assuré dans les recherches que j'avais commencées.

26. — C'est le résumé de ces recherches et les conclusions auxquelles j'ai abouti que je me propose d'exposer dans la suite de cet ouvrage. Bien qu'elles aient eu pour résultat de changer radicalement le cours de mes idées et de substituer à mon ancienne conception matérialiste de la destinée humaine une conception diamétralement opposée, il y aurait de la présomption de ma part à espérer que mon livre aura les mêmes effets sur l'esprit de mes lecteurs. Je sais, par expérience, quelle résistance la mentalité contemporaine formée par un siècle d'indifférence et de scepticisme philosophiques, oppose à toute conception spiritualiste.

Il m'a fallu des années d'étude et de réflexion pour ébranler en moi cette résistance. Il est évident que les quelques heures d'attention que mes lecteurs, s'il s'en trouve, voudront bien me prêter, ne sauraient avoir raison de leurs doutes et de leurs objections. La démonstration par le livre est renfermée dans de trop étroites limites pour produire un tel miracle. Dans un tel sujet, notamment, la documentation, pour pouvoir convaincre, doit nécessairement être aussi variée qu'abondante. Or, parmi les faits innombrables que j'ai recueillis au cours de mes lectures et qui ont peu à peu modifié mon ancienne conception de notre destinée, je devrai m'astreindre à ne citer que les exemples les plus typiques, et cela le plus brièvement possible, en négligeant les détails, qui cependant constituent souvent de très importants éléments d'appréciation.

Quoi qu'il en soit, j'accomplirai de mon mieux la tâche que je me suis tracée. Faute de pouvoir grouper dans les chapitres qui vont suivre tous les documents utiles, avec les développements nécessaires, je renverrai mes lecteurs aux ouvrages qui les ont publiés. Peut-être mon exemple déterminera-t-il quelques-uns d'entre eux à entreprendre eux-mêmes une étude dans laquelle j'ai trouvé les plus douces satisfactions. S'il en était ainsi, je me croirais amplement récompensé de mes efforts et de mon labeur.

27. — L'éminent astronome, Camille Flammarion, dans son ouvrage *l'Inconnu et les Problèmes psychiques* [1], pose le problème de l'âme et de sa survivance dans les termes où le posaient les anciens psychologues :

> Les aspirations universelles et constantes de l'humanité pensante, écrit-il, le souvenir et le respect des morts, l'idée innée d'une justice immanente, le sentiment de notre conscience et de nos facultés intellectuelles, la misérable incohérence des destinées terrestres comparées à l'ordre mathématique qui régit l'Univers, l'immense vertige d'infini et d'éternité suspendu dans les hauteurs de la nuit étoilée, et, au fond de toutes nos conceptions, l'identité permanente de notre *moi*, malgré les variations et les transformations perpétuelles de la substance cérébrale, tout concourt à établir en nous la conviction de l'existence de notre âme comme entité individuelle, de sa survivance à la destruction de notre organisme corporel et de son immortalité.

Il s'agit, dans l'œuvre que j'ai entreprise, de démontrer que cette conviction instinctive n'est pas un simple rêve, mais repose sur des données certaines et sur un

---

1. Paris, Flammarion, 1900.

enchaînement de faits et de phénomènes scientifiquement observés.

Rien n'est plus propre à y réussir que les méthodes
de la psychologie expérimentale, dont la supériorité sur
celles des anciens psychologues se manifeste en ceci :
qu'elles fondent leurs déductions sur la physiologie,
c'est-à-dire sur des phénomènes visibles, tangibles et,
dans tous les cas, tombant sous le contrôle de l'expérimentation scientifique ; ce qui leur permet de dissé-
quer et d'analyser l'être humain dans ses replis les plus
profonds et d'y saisir sur le vif les facultés qui impliquent l'existence et la survivance d'une âme distincte et
indépendante du corps.

Observons, dit M. Louis Elbé dans son ouvrage *la Vie future
devant la sagesse antique et la science moderne* [1], que le problème
de l'existence de l'âme humaine se distingue nettement des
spéculations, sans doute insolubles, où s'épuise la philosophie métaphysique ; à peu près seul, en effet, il peut être
abordé utilement par l'observation expérimentale, et, en
outre, il se rattache étroitement à toutes les conceptions
théoriques que la science se fait aujourd'hui du monde matériel dont elle étudie les manifestations.

28. — La première obligation qui s'impose au philosophe désireux de connaître la destinée d'un être quelconque, c'est d'analyser et de déterminer les facultés
de cet être, les organes dont il est pourvu. Au moyen
de cette analyse, on doit pouvoir arriver, par induction,
à savoir pour quelles fins cet être a été constitué. La
nature, en effet, est gouvernée par la loi du moindre
effort, ce qui a fait dire qu'elle ne fait rien d'inutile ;
par conséquent, de ce que tel ou tel organe, telle ou
telle faculté existe dans un être, on peut conclure à la
fonction correspondante à cet organe, à cette faculté.
L'animal qui a des jambes est incontestablement destiné
à marcher ; celui qui a des ailes, à voler, et il n'est pas

1. Paris, Perrin, 1905.

nécessaire, pour pouvoir l'affirmer, de l'avoir vu dans l'exercice de sa fonction.

La méthode d'examen ne doit pas être différente lorsqu'il s'agit de l'homme et de sa destinée. Le philosophe ne peut aboutir dans cette recherche qu'en commençant par étudier l'homme dans ses organes et dans ses facultés. Si l'unique fin de l'être humain est de se mouvoir dans un cercle limité, de penser, d'agir, d'aimer, de souffrir et de mourir, son étude ne fera découvrir que les organes et les facultés strictement indispensables à ce mode d'existence. Inversement, si l'observateur rencontre, à l'état latent, des organes et des facultés qui ne trouvent pas leur emploi sur le plan terrestre, il pourra en conclure que ces organes et ces facultés existent pour d'autres fins que celles qu'assigne à l'homme la science matérialiste, et que, par conséquent, la destinée humaine n'est pas renfermée dans les étroites limites de la vie actuelle.

C'est dans cet esprit et d'après ce plan général qu'a été commencée et poursuivie mon étude de la psychologie expérimentale, et c'est cette étude, — qui depuis vingt ans, a fait, sans relâche, l'objet de toutes mes pensées, de toutes mes lectures et de toutes mes méditations — dont je vais tenter de condenser les données essentielles dans les divers chapitres qui suivent.

CHAPITRE II

La conscience et la subconscience.

29. — L'être humain est un organisme vivant, qui sent, qui pense, qui agit et qui a conscience de ses sensations, de ses pensées et de ses actes.

La science officielle enseigne que les sensations lui arrivent du monde extérieur par le canal des sens et sont conduites par les nerfs *sensitifs* aux centres nerveux, qui y répondent par un mouvement réflexe transmis aux muscles par les nerfs *moteurs*.

En même temps que l'homme réagit au mouvement provoqué par la sensation, il éprouve dans son être intime, dans son moi, une modification qui coïncide avec le mouvement et qui s'y surajoute. Il a en outre la perception de l'acte réflexe qui répond à la sensation.

C'est là le premier élément de la conscience.

Le second élément, c'est la mémoire :

Pour qu'il y ait *conscience* du moi, il faut, dit M. Charles Richet dans son ouvrage classique *Essai de psychologie générale*, p. 15[1], qu'il y ait une sorte de comparaison entre l'état affectif présent et l'état affectif antérieur. Une conscience qui ne dure qu'une seconde et qui est remplacée par une deuxième conscience qui ne dure qu'une seconde encore,

1. Paris, Félix Alcan, 1891.

sans être reliée par la mémoire à une conscience précédente,
c'est une conscience qui mérite à peine ce nom.

Enfin, un troisième élément de la conscience réside
dans la notion de l'unité de l'être :

De même, dit encore M. Ch. Richet (*loc. cit.*, p. 116), que la
mémoire crée la conscience, de même encore la mémoire
crée l'unité du moi, puisqu'elle permet de comparer des
états *actuels* aux états *antérieurs* et de les rapporter à un personnage unique, qui est le moi.

30. — On pourrait résumer ces données en disant
que la conscience est, en quelque sorte, le centre de
l'activité psychique, et, pour l'école matérialiste, le
résumé synthétique de toutes les opérations actives et
passives de système nerveux. Elle aurait, comme l'intelligence, son siège « dans l'encéphale, c'est-à-dire dans
le cerveau, le cervelet et le bulbe, à l'exclusion de la
moelle ». (Ch. Richet, *loc. cit.*, p. 33[1]).

Pour cette école, en effet, le mouvement et l'intelligence sont exclusivement fonctions du système nerveux.
L'activité psychique est inséparable de l'activité des nerfs
sensitifs et des nerfs moteurs : « *nihil est in intellectu
quod non prius fuerit in sensu.* »

Et, cependant, comment expliquer, dans ce système,
certains modes d'activité psychique qui, sous diverses
influences dont il sera question dans les chapitres suivants, se manifestent avec une activité d'autant plus
grande que la conscience normale est plus annihilée,
que le système nerveux a subi des altérations plus ou
moins profondes allant quelquefois jusqu'à l'anéantissement, jusqu'à la mort.

C'est en constatant l'impossibilité de cette explication
que d'éminents psychologues, tels que Myers (*La Per-*

1. Pure hypothèse toutefois, puisque M. Richet déclare lui-même
(*loc. cit.*, p. 117) que « la physiologie expérimentale et la patholo-
gie ne nous apprennent rien sur le siège de la conscience ».

sonnalité humaine), le docteur Gyel (*L'Être subcon-scient*), Flournoy, Carl du Prel, William James, Maxwell, et d'autres, dont on rencontrera maintes fois les noms et les idées dans la suite de mon ouvrage, ont émis l'hypothèse de l'existence dans l'organisme humain d'un centre de forces, de pensées, de sensations et de volitions, différent de celui que l'École matérialiste donne pour base à l'activité psychique, capable dans certains cas de fonctionner en dehors de l'action péri-phérique du système nerveux et de la conscience nor-male, et qu'ils ont désigné sous les noms de *subcon-science* ou de *subconscient*, ou de conscience *sublimi-nale*, par opposition à la conscience *supraliminale*, ou de *moi intérieur*, ou enfin de conscience *générale* ou *totale*. Le siège de cette subconscience ne peut sans doute être déterminé d'une manière précise, pas plus du reste que celui de la conscience normale (v. *supra* nᵒ 30, note 1). Mais son existence se manifeste par des phénomènes caractéristiques qui trouvent en elle, et en elle seule, leur explication rationnelle.

31. — C'est ce qu'un des premiers, entre tous les psychologues, le regretté M. Myers, dans son livre sur *la Personnalité humaine*, a démontré avec une netteté et une autorité incomparables. Cet ouvrage, qui a été traduit en français par le docteur S. Jankelevitch[1], marque une date mémorable dans l'étude de la *Psycho-logie expérimentale*, où son auteur a laissé une trace profonde. C'est pourquoi il me paraît nécessaire d'en donner ici un résumé, aussi court que possible, qui pourra servir de préface en quelque sorte à tout ce que j'aurai à exposer, dans les divers chapitres de cet ouvrage, sur le rôle capital que joue la subconscience dans l'économie psychologique de l'être humain.

J'ai du reste la bonne fortune de pouvoir puiser les éléments de ce résumé dans une étude magistrale con-sacrée à l'œuvre de Myers par M. de Wyzewa, le cri-

1. Paris, Alcan, 1905,

tique bien connu de la *Revue des Deux Mondes*
(n° du 15 oct. 1908, pp. 938 et s.), dont l'opinion, en
ces matières si délicates, n'est certes pas à dédaigner.

Les documents qui ont servi de base à l'auteur de la
Personnalité humaine ont été recueillis principalement
dans les 16 volumes (alors parus) des *Proceedings* de
la *Société des Recherches psychiques de Londres*;
dans les 9 volumes (également parus) du *Journal*
de cette même société; et, enfin, dans les *Phantasms of the living* (*Fantômes des vivants*), ouvrage
qui n'est qu'un recueil abrégé et une synthèse des documents qui précèdent et a été écrit par Myers, en collaboration avec deux autres savants, Anglais comme
lui, Edmond Gurney et Podmore [1].

Les matériaux ainsi accumulés, lit-on dans l'avant-propos
du traducteur de Myers, étaient de nature à tenter un esprit
généralisateur et synthétique qui, placé devant tous les phénomènes dûment constatés d'altérations de la personnalité,
d'apparitions, de clairvoyance, de hantise, de possession,
d'extase, d'hallucinations, etc., ne pouvait ne pas se poser
la question de savoir si tous ces phénomènes n'avaient pas
une cause commune, ne découlaient pas d'une loi générale
ou d'un principe supérieur, sinon mystérieux et caché, tout
au moins difficile à constater, tout au moins probable...

Cette cause, cette loi générale, ce principe supérieur,
l'auteur, qui est mort le 17 janvier 1901, et avait, en
prévision de sa mort, confié l'achèvement de son œuvre
au docteur Richard Hodgson, et la revision générale des
épreuves à Miss Alice Johnson, croit les avoir trouvés,
comme on peut le voir à la lecture de son livre, dans
l'hypothèse, acceptée aujourd'hui par un nombre de plus
en plus grand de psychologues, de la *conscience subliminale*. Voici en quels termes M. de Wyzewa rend
compte, dans l'article précité de la *Revue des Deux*

---

1. Ces diverses sources d'informations, les plus importantes
sans contredit en ce sujet, seront souvent rappelées et utilisées
au cours de mon ouvrage.

Mondes, des faits que l'auteur accumule et des arguments qu'il invoque pour justifier son hypothèse et édifier sa doctrine du *Subliminal* :

La personnalité humaine n'est certainement pas, comme le croyaient les anciens philosophes spiritualistes, un principe simple et homogène, identique à la conscience que nous avons de notre *moi ;* mais elle n'est pas non plus, comme le pensent les empiristes modernes, un mélange composite d'éléments divers, n'ayant aucun lien entre eux. En réalité, notre *moi* est bien un principe *unique* dans la variété de ses manifestations ; mais c'est un principe qui dépasse infiniment le petit groupe de faits que la conscience nous permet d'atteindre. Sous ces faits, dont l'ensemble constitue notre moi conscient, ou, suivant l'expression de Myers, notre moi *supraliminal*, s'étend un autre moi *subliminal*, dont nous n'avons aucune conscience à l'état ordinaire. Sans cesse ce moi subliminal projette des rayons rapides dans notre vie consciente ; et, parfois, sous certaines influences, il se substitue au moi conscient, comme dans les cas de *désintégration de la personnalité*. Un homme, tout à coup, oublie son nom, sa condition, prend un caractère tout différent de celui qu'il a eu jusque-là, devient en fait un autre homme : c'est le moi subliminal qui, chez lui, provisoirement ou à demeure, vient remplacer le moi supraliminal.

D'autres fois, comme dans le cas de *génie*, le moi subliminal se charge d'aider, d'approvisionner, de diriger le moi conscient. Dans le sommeil aussi, un échange se fait entre les deux moi ; et ici, déjà, on commence à apercevoir toute la profondeur mystérieuse de ce moi subliminal, qui non seulement emmagasine et conserve toutes les impressions de la vie consciente, mais qui peut même entrer en contact avec des faits étrangers à cette vie, ainsi que le démontrent des cas nombreux de visions, de prévisions, de pressentiments éprouvés en rêve. Délivré des contraintes que lui impose, à l'état de veille, sa dépendance étroite à l'égard du corps, l'esprit, dans le sommeil, s'éploie, s'ouvre à l'invasion de tout un monde nouveau de sentiments et d'idées. Car, on peut dire que, à toute minute, nous avons deux vies : l'une, consciente, soumise aux conditions de notre corps, et adaptée aux besoins de notre existence terrestre ; l'autre, inconsciente, affranchie des liens corporels, plongeant par toutes ses racines dans une réalité supérieure. Et le sommeil a précisément pour objet de maintenir et de renouveler, de jour en jour, l'union de ces deux vies, de façon à

nous permettre de nous munir, dans notre moi subliminal,
de la somme d'énergie spirituelle nécessaire pour notre vie
consciente.

Aussi n'y a-t-il rien de plus normal, ni de plus facile à
expliquer que les phénomènes, même les plus étranges, de
l'hypnotisme. Celui-ci n'est proprement, en effet, qu'une
exagération, une mise en relief du sommeil ; ou plutôt encore
l'hypnotisme est quelque chose comme un sommeil *expérimental, un appel direct au moi subliminal*. Aussi le principal
mérite des expériences d'hypnotisme est de nous renseigner, mieux encore que ne le fait le sommeil, sur la portée,
lointaine, vraiment incalculable du moi subliminal. C'est,
en effet, par la suggestion hypnotique que l'on arrive surtout
à produire des effets d'hallucination et de télépathie,
encore que ces phénomènes puissent se produire spontanément, ou par d'autres moyens. A chaque instant le moi subliminal est capable d'entrer en rapports avec d'autres moi,
vivants ou morts ; si bien que tantôt une personne vivante
peut transmettre sa pensée à une autre, éloignée d'elle
par des milliers de lieues, et tantôt une personne qui meurt,
ou qui vient de mourir, envoie à son ami survivant une
claire et précise vision de sa mort. — Et ce n'est pas tout :
le moi subliminal peut se laisser pénétrer par un autre moi,
qui, prenant sa place, s'impose du même coup au moi supraliminal, et provoquer ces phénomènes de possession qui
se retrouvent aussi bien dans les avis du *démon* de Socrate,
ou dans les *voix* entendues par Jeanne d'Arc, que dans tous
les cas d'*écriture automatique*, de *lévitation*, dans les manifestations diverses obtenues par l'entremise de ce qu'on appelle
les *médiums*. — D'une façon générale, le moi subliminal dispose de possibilités infinies pour communiquer avec tout ce
qui vit. Et c'est déjà là, suivant Myers, une preuve de son
indépendance à l'égard du corps, c'est déjà une présomption
en faveur de son immortalité.

Mais d'autres faits plus récemment reconnus par l'auteur,
lui ont permis d'aller plus loin, jusqu'à transformer sa présomption en certitude. La télépathie, les pressentiments, les
apparitions, le pouvoir extraordinaire qu'ont certains médiums de *se dépersonnaliser* pour lire dans la pensée de ceux
qui les entourent, tout cela, à la rigueur, pourrait encore
s'expliquer sans rendre nécessaire l'hypothèse d'une communication avec les âmes des morts. Mais il a été donné à
Myers d'étudier de très près deux médiums, l'Anglais Stainton
Moses et l'Américaine, Mme Piper, qui, incontestablement,
ont eu des communications directes avec des âmes *désincar-*

nées [1]..... N'est-ce pas là une preuve nouvelle, et directe, celle-là, de l'immortalité de l'âme, ou du moins de sa survivance à la mort corporelle? De telle sorte que Myers, dans la conclusion de son livre, demande que, dès maintenant, cette survivance soit admise parmi les vérités scientifiques.....

32. — L'auteur de ce résumé, aussi clair qu'impartial, plus propre même que le livre dont il rend compte, à rendre saisissante pour l'esprit du lecteur la théorie de la conscience subliminale, telle qu'elle apparaît dans l'ouvrage de Myers, un peu noyée dans les détails et enveloppée d'obscurités inhérentes au génie des écrivains d'outre-Manche, n'accepte pas sans réserves les conceptions de ce dernier et les conclusions auxquelles elles aboutissent. Il est bien peu de livres qui, en pareille matière, aient la bonne fortune d'entraîner d'emblée la conviction de leurs lecteurs. Quoi qu'il en soit, il est visible que son intelligence aiguë et pénétrante n'est pas restée fermée, bien au contraire, aux impressions qui se dégagent de l'ouvrage qu'il a si magistralement résumé. Et ces impressions, il les analyse lui-même de la manière suivante :

La première, dit-il, est une connaissance plus intime et plus immédiate de l'impénétrable mystère dont nous sommes entourés...

Et la seconde, celle-là plus positive, c'est le sentiment que notre vie spirituelle est bien moins serve encore de la vie corporelle que nous n'avons l'habitude de le présumer.

De quelque façon qu'on interprète les faits attribués par l'école de Myers à la *télépathie*, il n'y a pas un de ces faits qui, en nous montrant un renforcement des pouvoirs de l'âme, ne nous incline à considérer celle-ci comme trop différente du corps, trop supérieure à lui en force et en liberté, pour n'en être qu'un produit ou une dépendance. Subordonner ses destinées à celles du corps, il n'y a pas d'erreur plus gratuite,

1. Les expériences qu'il a faites avec ces célèbres médiums paraissent avoir été le principal motif qui a déterminé Myers, après de longues hésitations, à accepter l'hypothèse spirite et à admettre la possibilité et même la réalité de l'intervention, dans certaines manifestations médiumniques, des âmes des morts.

ni plus sotte, ni, certes, plus fâcheuse. Et si même l'ouvrage posthume de Myers n'avait d'autre mérite que de nous forcer à nous en souvenir, il n'en constituerait pas moins un document précieux en faveur de la survivance de la personne humaine à la mort corporelle.

33. — L'hypothèse du *moi subliminal*, qui est le fond de la doctrine de Myers, a, depuis que celui-ci l'a formulée, conquis et conquiert encore tous les jours de nombreux adeptes. On le verra bien dans la suite de cet ouvrage, consacré tout entier à l'étude des manifestations diverses de ce moi mystérieux. Pour juger du chemin que cette doctrine a parcourue depuis que Myers en a posé les premiers linéaments scientifiques, il suffit de se reporter au compte rendu, que les *Annales des sciences psychiques* (n° d'avril 1908) ont publié, d'une conférence faite, le 24 mars 1908, à l'*Institut psychologique de France*, par M. Émile Boutroux, membre de l'Institut et professeur à l'Université de Paris, sur le *Moi subliminal*. En voici quelques extraits :

Le conférencier s'est attaché à faire ressortir l'importance de la question « qui est, dit-il, d'une actualité palpitante, surtout en Amérique, et qui a un intérêt pratique, philosophique, religieux même ». C'était, avant 1885, une question à peu près inconnue en psychologie.

Encore à présent, il se trouve un très grand nombre de psychologues et de neurologues pour nier les formes anormales et extraordinaires de la conscience, pour réduire tout phénomène subconscient à la manifestation d'une connaissance qui avait été emmagasinée dans notre conscience, et qui n'est extraordinaire qu'en apparence. Mais, maintenant, les études les plus positives forcent à prendre au sérieux cette question. L'hypnotisme, le magnétisme, le dédoublement de la personnalité, etc., nous dévoilent autant de côtés ignorés de notre être.

Dès 1884, M. Richet pressentait l'existence du moi subliminal, qu'il désignait sous le nom d'*automatisme psychique.* Deux ans après, Frédéric Myers en faisait le fondement de toute une philosophie nouvelle (V. *supra,* n° 31). Il était suivi, en France, de Pierre Janet, Flournoy, Grasset et d'un grand nombre d'autres psychologues qui s'adonnaient à l'étude de la question.

Toute une vie souterraine de notre être se manifestait petit à petit, une vie qui n'avait encore été devinée que par les poètes et les philosophes de la philosophie, par exemple, par Pascal, qui demandait à Dieu : « Pardonnez-moi mes fautes cachées », c'est-à-dire celles dont la conscience normale n'avait pas eu connaissance.

Pour Myers et ses disciples, ajoute l'éminent conférencier, le subliminal n'est pas, comme l'ont pensé quelques psychologues français, une conscience inférieure, malade, dégradée, mais une conscience supérieure, nantie de facultés supernormales.

Pour lui aussi, le génie, l'inspiration ont une origine subliminale. De même les phénomènes de la télépathie.

34. — Ainsi, dès l'année 1908, comme en témoigne le document que je viens de résumer, le *subliminal* ou le *subconscient* (les deux termes sont équivalents) se place déjà au rang des hypothèses scientifiques, généralement, sinon universellement admises. En faire la base d'une étude psychologique, et y rechercher la clef des nombreux et délicats problèmes que cetteétude soulève, n'est donc pas un de ces actes de témérité, une de ces aventures que certains hommes de science reprochent si facilement à ceux qui sont tentés de marcher en dehors de leurs lisières et, osons le dire, de leurs idées préconçues.

C'est là tout ce qu'il importait pour le moment d'établir.

Il reste à démontrer que cette hypothèse s'appuie sur d'innombrables observations, puisées aux sources les plus sûres et les plus dignes de confiance, en même temps que sur des expériences d'une haute valeur scientifique.

35. — Les phénomènes psychiques qui échappent à la volonté consciente et présupposent l'existence du subconscient[1] s'observent non seulement dans le domaine de la psychologie *anormale* dont ils constituent la règle, mais aussi dans le domaine de la psychologie *normale*. Avant de consacrer un chapitre spécial à l'étude des diverses catégories de phénomènes dits anormaux, il convient de montrer l'action du subconscient se manifestant dans les actes ordinaires de la vie, c'est à-dire dans le domaine de la psychologie normale.

Parmi les phénomènes à ranger dans la catégorie des faits de subconscience *à l'état normal*, on cite couramment les suivants dans les divers ouvrages publiés en cette matière :

La réapparition, sous l'influence d'une émotion violente, de souvenirs depuis longtemps oubliés ;

Les émotions sans cause appréciable, les déterminations inattendues, les modifications brusques dans les caractères et les idées ;

La solution instantanée et inespérée d'une recherche abandonnée après de longs et vains efforts ;

Enfin, et surtout, les travaux accomplis par les écrivains, les savants et les artistes dans un état voisin du rêve.

Harttmann (*la Philosophie de l'Inconscient*) attribue à l'*inconscient* une part prépondérante dans les manifestations élevées de l'âme, et considère le génie comme son émanation directe[2].

Le docteur Gyel (pseudonyme de Geley) dans son remarquable ouvrage *l'Être subconscient*[3], auquel

1. Ces phénomènes ont été recueillis et groupés méthodiquement dans un livre récent de M. Janet : *l'Automatisme psychologique*.
2. Le terme d'*inconscient* employé par Harttmann paraît impropre et celui de *subconscient* semble préférable, comme répondant plus exactement à l'idée qu'il s'agit d'exprimer. Le facteur des diverses manifestations dont il est ici question est, en effet, très conscient, puisqu'il discute, raisonne, synthétise et exerce sur les idées qu'il émet un contrôle efficace.
3. Paris, Alcan, 1899.

j'emprunte une partie de ces explications, cite (pp. 21 et s.) de nombreux cas d'activité subconsciente : 1° pendant le sommeil ou au réveil ; 2° pendant l'état de veille ; 3° et pendant les états intermédiaires entre la veille et le sommeil, de la part de nos principales célébrités littéraires (V. aussi ce qui sera dit au chapitre ci-après, *Du sommeil et des rêves*). C'est notamment :

La Fontaine, composant en rêve la fable des Deux Pigeons ;

Coleridge écrivant sans effort, à son réveil, une partie de deux ou trois cents vers qu'il sentait avoir composés pendant son sommeil, et perdant le souvenir des autres par suite de la brusque interruption apportée à son travail par une visite d'affaires ;

Alfred de Musset, qui décrivait ainsi le processus de ses rêves de poète : « On ne travaille pas, on écoute, on attend, c'est comme un inconnu qui vous parle à l'oreille. »

« Ce n'est pas moi qui pense, s'écrie Lamartine, ce sont mes idées qui pensent pour moi. »

M. Sardou écrit : « En composant mes drames, il me semblait assister en spectateur à leur représentation ; je regardais ce qui se passait sur la scène dans l'attente impatiente et étonnée de ce qui allait suivre. Et je sentais en même temps que tout ceci venait des profondeurs de mon être. »

M. Camille Mauclair, un romancier de talent, dit M. Gabriel Delanne, qui rapporte le fait dans son ouvrage *Recherches sur la Médiumnité*, p. 136 [1], raconte que sa vie est une sorte de somnolence, un rêve permanent :

Je ne distingue pas, à ce point de vue, assure-t-il, le sommeil de l'état de veille ; je puis dire que non seulement le plan et les idées de mes livres, mais même les moindres métaphores m'en sont dictées dans un rêve continuel. Jamais, que ce soit prose ou vers, je n'ai fait de rature dans un

1. Paris, Libr. des Sciences psych., 1902.

manuscrit, et il ne me servirait de rien d'essayer d'en revoir
la rédaction, comme je l'ai fait au début de ma carrière littéraire, où des scrupules m'engageaient à raturer et à refaire
comme tous mes confrères. J'ai vite compris que ce n'était
pas manque de soin (je suis très passionné de mon art), mais
volonté subjective rendant inutile toute intervention de mon
sens critique et me dictant à son gré. J'ai accepté cet état et
je n'en ai d'explication que ceci : je dois travailler en dormant,
car en me mettant à table, *je ne pense pas à ce que vais écrire*,
mais au prochain livre qui, dans des mois, suivra celui que
je rédige : *j'écris vite, sans jamais m'arrêter, presque comme un
télégraphiste qui enregistre une dépêche.*

Voilà un cas remarquable entre tous, dans lequel la
prédominance du subconscient sur le conscient, dans les
travaux de la pensée, sa maîtrise et son indépendance
s'affirment d'une manière caractéristique.

36. — De tous ces exemples de manifestations du
subconscient, auxquels des milliers d'autres pourraient
être ajoutés, il semble bien résulter que le subconscient
est le véritable auteur des grandes créations de l'esprit, et que, dans tous les cas, il joue, dans ces créations, un rôle manifestement supérieur à celui du conscient. C'est l'opinion de M. Ribot qui, après avoir
résumé un certain nombre de cas semblables à ceux qui
précèdent, s'exprime dans les termes suivants cités par
Myers, à la page 83 de son traité de *la Personnalité
humaine* :

C'est l'*inconscient* (lisez *subconscient*) qui produit ce qu'on
appelle vulgairement l'inspiration. Cet état est un fait positif, présentant des caractères physiques et psychiques qui lui
sont propres. Avant tout, il est impersonnel et involontaire,
agit à la façon d'un instinct, quand et comme il veut ; il peut
être sollicité, mais ne supporte pas de contrainte. Ni la
réflexion, ni la volonté ne peuvent le remplacer dans la création originale.

M. Léon Denis, dans son ouvrage *le Problème de la
destinée*, cite (p. 449) ce qu'ont écrit à ce sujet Thomas
Paine et Emerson :

Il n'est personne, déclarait le premier, qui s'étant occupé des progrès de l'esprit humain, n'ait fait cette observation qu'il y a deux classes bien distinctes de ce qu'on nomme *Idées* ou *Pensées :* celles qui sont produites en nous-mêmes par la réflexion et celles qui se précipitent d'elles-mêmes dans notre esprit. Je me suis fait une règle de toujours accueillir avec politesse ces visiteurs inattendus et de rechercher avec tout le soin dont j'étais capable s'ils méritaient mon attention. Je déclare que c'est à ces hôtes étrangers que je dois toutes les connaissances que je possède.

De son côté, Emerson parle en ces termes du phénomène de l'inspiration :

Les pensées ne me viennent pas successivement, comme dans un problème de mathématiques, mais elles pénètrent d'elles-mêmes dans mon intellect, semblables à un éclair qui brille dans les ténèbres de la nuit. La vérité m'arrive, non par le raisonnement, mais par intuition.

Wagner, écrit M. Édouard Schuré dans la *Revue des Deux Mondes* (1908, p. 869), est une des preuves les plus éclatantes de la supériorité de l'inspiration sur le pur raisonnement, c'est-à-dire du subconscient sur le conscient.

Carl du Prel, dans son remarquable ouvrage intitulé *la Magie,* 2ᵉ partie : *la Psychologie magique* [1], fournit (pp. 210 à 214) une explication lumineuse, et que je recommande à mes lecteurs, de cette action prépondérante du subconscient dans les productions de l'esprit et du phénomène d'extériorisation qui, en l'affranchissant des servitudes du conscient, lui permet de fonctionner avec la liberté et la puissance qui sont la caractéristique des œuvres de génie.

37. — Il n'est pas nécessaire, du reste, d'être un génie, ni même un brillant écrivain, il suffit d'avoir écrit sur un sujet quelconque, avec plus ou moins de talent, peu importe, et de s'être attentivement observé,

1. Traduction de Nissa. Paris, Leymarie, 1908.

pour s'être rendu compte du rôle du subconscient dans les travaux de la pensée et des conditions et du mode de son fonctionnement. Tous ceux qui ont quelque expérience en cette matière savent que la pensée ne coule à pleins bords et que la production intellectuelle n'est réellement féconde qu'à partir du moment où le moi conscient s'est replié sur lui-même et a cessé d'être sensible aux excitations extérieures. Et à quel auteur n'est-il pas arrivé, lorsqu'il relit son livre, d'éprouver la surprise et d'avoir la sensation d'être demeuré étranger à sa production ? Quand, en vous promenant, vous méditez sur un sujet dont votre esprit est préoccupé, se rattachant par exemple à un ouvrage en cours d'élaboration, toute votre sensibilité au monde extérieur semble abolie, au point que votre œil pourra rencontrer un ami, le fixer et ne pas le voir. Dans cet état, pendant lequel le moi cérébral semble dormir, la pensée reste très active, les mots pour l'exprimer viennent à l'esprit sans difficulté, et l'on souhaiterait alors d'avoir sous la main ou un secrétaire pour les lui dicter, ou une plume et du papier pour les écrire. Mais que, par aventure, ce moyen s'offre à vous, que vous puissiez vous arrêter pour transcrire les pensées et les mots qui tourbillonnent dans votre esprit, immédiatement l'effort physique à faire à cet effet tire le subconscient de son rêve, fait cesser son extériorisation, et vous êtes souvent, de ce fait, dans l'impossibilité de profiter du travail qui s'accomplissait en lui et de retrouver les pensées et les mots qui vous assiégeaient, comme une obsession, quelques minutes auparavant. Il faudra, si vous voulez ne pas perdre le fruit de votre méditation antérieure, vous asseoir à votre table de travail, la plume à la main, et vous replonger dans vos réflexions, jusqu'à ce que votre main arrive à écrire presque automatiquement les pensées du subconscient de nouveau extériorisé.

Ces observations et d'autres, qu'il serait trop long de rapporter, font apparaître toute la complexité du *moi*

humain, et la profondeur et l'exactitude de cette remarque du docteur Gyel, disant (*loc. cit.*, p. 25) en
parlant du moi : « En outre de la conscience, soumise en
majeure partie à la connaissance et à la volonté *normales*, il comprend *un subconscient échappant en majeure partie à la connaissance et à la volonté directes.*

38. — Qu'est-ce donc que ce subconscient, si profond et si mystérieux qu'il se dérobe le plus souvent à
nos investigations, et quelles sont les sources auxquelles il s'alimente ?

On peut déjà en tracer quelques traits caractéristiques, en attendant que les chapitres suivants en aient
analysé et décrit toutes les manifestations susceptibles
de le mieux faire connaître.

Myers propose (The subliminal consciousness. *Proceedings s. f. Ps. Res.*, VII, 301) de considérer le courant de conscience dans lequel nous vivons d'habitude
comme n'étant pas l'unique conscience qui soit en relation avec notre organisme. Notre conscience habituelle
ou empirique ne résulterait, d'après lui, que d'une sélection, toujours modifiable et constamment modifiée,
entre la multitude de pensées et de sensations qui
constituent notre moi intérieur, notre conscience totale.

Lodge compare le *moi* à un iceberg dont la tête, qui
serait le moi conscient, émerge seule au-dessus du
niveau de la mer, tandis que la partie la plus considérable, la base, est plongée dans l'eau et émerge plus ou
moins, suivant les circonstances [1].

Ainsi, le subconscient serait, en réalité, le siège et
le principe de la véritable personnalité, ou plutôt de
cette individualité qui constitue le *moi humain* et résumerait en elle les personnalités diverses dont ce moi
semble parfois se composer. C'est la conscience *totale*,
qui s'alimente, d'une part, au moyen des acquisitions
faites par le conscient, par l'intermédiaire des sens, et,

1. *Les Vies successives*, par ALBERT DE ROCHAS, p. 28, Paris, Chacornac, 1911.

d'autre part, au moyen des impressions et connaissances
qui lui sont directement transmises par des canaux restant à déterminer. Pour comprendre le rôle qui lui est
assigné dans le jeu des facultés humaines, il semble
indispensable de supposer, comme je l'ai fait au commencement de ce chapitre (v. supra, nᵒ 30), l'existence dans l'organisme humain d'un centre de forces
distinct et virtuellement indépendant du système nerveux, d'un foyer d'activité intermédiaire entre le monde
physique et ce qu'on est convenu d'appeler le monde spirituel. L'automatisme du docteur Grasset, pas plus que
sa distinction entre les divers centres nerveux qui action-
nent l'organisme physiologique, et la possibilité de leur
dissociation (voir l'étude publiée sur ce point dans la
Revue d'études psychiques [1], nᵒ de janvier 1904, p. 12)
ne sauraient suppléer à cette hypothèse : car ces centres
nerveux ne peuvent s'alimenter que par le canal des sens
et, dès lors, il ne serait pas possible que le subconscient possédât des idées, des connaissances qui n'auraient pas passé par le conscient cérébral. Et cependant, les phénomènes déjà entrevus, et plus encore ceux
de la psychologie *anormale*, comme on le verra plus
loin, établissent bien cette possibilité. Il faut donc que
le subconscient ait des sources d'alimentation autres
que celles des centres nerveux, et beaucoup plus profondes, beaucoup plus étendues.

39. — Quelles sont ces sources? Il importe ici d'en
donner un aperçu, tout au moins hypothétique, en attendant que les faits nombreux et authentiques, qui seront
rapportés dans les chapitres suivants, permettent de
fournir des précisions sur ce point délicat.

Il est incontestable, tout d'abord, que le subconscient
s'alimente de toutes les acquisitions faites par le conscient, par le canal des sens, même des sensations perçues et des connaissances acquises et ensuite effacées ou

---

1. Revue remplacée en 1904 par les *Annales des sciences psychiques*, avec lesquelles elle a fusionné.

oubliées, mais qui n'en subsistent pas moins, à l'état latent, dans le subconscient où elles ont été enregistrées et où elles restent enfouies jusqu'à ce qu'une émotion, un ébranlement quelconque les fassent revivre et remonter à la surface de la conscience supraliminale.

A ces réserves latentes du subconscient, il faut ajouter les acquisitions faites également par le canal des sens, mais sans que la conscience normale en ait été impressionnée.

Chacun sait, fait remarquer judicieusement M. G. Delanne dans son ouvrage déjà cité *Recherches sur la médiumnité*, p. 30, que si l'on est absorbé par la lecture d'un livre..., on regardera, sans les voir, les objets environnants; une très grande quantité de sensations passent inaperçues; mais, si elles n'arrivent pas jusqu'à la phase consciente, le phénomène physiologique de l'enregistrement n'en subsiste pas moins, il reste acquis et augmente la réserve d'impressions nerveuses non perçues.

Telles sont encore les acquisitions faites, sans que le conscient en ait le moindre soupçon, pendant que le sommeil, qui produit le repos du corps et des centres nerveux, laisse au contraire au travail du subconscient toute son activité.

Le souvenir de cette activité de l'âme, dit encore M. Delanne (*loc. cit.*, p. 31), n'en subsistant pas ordinairement pendant la veille, il semble, lorsque les résultats de ce labeur nocturne arrivent à la conscience normale, qu'ils soient engendrés par une intelligence étrangère.

Les productions scientifiques, artistiques ou littéraires, ainsi qu'on l'a vu au commencement de ce chapitre, offrent de nombreux exemples de cette remarquable particularité.

40. — Ces seules considérations suffiraient à donner la clef de la supériorité du subconscient sur le conscient, et à expliquer que le premier ait des réserves de sensations, d'idées et de connaissances bien plus abondantes

que n'en peut avoir le second. Mais, il est sans doute d'autres raisons plus profondes de cette supériorité, et sans lesquelles il serait impossible de donner une explication satisfaisante des hautes potentialités (suggestion, clairvoyance, prévision de l'avenir, transmission de pensée, télépathie), qui appartiennent à l'être humain, à l'*homme magique*, comme l'appellent Carl du Prel et M. Sage (*la Zone frontière*, p. 17) [1] et qu'une étude plus approfondie ne tardera pas à mettre en évidence.

D'une part, en effet, placé sur les confins du monde physique et du monde spirituel, tout porte à croire que le subconscient, tel qu'on vient de l'entrevoir, puise directement dans ce dernier monde, par un processus resté obscur jusqu'à présent, les idées, les inspirations, et les connaissances transcendantales que le conscient est parfois surpris de voir émerger des profondeurs du *moi* et dont l'origine lui est inconnue. Cette hypothèse suffirait à tout expliquer.

Mais, d'autre part, ceux qui croient aux réincarnations successives de l'âme [2], sont fondés à en admettre une autre, qui consisterait à dire que le subconscient résumant en lui toutes les acquisitions des vies successives et des vies *astrales* intermédiaires, il n'est pas étonnant qu'il manifeste des aptitudes bien supérieures à celles du conscient.

Enfin, les spirites, qui admettent la possibilité des communications entre les vivants et les morts, trouvent dans ces communications une explication toute naturelle et qui s'ajoute aux précédentes, des facultés et des sources d'information *anormales* du subconscient.

1. Paris, Leymarie, 1903.
2. Si je mentionne cette hypothèse, qui *à priori* me paraît des plus suspectes, et qui d'un autre côté est difficilement conciliable avec nos traditions religieuses, c'est pour être complet et ne rien laisser dans l'ombre. Peut-être, du reste, aurai-je l'occasion d'y revenir, dans le second ouvrage qui doit suivre celui-ci, et peut-être me sera-t-il permis alors de démontrer la fragilité et le peu de consistance des considérations qu'on a l'habitude d'invoquer à l'appui de cette hypothèse.

Quelle est, de ces trois hypothèses, celle qui doit être préférée ? Il serait difficile de le dire avec certitude, bien que la première me paraisse la plus simple et la plus plausible. D'ailleurs, elles ne sont pas exclusives l'une de l'autre, et peut-être y a-t-il dans chacune d'elles quelque part de vérité. Dans tous les cas, elles supposent toutes l'existence et la permanence dans l'homme d'un principe spirituel, d'un foyer d'activité psychique, distinct et indépendant de l'organisme corporel et destiné à lui survivre. C'est là ce qu'il importait avant tout de dégager. Pour le surplus, mes lecteurs en jugeront eux-mêmes lorsqu'ils auront pu se rendre compte d'une manière plus complète de l'ensemble des phénomènes psychiques qu'il me reste à étudier.

41. — Une dernière remarque avant de clore ce chapitre :

On verra, dans la suite de cet ouvrage (et j'aurai maintes fois l'occasion de renouveler cette observation), que la subconscience fonctionne avec d'autant plus d'intensité et de puissance que le conscient est lui-même moins actif. Il y a là une sorte de parallélisme constant, mais en sens inverse, dans le jeu de ces deux centres d'activité. C'est surtout lorsque le conscient s'obnubile et que son foyer d'action, c'est-à-dire le système nerveux, subit une sorte d'anesthésie, sous l'influence du sommeil, par exemple, ou dans une méditation profonde qui ferme le conscient aux excitations des sens, ou même sous l'action de l'hypnotisme, du somnambulisme naturel ou provoqué, de la transe médiumnique, etc., c'est alors, dis-je, que le subconscient, s'affranchissant des servitudes du conscient auquel, dans l'état normal, il est intimement lié, *s'extériorise* et peut ainsi manifester pleinement et sans entraves toutes ses virtualités. C'est alors aussi, on le conçoit, qu'il jouit de la plus grande liberté pour exercer cette faculté, que je lui suppose non sans raison, de communiquer avec le monde spirituel, soit qu'il en reçoive directement les inspira-

tions, soit qu'il serve, dans l'hypothèse spirite, d'intermédiaire, de *médium* à un être de l'au-delà désirant
communiquer avec les habitants de notre planète terrestre.

CHAPITRE III

Le sommeil et les rêves.

42. — Avant d'aborder l'examen des phénomènes qui rentrent dans le cadre de ce qu'on a appelé la psychologie *anormale*, ou *transcendantale*, on ne saurait se dispenser d'accorder une attention toute particulière à un phénomène *très normal* et que chacun de nous a tous les jours l'occasion de constater : le phénomène du *sommeil et des rêves*. Le rôle du subconscient y est, en effet, comme on va le voir, très important, pour ne pas dire prépondérant, et, par conséquent, l'étude de cette faculté maîtresse peut y puiser de nombreux et précieux éléments d'information.

Malheureusement pour la science, l'interprétation de ce simple fait du sommeil et du rêve, si commun qu'il soit, ne laisse pas de présenter de grandes difficultés, provenant de ce que la conscience normale étant obnubilée pendant cette phase de la vie, les moyens d'observation font le plus souvent défaut.

Cette interprétation a donné lieu à de nombreuses théories quant à la nécessité du sommeil, à ses causes physiologiques et à ses effets.

Sa nécessité est évidente. L'auteur, déjà cité, de l'*Essai de psychologie générale*, M. Charles Richet, ne peut que la constater :

La loi de la nécessité du sommeil, écrit-il (p. 49), à laquelle sont soumis tous les êtres ayant une vie psychique, est générale, absolue. En effet, ce n'est pas seulement le système nerveux psychique qui a besoin de sommeil, c'est le système nerveux *tout entier* qui est engourdi dans chacune de ses sphères d'activité. Il y a repos du système nerveux moteur, du système nerveux sensitif, du système nerveux réflexe, et même, dans une certaine mesure, du système nerveux végétatif, puisque aussi bien tous les phénomènes de vie des tissus sont ralentis et diminués pendant le sommeil psychique.

43. — Sur les causes physiologiques du sommeil, les savants ne sont d'accord que pour avouer leur ignorance. On a parlé d'anémie de l'encéphale, de congestion, d'altération humorale du sang. Mais ces causes auraient elles-mêmes besoin d'être expliquées. Car, dit M. Ch. Richet (*loc. cit.*, p. 49), pourquoi surviendraient-elles périodiquement ?

Toutefois, à défaut d'explications satisfaisantes sur les *causes* du sommeil, une théorie récente, que les recherches histologiques ont permis de formuler, a tenté d'en décrire le *processus* et les effets. Elle a été résumée dans l'ouvrage précité du docteur Gyel, *l'Être subconscient*, p. 27, dans les termes suivants :

On sait qu'on entend par *neurone* la cellule nerveuse pourvue de son *nucléus*, de ses *prolongements protoplasmiques*, de son prolongement *cylindraxile arborisé*.

Ces prolongements ramifiés ne s'anastomosent pas avec ceux de cellules voisines, comme on le croyait autrefois ; les rapports se font, non par *continuité*, mais par *contiguïté*.

Chaque neurone constitue une « *individualité* » anatomique physiologique et histogénique, un tout isolé et indépendant. Le système nerveux, dans son ensemble, n'est qu'un « *agrégat de neurones sans soudure entre eux* ».

Or, *dans l'état de veille*, l'activité fonctionnelle du cerveau serait caractérisée par la mobilité et l'allongement de prolongements ramifiés « *des tentacules* » des neurones, qui se mettent ainsi en contact de cellule à cellule.

Dans le sommeil, au contraire, il y a *rétraction et immobilité de ces « tentacules »*, qui s'isolent ainsi, arrêtant ou ralentissant le courant nerveux.

Aucun doute n'est donc possible : physiologiquement, si cette théorie est vraie, *le sommeil est essentiellement le repos des centres nerveux.*

Mais cette théorie, qui est admise par un grand nombre de physiologistes, fournit-elle du sommeil une explication vraiment rationnelle et adéquate à ses effets ? Le docteur Gyel ne le pense pas.

S'il ne s'agissait, dit-il, dans le sommeil, que d'une obnubilation passagère de l'intelligence, l'explication naturelle tiendrait tout entière dans le fait *d'une diminution d'activité psychique par diminution d'activité fonctionnelle du cerveau.*

Mais, précisément, et c'est là que réside la difficulté, la diminution de l'activité psychique n'est nullement le phénomène essentiel ni même nécessaire du sommeil. Le repos du cerveau est surtout caractérisé par *l'obnubilation de la volonté consciente normale*, obnubilation qui n'empêche par les autres modes d'activité psychique de persister, ou même de s'accroître, malgré le sommeil.

Loin, en effet, de suivre une marche parallèle, le phénomène physiologique et le phénomène psychologique accusent généralement, quand il est permis de mesurer et de comparer leur intensité, un processus en sens inverse, par ce fait même qu'à la diminution de *l'activité fonctionnelle du cerveau* correspond une augmentation dans *l'activité psychique*, activité qui ne peut être, comme on le verra plus loin, que le fait du subconscient.

44. — Les témoignages de cette activité psychique pendant le sommeil, c'est-à-dire pendant le repos du système nerveux, sont aussi nombreux qu'irrécusables. C'est pendant le sommeil, on le verra dans la suite de cet ouvrage, que les phénomènes les plus extraordinaires de la vie psychique, tels que les faits de clairvoyance, de lucidité et de prévision de l'avenir, ceux de transmission de pensée et de télépathie, se manifestent le plus souvent et avec le plus d'intensité. Il en sera

rendu compte dans les chapitres spéciaux consacrés à l'étude de ces faits. Mais, il convient dès à présent, pour les besoins des explications qui rentrent dans le cadre du chapitre actuel, d'en citer quelques exemples.

Notons d'abord les formes les plus simples de cette activité :

Par exemple, dit M. Charles Richet (*loc. cit.*, p. 47), je m'endors avec telles ou telles idées, telles résolutions, tels souvenirs. Le lendemain matin, à mon réveil, mes idées ne sont plus les mêmes, mes résolutions ont changé, de nouveaux souvenirs se présentent à ma mémoire. Je ne suis plus le même individu psychique : il faut donc admettre qu'il s'est fait en moi un certain changement auquel je n'ai pas assisté, mais dont je constate les effets. Or, ce changement suppose nécessairement un travail psychique, intérieur, latent.

D'autres faits bien connus établissent la continuation, pendant le sommeil, d'une certaine irritabilité psychique. Le meunier dormant au bruit de son moulin se réveille dès que le moulin cesse de faire du bruit. La mère, qui dort à côté de son enfant malade, ne se réveillera pas pour les voitures qui passent à grand bruit dans la rue; mais un léger soupir de l'enfant la réveillera aussitôt. Comment expliquer ces faits et bien d'autres analogues, très souvent cités, si l'on n'admet une certaine activité latente?

Pourquoi se réveiller exactement à l'heure convenue? Cela témoigne assurément d'une certaine persistance de la vie psychique, etc.

45. — Le docteur Wahu, dans son ouvrage si documenté *le Spiritisme dans l'antiquité et dans les temps modernes*, 2ᵉ partie, p. 215 [1], cite une belle page de Mignet (notices et portraits, t. III), dans laquelle on lit ce qui suit :

Cet état du sommeil, M. Jouffroy le décrit fort ingénieusement et le considère, avec Bacon, comme le retour de l'esprit vivant en lui-même. Tandis que les physiologistes font servir le sommeil au triomphe du corps, lui y voit *la domination exclusive de l'âme*. C'est elle qui veille pendant que son serviteur se délasse... Son action ne cesse donc jamais.

1. Paris, Librairie de la *Revue spirite*, 1885.

M. Sage, dans son intéressant ouvrage, déjà cité, *la Zone frontière* [1], fait justement observer que :

Dans le sommeil, l'âme ne perd rien de sa puissance. Dans bien des cas, on pourrait même dire : au contraire. Un travail intellectuel, qui nous a fortement préoccupé pendant la veille, sans que nous ayons pu en venir à bout, est souvent emporté dans le sommeil sous forme de *monoïdéisme :* là, ce travail se fait tout seul et divinement bien. Le lendemain, nous le trouvons tout prêt dans notre esprit, à notre grand étonnement, et nous nous demandons qui a donc pu faire à notre insu ce qui paraissait si difficile.

L'esprit de certaines personnes, lit-on dans un ouvrage de M. Léon Denis *Dans l'Invisible* [2] (p. 145), continue à travailler pendant le sommeil ordinaire et parvient à réaliser des œuvres considérables. Plusieurs faits, cités par cet auteur, dont quelques-uns ont été rapportés par moi au chapitre précédent (*supra*, n° 35), confirment cette observation et prouvent que l'activité intellectuelle et la puissance de travail, quand elles se manifestent dans le sommeil, sont plus grandes que pendant la veille, et que les facultés de l'esprit s'intensifient alors, au point de produire des œuvres que le sujet n'aurait pu réaliser, étant éveillé.

M. Carl du Prel (*la Magie ;* 2° partie : *la Psychologie magique*) explique ce fait, qui, il y a seulement quelques années, eût pu paraître paradoxal, de la manière suivante :

L'état normal dans lequel nous travaillons est le *polydéisme.* C'est pourquoi un travail de l'esprit vers un but conscient devient très difficile. Pour y parvenir, nous cherchons à sortir de cet état en nous isolant des impressions extérieures et en concentrant toute la force de notre esprit sur le but que nous poursuivons. Mais cet effort même est encore une cause de distraction. Si, pour une cause ou pour une autre, il cesse d'être nécessaire à la concentration de la pensée, si

1. Paris, Leymarie, 1903.
2. Paris, Leymarie, 1904.

celle-ci s'effectue d'elle-même, le *monoïdéisme* auquel elle abou-
tira n'en portera que de meilleurs fruits.

Ceci est le cas quand, en état de monoïdéisme, nous sommes soustraits à l'influence du monde extérieur par le sommeil. L'attention ne fait plus aucun effort et, comme la valeur
de notre travail spirituel dépend d'elle, il faut s'attendre
d'avance à ce qu'un monoïdéisme apporté dans le sommeil
nous rende propre à des actions dont nous sommes incapa-
bles à l'état de veille. Toutes les facultés de l'esprit peuvent
s'augmenter par là.

Notre auteur invoque à l'appui de cette observation
un certain nombre de faits qu'on trouvera relatés aux
pages 216 à 219 de son ouvrage. « On pourrait, ajoute-
t-il, en citer beaucoup d'autres et ils seraient encore
plus nombreux s'il restait chaque fois une trace du travail accompli pendant le sommeil, ou, du moins, si le
souvenir en persistait à l'état de veille.

46. — A ces témoignages de l'activité psychique se
manifestant par le travail de l'esprit pendant le sommeil
avec une intensité et une puissance supérieures à celles
qu'on observe à l'état de veille, il convient d'ajouter ici
quelques exemples d'une autre forme d'activité qui sera
spécialement étudiée dans deux chapitres ultérieurs concernant : l'un, les phénomènes supranormaux de *la
clairvoyance, la lucidité* et *la prévision de l'avenir*,
l'autre, ceux de *la télépathie*, et qui trouvant dans le
sommeil, comme on le verra alors, un terrain particulièrement propice pour se développer, rentre par là dans le
cadre du chapitre actuel.

Cela m'amène à étudier, avec les auteurs qui me
servent de guide, le sujet si troublant et si mystérieux
des rêves.

47. — M. Léon Denis, dans son ouvrage *Dans l'Invisible*, déjà cité, pose en principe (pp. 166 à 168) que
le rêve est dû à « une émancipation de l'âme qui, en
se transportant sur un plan plus élevé de l'Univers, perçoit, *à l'aide de ses propres se1s*, les êtres et les choses

de ce plan » ; c'est-à-dire, dans un langage plus positif, à un dégagement, une extériorisation du *subconscient*, qui, plus ou moins libéré des liens du corps, vit de sa propre vie, sent et agit par ses propres moyens ! De là deux catégories de rêves qui, au fond, ne se distinguent les uns des autres que par le degré d'extériorisation du subconscient.

Il y a, d'abord, le *rêve ordinaire*, dans lequel la dissociation du conscient et du subconscient est juste assez grande pour que le premier soit privé de la direction du second, mais pas assez pour que le second jouisse pleinement de sa liberté et de son autonomie.

C'est, dit M. Léon Denis, le rêve *purement cérébral*, simple répercussion de nos dispositions physiques ou de nos préoccupations morales. C'est aussi le reflet des impressions et des images emmagasinées dans le cerveau pendant la veille. En l'absence de toute direction consciente, de tout contrôle de la volonté, elles se déroulent automatiquement ou se traduisent en scènes vagues, dépourvues de sens et de liaison, *mais qui restent gravées dans la mémoire.*

Le deuxième catégorie des rêves comprend tous ceux qui sont l'œuvre, à proprement parler, du subconscient plus ou moins extériorisé. Suivant le degré de cette extériorisation, le souvenir qu'en garde le sujet au réveil, est, en général, plus ou moins affaibli, pour être entièrement nul quand l'extériorisation atteint son maximum de puissance.

Dans un autre de ses ouvrages, *le Problème de la destinée*, M. Léon Denis complète ses précédentes explications sur le sommeil et sur les rêves. Il écrit, notamment, en ce qui concerne ces derniers :

Suivant les anciens, il existe deux catégories de rêves : le rêve proprement dit, en grec « *onar* », est d'origine physique ; le songe « *repar* », d'origine psychique. On trouve cette distinction dans Homère, qui représente la tradition populaire, aussi bien que dans Hippocrate, qui est le représen-

tant de la tradition scientifique. Beaucoup d'occultistes
modernes ont adopté des définitions analogues. D'après
eux, en thèse générale, le rêve serait un phénomène produit
mécaniquement par l'organisme ; le songe, un produit de la
clairvoyance divinatoire ; l'un, illusoire ; l'autre, véridique...

48. — C'est dans les rêves de cette dernière catégorie, qui accompagnent généralement les sommeils
profonds, pendant lesquels les centres nerveux sont
dans un état d'inertie excluant toute activité psychique
de leur part, comme on le verra mieux encore dans
l'étude du sommeil somnambulique, — c'est alors, dis-
je, que le subconscient manifeste le plus souvent sa
prodigieuse puissance, et fait preuve de facultés absolument inexplicables, telles que celle de percevoir ou de
transmettre, malgré la distance et à travers tous les
obstacles, des pensées, des images, des sensations,
correspondantes à des faits réels et dûment vérifiés, et
celle, encore plus extraordinaire, de prévoir l'avenir.
Quelques exemples, seulement, qu'il me paraît utile de
rapporter ici, par anticipation sur un sujet qui sera plus
amplement traité aux chapitres ci-après de la *Clairvoyance* et de la *Télépathie*, suffiront à l'établir.

49. — *Faits de clairvoyance et de lucidité.* —
M. Léon Denis (*Dans l'Invisible*, pp. 142 à 145) a recueilli
quelques faits de cette catégorie que je me borne à lui
emprunter :

Pendant le sommeil normal, dit-il (p. 142), lorsque le corps
repose, que les sens sont inactifs, nous pouvons constater
qu'un être veille et qu'il agit en nous, qu'il voit et entend à
travers tous les obstacles matériels, murs ou portes, à toutes
distances...

M. Varley, ingénieur en chef des télégraphes de la
Grande-Bretagne, dans sa déposition lors de l'enquête
ouverte (sur les phénomènes psychiques) par la *Société
dialectique de Londres*, rapporte le fait suivant :

Étant en voyage, il descendit au milieu de la nuit dans un

hôtel, se coucha et s'endormit. Pendant son sommeil, il vit en songe la cour de cet hôtel et remarqua que des ouvriers y travaillaient ; s'étant suggéré la pensée du réveil, il put, aussitôt levé, constater la réalité de son rêve... Or c'était la première fois qu'il venait en ce lieu.

M. Camille Flammarion, résumant dans son ouvrage *l'Inconnu et les Problèmes psychiques*, déjà cité, l'enquête qu'il a faite auprès des lecteurs des *Annales politiques et littéraires*, rapporte (pp. 411 à 489) un grand nombre de cas (70 exactement) de vision à distance pendant le sommeil, tels que ceux-ci :

M. G. Parent, maire de Wièges (Aisne), assistant en rêve à un incendie qui détruit la ferme d'un de ses amis ;
M. Palmers, ingénieur des Ponts et Chaussées à Toulon, apprenant, par un rêve de sa femme, l'arrivée inattendue de son père et de sa mère, qu'elle voit en mer sur un paquebot.

Les *Proceedings* (procès-verbaux de la *Société des Recherches psychiques de Londres*) enregistrent plusieurs cas de même nature (t. I, p. 30 et t. II, p. 160), parmi lesquels on se borne à citer le suivant :

Mme Brougton s'éveilla une nuit, en 1844, à Londres et réveilla son mari pour lui dire qu'un grave événement était arrivé en France. Elle avait été témoin, en rêve, de l'accident de voiture dont le duc d'Orléans fut victime... (Toutes les circonstances de ce rêve furent reconnues exactes.)

50. — Il serait difficile, tous les lecteurs de bonne foi en conviendront, de ne pas reconnaître que des faits de cette nature résistent absolument à toute interprétion purement matérialiste. Impossible, en effet, de les attribuer à une action quelconque des centres nerveux, du conscient cérébral. Les centres nerveux ne peuvent être impressionnés que par le canal des sens. Donc, pour que M. Varley, par exemple, pût voir, étant couché et endormi, ce qui se passait la nuit dans la cour de son hôtel, il aurait fallu que les faibles ondes lumineuses

rayonnées dans la nuit par les objets aperçus, vinssent frapper sa rétine. Or, il n'est pas dans la nature de ces ondes de traverser les murailles ; et, en outre, le sens de la vue chez le dormeur était inactif et ne pouvait réagir et transmettre au cerveau l'impression reçue. Il faut donc admettre que c'est un centre de forces et de perceptions, autre que les centres nerveux, qui a re-cueilli directement cette impression et l'a transmise aussitôt à la conscience. Ce centre de forces ne peut être que le subconscient, le véhicule de l'âme, selon l'heu-reuse définition de M. Léon Denis.

Ceci dit une fois pour toutes pour les phénomènes de clairvoyance qui viennent d'être rapportés et pour tous autres phénomènes semblables dont l'analyse exclut de leur production toute participation du conscient cérébral.

. 51. — *Faits de télépathie.* — Les phénomènes de télépathie, on le verra plus loin au chapitre qui leur est spécialement consacré, ont été recueillis en si grand nombre et avec un tel luxe de détails, d'attestations et de contrôle, notamment par la *Société des Recherches psychiques de Londres*, fondée à cet effet en 1882, qu'ils ont fini par s'imposer à l'attention des savants et qu'il est aujourd'hui peu de nos psychologues qui n'ad-mettent leur réalité et n'en fassent la base scientifique de leurs spéculations. Je ne me propose ici que de donner un aperçu sommaire de l'influence que le sommeil exerce sur leur production :

Pendant le sommeil, écrit M. Sage dans son ouvrage déjà cité *la Zone frontière* (p. 237), l'âme peut être frappée direc-tement par la pensée d'autrui, consciente ou subconsciente, et sans tenir compte de la distance. Ces rêves télépathiques sont très fréquents chez certaines personnes... En tout cas, la perception directe de la pensée d'autrui est en général plus fréquente pendant le sommeil que pendant la veille et cela se comprend, puisque l'âme se trouve, pendant le sommeil, voi-sine de l'état où la perception directe de la pensée sera sa perception normale.

A mon chapitre de la *Télépathie* (*infra*, nᵒˢ 463 et s.), j'aurai l'occasion, je le répète, de rapporter un certain nombre de cas typiques de rêves *télépathiques*, c'est-à-dire ayant leur cause dans la transmission au dormeur de la pensée d'un vivant, ou même d'un mort. Je me bornerai ici à citer deux exemples de ce genre de rêves. Voici le premier, tel qu'il a été recueilli dans l'ouvrage précité *la Personnalité humaine*, de Myers (p. 132) :

Canon Warburton étant venu voir son frère, trouve sur la table de ce dernier un petit mot par lequel il s'excuse de ne pas se trouver chez lui pour recevoir son hôte, obligé qu'il a été de se rendre à un bal. En attendant que son frère soit rentré, C. Warburton s'assoit dans un fauteuil et s'endort, lorsqu'il est brusquement réveillé, ayant eu la vision de son frère tombant dans un escalier. Quelques instants après, celui-ci rentre et raconte à son frère qu'il venait d'échapper à un grand danger, ayant failli se casser le cou en tombant d'un escalier (*Phantasms of the living*, I, p. 338).

J'ajoute à cet exemple le cas suivant, que la *Revue spirite* a emprunté tout récemment (nᵒ du 9 septembre 1910) à la *Zeitschrift für Spiritisms* du 9 juillet 1910, et que l'honorabilité du narrateur, le comte Henri Stezkij, et la précision de son récit rendent particulièrement intéressant :

Un riche propriétaire, des environs de Tarnoff, s'étant aperçu, au cours d'une promenade, qu'il venait de perdre sa bourse, contenant 600 florins, s'arrêta dans une auberge voisine, où il rencontra un malheureux loqueteux, juif d'origine et maquignon, du nom de Kosminster, qui venait de retrouver cette bourse et la lui rendit. Ému de cet acte de probité, il remit à ce dernier, à titre de récompense, la moitié de la somme retrouvée, soit 300 florins.

Deux semaines venaient de s'écouler (ici je copie textuellement) depuis cet incident, lorsque le pauvre israélite apparut en rêve au propriétaire ; il portait des traces apparentes de sang sur ses loques et, dans un langage poignant, il expliquait que le don en argent qui lui avait été fait était devenu la cause de sa mort.

Deux semaines après, le même rêve se reproduisit, mais

avec des détails tellement suggestifs que le propriétaire, vivement frappé, fit venir chez lui l'aubergiste le lendemain matin.

A brûle-pourpoint, il lui demanda des nouvelles du maquignon Kosminster. Cette question inattendue eut pour effet de gêner l'aubergiste qui tout d'abord balbutia, en rougissant sous le coup d'une vive émotion. Mais, se ressaisissant, et payant d'aplomb, il répondit à son interlocuteur qu'il ignorait ce qu'avait pu devenir le marchand juif ; que probablement celui-ci avait continué à pérégriner, en nomade qu'il était...

Mais, deux jours après, et pour la troisième fois, le marchand apparut de nouveau en rêve au propriétaire, en lui apprenant cette fois que c'était bien l'aubergiste qui l'avait assassiné, pour s'emparer des valeurs qui lui avaient été données en gratification en sa présence, entrant à ce sujet dans des détails d'une précision extraordinaire.

... Sans plus tarder, le propriétaire se rendit auprès des juges de la ville voisine qu'il parvint à convaincre et desquels il obtint qu'une perquisition serait faite sans délai chez l'aubergiste.

Cette descente de justice fit non seulement découvrir les 300 florins, mais, de plus, la culpabilité de l'aubergiste, inculpé d'assassinat, put être nettement établie.

La justice suivit son cours, et l'aubergiste, convaincu de crime, fut condamné à mort.

52. — *Rêves prophétiques ou prémonitoires.* — Les exemples de cette catégorie de rêves, dont la haute signification transporte l'esprit déconcerté du psychologue dans un monde inaccessible à ses recherches, sont assez nombreux pour qu'il soit permis de ne pas douter de leur réalité.

En attendant que les chapitres spécialement consacrés aux faits de clairvoyance (chap. XI) et aux phénomènes télépathiques (chap. XII) me permettent de donner à cette étude de plus amples développements, je dois en dire ici quelques mots, puisque aussi bien ils sont de nature à éclairer la conception psychologique que l'on doit se faire du rôle du subconscient dans le sommeil.

M. Léon Denis, dans son ouvrage précité *Dans l'Invisible* (p. 170), écrit :

On constate fréquemment, dans les rêves, des phénomènes de prémonition, c'est-à-dire la faculté pour certains sensitifs de percevoir dans le sommeil les choses futures.

Les exemples historiques abondent, d'après cet auteur :

Vision par Calpurnia, femme de César, du complot de Brutus et du meurtre de César (Plutarque, *Vie de César*);

Pressentiment par Montluc, la veille de l'événement, de la mort de Henri II, percé d'un coup de lance, dans un tournoi, par Montgomery (*Commentaires de Montluc*);

Rêve du président Abraham Lincoln, lui annonçant son assassinat, qui eut lieu, en effet, quelque temps après (*The two worlds*), etc.

Dans son livre déjà plusieurs fois cité : *l'Inconnu et les Problèmes psychiques*, M. Camille Flammarion mentionne 76 rêves prémonitoires, dont deux de sa mère, la plupart portant en eux, au témoignage de M. Léon Denis (*loc. cit.*, p. 171), le caractère de l'authenticité la plus absolue.

63. — Y a-t-il, se demande M. Metzger, dans son *Essai sur le spiritisme scientifique* [1], pp. 158 et suiv., ou n'y a-t-il pas de rêves prophétiques ? C'est une pure question de fait, et dès lors peu importent les hypothèses pour ou contre.

La réponse est qu'il y a des rêves prophétiques et qu'ils sont en nombre considérable. Ils diffèrent absolument de forme et de fond. Les uns sont absolument précis et correspondent exactement aux événements qu'ils annoncent ; les autres sont symboliques et ont besoin d'être interprétés...

À l'appui de cette affirmation, le même auteur cite (pp. 161 et s.) quelques exemples caractéristiques dont

1. Paris, Libr. des Sciences psych., 1, rue Chabanais (Éd. non datée).

les deux suivants me paraissent dignes d'être rapportés
textuellement :

1° Dans son *Livre des songes*, dit-il, Valère Maxime raconte
qu'Artérius Rufus, chevalier romain, se vit en songe percé
par la main d'un rétiaire, et, le lendemain, à l'amphithéâtre
de Syracuse, il raconta son rêve à plusieurs personnes. Peu
d'instants après, un rétiaire entre dans l'arène avec son mir-
millon tout près de l'endroit où notre chevalier était assis.
A peine ce dernier l'eut-il vu venir, qu'il s'écria : « Voilà
le rétiaire par lequel il m'a semblé dans mon rêve que j'étais
tué ». Et, aussitôt, il voulut sortir. Les personnes qui se trouvaient avec lui parvinrent par leurs discours à dissiper ses
craintes, et causèrent ainsi sa perte; car le rétiaire ayant
poussé son adversaire jusqu'au bord de l'arène, le renversa
précisément en cet endroit; pendant qu'il cherchait à le frapper, son arme atteignit Artérius et le tua (Extrait de l'*Essai
sur l'humanité posthume*, par Ad. d'Assier, p. 170).

2° Le fait suivant n'est pas moins frappant, et il a cet avantage de s'être passé moins loin de nous, et d'avoir pour garant le maréchal Marmont, qui le raconte ainsi : « La veille
d'une bataille, un des plus brillants officiers de l'armée d'Italie, Stingel, vit pendant son sommeil un grand cavalier vert
qui venait à lui et le tuait. Le lendemain, il raconta son rêve
à ses camarades, sans y attacher toutefois aucune importance.
Le même jour, un engagement a lieu entre Français et Au-
trichiens. Au plus fort de la mêlée, Stingel aperçoit venant à
lui un dragon de haute taille, portant l'uniforme vert. Il croit
revoir le cavalier qui lui est apparu en songe, et va à sa
rencontre en lui criant : « Je te reconnais, je suis à toi. »
Quelques instants après, il était tué. » (Extrait de l'*Essai sur
l'humanité posthume*, par Ad. d'Assier, p. 171).

54. — Quand il s'agit de constater la réalité d'un
phénomène aussi déconcertant que la prévision de
l'avenir, on ne saurait réunir trop de témoignages. Et
c'est, en effet, ce que les psychologues de tous les pays
s'efforcent de faire depuis que ce mystérieux problème
s'est imposé à leurs réflexions. Leur récolte est déjà
considérable ; mais la place manque dans les ouvrages
tels que celui-ci pour en rendre compte. Je cherche
seulement, pour y suppléer et instruire autant que possible le lecteur sur ce point, à montrer que les témoi-

gnages viennent de toutes parts, et que les auteurs les
plus prudents et les plus réservés y apportent leur contribution. On connaît la haute autorité en ces matières
de M. Maxwell, magistrat distingué et docteur en médecine, qui apporte dans ses recherches psychiques toute
la circonspection à laquelle l'ont habitué ses fonctions
judiciaires. Voici ce qu'il dit, au sujet des rêves prémonitoires, dans son ouvrage bien connu *les Phénomènes psychiques*[1], pp. 186 et 187 :

J'ai eu l'occasion d'entendre raconter des rêves prémonitoires survenus à des personnes d'une bonne foi parfaite et
je vais en donner deux exemples que des magistrats m'ont
contés.

Le premier concerne un haut magistrat. Il avait vendu une
coupe de bois à un prix assez avantageux, mais le marché
n'était pas définitif et devait être conclu dans une entrevue
fixée entre le propriétaire et l'acquéreur. La veille du jour où
le magistrait devait aller à la campagne, sa femme rêva qu'elle
assistait à la visite du marchand de bois : celui-ci offrait un
prix inférieur au prix convenu primitivement et entourait
son manque de bonne foi de toutes sortes de périphrases,
essayant de prouver que le marché restait excellent pour le
propriétaire. Il se tourna, en finissant, vers Mme X... qui
assistait à l'entrevue et lui dit : « *N'est-ce pas, Madame, que ce
sont là de belles paroles ?* » Mme X... raconta le rêve à son
mari en lui disant que le marché ne se réaliserait pas. Son
rêve s'accomplit exactement *et la phrase entendue en rêve fut dite
par le marchand.* Je tiens le récit du magistrat lui-même,
homme éminent et l'un des plus brillants esprits que j'aie
connus.

Je passe sous silence le second exemple rapporté
(p. 187) par M. Maxwell et je me borne à citer la prudente explication dont l'auteur fait suivre son récit :

Les faits de ce genre, dit-il (p. 188), sont très nombreux. Ils
peuvent n'être que de simples coïncidences, mais... je ne
puis m'empêcher de penser que la coïncidence n'explique pas
tout. Les détails concordants sont souvent si nombreux que
les probabilités sont dans une proportion extrêmement grande

1. Paris, Alcan, 1903.

contre le pur hasard. Richet a étudié avec soin cette question des probabilités, et je n'ai pas à la discuter. J'indique mon impression, persuadé que tous ceux qui étudieront sans parti pris ces faits, constateront comme moi que le hasard n'explique pas tout.

55. — Le rêve prémonitoire revêt parfois des formes bizarres, destinées sans doute à attirer plus vivement l'attention du dormeur. En voici un, que M. Dufilhol, officier supérieur en retraite, a extrait de la correspondance d'Hugo Grotius (2ᵉ partie, p. 405) et qu'il a publié, en 1893, dans *le Phare de Normandie* :

Une personne, qui ne savait pas un mot de grec, alla un jour trouver M. Saumaise, conseiller au Parlement de Dijon, pour lui montrer une série de mots qu'elle avait entendus la nuit précédente, pendant son sommeil, et écrits à son réveil, en caractères français : « *Apithi ! ouc osphraine ten sen appasuchian ?* » Elle lui en demanda le sens ; M. Saumaise traduisit: « *Sauve-toi ! Ne sens-tu pas la mort qui te menace?* » Frappée de cet avertissement, cette personne déménagea tout aussitôt. La maison qu'elle habitait s'écroula la nuit suivante.

M. Dufilhol ajoute à son récit cette judicieuse remarque :

Hugo Grotius, auteur du célèbre traité *De jure belli et pacis*, ayant occupé un rang distingué dans son pays, puis en France, où il a résidé dix ans comme ambassadeur, ne saurait être taxé de crédulité, encore moins d'imposture. Un homme de cette valeur n'affirme qu'à bon escient. (Extrait de l'ouvrage de M. Albert de la Baucie, *les Grands Horizons de la vie* [1], p. 222.)

56. — Comment expliquer rationnellement des faits aussi étranges ? Est-il admissible que le subconcient, si puissantes et si extraordinaires que se montrent parfois ses facultés lorsqu'il est extériorisé par le sommeil, puisse lire dans l'avenir ? Sans doute, l'avenir est tout entier contenu dans le présent, comme les effets

1. Paris, Leymarie, 1900.

le sont dans leurs causes. Mais à quel être, si ce n'est à Dieu, ou à ceux qu'il admet parfois à participer à sa toute puissance, peut-il être donné de pénétrer ces mystères, tant que les causes restent à l'état de causes et n'ont pas produit leurs effets ?

M. Metzger, dans son ouvrage déjà cité *Essai sur le spiritisme scientifique*, p. 165, se pose la même question :

> L'homme, dit-il, est-il capable, sans secours extérieur, grâce à cet inconscient qui est en lui, de remonter ainsi des causes actuelles à leurs effets ultérieurs, comme il peut, s'emparant des effets actuels, poursuivre d'étape en étape leurs causes antérieures ? Ne serait-il pas plutôt un simple instrument recevant et transmettant les renseignements que lui apporteraient des intelligences supérieures ?

Cette dernière hypothèse, pour laquelle l'auteur ne cache pas ses préférences, paraît, en effet, la plus plausible. Elle se justifie par ce qui a été dit précédemment des sources auxquelles s'alimente le subconscient pour exercer ses puissantes facultés (v. *supra*, n° 40), sources parmi lesquelles j'ai signalé en première ligne le *monde spirituel*, sur les confins duquel il est placé, et avec lequel sa nature, surtout pendant le sommeil du corps, le met en rapport. Évidemment, c'est là une explication qui ne saurait être du goût des philosophes qui nient l'existence même du monde spirituel. Mais je répondrai que ce sont précisément les phénomènes étudiés dans cet ouvrage, et spécialement les faits de prescience, qui nous obligent à conclure à l'existence d'un monde invisible, sans lequel on ne saurait les expliquer, et que cette explication restera debout tant que ses adversaires n'en auront pas trouvé une plus rationnelle et établi la possibilité d'assigner aux faits en question une autre origine.

Je n'insiste pas davantage, en ce moment, sur cette délicate question, devant y revenir sous le chapitre de *la Clairvoyance*, où j'aurai l'occasion d'en faire une étude plus approfondie.

Quant à ceux qui, pour ne pas avoir à l'expliquer, prétendraient encore, malgré les faits, que la prévision de l'avenir est une pure chimère, je leur répondrai, avec Plutarque, dont l'autorité vaut bien celle à laquelle ils pourraient prétendre :

Il ne faut pas s'étonner que l'âme pouvant saisir ce qui n'est plus, puisse prévoir ce qui n'est pas encore. L'avenir la touche même davantage et est plus intéressant pour elle; elle tend vers le futur et l'embrasse déjà, au lieu qu'elle est séparée du passé et n'y tient que par le souvenir. Les âmes ont donc cette faculté innée ; mais, à la vérité, faible et obscure, elle n'agit qu'avec difficulté. Cependant, il en est en qui elle se développe tout à coup, *soit dans les songes*, soit quand le corps se trouve dans une disposition favorable à l'enthousiasme, et que la partie raisonnable et contemplative, dégagée des objets présents qui troublaient son action, applique l'imagination à prévoir l'avenir... » (Citation extraite de l'ouvrage précité de M. Metzger, *Essai sur le spiritisme scientifique*, p. 164).

57. — *Résumé.* — Il y aurait encore beaucoup à dire avant d'avoir épuisé toutes les observations auxquelles a donné lieu l'étude des diverses manifestations de l'activité du subconscient pendant le sommeil. Mais la place dont je dispose est limitée, et je craindrais d'abuser de la patience de mes lecteurs. Toutefois, avant de clore ce chapitre, je ne saurais me dispenser de faire connaître la pensée du grand maître en cette matière, Myers, telle qu'il l'a exprimée dans son ouvrage déjà tant de fois cité *la Personnalité humaine* (pp. 110 à 138), en une synthèse à laquelle M. Sage a donné d'intéressants développements sous les pages 29 à 97 de son intéressante étude sur *le Sommeil naturel et l'Hypnose*[1] et qui me servira de résumé.

1. Paris, Félix Alcan, 1904. — Dans son avant-propos, p. 7, M. Sage déclare avoir puisé les éléments de son étude dans l'ouvrage de Myers.

De même que pour M. Léon Denis, pour lequel (V. *supra*, n° 47) le fait principal et caractéristique du sommeil est *l'émancipation de l'âme*, de même, pour Myers, le sommeil signifie, ce qui est tout un, « la mise en liberté de la vie *subliminale* par l'effacement, l'obscurcissement de la vie *supraliminale* ».

C'est là la principale et véritable raison de cette puissance de vision et de perception, en général, que l'on observe dans les rêves et dans les phases qui précèdent et suivent immédiatement le sommeil et les rêves.

Le rêve, dit Myers (p. 117), semble parfois posséder une puissance inexplicable qui lui est propre et qu'il tire, semblable en cela à la suggestion hypnotique, des profondeurs de notre moi, que la vie éveillée est incapable d'atteindre.

Le sommeil agit aussi sur la mémoire d'une manière très remarquable. Souvent les souvenirs disparus de la mémoire éveillée réapparaissent en rêve pandant le sommeil ordinaire. On verra plus loin que ce phénomène est encore plus marqué et plus facile à observer dans le sommeil hypnotique. D'ailleurs, si le rêve fait surgir des couches profondes de la conscience subliminale ce qui s'y trouve enfoui, après avoir quelque temps fait partie de la conscience supraliminale, il arrive aussi, dit Myers (*loc. cit.*, p. 123), « que des faits et des images n'ayant jamais fait partie de la conscience supraliminale, sont retenus par la mémoire subliminale et se présentent dans les rêves dans un but défini ».

Il existe aussi des cas dans lesquels le moi subliminal ne se contente pas de se remémorer dans le rêve, mais raisonne et se livre à des travaux intellectuels qui semblent parfois dépasser la puissance des facultés ordinaires du moi supraliminal. (V. en effet, *supra*, n° 45.)

En premier lieu, fait observer Myers (p. 127), il paraît certain que des sujets connus sont susceptibles d'être traités dans le somnambulisme ou dans le sommeil ordinaire avec une intelligence qui dépasse l'intelligence éveillée...Comment

ne serait-on pas, après cela, autorisé à voir une certaine analogie entre les opérations qui s'accomplissent pendant le
sommeil et celles dont le *génie* est capable? Dans les deux
cas, nous observons la même spontanéité triomphante, la
même résolution de ne plus s'enfermer dans les limites du
fonctionnement neuro-cérébral, mais de puiser à des sources
inconnues exemptes de limitation.

D'autre part, les phénomènes de clairvoyance, de lucidité, de prémonition, de communication ou de transmission de pensée, qui ont été relevés dans les recueils
spéciaux, semblent établir la possibilité de découvrir,
dans le sommeil, la manifestation de facultés supranormales, autorisant à admettre que :

*L'homme constitue, en même temps qu'un organisme terrestre, un
esprit cosmique faisant partie d'un monde spirituel, en même temps
que d'un monde terrestre. Si une telle supposition était vraie, il semblerait naturel que cette participation à un milieu spirituel se mani-
festât dans le sommeil plus souvent et d'une manière plus perceptible
qu'à l'état de veille* [1].

58. — Voici déjà qu'au moment de clore cet important chapitre, il m'est permis, et je m'en félicite, de
constater qu'un grand pas a été fait dans la connaissance du subconscient.

Celui-ci nous apparaît comme étant la somme des
facultés, des connaissances, innées ou acquises, qui
appartiennent à l'âme et qui constituent notre individualité, notre *moi* tout entier. Dans l'ordre ordinaire
des choses, il manifeste son activité par l'intermédiaire
de l'organisme cérébro-spinal, auquel il est étroitement
lié, et qui est son intermédiaire obligé pour communiquer
activement et passivement avec le monde extérieur. Mais,
dans certains états et lorsque le fonctionnement de l'or-

---

1. Noter cette observation, qui confirme l'hypothèse que j'ai
émise dans maints passages de ce chapitre et du chapitre précédent.

ganisme cérébral est ralenti ou suspendu, comme dans le sommeil naturel et, plus encore, on le verra plus loin, dans le sommeil magnétique, le subconscient se passe de son intermédiaire physiologique habituel, vit de sa vie propre, perçoit directement les sensations et les impressions venues du dehors, du monde physique comme du monde spirituel, augmentant ainsi ses réserves psychiques ; pense, travaille, communique directement, sans le secours de la parole, et en dépit des distances et autres obstacles matériels, avec d'autres subconscients, — le tout avec une puissance, une liberté d'action et une virtuosité incomparables et qui sont en raison directe de l'état de torpeur et d'anesthésie dans lequel se trouve plongé le conscient *neuro-cérébral*.

Non seulement ceci démontre que le foyer d'activité du subconscient n'a pas son siège dans les centres nerveux, puisqu'on ne comprendrait pas, s'il en était autrement, que ce foyer redoublât d'intensité précisément au moment où le sommeil a frappé d'inertie, plus ou moins profonde, non pas tel ou tel centre nerveux, mais *tous* les centres nerveux, ainsi que le fait remarquer M. Charles Richet dans son *Essai de psych. générale* (V. *supra*, n° 42), — mais encore il est permis d'en conclure que l'indépendance du subconscient à l'égard du corps et son autonomie s'affirment ainsi avec une clarté lumineuse[1].

Le corps peut donc mourir, l'organisme cérébral tomber en dissolution, il n'y a pas de raison pour que le subconscient subisse nécessairement le même sort, puisque pendant la vie de cet organisme il peut déjà se passer de lui, et que même sa propre vitalité augmente d'autant plus que faiblit celle de ce dernier.

---

1. « Si l'âme, observe dans le même sens M. Sage (*la Zone frontière*, p. 231) n'était qu'un produit du corps, le sommeil ne pourrait être qu'un ralentissement ou un arrêt de fonctionnement de cette âme et, en ce cas, on ne s'expliquerait pas, non seulement les créations de génie, mais tout travail fait pendant le sommeil. »

Et non seulement il y a possibilité, d'après les raisons qui viennent d'être exposées, que le subconscient, ou pour mieux dire, l'âme humaine, dont il est sans doute l'instrument comme le système nerveux est l'instrument du conscient cérébral, survive au corps ; mais encore on ne comprendrait pas qu'il en fût autrement. Toute autre hypothèse pécherait absolument contre la logique qu'on retrouve dans toutes les œuvres de la nature. Si, en effet, l'être humain n'avait d'autre destinée que celle de naître sur cette terre, d'y vivre et d'y mourir, pourquoi le sommeil, qui est le repos réparateur du corps et des centres nerveux, aurait-il été refusé au subconscient ? Dans quel but, dans quel dessein celui-ci, au lieu de suspendre périodiquement son activité, comme le fait le conscient cérébral, exercerait-il au contraire plus pleinement ses facultés que pendant l'état de veille ? Il y aurait donc ainsi dans l'être humain toute une vie, et la plus active, la plus puissante et sans doute la plus féconde, qui se déroulerait inaperçue du moi, et sans aucune utilité réelle pour lui. Pour qu'en effet cette utilité apparaisse, il faut supposer que le moi se prolonge au delà de la tombe, parce que c'est alors, en effet, et alors seulement, que les facultés *latentes* du subconscient entreront véritablement en action, et qu'il pourra jouir et bénéficier dans la nouvelle forme de vie qui commencera pour lui, des progrès, des perfectionnements, en un mot de tout ce qu'il aura acquis, au cours de la vie terrestre, dans le travail nocturne et insoupçonné, mais fécond pour lui, du sommeil et des rêves.

59. — Il resterait, avant de passer à un autre chapitre, à examiner la question de savoir si le subconscient, l'*Etre subconscient*, comme l'appelle le docteur Gyel, est autre chose que l'ensemble des facultés et des connaissances de l'âme humaine ; s'il n'existe pas, dans l'économie du *moi*, en dehors de l'âme (pure entité créée par Dieu), et pour lui servir d'instrument, un organisme,

d'essence subtile et plus ou moins spirituelle, pour coordonner ces facultés et assurer leur fonctionnement. L'affirmative est probable, pour qui sait que toute fonction suppose un organe, si même elle ne le crée pas. Mais je crois devoir réserver cette question pour les chapitres suivants, au cours desquels il me sera peut-être permis de saisir sur le fait les traces de cet organisme.

CHAPITRE IV

Magnétisme et hypnotisme.

HISTORIQUE ET GÉNÉRALITÉS. — PROCÉDÉS.

AGENT MAGNÉTIQUE.

60. — Avec ce chapitre, j'aborde l'étude d'un ensemble de phénomènes qui appartiennent à cette partie de la psychologie à laquelle on donne quelquefois, et non sans raison, le nom de psychologie *transcendantale*. Étymologiquement, le *transcendantal*, en philosophie, c'est tout ce qui est au-dessus du monde sensible. Et, de fait, les phénomènes qui vont être étudiés présentent souvent, sous leurs apparences physiologiques, un caractère étrange, mystérieux, bien fait pour déconcerter la science, au point que leur cause paraît être en dehors du monde sensible et que les hypothèses naturalistes ne parviennent que très insuffisamment à en fournir l'explication.

Cette étude, qui n'est autre que celle des lois gouvernant le magnétisme et l'hypnotisme, comporterait, pour être complète, des développements que le cadre étroit dans lequel je suis obligé de me renfermer ne me permettra pas, à mon grand regret, de lui consacrer. Elle est en effet la clef de tous les problèmes soulevés par les phénomènes qui seront décrits, analysés et commentés dans les divers chapitres de cet ouvrage. La tâche que j'ai à remplir est donc, je ne me le dissimule pas, hérissée de difficultés. J'espère néanmoins, en m'attachant aux points essentiels, réussir à présenter à mes lecteurs un aperçu suffisant de tout ce qu'ils ont intérêt à connaître pour être à même de discerner, dans la complexité des phénomènes, le rôle capital qu'y jouent le subconscient et l'âme humaine, ces deux facteurs dont on ne saurait se passer, ainsi qu'on l'a déjà vu dans les chapitres précédents, et qu'on le verra mieux encore dans les suivants, pour expliquer ce qui, à première vue et à s'en tenir aux données de la science officielle, paraît inexplicable.

On ne peut définir le magnétisme et l'hypnotisme, ces deux termes employés pour désigner un même ordre de phénomènes, qu'en les opposant l'un à l'autre et, par conséquent, en présentant un historique, tout au moins succinct, des phases par lesquelles ils ont passé depuis surtout un peu plus d'un siècle.

C'est donc par là que je commencerai mon exposé.

SECTION I

HISTORIQUE ET GÉNÉRALITÉS

61. — Le magnétisme, —avec ses passes effectuées, de l'une ou l'autre main, dans un intérêt thérapeutique ou autre, sur un sujet prédisposé à subir son influence, pour conduire ou renforcer cette force spéciale qui, comme on le verra plus loin, se révèle partout dans la nature et spécialement dans l'organisme humain, et à laquelle les magnétiseurs ont toujours cru et ont donné le nom de *fluide magnétique*, ou d'*agent magnétique*, — est vieux comme le monde[1].

1. Le terme de magnétisme vient de *magnes* (aimant) et est jus-

M. Durville, dans son *Traité expérimental de magnétisme. Théories et procédés*, 1er volume [1], auquel j'emprunte une partie des renseignements qui vont suivre,
enseigne (p. 6), que la main a toujours été l'instrument,
le principal conducteur de cette force, et il ajoute :

Homère disait déjà que certains hommes ont ce qu'on
appelle la main médicale, c'est-à-dire la propriété de guérir
les malades par l'imposition des mains...

Il paraît certain, fait observer M. Sage, dans son ouvrage précité *la Zone frontière*, p. 84, que dans les
temples hindous et égyptiens, on n'ignorait rien des
pratiques magnétiques et des effets qu'on en peut obtenir. Le moyen âge, d'après les mêmes auteurs, ne les
auraient pas non plus ignorées. Mais les documents de
l'époque ne paraissent pas avoir révélé quoi que ce soit
de positif à cet égard.

§ 1er. — *Les magnétiseurs.*

62. — Il faut arriver au quinzième siècle, après la
découverte de l'imprimerie, pour pouvoir recueillir des
observations utiles au sujet du magnétisme. Mais, dès
lors, commence une longue filière de savants, de philosophes, dont les noms et les œuvres nous ont été
transmis, et qui ébauchent peu à peu, à la suite de leurs
expériences et de leurs observations, les diverses théories du magnétisme, et spécialement celle, qui leur est
chère entre toutes, d'un *fluide universel* qui, d'après
eux, serait répandu partout, pénétrerait tout, et serait
le véhicule de tous les phénomènes d'extériorisation de
la sensibilité, de transmission de pensée, d'action télépathique, etc., que l'on observe dans le magnétisme.
(V. Durville, *loc. cit.*, pp. 21 à 34.)

tillé par ce fait que la force ci-dessus s'observe spécialement
dans l'aimant.
 1. Paris, lib. du Magnétisme, 1898.

M. Durville consacre presque entièrement le premier volume de son ouvrage précité (p. 35 à 354), à exposer ces théories et à donner sur leurs auteurs d'intéressants renseignements biographiques, en même temps que des indications sommaires sur leurs principaux ouvrages.

Pour préciser l'œuvre des anciens magnétiseurs, — à laquelle ont succédé, comme on le verra plus loin, celle des hypnotiseurs, et, enfin, l'œuvre, beaucoup plus large et plus éclectique de nos psychologues modernes, qui n'ont pas craint d'emprunter aux deux autres écoles, en les synthétisant, le meilleur de leurs théories et de leurs procédés, — je vais citer, d'après M. Durville (*loc. cit.*, pp. 35 et suiv.), les plus connus de ces premiers pionniers de la science magnétique, en me bornant, pour la plupart, à une simple énumération de leurs titres, de leurs travaux et de leurs principales découvertes.

63. — Ce sont, dans l'ordre chronologique (qui sera indiqué par la date de leur naissance et celle de leur mort) :

1º *Marcilius Ficin* (1433 à 1499), — médecin et professeur de philosophie platonicienne, à Florence, — qui reconnaît déjà, comme le feront ses successeurs, que l'action de l'agent magnétique est en partie soumise au désir, à l'attention et à la volonté du magnétiseur.

2º *Agrippa* (1486-1535), — né à Cologne, philosophe, médecin, secrétaire de Maximilien, conseiller et historiographe de Charles-Quint, — qui définit l'action magnétique :

Une action purement physique, exercée par les individus qui nous environnent, qui se communique même à leur insu, par une sorte de rayonnement de leur individualité.

3º *Paracelse* (1492-1541), — né à Ensiedlen, près de Bâle. — Ce philosophe, d'une science et d'une réputation universelles, que l'on a appelé le père des occultistes, enseigne que l'homme est un petit univers, le *microcosme*, par opposition au grand univers, le *ma-crocosme*, et que, comme tel « il possède en lui un esprit subtil, une sorte d'élément, un fluide, qu'il nomme *magnale*, et qui, comme l'aimant, est soumis aux lois de la polarité ».

4° *Van Helmont* (1577-1644), — né à Bruxelles, médecin de l'Université de Louvain, — connu par sa théorie de l'*Archée*. La ville de Bruxelles lui a élevé une statue.

5° *Guillaume Maxwell* (dates de sa naissance et de sa mort inconnues). A laissé un ouvrage devenu fort rare, sur la *Médecine magnétique ; théories et procédés* », en 3 volumes, publié à Francfort, en 1679, et dont M. de Rochas a traduit, dans son traité de l'*Extériorisation de la sensibilité* [1], les passages les plus importants.

6° *Newton* (1642-1727). — Bien que ne rentrant pas dans la catégorie des pionniers du magnétisme, le grand savant anglais n'en mérite pas moins ici une mention particulière comme ayant admis la doctrine de ces derniers sur *l'esprit ou fluide universel*. Voici, en effet, comment il s'exprime à la fin du troisième livre de son célèbre traité des *Principes mathématiques de la philosophie naturelle :*

Ce serait ici le lieu d'ajouter quelque chose sur cette espèce d'esprit très subtil, qui pénètre à travers tous les corps solides et qui est caché dans leur substance ; c'est par la force et l'action de cet esprit que les particules des corps s'attirent mutuellement aux plus petites distances, et qu'elles cohèrent dès qu'elles sont contiguës ; c'est par lui que les corps électriques agissent à de plus grandes distances, tant pour attirer que pour repousser les corpuscules voisins, et c'est encore par le moyen de cet esprit que la lumière émane, se réfléchit, s'infléchit, se réfracte et échauffe les corps ; toutes les sensations sont excitées, et les membres des animaux sont mus, quand leur volonté l'ordonne, par les vibrations de cette substance spiritueuse, qui se propagent des agents exté-

1. Paris, Chacornac, 1902.

rieurs des sens par les filets solides des nerfs jusqu'au cerveau, et ensuite du cerveau dans les muscles...

7° *Mesmer* (1734-1815). — Né en Souabe ; reçu docteur de l'Université de Vienne, en 1766, ce savant a été longtemps considéré comme le père du *magnétisme*, auquel les Anglais donnent encore le nom de *mesmérisme*.

Sa réputation fut immense et ses voyages à travers l'Europe pour y propager sa doctrine, ainsi que les cures magnétiques qu'il y fit, à l'aide de son fameux baquet, autour duquel se réunissaient les nombreux malades qui venaient de toutes les parties du monde lui demander le rétablissement de leur santé, eurent pendant plusieurs années un retentissement considérable. (Voir dans l'ouvrage précité de M. Durville, pp. 115 à 132), la description des procédés et de la mise en scène auxquels il avait recours.)

En France, le Gouvernement s'émut au point de lui offrir, pour obtenir la divulgation de ses secrets, une rente viagère de 20.000 francs, que, d'ailleurs, il refusa. L'émoi ne fut pas moindre dans le public, puisque des amis, aussi nombreux que puissants, lancèrent une souscription dont le produit permit de fonder la *Société de l'Harmonie* et d'organiser des cours, où le célèbre magnétiseur eut toute liberté et toutes facilités pour exposer et expliquer ses idées nouvelles sur le magnétisme.

Enfin, la *Société royale de médecine* lui fit l'honneur de constituer une commission pour examiner le mérite de ses découvertes, et se prononcer sur les vingt-sept propositions publiées par lui, en 1779, et qui contenaient le résumé de sa doctrine, telle qu'il l'avait déjà antérieurement formulée dans une lettre explicative adressée le 5 janvier 1775 à toutes les Académies de l'Europe.

Il est vrai que les conclusions de cette commission ne lui furent pas favorables. Mais la simple lecture du rap-

port qui fut faite par Thouret et que celui-ci a publié
en 1784, sous le titre *Recherches et doutes sur le magnétisme animal*, dans un volume que j'ai sous les yeux,
suffit, aujourd'hui que la réalité du magnétisme animal
n'est plus contestée, à montrer combien étaient superficielles les raisons dont la Société royale dut se contenter pour condamner l'œuvre de Mesmer.

8° *Le marquis Armand Chastenet de Puységur* (1751-
1825), — né à Paris, mort à Soissons. — Nommé
colonel, à l'âge de 27 ans, il se distingue au siège de
Gibraltar, pendant la campagne d'Espagne. Commandant d'artillerie à La Fère, avec le grade de maréchal
de camp, il donne sa démission en 1792 pour rentrer
dans ses foyers et se livrer, secondé par son frère, le
comte Maxime de Puységur, à des recherches sur le
magnétisme qui depuis longtemps l'avait intéressé.

Dès l'arrivée de Mesmer à Paris, de Puységur devient
un de ses élèves les plus assidus, et met en pratique les
principes du maître, remplaçant le baquet par un arbre
de son jardin, le fameux arbre de Buzancy. Il fait
ainsi de nombreuses cures qui lui attirent les malades
de trente lieues à la ronde. Attribuant à la volonté un
rôle considérable, mais admettant néanmoins les attouchements et les passes, comme un moyen de transmission de la volonté, il peut être considéré comme un pré-
curseur des hynoptiseurs. Il paraît aussi avoir été le
premier qui ait observé, au cours de ses traitements
magnétiques, la crise du *somnambulisme*, qui l'ait
décrite et en ait compris toute l'importance. (V. le récit
de cette découverte dans l'ouvrage du docteur Morand :
le *Magnétisme animal. Hypnotisme et suggestion*[1].)

Écrivain distingué, du reste, et auteur de plusieurs
pièces de théâtre, qui furent jouées avec succès, il
publia aussi plusieurs livres appréciés sur le magnétisme. (Voir la liste de ces ouvrages dans Durville, *loc.
cit.* pp. 138 et 139.)

1. Paris, Garnier frères, 1899.

9° *Deleuze* (1753-1835), — né à Sisteron (Basses-Alpes). — Après avoir fait ses études à Paris, et avoir servi comme lieutenant dans l'infanterie, Deleuze quitta le service pour se livrer exclusivement à l'étude des sciences naturelles. Il s'y distingua si bien qu'en 1825, le Gouvernement récompensa et consacra son mérite en le nommant bibliothécaire du Muséum d'histoire naturelle.

Il est l'auteur de plusieurs ouvrages inspirés d'un grand souffle de spiritualisme, et dont les meilleurs sont : 1° *l'Instruction pratique sur le magnétisme animal*[1]; 2° et *l'Histoire critique du magnétisme animal*.

M. Durville (*loc. cit.*, pp. 171 à 182) reproduit en entier les 34 articles du chapitre Ier du premier de ces ouvrages, qui contiennent les points principaux de la théorie de Deleuze. Cette théorie se place, comme celle de Puységur, à mi-chemin de la théorie matérialiste de Mesmer et des conceptions purement spiritualistes de quelques-uns des magnétiseurs de l'époque. Suivant l'analyse qu'en fait M. Rouxel (*Rapports du magnétisme et du spiritisme*, pp. 95 et 96[2]), l'agent magnétique (fluide, force, ou substance quelconque) n'est que l'instrument dont la volonté se sert pour produire les phénomènes, comme l'âme se sert des organes pour accomplir les diverses fonctions vitales, animales et humaines.

La fluide magnétique, écrit Deleuze dans son *Histoire critique du magnétisme animal*, s'échappe continuellement de nous ; il forme autour de notre corps une atmosphère qui, n'ayant point de courant déterminé[3], n'agit pas sensible-

1. 1 vol. Paris, Dentu, 1825.
2. 1 vol. Paris, Librairie des Sciences psychologiques, 1892. On trouve dans cet ouvrage, que je regrette de ne pouvoir faire connaître plus complètement, des indications très précises et des aperçus d'une grande maturité sur les lois générales et sur l'ensemble des phénomènes du magnétisme.
3. On verra toutefois, dans la suite de ce chapitre, que, contrairement à cette affirmation, le courant magnétique est polarisé.

ment sur les individus qui nous environnent ; mais lorsque
notre volonté le pousse et le dirige, il se meut avec toute la
force que nous lui imprimons, il est mû comme les rayons
lumineux envoyés par les corps embrasés.

Tout en faisant à la volonté une grande part dans la
magnétisation, Deleuze n'en attache pas moins une
grande importance au choix des procédés. Je ne puis
que renvoyer, pour l'indication de ceux qu'il emploie et qu'il recommande (mise en rapport, passes, à
faible ou grande distance ou avec léger contact, magnétisation à grand courant, frictions, applications, insuf-
flations, etc.) à la description qu'en fait M. Durville
(*loc. cit.*, pp. 183 à 197) et que celui-ci (p. 242) considère, ainsi que les théories qui les justifient, comme les
meilleurs qui nous aient été enseignés jusqu'à ce jour.

10° *Chardel* (1777-1847). — Né à Rennes, le 21 mai
1777, conseiller à la Cour de Cassation en 1830,
Chardel fait partie du gouvernement provisoire du
29 juillet 1830 et devient directeur général des Postes.

Voici ses principaux ouvrages : 1° *Mémoire sur le
magnétisme animal* (1818) ; 2° *l'Esquisse de la nature humaine expliquée par le magnétisme ; 3° Essai
de psychologie physiologique* (1831).

On rencontre dans ces œuvres des vues très intéressantes sur les sujets suivants : mouvement, force et
matière, le monisme réfuté, l'âme, le trinisme, les éléments, les corps, le microcosme, la fin des êtres, etc.,
dont l'auteur, déjà cité, des *Rapports du magnétisme
et du spiritisme*, M. Rouxel, auquel je ne puis que renvoyer le lecteur, s'est fait l'interprète et le propagateur.

11° *Jean Denis, baron du Potet* (1796-1881). — Né
à La Chapelle (Yonne), mort à Paris.

Dès sa jeunesse, son attention est appelée par la lecture des mémoires du marquis de Puységur sur le
magnétisme, à l'étude et à la pratique duquel il n'a
cessé pendant toute sa vie de se consacrer.

En 1820 (il avait vingt-quatre ans et était étudiant en médecine), il fait à l'Hôtel-Dieu de Paris, en présence de Husson, médecin en chef de cet établissement, des expériences retentissantes, qui lui assurent déjà une grande réputation. L'Académie royale de médecine, elle-même, s'en émeut assez pour sortir de l'indiffé-rence dans laquelle elle s'était renfermée depuis qu'elle avait condamné le magnétisme dans la personne de Mesmer (Voir *supra*, n°ˢ 63, § 7) et elle décide, par 35 voix contre 25, de nommer une nouvelle commission chargée de soumettre à une enquête approfondie les allégations des magnétiseurs. Cette commission, après cinq années de travaux, d'études et d'expériences, déposa, en 1831, un remarquable rapport rédigé en son nom par Husson, que le docteur Morand a résumé dans son traité précité du *Magnétisme animal. Hypno-tisme et suggestion* (pp. 73 à 86), et dans lequel se trouvent décrits, dans leur infinie variété, à peu près tous les phénomènes connus du magnétisme et, notam-ment, les passes magnétiques et leurs différents effets physiologiques et psychologiques, tels que, entre tous, le somnambulisme, avec ses traits caractéristiques : insensibilité, état de rapport, sens intérieur, intuition de la pensée du magnétiseur et soumission absolue du magnétisé à sa volonté, même mentalement ex-primée ; clairvoyance et faculté de lire les yeux fermés, vision intérieure, prévision, instinct des remèdes ; effets produits à distance et au travers des portes fer-mées ; oubli au réveil de toutes les circonstances de l'état de somnambulisme, et, au contraire, souvenir, pendant le somnambulisme, de l'état de veille et de tous les états antérieurs de somnambulisme, etc.

Malgré ce document, qui était une reconnaissance formelle du magnétisme, l'Académie de médecine se refusa à une discussion publique, et n'autorisa même pas l'impression du rapport, qui ne fut qu'autographié. Triste exemple de l'obstination que mettent parfois les

corps savants, dans leur morgue officielle, à arrêter
l'essor des vérités nouvelles !

Du moins, l'Académie, et on ne peut que s'en féliciter, n'arrêta pas le baron du Potet dans la voie laborieuse où il s'était engagé. Toute sa vie, en effet, fut
consacrée au magnétisme, sur lequel il écrivit plusieurs
ouvrages de valeur, dont M. Durville (*loc. cit.*, p. 246)
donne la liste, et parmi lesquels le *Manuel de l'étudiant magnétiseur* mérite particulièrement d'être signalé, comme constituant un cours complet de clinique
magnétique, « un monument unique qui suffirait à
immortaliser le nom de l'auteur », dit encore M. Durville (p. 310), qui considère en outre le baron du Potet
comme le plus habile technicien, « le plus grand magnétiseur de son siècle ».

12° *Charles Léonard Lafontaine* (1803-1892). — Né
à Vendôme, le 27 mars 1903, Lafontaine est initié au
magnétisme par Jobard pendant un séjour qu'il fit à
Bruxelles, en 1830. Les expériences auxquelles il se
livre et les résultats qu'il obtient le déterminent à consacrer sa vie entière à cette étude.

A partir de 1840, il parcourt, en faisant des expériences publiques, successivement : la France, l'Angleterre (1841), où il fait la connaissance d'Elliotson, qui
fonda plus tard l'infirmerie *mesmérique* de Londres, et
de Braid, le promoteur de l'*hypnotisme ;* puis, de nouveau, la France et l'Italie (1848), où il obtient une au-
dience de Pie IX, qui le félicite et l'encourage. Rentré
en France, en 1850, il continue ses démonstrations et,
l'année suivante, se rend à Genève pour s'y fixer définitivement et y poursuivre son œuvre, dans laquelle il
acquiert une grande réputation de guérisseur.

Si le baron du Potet, dit M. Durville (*loc. cit.*, p. 314) fut
le premier magnétiseur du siècle, Lafontaine en fut incontès-
tablement le second.

Ses principaux ouvrages sont : *l'Art de magnétiser,*

les Mémoires d'un magnétiseur (2 vol.), *Éclaircissements sur le magnétisme*, *Cures magnétiques à Genève*, *le Magnétiseur* (Journal, 1859 à 1872).

§ 2. — *Les hypnotiseurs.*

64. — Les anciens magnétiseurs se montrent, dans leurs observations et leurs théories, très préoccupés de rechercher la solution du grand problème de la destinée humaine. Ils s'efforcent, en effet, de dégager de l'étude du phénomène magnétique le rôle considérable et prépondérant, suivant eux, que l'âme y joue.

Cette préoccupation est, du moins en général, étrangère aux hypnotiseurs qui, de propos délibéré, limitent leurs recherches au côté pratique de la question, c'est-à-dire aux moyens thérapeutiques de l'hypnose.

Aussi leur œuvre, tout en n'étant pas sans mérite, manque-t-elle d'ampleur, et leurs conceptions ne présentent pas, à beaucoup près, pour le philosophe et le psychologue, tout l'intérêt qui s'attache à l'œuvre des magnétiseurs.

Elle n'en a pas moins été, dans un certain sens, utile et féconde, ne serait-ce qu'en contribuant à introduire dans l'étude de cette question du magnétisme, aussi ancienne que le monde, une méthode plus précise et plus rigoureuse, et, surtout, en la tirant de l'oubli, de l'indifférence et même du discrédit qui, depuis l'injuste condamnation de l'Académie de médecine (V. *supra*, nᵒˢ 63-7 et 11), semblaient peser sur elle.

65. — Voici, d'après M. Sage (*la Zone frontière*[1]), de quelle manière s'accomplit cette révolution qui introduisit dans le champ de la science une étude à laquelle elle était demeurée jusque-là réfractaire, et la lui fit entreprendre avec de nouvelles méthodes auxquelles on donna le nom d'*hypnotisme* :

1. Paris, Leymarie, 1903.

Les magnétiseurs, dit cet auteur (pp. 86 et s.), attribuaient tous les phénomènes observés à l'action d'un fluide qui se dégageait de l'opérateur et allait influencer le sujet...

Or, depuis Mesmer jusqu'à ces derniers temps, les savants ne voulaient sous aucun prétexte entendre parler de cet agent... A partir d'une certaine date, ils voulurent bien admettre que la plupart des phénomènes du magnétisme étaient réels, mais à la condition qu'ils n'entendissent pas parler de fluide. Ce fut James Braid qui donna satisfaction à ses collègues. Il observa que le sommeil magnétique était produit non seulement par les passes, mais encore en faisant fixer au sujet un objet brillant.

Du moment qu'un agent physique pouvait produire ce sommeil, il ne pouvait plus être question d'un fluide du magnétiseur au magnétisé. Aussi les savants accueillirent-ils la découverte de Braid comme une chance de salut. Ils changèrent les noms anciens : le magnétisme devint l'*Hypnotisme*, le sommeil magnétisme devint l'*Hypnose*, et l'on eut une science nouvelle qu'on put étudier dorénavant sans se discréditer à jamais scientifiquement. Les savants ne pensaient pas que le fluide des magnétiseurs était toujours là présent ; la plupart sont encore loin de le penser. Et pourtant chez les sujets endormis par les agents physiques, c'est le fluide des sujets qui entre en jeu en s'extériorisant, et produit les phénomènes [1].

L'hypnotisme, ajoute M. Sage, eut tout de suite une frondaison magnifique. Charcot, un disciple de Braid, fonda l'École de la Salpêtrière ; Liébault fonda celle de Nancy ; Luys fonda celle de la Charité. Aujourd'hui, l'Hypnotisme est un moyen thérapeutique universellement reconnu et employé.

66. — En effet, quelques années après la découverte de Braid, c'est-à-dire vers 1860, la question du magnétisme, longtemps délaissée, est remise à l'ordre du jour par le professeur Azam, de Bordeaux, qui ayant eu

---

1. V., au sujet de cet agent magnétique, ce qui sera dit plus loin (3ᵉ section de ce chapitre). A remarquer, pour compléter l'observation de M. Sage, que c'est aussi le fluide (ou agent magnétique) du magnétiseur, qui s'extériorise, sous l'ébranlement causé par sa volonté, ou tout simplement par le jeu de la force magnétique qui tend à s'équilibrer entre l'opérateur et le sujet. La mise en action de cette force peut toujours, semble-t-il, plus ou moins bien se produire, quelle que soit la variété des procédés employés.

connaissance des procédés du *Braidisme*, par la lecture de l'ouvrage *la Neurypnologie*, dans lequel Braid, chirurgien à Manchester, les faisait connaître, entreprit de se rendre compte de leur valeur sur un malade qu'il avait alors à soigner. En appliquant les procédés braidiques (fascination par la vision plus ou moins prolongée d'un objet brillant), il obtint alors sur son sujet tous les effets de catalepsie, d'anesthésie, d'hyperesthésie et de suggestion, tels qu'on les observe dans les séances de magnétisation. Ses observations, contrôlées et défendues par Verneuil et Broca, n'eurent d'abord qu'un assez faible retentissement, bien que le second de ces célèbres chirurgiens eût fait avec succès une douloureuse opération sur une femme rendue insensible par les procédés d'hypnotisation. Mais l'élan était donné ; d'autres expériences furent faites, notamment celles des docteurs Demarquais et Gérard-Teulon, qui en publièrent les résultats sous ce titre *Recherches sur l'hypnotisme*. Enfin survint Charcot, qui, par ses travaux et ses expériences retentissantes à la Salpêtrière, donna à la découverte de Braid sa consécration définitive.

67. — C'est dans l'hiver de 1879-1880 que Charcot aborda publiquement, à l'hôpital de la Salpêtrière, la question de l'hypnotisme dans des conférences qui sont restées célèbres. Le docteur Morand, qui eut la bonne fortune d'y assister, rendit compte de ses impressions dans la *Gazette médicale de l'Algérie* (1886), et, plus tard, dans son traité, déjà cité, du *Magnétisme animal. Hypnotisme et suggestion*, dans lequel il résuma l'enseignement du célèbre professeur.

Pour avoir, au surplus, des notions plus complètes sur l'hypnotisme, opposé au magnétisme, et notamment sur Charcot, sa doctrine. ses procédés, ses disciples et l'École de la Salpêtrière, en général, il y aurait tout profit à se reporter aux quatre notices que, dans son ouvrage, déjà cité, des *Rapports du magnétisme et du spiritisme* (pp. 257 à 324),.M. Rouxel consacre aux personnalités les plus éminentes de cette école : le docteur Paul Regnard, le docteur Gilles de la Tourette, Charcot et Babinski, et dans lesquelles il analyse et critique, souvent avec sévérité, leur doctrine et leurs procédés. Je n'ai pas la compétence nécessaire pour apprécier la valeur de ces critiques ; mais je ne puis m'empêcher d'observer qu'en s'attachant principalement et peut-être trop exclusivement à l'étude des troubles fonctionnels, tels que ceux de l'hystérie, qu'on rencontre dans l'observation des états magnétiques, mais qui ne constituent qu'un des aspects les moins intéressants du magnétisme, et en se refusant de propos délibéré, comme l'a déclaré expressément le docteur Paul Regnard, à aborder l'étude de certains phénomènes, tels que ceux de clairvoyance et autres de même nature qu'on observe dans le somnambulisme, sous prétexte que *ces choses-là ne relèvent pas de la science*, cette école a fait preuve d'une étroitesse d'esprit qui justifie, dans une certaine mesure, l'oubli et le discrédit dans lesquels elle est aujourd'hui tombée.

68. — Presque en même temps que l'école de la Salpêtrière, lit-on dans l'ouvrage précité de M. Sage, *le Sommeil naturel et l'Hypnose* (p. 73), s'en fondait une autre au fond d'une ville de province, à Nancy. Ses débuts furent obscurs, parce que obscurs étaient les maîtres. Mais ces maîtres avaient de l'indépendance d'esprit. Comme il arrive toujours, leur obscurité première les servit, au lieu de leur nuire... Bientôt la Salpêtrière dut discuter avec Nancy ; on traita d'abord ces petits médicaillons de province avec tout le mépris que méritait leur audace ; mais il fallut vite en rabattre.

Aujourd'hui, en effet, l'École de la Salpêtrière n'existe plus ; celle de Nancy qui fait de la *suggestion* le principal, pour ne pas dire l'unique facteur de l'hypnose, a conquis le monde.

Et cette conquête, certes, ne saurait trop retenir l'attention du philosophe. Car, comme le dit encore très à propos M. Sage :

Le développement rationnel et normal des principes établis à Nancy conduira à une démonstration irréfutable du fait que l'âme et le corps sont distincts.

La question de la suggestion est d'ailleurs trop importante pour qu'il soit à propos de la traiter incidemment dans ces pages consacrées à l'histoire du magnétisme. J'en ferai l'objet d'un chapitre spécial.

69. — Mais revenons en arrière pour compléter l'historique de l'œuvre des hypnotiseurs et en préciser la portée, en la comparant à celle des magnétiseurs et en dissipant certaines confusions qui paraissent avoir été commises dans les jugements portés sur chacune de ces deux écoles.

C'est en assistant, en 1841, aux expériences de Lafontaine que James Braid fit pour la première fois la constatation qui devait donner naissance à l'hypnotisme. Il en rendit compte plus tard dans un livre que j'ai déjà cité, intitulé : *Neurypnologie. Traité du sommeil nerveux ou hypnotisme*, traduit de l'anglais par le docteur Jules Simon, avec préface de Brown-Séquard [1], dans lequel, édifiant sa théorie sur la cause physiologique de l'hypnose ou sommeil magnétique, il déclara (p. 23) que :

Le regard fixe et prolongé, paralysant les centres nerveux dans les yeux et leurs dépendances, et détruisant l'équilibre du système nerveux, produit ainsi les phénomènes en question.

On pouvait dès lors soutenir, à en juger par les apparences, fait observer M. Bué, dans le deuxième volume de son remarquable ouvrage *le Magnétisme curatif* [2], que le sommeil provoqué ne dépendait pas, comme le

1. Paris, Delahaye et Decrosnier, 1883.
2. Paris, Chacornac, 1906.

pensaient les magnétiseurs, d'une volition de l'opérateur
ou des passes par lesquelles ce dernier prétendait
mettre en mouvement certains agents de la nature, tels
qu'un fluide universel ou particulier.

Mais, en continuant ses expériences, le docteur Braid
ne tarda pas à reconnaître qu'il avait été induit en
erreur, et le savant observateur, qui avait pu croire
tout d'abord à l'identité des effets produits par son système et celui des magnétiseurs, fut obligé plus tard de
convenir qu'il existait entre ces effets de si notables différences qu'on devait les considérer comme étant le résultat de deux agents distincts. C'est ce qu'il avoue à la
page 28 de son ouvrage précité dans les termes suivants :

Les magnétiseurs affirment positivement qu'ils peuvent
accomplir certains effets que je n'ai jamais pu provoquer
par ma méthode, quoique je l'aie essayée. Les effets auxquels
je fais allusion sont, par exemple, de lire dans une montre
tenue derrière la tête ou placée au creux épigastrique, de lire
des lettres pliées en un livre fermé, de reconnaître ce qui se
passe à des kilomètres, de deviner la nature des maladies et
d'en indiquer le traitement, sans connaissances médicales,
de magnétiser des sujets à une distance de plusieurs kilomètres sans que le sujet ait connaissance de l'opération
qu'on se propose de faire. Je dois dire, à ce propos, que je
ne crois ni équitable, ni même convenable de mettre en doute
les affirmations d'expérimentateurs, hommes de talent et
d'observation, et dont la parole fait autorité en ces matières.

Malgré cet aveu de Braid, c'est le système des hypnotiseurs, dont il peut être considéré comme le père,
qui, après des péripéties de toute nature et de longues
controverses, que M. Bué rappelle dans les pages 4 à 8
de son ouvrage précité, finit par s'implanter, pour
quelque temps tout au moins, dans les chaires et les
cliniques officielles.

Ce qui le caractérise résulte directement de la définition de l'état hypnotique, telle qu'elle a été donnée par
son fondateur :

C'est, dit Braid, un état particulier du système nerveux déterminé par des manœuvres artificielles tendant, par la paralysie des centres nerveux, à détruire l'équilibre nerveux.

Hypnotiser, s'écrie M. Bué (*loc. cit.*, p. 9), c'est donc, d'après les maîtres eux-mêmes, « déséquilibrer la force nerveuse, en la portant d'une façon anormale au cerveau, ou c'est profiter d'une congestion cérébrale déjà existante par suite d'un état pathologique quelconque. *En un mot, hypnotiser, c'est profiter d'un manque d'équilibre nerveux, ou en créer un.* »

Tel est, en résumé, ce qui distingue essentiellement les hypnotiseurs des magnétiseurs, dont tous les procédés ne tendent qu'à une chose, diamétralement opposée : rétablir et tonifier l'équilibre nerveux et, par là, magnifier et intensifier le jeu de certaines facultés latentes qui, comme toute mon étude le démontrera, existent dans l'organisme humain.

§ 3. — *Les psychologues modernes.*

70. — Depuis déjà un certain nombre d'années, un courant, de jour en jour plus accentué, s'est dessiné dans le monde des psychologues en faveur de l'observation et de l'étude des phénomènes du magnétisme et de l'hypnose. Dans tous les pays, il s'est trouvé, et le nombre s'en accroît chaque jour, de véritables penseurs, à l'esprit scientifique et généralisateur, pour reprendre la tradition des anciens magnétiseurs, mais sur des bases beaucoup plus larges et plus méthodiques, et chercher comme eux, dans cette étude, non pas seulement ce qu'y ont cherché les hypnotiseurs, c'est-à-dire une thérapeutique nouvelle des maladies nerveuses, mais, ce qui leur a paru d'un bien autre prix, la solution des grands problèmes de la destinée humaine.

Les noms de ces psychologues ont assez de notoriété et j'aurai d'ailleurs assez souvent l'occasion, dans le cours de cet ouvrage, de faire connaître leurs titres et leurs œuvres, pour que je puisse me dispenser de consacrer ici à chacun d'eux, comme je l'ai fait pour les anciens magnétiseurs, une notice particulière. Ce sont, pour n'en citer que quelques-uns : William Crookes, Russel Wallace, Meyrs, en Angleterre; Reichenbach, en Autriche; Zoelner, Carl du Prel, Harttmann, en Allemagne; Lombroso, en Italie; Aksakof, en Russie; Flournoy, en Suisse; T. Puel, Baraduc, Paul Gibier, Luys, de Rochas, Pierre et Paul Janet, Ch. Richet, le docteur Gyel (ou Geley), Ochorowicz, Maxwell, le docteur Dupouy, Durville, Delanne, Flammarion, et Léon Denis, en France.

Ce qui les caractérise et les distingue à la fois des anciens magnétiseurs et hypnotiseurs, c'est, indépendamment du but qu'ils poursuivent, la souplesse, la variété et l'éclectisme de leurs méthodes. Cherchant surtout à remonter aux causes et à approfondir les effets de l'hypnose, ils prennent leur bien où ils le trouvent, employant dans leurs expériences tous les procédés en usage, sans exception, se rendant compte en effet qu'il n'en est aucun qui ne soit apte à produire des modifications physiologiques ou psychologiques dans l'organisme humain, mais que c'est aux expériences répétées qu'il appartient de déterminer le procédé qui est, en fait, le plus apte à produire l'effet désiré, comme étant le plus propre à mettre en action celui des divers agents de l'hypnose qui en est véritablement la cause.

71. — Ces agents, en effet, sont multiples et c'est parce qu'on a cru longtemps que l'on pouvait ramener tous les phénomènes à une cause unique, que les plus déplorables confusions ont été commises. Dans son remarquable ouvrage *le Merveilleux scientifique*[1], Du-

---

1. Paris, Alcan, 1894. — M. Durand de Gros est l'auteur d'un grand nombre d'ouvrages de philosophie et de psychologie qui furent méconnus lors de leur publication, mais auxquels on rend aujourd'hui, depuis que *le Merveilleux scientifique* a appelé l'atten-

rand de Gros — dont le célèbre Buchez a dit « qu'il était *le systématisateur le plus puissant et le plus hardi* de tous les savants qui se sont occupés de psychologie, » — ne s'y est pas trompé. Aucun de nos psychologues modernes n'a aussi nettement, ni avec une aussi grande profondeur de vues, précisé les différences qui existent entre les divers effets de l'hypnose, suivant que tels ou tels procédés sont employés pour la produire, et expliqué ces différences par la diversité des agents que ces procédés sont plus ou moins aptes à mettre en jeu.

Il distingue, dans les modifications physiologiques et psychologiques que l'*hypno-magnétisme* est susceptible de produire, trois facteurs différents : 1° l'agent magnétique proprement dit ; 2° la fascination sensorielle ; 3° la volonté de l'opérateur, — qui correspondent aux trois systèmes de magnétisation ou d'hypnotisation précédemment décrits, à savoir : 1° Le *Mesmérisme*, ou système des passes et autres procédés, destinés à mettre en action le fluide (ou force) magnétique ; 2° le *Braidisme*, ou système de la *fascination sensorielle ;* 3° enfin, le système de la *suggestion* ou *idéoplastie*, auquel notre auteur donne le nom de *Fario-Grimmisme*, en l'honneur de ses deux véritables inventeurs, l'abbé Faria et Grimm, auxquels, explique-t-il très clairement, l'École de Nancy n'a fait en réalité que l'emprunter.

Ces trois facteurs agissent tantôt séparément, tantôt et souvent ensemble, à l'insu même de l'opérateur, pour

tion du public sur leur auteur, le juste hommage qui leur est dû. Rendant compte de ce dernier ouvrage, le docteur Eugène Bonafous écrivait : « Après avoir lu Durand de Gros, on reconnaît que l'hypnotisme ne date pas seulement de Liébault, et qu'avant les prétendues découvertes des Charcot, des Luys, des Bernheim, avant le conflit survenu entre la Salpêtrière et Nancy, il y avait un savant éminent, un philosophe aux vues hardies, un chercheur armé d'une méthode puissante, qui avait déjà fait le tour de ce domaine nouveau offert par Braid aux légitimes curiosités de la science. » (Extrait d'une note publiée par M. Alphonse Bué, à la suite de son ouvrage précité *le Magnétisme curatif.*)

concourir aux mêmes œuvres. On conçoit, d'ailleurs,
que mettant en action un dynamisme différent, lorsqu'ils
agissent séparément, ils ne produisent pas les mêmes
effets, comme a dû le constater et l'a franchement reconnu
Braid lui-même, avouant que sa méthode de *fascination
sensorielle* était impuissante à produire les plus intéressants des phénomènes du somnambulisme (tels que
la vision à distance) que les magnétiseurs obtiennent
avec leurs passes (V. *supra*, n° 69).

Il m'est malheureusement impossible de suivre M. Durand de Gros dans les longs développements qu'il consacre à ces questions de méthodes et qui sont pour lui
l'occasion d'aborder, avec sa pénétration habituelle, quelques-uns des sujets les plus intéressants qu'offre l'étude
du magnétisme. J'aurai du reste, même au cours de ce
chapitre, à revenir sur ces questions, notamment sur
celle qui a le plus vivement préoccupé l'éminent psychologue, à savoir celle de l'existence ou de la non-existence
du *fluide* ou *agent magnétique*, pour la solution de laquelle je serai trop heureux de pouvoir encore recourir
à ses lumières.

SECTION II

LES PROCÉDÉS DU MAGNÉTISME ET DE L'HYPNOTISME

72. — Les procédés auxquels ont recours soit les magnétiseurs, soit les hypnotiseurs, pour produire dans
l'organisme humain les différentes modifications physiologiques et psychologiques qu'ils ont en vue, constituent, dans leur ensemble, l'art opératoire, la technique
du magnétisme ou de l'hypnotisme. Leurs différences
correspondent au but que les uns et les autres se pro-
posent et qui est, pour les premiers, d'agir sur l'âme et
l'organisme profond et mystérieux par lequel elle se
manifeste, d'en susciter et d'en harmoniser toutes les

énergies et toutes les facultés et d'arriver ainsi, s'il y a lieu, à rétablir l'équilibre, momentanément troublé, du système nerveux, siège ou origine de la plupart des maladies, et dont l'âme est le grand régulateur, et, pour les autres, d'actionner, dans un intérêt exclusivement thérapeutique, les centres nerveux et de les disposer, en les ébranlant et en les stimulant, à réagir contre le désordre passager qui en compromet le fonctionnement.

C'est à ce point de vue général, c'est-à-dire dans leurs rapports avec la double nature spirituelle et corporelle de notre être, que ces procédés intéressent le psychologue. Il serait donc d'une utilité très secondaire, pour la tâche que je me suis tracée, de les décrire dans tous leurs détails et avec la précision qui serait nécessaire si mon ouvrage était destiné à des étudiants magnétiseurs. Il me suffira de les énumérer brièvement et de les comparer entre eux, en renvoyant ceux de mes lecteurs qui auraient la curiosité d'approfondir ce sujet, aux ouvrages qui les font connaître.

§ 1er. — *Procédés des magnétiseurs.*

73. — J'ai déjà, sous la 1re section de ce chapitre, dans la partie de l'historique consacrée aux anciens magnétiseurs, fourni quelques renseignements sur les procédés qui leur étaient familiers. Les magnétiseurs d'aujourd'hui n'en ont pas inventé d'autres; ils se sont bornés à les perfectionner. M. Durville est l'auteur qui décrit et justifie le mieux, dans son ouvrage *le Magnétisme. Théories et procédés*, II pp. 57 à 146[1], les procédés actuellement en usage. J'extrais de son livre, en les résumant, les brèves indications qui suivent :

Un magnétisme, explique-t-il (pp. 57 et s.), fonctionne toujours dans n'importe quel milieu, d'un individu à un autre, ainsi que de nombreuses observations courantes

1. Paris, Librairie du Magnétisme, 1901.

le démontrent : c'est le magnétisme *inconscient, involontaire*.

Toutefois l'action de ce magnétisme peut être intensifiée par l'intention, le désir, la volonté, l'affection. C'est le magnétisme *instinctif*, qui a sur le magnétisme inconscient des avantages incontestables, et dont M. Durville rapporte (pp. 59 à 61) deux exemples intéressants.

Mais celui qui connaît, pour l'avoir étudiée, la force magnétique, dans sa nature, dans ses sources, dans son mode d'action et dans toutes ses manifestations, peut obtenir des résultats beaucoup plus certains et beaucoup plus rapides. C'est là, à proprement parler, le magnétisme *scientifique*, ou, autrement dit, *l'art de magnétiser*.

74. — Il y a deux sortes de magnétisation : la magnétisation *directe*, c'est-à-dire celle qui s'opère directement du magnétiseur au sujet, et la magnétisation *indirecte*, c'est-à-dire celle qui a lieu par l'intermédiaire d'un objet (un verre d'eau par exemple) préalablement magnétisé par l'action directe, soit d'un magnétiseur, soit d'un aimant. Observons en passant que si la preuve de cette dernière sorte de magnétisation était fournie, et il semble bien qu'elle le soit, d'après les développements qu'on lira plus loin, sous la 3ᵉ section de ce chapitre, il n'y aurait plus l'ombre d'un doute sur la réalité de cette force spéciale, *l'agent magnétique*, qui fait le fond de la doctrine des magnétiseurs.

Les mains étant, comme on le verra sous la section suivante, les pôles principaux d'où s'échappe cette force, sont les agents les plus ordinairement employés dans la magnétisation directe. Les annales historiques contiennent de nombreux exemples de cures opérées par l'imposition des mains, et la tradition nous en a été transmise par des œuvres immortelles que l'on peut admirer dans nos musées.

75. — La série des manipulations habituellement

employées, et dont M. Durville donne (pp. 66 et s.) une description détaillée, comprend :

1° Les *Passes* : *longitudinales*, pour transmettre l'action magnétique ; *transversales*, pour dégager le sujet.

2° Les *Impositions :* très en usage, dans l'antiquité, pour bénir, guérir, protéger, prier, etc.

3° Les *Applications :* qui consistent dans le fait de poser et d'appliquer les mains à plat sur les parties du corps que l'on veut actionner, de les y maintenir plus ou moins longtemps, et dont le principal effet est de calmer la douleur.

4° L'*Effleurage :* qui n'est qu'un frôlement, plusieurs fois répété, une série d'applications en mouvement, ou, mieux encore, de *passes longitudinales* pratiquées *avec contact* (ce qui les différencie des passes proprement dites qui s'effectuent *sans contact*).

5° Les *Frictions :* sèches ou *humides, traînantes* ou *rotatoires*, très en usage dans la thérapeutique ordinaire.

En dehors de ces manipulations, les magnétiseurs emploient aussi, suivant les cas, l'*action du souffle* ; soit l'insufflation *chaude*, qui, de nature positive, selon M. Durville, est excitante ; soit l'insufflation *froide*, qui, de nature négative, est calmante ; — *l'action des yeux*, qui est calmante ou stimulante, suivant la manière dont le magnétiseur en use ; — et, enfin, comme je l'ai déjà dit, la *magnétisation indirecte*, ou par intermédiaire. M. Durville indique (p. 126) les procédés à employer pour magnétiser un objet qui doit servir lui-même d'instrument à une magnétisation sur un sujet humain.

Lire également, dans le même ouvrage : 1° la description des moyens en usage (contact des pouces, action des yeux, etc.) pour établir, préalablement à toute magnétisation, le *rapport* entre le magnétiseur et le sujet (pp. 137 à 139) ; 2° l'indication (pp. 139 à 146) de la mé-

thode à suivre pour obtenir, par une tension magnétique de plus en plus développée, chez les sujets particulièrement sensitifs (malades ou non), le *somnambulisme*,
avec ses divers phénomènes de haute puissance, qui
seront décrits dans la suite de cet ouvrage.

§ 2. — *Procédés des hypnotiseurs.*

76. — Je me suis déjà expliqué sur ce point, dans la
partie de cet ouvrage qui a été consacrée à l'historique
des méthodes adoptées et substituées aux passes magnétiques par les diverses écoles d'hypnotiseurs (Braidisme, École de la Salpêtrière, Fario-Grimisme, École
de Nancy, etc.). Les procédés, très variés du reste, que
ces méthodes comportent, ont été indiqués d'une manière
suffisante par le docteur Morand, dans son traité du
Magnétisme animal (pp. 240 à 254). Ils consistent,
on le sait déjà, pour les Braidistes et l'École de la Salpêtrière : dans une série de manœuvres (et notamment
dans la fixation d'un point brillant), destinées à fasci-
ner le sujet, et, plus généralement, à déterminer en lui
cet état *hypotaxique* qui le plus souvent précède et
favorise l'hypnose ; et, pour les disciples de Faria et de
Grimm et, parmi eux, l'École de Nancy, dans une série
de suggestions verbales, à forme *impérative* ou *persuasive*, invitant le sujet à dormir.

Remarquons d'ailleurs que l'exclusivisme des débuts
dans le choix des procédés, selon les diverses écoles, a
fait place depuis quelques années à un judicieux éclectisme, depuis surtout que les psychologues s'en sont
mêlés et que le vaste champ des phénomènes de l'hypno-magnétisme s'est ouvert à leurs pénétrantes observations.

C'est ainsi, fait observer le docteur Morand (*loc. cit.*,
p. 242), que le procédé des *passes* est aujourd'hui admis d'une manière à peu près générale. M. Pierre Janet

l'emploie de préférence à tous autres et y joint même le contact des pouces, très usité chez les magnétiseurs pour la mise en rapport de l'opérateur avec son sujet. Son efficacité, d'ailleurs, est aujourd'hui justifiée par la découverte des *zones hypnogènes* [1].

Mais, tout en admettant les procédés des magnétiseurs, concurremment avec ceux de l'hypnotisme proprement dit, les disciples de Charcot et l'École de Nancy n'ont pas, jusqu'à présent, admis l'hypothèse d'un fluide ou d'un agent quelconque *sui generis* émanant du magnétiseur et contribuant à la production des phénomènes de l'hypnose. Ont-ils raison ? C'est ce que l'on verra plus loin sous la section ci-après, spécialement consacrée à l'étude de cette question.

Ajoutons que, quel que soit le procédé employé pour produire l'hypnose, il est remarquable que, si l'on prolonge son action, cette prolongation amène le réveil : « *L'agent qui fait*, dit Dumontpallier, *défait.* »

§ 3. — *Comparaison des procédés entre eux.*

77. — On s'explique la préférence des psychologues pour le système des passes, et, en général, pour les procédés des magnétiseurs, quand on compare les effets que ces derniers sont de nature à produire avec ceux que déterminent les méthodes spéciales aux hypnotiseurs.

Il n'est pas besoin d'être un profond observateur pour comprendre que les procédés violents de l'hypnotisme proprement dit, qui ont été précédemment décrits, ten-

---

1. Les *zones hypnogènes*, dont on doit la description, sinon la découverte, au professeur Pitres (de Bordeaux), sont, d'après la définition qu'en donne le docteur Morand (p. 251), « des régions circonscrites du corps, douloureuses ou non, et dont la pression a pour effet de déterminer brusquement l'entrée du sujet dans l'état hypnotique ». Comme les *zones hystérogènes*, elles peuvent se rencontrer sur tous les points du corps.

dent tous, sans exception, dit M. Alphonse Bué dans le
2ᵉ volume de son ouvrage précité *le Magnétisme curatif* (p. 14), « à provoquer l'ébranlement des centres nerveux, qui doit leur livrer, inconscient et sans défense,
le patient tout préparé ainsi à leurs expériences variées
(et souvent dangereuses). Toutes ces méthodes aboutissent invariablement à l'automatisme et à l'inconscience,
au déséquilibrement de l'Être, par la surprise, la fatigue
et la violence... »

« Si l'on compare, ajoute notre auteur (p. 15), ces manœuvres aux procédés magnétiques, il n'est point douteux qu'elles
en diffèrent absolument. Tandis que les fascinateurs, s'adressant spécialement au cerveau, cherchent à jeter hors de leur
équilibre les centres nerveux par des attaques violentes ou à
jet continu, les magnétiseurs, ménageant avec soin l'encéphale et concentrant toute leur action sur l'épigastre et le
système nerveux ganglionnaire, s'attachent à équilibrer de
leur mieux le courant nerveux, de façon à obtenir la plus
haute expression de l'autonomie fonctionnelle de l'Être. Les
uns détruisent le *moi* conscient, les autres l'élèvent à son
plus haut degré synthétique. Aussi quelles notables différences
on relève entre les sujets formés par l'une ou l'autre méthode,
lorsque, sous l'influence *bénéfique* et équilibrante des *impositions* et des *passes* magnétiques, vient à surgir *naturellement*
l'état somnambulique ?
Dans le sujet magnétique, les trois conditions essentielles
à l'expression normale du phénomène se développent : *isolement, concentration, mobilité.*
L'isolement, en annihilant toutes les sensations qui viennent
du dehors, donne au sujet mesmérique la faculté précieuse
de concentrer son attention, mieux qu'à l'état de veille ; ses
sens, *en quelque sorte synthétisés en une exaltation du moi sensoriel*, lui donnent une sensibilité exquise, que *l'état de rapport*
met exclusivement à la disposition de son magnétiseur ; il
ne peut être *touché* que par lui, il *n'entend* que lui, il *n'obéit*
qu'à lui, il ne peut être *réveillé* que par lui (V. la description
de *cet état de rapport*, infra, chap. v).
La *concentration*, en permettant à l'activité fonctionnelle de
se condenser et de s'équilibrer *en dedans*, fait du sujet mesmérique un instrument d'une délicatesse inouïe, qu'on ne
saurait mieux comparer qu'à une balance de précision dont
la plus légère pesée déplace le centre de gravité. Répondant

merveilleusement aux moindres incitations de celui qui l'a
réglé par la *mise en rapport*, le sujet mesmérique lit dans la
pensée de son magnétiseur, répond à toutes les suggestions
mentales, de près comme de loin, hors de la vue, à travers les
murs, et jouit de cette extrême *mobilité* magnétique dont
parle de Puységur, mobilité qui consiste à céder à toutes les
attractions à distance.

Le sujet formé par les procédés hypnotiques, poursuit M. Bué, est loin de posséder ces nombreuses et
éminentes qualités et notre auteur montre, par l'énumération de ce qui lui manque, combien il diffère du sujet
magnétisé. C'est ainsi, notamment, qu'instrument impar-
fait, il ne répond qu'aux *incitations physiques* et aux
suggestions *verbales*, ce qui a conduit les hypnotiseurs,
dans leur ignorance, à nier l'efficacité de la suggestion
mentale, mille fois constatée par les magnétiseurs.

C'est ainsi également qu'en hypnotisme *l'état de
rapport* n'existe pas. Le rapport est un procédé exclusivement mesmérique, et, c'est seulement par la mise en
rapport, intelligemment graduée, que l'on peut arriver à
régler un sujet.

SECTION III

DE L'AGENT MAGNÉTIQUE

78. — La question de savoir s'il existe dans la nature
un agent spécial (substance, fluide ou force quelconque)
auquel on puisse rattacher la production des phénomènes du magnétisme, s'est imposée à l'attention des
psychologues dès le début de leurs études. Il n'en est
pas de plus controversée, bien que cependant on s'aper-
çoive de plus en plus, au fur et à mesure que l'étude se
poursuit, de la difficulté où l'on est de se passer de
l'hypothèse de l'existence de cet agent pour l'explication
et l'interprétation des faits observés.

Si les hypnotiseurs refusent encore d'admettre cette hypothèse, c'est qu'ils ont toujours limité et limitent encore leur champ de discussion aux phénomènes les plus simples et écartent de parti pris tout ce qui ne s'accorde pas avec la conception étroite qu'ils se font de l'hypnotisme. Pour eux, l'hypnotisme est toujours un simple phénomène *subjectif*, qui n'a sa cause que dans l'organisme nerveux du sujet. Sans doute, ce point de vue, dans les cas simples, les seuls d'ailleurs qu'ils consentent à interpréter, n'est pas inadmissible. L'état d'hypnose peut être déterminé, on l'a vu, en dehors des passes magnétiques, par la simple suggestion verbale, renforcée, dans le système de Braid, par les pratiques de la fascination, et, dans le système de l'École de Nancy, par la forme *impérative* ou *persuasive* employée par l'hypnotiseur. Et quand ensuite ses effets se développent, sous l'influence des idées introduites ainsi dans le *sensorium* du sujet, rien ne s'oppose à ce qu'on les considère comme le produit d'un travail de l'imagination actionnée et surexcitée, comme dans le rêve, par l'état *monoïdéique* dans lequel le sujet se trouve plongé. Dans ce cas, le facteur qui opère, et qui suffit en effet à expliquer les phénomènes obtenus, est purement subjectif. Il se résume, comme le fait observer M. Durand de Gros dans son ouvrage précité *le Merveilleux scientifique* (p. 28), en « un état négatif de la pensée, consécutif à l'état d'excitation sensorielle uniforme et étroitement circonscrite » qu'ont déterminé dans le sujet les pratiques d'entraînement de l'hypnotiseur.

79. — Mais, si l'on oppose à ces manifestations les plus simples de l'hypnose d'autres manifestations plus complexes, telles que, notamment, la suggestion *mentale* et certains phénomènes *télépathiques* dans lesquels le moi *intérieur* s'extériorise et exerce son action à distance, et si la preuve est faite de ces sortes de manifestations (et l'on verra dans la suite de cet ouvrage qu'il est difficile d'en douter), force est bien alors de chercher

une explication en dehors de celle qu'ont proposée les hypnotiseurs.

Quand, écrit l'auteur que je viens de citer (p. 27), sa propre pensée violemment tendue vers une personne absente, un adepte de la télépathie parvient, sans que son attention soit soupçonnée du sujet de l'expérience, à faire apparaître certaines images dans le *sensorium* de ce dernier, et à déterminer en lui certains désirs, certaines volitions et certains actes résolus d'avance, il est manifeste que de celui-ci au sujet *un mouvement de la matière a cheminé* ; que ce mouvement, parti du premier, s'est transmis de proche en proche jusqu'au second. L'effet s'est produit *par un moyen physique,* un moyen vraisemblablement analogue à celui qui intervient entre l'aiguille de la boussole et l'aimant qui l'influence...

L'école de Mesmer [1], ajoute Durand de Gros, provoque le sommeil par des *passes,* ou tout uniment par une forte tension de la volonté de l'opérateur, *et cela à distance et hors la vue des patients,* qui ne peuvent se douter actuellement ni des manœuvres, ni de l'entreprise à laquelle ils sont en butte. Ici encore, transport nécessaire de l'action hypnotique à travers l'espace à l'aide d'un *messager matériel,* appartenant suivant toute apparence à la famille des impondérables ou dynamides admis par les physiciens...

La question est ainsi nettement posée entre les partisans et les adversaires de l'intervention d'un agent physique spécial dans l'hypno-magnétisme, et il semble bien que le problème serait implicitement résolu si toutes les données en étaient universellement acceptées, c'est-à-dire si les uns et les autres (magnétiseurs et hypnotiseurs) étaient d'accord pour admettre la réalité de l'ensemble et non pas seulement d'une partie des phénomènes de l'hypnose. C'est au fond sur ce dernier point que porte le débat et, par conséquent, la solution sortira d'elle-même de l'examen critique des faits de toute nature qui seront exposés au cours de cet ouvrage.

1. L'auteur entend par là toute l'école, dite des magnétiseurs, par opposition à celle des hypnotiseurs.

Toutefois, en attendant que ce résultat puisse être atteint, il n'est pas inutile de donner dès à présent un court aperçu des recherches et des expériences qui ont été faites et des travaux qui ont été publiés pour élucider cette importante question.

80. — Pour les anciens magnétiseurs, l'hypothèse de l'intervention d'un agent spécial, de nature physique, dans les phénomènes de l'hypno-magnétisme, est la base incontestable et incontestée de toutes leurs théories. Ils s'accordent à classer cet agent, avec l'électricité, la lumière, la chaleur, dans la catégorie des *fluides* qui constituent un des états sous lesquels se manifestent les forces de la matière. Cette théorie rencontrerait des contradictions dans le monde scientifique, depuis qu'au système de l'*émission* des forces a succédé la théorie dynamique de l'*ondulation*, qui repose sur le principe, de plus en plus en faveur, de l'*unité de la force*, et suppose que la chaleur, la lumière, l'électricité et le magnétisme ne sont qu'une modalité d'une même force. Le seul fluide, en effet, que les savants reconnaissent, c'est l'*éther*. Pour eux, le mouvement est partout répandu dans la nature. En dehors de celui des corps que nos sens perçoivent, il y a le mouvement que nos sens ne perçoivent pas, propre aux molécules.

Les corps, en effet, dit M. Durville, dans son traité précité *le Magnétisme. Théories et procédés* (2ᵉ vol., p. 13), sont composés de molécules, et les molécules elles-mêmes sont formées par des atomes agglomérés, qui sont séparés les uns des autres par des espaces relativement énormes dans lesquels ils se meuvent. Ce mouvement des atomes se modifie sans cesse, car il reçoit et transmet l'impulsion qui lui vient du dehors par l'intermédiaire de l'*éther*, ce fluide hypothétique, le seul que la physique contemporaine ait conservé, dans lequel baignent et se meuvent tous les corps et qui représente la matière à l'état le plus subtil et a reçu les noms les plus divers. Ce mouvement des atomes est un mouvement de vibration. Le nombre des vibrations par seconde dont ils sont susceptibles, depuis celles qui sont révélées à nos sens sous la forme du son, jusqu'à celles des rayons X, en passant par l'électricité et la lumière, est incalculable (*V. les chiffres cités p. 15 de l'ouvrage de M. Durville*).

Ces vibrations, ajoute le même auteur, se transmettent à l'éther par *ondulations*, d'une façon qui n'est pas sans analogie avec le mouvement que l'on observe à la surface d'une eau tranquille dans laquelle on jette une pierre. Elles ne sont pas identiques les unes aux autres, car non seulement elles varient de vitesse, mais elles varient aussi de forme et d'amplitude... Ce sont ces vibrations qui donnent naissance aux divers agents de la nature. Ainsi, telles vibrations d'une nature déterminée font naître la *chaleur* ; d'autres, plus rapides, la *lumière* ; d'autres, différentes de vitesse, de forme et d'amplitude, l'*électricité*, le *magnétisme* (propre à l'aimant) et le magnétisme qui fait l'objet de cette étude, c'est-à-dire le *magnétisme physiologique*.

81. — Quelle que soit la valeur de cette théorie de l'*ondulation*, qui a remplacé celle de l'*émission* (et l'on sait que les théories scientifiques ne sont pas éternelles), il importe peu pour le jugement à porter sur la validité de l'hypothèse dont on s'occupe ici. *Fluide* émis par les corps qui en sont imprégnés, ou *force* spéciale dont les vibrations seraient transmises par ondulation, l'agent hypothétique qui interviendrait ainsi dans le magnétisme physiologique n'en serait pas moins, dans un cas comme dans l'autre, une forme de mouvement, une manifestation de l'énergie, c'est-à-dire un *agent physique spécial*, véritable facteur des phénomènes magnétiques. Tout ce qui résulte de la nouvelle théorie scientifique, en la supposant incontestable, c'est que cette force particulière dont on expliquait autrefois l'action par l'émission d'un *fluide impondérable* :

N'est, dit M. Durville (p. 19), que *le ton de mouvement* de notre organisme, lequel est constitué par certaines vibrations dont la nature, la forme, la vitesse et le mode de communication nous sont inconnus, et qui se transmet, par *ondulations à travers l'éther*, d'un individu à un autre et d'un corps à un autre.

Ce n'en est pas moins, s'il existe, un *agent phy-*

sique, frère de la chaleur, de la lumière, de l'électricité, qu'on rencontre d'ailleurs partout dans la nature, ainsi que notre auteur le démontre dans un autre ouvrage déjà cité *Traité expérimental du magnétisme*, 1ᵉʳ vol. : *la Physique magnétique*, auquel j'aurai plus loin à faire sans doute encore quelques emprunts.

82. — Quoi qu'il en soit, il est constant, je le répète, que les anciens magnétiseurs, dont j'ai rappelé sous la 1ʳᵉ section de ce chapitre (Voir *supra*, nᵒ 63) la vie et les travaux, ont tous, sans exception, cru à l'existence du *fluide* magnétique, disons aujourd'hui : *de l'agent magnétique*, pour rester dans les données de la science actuelle. Quelques-uns, notamment Deleuze, du Potet et Lafontaine, se sont ingéniés à en fournir la preuve et l'ont induite généralement des effets spécifiques des divers états magnétiques qu'ils ont analysés avec une méthode et un esprit d'observation qui n'ont rien à envier aux méthodes et aux travaux des hypnotiseurs (Voir les principaux éléments de leur démonstration dans l'ouvrage précédemment cité de M. Durville, *le Magnétisme. Théories et procédés* 1ᵉʳ vol., pp. 226 à 235 (pour Deleuze), 248 à 275 (pour du Potet), et 315 et s. (pour Lafontaine).

Cette preuve par induction que les magnétiseurs ont tirée de l'impossibilité où ils se sont trouvés d'expliquer, sans l'hypothèse de l'agent magnétique, les différents effets physiologiques et psychologiques de l'hypnose, semble bien avoir été confirmée par les savants et les psychologues qui, après les magnétiseurs, ou en même temps qu'eux, ont tenté, par une étude et une observation plus directes, de faire la lumière sur cette force spéciale que laissent supposer les phénomènes, et d'en déterminer les propriétés. M. de Rochas, spécialement, a contribué puissamment à faire connaître en France et à vulgariser leurs travaux, et il s'est lui-même livré sur le même sujet à des recherches et à des expériences du plus haut intérêt, ainsi qu'à des études

méthodiques qui ont fait définitivement entrer cette
question, jusqu'alors dédaignée, dans le champ de la
science.

Je ne puis me dispenser de donner à mes lecteurs un
aperçu de l'œuvre importante et féconde qu'il a accomplie en cette matière, dans son double rôle de vulgari-
sateur et d'expérimentateur. Je le ferai, dans l'obligation où je suis de restreindre le plus possible mes
explications, en me bornant à rapporter, dans un ordre
à peu près chronologique, et à analyser brièvement les
travaux accomplis jusqu'à nos jours par les divers savants et expérimentateurs, y compris M. de Rochas,
qui ont apporté leur contribution à l'étude de cette importante question de *l'agent magnétique*. Pour tous les
travaux antérieurs à ceux de M. de Rochas, j'emprun-
terai la plupart de mes renseignements à deux de ses
ouvrages : 1° *l'Extériorisation de la sensibilité* (précité) ; 2° *les Frontières de la science* [1].

83. — A. *Précurseurs de Reichenbach.* — Parmi
ces précurseurs et en dehors des anciens magnétiseurs
dont il a été parlé (*supra*, n° 82), il me suffira de citer
le docteur Charpignon, à Orléans, qui fit avec ses somnambules de nombreuses et intéressantes expériences,
dont il a rendu compte dans deux ouvrages : *Études
physiques sur le magnétisme animal* (Paris, 1848), et
*Physiologie, médecine et métaphysique du magné-
tisme* (Paris, 1848), pour démontrer la réalité objective
du fluide magnétique, et, notamment, l'expérience suivante :

Ayant pris quatre fioles de verre blanc, il en magnétisa
une à l'insu de son somnambule. Pour cela, tenant la bouteille d'une main, il chargea son intérieur de fluide magnétique, soit en tenant pendant quelques minutes les doigts de
l'autre main rassemblés en faisceaux sur l'orifice, soit en
soufflant dedans ; puis, bouchant immédiatement, il mêla
cette fiole avec les autres. Ces quatre flacons ayant été pré-

1. Paris, Librairie des Sciences psych., 1902-1904.

sentés au somnambule, celui-ci en indiqua un comme étant
rempli d'une vapeur lumineuse ; c'était, en effet, celui qui
avait été magnétisé. — Cette expérience, répétée un grand
nombre de fois, a toujours donné les mêmes résultats. Pour
que le phénomène ne pût être attribué à une transmission de
pensée, ces flacons furent parfois magnétisés par d'autres
personnes à l'insu du magnétiseur comme du somnambule...

Le docteur Charpignon expérimenta aussi l'action de
l'aimant et des métaux sur ses somnambules. Entre
plusieurs barreaux de fer, dont un seul était aimanté, ils
reconnurent toujours ce dernier à la vapeur brillante,
différente de couleur suivant les pôles, qui s'échappait
de ses extrémités. — En dehors du rayonnement magnétique, ils percevaient aussi le rayonnement se dégageant des objets chargés d'électricité, et cela sans
jamais confondre ces deux sortes de rayonnement, ce
qui témoigne bien de la différence de nature qui existe
entre l'agent magnétique et l'électricité.

84. — B. *Travaux et expériences de Reichenbach
et de ses successeurs immédiats.* — A l'époque où
quelques hommes d'étude faisaient en France les timides tentatives qu'on vient de signaler, pour rechercher, définir et individualiser la force spéciale qui intervient, comme facteur principal, dans les phénomènes
du *magnétisme animal*, un savant autrichien, dit M. de
Rochas dans son ouvrage précité *les Frontières de la
science* (p. 49), le baron de Reichenbach, guidé par les
mêmes idées et favorisé par une grande fortune, faisait
en Autriche des milliers d'expériences qui lui ont permis
de coordonner et de confirmer les résultats des travaux
de ses précurseurs sur les propriétés physiques et
physiologiques de cette force à laquelle, pour la distinguer des autres dynamides qui s'en rapprochent plus
ou moins, tels que l'électricité et le magnétisme *terrestre*, il donnait le nom d'*od*, ou *force odique*. Il en
publiait les résultats dans un ouvrage édité à Bruns-

wick, en 1849, sous le titre *les Phénomènes odiques*[1].

Dans un autre de ses ouvrages, publié seulement en 1866, Reichenbach compléta son œuvre en étudiant spécialement les effets mécaniques de l'*od*, c'est-à-dire la mise en mouvement de corps inertes par les effluves humains.

Un résumé, sous forme d'extraits, des conclusions de ces deux ouvrages a été fait par M. de Rochas dans son ouvrage précité *les Frontières de la science* (pp. 49 à 76). Je dois me borner à n'en signaler à mes lecteurs que les points essentiels, non d'ailleurs sans les avoir préalablement avertis que les procédés expérimentaux employés par Reichenbach, pour reconnaître et indivi- dualiser la force spéciale qui fait l'objet de ses recher- ches, consistent tous dans la détermination, au moyen d'observations répétées sous les formes les plus diverses, des actions et réactions constantes et identiques que

---

[1]. Cet ouvrage, longtemps ignoré en France, et que le colonel de Rochas a été le premier à faire connaître, a été traduit, sous sa sa direction, par M. Ernest Lacoste, ingénieur, membre des Aca- démie d'Aix et du Var, et publié à Paris, en 1904, par l'éditeur Chacornac.

Dans la préface de cette traduction, le colonel de Rochas attire l'attention du lecteur sur celle de l'édition anglaise, publiée à Londres en 1851, dans laquelle son auteur, le docteur John Ash- burner, signale au public londonien l'importance et la grande valeur scientifique des travaux de Reichenbach. Le vaillant pro- fesseur de l'École polytechnique qui, comme on le sait, a sacrifié sa situation à sa passion pour les études psychologiques, ajoute que ces travaux, longtemps méconnus, trouvent aujourd'hui leur confirmation dans les conceptions les plus récentes de la science et, notamment dans un article de la *Revue scientifique* (n° du 17 oc- tobre 1903) dans lequel M. Gustave Le Bon, parlant de la radio- activité générale des corps, s'exprime ainsi : « L'existence de cette énergie nouvelle, la plus importante de toutes celles de l'Univers, apparaîtra avec une évidence éclatante le jour où les physiciens s'étant débarrassés de l'héritage des idées qui dirigent actuellement leurs pensées, renonceront à vouloir rattacher à des phénomènes connus des choses qui en diffèrent entièrement. Je crois qu'il ne s'écoulera pas bien longtemps avant que l'existence de l'énergie *intra-atomique* soit reconnue par quelques physiciens possédant une dose suffisante de prestige pour imposer une doc- trine. »

cette force produit sur les sens du toucher et de la vue
de certains sujets, doués d'une sensibilité exceptionnelle,
qui leur a valu le nom de *sensitifs*, et placés dans des
conditions de milieu (telles, notamment, qu'une obscurité complète) propres à développer encore cette sensibilité [1].

85. — Voici, aussi abrégées que possible, les observations qui m'ont paru les plus dignes d'être recueillies :

1° C'est un fait bien établi, une loi physico-physiologique
de la nature, que l'aimant agit d'une manière sensible sur
l'organisme humain. Un grand nombre de personnes sentent
cette action plus ou moins vivement. On les désigne sous les
noms de *sensitifs*.

2° Les perceptions de cette influence se révèlent principalement aux deux sens du toucher et de la vue : au sens
du toucher, sous forme d'une apparence de froid ou de
chaleur tiède ; à la vue, par des apparences de lumière émanant des pôles et des côtés des aimants quand le sensitif est
resté longtemps plongé dans une obscurité profonde.

3° Ce n'est pas seulement l'aimant d'acier fabriqué dans
nos laboratoires, qui exerce cette influence, mais aussi : notre
globe, par le magnétisme terrestre ; la lune ; tous les cristaux dans la direction de leurs axes ; de même : la chaleur,
le frottement, l'électricité, la lumière, les rayons du soleil et
des étoiles, les actions chimiques, *puis, la force vitale organique,
aussi bien dans les plantes que dans les animaux.*

4° La cause de ces phénomènes est une force particulière, *qui
s'étend sur tout l'univers* et diffère de toutes les forces connues
jusqu'à ce jour. On la désigne sous le nom d'*od* ou *force odique*.

5° Elle est douée de polarité et se présente aux deux pôles
de l'aimant avec des propriétés différentes, mais constantes :
à l'un des pôles (que, suivant l'usage des pays, l'on désigne
sous le nom de pôle nord ou de pôle sud, de pôle positif ou
de négatif) [2] : sensation de fraîcheur au toucher, et flamme

1. En relatant plus loin les travaux de M. de Rochas et de
M. Durville, qui ont renouvelé les expériences de Reichenbach,
j'aurai l'occasion de mieux faire comprendre la nature et la valeur
des diverses méthodes employées.

2. Par suite de l'adoption d'un point de départ différent, les
Allemands appellent *positif* ou *pôle nord*, le pôle qu'en France on
appelle ordinairement *négatif* ou *pôle sud* ; et, inversement, néga-

bleue ou d'un gris bleuâtre ; et, au pôle inverse : sensation de chaleur tiède et lumière rouge, tournant quelquefois au gris jaune ; avec les sensations correspondantes de plaisir marqué, dans le premier cas ; de malaise ou de douleur, dans le second.

Dans les cristaux, les pôles odiques se trouvent aux pôles des axes. Dans les plantes la partie ascendante du tronc est d'une polarité opposée à la partie descendante ; mais il existe dans chacun des organes séparés une quantité innombrable de polarités secondaires. Il en est de même dans l'homme et les animaux, où le côté gauche tout entier se trouve en opposition odique avec l'ensemble du côté droit, avec diverses polarités secondaires, notamment aux extrémités des mains, des doigts et des pieds.

6° La force odique est conductible à travers les corps jusqu'à des distances indéterminées... Sa transmission s'effectue plus lentement que l'électricité, mais beaucoup plus vite que celle de la chaleur.

7° L'Od peut être transféré et communiqué d'un corps à un autre. Le transfert a lieu par contact ; ou, mais à un degré plus faible, par simple voisinage. La durée de l'état odique dans les corps où il a été transféré est courte et varie avec la substance de ces corps et leur éloignement de sa source. Elle est quelquefois perçue, même après quelques heures, par les sensitifs à un haut degré : par exemple, dans l'eau magnétisée.

8° L'od partage avec la chaleur la propriété de se manifester par deux états : l'un inerte, procédant lentement à travers la matière ; l'autre à l'état d'effluves.

9° La lumière odique est une espèce de lueur interne et externe qui apparaît dans la masse tout entière comme la phosphorescence ; tout autour est répandu un léger voile lumineux semblable à un duvet délicat de flamme. Là où la lumière odique se présente polarisée, comme dans l'aimant, dans les cristaux et dans le corps humain, elle forme un courant semblable à une flamme qui émane des pôles, qui échappe en droite ligne des branches de l'aimant et des axes des cristaux et s'étend jusqu'à une certaine distance des pôles en décroissant d'intensité. De plus, les aimants, les cristaux, les mains, ainsi que les corps amorphes paraissent lumineux

tif, celui qu'en France on désigne sous le nom de positif. Cette différence de terminologie n'a au fond aucune importance ; elle n'a que l'inconvénient de donner lieu parfois à des confusions qu'une dénomination commune eût permis d'éviter.

dans toute leur masse et même recouverts d'un léger voile
de vapeur lumineuse. — Les êtres humains sont lumineux
sur presque toute la surface du corps, mais particulièrement
sur les mains (avec un maximum d'intensité sur la paume de
la main, les bouts des doigts, les pouces), sur les yeux, diverses parties de la tête, le creux de l'estomac, etc. Des jets
de lumière, pareils à des flammes plus brillantes, s'échappent
en lignes droites des extrémités des doigts, des yeux, des
narines, des oreilles.

10° Les rayons du soleil et ceux de la lune chargent odiquement tous les corps ; et cette charge, conduite au moyen de
fils métalliques, dans l'obscurité, donne à leur extrémité une
flamme odique. Les mêmes effets sont produits par la chaleur, le frottement, la lumière du feu et par toute action
chimique.

11° On peut actionner par les courants d'air, par le souffle,
toutes les flammes odiques : elles sont donc de nature matérielle.

Je passe sur la suite de cette analyse, telle que la
transcrit M. de Rochas (*loc. cit.*, pp. 60 à 72), et d'où il
résulte que l'*od*, dont le savant autrichien a décrit les
principales propriétés et qu'il identifie avec l'*agent magnétique* faisant l'objet de cette étude, diffère essentiellement de la chaleur, de l'électricité et du magnétisme
terrestre. Quel que soit, en effet, son intérêt pour les
hommes de science, l'espace restreint dont je dispose
ne me permet pas de lui accorder toute l'attention qu'elle
mérite et je ne puis que renvoyer mes lecteurs à l'ouvrage précité de M. de Rochas où ils trouveront à ce
sujet les renseignements dont ils pourraient avoir
besoin.

86. — Après une aussi minutieuse analyse de l'od
et de ses propriétés, analyse fondée sur d'innombrables
expériences répétées pendant de longues années et dont
je n'ai pu malheureusement donner ici qu'un aperçu
bien incomplet, il devenait difficile de mettre en doute
la réalité et l'importance de cette force spéciale que
Reichenbach place au nombre des dynamides à côté de
la chaleur, de l'électricité, du magnétisme terrestre

et de la lumière, dont elle se distingue d'ailleurs ; qu'il considère comme *étant appelée*, dit-il, *à constituer le dernier et le plus élevé des termes de la série qui rattache le monde des Esprits à celui des corps*, et qui paraît bien être en définitive l'agent principal de tous les phénomènes du magnétisme animal ou, pour mieux dire, du magnétisme physiologique.

Aussi bien, depuis que, grâce à la vulgarisation des ouvrages de Reichenbach, l'intérêt des psychologues, en France et en tous autres pays, a été attiré vers l'étude de ce dynamide, de grands progrès dans la détermination de sa nature et de ses propriétés ont été réalisés.

La traduction en anglais des *Phénomènes odiques* par le docteur John Ashburner ayant été publiée à Londres dès l'année 1851, ce fut en Angleterre que le mouvement de curiosité suscité par cet ouvrage se dessina tout d'abord. Plusieurs savants voulurent s'assurer par eux-mêmes de la réalité des faits avancés par le chimiste autrichien et furent amenés à tenter diverses expériences qui toutes confirmèrent celles de leur éminent prédécesseur. C'est ainsi, pour ne citer que le plus célèbre, que l'ingénieur électricien Varley, membre de la Société royale de Londres, après de nombreuses expériences faites avec Mme Varley, remit le 5 mai 1869 à la *Société dialectique* de Londres un rapport, dont M. de Rochas reproduit quelques extraits (*loc. cit.*, p. 77), et dans lequel l'éminent expérimentateur déclara avoir obtenu *des preuves aussi nombreuses que décisives de l'existence des flammes odiques émanées des corps magnétisés, des cristaux et des êtres humains.*

87. — En France, le mouvement en faveur de ces recherches tarda plus longtemps à se dessiner. Mais, une fois commencé, il ne fit que s'accentuer de jour en jour. Parmi ses protagonistes les plus connus, je me borne à citer :

1° Le docteur Chazarain et M. Dècle, avec leurs deux ouvrages publiés en commun : l'un, *Découverte de la polarité humaine*, en 1886 ; l'autre, *les Courants et la polarité dans l'aimant*, en 1887 ;

2° Le docteur Baréty, ancien interne à la Salpêtrière, auteur d'un ouvrage très apprécié, publié en 1887, sous le titre : *Le Magnétisme animal étudié sous le nom de force neurique rayonnante et circulante, dans ses propriétés physiques, physiologiques et thérapeutiques,* dont les observations et les conclusions, si l'on en juge par les quelques extraits reproduits par M. de Rochas (*Frontières de la science*, pp. 84 à 89), concordent absolument, sur les points principaux, avec celles de Reichenbach, ce qui est d'autant plus remarquable que l'auteur avoue lui-même qu'il connaissait à peine de nom les travaux des anciens magnétiseurs et, notamment ceux du savant autrichien. On y retrouve, en effet, sous la dénomination de force *neurique*, que l'auteur substitue, sans doute à tort[1], à celle de force *odique :* la même description de cette force, à l'état *statique* et à l'état *dynamique de rayonnement ou d'expansion* ; — les mêmes

---

1. Cette dénomination a le tort, en effet, de préjuger l'origine de cette force, qu'elle semble vouloir attribuer au système nerveux, ce qui n'est rien moins que prouvé. La force odique est probablement associée, dans une étroite connexion, à la force neurique, mais il n'est nullement certain qu'elle s'identifie avec elle. Les travaux de Reichenbach ont au contraire démontré que c'est une force spéciale et distincte de tous autres dynamides, et M. Durville, de son côté, dans son ouvrage déjà cité (*Le Magnétisme. Théories et procédés*, p. 55) établit péremptoirement que l'agent magnétique ne peut être identifié avec la force nerveuse : « Les nerfs, dit-il, s'entre-croisent dans les profondeurs de la masse cérébrale, dans le corps calleux, de telle façon que ceux qui prennent naissance dans l'hémisphère droit viennent animer le côté gauche. Or, il est de toute évidence que le chemin suivi par les impressions motrices et sensitives est celui des nerfs eux-mêmes, comme la transmission télégraphique suit le trajet des fils qui relient une station à une autre. Si l'agent magnétique était l'agent nerveux, il suivrait, comme celui-ci, le trajet des nerfs, et les hémisphères du cerveau seraient de polarité opposée aux côtés correspondants. Nous savons qu'il n'en est pas ainsi, et que *tout* un côté du corps, depuis la plante du pied jusqu'au sommet de la tête, est *positif*, tandis que les mêmes parties du côté opposé sont *négatives*.

propriétés *intrinsèques* et les mêmes propriétés *extrinsèques ou physiologiques* sur les objets extérieurs, inanimés ou animés, etc., etc.

88. — C. *Travaux et expériences de M. de Rochas.* — A l'œuvre si utile de vulgarisation qu'il avait entreprise, et qu'il poursuit encore de nos jours d'une manière si profitable pour la science, M. de Rochas ne pouvait tarder à joindre celle de son expérimentation. Ses travaux personnels, en effet, poursuivis avec une inlassable persévérance, ont apporté un appoint considérable à l'étude de l'agent magnétique et de ses propriétés, et ont fait faire un trop grand pas à la question pour que je puisse me dispenser de consacrer quelques lignes à leur examen.

La méthode employée par M. de Rochas pour mettre en évidence le principal agent du magnétisme diffère peu de celle de Reichenbach. Il s'agit, comme pour ce dernier, de prouver l'existence objective de cette force et sa polarité par les actions et réactions qu'elle exerce soit sur le sens du toucher, soit sur le sens de la vue. Seulement, tandis que le savant autrichien employait à cet effet des sensitifs qu'il se bornait à placer pendant un certain temps dans une complète obscurité, en s'abstenant de tout procédé de magnétisation destiné à les sortir de leur état normal, M. de Rochas s'attache à déterminer une magnétisation plus ou moins profonde chez les sensitifs qu'il emploie, un état d'hypnose propre à augmenter leur sensibilité et notamment leur faculté de vision, et à les amener ainsi à percevoir, même en pleine lumière, les effluves qui se dégagent de l'organisme du sujet de l'expérience, également magnétisé. J'aurai l'occasion de décrire plus complètement la méthode employée par cet expérimentateur dans la partie du chapitre ci-après, consacrée à l'étude de l'extériorisation de la sensibilité (V. *infra*, n°ˢ 204 et s.), étude qui confirmera l'objectivité des effluves magnétiques. Je me bornerai donc, pour le moment, à dire que M. de

Rochas commença ses premières expériences sur un jeune homme, nommé Albert, qui avait déjà servi de sujet aux travaux du docteur Luys et qui, grâce à un talent de dessinateur lui permettant de dessiner et même de peindre les effluves, constituait pour les expérimentateurs un précieux instrument de travail. M. de Rochas s'attacha du reste à contrôler les affirmations du sujet par des expériences de laboratoire qui lui permirent de reconnaître qu'il s'agissait bien d'un phénomène réel, et non pas seulement d'une impression subjective.

89. — De ces travaux, dont leur auteur a rendu compte dans son ouvrage *les États superficiels de l'hypnose* [1], et dans d'autres publications sur lesquelles j'aurai à revenir lorsque je traiterai (chap. VIII) de l'extériorisation de la sensibilité, il résulte, notamment :

Que le corps humain est polarisé comme un aimant ;

Qu'en se servant tantôt d'un corps positif, tantôt d'un corps négatif [2], l'effet de l'un servant à contrôler celui de l'autre, on arrive à déterminer d'une manière générale, par les réactions qu'il opère sur un corps d'une même polarité ou d'une polarité différente, la répartition des dynamides sur le corps humain.

Ainsi, la tête et le tronc seraient, du côté droit, aussi bien par devant que par derrière, d'une polarité opposée (positive pour les uns, négative pour les autres), à celle du côté gauche.

Les bras et les jambes, envisagés séparément, seraient également du côté du pouce, ou du gros orteil, d'une polarité différente de celle du côté du petit doigt.

Même différence dans la polarité des végétaux, selon qu'ils sont pris du côté de la racine, ou du côté de la fleur ; en outre, comme dans les aimants, chacun de leurs tronçons présente une double polarité. Les fruits

1. Paris, Chamuel, 1893.
2. On sait que cette dénomination de *positif* ou de *négatif* est employée dans un sens diamétralement opposé par les différentes écoles de magnétiseurs et suivant les pays (v. *supra*, n° 85).

présentent également une polarité différente suivant le côté envisagé (côté de la queue ou côté opposé).

Le caractère *positif* ou *négatif* des polarités se reconnaît aux effets produits par leur contact : deux polarités *isonomes*, c'est-à-dire toutes deux positives, ou toutes deux négatives, lorsqu'elles sont mises en contact, produisent d'emblée une contraction ou une répulsion ; deux polarités *hétéronomes*, dans les mêmes conditions, produisent décontracture ou attraction.

C'est ainsi que la mise en contact du pôle positif d'un aimant, ou de l'électrode positif d'une pile, ou encore d'une partie quelconque, de polarité positive, du corps de l'expérimentateur, avec une partie également positive du corps du sensitif, en amène la contracture. A l'inverse, la résolution de la contracture sera obtenue par le contact du pôle négatif de l'aimant, de l'électrode négatif de la pile, ou d'une partie quelconque, pourvu qu'elle soit négative, du corps de l'expérimentateur avec le membre contracturé.

Toute la pratique du magnétisme, d'après M. de Rochas, reposerait sur ces données : on provoque la contracture du cerveau, avec les différentes phases de l'hypnose qui en sont la conséquence, et dont la suggestibilité est le caractère le plus ordinaire, par le contact ou simplement le rapprochement, plus ou moins prolongé, d'un agent *isonome*, c'est-à-dire de même polarité que la partie du cerveau impressionnée. La résolution s'obtient en sens inverse par la mise en action d'un agent *hétéronome*. (V. les nombreuses expériences faites dans ce sens et rapportée par M. de Rochas dans son ouvrage précité *les États superficiels de l'hypnose*, pp. 9 et suiv.)

90. — Il est incontestable que ces expériences, dont les résultats, comme on le verra plus loin, ont été confirmés sur tous les points par celles de Durville, constituent une démonstration décisive de l'intervention d'un dynamide, d'un agent spécial dans la production des

phénomènes du magnétisme. Déterminer les attributs de cette force, c'est-à-dire sa polarisation par les actions et réactions qu'elle exerce sur les êtres animés et même inanimés, et son rayonnement, par les effluves qu'elle dégage, c'est implicitement faire la preuve de son objectivité.

Il y aurait toutefois quelques réserves à faire sur le rôle que M. de Rochas attribue à la polarisation de cette force dans les effets physiologiques produits par la magnétisation. M. Alphonse Bué qui, par des expériences faites avec le *pendule explorateur*, a pu vérifier l'exactitude des résultats obtenus par le savant professeur de l'Ecole polytechnique, en ce qui concerne la double polarité de cette force, estime que les conséquences qu'il en déduit pour expliquer les effets de contracture ou de résolution produits par l'action du magnétiseur, sont trop absolues et ne tiennent pas assez compte des circonstances.

Toutes ces expériences, dit-il dans le premier volume du *Magnétisme curatif* (déjà cité), ouvrage rempli de vues profondes et que l'on n'a pas assez remarqué, j'ai pu les répéter sur mon pendule. Jusqu'ici les polaristes ont raison; mais où ils se trompent, c'est lorsque ne tenant aucun compte des circonstances dans lesquelles se produit le phénomène, ils en tirent des conséquences générales, Ils semblent ignorer que les courants et les polarisations ne se manifestent régulièrement qu'à l'état *passif* et que, lorsqu'une influence interne ou externe vient à changer l'état *passif* en état *actif*, tout se modifie. Les courants obéissent dans la nature à la hiérarchie des forces.

Dans l'homme, par exemple, il existe toute une série de courants polaires qui peuvent se manifester en détail lorsque l'individu reste *neutre*, mais que la puissance de volition *synthétise dans l'action*. L'homme, en un mot, jouit de la faculté *d'unipolariser* ses courants par la volonté, et il ne peut en être autrement, sans quoi l'unité de l'être serait compromise.

Dans les expériences qui précèdent, c'est en restant *passif* et en attendant dans un état de neutralisation complète les manifestations du pendule, que j'ai pu obtenir toutes les nuances de polarité signalées par les polaristes et bien

d'autres encore ; mais dès que ma puissance volitive entra
en action, tout changea ; non seulement je renversais à mon
gré toutes les manifestations polaires, mais je réussissais à
imprimer au pendule tous les mouvements de rotation et
d'oscillation que je voulais lui donner.

En gardant soigneusement l'état de neutralité pendant la
première partie des expériences, j'avais laissé aux courants
polaires leur libre action. Dans la seconde partie des expériences, en faisant entrer ma puissance volitive en jeu,
j'avais substitué à ces courants secondaires une force supérieure qui les annihilait. Et voilà comment, malgré les
nuances multiples qui différencient en effet les dynamides
des corps soit dans leur entier, soit dans chacune de leurs
parties, tout corps organisé comme le corps humain, par
exemple, *s'unipolarise dans l'action par le seul fait de la puissance
volitive*, et c'est ainsi que, malgré sa bipolarité *réelle*, le magnétiseur n'a pas à se préoccuper de sa polarité de détail
et peut faire un égal usage de ses deux mains. Il endort,
réveille, contracture, décontracture, aussi bien de la
droite que de la gauche, et produit *à volonté* tous les effets
magnétiques sans avoir à chercher s'il est en *isonome* ou en
hétéronome. Il n'a qu'un agent à mettre en œuvre, sa puissance
volitive, qui *unifie* son émission radiante et la porte avec
une égale sûreté sur son sujet, de face, de côté, par derrière,
de près comme de loin, et même parfois d'une pièce à l'autre,
à travers les murs, sans le voir.

C'est en cela que la théorie magnétique est en désaccord
avec la théorie polariste, et il était utile de le signaler.

91. — M. de Rochas, dans son ouvrage précité *les
États superficiels de l'hypnose* (pp. 130 et s.), consacre tout un chapitre à rapporter diverses observations
et expériences de magnétisation sur les animaux. Il en
résulte que ceux-ci sont sensibles aux procédés d'hypnotisation et en ressentent, comme l'homme, les effets
ordinaires, ceux du moins que l'expérimentation est en
état de vérifier : sommeil, insensibilité, catalepsie, etc.
M. Bué, dans son *Magnétisme curatif* (pp. 152 et s.),
traite le même sujet et donne de nombreux exemples de
l'influence magnétique exercée non seulement sur les
animaux, mais encore sur les plantes, les fleurs et les
fruits dont elle accélère le développement et la matura-

tion, et même sur les objets inertes, sur l'eau spécialement.

Il est incontestable que ce sont là autant de preuves de la réalité objective du dynamide magnétique et une condamnation de la thèse d'après laquelle les phénomènes obtenus dans les expériences ne seraient que le résultat de la suggestion. La suggestion met sans doute en mouvement ce dynamide, mais elle ne le crée pas.

92. — D. *Travaux et expériences de M. Durville.* — M. Durville, professeur à l'École pratique du magnétisme, a publié de nombreux ouvrages très estimés et remarquables par leur clarté et leur précision sur le sujet traité dans ce chapitre. Mais aucun de ces ouvrages n'a plus contribué à la propagation des idées dont je cherche à donner un aperçu à mes lecteurs que son *Traité expérimental de magnétisme* [1]. J'ai déjà fait de nombreux emprunts à la première partie *Théories et procédés* (en 2 vol.) de cet ouvrage (V. *supra*. nos 61 et s.). La seconde partie publiée également en 2 volumes, sous le titre : *Physique magnétique*, et qui n'est d'ailleurs qu'une réédition d'une publication faite sous le même titre, en 1886, mérite de retenir un instant l'attention. On y trouve, en effet, sous une forme didactique qui contribue beaucoup à la clarté de son enseignement, la confirmation des travaux de tous les expérimentateurs, y compris notamment Reichenbach et M. de Rochas, qui l'ont précédé ou suivi.

C'est en 1883 que M. Durville fit lui-même, par hasard, sur un malade qu'il magnétisait, une expérience qui l'amena à reconnaître la polarité du corps humain et l'exactitude des découvertes de Reichenbach au sujet de l'agent magnétique (force odique) :

A la fin d'une séance, écrit-il (p. 11) et tout en causant avec le malade, j'appliquai nonchalamment ma main droite, tantôt sur le côté droit, tantôt sur le côté gauche. Mon étonnement fut grand quand il me dit que cette main ne produisait pas

1. Paris, Librairie du Magnétisme, 1895.

les mêmes effets sur les deux côtés du corps. Ma main droite placée à plat sur le côté gauche produisait du calme, de la fraîcheur, du bien-être... etc. ; placée sur le côté droit, elle produisait de l'excitation, de la chaleur, un certain malaise, et la respiration devenait plus difficile. La main gauche produisait des effets analogues dans les mêmes conditions d'opposition...

Je venais de reconnaître l'analogie du magnétisme humain avec l'action que les aimants exercent entre eux.

Et c'est ainsi et en se servant expérimentalement sur les sensitifs, que sa profession de magnétiseur lui fournissait abondamment, du procédé que le hasard lui avait fait découvrir et de tous autres procédés analogues, que M. Durville est arrivé à déterminer les lois de la polarité magnétique et à prouver par cela même l'existence objective de cette force spéciale qu'on trouve répandue dans toute la nature, à l'état *statique* ou *dynamique*, plus ou moins associée à d'autres forces ou à d'autres modalités de la Force unique et universelle, et que de tout temps, dit notre auteur (p. 31) :

Les grands penseurs ont signalée sous les dénominations les plus diverses, telles que : l'*Ame du monde*, l'*Ame universelle* des péripatéticiens, la *Lumière astrale* des cabalistes, l'*Akasa* des Indiens, le *Char subtil* de Platon, l'*Esprit*, le *Fluide universel*, l'*Archée de la nature* de van Helmont et de Mesmer, la *Matière subtile* de Descartes, avec son plein et ses tourbillons, l'*Esprit très subtil* de Newton, l'*Od* de Reichenbach, le *Principe vital* de Barthez, l'*Electricité animale* de Petetin, la Force neurique et rayonnante de Baréty, le *Nervisme* de Luce, le *Fluide nerveux* de quelques physiologistes contemporains, le *Fluide* ou l'*Agent magnétique* des magnétiseurs.

93. — La place me manque pour suivre M. Durville dans le développement qu'il a donné à cette importante question de l'agent magnétique. Les expériences dont il rend compte ont toutes le même but, qui est de mettre en évidence cette force universelle partout où elle se rencontre, à savoir : 1° dans l'organisme humain (ce qui fait l'objet du chap. IV de son ouvrage, pp. 96 à 168

du 1er volume) ; 2° dans l'aimant (pp. 169 à 229) ; 3° le
magnétisme terrestre (pp. 230 à 258), l'électricité
(pp. 259 à 299), la chaleur (pp. 1 à 36 du 2e vol.), la lumière (pp. 37 à 68), le mouvement (pp. 69 à 94), le son
(pp. 95 à 112), les odeurs (pp. 129 à 137), les animaux
(pp. 138 à 182), les végétaux (pp. 183 à 212), les miné-
raux [cristaux et métaux] (pp. 213 à 236). Elles sont
toutes faites d'après une méthode unique et les mêmes
procédés, en sorte qu'il suffit de connaître la méthode
et les procédés employés pour la détermination de la
bipolarité du corps humain, pour se rendre compte de
ceux qui ont servi à mettre en évidence l'existence et la
polarité de l'agent magnétique dans les autres corps et
les autres forces de la nature. Comme ces procédés ne
sont, à quelques différences près, que la répétition de
ceux employés par Reichenbach et par M. de Rochas
(V. *supra*, n° 88), je crois pouvoir me dispenser de les
décrire. Disons seulement qu'ils ont permis à M. Durville, comme à ses deux prédécesseurs, de discerner,
dans l'organisme humain, une double polarité d'ensemble,
comme celle de deux aimants inversement disposés,
c'est-à-dire :

1° d'une part, une polarité *latérale*, dans laquelle
tout le côté droit est d'une polarité opposée à celle du
côté gauche : *positive*, pour M. Durville, pour le côté
droit, et *négative*, pour le côté gauche ; tandis qu'elle
est, pour M. de Rochas, *négative* du côté droit, et *positive*, du côté gauche[1].

2° et, d'autre part, une polarité *antéro-postérieure*,
se dirigeant du sommet de la tête à l'extrémité des pieds,
en passant par le milieu du corps, et dont le côté antérieur est *positif* (pour M. Durville) et le côté postérieur,
négatif.

Les pôles de même nom, opposés l'un à l'autre, ont

---

1. V. *supra* n° 85 ce qui a été dit de cette différence de dénomination.

une action *répulsive et excitante*; les pôles de nom contraire, une action *attractive et calmante*.

En résumé, le corps humain serait représenté par deux grands aimants inversement disposés en fer à cheval : 1° un aimant *latéral*, nous divisant de droite à gauche; 2° un aimant *antéro-postérieur*, nous divisant de l'avant en arrière.

M. Durville a en outre discerné, comme M. de Rochas, plusieurs polarités secondaires. Je ne puis, sur ces différents points, que renvoyer le lecteur au texte de son traité.

94. — *E. Radio-activité de l'agent magnétique sous sa double forme de lumière et d'effluves.* — Il y avait pour l'agent magnétique, affirmé par les uns et nié par les autres, deux moyens de prouver son existence. Le premier, qui consiste à agir sur le sens du toucher et à déterminer des sensations de diverses natures chez les sujets aptes à réagir à cette action, vient d'être étudié. M. Durville, pas plus que Reichenbach et M. de Rochas, ne pouvait négliger l'étude du second, c'est-à-dire de celui qui s'adresse au sens de la vue, d'autant qu'aucun moyen n'était plus propre à convaincre l'observateur de la réalité de l'agent dont il s'agissait de démontrer la présence et la polarité.

La méthode que M. Durville a employée à cet effet est celle de Reichenbach; elle diffère, je l'ai déjà dit, de celle de M. de Rochas en ce que, dans cette dernière, l'expérience a lieu, sinon en pleine lumière, du moins dans une demi-obscurité, avec des sujets magnétisés; tandis que, dans l'autre méthode, à laquelle M. Durville donne la préférence, l'expérience a lieu dans l'obscurité complète, avec, pour témoins, des sensitifs non magnétisés et entièrement éveillés[1].

1. V. (p. 279 du t. II de l'ouvrage précité de M. Durville) les raisons que cet auteur donne de sa préférence et les précautions qu'il conseille de prendre pour que la méthode employée ait toute son efficacité. À remarquer que M. de Rochas magnétise

Voici, en quelques mots, les résultats obtenus :

Avec de bons sensitifs, qui d'ailleurs sont rares, il ne faut pas longtemps, 10 à 15 minutes, pour que placés avec les expérimentateurs dans l'obscurité complète, les sensitifs aient la perception, confuse d'abord, mais de plus en plus nette, d'une *luminosité* à l'état statique, et *d'effluves*, à l'état dynamique, qui se dégagent des assistants.

Nos traits, dit M. Durville (*loc. cit.*, II, p. 285), tout d'abord indécis, se dessinent bientôt dans toute leur pureté et notre corps apparaîtra dans une blanche incandescence...

Au fur et à mesure que l'œil se débarrasse de l'excitation produite par la lumière dans laquelle il a été plongé avant de pénétrer dans la chambre obscure, le *voyant* voit apparaître dans cette lumière blanchâtre des teintes différentes qui se caractérisent de plus en plus. Une sorte d'auréole provenant sans doute des deux pôles, positif et négatif, de l'axe *antéro-postérieur* (v. *supra*, n° 93), dans laquelle plusieurs couleurs paraissent s'entremêler, se montre au-dessus de nos têtes, qui brillent elles-mêmes d'un éclat particulier. Les côtés latéraux du corps, depuis le bord supérieur des temporaux jusqu'aux extrémités des mains et des pieds (courants de *l'axe latéral*) paraissent *bleus* à droite, *jaunes* à gauche.

Quand toute excitation a disparu de l'œil, au bout d'une heure environ, le sujet voit le devant du corps d'une couleur qu'il n'avait pas encore perçue. Il lui semblait d'abord que la ligne médiane — le front, la ligne du nez, la pointe du menton, le sternum, la colonne vertébrale, — brillait d'une lumière indécise, provenant du mélange, ou plutôt de la juxtaposition du bleu et du jaune; mais il voit bientôt distinctement une bande *d'un bleu très vif* (correspondant au pôle positif [1] de l'axe *antéro-postérieur*), large de 3 à 5 centimètres, prendre naissance sur le bord supérieur du frontal, diminuer de largeur et suivre la ligne du nez, sous la forme d'un filet

non seulement les sujets qui doivent percevoir les effluves, mais aussi les sujets qui doivent les émettre. Augmentant ainsi la force d'extériorisation des uns et des autres, il est possible qu'il renforce, à la fois, la puissance de radiation et la puissance de perception des effluves, et qu'ainsi sa méthode soit plus efficace.

1. Rappelons que ce pôle, qui suit la ligne médiane du *devant* du corps, et qui est *positif* pour M. Durville, est *négatif* pour d'autres expérimentateurs.

très brillant. A quelques millimètres au-dessous des ailes du nez, ce filet s'élargit considérablement et couvre toute la lèvre supérieure où il paraît se terminer. Cette teinte bleue reparaît à la pointe du menton, suit le digastrique, la ligne des sterno-hyoïdiens, le sternum... et, en s'affaiblissant, elle arrive jusqu'au nombril, où elle disparaît à peu près complètement. — Par derrière (pôle *négatif* de l'axe antéro-postérieur), une bande jaune pâle, large de 4 à 5 centimètres, part de la ligne coccygienne, remonte la colonne vertébrale et devient de plus en plus brillante jusqu'au cervelet...

J'omets, pour ne pas compliquer une description déjà trop longue, les passages concernant les lignes de polarités *secondaires*, qui se révèlent d'une manière constante par les couleurs (bleue ou jaune) dont elles brillent suivant le pôle positif ou négatif auquel elles appartiennent.

95. — Les *effluves*, qui constituent le rayonnement, à l'état *dynamique*, de l'agent magnétique, se comportent comme à l'état statique, c'est-à-dire qu'ils sont, comme les simples luminosités, de couleur bleue ou jaune, suivant le pôle positif ou négatif dont ils émanent.

Ainsi, poursuit M. Durville (*loc. cit.*, 2e vol., p. 290), les yeux étant de même polarité que le côté du corps auquel ils appartiennent « l'œil *droit* lance continuellement un faisceau de rayons *bleu indigo*, dans lequel on remarque parfois des rayons *rouges*. Ces faisceaux atteignent souvent une longueur de deux mètres.

Même observation pour les oreilles, pour les narines, etc.

Notons enfin, pour terminer ce résumé des travaux de M. Durville, une dernière observation qui a son prix :

Quand l'équilibre de la santé, dit-il (2e vol., p. 291), est rompu, les couleurs sont plus ou moins modifiées... Elles sont tantôt plus brillantes, tantôt plus pâles, suivant que la maladie est caractérisée par une augmentation ou une diminution de l'activité organique.

Ce qui prouve bien, entre parenthèses, combien l'agent

magnétique est mêlé au principe, quel qu'il soit, de l'activité vitale.

La concordance des résultats de ces dernières expériences de M. Durville sur les radiations lumineuses de l'organisme humain avec ceux de ses expériences sur les réactions attractives ou répulsives que provoquent chez les sensitifs les divers courants de l'agent magnétique, concordance parfaite et qui ne se dément jamais, en ce sens que la couleur du rayonnement statique ou dynamique est toujours en rapport avec le caractère positif ou négatif des pôles mis en action par les autres procédés, ne peut que confirmer la théorie de la polarité du corps humain et fournir une nouvelle preuve de sa validité, en même temps que de la réalité objective de l'agent magnétique.

96. — F. *Expériences du docteur Luys.* — Les expériences du docteur Luys, à la Charité, sont universellement connues et la notoriété scientifique de leur auteur ne peut qu'en augmenter la valeur démonstrative : c'est pourquoi il me paraît utile de les signaler.

Parlant des sujets de cet expérimentateur, M. Georges Vitoux, dans un ouvrage très estimé *les Coulisses de l'Au-delà*[1], s'exprime ainsi (p. 129) sur les *effluves*, dont ces sujets ont fait maintes fois la description :

Amenés à l'état hypnotique, ils voient distinctement les effluves colorés et cela sans que la lumière du jour les gêne le moins du monde[2]. Leurs sens, sous l'influence du sommeil provoqué, acquièrent une acuité plus grande, et leur appareil optique, entre autres, subit une hyperesthésie dont l'ophtalmoscope permet de constater, sans doute possible, la réalité absolue.

Et le phénomène est d'une importance pratique considérable.

Déjà, Reichenbach avait relevé que les effluves observés par ces sensitifs étaient de coloration d'autant plus vive et

1. Paris, Chamuel, 1901.
2. On voit que le docteur Luys préférait la méthode de M. de Rochas à celle de M. Durville.

d'une vigueur d'autant plus grande qu'ils provenaient de personnes en meilleur état de santé physique. Les sujets de Luys ont fait des constatations analogues plus complètes encore.

Non seulement, en effet, ils remarquent l'importance et la beauté des effluves, mais ils notent chez certains sujets des effluves de coloration anormale...

Or, à chacune de ces modifications, d'une façon constante, correspond un trouble pathologique de l'organisme, si bien qu'il devient possible d'employer comme moyen précis de diagnostic, pour certaines affections, la répartition des couleurs dans les effluves, signalée par les sujets voyants.

. . . .

Ces modifications sont d'ailleurs particulières aux effluves que dégage le corps humain. Les effluves provenant des barreaux aimantés, en effet, ne présentent jamais de ces altérations dans leur aspect (ce qui prouve bien qu'ils sont, dans le corps humain, sous la dépendance de l'activité vitale); toujours, ils sont d'un bleu vif intense, d'un bleu qui passionne les sensitifs à un point tel qu'ils paraissent ne pouvoir se rassasier de le contempler, ou d'un rouge ardent qui les plonge tous uniformément en un accès de fureur.

97. — Il semble bien qu'après cette accumulation de preuves expérimentales et de témoignages des plus autorisés en faveur de l'existence de l'agent magnétique et de l'importance du rôle qu'il joue dans les phénomènes de l'hypnose, et même plus généralement dans les phénomènes de la vie, je pourrais arrêter ici ma démonstration. Je ne voudrais pas cependant le faire sans avoir signalé à mes lecteurs la voie dans laquelle l'expérimentation est entrée en dernier lieu, en vue de rendre plus évidents encore les faits et les lois qui viennent d'être étudiés.

98. — G. *Expériences récentes.* — Ce que l'on a cherché surtout dans ces dernières années, c'est un moyen pratique et automatique d'enregistrer la force qui se dégage de l'organisme humain et se manifeste sous forme, soit de mouvement, soit de rayonnement.

Le docteur H. Baraduc, notamment, a imaginé à cet effet un appareil qu'il a appelé le *biomètre*, et qui rappelle le *magnétomètre* de l'abbé Fortin. M. Louis Elbé, dans son ouvrage déjà cité *la Vie future devant la sagesse antique et devant la science*, le décrit et en apprécie le mérite dans les termes suivants :

L'organe essentiel du biomètre est constitué à cet effet par une aiguille horizontale en cuivre recuit, soutenue en son milieu et sans torsion par un fil de cocon très fin, qui lui permet d'osciller librement lorsqu'elle est soumise à l'action d'une force extérieure, si petite qu'elle soit : le tout est enfermé dans un cylindre en verre de façon à écarter toute influence mécanique provenant par exemple de l'agitation de l'air.

On procède à une expérience en approchant à faible distance des parois du cylindre en verre, mais sans contact, l'extrémité des doigts de la main ouverte, celle-ci étant dirigée normalement à l'aiguille vers l'une de ses pointes ; on maintient pendant quelques minutes la main dans cette position, et on constate alors que l'aiguille prend un certain mouvement de déplacement qui rapproche ou éloigne la pointe visée.

Ce déplacement de l'aiguille, dans lequel M. Baraduc voit la manifestation de l'activité du rayonnement vital, s'observe en effet dans toutes les expériences, et il prend en outre un sens et une intensité variables avec le sujet : on peut dire en un mot qu'il varie avec son état de santé, ses dispositions physiques et surtout morales.

Si, en outre, on opère, comme le fait M. Baraduc, en présentant simultanément les deux mains devant les deux appareils distincts, on remarque encore le plus souvent que les deux déviations ainsi observées prennent des valeurs différentes et même parfois de signes contraires, la main droite produisant par exemple une attraction, tandis que la main gauche provoque une répulsion, ou inversement.

Des observations analogues ont été recueillies par d'autres expérimentateurs, notamment MM. les docteurs Joire et Geoffriault...

Réunissant toutes ces observations, M. Baraduc y voit la manifestation d'un véritable échange de forces qui se produit incessamment entre l'être vivant et le milieu extérieur éthérique, d'une sorte de respiration odique, entretenant la vie du corps astral, comme la respiration gazeuse entretient celle du corps physique.

On trouvera du reste l'exposé de cette théorie si curieuse dans le savant ouvrage publié par lui sur les *Vibrations de la vitalité humaine*. (Paris, lib. Baillière, 1903.)

99. — On a tenté également de demander la preuve
du rayonnement odique à la photographie et à d'autres
procédés analogues.

M. Durville dit, dans son traité (précité) de *Physique magnétique* (t. II, p. 294), que le docteur Nar-
kiewicz Jodko, conseiller de l'*Institut impérial de médecine expérimentale de Saint-Pétersbourg*, correspondant d'honneur de la *Société magnétique* de France,
possède 1.500 clichés de radiations de cette nature obtenus à l'aide d'un procédé électrographique, dans une
obscurité relative.

En France, plusieurs expérimentateurs ont fait dans
ce sens des tentatives qui n'ont pas été infécondes,
notamment :

Le docteur Baraduc, déjà nommé ;

Le commandant Darget, dont les découvertes en cette
matière ont fait l'objet d'une communication à l'Académie des sciences et d'un compte rendu intéressant dans
le journal *l'Éclair*, du 19 janvier 1909. (V. aussi *Revue
spirite* de mars 1910, p. 181) ;

M. Charpentier,

Dont les recherches et les résultats, affirme M. Louis Elbé
(*loc. cit.*, p. 327 et p. 341 de la nouv. éd.) ont produit la plus
vive impression dans le monde savant et paraissent appelés à
fournir les bases d'une vérification expérimentale plus décisive
que toutes celles connues jusqu'à présent. — En s'aidant, en
effet, d'un simple écran de carton recouvert d'une couche
mince de sulfure de calcium, qu'il déplace dans l'obscurité
pour l'amener successivement au contact de divers organes du
corps humain, M. Charpentier a pu montrer que cet écran
prend un éclat nouveau lorsque l'organe étudié entre en
action, soit qu'il s'agisse d'un muscle tendu qui développe un
effort mécanique, soit même d'un lobe du cerveau affecté par
le travail de la pensée.

100. — Enfin, pour terminer cette trop sèche énumération, mais à l'insuffisance de laquelle mes lecteurs
pourront remédier en se reportant à l'ouvrage précité
de M. Louis Elbé, d'où je l'ai extraite, je citerai M. le

docteur Maxwell qui, par les curieuses expériences dont il a rendu compte dans son magistral traité des *Phénomènes psychiques* [1], a apporté une contribution nouvelle et de haute valeur scientifique à l'étude du rayonnement odique :

Elles ont été effectuées, en effet, dit au sujet de ces expériences M. Louis Elbé (*loc. cit*, p. 327 et 2ᵉ éd. p. 341), dans des conditions d'observation courante, sans avoir besoin, comme dans d'autres expériences connues, de recourir à l'intervention de sujets hypnotisés ; elles émanent enfin d'un expérimentateur qui s'est fait une loi absolue de ne retenir que les faits défiant toute contestation, et d'écarter par conséquent tous ceux pour lesquels la suggestion pourrait intervenir.

M. le docteur Maxwell a pu montrer qu'il est possible d'obtenir une certaine perception du fluide odique en opérant à la lumière diffuse avec des observateurs quelconques. Si, dit-il, on interpose devant une fenêtre un objet de nuance sombre qui en cache seulement une partie, comme le dos d'un fauteuil, par exemple, et que sur l'écran obscur ainsi déterminé, ou projette ensuite les mains largement étendues, la face palmaire tournée vers la poitrine, en ayant soin de les rapprocher d'abord au contact, puis de les écarter très lentement, ou distingue alors une sorte de buée grisâtre qui paraît s'étendre d'une main à l'autre en réunissant les doigts symétriques. Ce rayonnement est perçu par la grande généralité des observateurs, même non prévenus, ce qui écarte déjà toute pensée de suggestion, et, comme il persiste un certain temps, il ne peut pas s'expliquer non plus par une simple impression subjective résultant d'un effort de contraste ; aussi M. le docteur Maxwell déclare-t-il que, selon toutes probabilités, il doit être considéré comme un phénomène réel apportant une nouvelle manifestation objective de l'activité du fluide odique,

et, par conséquent, ajouterai-je pour terminer, comme une preuve, confirmant celles qui ont été recueillies au cours de cette étude, de l'existence réelle de *l'agent magnétique* [2].

---

1. Paris, Alcan, 1903.
2. On pourrait encore consulter avec fruit, parmi les plus récents documents publiés en cette matière : 1ᵒ une étude des

Annales des sciences psychiques (1-16 sept. 1911) dans laquelle M. de Rochas rend compte de curieuses et retentissantes expériences sur le rayonnement humain, faites en Amérique par les docteurs Kilner et Felkin, et dont *l'Eclair* du 19 août 1911 a entretenu ses lecteurs ; 2° une conférence faite par le docteur Geley (Gyel) et publiée par les *Annales des sciences psychiques* d'octobre 1912, au sujet de phénomènes de *momification* attribués au rayonnement magnétique d'une dame de Bordeaux.

CHAPITRE V

Des différents états superficiels et profonds de l'hypnose et des principaux effets physiologiques et psychologiques qui les caractérisent.

SECTION I

CLASSIFICATION ET DESCRIPTION DES DIVERS ÉTATS DE L'HYPNOSE

101. — Mes lecteurs connaissent déjà : les diverses phases historiques par lesquelles a passé l'étude du *magnétisme animal*, que l'on désigne également sous le nom d'*hypnotisme*; 2° les procédés que les expérimentateurs des diverses écoles emploient pour en provoquer les manifestations dans l'organisme humain ; 3° la force spéciale et *sui generis* que, sous le nom d'*agent magnétique*, ces procédés mettent en action.

Le moment est venu d'en décrire et d'en analyser les effets spécifiques et caractéristiques, et d'en expliquer les causes autant que le permettent les connaissances, encore bien incomplètes, que nous possédons.

102. — On s'accorde généralement à désigner, sous le nom d'hypnose, l'ensemble de ces effets spécifiques, c'est-à-dire des modifications plus ou moins profondes

que l'hypno-magnétisme, diversement pratiqué, détermine dans l'état physiologique et psychologique du sujet soumis à son action.

Les expérimentateurs sont loin d'être d'accord entre eux sur les résultats de leurs analyses. Cela tient sans doute à la complexité des phénomènes observés, qui varient à l'infini suivant les sujets, suivant leur idiosyncrasie, et suivant leurs dispositions particulières du moment. Cela tient aussi, probablement, à la différence des méthodes employées.

Tandis, en effet, que les hypnotiseurs de l'École de Charcot, par suite de l'insuffisance de leurs procédés, n'ont généralement mis en évidence que les trois états classiques de l'hypnose : la *léthargie*, la *catalepsie* et le *somnambulisme*, et tandis qu'ils semblent arriver d'emblée à l'un ou l'autre de ces trois états et cela en quelques secondes, M. de Rochas, avec la plupart des magnétiseurs, a constaté par ses expériences que les états hypnotiques sont beaucoup plus nombreux et se succèdent avec une régularité constante, quoique plus ou moins apparente, et que le somnambulisme, notamment, auquel les hypnotiseurs se sont arrêtés, comme étant pour eux le dernier terme de l'hypnose, est suivi, si l'on continue d'agir sur le sujet par les passes et autres procédés familiers aux magnétiseurs, d'autres états qui ne sont, si l'on veut, que des phases plus profondes du somnambulisme, mais qui n'en offrent pas moins des particularités remarquables qui leur sont propres et servent à les caractériser.

103. — M. de Rochas a consacré deux ouvrages : 1° *les États superficiels de l'hypnose*[1] ; 2° et *les États profonds de l'hypnose*[2] à rendre compte des expériences qui lui ont permis de distinguer les différents états de l'hypnose et d'en déterminer les traits caractéristiques.

1. Paris, Chamuel, 1893.
2. Paris, Chacornac, 1904.

Suivant lui, le sujet que l'on magnétise passerait *successivement* par les états suivants :

États superficiels.	1° État de crédulité. 2° Léthargie. 3° Catalepsie. 4° Léthargie. 5° État somnambulique.
États profonds qui correspondent aux diverses modalités du somnambulisme proprement dit, lorsqu'il est poussé à ses dernières limites.	6° Léthargie. 7° État de rapport. 8° Léthargie. 9° État de sympathie au contact. 10° Léthargie. 11° État de lucidité. 12° Léthargie. 13° État de sympathie à distance.

On remarque, dans cette nomenclature, qu'un état léthargique se reproduit régulièrement à la suite de chaque état et avant qu'un autre état plus profond se manifeste; en sorte que l'hypnose ne serait, pour M. de Rochas, qu'un sommeil provoqué par les procédés en usage, allant constamment, sous l'action prolongée de ces procédés, en s'approfondissant, mais interrompu successivement par des crises d'activité, distinctes les unes des autres et plus ou moins nettement caractérisées, auxquelles on a appliqué les diverses dénominations que l'on vient de faire connaître. M. de Rochas fait d'ailleurs observer que les transitions d'un état à un autre sont quelquefois si rapides qu'il n'est pas étonnant qu'elles aient échappé à l'attention de la plupart des observateurs.

Je ne dirai, en m'aidant principalement des ouvrages de cet expérimentateur, que quelques mots de chacun des états qu'il a observés et dont le nombre, étant donné que la léthargie se reproduit toujours avec les mêmes caractères, se réduit à quatre, savoir : 1° *État de crédulité*; 2° *Léthargie*; 3° *Catalepsie*; 4° *Somnambulisme*, avec ses phases de plus en plus profondes, que

M. de Rochas distingue sous les noms suivants: 1° *État de rapport*; 2° *État de sympathie au contact*; 3° *État de lucidité*; 4° *État de sympathie à distance.*

104. — A. *État de crédulité*[1]. — Dans cet état, d'après M. de Rochas, le sujet n'est pas encore endormi, mais il est envahi par une sorte d'engourdissement et est, en quelque sorte, *sous le charme*. Il subit déjà avec une très grande facilité toutes les suggestions de l'expérimentateur.

Cet état a été reconnu par les hypnotiseurs, et notamment par le docteur Morand, qui, dans son ouvrage déjà cité *le Magnétisme animal. Hypnotisme et Suggestion*, le définit :

Une disposition d'esprit particulière et provoquée de diverses manières... rendant l'individu qui la présente apte à recevoir sans résistance les illusions et les hallucinations qu'on lui suggère ou qu'il se suggère à lui-même.

105. — B. *Léthargie.* — Dans cet état qui, d'après M. de Rochas, se reproduirait d'une manière plus ou moins nette et toujours avec les mêmes caractères entre chacune des phases de l'hypnose, le sujet présente toutes les apparences du sommeil ordinaire. Les yeux sont clos; mais si l'on relève les paupières, on voit les globes convulsés en haut. L'insensibilité cutanée paraît complète et l'usage des autres sens semble également suspendu.

Le sujet en léthargie, dit le docteur Morand, qui complète sur ce point les observations de M. de Rochas, offre un aspect tout particulier. La tête, tombant sur la poitrine, roule d'une épaule à l'autre, pendant que les yeux fermés, ou demi-clos, ont leurs globes convulsés en haut et en dedans. Les bras pendent inertes le long du corps; si on les soulève, ils retombent flasques comme ceux d'un cadavre qui n'est pas encore atteint par la rigidité.

1. Cet état est aussi décrit par d'autres expérimentateurs sous les noms divers de : *État suggestif, Charme, Veille somnambulique, Somnambulisme éveillé.*

En résumé, apparence d'un sommeil profond, résolution musculaire complète, *anesthésie absolue, absence
de souvenir au réveil :* tels sont, d'après le docteur
Morand, les traits distinctifs et à peu près constants, de
l'état léthargique.

Cependant, bien qu'en général la léthargie *spontanée*[1] présente les mêmes caractères que la léthargie
provoquée, on cite des cas où elle s'accompagne de la
persistance de certains sens, tels que l'ouïe, et de la
survivance des souvenirs au réveil. Le docteur Morand
(*loc. cit.*, pp. 213 et s.) rapporte quelques-uns de ces
cas, qu'il classe sous le nom de léthargie *lucide*, notamment le cas, observé par Pfinder (de Vienne), d'une
jeune fille dont la léthargie, survenue tout à coup avec
toutes les apparences de la mort, fut si profonde que
tous les apprêts de son enterrement étaient déjà faits
lorsque le docteur Pfinder, qui l'avait soignée, crut remarquer chez elle un faible mouvement de respiration
et, par de longues et énergiques frictions, parvint à la
ramener à la vie.

Pendant son état léthargique, rapporte-t-il, où toutes les
fonctions paraissaient suspendues, les forces se concentraient
sur l'ouïe, puisqu'elle eut connaissance de tout ce qui se
disait autour d'elle, et me cita ensuite les mots latins qu'elle
avait entendu prononcer par M. Franck.

Enfin, dernière observation du docteur Morand à retenir (*loc. cit.*, p. 138), en ce qui concerne la léthargie :
cet état de l'hypnose peut se prolonger indéfiniment,
sans inconvénient pour le sujet, qui est là comme une
masse inerte, et dont l'intelligence et la conscience sont
totalement supprimées : *ce qui rend toute suggestion
impossible.*

1. Le docteur Morand rappelle et décrit (*loc. cit..*, pp. 207 à 212)
plusieurs cas de léthargie *spontanée* qui se seraient prolongés
l'un pendant neuf mois, un autre pendant trois ans, et un troisième
pendant dix-huit ans.

106. — C. *Catalepsie.* — Cet état, d'après M. de Rochas (*loc. cit.*, pp. 25 et s.), se manifeste à l'observateur par l'inertie des membres, l'anesthésie cutanée et celle des autres sens, qui ne peuvent être impressionnés que par des actions violentes et répétées.

Les procédés des hypnotiseurs, tels que la fixation d'un point brillant, un bruit subit et violent, ou tout autre procédé de *fascination*, sont particulièrement propres à produire *d'emblée* l'état cataleptique. Aussi cet état a-t-il été complaisamment décrit par eux. Suivant le docteur Morand (*loc. cit.*, p. 121), cet état se caractérise, notamment, par l'immobilité :

Le sujet demeure immobile et comme pétrifié, les yeux grands ouverts, les paupières fixes, la physionomie impassible; il est comme figé sur place. Chose remarquable et qui constitue le caractère distinctif de cet état, les membres devenus, semble-t-il, d'une légèreté extraordinaire, gardent indéfiniment la position qu'on leur donne, sans qu'il en résulte aucune fatigue pour le sujet... L'individu est véritablement comme une barre de fer inflexible; les poses les plus paradoxales deviennent possibles... Un mouvement imprimé aux membres, tels que le bras du patient, se poursuit indéfiniment... L'insensibilité de la peau est complète; mais les sens spéciaux, et particulièrement la vue et l'ouïe, sont à peu près intacts, et l'on peut, par leur intermédiaire, influencer diversement le sujet et lui suggérer toutes sortes d'hallucinations.

On peut varier à l'infini les effets de cette passivité des cataleptiques pour les idées suggérées, leur faire suivre l'expérimentateur, ou la personne que celui-ci désigne, avec une obstination que rien n'arrête.

Une autre particularité intéressante, c'est l'influence du geste sur la physionomie, qui reflète toutes les impressions correspondantes à l'attitude donnée au sujet :

Mettez, par exemple, les mains de celui-ci au-devant de ses lèvres, comme pour un baiser, et aussitôt la figure prendra une expression souriante.

On peut, soit de cette manière, soit par le geste, que le sujet imite immédiatement, soit par la parole (les sens spéciaux étant conservés, comme on l'a dit), multiplier les hallucinations et provoquer toutes les attitudes de la prière, de l'extase, de l'orgueil, de l'humilité, etc.

Comme le sujet, en cet état, est éminemment accessible à la suggestion, on peut, d'un mot, paralyser l'un ou l'autre de ses membres, ou y déterminer des contractures qu'on dissipe aussi de la même manière, soit immédiatement, soit à heure fixe, après le réveil. On peut aussi lui suggérer le moment où il devra accomplir tel ou tel acte lorsqu'il sera revenu à son état normal : ce qui constitue la suggestion *posthypnotique*.

Le cataleptique, en un mot, conclut le docteur Morand (*loc. cit.*, p. 130), est un véritable automate entre les mains du magnétiseur, qui dispose à son gré de sa volonté.

De même qu'on rencontre parfois des cas de léthargie spontanée présentant à peu près tous les traits caractéristiques de la léthargie provoquée (Voir *supra*, n° 105), de même l'on a observé maintes fois des cas de catalepsie *spontanée* que la peur, les éclats de la foudre, une vive émotion auraient déterminés, plus spécialement chez les hystériques.

107. — D. *Somnambulisme.* — M. de Rochas définit cet état (p. 26 de son Traité des *États superficiels de l'hypnose*, déjà cité) dans les termes suivants :

Les membres du sujet se meuvent dans les conditions habituelles. L'anesthésie cutanée persiste ; les autres sens sont redevenus impressionnables et ont même acquis une sensibilité plus grande qu'à l'état normal. Il suffit d'éveiller une idée quelconque chez le sujet pour que cette *idée* se transforme immédiatement en *sensation* ou en *acte*, suivant sa nature ; cette transformation est susceptible de s'opérer, non seulement au moment où l'idée est suggérée, mais encore à une époque plus ou moins éloignée ou lorsque le sujet sera revenu à son état normal (suggestion *posthypnotique*) — Le souvenir de toutes les hallucinations, de toutes les suggestions disparaît quand le sujet est réveillé, et reparaît quand il est remis de nouveau à l'état de somnambulisme ; on peut toutefois faire persister le souvenir, mais par suggestion.

Pour M. de Rochas, ainsi que la remarque en a déjà été faite (Voir *supra*, n° 103), le somnambulisme, indépendamment de sa phase la plus simple, comporte quatre modalités, de plus en plus profondes, qui se distinguent soit les unes des autres, soit de la première phase du somnambulisme, et que les hypnotiseurs, avec leurs procédés brusques et rudimentaires, n'ont pas su reconnaître. Il importe donc, avant de rapporter les observations de ces derniers, de décrire ces modalités qu'ils n'ont pu, lorsque le hasard les a mis sur leur trace, que confondre dans la définition générale de l'état somnambulique. Ces modalités, M. de Rochas les a énumérées et analysées dans son second ouvrage (précité) *les États profonds de l'hypnose* (pp. 11 à 28), qui fait suite au traité des *États superficiels de l'hypnose*, sous les titres suivants : 1° *État de rapport ;* 2° *État de sympathie au contact ;* 3° *État de lucidité ;* 4° *État de sympathie à distance.* Elles se caractérisent par les traits suivants, dont je regrette de ne pouvoir donner ici qu'un trop bref résumé.

108. — E. *État de rapport.* — Le sujet, dans cet état, n'est en rapport qu'avec le magnétiseur. Dans la première phase, il perçoit encore les autres sensations provenant d'autres agents ; mais ces sensations lui sont pénibles et désagréables. Dans la seconde phase, il ne perçoit plus que son magnétiseur ou les objets qui sont en contact avec lui. Si, par exemple, une autre personne joue du piano, le sujet ne l'entend pas ; il entend, au contraire, si c'est le magnétiseur qui joue, ou même si, alors qu'un autre joue, le magnétiseur place ses doigts contre l'oreille du sujet. Le regard du

magnétiseur peut même suffire pour établir le contact.

Toute excitation cutanée sur le sujet est perçue par lui, et même lui est agréable, si elle vient du magnétiseur ; venant d'une autre personne non mise en rapport avec lui, elle n'est pas perçue, à moins qu'elle ne soit très forte.

Ce qui caractérise également cet état de rapport, c'est un extrême sentiment de béatitude manifesté par les sujets « qui résistent presque toujours si on veut les réveiller ou les endormir davantage ».

En outre, cet état est favorable à la production, au moyen de pressions exercées sur différents points du crâne, de certains phénomènes psychiques, tels que l'extase religieuse avec les visions qui souvent l'accompagnent. Le sujet qui a ainsi des visions les *objective*, « car il écarte vivement la main du magnétiseur quand celui-ci la lui place devant la figure, comme un écran entre les yeux et l'apparition ».

Le sujet a généralement les yeux ouverts ; quand il ne les a pas, il suffit, pour qu'il les ouvre, de lui en donner l'ordre : « Il voit alors, plus ou moins distinctement, le *fluide* qui s'échappe des yeux, des doigts, des narines, des oreilles du magnétiseur ou des personnes avec lesquelles celui-ci le met en rapport. » (V. *supra*, nos 88 et s., ce qui a été dit au sujet de ces effluves.)

Enfin, c'est dans cet état, plus spécialement et d'une manière plus constante que dans les premiers états de l'hypnose, que le sujet possède la faculté, si curieuse et si inexplicable, d'être sensible à l'action des médicaments à distance, au point, par exemple, d'avoir des envies de vomir si celui qui l'a endormi approche de lui de l'ipéca.

109. — F. *État de sympathie au contact.* — Poussée plus loin, la magnétisation amène, après le sommeil léthargique qui sépare plus ou moins visiblement tous les états, ce que M. de Rochas appelle « *l'état de sympathie au contact* ». Le sujet continue à n'être en

rapport qu'avec son magnétiseur ou les personnes touchées par celui-ci.

Mais ce qui différencie cet état du précédent, c'est qu'il suffit que le magnétiseur éprouve une douleur (soit une piqûre, ou une pinçure de la part d'une tierce personne, soit une souffrance ou une simple gêne) pour que le sujet, *en contact avec lui*, la perçoive.

Autre différence : le sujet ne voit plus les effluves qu'il percevait dans l'état de rapport.

110. — G. *État de lucidité.* — Nouvelle léthargie intermédiaire et le sujet, sorti de l'état de sympathie à distance, entre dans l'*état de lucidité.*

Ce qui caractérise cet état, c'est que le sujet qui, comme dans le précédent, continue à n'être en rapport qu'avec son magnétiseur et les personnes en contact avec ce dernier, et à ne plus voir les effluves qu'il percevait dans l'état de rapport, a acquis une propriété très remarquable, qui est de voir ses organes intérieurs et ceux des personnes avec lesquelles il est mis en rapport.

Il décrit, *avec des termes qui lui sont familiers à l'état de veille*, et qui sont généralement exacts, soit ses propres organes, soit ceux des personnes avec lesquelles le magnétiseur l'a mis en rapport, surtout quand ces organes sont malades.

Il voit vibrer les cellules cérébrales sous l'influence de la pensée, et il les compare à des étoiles qui se dilatent et se contractent successivement. — Quand on lui fait toucher une personne et qu'on le prie de l'examiner, il compare ce qu'il voit chez cette personne avec ce qu'il voit dans son propre corps. Par exemple, pour un officier souffrant d'une oreille, il dira : « Il y a dans l'oreille une petite peau en travers comme chez moi, mais derrière je vois un bouton que je n'ai pas et ce bouton suppure. » Si on lui demande d'indiquer le moyen de guérison, il répond qu'il ne sait pas, ou prescrit des remèdes qui ne sont évidemment que des souvenirs de son état de veille, etc. [1]

1. Le docteur Bertrand (V. l'ouvrage précité de M. de Rochas, p. 42) raconte « qu'un sujet mis en rapport avec un blessé qu'il ne con-

111. — Une autre caractéristique de cet état, c'est
que le sujet reconnaît la trace laissée par un contact,
même remontant à plusieurs jours. Il suffit par exemple
de faire toucher un objet par une personne, puis cette
personne par le sujet, pour que celui-ci retrouve l'objet
touché. — Inversement, le sujet, à l'aide d'un objet qui
aura subi le contact d'une personne inconnue de lui,
suivra la piste de l'auteur de ce contact, et parviendra
à le retrouver et à le reconnaître, comme il est arrivé
de le faire, en des circonstances à peu près semblables,
à deux sujets de M. de Rochas, qui mis ainsi sur la
piste d'un vol commis au régiment, ont, en état de somnambulisme, suivi les traces du voleur partout où il avait
passé après le vol, et fourni des indications suffisantes
pour que l'autorité militaire eût la preuve de sa culpabilité.

J'aurai l'occasion, dans le chapitre consacré spécialement à l'étude de la *Clairvoyance*, de rapporter
des exemples typiques de ce curieux phénomène que
M. de Rochas désigne sous la dénomination du « *Flair
et de la piste* ». Je me borne donc, pour les deux
cas que je viens de rappeler, à renvoyer le lecteur
à la page 61 de l'ouvrage *les États profonds de l'hypnose* où le savant expérimentateur en a consigné tous
les détails.

112. — H. *État de sympathie à distance*. — Cet état,
qui se manifeste après une nouvelle léthargie intermédiaire, lorsque la magnétisation est encore poussée
plus loin, ressemble aux deux précédents en ce que
le sujet continue à n'être en rapport qu'avec le magnéti-

naissait pas, s'écria : « Non, non, ce n'est pas possible ; si un
« homme avait une balle dans la tête, il serait mort. Il faut qu'il
« (*il*, c'est la personnalité hypnotique qui, dans la pensée du sujet,
« était censée le renseigner) se trompe ; il me dit que ce mon-
« sieur a une balle dans la tête. » Et, sous l'influence de son instinct *ainsi personnifié*, le sujet indiqua très exactement le trajet, au
travers de la tête, d'une balle qui était en effet entrée par la
bouche, où aucune cicatrice extérieure ne pouvait servir d'indice ».

seur et à ne pas voir ses effluves extérieurs ; mais il
en diffère en ce que la sensibilité est tellement accrue
qu'il n'a plus besoin d'être en *contact* avec le magnétiseur pour percevoir les sensations de ce dernier, si
elles sont un peu vives[1].

113. — I. *Saturation du sujet. Démagnétisation graduelle.* — L'état de sympathie à distance est le dernier
que M. de Rochas, dans ses expériences, ait pu observer.

Arrivé à cet état, dit-il (*loc. cit.*, p. 20), le sujet est saturé.
Il ne peut plus rien recevoir et semble se *dédoser* par rayonnement en revenant à l'état de veille[2]. Avec l'imposition de
la main gauche sur le front et quelques passes transversales
pour le réveiller complètement, je ramène graduellement et en
sens inverse toutes les phases dont j'ai décrit les phénomènes
les plus caractéristiques.

1. M. de Rochas cite aux pages 17 et suivantes de son livre plusieurs expériences confirmant cette observation, notamment celle-
ci, de M. P. Janet : « Mme B... semble éprouver la plupart des
sensations de la personne qui l'a endormie. Elle croyait boire
quand cette personne buvait. Elle reconnaissait toujours exactement la substance que je mettais dans ma bouche et distinguait
parfaitement si je goûtais du sel, du poivre ou du sucre. Nous
avons remarqué que le phénomène se passe encore, *même si je
me trouve dans une autre chambre...* Si même, dans une autre
chambre, on me pince fortement le bras ou la jambe, elle pousse
des cris et s'indigne qu'on la pince ainsi au bras ou au mollet.
Enfin, mon frère, qui assistait à ces expériences et avait sur elle
une singulière influence, car elle le confondait avec moi, essaya
quelque chose de plus curieux. En se tenant dans une autre
chambre, il se brûla fortement le bras, pendant que Mme B... était
dans la phase de somnambulisme où elle ressent les suggestions
mentales. Mme B... poussa des cris terribles et j'eus de la peine
à la maintenir. Elle tenait son bras droit au-dessus du poignet et
se plaignait d'y souffrir beaucoup. Or, je ne savais pas moi-même
où mon frère avait voulu se brûler : c'était bien à cette place-là.
Quand Mme B... fut réveillée, je vis avec étonnement qu'elle
serrait encore son bras avec des compresses d'eau fraîche, et, le
soir, je constatai un gonflement et une rougeur très apparente à
l'endroit exact où mon frère s'était brûlé... »

2. A moins cependant que le sujet ne tombe dans cet état particulier auquel on a donné le nom d'*Extase*, qui paraît être la plus
profonde des diverses formes du somnambulisme, mais auquel
le sujet magnétisé n'arrive que très rarement (V. *infra*, nos 308 et s.,
le chapitre spécial qui est consacré à l'étude de l'Extase).

114. — Avant d'en finir avec la classification des états de l'hypnose et du somnambulisme, adoptée par M. de Rochas, quelques observations générales, par lesquelles il complète son analyse, et quelques critiques, qui lui ont été faites, méritent d'être signalées :

L'aptitude à la suggestion, dit-il (p. 20), commence à l'état de crédulité ; elle paraît atteindre son maximum au moment de la phase de la catalepsie automatique, puis décroît légèrement pendant le somnambulisme, pour disparaître presque complètement dans les débuts de l'état de rapport.

Dans l'état de sympathie à distance et les états plus profonds, le *rapport* diminue et la mémoire revient peu à peu.

On peut donner des suggestions très compliquées dans la période de léthargie qui précède le somnambulisme, et où le sujet paraît ne rien voir, ni rien entendre.

. . . .

M. de Rochas n'est, d'ailleurs, pas le seul à avoir reconnu et décrit les divers états de l'hypnose et les phases distinctes et plus ou moins profondes du somnambulisme, par lesquels passe successivement le sujet magnétisé selon les procédés *mesmériques*. M. Durville, notamment, dans son *Traité*, déjà cité, *de Physique magnétique* (t. I, pp. 85 à 90, et t. II, pp. 280 à 282) les analyse et les décrit à peu près de la même manière, sauf quelques différences dans le nombre des phases somnambuliques qui, d'après lui, s'élèveraient jusqu'à sept, et dans l'ordre de leurs manifestations, — différences sur lesquelles il me paraît d'autant moins utile de m'arrêter que la valeur de ces classifications et de cette distinction, en de nombreuses phases ou sous-états, de l'état somnambulique, a été critiquée, notamment, par l'auteur du *Traité du magnétisme curatif* (précité), M. Bué, qui, après avoir ramené toutes les variétés du somnambulisme aux trois phases suivantes : 1° celle où le sujet dort, mais ne parle pas ; 2° celle où il parle, mais ne sent pas la volonté du magnétiseur et ne voit rien ; 3° et, enfin, celle où il sent la volonté du magné-

tiseur et est clairvoyant, — finit par déclarer que le
phénomène du somnambulisme se présente sous des
apparences très complexes, qui varient avec les sujets,
et que c'est là sans doute l'explication des nombreuses
classifications auxquelles son étude a donné lieu.

115. — J. *Le somnambulisme décrit par les hypnotiseurs.* — C'est vainement qu'on chercherait dans les
ouvrages des hypnotiseurs une description complète et
méthodique des différentes modalités sous lesquelles se
manifeste le somnambulisme. Leurs procédés sommaires
de magnétisation, s'ils ont pu leur permettre de bien
observer les trois premiers états classiques de l'hypnose : état suggestif, état léthargique, état cataleptique,
où prédominent surtout les effets physiologiques, leur
ont rendu particulièrement difficile l'analyse profonde
et détaillée de l'état somnambulique, qui se signale surtout à l'attention du penseur par des modifications psychologiques d'un ordre transcendantal, dont la cause
échappe le plus souvent aux investigations de la science
positiviste.

Le traité, déjà cité, *le Magnétisme animal, Hypnotisme et Suggestion*, du docteur Morand, qui est un
des plus fidèles interprètes de l'École de la Salpêtrière
et a résumé avec une réelle compétence la doctrine des
hypnotiseurs des autres écoles, n'en contient pas moins
sur le somnambulisme des renseignements intéressants
et dont je crois devoir donner ici la substance.

116. — Les traits caractéristiques du somnambulisme,
enseigne cet auteur, sont : L'insensibilité à la douleur
comme dans la léthargie et la catalepsie; — l'excitabi-
lité neuro-musculaire, qui fait défaut dans la catalepsie
et qui, si elle existe dans la léthargie, est plus vive encore dans le somnambulisme (un simple frôlement, même
sans contact, suffit à déterminer des contractures); —
une augmentation incroyable de la force musculaire; —
une hyperesthésie extraordinaire des sens spéciaux :
vue, ouïe, odorat, ce qui suffirait, d'après l'école

Charcot, à expliquer ce que l'on a appelé la *lucidité*
des somnambules, c'est-à-dire la lecture les yeux fermés ?
— l'hyperacuité des facultés cérébrales, et spécialement
de la mémoire[1]; — une très grande suggestibilité (sauf
toutefois, dois-je corriger, dans les états profonds décrits
par M. de Rochas, où, d'après cet auteur (*supra*,
n° 114) la suggestibilité disparaît); — enfin, l'oubli au
réveil de tout ce qui s'est passé pendant la durée de
l'état somnambulique.

Le docteur Morand ajoute (p. 149) qu'il y a des somnambules qui gardent les yeux ouverts, d'autres dont les
yeux restent fermés. Ces deux formes de somnambulisme ne présentent pas de sensibles différences, sauf
que l'activité du somnambule est en général plus grande
dans le premier de ces états que dans le second.

En outre, dans le somnambulisme les yeux ouverts,

le sujet doit à cette particularité de recevoir, par le sens de
la vue, les hallucinations les plus bizarres..... Enfin, le somnambule les yeux fermés n'agit que lorsqu'on l'y pousse. Il
se plaint d'être fatigué et, livré à lui-même, il tend à se
reposer et tombe dans un état voisin de la catalepsie. Les
yeux ouverts, il est, au contraire, animé d'une activité singulière et d'un besoin incessant de mouvement.....

117. — K. *Somnambulisme naturel ou spontané* —
A chacun des états de l'hypnose, *provoqué* par les divers procédés en usage, correspond un état *spontané*
de même nature et présentant des symptômes identiques.
On l'a déjà constaté pour la léthargie et pour la cata-

---

1. « Braid, rapporte notre auteur (p. 47), cite le cas d'une femme
qui, pendant l'état somnambulique, récitait sans hésiter de longs
chapitres de la Bible hébraïque, bien qu'elle ne sût pas un mot
d'hébreu. On finit par découvrir qu'elle répétait probablement ce
qu'elle avait entendu chez un ecclésiastique qu'elle avait servi
dans sa jeunesse, et qui avait l'habitude de lire la Bible à haute
voix. » — M. Richet rapporte également le cas d'une femme qui
chantait, dans l'état de somnambulisme, des airs entiers de *l'Afri-
caine*, bien qu'elle n'eût entendu cet opéra qu'une fois, et qu'à
l'état de veille elle fût incapable d'en chanter le moindre morceau.

lepsie (V. *supra*, n°ˢ 105 et 106). C'est là probablement une loi générale qui peut être ainsi formulée : Toutes les modification physiologiques et psychologiques provoquées par le magnétisme expérimental sont susceptibles de se produire *spontanément* sous l'action, soit de l'idiosyncrasie du sujet, soit d'une auto-suggestion, soit d'un ébranlement quelconque de l'organisme, soit de toute autre cause plus ou moins facile à déterminer.

Cette observation se vérifie constamment pour le somnambulisme : les annales scientifiques présentent en effet de nombreux exemples de *somnambulisme naturel*. Le docteur Morand, dans son ouvrage précité (pp. 164 à 196) a écrit sur ce sujet des pages d'un grand intérêt, dans lesquelles je puise les notions les plus indispensables à la connaissance de cet état, qui joue un si grand rôle dans la production des phénomènes transcendantaux qu'il me reste à étudier.

Cet auteur distingue quatre formes ou degrés de somnambulisme spontané :

118. — L. *Le Noctambulisme*. — Nom par lequel on désigne généralement la crise consistant uniquement en un sommeil agité, hanté de rêves hallucinatoires, et pendant laquelle on peut suivre une conversation avec le dormeur. Ce n'est là en somme qu'une ébauche, un premier degré du somnambulisme naturel.

119. — M. *Le Somnambulisme proprement dit*, — qui éclate généralement au cours d'un sommeil profond, chez certains individus, sous l'empire, soit de leurs dispositions naturelles, soit de certaines incitations, telles que les idées fixes de la veille, hantant encore leur cerveau au moment où ils se sont endormis.

Ces personnes, dit M. Morand (*loc. cit.*, p. 164), sont prises; au milieu de leur sommeil, d'une agitation d'abord légère et qui va s'accentuant. Après avoir poussé quelques soupirs et prononcé quelques paroles plus ou moins intelligibles, le dormeur se lève, s'habille, et, comme poussé par une impulsion intérieure qui le domine, on le voit marcher et se diriger, dans la chambre et même au dehors, à travers les obstacles qu'il excelle à tourner ; il reconnaît merveilleusement les objets dont il a besoin, sait s'en servir à propos, enfiler des aiguilles et coudre, par exemple, ou bien écrire, etc.; en un mot, accomplir les actes les plus minutieux, parfois avec infiniment plus d'adresse qu'il ne pourrait le faire s'il était éveillé. Si l'on s'approche, on constate que ses yeux sont fermés ou, s'ils sont ouverts, que le regard est hagard et comme glacé. La physionomie est impassible; ni les excitations cutanées, ni les piqûres, ni la brûlure même ou le chatouillement ne parviennent à le troubler. Le sujet est insensible à tout, il ne voit, ni n'entend. Rien ne peut le distraire du rêve qui l'obsède évidemment tout entier. Cherchez à l'interpeller, faites briller une lumière à ses yeux, il n'a pas l'air de s'en occuper. Les obstacles qu'on dresse sur ses pas, il les tourne avec une adresse extraordinaire. Essaye-t-on de l'arrêter de force, il se défend avec une vigueur surprenante et, après s'être dégagé, reprend son idée et poursuit ses occupations au point où il les avait laissées. Au bout d'un temps plus ou moins long, la crise est passée, et le sujet retourne à son lit où il s'endort paisiblement. Il s'éveille à son heure habituelle, se lève et ne conserve aucun souvenir de ce qui s'est passé. *Il semble que le somnambule ne perçoive, parmi les impressions extérieures, que celles qui sont l'objet de son rêve.*

Le sens de la vue présente au plus haut degré ce trait particulier *d'obnubilation*, ou plutôt de *dissociation* fonctionnelle. « Le somnambule, *même les yeux ouverts*, ne voit pas la lumière qu'on approche de lui », ni les personnes qui l'entourent. Et le docteur Morand cite à l'appui de cette observation l'exemple, rapporté par Fodéré, dans son *Traité de médecine légale et d'hygiène publique* [1], d'un religieux qui, en état de somnambulisme, pénètre la nuit dans la cellule où travaillait encore le prieur, Dom Dubaguet, et, sans voir ce dernier, ni la lumière qui l'éclairait, va droit à son lit qu'il transperce de trois coups de couteau, et retourne à sa cellule, ne conservant le lendemain de cette scène que le souvenir d'un rêve, dans lequel il avait été

---

1. Paris, 1813.

entraîné à venger la mort de sa mère sur le prieur, que celle-ci avait désigné comme étant son assassin.

Cette obnubilation de la vue n'est d'ailleurs, comme on le voit par cet exemple, que relative, et n'est plutôt qu'une *dissociation*, qui en limite la portée au seul objet du rêve ou de l'idée fixe (monoïdéisme), qui domine le sujet. Elle n'empêche pas, au contraire, sa vue d'être d'une acuité surprenante pour certaines choses, pour lui permettre, par exemple, de lire les heures d'un cadran à d'énormes distances que la vision ordinaire ne saurait franchir.

Il en est de même des autres sens, qui semblent allier à leur insensibilité, en général, un surcroît d'activité partout où leur intervention est nécessaire à l'accomplissement du dessin poursuivi par le rêveur.

« La mémoire, l'imagination et le jugement semblent participer à l'état de dissociation qui se révèle dans les sens. » En effet, on cite des cas (et on en trouvera de nombreux au cours de cet ouvrage) où le somnambule, tout en restant fermé à tous les incidents extérieurs qui pourraient l'influencer dans l'état normal, exécute des travaux, fait preuve d'une pénétration et d'une clairvoyance qui ne lui sont pas habituelles, et produit en un mot des œuvres bien au-dessus de sa capacité ordinaire.

120. — N. *Le somnambulisme à l'état de veille : Petit mal. Absence. Vertige. Automatisme ambulatoire.* — La troisième forme du somnambulisme spontané, décrite par le docteur Morand, est le *somnambulisme à l'état de veille*, dont les accès, suite le plus souvent d'un traumatisme cérébral, éclatent subitement et périodiquement chez le sujet *éveillé*, au cours de ses occupations habituelles, et font subir à sa personnalité, pour des périodes plus ou moins longues, des altérations plus ou moins profondes. Le cas célèbre étudié par le docteur Azam sur son sujet Félida, et dont je rendrai compte dans un chapitre ultérieur sur les dédoublements de la

personnalité (V. *infra*, nᵒ 250), et un cas très remarquable, d'origine traumatique, observé par M. Mesnet et rapporté dans l'ouvrage que je résume en ce moment, et dont il occupe plusieurs pages (pp. 179 à 186), paraissent, bien que très différents l'un de l'autre, rentrer dans cette catégorie, comme y rentrent aussi ces troubles fonctionnels, ces éclipses momentanées de la conscience que l'on a coutume de désigner sous ces noms divers de *Petit mal*, d'*absence*, de *vertige*, d'*automatisme ambulatoire*. Il serait d'ailleurs trop long, pour l'objet spécial que je me suis proposé en entreprenant cet ouvrage, d'y décrire ces diverses crises, bien qu'elles constituent, aussi bien que le cas Félida, des formes particulières de somnambulisme *spontané à l'état de veille*. Je m'en tiens donc à ces brèves indications, que mes lecteurs pourront au besoin compléter en se reportant au texte de l'ouvrage précité du docteur Morand (pp. 179 et s.).

121. — O. *L'Extase.* — Cette quatrième forme de somnambulisme *spontané*, que décrit en dernier lieu le docteur Morand (*loc. cit.*, pp. 194 à 197), se manifeste plus particulièrement sous l'influence d'une surexcitation des sentiments religieux.

Elle a, dit cet auteur, tous les caractères fondamentaux du somnambulisme, à savoir : l'exaltation de l'imagination et de la mémoire, qui transforme en perceptions sensorielles les images engendrées par le souvenir, et donne ainsi lieu à des hallucinations. La sensibilité générale est abolie ; les sens, fermés aux excitations habituelles, n'ont conservé d'activité que pour les choses en rapport avec la vision qui a produit l'extase. Celle-ci absorbe tout à son profit et paralyse, dès lors, toutes les fonctions de relations. Somnambulisme et extase sont des rêves, avec cette différence que le premier est un rêve actif et la seconde, un rêve passif. Il faut noter aussi que l'extatique ne perd jamais entièrement le sentiment de sa personnalité, de sa conscience et qu'au réveil, le souvenir de ce qui s'est passé pendant l'accès persiste plus ou moins net.

Il y aurait beaucoup à dire sur ce sujet. Mais devant

lui consacrer une étude particulière (V. *infra*, chap. X),
je m'en tiens pour le moment à ces courtes explications.

122. — L'observation minutieuse des divers états du
somnambulisme *provoqué*, d'une part, et des différentes
formes de somnambulisme naturel, ou spontané, d'autre
part, démontre qu'entre les uns et les autres il existe
des analogies telles que l'identité de nature entre ces
deux ordres de manifestations doit nécessairement en
découler. C'est à cette conclusion qu'aboutit l'étude comparative du docteur Morand :

Dans tous les cas, dit-il (*loc. cit.*, p. 218), il y a perte (plus ou
moins entière) de souvenir au réveil, insensibilité générale
de la peau et sujétion complète de la volonté du sujet : au
magnétiseur, dans l'hypnose, et à l'idée dominante du rêve,
dans le somnambulisme spontané. L'hypnotisé devient un
automate à la discrétion de l'expérimentateur, et le somnambule naturel est dominé par une sorte de suggestion partant
de son cerveau, et qui est une véritable *auto-suggestion*. Il ne
voit, ce somnambule, que ce qui a trait au rêve qu'il met
inconsciemment en action ; il n'a d'intelligence et de volonté
que pour celui-ci, par lequel il est hanté, dominé, possédé
tout entier, et qui constitue, en définitive, une hallucination
d'origine interne.

Il n'y a pas jusqu'à l'hyperexcitabilité neuro-musculaire et les contractures si remarquables du somnambulisme expérimental, qui ne soient un trait caractéristique,
commun aux deux sortes de somnambulisme, aussi bien
au somnambulisme naturel qu'au somnambulisme provoqué, ainsi que l'a démontré le savant professeur de
Bordeaux, M. Pitres, sur une de ses malades, Albertine,
dans une série d'expériences dont rend compte le docteur Morand (*loc. cit.*, pp. 218 à 224).

SECTION II

DES PRINCIPALES MODIFICATIONS PHYSIOLOGIQUES ET PSY-CHOLOGIQUES QUE L'HYPNOSE, SOUS SES DIFFÉRENTES FORMES, FAIT SUBIR A L'ORGANISME HUMAIN

123. — La connaissance des modifications de toute nature que l'hypnose fait subir à l'organisme du sujet et à son activité physique ou psychique, résulte déjà dans une certaine mesure de la description des différentes phases par lesquelles passe l'hypnose, de ses différents états, puisque ce sont ces modifications qui donnent à ces derniers leurs traits caractéristiques et ont permis aux observateurs de les distinguer les uns des autres.

Je crois devoir toutefois insister sur ce point, le plus important à mon sens pour l'étude que je poursuis, et présenter ici, dans une vue d'ensemble et abstraction faite de toute classification plus ou moins arbitraire, un résumé des perturbations de toute nature que subissent, dans leur physique et leur moral, les sujets soumis, artificiellement ou spontanément, à l'action plus ou moins profonde de l'hypnose. On se rendra ainsi mieux compte de la richesse du phénomène hypnotique qui, comme la végétation des forêts vierges, prolifère dans tous les sens avec un luxe, une abondance et une variété d'effets bien propres à déconcerter les savants et à dérouter leurs méthodes et leurs classifications, et qui, finalement, nous met en présence de tout un ordre de choses nouveau, étrange, supranormal, posant ainsi le problème le plus ardu qu'il ait été donné jusqu'à ce jour à l'humanité de résoudre.

Je procéderai, pour ne pas trop fatiguer l'attention de mes lecteurs, par voie d'énumération, en ne donnant que les explications les plus indispensables, et en renvoyant, pour les plus importants effets de l'hypnose, qui com-

portent une étude particulière, aux chapitres distincts
où cette étude doit être faite.

124. — A. *Effets protéiformes.* — En dehors des
effets physiologiques qui caractérisent les divers états
de l'hypnose, dont on vient de lire la description, on
observe, dans le cours des magnétisations, des effets de
formes et d'aspects divers, qui ne sont que les symptômes des perturbations plus ou moins profondes que
subit l'organisme du sujet. Le rapport présenté par
Husson, en 1831, à l'Académie de médecine, au nom de
la Commission qu'elle avait chargée, en 1826, d'étudier
le magnétisme, les signalait déjà :

> Il se déclare quelquefois, lit-on dans ce rapport, que
> M. Hippolyte Blanc a reproduit dans son ouvrage *le Merveil-
> leux dans le Jansénisme et le Magnétisme* [1] (pp. 244 et s.), pen-
> dant qu'on magnétise, des effets insignifiants et fugaces,
> tels qu'un peu d'oppression, de chaleur ou de froid et quel-
> ques autres phénomènes nerveux... Les effets du magné-
> tisme sont très variés ; il agite les uns, calme les autres. Le
> plus ordinairement, il cause l'accélération momentanée de
> la respiration et de la circulation, des mouvements convulsifs
> fibrillaires passagers ressemblant à des secousses électriques,
> un engourdissement plus ou moins profond...

A cette catégorie d'effets protéiformes se rattachent
les contractures et les paralysies, qui sont les symptômes
de l'*hyperexcitabilité neuro-musculaire*, un des traits
constants de l'état léthargique et de l'état somnambulique, et que les expériences de M. de Rochas et de
M. Durville attribuent, on l'a vu *supra*, nᵒˢ 89 et 92, à
l'action excitante ou calmante des passes *isonomes* ou
hétéronomes.

Il faut y ranger également : les crises *convulsives*,
qui éclatent souvent au cours des cures magnétiques, et
ne sont, pour les thérapeutes du magnétisme, que les
efforts faits par la nature, sous l'action des passes ou
autres procédés, pour expulser les principes morbides

1. Paris, Henri Plon, 1865.

de l'organisme (leur ressemblance avec les crises *hysté-riformes* les a fait quelquefois confondre avec elles) ; enfin tous les phénomènes d'*attraction* ou de *répulsion* que l'on observe dans le développement des états magné-tiques.

125. — B. *Effets curatifs.* — L'étude de ces effets est assez importante pour que je croie devoir lui consa-crer un chapitre spécial (V. *infra*, chap. VII).

126. — C. *Abolition ou diminution de la sensibilité correspondant à un accroissement considérable des forces musculaires et à une hyperacuité des sens.* — Dans le rapport précité de M. Husson (V. *supra*, n° 124), on lit ce qui suit en ce qui concerne cet effet remar-quable de l'hypnose, que l'on observe plus ou moins dans presque tous les états :

Quelques sujets, au milieu du bruit des conversations, n'entendent que la voix de leur magnétiseur ou des personnes avec lesquelles celui-ci les a mis en rapport. Il est rare qu'ils entendent ce qui se passe autour d'eux. La plupart du temps ils sont complètement étrangers au bruit extérieur et inopiné fait à leur oreille, tel que le retentissement de vases de cuivre, la chute d'un meuble, etc.

Quelquefois l'odorat est comme anéanti. On peut leur faire respirer l'acide muriatique ou l'ammoniaque, sans qu'ils en soient incommodés, sans même qu'ils s'en doutent. Le con-traire a lieu dans certains cas, et ils sont sensibles aux odeurs.

La plupart des sommnambules que nous avons vus étaient complètement insensibles au toucher... On en a vu une qui a été insensible à une des opérations les plus douloureuses de la chirurgie, et dont ni la figure, ni le pouls, ni la respi-ration n'ont dénoté la plus légère émotion[1].

1. Une communication a été faite à l'Académie des sciences, dans la séance de la section de chirurgie du 16 avril 1829, par M. Jules Cloquet, devenu plus tard membre de cette Académie, au sujet de l'opération, qui a parfaitement réussi, d'un cancer au sein (peut-être celle à laquelle le rapport ci-dessus de M. Husson fait allusion), faite le 12 avril 1829, sur une dame âgée de soixante-quatre ans, préalablement magnétisée par son médecin, le docteur Chapelain. Le texte de cette communication a été publié par M. Hippolyte Blanc dans son ouvrage déjà cité : *Le Merveilleux*

127. — Le plus surprenant, dans ce phénomène d'*anesthésie* qu'on observe plus ou moins dans les divers états de l'hypnose, n'est pas que la sensibilité générale soit abolie ou diminuée, c'est qu'avec cette insensibilité coïncide l'hyperacuité, parfois extraordinaire, de tel ou tel sens dont le sujet veut faire usage ; c'est que, par exemple, dans l'état de rapport, alors qu'il ne voit, n'entend, ne sent aucune des personnes et des choses qui l'entourent, il voie cependant, entende et sente son magnétiseur et les personnes et les choses avec lesquelles celui-ci l'a mis en rapport, et que, dans le somnambulisme naturel, il ne voie, et cela avec une acuité remarquable, que ce qui se rapporte à son monoïdéisme et qu'il a besoin de voir pour l'exécution de son rêve.

On a bien essayé d'expliquer cette coïncidence, en apparence contradictoire, en disant que l'obnubilation des sens, dans ces divers états, n'est que *relative*, et que le sens en action (la vue, l'ouïe ou le toucher), et même toutes les autres facultés subissent une *dissociation* qui en limite la portée au seul objet avec lequel l'hypnotisé est mis en rapport par son hypnotiseur, ou, dans le somnambulisme naturel, au seul objet du rêve ou de l'idée fixe qui domine le somnambule (V. *supra*, n° 119).

Mais ceci n'est qu'une explication bien incomplète : car elle ne fait pas comprendre le mécanisme de cette dissociation qui fait que le sujet, pendant que ses sens, aussi bien la vue que les autres, restent fermés à toutes les vibrations extérieures, puisse néanmoins, par exemple, lire, les yeux fermés, un livre qu'on lui présente.

La seule explication satisfaisante, depuis que M. de Rochas a effectué ses expériences sur l'*extériorisation de la sensibilité*, dont on trouvera le compte rendu

dans le *Jansénisme et le Magnétisme* (p. 186), auquel je ne puis que renvoyer le lecteur.

dans la 3e section du chapitre VIII, ci-après, paraît être
dans le processus de cette extériorisation qui, en dépla-
çant le *sensorium* et en synthétisant tous les sens *différenciés* dans un sens *unique*, met ce dernier, par la
suggestion, à la disposition de l'hypnotiseur, dont la
volonté règne en souveraine sur l'organisme de l'hypnotisé, et, par l'auto-suggestion, à la disposition de l'idée
fixe qui domine le somnambule.

C'est ce qu'on comprendra aisément lorsqu'on con-
naîtra mieux le phénomène de l'extériorisation que M. de
Rochas a mis en évidence, et que Du Potet paraît bien
avoir soupçonné lorsqu'il disait de l'abolition de la sensibilité dans son *Manuel de l'Étudiant magnétiseur*,
p. 140 :

> Quel singulier phénomène !... Ne croyez point pourtant qu'il
> y ait destruction de quoi que ce soit. Non, vous avez re-
> poussé, refoulé au loin (extériorisé, dirait-on aujourd'hui) le
> principe qui donne la sensibilité à toutes les parties ; mais
> il n'est point anéanti ; il reparaît lorsque vous vous retirez ;
> un fort inexpugnable lui sert de refuge.

V. ce qui sera dit plus loin sur le *sixième sens*
(chap. VII, n°s 195 et s.).

128. — D. *Hyperacuité de la mémoire et des autres
facultés intellectuelles.* — Les témoignages abondent
au sujet de cet effet remarquable de l'hypnose, et ils
sont des plus probants.

Déjà le rapporteur de la Commission nommée par
l'Académie de médecine, en 1826, le signalait dans son
rapport de 1831 (V. l'ouvrage précité *le Merveilleux
dans le Jansénisme et le Magnétisme* de M. Hippolyte
Blanc, p. 248).

D'après Deleuze (*Instruction pratique sur le Magnétisme animal*, p. 315), les facultés que possèdent les
sujets à l'état normal s'exaltent, pendant l'état somnambulique, dans des proportions telles qu'elles semblent
différer complètement de celles qu'on leur connaît, et

paraissent appartenir à un être absolument différent et bien supérieur.

Certains auteurs, fait observer le docteur Morand (p. 327 de son traité [précité] sur le *Magnétisme animal*), ne sont pas éloignés d'admettre qu'il y a, chez les personnes endormies hynoptiquement, un développement plus considérable de l'intelligence :

Ce qui nous a le plus frappé, dit M. Liébault, cité et approuvé par M. Beaunis, c'est leur puissance de déduction ; quelle que soit la conséquence de leur élaboration intellectuelle, la trame de leur raisonnement est logique et rapide.

Voir aussi les deux cas remarquables d'hyperacuité de la mémoire rapportée *supra*, n° 116 (notes).

M. Sage a consacré à cette question tout un chapitre de son remarquable ouvrage le *Sommeil naturel et l'Hypnose*, que j'ai déjà eu l'occasion de citer. Il rapporte un certain nombre de faits bien observés, qui établissent nettement à quel degré surprenant le sommeil naturel ou le somnambulisme influencent la mémoire et toutes les facultés de l'homme.

On donne, dit-il (p. 193), à la mémoire d'événements oubliés par l'homme *cérébral*, ainsi qu'à leur réapparition, le nom de *cryptomnésie*.

Ce phénomène s'observe principalement soit dans le sommeil naturel ordinaire, ainsi que mes lecteurs ont pu s'en rendre compte par les explications données au chapitre III *Du Sommeil et des Rêves*, soit dans le somnambulisme naturel ou artificiel.

M. Sage en donne les raisons suivantes :

Si l'on admet pour un instant cette hypothèse : que l'homme est un esprit incarné, assoupi dans la chair pour un temps limité et dans un but que nous connaîtrons un jour, — le sommeil, *sous toutes ses formes*, nous apparaît comme un commencement de désincarnation, comme une mort temporaire et relative du corps, et comme une libération partielle et momentanée de l'esprit. Dès lors, rien d'étonnant à ce que celui-ci accuse des facultés plus actives, plus élevées et plus complètes dans l'état de sommeil qu'à l'état de veille.

Or, c'est précisément ce que démontre l'observation des faits.

Myers, dont le témoignage en pareille matière fait autorité, observe également, dans l'édition anglaise de son traité *De la Personnalité humaine* (t. I, p. 129), que l'intensité de la mémoire somnambulique s'accroît, dans les expériences hypnotiques, au fur et à mesure que l'hypnose va en s'approfondissant et que l'état du sujet s'éloigne de l'état de veille.

129. — L'observation de l'éminent psychologue trouve sa pleine confirmation dans les faits suivants, que j'extrais de l'ouvrage précité de M. Sage (pp. 98 à 202) :

> Un somnambule, dit-il, que nous connaissons, avait dans son état ordinaire une mémoire incertaine. Mais, à différentes reprises, alors qu'étant en état de somnambulisme il étudiait dans son lit ses leçons d'histoire, le maître d'études lui avait pris le livre des mains, et le somnambule avait alors répété, sans omettre une syllabe, les cinq ou six pages qu'il venait de lire. Réveillé aussitôt après, il n'avait pas le moindre souvenir de ce qu'il venait de lire et de réciter.

Même facilité de la mémoire dans le somnambulisme provoqué :

Ch. Lafontaine raconte, dans son *Art de magnétiser* (pp. 244, édition de 1899) qu'étant à Rennes, où il assistait à une répétition de *Roquelaure*, il avait entendu une actrice, qu'il avait endormie et qui ne savait pas son rôle, le répéter d'un bout à l'autre sans se tromper.

> Je la réveillai, ajoute-t-il, sur le théâtre même, et dès qu'elle fut dans son état normal, on la pria de répéter; elle ne savait plus rien et nous dit qu'elle n'avait pu relire son rôle qu'une seule fois. Elle ne voulait pas croire qu'elle l'avait répété d'un bout à l'autre et que la répétition était finie.

Le docteur Dufay (*Revue philosophique*, septembre

1888) rapporte un cas tout semblable, dont on peut lire les détails dans l'ouvrage précité de M. Sage :

Il hypnotisait une petite actrice sans talent spécial, Mlle B..., et il était arrivé à l'endormir d'un mot ou d'un regard. Ayant remarqué chez elle l'exaltation de l'intelligence dans le somnambulisme, il l'avait quelquefois endormie au moment où elle entrait en scène, et chaque fois elle avait eu un grand succès...

Un soir, il lui permit ainsi, en l'endormant à distance et sans qu'elle fût prévenue, de remplacer au pied levé une autre actrice, qui avait fait défaut au dernier moment, dans un rôle qu'elle n'avait jamais répété et qu'elle avait seulement vu jouer.

Au moment où M. Dufay exerçait son action mentale, la jeune actrice s'habillait dans sa loge. Tout à coup, elle se laissa tomber sur un sofa, priant son habilleuse de la laisser reposer un peu. Elle se releva au bout de quelques minutes d'assoupissement, acheva sa toilette, entra en scène et s'acquitta merveilleusement de son rôle. Pour qu'elle put prendre part au souper qui suivit la représentation, il fallut la tirer de son sommeil.

130. — E. *Clairvoyance et lucidité. Faculté de prévision.* — Les hypnotisés et les somnambules naturels ne conservent pas seulement leurs facultés de l'état de veille avec l'exaltation particulière qui résulte, comme on vient de le voir, de leur état somnambulique. Ils en acquièrent de nouvelles qui, en général, sont refusées à l'homme normal.

Le rapport précité présenté à l'Académie de médecine en 1831 et reproduit par Hippolyte Blanc dans *le Merveilleux dans le Jansénisme et le Magnétisme* (p. 246), contient l'observation suivante :

On peut conclure avec certitude que l'état somnambulique existe quand il donne lieu au développement de facultés nouvelles qui ont été désignées sous le nom de *clairvoyance, d'intuition,* de *prévision intérieure.*

La faculté de vision sans le secours des sens ordinaires, notamment, n'a rien de bien surprenant pour nous qui savons déjà, par les expériences de Reichenbach, de M. de Rochas et de M. Durville (V. *supra*, nᵒˢ 85, 88 et 94), que les sensitifs mis en état de somnambulisme, voient et décrivent les radiations magnétiques qui s'échappent du corps humain et demeurent invisibles pour toutes autres personnes.

Quant aux autres facultés psychiques de clairvoyance, d'intuition, de vue intérieure et de divination, qui leur appartiennent et sont leur apanage exclusif, M. Bué (*Le Magnétisme curatif*), n'en met pas en doute l'existence :

Le somnambulisme, dit-il (p. 103 de son ouvrage), exalte les facultés intellectuelles et morales. En cet état, le sujet a présent à l'esprit tout ce qu'il sait, *et peut percevoir ce qu'il ne sait pas....*

On peut également invoquer sur ce point le témoignage précieux d'un de nos plus profonds psychologues, Myers, qui écrit ce qui suit à la page 185 de son traité de *la Personnalité humaine*, déjà plusieurs fois cité :

Lorsque le sujet est entré dans la phase que l'on a appelée *l'état de rapport*, ou de *communauté de sensations*, état qui est dû à une simple auto-suggestion dans laquelle son attention est entièrement concentrée sur la personne de l'opérateur, sa faculté de perception supranormale est susceptible, les expériences le prouvent, de gagner aussi bien en étendue qu'en profondeur. Le sujet peut devenir capable de communiquer avec le passé et l'avenir, de participer à des événements qui s'accomplissent en dehors de lui, et cela par des moyens qu'on ne peut qualifier autrement que de supranormaux...

131. — Les anciens magnétiseurs nous ont transmis sur ce sujet des observations nombreuses et profondes, que l'injuste dédain dans lequel les hypnotiseurs ont laissé leurs travaux, a seul empêchées de porter tous leurs fruits.

Du Potet, après avoir tracé dans son *Manuel de l'Étu-*

diant magnétiseur[1], un tableau des facultés somnambuliques, conclut ainsi (p. 158) : « On a dit avec raison que le magnétisme, par le somnambulisme, ouvre une porte sur l'invisible. »

Deleuze est peut-être, de tous les anciens magnétiseurs, celui dont les ouvrages, et principalement son *Instruction pratique sur le magnétisme animal* (déjà citée), contiennent les plus précieux éclaircissements au sujet des facultés transcendantales dont le somnambulisme révèle l'existence dans l'être humain. Je ne résiste pas au désir d'en résumer et même d'en citer quelques passages.

De toutes les découvertes, écrit-il à la page 99 de ce dernier ouvrage, qui ont fixé l'attention depuis l'antiquité la plus reculée, celle du somnambulisme est certainement la plus propre à nous éclairer sur la nature et les facultés de l'homme. Les phénomènes qu'elle nous fait observer démontrent la distinction des deux substances, la double existence de l'homme *intérieur* et de l'homme *extérieur* dans un seul individu...

Plus loin (p. 142), Deleuze résume ainsi ses observations sur le somnambulisme : « Les divers somnambules présentent des phénomènes très différents, et le seul caractère distinctif et constant du somnambulisme, *c'est l'existence d'un nouveau mode de perception.* » Et c'est grâce à ce nouveau mode de perception, *dans lequel tous les sens sont synthétisés*, que le somnambule fait preuve de facultés qu'il n'a pas à l'état de veille, ou que les facultés dont il est doué s'exaltent au delà de tout ce qu'on peut imaginer.

Il se développe, dit Deleuze (p. 315), chez les somnambules des facultés dont nous sommes privés dans l'état de veille. Telles sont celles de voir sans le secours des yeux, d'entendre sans le secours des oreilles, de voir à distance, de lire dans la pensée, d'apprécier le temps avec une exactitude rigoureuse, et, ce qui est le plus étonnant, de pressentir l'avenir.

1. Paris, Alcan, 1893, 6ᵉ édition.

Mais il y a souvent aussi, chez les somnambules, une exaltation extraordinaire des facultés dont nous sommes doués.
Ainsi, chez eux, l'imagination peut prendre une activité prodigieuse ; la mémoire peut rappeler une foule d'idées qui
étaient entièrement effacées ; l'élocution peut devenir d'une
élégance, d'une pureté, d'un brillant qui semblent avoir le
caractère de l'inspiration (v. *supra*, nos 128 et s.). Mais tout
cela n'exclut pas l'erreur. L'exercice des facultés propres aux
somnambules, comme celui de nos facultés ordinaires, a besoin
d'être accompagné de certaines conditions pour nous donner
des notions exactes. L'expérience et l'habitude nous ont
appris à connaître ces conditions pour les *sens extérieurs* ... ;
nous ignorons au contraire quelles sont les qualités nécessaires au libre développement de la nouvelle faculté (le
sens intérieur) du somnambule. De plus, cette faculté agit
seule, tandis que le témoignage de chacun de nos sens est
rectifié par celui des autres.

Quant à l'exaltation des facultés dont nous sommes doués
habituellement, si toutes s'exaltaient ensemble et au même
degré, l'harmonie serait conservée et l'homme en somnambulisme serait en tout supérieur à ce qu'il était dans l'état
ordinaire ; mais il n'en est pas ainsi : une faculté s'exalte
sinon aux dépens des autres, du moins plus que les autres,
et l'harmonie n'existe plus... Ce qui étonne, c'est d'entendre
un somnambule montrer beaucoup d'instruction sur un
sujet dont il ne s'est jamais occupé, et l'on ne songe pas que
des choses qu'il avait vues et entendues, à une époque très
éloignée, se représentent à lui avec une extrême vivacité ;
que certains rapports entre les objets, imperceptibles pour
nous, lui deviennent sensibles... ; que la faculté de lier ses
idées, de les exposer de la manière la plus séduisante, de
les revêtir de tout le charme de la poésie, de les associer à
quelques vérités inaperçues qu'il fait briller de l'éclat le plus
lumineux ; que tout cela n'est point une preuve de la vérité
de ce qu'il croit et de ce qu'il dit ; que la faculté de prévision,
la plus inconcevable de toutes, ne s'étend jamais qu'à un certain nombre d'objets, qu'elle est conditionnelle, et que, s'il
y a assez de faits pour prouver son existence, il n'y a cependant aucun cas où l'on puisse compter sur l'exactitude de
son application ; enfin, que toutes les facultés de l'esprit
peuvent entraîner l'homme loin de la vérité lorsque leur
exaltation a détruit l'équilibre qui doit régner entre elles et
qui est nécessaire pour que la raison conserve sa supréma-
tie.

132. — Résumons-nous en concluant des diverses observations qui précèdent, que, d'une manière générale, toutes les facultés non seulement reçoivent de l'état somnambulique un surcroît considérable d'activité, de puissance et de pénétration, mais encore que cet état fait surgir dans l'être humain d'autres facultés que l'état de veille ne connaît pas et qui sont sans doute les manifestations *directes* de l'âme humaine, affranchie momentanément et partiellement de sa sujétion aux besoins de conservation de l'organisme corporel auquel elle est unie.

C'est à cette conclusion qu'aboutit également le grand philosophe allemand Schelling, qui, dans l'étude de la question de l'*immortalité de l'âme*, reconnaît l'importance capitale du somnambulisme.

Il observe, en effet, que :

Dans le sommeil *lucide*, il se produit une élévation et une libération relative de l'âme par rapport au corps, telle qu'elle n'a jamais lieu dans l'état normal. Chez les somnambules, tout annonce la plus haute conscience, comme si tout leur être était rassemblé au foyer lumineux qui réunit le passé, le présent et l'avenir. Si loin qu'ils portent le souvenir, le passé s'éclaire pour eux, l'avenir même se dévoile quelquefois dans un rayon considérable. Si cela est possible dans la vie terrestre, se demande Schelling, n'est-il pas certain que notre vie spirituelle, qui nous suit dans la mort, est déjà présente en nous actuellement, qu'elle ne naît pas alors, qu'elle est simplement délivrée, et se montre dès lors qu'elle n'est plus liée au monde extérieur par les sens? *L'état après la mort est donc plus réel que l'état terrestre* (Revue spirite, n° de déc. 1910, p. 29).

133. — Pouvons-nous croire que tous ces profonds observateurs dont nous avons recueilli le témoignage sur les manifestations de cette extraordinaire faculté de la clairvoyance, de la lucidité et de la divination chez les somnambules, et qui ont consacré toute leur vie à l'étude du magnétisme, se seraient grossièrement trompés, et devons-nous leur préférer les solutions né-

gatives de quelques observateurs superficiels et prévenus, qui, comme certains hypnotiseurs de l'École de
la Salpêtrière, ont déclaré de parti pris qu'ils n'avaient
pas à s'occuper d'un ordre de phénomènes aussi en dehors
de la nature et, disent-ils, aussi peu scientifique ? Pour
tout esprit réfléchi et indépendant, la réponse n'est pas
douteuse.

Je reviendrai du reste sur ce sujet au chapitre XI ci-
après, qui sera spécialement consacré à une étude complète et documentée de la *clairvoyance* et des formes
diverses dans lesquelles cette faculté transcendantale se
manifeste. (Voir aussi ce qui suit au chap. VII, sur le
sixième sens : *infra*, nᵒˢ 195 et s.).

134. — F. *Extase.* — Le magnétisme, principalement
dans l'état somnambulique, n'exalte pas seulement la
mémoire du sujet soumis à son action, ainsi que ses
autres facultés intellectuelles, il exalte encore, et cela
tout spécialement, le sentiment religieux, non pas seulement chez les personnes qui y sont prédisposées, mais
même chez les sujets qui, dans l'état normal, y demeurent complètement étrangers. C'est au point que cette
exaltation peut être déterminée, d'après M. de Rochas,
au cours de l'état profond du somnambulisme qu'il désigne sous le nom d'*état de rapport*, par des pressions
exercées par le magnétiseur sur un point déterminé du
crâne (V. *supra*, nᵒ 108), et que, de son côté, le docteur
Morand classe l'*Extase* parmi les états classiques du
somnambulisme naturel ou provoqué (V. *supra*, nᵒ 121).

Cette observation donne à l'étude de l'Extase, considérée comme une phase, ou tout au moins comme un
des effets, peu fréquents du reste, du somnambulisme,
un intérêt de premier ordre, qui n'a peut-être pas été
assez remarqué. Aussi convient-il de lui consacrer un
chapitre particulier (V. chap. X ci-après).

135. — G. *Suggestion.* — La suggestion joue, dans
l'hypno-magnétisme, le double rôle de cause et d'effet :

De cause, pour les hypnotiseurs de l'École de Nancy,

qui la considèrent comme le meilleur procédé à employer pour déterminer l'état d'hypnose chez leurs sujets d'expériences ;

D'effet, en ce sens qu'elle est une des principales, et la plus constante, des modifications physiologiques et psychologiques que l'hypno-magnétisme est susceptible de déterminer dans l'organisme humain.

C'est sous ce second aspect qu'il me reste à l'étudier, le rôle de la suggestion dans l'art de magnétiser ayant déjà été examiné sous la deuxième section de mon chapitre IV, *supra*, n⁰ˢ 76 et suiv.

Mais cette étude est d'un intérêt trop capital pour ne pas être abordée séparément. Elle fait l'objet du chapitre VI, ci-après.

136. — II. *Altération, dissociation et dédoublement de la personnalité. Personnalités hypnotiques, somnambuliques et médiumniques créées par la suggestion ou l'auto-suggestion.* — Cet effet particulier de l'hypnose, qui se relie d'ailleurs à la suggestion, mérite également d'être étudié séparément à raison de son importance, de la variété et de la complexité des questions qu'il soulève. Ne pouvant rattacher cette étude au présent chapitre, où logiquement elle trouverait sa place, mais qu'elle grossirait démesurément, je lui consacre un chapitre spécial, le chapitre IX, qui ne sera, comme du reste tous ceux qui vont suivre jusqu'à la fin de mon ouvrage, qu'un développement des principes et des indications générales déposés dans le chapitre actuel.

137. — I. *Extériorisation psychique.* — *Extériorisation : 1⁰ de la sensibilité (perceptions extrasensorielles et à distance) ; 2⁰ de la pensée (transmission de pensée et télépathie); 3⁰ de la motricité (médiumnisme).* — L'effet le plus remarquable et le plus important de l'hypnose, qui, au fond, comprend et commande tous les autres, et dont la connaissance, relativement récente, est due aux travaux de M. de Rochas, comme on le verra plus loin, consiste dans les divers phé-

nomènes d'*extériorisation psychique* qu'elle produit et que l'observateur rencontre à chaque pas de son étude, tels que : ceux d'extériorisation de la sensibilité, qui sont la seule explication plausible des dons de clairvoyance et de lucidité constatés chez les somnambules ; 2° ceux de *Transmission de pensée*, de *Télépathie*, de *Téléplastie* et de *Dédoublement* ; 3° et ceux d'extériorisation de la motricité, qui expliquent le *Médiumnisme*.

Ce phénomène d'extériorisation psychique mérite d'autant plus de retenir l'attention que je ne crois pas exagérer en disant qu'il est appelé sans doute, lorsqu'il aura été examiné sous toutes ses faces, à nous fournir la clef du vaste problème posé par le magnétisme, en même temps que la solution de l'énigme *médiumnique*, si imparfaitement, jusqu'à ce jour, élucidée par les spirites.

Aussi ne puis-je me dispenser de lui consacrer une étude particulière. C'est ce que je ferai sous le chapitre VIII, ci-après, où il sera traité, d'une manière générale, de tous les phénomènes d'*extériorisation psychique*, et ensuite, aux chapitres XI et XII, où j'examinerai spécialement, et avec tous les développements nécessaires, les faits de *Clairvoyance et de lucidité*, d'une part, et, de l'autre, ceux de *Télépathie*, de *Téléplastie* et de *Dédoublement*, qui ne sont, les uns et les autres, que des formes particulières d'extériorisation psychique.

J'aurai ainsi complété l'étude de tous les effets de l'hypnose dont j'ai cru devoir présenter l'ensemble au présent chapitre, et parcouru en même temps le cycle entier des connaissances nouvelles que nous devons à la Psychologie expérimentale et qui ont jeté une si vive lumière sur le mystère de la vie et de la destinée humaines.

CHAPITRE VI

Suite des effets physiologiques et psychologiques de l'hypnose. — De la suggestion.

138. — Ainsi que je le disais *supra*, n° 135, la sug-gestion joue dans le magnétisme le double rôle de cause et d'effet :

— *de cause*, quand on la considère comme un moyen de déterminer chez les sujets l'état d'hypnose ;

— et *d'effet*, en ce sens qu'elle constitue une des principales, sinon la plus importante, des modifications physiologiques et psychologiques que cet état com-porte.

Le rôle de la suggestion dans l'art de magnétiser et de produire l'état hypnotique ayant été déjà examiné (*supra*, n° 76), il me reste ici à la définir et à l'étudier dans ses effets et dans ses causes.

C'est là une partie de la science magnétique que les hypnotiseurs ont approfondie d'une manière toute parti-culière. C'est par conséquent à leurs ouvrages et princi-palement à celui du docteur Morand, *le Magnétisme animal. Hypnotisme et Suggestion* (précité), que je demanderai les renseignements dont j'ai besoin pour déterminer la nature et les différents effets de la sug-gestion. Mais, très habiles à discerner ces effets, à les

analyser, à en préciser les divers aspects et à les mettre
en évidence par leurs nombreuses expériences, les hypnotiseurs, manquant de vues hardies et généralisatrices,
paraissent avoir reculé davant la difficulté de leur tâche,
lorsqu'il s'est agi d'en déterminer les causes. Heureusement de profonds psychologues, tels que Myers, Durand de Gros et Carl de Prel ont suppléé à leur insuffisance, et c'est à eux que j'aurai recours pour compléter
la vue d'ensemble que je désire présenter à mes lecteurs
sur ce sujet, si important et si riche en aperçus philosophiques, de la suggestion.

SECTION 1

NATURE ET EFFETS DE LA SUGGESTION
EFFETS PSYCHOLOGIQUES

139. — La suggestion, c'est-à-dire l'imposition d'une
idée par une personne à une autre, est un fait connu,
universel. En hypnotisme, où la définit (Paul Janet) :

L'opération par laquelle dans le cas d'hypnotisme, ou peut-
être de certains états de veille à définir (V. notamment l'état
de crédulité, analysé par M. de Rochas, *supra*, n° 104), on
peut, à l'aide de certaines sensations, surtout à l'aide de la
parole, provoquer dans un sujet nerveux, bien disposé, une
série de phénomènes plus ou moins automatiques, le faire
parler, agir, sentir comme on le veut, en un mot, le transformer en machine.

A parler rigoureusement, disent MM. Binet et Féré
(cités par le docteur Morand, *loc. cit.*, p. 256), la suggestion est *une opération qui produit un effet quelconque sur un sujet en passant par son intelligence.*
... On peut même dire, ajoutent les mêmes auteurs,
que toutes les fois que le sujet est averti qu'on va l'hypnotiser, son esprit concourt au succès de l'opération, et

le sommeil même résulte en partie d'une action psychique.

D'ailleurs, il est à propos de faire remarquer, avant d'aller plus loin, que la suggestion peut être provoquée directement par un objet extérieur et sans l'intervention d'un expérimentateur, ou même en dehors de tout objet extérieur, par une sensation d'origine interne. C'est alors l'*auto-suggestion* (ouvrage précité du docteur Morand p. 260). Tout ce qui sera dit ci-après de la suggestion est donc en général applicable à l'auto-suggestion.

Il y a plusieurs espèces de suggestions. Je me borne à les énumérer en signalant leurs traits caractéristiques et les différents effets qu'elles produisent :

140. — A. *Suggestions intrahypnotiques.* — La sugtion, dit le docteur Morand (p. 258), ayant pour caractère fondamental de s'adresser d'abord à l'intelligence du sujet, on comprend qu'elle s'effectue par toutes les voies à l'aide desquelles les sensations parviennent au cerveau.

Il y a ainsi des suggestions *visuelles*, des suggestions *auditives*, des suggestions *gustatives*, qui ne sont que des hallucinations des trois sens de la vue, de l'ouïe, du goût, et que je puis par conséquent me dispenser de définir plus complètement ; des *suggestions des sens musculaires* (par lesquelles, si l'on donne par exemple aux membres du sujet une attitude expressive, d'un caractère déterminé, sa physionomie revêtira un caractère en rapport avec cette attitude).

C'est un fait bien remarquable, observe M. Sage (*Le Sommeil naturel et l'hypnose*, p. 129), qu'aussitôt que nous plongeons dans le sommeil, naturel ou artificiel, les idées tendent à être perçues *sous forme objective*. Votre sujet a confiance en vous : vous lui affirmez qu'il gèle, et il grelotte ; qu'il fait chaud et il sue ; qu'il y a un lion dans la pièce, et il se cache épouvanté ; qu'une pomme de terre crue est un gâteau succulent, et il le mange avec délices, d'autant plus que les muqueuses, anesthésiées comme la peau, ne le détrompent pas. Vous lui dites que son bras ne peut plus bouger et le bras demeure immobile.

Une des formes les plus curieuses de la suggestion
est celle qui fait subir au sujet, au gré de l'expérimentateur, toutes sortes de *changements dans sa personnalité*. Elle a été observée spécialement par M. de Rochas,
qui rend compte de ses expériences en cette matière
dans son ouvrage déjà cité *les États superficiels de
l'hypnose* (pp. 94 et s. de l'éd. de 1893) et conclut
ainsi :

Quelques sujets bien doués en arrivent à prendre si bien
les allures et le caractère du personnage (suggéré) que leur
écriture se modifie en conséquence et qu'ils nous font assister *expérimentalement* aux phénomènes qui se produisent dans
les séances spirites, peut-être quelquefois sous l'influence
d'autres causes, mais, très certainement, souvent sous celle
d'une auto-suggestion du médium.

Je reviendrai d'ailleurs sur ce sujet dans le chapitre IX, qui sera spécialement consacré à l'étude si
intéressante des personnalités *hypnotiques, somnambuliques* et *médiumniques* (V. *infra*, nᵒˢ 244 et s.).

141. — B. *Suggestions posthypnotiques.* — Ce sont
celles qui, imposées pendant le sommeil, sont exécutées
par la personne qui les a reçues plus ou moins longtemps après le réveil.

Comme type accompli d'une suggestion de cette nature,
dont le succès a dépassé toutes les prévisions, on ne
peut mieux citer que le récit d'une célèbre expérience
faite en juin 1884, à la Salpêtrière, par M. G. de la
Tourette, expérience à laquelle assistait M. Jules Cla-
retie et dans laquelle on suggéra au sujet (une femme,
grande hystérique, facilement hypnotisable) d'empoi-
sonner à son réveil un des assistants. Après avoir
résisté quelque temps à l'ordre donné, le sujet finit par
y acquiescer et par l'exécuter avec mille précautions
et un art consommé de dissimulation, en vue de se
ménager des moyens de défense et de courir le moindre
risque possible au cas où son crime serait découvert.

Le compte rendu détaillé de cette expérience a été recueilli dans l'ouvrage (précité) du docteur Morand (pp. 265 à 269) qui, d'autre part (p. 269) en cite une autre, également intéressante, dans laquelle le sujet, après une longue résistance, obéit, au réveil, à la suggestion qu'on lui avait donnée pendant son sommeil, de poignarder, avec une feuille de papier plié en double qu'il prenait pour un poignard, un des élèves du service dans lequel il était soigné.

142. — Les suggestions ont une durée variable, qui est quelquefois très longue, surtout sur les sujets bien entraînés [1]. Elles agissent de deux façons :

Tantôt elles hantent obstinément le sujet jusqu'à ce qu'elles soient exécutées ; tantôt, au contraire, elles restent inconscientes et endormies dans les cellules cérébrales, où elles semblent avoir été emmagasinées, pour s'éveiller, comme par une véritable action réflexe, au moment où se réalisent les conditions assignées à leur exécution.

Et quand est venu le moment de leur réalisation, on voit le sujet reprendre l'aspect qu'il avait dans l'hypnose, dans laquelle il semble retomber spontanément.

Ces suggestions à échéance suggèrent à M. Sage (*Le sommeil naturel et l'hypnose*, p. 126), les réflexions suivantes :

Avec elles, nous avons un moyen de constater *de visu*, pour ainsi dire, quelle quantité énorme de travail intellectuel peut se faire en nous sans que nous en ayons la moindre conscience. Vous dites à un sujet avant de le réveiller : « Vous reviendrez dans 3.205 minutes, » et il le fait [2], bien qu'à l'état

---

1. On en a vu se réaliser à 172 jours d'intervalle, comme le prouve le cas d'hallucination visuelle, suggérée à date fixe, cité par le professeur Beaunis et rapporté à la page 272 de l'ouvrage que je résume.

2. Ce n'est pas une simple hypothèse. L'expérience a été faite et elle est rapportée par plusieurs auteurs. M. Myers, entre autres, dans son ouvrage *la Personnalité humaine* (p. 176), cite en ce sens le cas de M. Milne Bromwell, ordonnant à un sujet hypnotisé de tracer une croix lorsque 20.180 minutes se seront écoulées après

normal il ignore votre ordre complètement. Mais si dans
l'intervalle vous le réendormez, il vous dira chaque fois exactement combien de minutes se sont écoulées et combien il
en reste à courir. La partie de l'âme qui a reçu l'ordre se livre
donc à un calcul précis. D'ailleurs, nos pensées, nos conceptions profondes ne s'élaborent pas dans notre conscience normale ; elles ne font qu'y surgir toutes prêtes à un moment
donné. Souvent, plus un esprit est robuste, moins il travaille
consciemment. Les hommes de talent se mettront à la torture,
les hommes de génie notent ce qui leur vient ils ne savent
d'où, ni comment (v. *supra*, nos 35 et s.) Tout cela est très clair
si vous admettez que le cerveau limite l'âme, mais ne la constitue pas; cet organe seul est à incriminer dans les fluctua-
tions de notre mémoire et de notre conscience. Mais si vous
tenez absolument à ce que l'âme et le cerveau soient une
seule et même chose, il n'y a plus moyen de comprendre.

143. — C. *Suggestions positives et négatives.* — Les
noms que l'on donne à ces suggestions indiquent suffisamment ce qui les distingue les unes des autres.

C'est, d'après l'ouvrage du docteur Morand, qui continue à me servir de guide (*loc. cit.*, pp. 273 et s.), par
des suggestions *négatives* qu'on fait disparaître, totalement ou partiellement, telle ou telle personne présente.
Le sujet, par exemple, ne verra pas cette personne,
mais il l'entendra; il pourra la voir et l'entendre, mais
il ne sentira pas son contact. Il continue néanmoins
à percevoir toutes les sensations lui venant du milieu où
il se trouve. On arrive ainsi à combiner les scènes les
plus singulières, dont l'une, entre autres, empruntée au
Traité de la suggestion de M. Bernheim [1], l'un des chefs
les plus connus de l'École de Nancy, est relatée à la
page 274 de l'ouvrage que je résume.

On peut, par la suggestion, dit encore le docteur Morand,

l'ordre donné : « Le fait que cet ordre est exécuté, observe-t-il,
montre qu'il existe une mémoire *subliminale* ou hypnotique, qui
se maintient pendant le cours de notre vie ordinaire et se réveille
lorsque les circonstances au milieu desquelles tel ordre doit être
exécuté, se trouvent réalisées. »

1. Paris, 1888.

produire des contractures, des paralysies[1], la surdité, la cécité, la mutité, la disparition des couleurs... On peut faire respirer au sujet des parfums imaginaires de toutes sortes, le faire valser, accomplir des promenades fantastiques, lui donner soif ou faim, produire l'illusion de repas merveilleux, faire apparaître des bêtes féroces, etc.

Le livre de Bernheim, les écrits de Beaunis et les autres productions scientifiques de l'École de Nancy sont remplis de faits de ce genre.

M. Gabriel Delanne rapporte aussi (p. 76 de son ouvrage *Recherches sur la médiumnité*, déjà cité) un exemple de ces suggestions négatives partielles, auxquelles on a donné le nom d'*anesthésie systématique*, parce qu'elles suppriment un système de sensations et d'images qui sont afférentes à un objet particulier. Il est emprunté par lui à une expérience de Bernheim (*Revue de l'hypnotisme*, 1er décembre 1888), et il est assez caractéristique pour que, ne pouvant le rapporter ici, je croie utile tout au moins de le signaler à ceux de mes lecteurs qui voudraient approfondir cette intéressante question de la suggestion.

144. — D. *Suggestions rétroactives.* — Ce sont les suggestions portant sur des faits antérieurs, et dont on arrive à persuader le sujet d'avoir été l'auteur ou le témoin. Elles ne présentent aucun intérêt particulier, si ce n'est qu'elles pourraient constituer un moyen dangereux de fabriquer de faux témoins et de faux dénonciateurs (Dr Morand, *loc. cit.*, p. 286).

145. — E. *Suggestions à l'état de veille.* — En général, les suggestions *à l'état de veille*, c'est-à-dire en dehors de l'état hypnotique, ne sont pas possibles sur une personne saine. Elles ne le sont exceptionnellement que sur les hystériques, les névrosés, les êtres détraqués par l'abus des drogues hallucinatoires (opium,

---

1. Notons que l'action exercée par les passes magnétiques en polarité *isonome* ou *hétéronome*, n'est pas non plus étrangère à ce résultat (v. *supra*, nos 89 et 93).

haschich, chloroforme), par les excès alcooliques ou vé-
nériens, et surtout par des pratiques hypnotiques exces-
sives. Chez ces êtres, dont l'organisme est perpétuel-
lement dans un état de demi-hypnose, il n'est pas rare
que les suggestions et même les auto-suggestions réus-
sissent à l'état de veille. C'est ce qui résulte des nombreuses observations de MM. Gille de la Tourette,
Bottey, Charcot et du docteur Charpignon, rapportées
par le docteur Morand (*loc. cit.*, pp. 288 à 289). C'est
aussi ce qui explique, d'après ce dernier auteur, qu'un
malade qui se sera suggéré à lui-même que tel ou tel
voyage, tel ou tel pèlerinage, telle ou telle pratique
dévotieuse amènera sa guérison, puisse en effet obtenir
des résultats conformes à son désir.

Il n'y a rien là, en effet, qui surpasse les effets qu'il
est permis d'attendre de la suggestion ou de l'auto-suggestion, employées comme moyen thérapeutique. Mais
je ne suis pas de l'avis du docteur Morand lorsque, par
une généralisation excessive, il prétend expliquer ainsi
toutes les guérisons constatées dans les lieux de pèlerinage consacrés par la foi religieuse (*loc. cit.*, pp. 297
et 298). La science ne mérite véritablement ce nom que
lorsqu'elle tient compte de *tous* les faits pour en déduire
une loi générale. Or, il y a dans les guérisons de
Lourdes, pour ne citer que celles-là, des facteurs divers,
complexes et certainement étrangers à la suggestion,
dont tout esprit non prévenu doit savoir tenir compte.
Ces facteurs, *l'Histoire critique des événements de
Lourdes*, de M. l'abbé Bertrin [1], les a mis en lumière
d'une manière tellement saisissante et tellement con-
vaincante qu'il n'est pas permis, après l'avoir lue, de se
prononcer aussi catégoriquement que le fait le docteur
Morand, sur le caractère des guérisons dont cette histoire contient le récit. J'aurai peut-être plus d'une fois

vertu *spécifique*, en dehors de la suggestion et de toute autre cause analogue. Pourquoi ne serait-elle pas, *elle-même* et *par sa vertu propre*, je ne dis pas toujours, mais au moins dans certains cas, que l'autorité religieuse a d'ailleurs seule qualité pour déterminer, l'agent des faits dits *miraculeux?* J'ajoute, pour qu'on ne se méprenne pas sur mes intentions, que ce n'est pas dans une étude comme celle-ci et au point où j'en suis arrivé, qu'on redouterait, pour expliquer certains faits que la science n'explique pas, de faire intervenir des forces *extérieures à l'homme et suprasensibles*, agissant mystérieusement sur les foyers d'activité qui, comme le subconscient par exemple, alimentent la vie psychique. Mais il ne faut pas mêler les questions. Autre chose est de déterminer les effets que l'on peut attendre de la suggestion, autre chose de préciser le caractère et les causes du miracle religieux : celle-ci est du domaine des théologiens, celle-là du domaine des psychologues, qui est le mien. Restons-y donc et poursuivons l'étude de la suggestion.

146. — F. *Suggestions mentales. Suggestions à distance.* — Le docteur Morand (*loc. cit.*, p. 299) définit la suggestion mentale :

celle qui serait représentée par l'émanation directe et sans intermédiaire d'aucune sorte (gestes, mots, signes quelconques, etc.), de la pensée d'un individu allant influencer celle d'autrui.

Notre auteur ajoute que la possibilité de sa réalisation, longtemps contestée et niée encore par certains psychologues, a fait, de la part de MM. Charles Richet, Pierre Janet, Héricourt et Beaunis, l'objet d'études nouvelles qui, si elles n'établissent pas péremptoirement cette possibilité, la rendent néanmoins très probable.

La suggestion mentale n'est, j'ai à peine besoin de la

de question qui ait donné lieu depuis une trentaine d'années, à plus de recherches, et dont l'étude ait fourni une documentation plus variée et plus abondante. Mes lecteurs, je n'en doute pas, n'iront pas jusqu'au bout de mon ouvrage sans être convaincus, comme je le suis, non seulement de la *possibilité* de la transmission de la pensée et, par conséquent de la suggestion mentale à distance, mais encore de la *réalité* de ce phénomène. Je me borne donc, pour le moment et afin de ne pas disperser leur attention sur un sujet aussi complexe et aussi important, à les renvoyer à mon chapitre XII, ci-après, où il fera l'objet d'une étude complète et documentée.

SECTION II

NATURE ET EFFETS DE LA SUGGESTION
EFFETS PHYSIOLOGIQUES

147. — Le docteur Morand, qui a étudié dans une première partie, comme on vient de le voir par le résumé et les extraits que j'ai faits de son ouvrage, les *effets psychologiques* de la suggestion, étudie, dans une seconde partie (pp. 301 à 317), sous le nom d'*effets physiologiques :*

L'action que les suggestions peuvent exercer sur les grandes fonctions de l'économie, sur celles qui servent à la vie végétative et sont, comme telles, soustraites d'une façon générale à l'empire de la volonté, à savoir : la circulation, la respiration, la digestion, et tout ce qui est en somme du domaine de l'innervation involontaire.

Au sujet de la circulation, les travaux de l'École de Nancy, et notamment du professeur Beaunis, ont démontré, à l'aide de l'appareil enregistreur Marey, que la suggestion ou l'auto-suggestion pouvaient en déterminer soit l'accélération, soit le ralentissement[1].

Mais le pouvoir de la suggestion ou de l'auto-suggestion ne s'arrête pas là ; il peut encore se manifester par la réalisation de troubles dans la circulation capillaire, tels que : rougeurs, congestions cutanées, vésications, hémorragies, stigmates sanguinolents, etc. C'est ce qui résulte des expériences et des observations de MM. Binet et Féré, Dumontpallier, Beaunis, Bernheim, Bourru et Burot, telles que les rapporte le docteur Morand (*loc. cit.*, pp. 306 à 310), qui, après avoir signalé les troubles circulatoires que la suggestion peut déterminer, fait remarquer justement que l'auto-suggestion a la même puissance et, à l'appui de son dire, consacre de longs développements à la célèbre stigmatisée de Bois-d'Haine (Belgique), Louise Lateau, développements qu'il emprunte à une description du docteur Lefèbre, professeur à l'Université de Louvain. Ne pouvant entrer dans les détails de cette description, je me borne à dire qu'il s'agit d'une jeune fille, âgée de seize ans en 1867, que l'on soignait alors comme atteinte d'hystérie et qui, sous l'influence de sentiments religieux très exaltés, tombait spontanément, et principalement le vendredi, dans l'état hypnotique connu sous le nom d'*extase* (V. *supra*, nos 121 et 134), et, dans cet état, éprouvait toutes les douleurs de la Passion du Christ, douleurs qui se traduisaient par des *stigmates*, c'est-à-dire un épanchement sanguin aux pieds, aux mains, au côté, au front, en un mot à tous les points de son corps correspondants aux blessures du divin Crucifié.

Avant ou après Louise Lateau, ajoute le docteur Mo-

---

1. On trouverait des exemples curieux de ce pouvoir de l'auto-suggestion dans les pratiques des *Yoghuls* de l'Inde qui, d'après les dires des voyageurs, réussiraient, par des procédés où l'auto-suggestion joue le rôle principal, à arrêter assez complètement toutes les fonctions vitales pour qu'il fût possible de les enterrer et de ne les ramener à la vie qu'après un délai de plusieurs jours.

rand (*loc. cit.*, p. 316), la science a enregistré plusieurs
cas semblables, notamment les stigmates demeurés célèbres de saint François d'Assise[1]. J'aurai du reste,
dans le chapitre X, ci-après, où il sera traité de l'*Extase*, l'occasion de revenir sur cet ordre de phénomènes.

148. — Je ne saurais toutefois quitter ce sujet des
effets physiologiques de la suggestion et de l'auto-suggestion sans signaler brièvement à mes lecteurs les
conceptions magistrales et d'une haute philosophie auxquelles il a donné lieu de la part d'un psychologue
allemand, le baron docteur Carl du Prel, longtemps
inconnu en France, bien que d'origine française, mais
que des traductions de deux de ses ouvrages, faites et
publiées sous la direction du colonel de Rochas, nous
ont heureusement révélé.

C'est dans la seconde partie la *Psychologie magique* de l'une de ces traductions, due à la plume de
M. Nissa, avec préface de M. G. de Fontenay, et publiée en France sous le titre de *la Magie, science naturelle*[2], qu'on trouve l'exposé des exemples les plus
typiques et les plus remarquables des pouvoirs plastiques
et créateurs, pour ainsi dire, que l'âme, secondée par le
monoïdéisme, d'une part, et avec le secours de la *force*

1. Tout en admettant théoriquement la possibilité d'attribuer les
stigmates à l'auto-suggestion, ce qui ouvre d'ailleurs de merveilleux horizons sur les pouvoirs de l'âme et de la pensée, je fais
toutes réserves au sujet des autres facteurs d'origine *supra-sensible*
qui, selon moi, peuvent intervenir dans ces manifestations dont le
subconscient est le siège, sans aucun doute, mais n'est peut-être
pas toujours l'unique auteur. Si, en effet, dans la suggestion *verbale*, il y a un suggérant *connu*: l'expérimentateur, et, dans l'auto-
suggestion, un suggérant *présumé*: le sujet lui-même, — pourquoi
n'y aurait-il pas, dans des suggestions telles que celles qui produisent les stigmates, un suggérant *inconnu* venant du monde
supra-sensible, avec lequel, on l'a déjà fait pressentir, le subconscient extériorisé par l'hypnose est apte à entrer en communication ? Mais c'est là, encore une fois, une question qui échappe
à ma compétence et que j'ai d'autant moins la prétention de
résoudre, qu'elle ne peut, chaque fois qu'elle se présente, être
résolue qu'*en fait* et par l'examen des circonstances.

1. Paris, Leymarie, 1908.

odique, d'autre part, manifeste sous l'influence de l'auto-suggestion. On y rencontre, notamment, la confirmation, en même temps que l'explication, des *stigmates* dont je viens de parler, et aussi de certains phénomènes différents des stigmates proprement dits, mais d'une nature analogue, connus sous le nom de *nævi* ou *marques de naissance*, qui, les uns et les autres, rentrent dans mon sujet.

149. — L'idée maîtresse de Carl du Prel apparaît déjà dans cette observation profonde qu'il emprunte à saint Thomas d'Aquin :

> Toute idée, écrivait le célèbre théologien, qui se forme dans l'âme, est un ordre auquel le corps obéit. L'idéation peut ainsi éveiller dans le corps une vive chaleur ou le froid ; elle peut même créer des maladies ou les guérir, et cela n'est pas étonnant, *car l'âme est la forme du corps.*
>
> L'enthousiasme, s'il est profond, force le corps à obéir. Il commande à toutes les forces de la sensibilité qui, de leur côté, règnent sur le cours du sang et mettent en mouvement la force vitale.

Carl du Prel (*loc. cit.*, p. 256) ajoute :

> La puissance de l'âme sur le corps augmente encore dans le processus hypnotique, parce qu'on endort le sujet et qu'on lui suggère alors, sous forme de monoïdéisme, le processus organique voulu.

J'ai déjà (*supra*, nº 147) suffisamment décrit le phénomène des *stigmates*, dont Carl du Prel rapporte un grand nombre d'exemples (pp. 284 à 295, pour les stigmates religieux, et 295 à 300, pour les stigmates hypnotiques), pour n'avoir pas à revenir sur ce sujet. Il me suffira de citer les réflexions d'ordre général qu'il suggère au grand psychologue allemand :

> Le stigmate, dit-il (p. 282), est un phénomène mystique, en ce que l'âme se révèle ici comme l'architecte du corps, et le corps, par conséquent, comme un produit de l'âme ; et voilà

sans doute une solution de l'énigme humaine qui est l'exact opposé du matérialisme. C'est pourquoi le stigmate est du plus grand intérêt scientifique.

Si Virchow, qui avait dit des stigmates, dans une conférence, à Breslau, en 1874 : « Ou c'est une supercherie, ou c'est un miracle », s'était décidé à examiner Louise Lateau, il aurait pu se convaincre que l'auto-suggestion, liée à une grande intensité de sentiment, peut agir plastiquement sur le corps. Il se serait peut-être dit aussi que la suggestion étrangère arrive à produire les mêmes phénomènes; il aurait alors découvert les stigmates hypnotiques, et il aurait pu biffer l'explication théologique et médicale du phénomène.

150. — Carl du Prel (*loc. cit.*, pp. 301 à 303) explique ainsi l'origine des *nævi ou marques de naissance:*

Hufeland dit que si on avait à démontrer la transmission de pensée entre le magnétiseur et les somnambules, on pourrait la comparer à l'influence que l'imagination des femmes enceintes exerce sur le *fœtus*. Le rapport entre le magnétiseur et le somnambule est *odique* [1], et comme le sang contient une forte proportion d'*od*, l'échange du sang suffit à établir un rapport odique entre la mère et le fœtus.

Notre auteur ajoute que la marque de naissance est un phénomène à la fois : d'ordre *magnétique*, parce que le rapport existant entre la mère et l'enfant a lieu par *échange odique*, et se passe de *conducteurs nerveux* [2] — et d'ordre *hypnotique*, parce que la cause qui la

---

1. Si l'on veut bien se reporter aux explications que j'ai données tant au sujet des travaux de Reichenbach (*supra*, nos 81 et suiv.) que sur cette phase de l'hypnose que l'on a coutume de désigner sous le nom d'*état de rapport* (*supra*, n° 108), on comprendra sens peine ce que veut dire Carl du Prel en assimilant le *rapport odique* qui s'établit entre le magnétiseur et son sujet, à celui qui existe naturellement entre la mère et le fœtus. L'od joue, dans les deux cas, le rôle de conducteur, de véhicule de la pensée ou de la sensation, qu'il transmet ainsi d'un pôle à un autre ; car ce pouvoir de transmission est précisément une des propriétés de la force odique, que les travaux de Reichenbach ont mises en évidence.

2. En effet, aucun lien nerveux ne rattache le fœtus à la mère. Il n'y est rattaché que par des vaisseaux sanguins (Sage, *la Zone frontière*, p. 127).

provoque est une suggestion objective, une idéation soudaine et intense et, par conséquent, dominante, en un mot, un monoïdéisme qui s'imprime dans la conscience de la mère et se perpétue *odiquement* dans le fœtus.

C'est un phénomène analogue à celui de la stigmatisation, à cette différence près que le stigmate est produit ici, non sur le corps de la mère, d'où émane l'auto-suggestion, mais sur celui du fœtus, par suite du lien odique qui unit l'un à l'autre.

Carl du Prel cite (pp. 305 à 316) de nombreux exemples de cette curieuse forme de l'auto-suggestion. Aujourd'hui qu'elle n'est plus contestée, il n'y aurait plus qu'un intérêt de curiosité à les rapporter ici; mais d'autres considérations d'ordre pratique m'obligent à m'en abstenir.

SECTION III

CAUSES ET HYPOTHÈSES EXPLICATIVES
DE LA SUGGESTION

151. — Pour les anciens magnétiseurs, à l'exception peut-être de   r, qui est incontestablement le moins spiritualiste de tous, c'est l'âme qui reçoit la suggestion et qui, l'ayant acceptée et faite sienne, l'élabore et la réalise, sans que la conscience cérébrale puisse s'y opposer et se rendre compte du travail intérieur qui a précédé cette réalisation.

Les psychologues modernes, en mettant le *subconscient* ou le *subliminal*, les *sous-moi* ou le moi *intérieur* à la place de l'âme, n'ont rien changé au fond à cette conception, puisque le *subconscient* (ou ses équivalents), tel qu'ils l'entendent, n'est en réalité que l'instrument, l'organe de l'âme, comme le système nerveux est l'instrument organique de la conscience cérébrale.

Quant aux hypnotiseurs, leur hypothèse purement physiologique des centres nerveux *inférieurs* suppléant, par un surcroît d'activité, aux centres *supérieurs* paralysés, obnubilés par l'hypnose, est évidemment insuffisante pour expliquer l'ensemble si complexe des phénomènes hypnotiques et notamment ceux de la suggestion proprement dite, et ne peut être utilement soutenue qu'à la condition de mutiler les faits et d'éliminer de la discussion tous ceux auxquels cette hypothèse résiste. C'est, d'ailleurs, ce qu'a fait le plus illustre d'entre eux, Charcot, lorsqu'il a dit en pleine chaire officielle :

L'hypnotisme est un monde où l'on rencontre, à côté de faits palpables, grossiers, matériels, qui touchent toujours à la physiologie, des faits qui sont incontestablement extraordinaires et jusqu'à présent inexplicables, qui ne sont soumis à aucune loi physiologique et sont curieux et surprenants. *Je ne m'occupe que des premiers, ne tenant aucun compte des autres* (Extrait de l'ouvrage précité de Carl du Prel, *la Magie*, 2ᵉ partie, *Psychologie magique*, p. 358).

Il est évident que l'École qui n'a pas cessé de s'inspirer de cette profession de foi dans l'étude qu'elle a faite de la suggestion, ne saurait avoir voix au chapitre lorsqu'il s'agit de déterminer les véritables causes de cet étrange phénomène, qui relève bien plus de la psychologie que de la physiologie.

Je me bornerai donc, pour compléter mon étude sur ce point, à faire état des travaux de nos psychologues modernes, les seuls qui renouant la tradition des anciens magnétiseurs, interrompue par les hypnotiseurs, aient réellement cherché à pénétrer dans le cœur de la question, en ne craignant pas de faire intervenir l'âme dans les causes et le processus de la suggestion et de l'auto-suggestion.

152. — Le docteur Gyel qui, dans son ouvrage déjà plusieurs fois cité *l'Etre subconscient*, a mis en lumière la loi relativement nouvelle de l'extériorisation du sub-

conscient, après avoir fait observer « qu'il n'y a essentiellement, dans les phénomènes sensitifs de l'hypnotisme, ni *diminution* ni *exagération* de la sensibilité, mais avant tout *déplacement* de la sensibilité » (et c'est en effet ce que nous apprendra l'étude de l'*extériorisation psychique*, qui fait l'objet du chapitre VIII ci-après), dit que cette loi projette un jour lumineux sur tous les phénomènes de l'hypnotisme, et notamment sur celui de la suggestion (pp. 143 et suiv.). Dans cet état d'extériorisation, en effet, la suggestion a toute possibilité de s'exercer :

— soit *sur la conscience normale obnubilée*, attendu que la volonté du magnétiseur, en se substituant au subconscient extériorisé, exerce à sa place son rôle de direction sur l'organisme et la cérébration du sujet : « Comme, sans doute, l'être subconscient agit surtout sur l'être conscient par le mécanisme de la suggestion dans la vie normale, il y a simplement, dans l'hypnose, changement d'influence suggestive : celle de la subconscience (du sujet) est *extériorisée*, et celle du magnétiseur est *intériorisée* ; »

— soit même, semble-t-il, *sur la subconscience extériorisée*, tout au moins dans cette phase qu'on pourrait appeler la *crise* de l'extériorisation, pendant laquelle le subconscient éprouvant un trouble passager du fait de cette extériorisation, subit une obnubilation relative qui le rend plus accessible à l'influence de la volonté du magnétiseur.

En définitive, ajouterai-je, ces deux centres de forces qui constituent le moi humain, le conscient et le subconscient, et qui, dans l'état normal, sont unis entre eux par une coordination et une dépendance si étroites qu'ils réagissent constamment l'un sur l'autre et se contrôlent mutuellement, subissent, par le fait de l'extériorisation, une altération momentanée, qui diminue leur autonomie et les livre presque sans défense, aux influences extérieures, y compris celle du magnétiseur.

153. — M. Gabriel Delanne, se plaçant à un point de vue plus particulier dans son ouvrage précité *Recherches sur la médiumnité* (p. 128), donne l'explication suivante des suggestions hallucinatoires :

Comment se produisent ces transformations qui tiennent du prodige et dont les apparences merveilleuses ont si longtemps effarouché le monde médical? Pour le savoir, il faut se rendre compte de l'état particulier du sujet pendant que se font les suggestions et bien connaître la véritable nature de nos idées.

La première constatation, c'est que l'hypnose crée un état nerveux qui a pour résultat d'amener une totale inertie psychique. Quand on demande à un sujet endormi à quoi il pense, il répond toujours qu'il ne pense à rien. Ceci est littéralement vrai; son intelligence est vide. Mais qu'on vienne à prononcer un mot qui éveille une idée, celle-ci étant seule, ne rencontrant ni état antagoniste, ni pouvoir d'arrêt, va se développer démesurément et envahir l'imagination entière.

Elle prendra une intensité prodigieuse et se réalisera complètement. C'est pourquoi les ordres suggérés sont si soigneusement accomplis et les hallucinations si complètes et si absolues...

154. — Je crois pouvoir sans inconvénients négliger d'autres explications partielles et fragmentaires de la suggestion, qui certes ne manquent pas d'intérêt, mais qui auraient pour effet, car elles sont nombreuses, d'allonger démesurément mon étude. Il me paraît préférable de m'en tenir à l'exposé des théories générales qu'ont présentées trois des psychologues les plus compétents et les plus profonds, sinon les plus connus, qu'il m'ait été donné d'apprécier au cours de mes longues lectures, à savoir : Myers, l'auteur maintes fois cité du traité *De la Personnalité humaine* ; Durand de Gros, dont l'ouvrage *le Merveilleux scientifique* m'a déjà fourni de nombreux et précieux renseignements (V. notamment *supra*, nº 71), et Carl du Prel, dont j'ai recueilli (*supra*, nº 148) quelques aperçus des plus intéressants sur les effets physiologiques de la suggestion.

155. — A. *Théorie de Myers*. — D'après cet éminent psychologue, la suggestion, pour être efficace, doit être acceptée par le sujet et se transformer dans le subconscient, à l'insu du. conscient, en une auto-suggestion.

Comment, dit-il (p. 154), la suggestion agit-elle, et dans quelles conditions? Il est évident que l'obéissance à la suggestion ne peut dépendre de la volonté (consciente) du sujet, par cette simple raison qu'elle s'adresse à une région située bien au delà de celle où la volonté se réalise. Tel sujet a beau désirer guérir de telle maladie, il a beau vouloir vous obéir, une simple expression verbale de son désir faite par vous, même sous forme d'un ordre ou d'un commandement, ne suffit pas à amener sa guérison. Pour que le résultat se produise, il faut l'intervention d'un autre facteur dont il n'a pas suffisamment été tenu compte jusqu'ici; il faut que la suggestion du dehors se transforme en une suggestion venue du dedans, c'est-à-dire en *auto-suggestion*, et la suggestion devient ainsi *un appel efficace au moi subliminal*.

D'autre part, et comme les facultés subliminales trouvent leur accomplissement le plus complet dans la phase du sommeil (V. à cet égard mon chap. III), on conçoit quelle part le facteur du sommeil hypnotique, *qui est un sommeil plus profond, plus complet que le sommeil normal*, a dans l'accomplissement de la suggestion. « Dans cet état, en effet, le moi subliminal surnage à la surface (s'extériorise en un mot) et se substitue au moi supraliminal dans la mesure nécessaire à l'accomplissement de son œuvre. »

Alors on s'explique que, par le jeu de la conscience subliminale, qui remonte de plus en plus à la surface à mesure que le sommeil devient de plus en plus profond, des désintégrations de personnalités s'accomplissent, que des personnalités secondes d'un type plus ou moins accentué se manifestent. Ce sont d'ailleurs les premières phases de l'hypnose; car, à une phase plus profonde, *une réintégration complète de la personnalité s'effectue;* ce qui fait dire à Myers (*loc. cit.*, p. 159) que :

« La phase la plus profonde du sommeil hypnotique
pourrait être définie comme un arrangement scientifique, fait en vue d'un but défini, des éléments du sommeil, arrangement dans lequel ce qui peut être utile est
intensifié, tandis que tout ce qui peut constituer un
obstacle est écarté. »

156. — B. *Théorie de Durand de Gros.* — D'après
l'auteur du *Merveilleux scientifique*, ouvrage auquel
j'ai déjà fait de nombreux emprunts :

On appelle *Impression*, l'action efficace des agents excita-
teurs sur les facultés de la vie. Ces agents peuvent être de
nature morale ou de nature physique... Il est facile du
reste de démontrer que les impressions physiques et les
impressions mentales sont susceptibles d'affecter les mêmes
facultés et de réaliser par suite des effets identiques dans
les deux ordres vitaux ; en d'autres termes, *que toutes les
impressions physiques peuvent être suppléées par une impression
mentale.*

C'est à cette démonstration que notre auteur consacre
les pages 149 à 180 de son livre, dans lesquelles il se
montre systématiseur puissant et hardi, profond psychologue, en même temps que savant physiologiste. Je ne
puis la reproduire ici, et il me paraît impossible de la
résumer sans l'affaiblir. Voici cependant quelques
points sur lesquels il semble utile d'attirer l'attention
de mes lecteurs.

157. — Après avoir constaté que la nature des modifications vitales n'a nécessairement rien de commun
avec la nature des agents modificateurs, M. Durand de
Gros ajoute que : « Ce qui le prouve, c'est qu'en expé-
rimentant avec l'électricité, par exemple, on arrive à
se convaincre que l'action des différents spécifiques
vitaux peut être suppléée d'une manière effective par une
action d'*espèce quelconque*, à condition seulement que
cette action banale attaque certains filets nerveux déterminés. »

L'action n'intervient donc pas à titre de *cause efficiente*
dans la production de la modification vitale, mais comme
purement *déterminante*. La spécificité de l'agent modificateur
réside tout entière dans son aptitude à se porter et à s'exercer
spontanément sur un organe nerveux particulier, tandis
qu'il reste sans action sur les autres. C'est ainsi à l'organe
nerveux qu'est attachée véritablement et absolument la spécificité génératrice des phénomènes vitaux.

On conçoit dès lors que la simple impression mentale
d'un objet, d'un remède par exemple, arrive, dans certaines conditions, à produire les mêmes effets que la
sensation *objective* de ce remède.

D'ailleurs, « toute sensation une fois produite par
l'effet d'une impression physique (et cela est également
vrai des sentiments) peut être régénérée par une impression mentale. En effet, la sensation de source subjective
que la mémoire nous rappelle est bien réellement identique par sa nature avec la sensation de source objective première... » Il n'y a entre les deux qu'une différence d'intensité. Mais, précisément, la suggestion hypnotique, ou l'*art idéoplastique*, pour nous servir des
expressions de notre auteur, nous fournit, quels que
soient les procédés employés, les moyens d'augmenter,
par une accumulation anormale au cerveau du principe
de l'innervation, l'impressionnabilité du sujet, et de faire
acquérir à la sensation subjective la même énergie que
la sensation objective[1].

158. — Toutefois, notre auteur ne se dissimule pas
(et l'objection a été faite par l'éminent professeur,
M. Beaunis, dans son traité du *Somnambulisme pro-*

---

1. Certains psychologues, il n'est pas superflu de le constater,
expliquent l'aptitude du sujet à la suggestion, non par une *congestion* nerveuse, mais, tout au contraire, par un *épuisement* nerveux. D'autres l'expliquent, comme on le verra plus loin, par l'*extériorisation* psychique qui facilite le monoïdéisme et augmente
par cela même la puissance de l'idée suggérée : ce qui montre
bien combien la science sur ce point est hypothétique et combien
ses lumières sont insuffisantes.

voqué), l'insuffisance de son explication physiologique en ce qui concerne un grand nombre de suggestions d'un ordre particulier qu'il classe dans les quatre catégories suivantes : 1° Les suggestions *à long terme* et sans conscience dans l'intervalle de la part du sujet ; 2° celles qui consistent dans des modifications de l'ordre végétatif (modifications des battements du cœur, rougeurs et congestions cutanées, vésifications, furoncles, stigmates, etc. ; 3° les suggestions *négatives* ou *privatives* ; 4° enfin, les suggestions à effet immédiat ou très prochain, sur un sujet éveillé, et n'affectant que ce qu'on appelle les *fonctions de relation*, c'est-à-dire la pensée, la sensation et le mouvement.

Il propose de résoudre la difficulté en complétant son explication première par l'hypothèse suivante :

C'est, dit-il (p. 181), depuis bientôt un demi-siècle que j'ai donné le mot de cette énigme : il n'y a pas qu'un individu psychologique, qu'un seul moi dans l'homme, ai-je dit, il y en a une légion; et les faits de conscience avérés comme tels, *qui restent néanmoins étrangers à notre conscience*, se passent *dans d'autres consciences* associées à celle-ci dans l'organisme humain en une hiérarchie anatomiquement représentée par la série des centres nerveux céphalo-rachidiens et celle des centres nerveux du système ganglionnaire [1].

Cette explication rentre dans ce qu'on appelle la théorie *polypsychique*, dont M. Durand de Gros réclame la paternité et qui a été plus ou moins adoptée, avec quelques variantes, par M. Pierre Janet (*L'Automatisme*

---

1. Cette intervention des centres nerveux inférieurs, dissociés des centres supérieurs et constituant le *substratum* physiologique d'autant de *sous-moi* différents et s'ignorant les uns les autres, est, on le verra plus loin, la partie faible de la théorie de M. Durand de Gros. Cette théorie n'explique pas les phénomènes *transcendants* du somnambulisme ; elle serait obligée de les mutiler et d'en retrancher ce qui intéresse le plus l'âme humaine Elle ne saurait davantage expliquer l'ensemble des phénomènes de la suggestion. C'est d'ailleurs une hypothèse gratuite, qui ne s'appuie sur aucune donnée certaine de la physiologie, et encore moins de la psychologie.

psychologique), par le docteur Grasset et par M. Fr. Paulhan (*L'Activité mentale*), trois de nos psychologues les plus distingués.

M. Durand de Gros applique cette théorie à l'interprétation successive des quatre catégories de suggestions sus-énoncées et pour lesquelles son explication première n'a paru suffisante ni à M. Beaunis, ni à notre auteur lui-même. De la première de ces catégories et, notamment, du cas remarquable cité par le docteur Liégeois, dans lequel la suggestion s'accomplit, avec une précision mathématique, après 365 jours et sans que le sujet en ait eu conscience dans l'intervalle (V. également *supra*, n° 142), il dit (p. 208) :

Quelle est la pensée qui a recueilli cette prescription suggestionnelle ? Quelle est la mémoire qui l'a emmagasinée et soigneusement conservée intacte jusqu'au bout pendant une si longue durée ? Quelle est l'intelligence dont l'arithmétique infaillible a su faire journellement, avec une exactitude parfaite, la supputation des jours et des heures à courir jusqu'au terme assigné ?...

Sans doute, c'est la pensée du somnambule, c'est-à-dire du moi qui constitue son individualité et sa personne civile, qu'a reçu la parole fatidique et l'a interprétée ; car nous savons que, exprimée dans une langue de lui inconnue, la suggestion eût été vaine. Cependant, au réveil, son esprit se trouve dépossédé de ce dépôt, puisqu'il ne se souvient plus, ne sait plus ! A qui, à quoi le dépôt de la toute-puissante parole s'est-il donc transmis ? Car il n'a pas été perdu et n'a rien perdu de ce qui le constituait, l'événement final le prouve.

Ma réponse est ceci : L'impression suggestionnelle n'a fait que traverser le moi capital, et ce sont en réalité les moi subalternes, les *sous-moi*, — ce que M. Janet nomme vaguement [1] le *subconscient* — qui ont reçu l'empreinte durable ; et

1. Il apparaîtra tout à l'heure (v. *infra*, n° 160) que M. Janet a agi plus sagement que M. Durand de Gros en se servant de cette vague expression de *subconscient*, qui répond à tout ce que nos connaissances actuelles nous permettent d'affirmer. En localisant ce subconscient dans les centres nerveux *inférieurs*, M. Durand de Gros, au contraire, a risqué des précisions douteuses et qui ne paraissent pas compatibles avec ce que l'on sait aujourd'hui de l'extériorisation de la sensibilité et de l'ensemble des facultés somnambuliques.

c'est dans leur intelligence, leur mémoire et leur volonté propres que se déroule le mystère de la longue incubation de la suggestion et de son éclosion.

159. — M. Durand de Gros explique de même, par le *polypsychisme*, les trois autres catégories de suggestions énumérées *supra*, nº 158, et consacre à cette explication de longs développements (pp. 210 et s.), que je regrette de passer sous silence.

Cette théorie n'est au fond qu'une ébauche saisissante, mais imparfaite sur certains points au sujet desquels j'ai dû faire quelques réserves, de celles de la *conscience subliminale* de Myers, de l'*Être subconscient* du docteur Gyel, et du *subliminal* de Flournoy, dans lesquels ces psychologues ont synthétisé tous les *sous-moi* de MM. Janet et Beaunis et de l'auteur que je résume. Elle s'élargit du reste, et prend, même dans la pensée et sous la plume de M. Durand de Gros, une consistance qui lui donne sa véritable physionomie et ne comporte plus les réserves que j'ai faites, lorsque ce psychologue étudie, pour en rechercher les lois, les effets généraux de l'hypnotisme, au moment où le sujet, ayant parcouru les phases successives de l'hypnose, décrite par M. de Rochas (V. *supra*, nºˢ 103 et s.), et ayant traversé les premières périodes, dites de l'*allonomie*, qui sont celles de l'assujettissement à la volonté du magnétiseur, arrive enfin à la phase plus profonde du *Somnambulisme hyperphysiologique et autonome*, à partir de laquelle ses sens et son intelligence, qui ont cessé d'être sensibles à la suggestion et ont recouvré leur *autonomie*, « acquièrent la perception et la connaissance des choses extérieures avec une facilité, une étendue et une précision extrêmes, et s'exercent sans le concours apparent d'aucun organe et d'aucun milieu de transmission. »

Alors, s'écrie M. Durand de Gros, (p. 227), se présente ici tout un groupe de questions secondaires, qui n'en sont pas moins de premier ordre par leur importance. Ce sont, parexemple, celles que soulève le fait d'observation de la supériorité des pouvoirs intellectuels..., dont font preuve dans certains cas les sous-mois subalternes comparés au moi supérieur...

160. — Ne semble-t-il pas qu'arrivée à ce point, la théorie du *polypsychisme*, telle que l'a d'abord formulée notre auteur, devient insuffisante pour expliquer l'ensemble des phénomènes que l'on observe dans l'hypnotisme? Comment admettre la supériorité de ces *sous-moi*, dissociés de l'ensemble et que l'on dit généralement préposés à des tâches inférieures? N'est-ce pas plutôt au rétablissement de l'unité du moi, par la réunion au moi *principal* de tous les moi *secondaires*, que s'opère le prodige de l'*hyperesthésie* de toutes les facultés, que j'ai signalées au chapitre V (*supra*, n° 128)? Et n'est-ce pas aussi grâce à l'extériorisation de tout l'appareil psychique, telle que la supposent le docteur Gyel et bien d'autres psychologues avec lui, que s'opère cette réunion des divers éléments, jusque-là dissociés par les premières phases de l'hypnose, en un moi *total*, *général*, en un être unique, qui est le véritable être psychique?

Il semble que M. Durand de Gros l'ait, lui-même, ainsi compris; car il ne recule pas, pour rendre compte de cette phase ultime du phénomène hypnotique, devant une explication, dans laquelle les centres nerveux n'ont rien à voir et qu'il appelle lui-même *hyperphysiologique*.

Pour se disculper du reproche d'avoir employé ce terme peu scientifique pour qualifier le somnambulisme arrivé à la troisième période, où le sujet recouvre toute son autonomie, et acquiert en même temps des facultés supranormales, M. Durand de Gros répond que l'auteur de ce reproche, M. P. Janet, a lui-même justifié cette dénomination en disant dans son traité de *l'Automatisme* (p. 72) : « Comment expliquer ces sujets qui, comme

Rose, comme Lucie, et bien d'autres deviennent de plus
en plus indépendants à mesure que le somnambulisme
augmente de profondeur, et arrivent à un état où leur
volonté est parfaitement normale, plus spontanée et plus
indépendante qu'à l'état de veille? »

Et après s'être ainsi disculpé, notre auteur fait suivre
sa réponse de cette déclaration catégorique et absolument significative (p. 235) :

Contentons-nous maintenant de faire observer que le qualificatif « *hyperphysiologique* », appliqué au somnambulisme
de la troisième période, est absolument justifié par la considération que ce degré de somnambulisme se caractérise par
la manifestation de facultés psychiques et de fonctions physiologiques *totalement en dehors des lois de notre physiologie
naturelle*, et impliquant un ordre de vie et de nature à part
et entièrement distinct de ce qui a fait jusqu'à ce jour l'objet
des recherches et de l'enseignement du physiologiste et du
physicien.....

Quelle est, interroge encore M. Durand de Gros (p. 240), l'origine de cette science qui est en nous et qui, rigoureusement
parlant, n'est par la nôtre ? Elle vient en partie du dehors, ce
qui n'est pas douteux, et est le fruit de l'expérience ; mais,
pour une autre part, elle est un produit mystérieux de l'organisation elle-même.

161. — C. *Théorie de Carl du Prel.* — On a déjà
vu (*supra*, nos 149 et s.), comment cet éminent psychologue explique certains effets physiologiques de la suggestion, tels que les *stigmates* et les *nævi*. Deux idées
maîtresses dominent ces explications : 1° la puissance
du *monoïdéisme* dans le processus et les œuvres de la
suggestion; 2° et l'intervention dans ce même processus et
ces mêmes œuvres, de la *force odique* de Reichenbach.

Ce sont celles, surtout la première, qui dominent égale-
lement les explications qui vont suivre et que j'extrais
de l'ouvrage, déjà cité, du même auteur : *La Magie,
science naturelle* ; 2ᵉ partie : *Psychologie magique*,
dont une traduction de M. Nissa a été publiée en France,
sous la direction du colonel de Rochas.

M. Carl du Prel y étudie la suggestion successivement sous ses deux formes connues : 1° de suggestion
et de monoïdéisme spontanés, ou *auto-suggestion* ; 2° et
de suggestion et de monoïdéisme artificiels, ou *suggestion étrangère*. C'est dans cet ordre que je vais résumer
aussi brièvement que possible ses intéressantes explications, que M. Sage a d'ailleurs commentées, d'après
l'édition allemande, et parfois complétées dans son savant ouvrage (précité) *la Zone frontière* (pp. 124 à 158),
auquel je prie mes lecteurs de vouloir bien, le cas
échéant, se reporter.

162. — D. *Auto-suggestion* ou *monoïdéisme spontané*.

Qu'est-ce que la suggestion ? se demande Carl du Prel (p.
328). — Un mot écrit sur une page blanche ; une pensée
qu'on imprime dans un cerveau, paralysé pour tout le reste,
paralysie amenée notamment par le sommeil hypnotique. Si
j'endigue une force naturelle quelconque pour lui ménager
ensuite une ouverture, elle se contractera toute vers ce point
et obtiendra des effets beaucoup plus grands qu'il n'aurait
été possible tant que, se répandant sur une foule de directions,
on exigeait d'elle divers services.

Le même résultat peut être produit, en dehors de
l'hypnotisme, par la concentration de l'esprit sur une
idée unique (*monoïdéisme*). C'est alors l'*auto-suggestion*.

Mais qu'arriverait-il, continue notre auteur (p. 331), si
l'intensité de l'idéation dominante était extraordinaire, si
le monoïdéisme était tout à fait aigu, et l'inconscience absolue pour toute autre chose ?
Les bornes naturelles seraient dépassées. C'est ce qui se
passe dans la nature inorganique, où l'intensité continue de
la cause donne, dès qu'on atteint une limite déterminée, des
résultats qui se distinguent *toto genere* des précédents. On
peut comprimer des gaz, mais jusqu'à un certain point seulement. Augmenter la force de la cause pour lui faire dépasser cette limite, change le gaz en fluides, c'est-à-dire dégage
une faculté *transcendante* des gaz, restée latente jusqu'alors.

Le développement d'un monoïdéisme intense doit donc, rationnellement, produire des manifestations d'un ordre tout nouveau dépassant l'action des forces normales. C'est en effet ce qui se vérifie dans le somnambulisme naturel. C'est ce qui doit se produire aussi toutes les fois qu'artificiellement ou naturellement l'organisme humain se trouvera placé dans les conditions voulues pour le développement d'un monoïdéisme aigu.

Mais le monoïdéisme ne peut guère se manifester spontanément *à l'état de veille*. Il n'est pas facile, en cet état, d'amener l'inconscience nécessaire en ce qui concerne toutes les impressions étrangères à l'objet de la suggestion ou de l'auto-suggestion. Il en est autrement, toutefois, dans le sommeil naturel ou artificiel :

Alors, dit Carl du Prel (p. 332), le soleil de la conscience disparaît, l'obscurité se répand sur tout, sauf sur l'idée dominante, qui flamboiera alors comme l'étoile fixe qui étincelle après le coucher du soleil. On doit donc s'attendre *a priori*, et l'expérience le confirme, à ce que les opérations *magiques* [1] de la psyché humaine aient lieu beaucoup plus facilement pendant le sommeil qu'à l'état de veille ; la *vue à distance*, par exemple, est beaucoup plus rare à l'état normal que dans le rêve, et, d'ailleurs, toutes les facultés magiques ne se montrent qu'exceptionnellement et très affaiblies à l'état de veille.

C'est, en effet, ce qui résulte des observations faites par les psychologues. C'est le plus souvent dans le sommeil et sous la forme d'un rêve, ordinairement dramatisé, que, dans les cas rapportés par eux (V. notamment ceux qui ont été recueillis à mon chapitre du sommeil, *supra*, nos 44 et s.), l'idée renforcée par le monoïdéisme de la veille prend corps et se précise : qu'un problème qu'on avait vainement tenté de résoudre, trouve sa solu-

---

1. Notre auteur désigne sous ce nom toutes les manifestations des facultés *transcendantales* que la psychologie expérimentale a découvertes dans l'être humain et qui seront principalement étudiées au chapitre de l'Extase, de la Clairvoyance et de la Télépathie (chap. X, XI et XII ci-après).

tion ; qu'une recherche longtemps et vainement poursuivie pendant la veille aboutit au résultat désiré ; enfin
que les facultés de clairvoyance, de vue à distance, de
prévision de l'avenir se manifestent. Carl du Prel en
cite de nombreux exemples (pp. 333 à 343). Il ajoute
que ce que l'on ne peut attendre qu'exceptionnellement
du sommeil naturel, qui ne se prête que difficilement à
d'utiles observations, on peut le demander au sommeil
hypnotique, plus favorable encore que le sommeil naturel, puisqu'il est plus profond et qu'il peut être provoqué et dirigé expérimentalement, au développement
et à l'observation des monoïdéismes qui sont à la base
de toute suggestion.

Et ceci l'amène à la seconde partie de son sujet.

163. — E. *Suggestion ou monoïdéisme artificiels,
ou suggestion étrangère*. — Revenant sur les idées déjà
exprimées à propos de l'auto-suggestion, Carl du Prel
(*loc. cit.*, p. 358) enseigne que la suggestion nous
fait pénétrer dans la vie *inconsciente* (il serait plus
exact, l'auteur le reconnaît plus loin, de dire : *subconsciente*) de l'âme, dans cette vie *intérieure* où se manifestent toutes les facultés magiques, transcendantales,
qui caractérisent le somnambulisme. Elle démontre
que : « l'âme est un principe antérieur au corps, distinct et séparable de lui, propre, par conséquent, à un
état d'être indépendant de notre état actuel. »

Quel est le récepteur propre de la suggestion et comment s'exécute-t-elle ? Son récepteur, c'est évidemment
le dormeur. Mais, contrairement à ce que l'on pourrait
penser, il en est aussi le facteur, c'est-à-dire le générateur, à l'exclusion de l'hypnotiseur, des effets qu'elle
produit : « car, s'il oppose de la résistance, c'est-à-dire
s'il ne change pas la suggestion étrangère en *autosuggestion*, elle ne s'accomplira pas » (*Loc. cit.*,
p. 359).

Il ne s'ensuit pas toutefois qu'elle se réalise par sa
volonté *consciente*. Celle-ci, en effet, est abolie dans

l'état hypnotique, et il n'y a qu'un être *pensant et orga-nisateur* qui puisse exécuter certaines suggestions, telles que, notamment, la formation artificielle des stigmates.

L'âme seule réunissant ces deux fonctions, « l'analyse, dit Carl du Prel (p. 361), nous amène fatalement à conclure que le dormeur transmet à l'âme la suggestion reçue et que celle-ci est l'agent véritable de l'exécution [1]. L'inconscient n'est pas une force. *L'inconscience cérébrale* est uniquement le fait et la condition de l'activité *animique* qui, elle, n'est pas inconsciente. La nuit n'est pas la cause des étoiles, mais la condition de leur visibilité ; de même l'inconscient n'est pas l'agent qui accomplit les suggestions médicales. Il ne faudrait jamais dire l'*inconscient*, mais *ce qui est inconscient pour nous*, pour l'être cérébral.

164. — F. *Résumé.* — Le rapprochement des trois théories qui viennent d'être exposées, projette une vive lumière sur la question si complexe et si importante de la suggestion, qui se trouve ainsi avoir été étudiée par de profonds et puissants esprits sous ses aspects les plus variés. Cette étude comparative me fournira, lorsque le moment sera venu de conclure, de précieuses indications pour l'éclaircissement du problème dont je poursuis la solution.

Pour le moment, il me suffit de faire remarquer que, dans leur diversité, ces trois théories ont un point commun, en ce sens qu'elles reposent toutes sur l'hypothèse du *subconscient*, que je m'attache à justifier depuis le commencement de cet ouvrage, et préjugent toutes la nécessité de distinguer deux principes, deux centres de vie et d'activité, très différents l'un de l'autre, dans la constitution de l'être humain, à savoir : 1° le *conscient*, qui représente la conscience de l'homme terrestre, la conscience cérébrale, conscience fragmentaire et tran-

---

1. On voit que c'est la même thèse au fond que celle des partisans du subconscient, celui-ci n'étant, dans la pensée de ces derniers, que l'ensemble des facultés organiques de l'âme.

sitoire, qui s'évanouit à la mort ; 2° et le *subconscient*, qui est la conscience de l'âme, c'est-à-dire la conscience totale, réelle, essentielle, contenant la première comme le tout contient la partie, celle de l'être divin qui vit en nous et est appelé à survivre à l'homme terrestre, — en un mot ce qui constitue l'élément substantiel et indestructible de notre personnalité.

On verra de plus en plus, à mesure que j'avancerai dans mon étude, cette idée fondamentale s'affirmer, se dégager des obscurités qui l'enveloppent, et finalement rayonner comme un phare lumineux qui doit éclairer le mystère de notre destinée.

CHAPITRE VII

Suite des effets physiologiques et psychologiques de l'hypnose. Effets curatifs et thérapeutiques de l'hypno-magnétisme.

165. — La première question qui se pose au début de ce chapitre est de savoir si le magnétisme guérit. J'ai donc à démontrer par des faits la réalité de son action curative.

Je dirai ensuite pourquoi il guérit et j'examinerai successivement les diverses causes qui expliquent l'efficacité de son action, à savoir :

1° L'état *sui generis* qu'il détermine chez le sujet et qui permet à la suggestion, telle que je l'ai définie sous le chapitre précédent, de produire ses effets *idéoplastiques* et régénérateurs sur l'organisme malade ;

2° et 3° Les propriétés mêmes de l'agent magnétique qui possède en soi une vertu curative : soit qu'on le considère comme un facteur propre à tonaliser et équilibrer le système nerveux ; soit que l'identifiant avec l'*od* de Reichenbach (*supra*, nᵒˢ 84 et s.), on l'envisage comme le conducteur et le véhicule de la force vitale ;

4° Enfin le secours précieux que le magnétisme rencontre, pour le diagnostic et le traitement de la maladie, dans les facultés de clairvoyance que le somnambulisme, quand cet état peut être produit, développe chez le sujet.

SECTION I

FAITS ÉTABLISSANT L'ACTION CURATIVE,
SOIT DE L'HYPNOTISME, SOIT DU MAGNÉTISME

166. — D'après le docteur Morand, qui est, on l'a déjà dit, un des meilleurs disciples de Charcot, dont il a résumé la doctrine dans son ouvrage précité *le Magnétisme animal* (V. *supra*, n° 67), les effets thérapeutiques de l'hypnose seraient limités à l'hystérie, aux maladies imaginaires et à celles du système nerveux. Et encore, ajoute-t-il, à cause des effets désorganisateurs des pratiques hypnotiques, le remède serait pire que le mal.

Ce jugement sévère n'est peut-être pas sans fondement si on l'applique à la thérapeutique des hypnotiseurs, et spécialement à celle de l'Ecole de la Salpêtrière, à laquelle on reproche, non sans raison, toute une série de procédés brusques et violents, mieux faits, ainsi qu'on l'a déjà fait remarquer (*supra*, n°ˢ 77 et s.), pour détruire que pour rétablir l'équilibre du système nerveux. Il comporterait, dans tous les cas, de sérieuses réserves en ce qui concerne l'Ecole de Nancy, qui fait depuis plusieurs années un judicieux emploi de la suggestion, comme moyen de produire l'hypnose, et a obtenu dans cette voie, au témoignage de M. Sage (*La Zone frontière*, p. 154), de très grands résultats.

Dans tous les cas, l'opinion du docteur Morand est sans valeur, en ce qui concerne la thérapeutique des magnétiseurs, qui, à l'époque de la publication de son livre (1889), n'avait pas encore triomphé de l'injuste dédain que la science officielle faisait peser sur elle et que, pour cette raison sans doute ou pour d'autres que je n'ai pas à juger, l'auteur du *Magnétisme animal*

14

s'est abstenu d'étudier et, par conséquent, n'a pu utilement apprécier.

167. — La question de savoir si un remède ou un traitement médical quelconque guérit, est toujours délicate. Comment, en effet, en présence d'une guérison bien constatée, déterminer la part qui en revient au remède employé, ou à la *vis medicatrix naturæ* qui agit constamment en nous pour réparer les désordres de notre organisme? Il n'y a qu'une accumulation énorme de faits longtemps répétés et habilement observés, qui puisse en cette matière servir de base légitime à une conviction. Cette accumulation de faits, qui permet de croire que le magnétisme guérit, elle existe certainement; elle est éparse dans les innombrables traités qui ont été écrits depuis un siècle et qui à eux seuls rempliraient une grande bibliothèque. Mais un volume ne suffirait pas à la tâche d'en présenter un résumé assez complet et assez substantiel pour que la conviction que j'ai acquise à cet égard pût s'imposer à l'esprit de mes lecteurs. Je me bornerai donc à leur fournir quelques brèves indications sur les principales sources auxquelles il conviendrait de puiser, au cas où ils seraient tentés d'entrer eux-mêmes dans la voie laborieuse que j'ai parcourue. Je suis d'ailleurs persuadé que la lumière se ferait dans leur esprit et que leur confiance dans les vertus curatives du magnétisme s'affirmerait pleinement, pour peu qu'ils prissent la peine de parcourir quelques-unes des œuvres des principaux magnétiseurs dont j'ai brièvement esquissé la biographie au chapitre IV (*supra*, nᵒˢ 63 et s.), et dont les travaux ont été résumés dans le *Traité expérimental du magnétisme, Théorie et Procédés* (1ᵉʳ vol.), de M. Durville.

Ils y verraient, notamment, avec quelle sagesse et quelle pondération Du Potet, l'un des plus célèbres parmi les anciens magnétiseurs, trace, dans son *Manuel de l'Étudiant magnétiseur* (déjà cité), les préceptes de *l'art de magnétiser* et fait connaître, en les décrivant minu-

tieusement, les nombreuses maladies de toute nature
dont il a obtenu la guérison, dans les cas les plus désespérés [1]. L'accent de conviction qui se dégage des écrits
de cet auteur, la force démonstrative de ses arguments
ne laisse aucun doute, dans l'esprit du lecteur impartial,
sur la réalité, la puissance et les propriétés *curatives*
de l'agent magnétique.

J'en dirai autant de l'œuvre de Deleuze, dont toute
la vie a été consacrée à l'étude et à la pratique du magnétisme, et surtout de son principal ouvrage *l'Instruction pratique sur le magnétisme animal*, sur lequel
j'ai déjà appelé l'attention de mes lecteurs (V. *supra*,
n° 63-9°).

168. — Les magnétiseurs modernes, qui ont continué
la tradition des anciens, ne sont pas moins intéressants
à consulter sur les effets bienfaisants du magnétisme.
Un des plus connus, qui a puissamment contribué par
ses ouvrages à vulgariser son art, M. Durville, fait remarquer dans son traité précité : que l'avantage inap-
préciable de cette thérapeutique est de pouvoir être pratiquée dans le milieu familial par quiconque est capable
de se dévouer pour les siens. Si, dit-il, elle ne guérit
pas toujours le malade, elle ne manque jamais de le
soulager, pourvu qu'on se conforme à certaines prescriptions très faciles à observer, et qu'il indique à la
page 391 de son livre.

Aux témoignages qui précèdent mes lecteurs pourront
joindre, pour achever de s'éclairer sur la réalité de l'action curative du magnétisme : celui de M. Rouxel qui,
dans une remarquable étude (précitée), sur les *Rapports du magnétisme et du spiritisme*, dit notamment
(p. 347) qu'en pratiquant ce mode de thérapeutique, *l'on
reste souvent étonné des résultats que l'on obtient.*

---

1. La relation de ces cures, dont un assez grand nombre ont été
suivies et observées par des médecins non magnétiseurs, qui
n'avaient eu recours à Du Potet qu'en désespoir de cause, occupe
dans le manuel précité les pp. 48 à 119 ; 291 à 300 et 307 à 314.

Et, enfin, les récits très circonstanciés des nombreuses cures obtenues par M. Alphonse Bué dans le cours de sa longue carrière, absolument désintéressée, de magnétiseur (il ne pratiquait son art que par amour de la science et par dévouement pour ses semblables), récits dont il a illustré le deuxième volume de son ouvrage *le Magnétisme curatif*, que j'ai déjà eu plusieurs fois et que j'aurai encore l'occasion de citer, et qui le classe parmi les observateurs les plus avisés et les plus profonds du phénomène magnétique.

Ce qui du reste, plus que tous ces témoignages, forcément incomplets, démontre que les bienfaits du magnétisme ne sont pas un vain mot, c'est le nombre, de plus en plus grand, des cliniques médicales où ce mode de thérapeutique est employé, soit à l'exclusion de tout autre, soit comme adjuvant des autres traitements approuvés par le *Codex*.

169. — Au surplus, ce qui importe, pour la réalisation du but, principalement philosophique, vers lequel mon étude est dirigée, c'est bien moins de démontrer que le magnétisme guérit, que de rechercher et de préciser comment et pourquoi il guérit. Si je parviens, en effet, à déterminer les causes de son action curative, j'aurai plus fait, pour établir la réalité de cette action, qu'en recueillant les faits par lesquels elle se manifeste.

C'est donc vers ce but que je vais maintenant diriger mes efforts, en passant en revue successivement les diverses théories par lesquelles les psychologues ont expliqué l'efficacité de la thérapeutique magnétique.

SECTION II

L'ACTION CURATIVE DE L'HYPNO-MAGNÉTISME
EXPLIQUÉE PAR LA SUGGESTION.

170. — Tout d'abord, le magnétisme guérit parce

qu'il rend le sujet apte à la suggestion, et que celle-ci se caractérise surtout, au point de vue physiologique, par l'action qu'elle exerce sur les fonctions de la vie végétative, sur la circulation, la respiration, la digestion et, d'une manière générale, sur tout ce qui est du domaine de l'innervation involontaire (V. *supra*, nᵒˢ 147 et s.)

N'y eût-il donc, dans le magnétisme ou l'hypnotisme et dans les modifications physiologiques qu'ils sont susceptibles de produire, que cet unique facteur (la suggestion), comme l'enseignait et l'enseigne peut-être encore l'École de Nancy, bien que cette opinion ait perdu de son crédit, qu'il suffirait à expliquer l'efficacité de leur action, au point de vue curatif.

Rappelons-nous, en effet, que la suggestion s'adresse au *subconscient*, dans lequel elle se transforme en auto-suggestion, et qui l'élabore et la réalise. D'autre part, c'est, d'après Myers (V. *supra*, nᵒ 155), le subconscient, ou le *subliminal*, ainsi qu'il le dénomme, qui est préposé, dans l'être humain, aux fonctions de développement, de conservation et de réparation de l'organisme, et qui les exerce plus spécialement et plus activement dans le sommeil (naturel ou hypnotique) qu'à l'état de veille. Dès lors, il n'est pas étonnant que, sous l'influence du monoïdéisme que lui apporte la suggestion, le subconscient exerce docilement et énergiquement l'action *auto-curative* qui lui est commandée, d'autant plus docilement que par l'effet de l'hypnotisation le champ de la conscience est vide de toute autre préoccupation, et d'autant plus énergiquement que toutes ses facultés, comme on le sait, s'exaltent dans l'hypnose au profit exclusif et pour la réalisation de l'idée suggérée.

En outre, ce qui a été dit précédemment (*supra*, nᵒˢ 147 et 150 et s.) des *stigmates* et des *nævi*, montre jusqu'où peut aller la puissance *idéoplastique* et régénératrice de la suggestion et de l'*auto-suggestion*. Peut on mettre en doute, dès lors, que la force capable de produire dans l'économie des modifications aussi profondes, soit également capable de rétablir l'équilibre du système nerveux, d'en réparer les désordres, cause première et peut-être unique de presque toutes les maladies, et de lui rendre cette régularité de fonctionnement sans laquelle il n'est pas de santé durable pour l'organisme tout entier ?

SECTION III

L'ACTION CURATIVE DU MAGNÉTISME EXPLIQUÉE PAR L'AGENT MAGNÉTIQUE CONSIDÉRÉ COMME UN DYNAMISME SPÉCIAL PROPRE A TONALISER ET A ÉQUILIBRER LE SYSTÈME NERVEUX.

171. — Dans le 1er volume (*Manuel technique*) de son ouvrage sur le *Magnétisme curatif*, que j'ai déjà eu plusieurs fois l'occasion de citer, M. Alphonse Bué expose les principes qui l'ont dirigé dans son œuvre de psychologue et les conséquences qu'il en tire pour la définition et la démonstration de l'action curative du magnétisme animal.

Les forces de la nature, écrit-il à la page xvii de son Introduction, nous échappent lorsqu'elles sont à l'état de stabilité et d'équilibre et nous ne les percevons qu'en voie de mutation et de déplacement.

Telle est l'électricité, qui ne s'est fait d'abord connaître à l'homme que par ses phénomènes de *choc*, la foudre notamment. Il en est de même du magnétisme, qui a commencé à attirer l'attention des hommes d'étude par ses phénomènes de *migration*, de *déséquilibration*, de *dispersion*, tels que le somnambulisme, la suggestion, la léthargie, la catalepsie, l'extase, etc., et n'a été connu et compris que beaucoup plus tard dans ses effets de *tonalisation* et de *concentration génératrice*. « On l'a suivi, dit M. Bué, dans l'excentricité de ses écarts, on l'a ignoré longtemps dans l'admirable jeu de sa *tension normale*. » Et pourtant c'est là qu'est le secret de son action bienfaisante et curative.

Le mouvement de la vie réside dans l'enchaînement de deux phénomènes indissolublement liés l'un à l'autre dans une action inverse et constante (destruction et renaissance, dispersion et condensation, diastole et systole, force centrifuge et force centripète) exercée sous l'influence régulatrice du système nerveux, qui est chargé de maintenir l'équilibre entre ces deux forces opposées et d'entretenir ainsi dans l'organisme la *tension normale*, la *tonalité*, condition même de son bon fonctionnement.

S'il en est ainsi, fait justement remarquer M. Bué (p. xix), il est incontestable que l'agent thérapeutique qui agira directement sur le système nerveux dans le sens du fonctionnement vital, réglera sûrement les phénomènes fonctionnels, entretiendra et activera les métamorphoses organiques et présidera ainsi souverainement au maintien de la *tonalité vivante*, ou à sa reconstitution quand elle sera déséquilibrée.

Or, quelle que soit la diversité des opinions émises sur l'action magnétique, comme cette action se résume en somme en une transmission de force par le réseau nerveux, que cette transfusion nerveuse est un fait certain, facilement vérifiable par l'expérience, qu'elle s'obtient par les procédés les plus simples dont une pratique journalière montre l'efficacité, nous nous croyons autorisé à présenter le magnétisme comme le plus sûr moyen d'entretenir l'équilibre vital et de guérir les affections morbides les plus rebelles...

Sa puissance d'action réside précisément dans la faculté d'une émission radiante que tout homme possède à divers degrés et qu'il peut régler ou étendre par l'exercice, de façon à actionner de près ou de loin les corps inertes ou vivants.

C'est là, en effet, un point qui paraît bien près d'être acquis à la science et sur lequel je me suis longuement expliqué dans mon chapitre IV (*supra*, nᵒˢ 78 et s.). De

même qu'il y a en physique des radiations *caloriques*,
chimiques, *électriques* et *lumineuses*, de même il y a
des radiations *magnétiques*.

Exercer dans toute sa plénitude, conclut M. Bué (*loc. cit.*,
p. 6), la faculté naturelle à l'homme d'émettre des radiations
magnétiques, c'est ce qu'on appelle *magnétiser*.

172. — Après avoir ainsi posé la loi qui gouverne la
thérapeutique magnétique, M. Bué en déduit et en analyse longuement les conséquences et les applications dans
un second volume de son *Traité du magnétisme curatif*, publié avec le sous-titre de *Psycho-Physiologie*.
Il s'y livre d'abord à une étude comparative, au point
de vue des effets que l'on est en droit d'en attendre,
de la méthode des hypnotiseurs et de celle des magnétiseurs. La seconde est, à son avis, bien supérieure à
la première, et son action curative doit, d'après la manière dont elle s'exerce, être plus efficace.

Il est évident, dit-il (*loc. cit.*, p. 39), que les procédés faisant
appel à l'équilibre vital et contribuant à ramener cet équilibre
devront à tous égards posséder de plus hautes vertus curatives que ceux qui tendent manifestement à détruire cet
équilibre en provoquant des troubles profonds dans l'organisme. Désordres fonctionnels et troubles nerveux, tel serait,
en effet, de l'aveu des hypnotiseurs, le champ étroit des vertus curatives de l'hypnotisme, et toute leur thérapeutique se
résumerait à ceci : *opposer un désordre à un autre désordre.*
C'est en cela que les procédés magnétiques, qui visent spécialement à maintenir l'équilibre vital en soutenant la puissance condensatrice de l'Être, sont éminemment supérieurs aux
procédés hypnotiques, dont *les provocations* et les *dispersions*
sont mises en évidence par les faits...

En outre, à la différence de ces derniers qui, de l'aveu
même de ceux qui y recourent, ne conviennent qu'aux
maladies nerveuses, les procédés magnétiques peuvent
agir utilement sur toutes les affections morbides :
« Faisant appel à une réaction vitale équilibrante, ils

triomphent avec un égal succès des troubles fonctionnels, des maladies nerveuses et inflammatoires, des
déviations organiques et des dégénérescences de tissus. »

Notre auteur ajoute (*loc. cit.*, p. 49) qu'il a pu personnellement se former à cet égard une conviction absolue, grâce à une suite d'expériences, ininterrompues
pendant vingt-cinq années, et dont il rapporte (pp. 50
à 64, 73 à 95 et 156 à 191) de nombreux exemples qui,
pour tout esprit non prévenu, paraîtront décisifs.

173. — Après avoir démontré que le magnétisme
guérit, et exposé comment et pourquoi il guérit, M. Alphonse Bué, s'élevant d'un vol puissant et hardi au-
dessus de son sujet, consacre toute la fin de son 2º volume (pp. 204 à 375) au développement d'une magistrale
synthèse de la vie, de la santé, de la maladie et du
remède, fondée sur ce principe qu'il y a, dans l'Être
vivant un *dynamide* puissant « qui, constituant son
élément primordial, préside à toutes les fonctions, apparaît dès la conception, forme, développe, nourrit l'Être,
sert de médiateur à son activité corporelle et répare
les brèches faites au substratum matériel et à la forme
par les forces extérieures coalisées ». C'est donc,
d'après cette conception, vers la recherche et l'étude
de ce *dynamisme vital* que la science médicale devra,
laissant de côté l'*organe*, dont elle s'est trop préoccupée
jusqu'à présent, s'orienter désormais, et c'est le magnétisme, déclare M. Bué, qui lui en ouvrira la voie.

174. — On ne saurait poser plus à propos et en
termes plus nets et plus précis, le grave problème de
la vie et de la force vitale, — problème qui a déjà tant
préoccupé et préoccupe de plus en plus les philosophes.

Tout récemment, en effet, dit M. Bué (p. 341), M. Robin a fait à l'Académie de médecine une communication
qui renverse les idées acquises : contrairement à l'opinion de l'École, il déclare qu'une maladie n'est point
(comme on le juge généralement) nécessairement liée à

une lésion matérielle, mais que toute perturbation morbide est essentiellement et avant tout, *d'ordre purement dynamique.*

Précisant de plus en plus sa pensée, telle qu'elle résulte des développements qui viennent d'être résumés, M. Bué dit encore (p. 314) :

> La vie n'est pas plus dans le sang qu'elle n'est dans les organes, simples dépositaires et transformateurs des forces. Le corps, ce mécanisme que nous voyons fonctionner, n'engendre pas le mouvement ; il le reçoit au contraire d'une source mystérieuse et cachée sans laquelle il ne serait qu'un cadavre.

Quel est, se demande M. Louis Lucas, le principe de la vie ? « C'est, dit-il, le mouvement, le *dynamisme.* Le mouvement libre, simple, fait la base de notre organisation. »

Et commentant cette observation, M. Vitoux, qui la rapporte à la page 61 de son ouvrage déjà cité *les Coulisses de l'Au-delà,* s'exprime ainsi :

> Comme Hippocrate, M. Louis Lucas est persuadé qu'à la base de la vie, présidant à tous les actes physiques et psychiques de l'être humain, se trouve la force, toujours de même essence, toujours une, comme la matière elle-même, suivant les alchimistes et bon nombre de nos modernes savants. Ce qui caractérise *l'état de vie,* c'est la *tension* du mouvement accumulé dans l'organisme.

175. — On retrouve ici, sous une forme différente, la thèse de M. Alphonse Bué, qui, comme on vient de le voir (*supra,* nᵒˢ 172 et 173), place le principe de la vie dans la *tension normale et équilibrée* des forces opposées de l'organisme, ce qui lui fait dire : il n'y a qu'*une* vie, qu'*une* santé, qu'*une* maladie, c'est-à-dire celle qui résulte de l'équilibre ou du défaut d'équilibre de ces forces, et, par conséquent, qu'*un* remède, celui qui est propre à rétablir cet équilibre, lorsqu'il est compromis.

Pour justifier cette dernière proposition de l'*unité* de remède et montrer dans quel sens elle doit être comprise, M. Bué (*loc. cit.*, p. 276) dit notamment que, s'il existe une loi de morphologie générale sous l'empire de laquelle se forme, se maintient et se reconstitue, le cas échéant, la *Tonalité vivante*, et si c'est de l'accomplissement de cette loi dans le fonctionnement organique que dépendent la *vie* et la *santé*, il est de toute logique d'admettre qu'il n'existe qu'une seule façon *de remédier à la maladie*, c'est de rappeler l'organisme à l'accomplissement intégral de cette loi. Or. ajoute-t-il, *l'action magnétique, par l'influence dynamique puissante qu'elle exerce sur le système nerveux et consécutivement sur la matérialité des organes, est évidemment, pour quiconque en a fait l'épreuve au point de vue expérimental, le plus sûr moyen de favoriser ces réactions vitales*[1].

176. — On voit, par ces simples aperçus, que M. Bué paraît être bien près de la vérité lorsqu'il affirme que l'étude du magnétisme peut mettre la science sur la voie de la solution, qu'elle cherche en vain depuis si longtemps, du problème de la vie. On a de sérieuses raisons de croire que la vie a son principe dans un dynamisme spécial dont la source, toutefois, n'a pu encore être bien déterminée. Peut-être de nouvelles recherches,

---

1. De plus en plus grand est le nombre des médecins qui, sans pratiquer la thérapeutique magnétique, croient cependant à l'influence prépondérante, pour la guérison des maladies, du dynamisme vital et sont portés à négliger les remèdes spécifiques. Nous avons sur ce point l'aveu d'un des plus grands d'entre eux, le célèbre professeur Trousseau, qui, dans l'*Introduction de sa clinique médicale*, déclare que ce qui importe avant tout pour le médecin, c'est de savoir quelle est l'*allure naturelle de la maladie* et de la surveiller, pour n'intervenir qu'à propos et avec la plus grande prudence; ajoutant que l'on se défie trop en général de la nature. Le savant clinicien se dit même « incliné à croire à l'impuissance de la médecine dans la pneumonie aiguë ».

« Il y a bien longtemps, poursuit-il, que je suis tenté de laisser à la nature le soin de mener à bien cette maladie, contre laquelle nous sommes tous disposés à agir avec tant de vigueur. *Mais jusqu'ici je n'ai pas osé le faire.* »

poursuivies dans la voie qu'indique M. Bué, permettront-elles un jour d'apporter sur ce point les précisions néces-saires. Des tentatives ont déjà été faites dans ce sens, et ce sont précisément des psychologues adonnés à l'étude du magnétisme, tels que Carl du Prel et M. Gabriel Delanne, qui les ont faites et qui, ayant cru pouvoir identifier l'agent magnétique avec l'*od* ou la *force odique* de Reichenbach, et ayant reconnu que cette force est constamment associée aux fonctions vitales, ne sont pas loin de penser qu'elle pourrait bien être, sinon la force vitale elle-même, du moins le conducteur et le véhicule de cette force.

Ce sont leurs travaux que je vais résumer dans les lignes suivantes, où j'ai à donner l'explication de l'ac-tion curative du magnétisme par la force odique.

SECTION IV

L'ACTION CURATIVE DU MAGNÉTISME EXPLIQUÉ PAR L'AGENT MAGNÉTIQUE (OD DE REICHENBACH) CONSIDÉRÉ COMME LE CONDUCTEUR DE LA FORCE VITALE.

177. — Aucun psychologue n'a, aussi bien que Carl du Prel, déterminé le rôle capital que joue, dans la pro-duction des phénomènes de l'hypnose, l'agent décou-vert par le baron de Reichenbach, sous le nom de *force odique* et dont il a été fait une étude approfondie sous la troisième section de mon chapitre IV (*supra*, nᵒˢ 78 et s.).

C'est par l'*od*, en effet, identifié avec l'agent magné-tique, que dans le chapitre II § 3 de son traité précité de *la Magie* — 2ᵉ partie : *Psychologie magique*, il explique les phénomènes si caractéristiques du *Rapport magnétique*, dont la définition a été donnée, *supra*, nᵒ 108.

Si je plonge un malade, écrit-il à la page 116 de ce traité, dans un sommeil artificiel (somnambulisme)... il est en rapport avec moi ; c'est-à-dire que les états physiologiques de l'agent se transmettent au malade et éveillent un écho chez lui. Un mélange physiologique et psychologique a lieu entre le sujet et moi, en sorte qu'il se meut, pense, sent comme moi-même, et le rapport sera d'autant plus intime que le somnambule sera plus isolé du monde extérieur, et son sommeil plus profond...

Les hypnotiseurs prétendent expliquer par la suggestion exclusivement cet effet si curieux de l'hypnose. Mais les magnétiseurs, avec Mesmer, affirment depuis plus de cent ans et plus que jamais aujourd'hui, qu'un agent magnétique véritable, débordant par ondes du magnétiseur, et venant inonder le magnétisé, produit le somnambulisme et, par cela même, le rapport magnétique. Reichenbach a baptisé cet agent du nom d'*od* et cette dénomination est de plus en plus en faveur, même à l'étranger.

178. — Pour trancher cette question et décider si l'état de rapport est d'origine *odique*, ou simplement suggestive, il faut examiner ses divers aspects dans tous les cas où cet état se manifeste. C'est à cela que Carl du Prel consacre les pages 117 à 149 de son ouvrage.

Tout d'abord, il est à remarquer que le magnétiseur, s'il est sain, transmet sa santé au magnétisé, cela résulte de nombreuses observations ; mais il transmet aussi ses états maladifs, s'il est malade. Et même, lorsque le rapport est bien et depuis longtemps établi, cette transmission de sensibilité s'effectue à distance. Notre auteur cite entre autres (p. 118) le cas du docteur Wienholt qui, étant tombé malade, ne put un jour visiter la somnambule à laquelle il consacrait ses soins. Celle-ci éprouva tous ses malaises de la journée, et lorsqu'il prit un purgatif, suivi d'un vomitif, elle eut aussi, en même temps, la diarrhée et des vomissements.

Il est évident que la suggestion, dans ce cas, n'explique rien, ou, plutôt, elle ne peut, si suggestion il y a, s'expliquer elle-même, en l'absence de toute communication verbale, que par une communication odique.

Les cas de transmission de sensation de toutes sortes, du magnétiseur au magnétisé, soit directes, soit à distance, se rencontrent en très grand nombre dans tous les ouvrages sur le magnétisme. On en trouvera un plus grand nombre encore quand le moment sera venu d'étudier les phénomènes de transmission de pensée et de télépathie, qui ne sont au fond, comme on le verra, que des manifestations d'un rapport magnétique s'établissant accidentellement entre l'agent et le percipient. Pour le moment, je me borne à citer l'exemple suivant, un des plus saisissants parmi ceux qu'a recueillis Carl du Prel (*loc. cit.*, pp. 119 et s.), en vue de montrer l'intervention du dynamisme odique dans le rapport magnétique :

Werner [1], qui avait une somnambule très remarquable, dit : « Elle sentait parfaitement tout ce que je mangeais pendant son sommeil, me disait chaque fois ce que j'avais dans la bouche..., remuait les mâchoires quand je mâchais et faisait le mouvement d'avaler en même temps que moi... Si j'avais mal à l'estomac, elle s'en plaignait avant que j'en eusse parlé. Si j'éprouvais des aigreurs d'estomac, ce qui m'arrivait quelquefois, elle en ressentait aussitôt... Si j'avais mal à la tête ou aux dents, elle s'en plaignait avant que je l'eusse dit. Elle m'invitait un jour à me frotter le bras, parce qu'il me démangeait, ce qui était exact. — Et ce n'est pas seulement dans ses crises que se montrait la sympathie de pensées (et de sensations) ; elle se manifestait souvent à l'état de veille... L'accord organique était si grand en ce temps-là, qu'une vésicule se formant sur mon front, ma joue ou mon nez, chose qui m'arriva plus d'une fois, elle apparaissait tout aussitôt en même endroit de son corps.

M. Werner ajoute qu'elle était aussi en rapport psychique avec lui, rapport qui allait si loin qu'elle rêva souvent de même que lui, la même nuit.

179. — L'*od*, observe Carl du Prel à la suite de ce récit, se montre ici nettement conducteur du principe d'organisation. Il est aussi le conducteur de la pensée; ce sont là, on le sait grâce aux travaux de Reichenbach,

1. Werner, *Die Schutzgeister*, 265-266.

ses deux principales propriétés. Carl du Prel a donc pleinement raison lorsqu'il dit (*loc. cit.*, p. 131), que l'hypothèse de la suggestion pour expliquer les cas qu'il rapporte et d'autres semblables, devient invraisemblable :

Les apparences semblent prouver de plus en plus que, dans le rapport magnétique, quelque chose de réel se transmet à un organisme étranger pour accomplir chez lui ce qu'il accomplit chez l'agent lui-même, c'est-à-dire les fonctions organiques et psychiques...

Et notre savant auteur ajoute :

Le somnambule entend par les oreilles du magnétiseur, pense, sent, savoure et éprouve toute chose avec lui. *L'od est d'après cela le conducteur de toutes les facultés psychiques du magnétiseur*. Elles se transmettent au somnambule, parce que l'acte de magnétisation ou le contact immédiat produisent un *équilibre odique* entre le magnétiseur et le somnambule. Elles se transmettent de même à distance ; l'od extériorisé reste donc conducteur de toutes les facultés psychiques. *De même que les effets enregistrés par un appareil peuvent tous se reproduire dans le récepteur par l'induction électrique, de même aussi, dans le rapport magnétique, toutes les formes organiques et psychiques de l'agent se transmettent par l'action à distance...*

Le rapport magnétique repose donc sur le *mélange odique* [1] ; c'est une communauté de vie et d'âme entre le magnétiseur et le magnétisé ; leurs atmosphères sensibles s'unissent et ils forment un même être. Les phénomènes de rapport, toute-

---

1. Les somnambules d'un même magnétiseur, dit encore Carl du Prel (*loc. cit.*, p. 141) arrivent même à être en rapport magnétique entre eux, et le fait, assez fréquent, semble bien indiquer aussi que *le rapport se base sur l'accord et le mélange odiques :* tel est le cas observé par le docteur Tarte (*Le Propagateur du magnétisme animal*, 160), qui, ayant paralysé la main d'une somnambule pour l'anesthésier en vue de lui arracher une aiguille qu'elle s'était enfoncée dans le doigt, raconte « qu'au moment où il entaillait profondément ce doigt, une autre somnambule, qui dormait dans la pièce voisine, se mit à crier et se plaignit de fortes douleurs dans le doigt correspondant ». Il semble bien que, dans ce cas comme dans d'autres semblables cités par le même expérimentateur, il ne peut être question de suggestion, et que le rapport entre les deux somnambules repose ici uniquement sur le mélange odique.

fois, n'ont lieu, c'est la règle, que chez le somnambule et non chez le magnétiseur ; la raison en est que le somnambule n'a pas la volonté d'agir sur le magnétiseur, et le magnétiseur, qui est éveillé, n'est pas dans un état sensitif...

180. — Après avoir aussi lumineusement déterminé le rôle que joue, comme dynamide spécial, l'od de Reichenbach, ou plus généralement l'agent magnétique, dans le phénomène du rapport qui unit le magnétisé au magnétiseur, Carl du Prel ne pouvait méconnaître la part qui appartient au même agent dans l'action thérapeutique et curative du magnétisme.

En effet, dans la première partie *la Physique magique*, de son *Traité de la Magie*[1], pp. 115 à 138, il signale, comme un des effets les mieux constatés du magnétisme animal, ou, plus exactement de l'*extériorisation odique* :

D'une part, l'influence médicatrice que les magnétiseurs exercent *directement* sur leurs sujets au moyen des passes et autres procédés mesmériques ;

D'autre part, l'influence, bienfaisante ou même malfaisante, selon la volonté de l'opérateur, que celui-ci peut exercer *indirectement* sur un organisme vivant, en agissant sur des substances inertes (telles que l'eau, de la cire, des cheveux, etc.), imprégnées de l'*od* extériorisé de cet organisme et que, dans la langue des occultistes, on désigne spécialement sous le nom de *mumies*. L'od extériorisé ayant entraîné avec lui la sensibilité du sujet, un rapport magnétique persiste plus ou moins longtemps entre la *mumie* qui en est imprégnée et le sujet d'où l'od émane, et, dès lors, les influences bienfaisantes ou malfaisantes exercées sur cette *mumie* se transmettent à l'organisme vivant avec lequel elle est en rapport.

C'est à cette influence directe ou indirecte que Carl du Prel donne, lorsqu'elle est bienfaisante, le nom de

1. Paris, Leymarie, 1908.

guérison par sympathie, l'influence malfaisante rentrant dans la catégorie de ces pratiques que nos aïeux attribuaient à la sorcellerie. Je n'insisterai pas davantage sur ce sujet, sur lequel j'aurai encore l'occasion de revenir. Il me suffit pour le moment d'avoir appelé l'attention de mes lecteurs sur ce point : que ce n'est pas le magnétiseur seulement qui peut exercer une influence bienfaisante, une *vis medicatrix*, par son od extériorisé, mais aussi les substances qu'il a magnétisées et chargées ainsi de son od. Carl du Prel, dans la deuxième partie de son ouvrage précité (pp. 139 à 158), cite un grand nombre de cas établissant, en dehors de la suggestion, le pouvoir curatif de l'eau magnétisée, et y voit une nouvelle preuve de la part prépondérante que le dynamisme odique prend dans l'accomplissement des fonctions vitales.

181. — On a vu (*supra*, n°ˢ 173 et s.), que M. Alphonse Bué, dans les explications qu'il donne de la force curative du magnétisme, a été amené à poser en excellents termes et avec toute la prudence, d'ailleurs, et toute la réserve que le sujet comportait, le problème de la vie et de la force vitale.

Carl du Prel était trop profond philosophe pour passer à côté de cette grave question sans l'étudier et chercher à la résoudre. Et c'est, en effet, ce qu'il a tenté, en donnant à sa réponse une précision, sinon un caractère de certitude, qu'on n'a pas encore rencontrés avant lui dans les ouvrages des psychologues anciens et modernes.

Je renonce à résumer ici, de peur de les affaiblir, les longs développements qu'il donne, dans la deuxième partie de son traité (précité), à l'appui de cette solution. Mais en voici le sens général :

Examinant les divers et multiples effets de l'*od*, et le trouvant étroitement associé à toutes les fonctions de la vie, dont le principe, pour lui, est dans l'âme, il arrive à le considérer, sinon comme s'identifiant avec la force vitale elle-même, du moins comme étant son conducteur.

son véhicule, comme l'intermédiaire nécessaire entre
l'âme, principe spirituel de la vie, et le corps matériel.

En résumé : comme principe de la vie et de la force
vitale, l'âme ; et comme moyen pour l'âme de mettre cette
force en action : le dynamisme spécial, qu'on appelle l'*od*,
qu'on pourrait appeler autrement, bien entendu ; mais
qui, n'eût-il pas de désignation spéciale et n'eût-il pas
été mis en évidence et minutieusement analysé comme
il l'a été par Reichenbach, n'en aurait pas moins une
existence certaine, parce que nécessaire, et indépendante
de toutes les actions et réactions chimiques des matérialistes, actions et réactions auxquelles il commande au
lieu de leur obéir et d'en être le produit : telle est la solution proposée par Carl du Prel.

Ne semble-t-il pas qu'elle soit de nature à rallier le
plus grand nombre des esprits familiarisés avec les
conceptions de la Psychologie expérimentale, pourvu
qu'on s'abstienne de trop grandes précisions sur le dynamisme dont l'âme dispose pour exercer sa fonction de
vitalisation à l'égard du corps ?

182. — Qu'il y ait un principe vital distinct de l'organisme corporel et un dynamisme spécial pour le mettre en
action, c'est ce qu'on ne met pas en doute dans le camp
des *vitalistes*, dont le nombre, malgré les résistances
du matérialisme, s'accroît de jour en jour.

Qu'est-ce donc que le principe vital ? interroge M. Sage
dans son ouvrage déjà cité la *Zone frontière* (pp. 10 et 11).
Qu'est-ce donc que la vie ? Pour les *monistes*, la vie n'est
autre chose qu'une combinaison chimique dont ils n'ont
pas encore pu surprendre le secret ; ils prennent en pitié
ceux qui en doutent. Pensez donc ! Ils ont constaté l'identité
fondamentale du chimisme des êtres vivants et du chimisme
du monde minéral ; ils sont même arrivés à produire dans
leur laboratoire, par synthèse, quelques-unes des substances
qui entrent dans la composition des êtres vivants. On a
fabriqué une albumine composée exactement comme l'albumine vivante ; elle est formée des mêmes corps simples pris

dans les mêmes proportions. Il ne lui manque rien ou presque
rien, il ne lui manque que la vie...

Dans tout être vivant, il y a quelque chose qui reste fixe.
Ce principe fixe est évidemment indépendant du torrent de
matière qui le traverse. Ce principe fixe travaille la matière,
probablement pour en tirer les énergies qui lui permettent
d'agir dans le monde physique, mais il ne peut pas dépendre
de cette matière...

Claude Bernard, dont les savants ne récuseront pas
l'autorité[1], exprime à peu près la même idée lorsqu'il
écrit :

Dans tout germe vivant, il y a une *idée créatrice*, qui se
développe et se manifeste par l'organisation... Ici, comme
partout, tout dérive de l'idée qui seule crée et dirige ; les
moyens de manifestation sont communs à toute la nature,
comme les caractères de l'alphabet, dans une boîte *où une
force va les chercher pour exprimer les pensées ou les mécanismes
les plus divers...*

Et, ailleurs, l'illustre savant complète sa pensée dans
cette formule lapidaire : « *Les agents physiques produisent des phénomènes qu'ils ne dirigent pas ; la force
vitale dirige des phénomènes qu'elle ne produit pas.* »

Où trouvera-t-on, dans l'homme, cette *idée créatrice*
et cette *force directrice qui la réalise*, si ce n'est dans
l'âme, créée par Dieu, suivant un plan harmonique et
préétabli, et dans le dynamisme spécial, et sans doute
organisé, dont l'âme est le principe et qui lui sert d'instrument et d'intermédiaire en quelque sorte pour agir
sur le corps ?

183. — M. Gabriel Delanne, l'auteur savant et profond de *l'Évolution animique*[2], un de ses meilleurs
ouvrages, a admirablement déduit les raisons qui doivent faire admettre la nécessité dans la constitution de

1. CLAUDE BERNARD, *Introduction à la médecine expérimentale*
(pp. 153, 154 et 162); et *Leçons sur les phénomènes de la vie commune
aux végétaux et aux animaux* (t. I, p. 51). Ouvrages cités par BRU-
NETIÈRE, *Questions actuelles* (p. 144). Paris, Perrin, 1907.
2. Paris, Chamuel, 1897.

l'Être humain, d'un dynamisme spécial, disons mieux :
d'un centre de forces hiérarchisé et organisé, intermédiaire entre l'âme et le corps et ayant, entre autres fonctions, celle de faire agir constamment la force vitale,
suivant un plan préconçu conformément à la loi de l'espèce et au type spécial de chaque être vivant. On ne
peut, en effet, concevoir la vie comme « la somme brutale des activités élémentaires de cellules juxtaposées »,
puisque celles-ci n'aboutiraient qu'au désordre et à l'incohérence. Elle est, au contraire, le résultat d'une synthèse admirable, qui suppose un organisme mû par une
intelligence.

> Ces fonctions si diverses, écrit M. Delanne (*loc. cit.*, p. 53),
> qui s'harmonisent pour concourir à la vie totale, sont néces-
> sairement dirigées par une force consciente du but à remplir.
> Ce n'est pas le hasard qui préside à cette savante multiplicité,
> à cette coordination, car les mêmes organes, les glandes,
> par exemple, bien que constitutionnellement semblables
> entre elles, fournissent cependant des sécrétions variées, sui-
> vant la place qu'elles occupent dans l'organisme. Il y a donc
> une hiérarchie dans ces appareils, un *ordre préétabli*, qui se
> maintient rigoureusement pendant toute la vie. Or ce statut
> vital n'est pas imprimé dans la matière muable, changeante,
> incessamment renouvelée...

Il ne peut résider que dans un organisme fixe, invariable, capable d'en assurer la stabilité, malgré la complexité des actions vitales, malgré le renouvellement
incessant et ininterrompu de toutes les molécules.

La nécessité de cet organe directeur résulte d'ailleurs, poursuit M. Delanne (p. 59), non seulement de la
continuité des fonctions physiologiques, continuité qui
assure et maintient l'identité de l'être physique, mais
encore de la continuité et de l'identité de l'être psychique.
On ne s'expliquerait pas, en effet, sans cela, le phénomène
de la mémoire, sans laquelle l'identité ne serait qu'un
vain mot. Pour que le souvenir des sensations passées
persiste, malgré le renouvellement des cellules qui

l'ont enregistré, il faut évidemment que ce souvenir soit resté imprimé ailleurs que dans ces cellules, c'est-à-dire dans un organe chargé de le transmettre aux cellules nouvelles.

Cet organisme, qui ne doit pas être confondu avec l'âme, et qui n'est que l'intermédiaire nécessaire entre le corps et l'âme, M. Delanne le définit (p. 177) :

Le lieu des états de conscience passés; le magasin des souvenirs; l'endroit dans lequel se fait la mémoire de fixation, et où va puiser l'esprit lorsqu'il a besoin de matériaux intellectuels pour raisonner, imaginer, comparer, déduire, etc. ; le réceptacle des images mentales ; le siège de la mémoire organique et de l'inconscient, enfin la forme *passive* de l'âme, tandis que l'esprit en est la forme *active.* »

184. — A cette définition on pourrait à peu près reconnaître le *subconscient* dont j'ai, avec Myers, le docteur Gyel et la plupart des psychologues modernes, fait un centre de forces distinct et indépendant des centres nerveux, un foyer d'activité psychique qui relie l'âme au corps et par lequel s'exerce ses facultés.

Je n'aurais donc aucune réserve à faire au système de M. Delanne et je serais même tout disposé à admettre avec lui l'hypothèse d'un organisme directeur, s'identifiant avec ce que j'ai désigné sous le nom de *subconscient* et en même temps avec l'*od de Reichenbach*, qui ne serait que l'élément substantiel de cet organisme, si cet éminent psychologue, allant bien au delà de sa définition, ne donnait une formule trop précise à sa conception en la concrétant sous la forme d'un *double fluidique* du corps, qu'il désigne, avec les spirites, sous le nom de *périsprit*, et qui serait, d'une part, constitué de manière à épouser tous les contours du corps et à être intimement associé à tous ses modes d'activité pendant cette vie, et serait, d'autre part, destiné à lui survivre et à accompagner l'âme dans sa vie de l'au-delà. Ce *périsprit* répond à une idée aussi ancienne que le monde, puisqu'on le retrouve, sous des dénominations diverses, et notamment celle de *corps astral*, dans les traditions de l'Inde. C'est là, d'ailleurs, une conception qui s'éloigne peu de celle qui se dégage de toute mon étude et dont le *subconscient* est la base. Toutefois, si certaine que soit l'existence de ce subconscient, si évidentes, si indépendantes et si caractéristiques de son individualité que soient ses puissantes manifestations, telles qu'elles se révèlent notamment dans le sommeil naturel ou dans l'état hypnotique, rien ne nous autorise, dans l'état de nos connaissances actuelles, à le considérer autrement que comme le siège d'une hiérarchie de forces d'une nature encore indéterminée, et à laquelle il est superflu, pour ne pas dire téméraire, de supposer la forme du corps humain, comme le font les spirites pour ce qu'ils appellent le *périsprit*, et les occultistes pour le *corps astral*. Cette hypothèse ne paraît avoir été conçue que pour servir de fondement et de justification à l'hypothèse, non moins contestable, de la réincarnation. Il faut bien, en effet, qu'une forme fluidique du corps persiste après la mort, tout au moins dans ses éléments essentiels, pour qu'elle puisse servir aux besoins d'une réincarnation future. Mais pour ceux qui n'admettent pas le *dogme* des vies successives, cette hypothèse du périsprit, ou du corps astral, est non seulement inutile, elle est illogique : car, pour quelles fins l'organisme psychique qui survit à la désorganisation du corps terrestre, conserverait-il les formes, les organes et les attributs de ce corps, puisque ceux-ci ne sauraient désormais trouver leur emploi dans un mode de sensation où les sens ne seront plus spécialisés et dans un être qui n'est plus destiné à penser, à agir et à se mouvoir selon les lois qui régissent le corps terrestre ?

Sans doute, et j'ai déjà dû en convenir, ce centre de forces hiérarchisées qui est désigné par les psychologues sous le nom du *subconscient*, ou de *subliminal*, et qui

se manifeste pendant cette vie avec d'autant plus d'indépendance et de puissance que le conscient cérébral est
plus affaibli, doit réunir toutes les conditions nécessaires
pour constituer un organisme et même un organisme
d'autant plus complet et plus parfait qu'il est préposé à
de plus hautes, plus durables et plus importantes fonctions que l'organisme corporel auquel il doit survivre.
Mais il n'est pas nécessaire pour cela et il est au contraire tout à fait inutile qu'il conserve la forme du corps
auquel il a été momentanément uni.

185. — Sans insister davantage sur cette discussion,
qui n'est peut-être, après tout, qu'une querelle de mots
et n'a, en tout cas, qu'une importance secondaire, je me
hâte de faire remarquer que, soit que l'on admette
l'hypothèse des spirites ou des occultistes, soit que l'on
s'en tienne à la simple conception du *subconscient* envisagé comme organisme psychique, il se pourrait bien
que ce soit là, dans ce centre de forces hiérarchisées,
qui unit l'âme au corps, et qui doit continuer après la
mort à être le *substratum* de son individualité et de son
action sur les choses extérieures, que réside le principe
de la force vitale et que s'élaborent, pendant son union
avec le corps et à l'aide de la force odique, toutes les
actions et réactions qui constituent ce que l'on désigne
aujourd'hui sous le nom de *dynamisme vital*. Cette
hypothèse, car je conviens que c'en est une et qu'il se
passera longtemps, sans doute, avant que l'on puisse
avoir des données certaines sur un point aussi mystérieux, cette hypothèse, dis-je, rentre tout à fait dans la
conception de Carl du Prel qui n'hésite pas à faire de
l'âme elle-même et, par conséquent, du subconscient,
qui, tel qu'on l'entend, n'est que l'âme en action, le
véritable principe de la force vitale.

186. — En résumé, ce qu'il faut retenir d'essentiel
du rapprochement des divers systèmes qui viennent
d'être exposés, et qui ne sont contradictoires qu'en apparence et à raison seulement de certaines précisions

de détails discutables et que, par cela même, il est permis de négliger, c'est cette conception dans laquelle ils se réunissent, à savoir :

Qu'il y aurait dans l'être humain, au service de l'âme et pour être l'instrument et le *substratum organique* de ses facultés, un centre, soit de force unique, soit de forces diverses, en tous cas polarisées et hiérarchisées, et constituant, sous le nom de subconscient, le dynamisme dont l'âme a besoin pour affirmer et soutenir son individualité dans ses rapports avec le monde extérieur, physique ou spirituel.

C'est là un grand pas de fait, semble-t-il, dans l'étude que j'ai entreprise, puisqu'il s'en dégage une notion précise, acceptée par l'ensemble des psychologues spiritualistes, et que ce qui me reste à dire, avant de clore cette étude, ne fera que confirmer.

SECTION V

L'ACTION CURATIVE DU MAGNÉTISME EXPLIQUÉE PAR LE SOMNAMBULISME ET PAR LES FACULTÉS DE CLAIRVOYANCE QUE CET ÉTAT DÉVELOPPE ET MET AU SERVICE DU DIAGNOSTIC ET DU TRAITEMENT DE LA MALADIE (AUTOSCOPIE, DIAGNOSTIC SENSITIF, SIXIÈME SENS).

187. — Une dernière explication de l'action curative du magnétisme doit être recherchée dans les extraordinaires facultés de clairvoyance que le somnambulisme, quand il se produit, développe chez le sujet et qui fournissent au magnétiseur un précieux moyen d'information pour le diagnostic et le traitement de la maladie qu'il a entrepris de guérir.

Ces facultés de clairvoyance sont désignées généralement : sous le nom d'*autoscopie*, lorsqu'elles s'exercent sur le sujet lui-même et à son profit, et sous le nom de *diagnostic sensitif,* lorsqu'elles sont mises au service d'un malade mis en rapport avec le sujet.

Je vais étudier séparément ces deux formes de la clairvoyance somnambulique. J'examinerai ensuite l'hypothèse du *sixième sens,* que l'on a émise pour expliquer ces extraordinaires facultés.

§ 1er. — *Autoscopie.*

188. — L'autoscopie, quand elle se manifeste dans le traitement magnétique, comme un effet naturel et spontané du somnambulisme, peut incontestablement rendre de grands services.

Le malade, dans cet état, dit M. Alphonse Bué dans son *Traité* (précité) *du magnétisme curatif* (vol. II, p. 114), juge très clairement de la nature de son mal, de son origine et de sa cause, des moyens à employer pour le combattre ; il voit l'intérieur de son corps, ses organes malades ; il prévoit d'avance la nature et l'époque précise des crises par lesquelles il devra passer et il annonce toutes les péripéties de la marche de la maladie, sa durée et son mode de terminaison...

Le même auteur cite des exemples remarquables des cures qu'il a obtenues grâce à cette faculté de clairvoyance. On les trouvera rapportés, dans leurs plus minutieux détails, aux pp. 71, 117 à 126 et 129 de son ouvrage.

189. — Deleuze, le plus expérimenté des anciens magnétiseurs dont il a été parlé *supra,* n° 63-9°, donne, dans son *Instruction pratique sur le magnétisme animal* (déjà cité), de judicieux conseils au sujet de l'emploi qui peut être fait de la clairvoyance somnambulique dans l'intérêt du sujet lui-même, et des précieuses ressources qu'elle offre au magnétiseur pour le traitement de la maladie. A ces conseils, l'éminent praticien en

ajoute un autre, celui de tout faire pour que le malade que l'on a guéri en utilisant sa clairvoyance, ne conserve pas cette aptitude au somnambulisme qui s'est développée pendant sa maladie, et surtout pour qu'il se garde bien, dans l'intérêt de sa santé et de son équilibre nerveux, d'entretenir cette faculté afin de l'utiliser au profit d'autres malades. Et, à ce propos, il fait cette remarque intéressante (p. 293 de l'*Instruction pratique*) : « Que les somnambules qui ne sont plus malades sont ordinairement de mauvais somnambules, *la disposition au somnambulisme n'étant point en accord avec les habitudes ordinaires de la vie* » : ce qui semblerait impliquer que le somnambulisme est un état exceptionnel, que la nature, disons mieux, l'âme fait naître parfois et développe spontanément, instinctivement, sous la poussée de la maladie et pour venir au secours de l'organisme menacé, à peu près de la même manière qu'elle pousse les *phagocytes* à se précipiter à l'assaut des germes infectieux qui envahissent le sang et compromettent la santé. Son œuvre achevée, tout doit rentrer dans l'ordre habituel, le somnambulisme doit cesser, et il est normal que l'équilibre, rompu un moment par lui, se rétablisse, de sorte que c'est contrarier les vues de la nature et s'exposer à des conséquences fâcheuses que d'entretenir l'état somnambulique sans nécessité et en dehors de l'état de maladie auquel il était destiné à pourvoir.

190. — Aux témoignages que je viens de citer en faveur de la clairvoyance *autoscopique*, on peut notamment ajouter : 1° celui du distingué professeur de l'Université de Genève, M. Flournoy, qui déclare dans la *Revue des Études psychiques* (sept. 1903, p. 165) : « Il n'est pas rare de rencontrer des somnambules ayant la claire vision de leurs viscères jusque dans leur structure intime » ; 2° ceux recueillis par Carl du Prel dans son *Traité de la Magie* (précité), 2° partie : *La Psychologie magique* (pp. 110 et s.).

C'est au fond très simple, écrit ce dernier : quiconque a
étudié l'*od*, sait que les sensitifs réagissent à son influence
par le toucher, l'odorat et l'œil. L'od est une manifestation
lumineuse, non perceptible à l'œil ou à l'homme dans son
état normal, mais perceptible à l'œil du sensitif, dans l'obscurité surtout. Comme l'od ne se manifeste pas à la surface
seulement, mais pénètre les corps, le sensitif sentira ou verra
l'od selon son individualité. La clairvoyance est la vision de
l'od, rien de plus, et quiconque a étudié ces choses ne mettra
pas en doute l'existence de personnes douées de ce sens.

Van Ghuert avait une somnambule qui voyait au travers de
son propre corps et de celui de son magnétiseur. Elle décrivit une fois, les yeux fermés, son organisme intérieur, à lui,
le compara au sien propre, et se mit à pleurer en voyant
combien chez lui tout était sain, et gâté chez elle...

D'après Puységur (*Mémoires*, 100), le paysan Viélet, sans
aucune instruction, écrivit un traité en état de somnambulisme, et dit : « Dans mon état actuel, je puis juger par ma vue
et mes impressions les maladies intérieures et extérieures. »

...Les somnambules voient les personnes saines briller odiquement d'un vif éclat ; elles observent chez les malades des
parties obscures...

§ 2. — *Diagnostic sensitif.*

191. — D'après le témoignage autorisé de M. Alphonse
Bué (*Le Magnétisme curatif*, p. 127), tandis que l'autoscopie, ou la faculté de percevoir et de prévoir les causes
et les phases de *leurs propres maladies* est assez fréquente chez les somnambules, celle de percevoir les
troubles fonctionnels des personnes avec lesquelles ils
sont mis en rapport, est plus rare et moins sûre dans
ses résultats.

Deleuze déclare, lui aussi (pp. 294 à 297 de son *Instruction pratique sur le magnétisme*, précitée), et on
peut en croire sa grande expérience, que les organisations dans lesquelles le somnambulisme existe à l'état
en quelque sorte constitutionnel, les seules qui soient
véritablement aptes au diagnostic sensitif, sont extrê-

mement rares et que l'on ne doit, pour divers motifs qu'il expose, recourir à leur clairvoyance qu'avec une extrême prudence.

Mais si ces organisations sont rares et si les services que l'on en peut attendre pour le diagnostic et le traitement des maladies des personnes qui les consultent, sont discutables, on rencontre cependant des somnambules, même faisant métier de leur lucidité, dont on obtient parfois d'étonnantes révélations. Deleuze le reconnaît (p. 301), et dit qu'ayant conduit chez ces somnambules de profession des malades qu'ils ne pouvaient connaître et dont lui-même ignorait l'état, il en a rencontré qui ont guéri des maladies extrêmement graves et des maladies chroniques invétérées, en changeant avec hardiesse le traitement suivi jusqu'alors.

Chacun de ces somnambules, du reste, a des méthodes d'exploration qui lui sont propres, et il en est qui donnent leurs consultations en l'absence du malade, *sur le seul examen des objets que celui-ci a portés.*

192. — Cette dernière observation de Deleuze est confirmée par M. Alphonse Bué qui, après avoir décrit (*loc. cit.*, pp. 127 à 131), les formes variées de perception des divers somnambules, ajoute :

> Enfin, il n'est pas absolument nécessaire de mettre directement le somnambule en rapport avec le malade ; on peut se servir de corps intermédiaires : un objet ayant appartenu au malade ou ayant été manié par lui, un mouchoir, un gant, une lettre, une mèche de cheveux suffisent.

Cette forme de clairvoyance somnambulique est ce qui choque le plus. « Il est prouvé cependant, observe Carl du Prel (*loc. cit.*, p. 103), que l'od se transmet aux matières les plus diverses ; ces objets, par conséquent, peuvent servir d'intermédiaires dans le diagnostic odique, d'autant plus que l'od n'adhère pas seulement à la surface, mais pénètre les corps (V. *supra*, n⁰ˢ 84 et s., mon étude sur l'od). »

Toutefois, ajoute notre savant auteur, le diagnostic est peu sûr. Il n'en cite pas moins (pp. 104 et s.), un grand nombre de cas dans lesquels ce mode de diagnostic a donné des résultats probants, notamment celui qu'il extrait de l'ouvrage de Ségouin (*Mystères de la Magie*), dans lequel « on demanda à une somnambule d'entrer en rapport avec l'auteur d'une lettre qu'on lui donna ».

Celle-ci exprima le désir d'être mise en état d'extase, ne pouvant entrer en rapport avec l'écrivain, qui, disait-elle, avait cessé de vivre. Celui qui consultait se récria : la lettre était de sa tante, qui se portait à merveille. La somnambule affirma son dire et ajouta que la dame avait eu une attaque dans son lit deux jours auparavant ; ce qui fut reconnu exact.

193. — Le même auteur, auquel il faut toujours recourir pour avoir une explication rationnelle des phénomènes que j'étudie, fait observer dans son traité (précité) de la *Magie* (2ᵉ partie, *Psychologie magique*), que la faculté de clairvoyance proprement dite n'est pas du tout une condition indispensable du diagnostic sensitif. Si elle existe, elle ne fait que rendre ce diagnostic plus sûr et plus efficace. Mais, le plus souvent, le somnambule juge sans la vision directe des organes malades et sans réflexion ; son diagnostic est purement sensitif :

Cette sensitivité, dit l'éminent psychologue dont je résume les observations (pp. 90 à 109), repose sur l'équilibre de deux états. Quand un somnambule touche un malade, les corps s'équilibrent l'un l'autre, à peu près comme deux corps inanimés, dont l'un est chaud et l'autre froid. Nous désignons cet équilibre comme *odique*. Le processus entier de la nature repose sur la mise en équilibre constante de forces existantes et toujours en mouvement. La force odique ne peut en être exceptée ; elle diffère selon les individus, varie d'après la santé, et, quand deux hommes entrent en contact, il faut aussi que leurs états s'égalisent.

Voilà précisément ce qu'éprouvent les sensitifs et ce qui est la base de leur diagnostic.

Cette transmission des sensations morbides, qui s'opère du malade au somnambule, est très remarquable et elle a été souvent observée. Carl du Prel en cite de nombreux témoignages, parmi lesquels je choisis les suivants :

Le docteur Bertrand rapporte qu'il amena à sa somnambule une demoiselle tout à fait inconnue de celle-ci et qui était asthmatique. Peu après l'avoir touchée, la somnambule montra tous les symptômes les plus violents de l'asthme et découvrit exactement l'état de la maladie, ainsi qu'un autre mal tenu caché au médecin : des dartres au bas-ventre (Bertrand, *Traité du Somnambulisme*, 230).

D'après le docteur Teste (*Le Magnétisme animal expliqué*, 338) :

D'habitude, quand on prend les mains du somnambule, il tremble, puis il *s'examine* attentivement et semble rassembler des impressions auxquelles il n'est pas accoutumé. Ces impressions sont celles du malade, *dont l'organisme s'identifie* jusqu'à un certain point au sien. Il indique bientôt après les symptômes, qu'il décrit sans ordre, en commençant le plus souvent par le plus atteint.

Les magnétiseurs confirment de tous points les observations des médecins sur le diagnostic sensitif que l'on vient de décrire.

Du Potet, entre autres, dit, ainsi que le rapporte Carl du Prel (*loc. cit.*, p. 94), que les somnambules mis en rapport avec un malade *éprouvent dans leur propre organisme les désordres pour lesquels on les consulte.*

La voyante de Prévorst, au témoignage de Kerner, cité également par notre auteur (p. 94), était douée pour les maladies d'une impressionnabilité si vive qu'elle avait, aux endroits correspondants de son corps, les sensations du malade dès que celui-ci l'approchait, et elle désignait son mal. Un jour qu'elle touchait une malade qui lui était inconnue, elle devint extrêmement rouge, eut des battements de cœur, des douleurs dans la région du foie et perdait à peu près la vue de l'œil droit. C'était le cas chez la malade depuis des années; elle n'en avait rien dit et on ne s'apercevait pas qu'elle eût cette infirmité.

194. — D'après ces faits, on s'explique que les somnambules éprouvent parfois une forte répugnance à subir le contact de certains malades et que l'opération ne soit pas sans inconvénients, ainsi que le constate M. Ochorowicz dans son *Traité de la suggestion* (209). Quoi qu'il en soit, ils suffisent à expliquer le processus du diagnostic sensitif, et c'est là ce qui constitue leur principal intérêt. Quant au degré de confiance que les révélations ainsi fournies par les somnambules doivent inspirer, j'ai déjà fait entendre, d'après des magnétiseurs expérimentés, tels que Deleuze et Alphonse Bué, qu'il comportait de sérieuses réserves. Cependant, tout n'est pas tromperie dans le secours médical que les malades peuvent attendre des somnambules, et il ne manque pas de témoignages autorisés pouvant être invoqués en faveur de ces derniers. Le docteur Froissac, dans un rapport adressé à l'Académie de Paris, et cité par Carl du Prel (p. 101), disait « qu'il n'y a pas une seule maladie aiguë ou chronique des organes intérieurs que ces sensitifs ne puissent découvrir et traiter », et le docteur Louis Séré (*Application du somnambulisme magnétique au diagnostic et au traitement des maladies*), également cité par notre éminent psychologue (p. 101), rapporte toute une série de cas pris dans sa vie de praticien, où les diagnostics furent reconnus exacts.

Les erreurs qui s'y glissent quelquefois, assure Carl du Prel (*loc. cit.*, p. 100), doivent être le plus souvent attribuées à des suggestions maladroites contenues dans les questions irréfléchies du magnétiseur.

§ 3. — *Le sixième sens.*

195. — Cette faculté qu'ont les somnambules de dia-

gnostiquer et de décrire soit leurs propres maladies, soit celles des personnes mises en rapport avec elles, d'en prévoir les phases, et de dicter, souvent avec bonheur, le traitement à suivre, et cette hyperesthésie de toutes les facultés sensibles qui accompagne plus ou moins l'état somnambulique et qui coïncide avec une anesthésie plus ou moins profonde des cinq sens extérieurs, ont fait émettre l'hypothèse de l'existence dans l'être humain, d'un *sixième sens*, ou plutôt d'un sens *universel et central*, qui resterait latent à l'état normal, mais qui se développerait et manifesterait toute son activité sous l'influence du somnambulisme, et tous autres états analogues. L'état somnambulique en un mot aurait plus ou moins la propriété d'extérioriser et de synthétiser en un sens *unique* les cinq sens différenciés que nous possédons dans notre état ordinaire.

Carl du Prel a consacré tout le chapitre III de la seconde partie (*Psychologie magique*) de son ouvrage *Sur la Magie*, auquel j'ai déjà fait de nombreux emprunts, à justifier cette hypothèse. Les considérations qu'il développe et qui éclairent d'un jour tout particulier, non seulement la question de l'autoscopie et du diagnostic sensitif, dont on vient de parler, mais, d'une manière générale, tous les phénomènes du somnambulisme, et qui, par conséquent, auraient pu trouver leur place dans mon chapitre V, consacré à la description des différents états de l'hypnose (*supra*, nos 101 et s.), sont trop intéressantes pour que je puisse me dispenser de les résumer.

196. — Les cinq sens que nous possédons et qui se sont formés dans le cours du processus biologique, ne nous révèlent pas, dit en substance l'éminent psychologue, la réalité propre et les qualités objectives des choses. « Un mode de connaissance, d'où serait éliminé tout le faux qui nous vient des sens, serait particulièrement précieux. Tel est le cas du somnambule. Le monde sensible extérieur est supprimé pour lui, et ce-

pendant il ne cesse pas de percevoir les objets. » Cette faculté, qui lui est spéciale, a été désignée, dans la psychologie expérimentale, sous les noms, soit de *sixième sens*, soit de *sens central et universel*.

Voilà, dit Carl du Prel (*loc cit.*, p. 153), où est l'immense importance du somnambulisme. Il fait renaître les problèmes que le matérialisme croyait avoir enterrés, entre autres celui de l'au-delà où *une partie de notre être se trouve engagée dès à présent*. La croyance instinctive, commune à toutes les religions, qu'il y a un monde immatériel et que nous sommes nous-mêmes d'une nature immatérielle, arrive à être confirmée.

Voyons comment, chez les sensitifs en général, et chez le somnambule (naturel ou artificiel) en particulier, fonctionne ce sixième sens :

Les somnambules sont affectés par des matières complètement indifférentes à l'homme normal et à eux-mêmes à l'état de veille ; ils sont également affectés par d'autres matières *autrement qu'à l'état de veille*. Les métaux, notamment, exercent sur eux une influence facile à démontrer, que Reichenbach a qualifiée *d'influence odique* et qu'il a mise en évidence par des milliers d'expériences.

Ajoutons que tous les phénomènes de lucidité et de clairvoyance que l'on rencontre dans l'étude du somnambulisme et qui ont été décrits précédemment (chap. V, nos 130 et s.) et le seront encore plus abondamment au chapitre XI ci-après, paraissent être sous la dépendance de ce sixième sens, sans lequel ils ne sauraient être complètement expliqués.

On pourrait définir le sixième sens : la faculté de percevoir directement les qualités *odiques* des choses, c'est-à-dire leur essence. Ce sens fonctionne surtout lorsque les sens extérieurs sont supprimés ou anesthésiés et, par conséquent, d'une manière toute particulière, dans le somnambulisme. Par suite de cette anesthésie, qui ferme la porte aux sensations du dehors, la perception.

au rebours de la perception normale, est toute intérieure, comme dans le rêve. L'action de ce sixième sens,
hors duquel les cinq sens normaux se sont différenciés, embrasse ainsi le champ total de ces derniers.

197. — Tous nos sens, dit encore Carl du Prel
(pp. 174 et suiv.), n'étant ainsi que les différenciations
d'un centre général et commun de sensibilité, c'est de
là, de ce centre commun, que part leur action.

On peut, en effet, prouver expérimentalement que nos perceptions sensorielles ne reposent ni sur *l'appareil* des sens,
ni sur les nerfs, mais sur la *sensation odique générale*. L'appareil nerveux n'est susceptible de perception que lorsqu'il est
chargé odiquement. Voilà qui est démontré par les brillantes expériences de M. de Rochas sur *l'extériorisation de la
sensibilité* [1]. Il a montré qu'à l'état de somnambulisme, les
couches odiques superficielles sortent du corps, entraînant
avec elles la sensibilité. Si nous piquons une somnambule,
elle ne le sent pas, elle est anesthésiée, l'od étant sorti de
cette couche de son corps. Mais si nous chargeons l'od extériorisé sur de l'eau et piquons cette eau dans une chambre
éloignée, le somnambule poussera un cri, parce que sa sensibilité sera alors dans l'eau *odisée*. Quand donc les matérialistes disent que toute sensation est inséparable de l'appareil
des sens, et que le sens odique n'existe pas, c'est le contraire
qui est vrai ; l'appareil ne sert à rien, serait-il parfaitement
intact, tant qu'il n'est pas chargé odiquement, et la sensibilité demeure dans l'od, même s'il a quitté le corps. Ces
paroles du vieux Platon redeviennent en honneur : « *Nous
ressentons avec l'âme, par le moyen des sens.* »

Je n'ai jamais pu comprendre, et d'ailleurs on ne peut le
concevoir physiologiquement, qu'on puisse attribuer aux
somnambules tantôt l'anesthésie, tantôt l'hyperesthésie. On
ne peut imaginer comment des états si contradictoires peuvent alterner l'un avec l'autre... Ces contradictions se résou-
dront d'elles-mêmes, si les sensations sont déterminées par
des causes odiques. Le somnambulisme est le sommeil des
sens extérieurs, *mais il est lié au réveil intérieur*, dans lequel
se manifeste souvent l'hyperesthésie et même un état suré-
levé à bien des points de vue. La vision normale disparaît, la
clairvoyance commence ; l'odorat est supprimé, mais le
somnambule éprouve ce que le magnétiseur sent ; le sens

1. V. le compte rendu de ces expériences au chap. VIII ci-après.

du toucher a disparu, mais la substance intime des choses
est sentie ; la peau est anesthésiée, mais une piqûre faite au
magnétiseur sera ressentie par le somnambule. Les sens
extérieurs ne perçoivent que des côtés partiels des choses :
le sens du toucher, la forme et la masse ; l'odorat et le goût,
les qualités chimiques ; l'œil et l'oreille, les vibrations de
l'éther et de l'air. Le sens intérieur embrasse toutes ces perceptions, il a une autre mesure et du temps et de l'espace.

198. — Par là se trouve démontré, conclut Carl du
Prel (*loc. cit.*, p. 182), et c'est là l'immense intérêt de
cette analyse si pénétrante du sixième sens, « qu'il faut
distinguer entre l'homme *intérieur* et l'homme *extérieur*,
et que l'âme, si elle se sert constamment à l'état normal
des organes extérieurs, peut néanmoins s'en passer dans
les autres états, sans pour cela être privée de ses sensations et de ses idées » ;

Et, enfin, que la mort, « qui sépare définitivement
l'homme intérieur de l'homme extérieur, n'est que l'*essentification de la vie* » ; ce qui faisait dire à Socrate
mourant : « Si nous voulons savoir véritablement quelque
chose, il faut que nous abandonnions le corps, et que
l'âme seule examine les objets qu'elle veut connaître. »

CHAPITRE VIII

Suite des effets physiologiques et psychologiques de l'hypnose. — Les phénomènes d'extériorisation psychique.

199. — Les développements donnés jusqu'ici à l'étude que j'ai entreprise me paraissent suffisants pour avoir fait comprendre à mes lecteurs qu'il y a dans le sommeil naturel, et aussi dans l'hypnose, un centre d'activité psychique qui s'extériorise et que j'ai appelé provisoirement le subconscient, ou le subliminal, en attendant qu'il fût permis de le mieux définir.

Cette extériorisation, on va la voir à l'œuvre, avec son processus invisible aux sens ordinaires, mais visible pour les intuitifs, et avec tous ses effets physiologiques et psychologiques.

Suivant ce qu'enseigne Carl du Prel (2ᵉ partie, *Psychologie magique* de son *Traité de la Magie*, p. 28), l'*od*, dont une des principales propriétés est de pouvoir s'extérioriser à l'infini, se montre, dans cette extériorisation, très bon conducteur, non seulement de la force vitale et, avec elle, de la force organisatrice et idéoplastique, dont le principe est dans l'âme, ainsi que la démonstration en a été faite sous le chapitre précédent, mais encore de la sensibilité, et, par cela même des dons de clairvoyance et de lucidité qui en dépendent; de la volonté, de la pensée, de la motricité, en un mot de toutes les facultés de l'âme. Ajoutons que parfois l'extériorisation est si complète qu'elle aboutit, ou semble aboutir, à celle de l'organisme psychique tout entier.

C'est sous ces diverses aspects qu'il convient d'étudier ce phénomène, un des plus remarquables de tous ceux que produit l'hypnose.

SECTION I

DE L'EXTÉRIORISATION ODIQUE

200. — D'après Carl du Prel, l'extériorisation des diverses facultés de l'âme n'est qu'une conséquence de l'extériorisation odique. C'est par celle-ci que les facultés psychiques sont projetées en dehors de l'être humain et de son centre habituel d'action.

Voyons donc, avant tout, ce que dit ce psychologue de l'extériorisation odique dans la première partie la *Physique magique* de son traité de *la Magie* (pp. 82 et s.)

Tout d'abord, l'extériorisation odique se manifeste par la magnétisation des objets inertes, qui reçoivent ainsi et conservent toutes les propriétés essentielles de l'agent magnétique.

Le professeur Kiéser dit que toutes les substances peuvent être magnétisées sans peine et devenir elles-mêmes des *magnétophores* qui agissent comme le magnétiseur lui-même.

Les propriétés ainsi transmises aux substances inertes par l'extériorisation de l'od, que Carl du Prel identifie avec l'agent magnétique, pénètrent ces substances et se conservent plus ou moins longtemps, malgré l'interven-

tion de toutes les forces physiques ou chimiques qui
pourraient leur être contraires :

Le magnétisme animal, conclut Carl du Prel (*loc. cit.*, p. 87),
est donc une potentialité supérieure aux forces physiques ou
chimiques ; il vient de l'essence de l'homme et n'est pas,
quand on le transmet, une simple force superficielle, mais
pénètre au cœur même des substances, dans les atomes eux-
mêmes. Le magnétisme animal est donc indestructible pour
les potentialités inférieures de la nature. Représentons-nous
notre corps *résous* par un procédé quelconque en ses atomes
constituants, il reste encore ce qu'Homère appelait l'*eidôlon*,
et le mystique, le *corps astral*. Si le monde matériel tout
entier pouvait être supprimé (monde qui n'est d'ailleurs que
le simple phénomène de nos sens), *il resterait encore celui des
essences odiques.*

SECTION II

EXTÉRIORISATION DE LA FORCE VITALE ET DE LA FORCE
CRÉATRICE ET ORGANISATRICE

201. — L'extériorisation odique, dit Carl du Prel
(*loc. cit.*, p. 89), entraîne en même temps celle de la
force vitale, puisque sa transmission à un organisme
malade en opère la guérison, ainsi que le fait a été
maintes fois constaté. La démonstration en a été faite,
en effet. sous la IVᵉ section de mon chapitre VII (V. *supra*, nᵒˢ 177 et s.).

202. — Elle entraîne aussi celle de la sensibilité,
comme on le démontrera plus loin, sous la IIIᵉ section
de ce chapitre, en analysant les remarquables expériences de M. de Rochas en cette matière.

Cette double conséquence de l'extériorisation odique,
qu'il appuie de nombreux faits d'observation (pp. 82 à
103 de son ouvrage précité) suggère à Carl du Prel
(p. 104) cette réflexion : « La force vitale et la sensibilité, liées toutes deux à l'od, se sont montrées exté-

riorisables jusqu'à présent. Nous ne pouvons plus douter
de l'existence d'êtres de nature odique, doués de vie et
de connaissances ; et, comme nous sommes, d'après
notre essence intime, de tels êtres, nous acceptons
l'hypothèse *qu'en mourant nous faisons usage de
notre faculté d'extériorisation* ». Toute objection
contre la croyance aux fantômes se trouve par cela
même écartée.

203. — Avec l'extériorisation de la force vitale, fait
observer le même auteur, marche de pair celle de la
force organisatrice, qui est liée à elle d'une manière
indissoluble. « Il faut rappeler, dit-il (p. 107), qu'une
différence entre la force vitale et la force organisatrice
paraît inadmissible. La vie est liée si intimement aux
organes qui la déterminent, que la force contenue dans
l'organisme fini doit être identique à celle qui l'a formé.
Là, par conséquent, où la force vitale est extériorisée,
la force créatrice de l'organisme l'est également... »

Par là s'explique la faculté pour certains sujets, facilement extériorisables, de former un fantôme odique
plus ou moins visible suivant les circonstances.

SECTION III

EXTÉRIORISATION DE LA SENSIBILITÉ

204. — L'extériorisation odique entraîne, on vient
de le dire, l'extériorisation de la sensibilité. C'est ce
qui résulte des expériences de M. de Rochas, qui établissent que la faculté de sentir, non seulement est extériorisée par les passes magnétiques, mais peut aussi
être transmise à des substances inertes placées dans la
zone d'extériorisation[1].

1. M. de Rochas a ainsi résolu le problème que posait ce double
fait, en apparence contradictoire, de *l'anesthésie* et de *l'hyperesthésie* des sujets hypnotiques, en montrant que chez eux la sen-

Ces expériences ont une trop grande importance pour que je ne croie pas nécessaire d'un faire connaître les traits les plus essentiels. J'emprunte au docteur Gyel, sauf à le compléter, le résumé très substantiel qu'il en a fait dans son ouvrage précité *l'Être subconscient* (pp. 49 et s.) :

Chez un certain nombre de sujets, la sensibilité disparue, pendant le sommeil hypnotique, de la surface du corps, se retrouve, appréciable pour le magnétiseur, en dehors de leur organisme corporel. Les explorations montrent cette sensibilité disposée de la façon suivante :

Une première couche sensible, très mince, suit tous les contours du corps, à 3 ou 4 centimètres en dehors de la peau. — Tout autour de cette première couche, il existe une série de couches équidistantes, séparées de la première par un intervable de 6 à 7 centimètres, et se succédant jusqu'à 2 ou 3 mètres, se pénétrant et s'entre-croisant sans se modifier. — Si l'hypnose est poussée plus loin, les couches sensibles se condensent, après la troisième ou quatrième phase de léthargie, sur deux pôles de sensibilité situés, l'un à droite, l'autre à gauche du sujet. — Enfin, ces deux pôles finissent par se réunir en un seul et, dès lors, toute la sensibilité appréciable du sujet se trouve reportée sur une sorte de *fantôme*, capable de s'éloigner fort loin au gré et à l'ordre du magnétiseur, de traverser les obstacles matériels en conservant sa sensibilité.

Le sujet ou *d'autres sujets témoins* [1] voient les diverses couches sensibles et le fantôme total. La moitié droite leur semble *bleue*, et la moitié gauche, *rouge*. Pour eux le fantôme semble éclairer les objets sur lesquels il se pose (v. *supra*, n° 94 et s.).

Enfin, certains objets et substances mis en contact avec les couches sensibles s'imprègnent d'un peu de sensibilité du sujet, et peuvent la conserver quelque temps.

Des expériences nombreuses et bien conduites, notamment celles du docteur Joire (V. *Annales des*

sibilité *ne diminuait pas, mais se déplaçait, s'extériorisait*, et acquérait ainsi, par son extériorisation, une plus grande liberté d'expansion, une plus grande intensité.

1. C'est par ces témoins, placés dans le même état de sensitivité que le sujet, que M. de Rochas contrôle les dires de ce dernier.

Sciences psychiques, nov.-déc. 1897) ont établi d'une manière absolue l'authenticité des faits observés par M. de Rochas.

Avant d'aller plus loin, disons de suite que, grâce à ces expériences, et c'est en cela que résident principalement leur valeur et leur portée, l'existence d'un centre de forces, véritable *substratum* du subconscient, susceptible de s'extérioriser en dehors des limites de l'être physique, et entraînant avec lui, non seulement la sensibilité, mais encore, comme on l'a déjà dit et comme on le verra plus loin, la volonté, la pensée, la motricité, en un mot toutes les facultés de l'âme, dont le fonctionnement est, dans l'état normal, inséparable du système nerveux, — n'est plus une simple hypothèse ; c'est une réalité scientifiquement démontrée.

205. — Voici comment procédait M. de Rochas dans ses expériences désormais célèbres. Il est utile de s'en rendre compte pour pouvoir en apprécier toute la force démonstrative. Il en a décrit lui-même le mécanisme dans son ouvrage déjà cité *les États profonds de l'hypnose* (p. 57) de la manière suivante :

Dès qu'on magnétise un sujet, la sensibilité disparaît chez celui-ci à la surface de la peau. C'est là un fait établi depuis longtemps ; mais ce que l'on ignorait, c'est que cette sensibilité *s'extériorise* ; ils se forme, dès l'état de rapport, autour de son corps, une couche sensible (lumineuse et visible pour les sensitifs), séparée de la peau par quelques centimètres. Si le magnétiseur ou une personne quelconque pince, pique ou caresse la peau du sujet, celui-ci ne sent rien ; si le magnétiseur fait les mêmes opérations sur la couche sensible, le sujet éprouve les sensations correspondantes.

Au surplus, on constate qu'à mesure que l'hypnose s'approfondit, il se forme une série de couches analogues, à peu près équidistantes, dont la sensibilité décroît (en même temps que la visibilité pour les sensitifs) proportionnellement à leur éloignement du corps. Elles traversent presque toutes les substances...

Mais c'est principalement dans son traité de *l'Exté-*

riorisation de la sensibilité (précité) que M. de Rochas a rendu compte de sa précieuse découverte et en a précisé les importantes conséquences.

Après avoir rappelé les expériences des anciens magnétiseurs, ainsi que celles du baron de Reichenbach, et celles plus récentes de M. Durville (V. l'analyse qui en a été faite à la IIIᵉ section de mon chapitre IV, *supra*, nᵒˢ 78 et s.) qui ont mis en évidence l'existence objective d'effluves lumineux se dégageant du corps humain, M. de Rochas raconte qu'il fut lui-même amené par ses études sur les états profonds de l'hypnose, à reconnaître que la faculté, attribuée aux somnambules par les magnétiseurs, de percevoir ces effluves dans l'obscurité, ne pouvait être mise en doute. Les expériences qu'il fit pour justifier cette conclusion et dont il rend compte dans l'ouvrage que je résume, ont été poursuivies, ainsi que je l'ai déjà expliqué (*supra*, nᵒ 88), avec un sujet, nommé Albert, à qui un remarquable talent de dessinateur permettait de dessiner et même de peindre les effluves que son extrême sensitivité lui faisait percevoir.

La preuve scientifique de l'existence objective de ces effluves étant ainsi acquise, M. de Rochas a continué ses investigations en recherchant quel pouvait être l'effet de ses propres effluves, c'est-à-dire des procédés de magnétisation, sur les effluves de son sujet. Et c'est au cours de ces études, qui l'ont conduit à analyser et à décrire, dans ses deux ouvrages (précités) des *Etats superficiels de l'hypnose* et des *Etats profonds de l'hypnose*, les différentes phases du sommeil hypnotique, qu'il a pu faire ses intéressantes observations au sujet des déplacements de la sensibilité en des couches concentriques plus ou moins éloignées, coïncidant avec l'extériorisation des effluves lumineux en deux pôles opposés et de couleurs différentes, qui finissent par se réunir en une forme de fantôme, ainsi qu'on l'a dit au commencement de ce résumé[1].

1. Cette dernière phase du phénomène n'a pas été expressément

206. — Il est à remarquer, et ce n'est pas là un des aspects les moins curieux du phénomène, que les diverses couches lumineuses de sensibilité ainsi extériorisées pénètrent de leur influence tous les objets et toutes les substances, mais plus spécialement les liquides et les corps mous et visqueux, tels que l'eau, la gélatine, la cire, la ouate, etc., placés dans leur champ d'action. Elles les imprègnent, jusqu'à saturation complète et pour un temps plus ou moins durable, de la sensibilité qu'elles contiennent, de sorte que, si l'on pince, par exemple, l'eau contenue dans un verre qui a subi cette influence, le sujet éprouve la même sensation que si l'on pinçait les couches lumineuses. Bien plus, si on prend le verre d'eau et si on le porte à quelque distance, même au delà des couches sensibles extériorisées, le sujet ressent encore les attouchements effectués sur l'eau contenue dans le verre. Si on l'éloigne trop, la communication de sensation ne s'effectue plus, mais elle reparaît quand

décrite par M. de Rochas dans les ouvrages dont je viens de parler. Il s'est réservé de le faire dans un ouvrage ultérieur, qui n'a pas encore paru, mais a été remplacé par des notes publiées en divers recueils et dans lesquelles le savant expérimentateur a complété ses observations sur ce point si important. M. Sage, d'ailleurs, qui a assisté à une partie de ses expériences, s'est fait son interprète dans son ouvrage déjà cité *la Zone frontière* (p. 112) dans les termes suivants :

« Quand le magnétiseur continue les passes, l'extériorisation latérale ne continue pas indéfiniment. Un moment arrive où les deux moitiés de fantôme odique quittent le corps physique des deux côtés à la fois et viennent se réunir en avant de ce même corps physique, pour former un fantôme complet, visible pour les somnambules et les sensitifs. Le magnétiseur en trouve la situation en pinçant dans ce qui est pour lui le vide : le fantôme a entraîné la sensibilité avec lui et, dès qu'on touche ce fantôme, le corps physique tressaille. Le corps odique tend à reproduire les moindres particularités du corps physique. Abandonné à lui-même, il a des tendances à s'éloigner dans le sens de la verticale, en demeurant toujours rattaché au corps physique par un mince cordon odique. Mais la volonté du sujet et celle du magnétiseur, qui s'impose au sujet, peuvent le ramener et le diriger comme elles veulent. L'âme, vie et pensée, continue à fonctionner dans le corps physique, évidemment, mais elle est surtout active dans le fantôme.

on s'approche de nouveau à distance convenable. Au
bout de quelques instants, l'eau semble avoir perdu
ses propriétés, si elle reste éloignée des couches sensibles.

207. — M. de Rochas est un expérimentateur trop
avisé pour ne pas avoir remarqué l'analogie qui existe
entre le phénomène qu'on vient de décrire et les pratiques de l'*envoûtement*, si longtemps en usage pendant
le moyen âge, et qui consistaient notamment à trans-
percer avec des épingles une figurine de cire, dans la
croyance que les blessures ainsi faites sur l'image se
répercuteraient sur la personne qu'elle représentait.

Après s'être livré, dans son traité *De l'extériorisation
de la sensibilité*, à une relation détaillée des différentes
formes de maléfices de cette nature en usage chez les différents peuples et spécialement en France (*loc. cit.*, pp. 77
à 104), M. de Rochas, dans les lignes suivantes (pp. 105
à 119), les explique en les rapprochant de ce qui a été dit
précédemment au sujet des phénomènes de l'extériorisation de la sensibilité. Et il cite à l'appui de cette explication
un certain nombre d'expériences qu'il a faites pour démontrer la possibilité de créer des *mumies*, c'est-à-dire des
corps ou substances imprégnés de la sensibilité d'un sujet
en les plaçant pendant un certain temps dans le champ
d'extériorisation de ce sujet. Ces expériences sont d'autant plus intéressantes qu'elles confirment implicitement,
et de la manière la plus décisive, la loi de l'extériorisation
simultanée des couches odiques et de la sensibilité, telle
qu'elle ressort des travaux du savant expérimentateur.

Pour en donner un aperçu, je me borne à emprunter
à son ouvrage (*loc. cit.*, p. 105) l'exemple suivant :

Après avoir constaté, dit-il, que la cire à modeler faisait
partie des substances propres à emmagasiner la sensibilité
du plus grand nombre de sujets extériorisés, j'ai confec-
tionné une statuette avec cette cire; j'ai placé la statuette
verticalement devant un de ces sujets de façon à *l'effluver* et
j'ai reconnu que, si je piquais la statuette à la tête, le sujet

éprouvait un malaise à la partie supérieure du corps; il l'éprouvait à la partie inférieure, si je piquais la statuette sous les pieds. Ce n'était là que l'emmagasinement par la cire des effluves les plus rapprochées; la preuve, c'est que le contraire se produisait si j'avais soin de placer la statuette la tête en bas, quand je la chargeais de sensibilité.

208. — Si, d'ailleurs, il est possible, ainsi qu'on vient de le voir, d'exercer, en opérant sur des *mumies*, c'est-à-dire sur des objets ou substances imprégnées de la sensibilité d'une personne, une influence *malfaisante* sur cette personne, il est possible également, pour les mêmes raisons et par les mêmes moyens, d'exercer sur elle une influence *bienfaisante*. Tel est le secret de la *guérison par sympathie* dont il a été question sous la 4º section de mon chapitre VII (*supra*, nº 180), et, spécialement, de la *poudre de sympathie* du chevalier Digby, dont la vogue fut très grande au dix-septième siècle, et qui guérissait les blessures au moyen d'un traitement effectué, non pas sur le blessé lui-même, mais sur des *mumies*, c'est-à-dire sur des substances (quelques gouttes de son sang, notamment) imprégnées de son od et, par cela même, de sa sensibilité extériorisée.

Et de fait, dit M. de Rochas, après avoir donné la composition du remède et la manière de s'en servir (*loc. cit.*, p 122), la plaie ainsi traitée, au témoignage de Digby, confirmé par d'autres témoignages contemporains, guérissait très vite.

209. — D'autres observations viennent corroborer les précédentes, en montrant le lien de sensibilité, correspondant à un lien substantiel de nature odique, qui subsiste, après leur séparation, entre l'organisme physique de l'homme et ses parties ou substances constitutives, de même qu'entre cet organisme et les objets ou substances extérieures qui ont été imprégnés de ses effluves.

M. de Rochas en rapporte un certain nombre dans

son traité précité *De l'Extériorisation de la sensibilité* (pp. 138 et s.). Je me bornerai à signaler la suivante, qui est de notoriété publique. Nul n'ignore, en effet, qu'une personne qui a subi l'amputation d'un membre continue à souffrir de ce membre amputé. Mais ce qu'on ne sait pas, c'est que cette souffrance peut, dans certains cas, être très grande et avoir sa cause réelle dans le membre *lui-même* et l'état particulier dans lequel il se trouve.

Un cas de cette nature, recueilli par un chirurgien américain dans les Montagnes Rocheuses, en 1881, est rapporté par M. de Rochas.(*loc. cit.*, p. 208) dans les termes suivants :

Je visitais, raconte ce chirurgien, une scierie mécanique avec des amis. L'un d'eux glissa et son avant-bras fut saisi par une scie circulaire qui le mutila. L'amputation fut nécessaire ; on était à une grande distance d'une ville. L'amputation faite, le bras coupé fut placé dans une boîte de sciure de bois. Peu de temps après, mon ami, en pleine voie de guérison, se plaignait de souffrir de son bras absent, ajoutant qu'il se sentait la main pleine de sciure, et qu'un clou lui blessait le doigt... La pensée me vint de retourner à l'endroit de l'accident et, si étrange que cela puisse paraître, tandis que je lavais le membre déterré pour le débarrasser de la sciure, je constatai qu'un clou du couvercle de la boîte s'était engagé dans le doigt. — Ce n'est pas tout : le blessé qui se trouvait à plusieurs milles de là, disait à ses amis : « On me verse de l'eau sur ma main, on enlève le clou, cela va beaucoup mieux. »

L'abbé Hanapier, dans sa *Tératoscopie du fluide vital*, publiée à Paris, en 1822, cherchait déjà une explication de ce phénomène qui fait percevoir à l'amputé la sensation douloureuse de son membre absent. Celle qu'il propose présente, malgré son caractère hypothétique, un réel intérêt et on pourra la lire avec fruit dans les notes dont M. de Rochas fait suivre son ouvrage précité (p. 209). Mais il semble que la meilleure explication se rencontre dans ce que nous connaissons déjà de la loi d'extériorisation de la sensibilité, qui a son *substratum* dans l'extériorisation plus ou moins complète de l'organisme odique, et qui contribue à maintenir des rapports de sensibilité entre l'organisme corporel et le membre amputé, aussi longtemps qu'il en est besoin, c'est-à-dire tant que celui-ci conserve encore (ce qui, assure-t-on, peut durer longtemps) un restant de vie, ou tout au moins un reste du double odique qui s'est extériorisé avec lui.

210. — Il semble bien également que l'on soit fondé à considérer comme des applications particulières de la loi d'extériorisation, les procédés, quelque peu empiques, employés par les anciens magnétiseurs pour guérir un malade, en transférant l'od de son organisme, avec ses éléments morbides, à l'organisme *sain* d'un homme, d'un animal, d'un arbre, d'une plante, qui, dans ce cas, prennent la maladie et quelquefois en meurent. C'est ce qu'on a appelé *la guérison par transfert*.

Ces procédés ont été repris, mais sur des bases plus scientifiques, par quelques-uns de nos cliniciens les plus connus, notamment le docteur Babinski, chef de la clinique de Charcot à la Salpêtrière, et le docteur Luys, professeur à l'hôpital de la Charité.

C'est ainsi que, dans des expériences qui ont eu un certain retentissement, le docteur Luys, en mettant en communication par les mains et à l'aide d'un aimant, une malade avec un sujet hypnotisé, parvenait à transférer à ce dernier tous les malaises symptomatiques de la maladie. On guérissait ensuite le sujet par suggestion et on le réveillait. L'opération répétée pendant un certain nombre de jours amenait, dans beaucoup de cas, une amélioration notable dans l'état du malade. « J'ai vu ainsi guérir, déclare M. de Rochas dans son ouvrage précité (p. 163), auquel j'emprunte ces renseignements, ou du moins modifier d'une façon très heureuse, des paralysies, des vertiges, des céphalalgies et même des battements de cœur et des *nævi* (marques de naissance). »

Le docteur Luys a lui-même rendu compte, le 10 février 1894, à la Société de Biologie, dans un rapport dont on trouvera le texte complet à la page 163 de l'ouvrage précité de M. de Rochas, d'un cas très curieux de transfert de maladie opéré d'une malade (une femme atteinte de mélancolie, avec idées de persécution, agitation et tendance au suicide) à un sujet hypnotisé (un homme), avec cette circonstance remarquable : que le transfert a eu lieu, non pas directement, de la malade au sujet, comme dans les cas qui viennent d'être rappelés, mais par l'intermédiaire d'une couronne aimantée qui a joué le rôle d'une *mumie* en quelque sorte, en ce sens qu'après avoir été chargée de la sensibilité de la malade, qui avait été guérie par son application plusieurs fois répétée, cette couronne a transféré la maladie, accidentellement et à la grande surprise du docteur Luys, à un sujet en état de somnambulisme, auquel celui-ci avait eu la curiosité d'en faire l'application *quinze jours après* que, la malade étant guérie, l'aimant était resté sans emploi.

Voir aussi, dans les notes explicatives de l'ouvrage de M. de Rochas (*loc. cit.*, pp. 287 à 290), d'autres cas intéressants de guérisons de maladies par *transferts* à d'autres êtres vivants (hommes, animaux ou plantes).

211. — Pour ceux de mes lecteurs qui voudraient approfondir cette question si troublante et si importante de l'extériorisation de la sensibilité, je crois utile de noter ici que la fin de l'ouvrage de M. de Rochas, dont je viens de présenter un résumé malheureusement bien incomplet, contient (pp. 181 à 298), de nombreuses notes explicatives du plus haut intérêt et dont quelques-unes semblent plus concluantes encore que le corps du Traité. Il en résulte d'une manière indiscutable que les phénomènes d'extériorisation sont non seulement réels, mais encore plus fréquents et plus faciles à obtenir qu'il ne semble résulter des explications qui précèdent [1].

1. Depuis que ces lignes ont été écrites, M. de Rochas a publié une 6e édition de son *Traité de l'extériorisation de la sensibilité*,

A signaler également : 1° Les observations qui ont
été faites sur différents phénomènes impliquant l'extériorisation de la sensibilité, et, notamment, sur l'action
des médicaments à distance, soit par M. Georges Vitoux (*Les coulisses de l'au-delà*, pp. 93 à 99)[1], soit par
M. Gabriel Delanne (*L'âme est immortelle*, pp. 245
à 248)[2] ; 2° Une communication très curieuse faite à la
Société magnétique de France par son secrétaire général, M. Durville, sur le *Dédoublement du corps humain* (V. les *Annales des Sciences psychiques* du
1-16 avril 1908), communication qui confirme les travaux
de M. de Rochas ; 3° Enfin, une étude récente publiée
par ce dernier dans le n° du 1-16 octobre 1910 des mêmes
Annales, sous ce titre suggestif : *Répercussion sur le
corps physique des actions exercées sur le corps astral.*

212. — Cette dernière étude mérite tout particulièrement de retenir l'attention.

Après avoir rendu compte de plusieurs expériences
rappelant plus ou moins les anciennes pratiques d'envoûtement et montré ainsi dans quelle mesure les violences exercées sur le *fantôme odique* extériorisé peuvent être ressenties par l'organisme corporel, l'auteur
dit avoir voulu rechercher si cette répercussion « *qui
se faisait pour le mal, ne pouvait pas se faire aussi
pour le bien* », et s'il n'était pas possible d'exercer une
influence bienfaisante et *curative* sur le corps du sujet,
en agissant sur le *fantôme odique*, que M. de Rochas
appelle le *corps astral*, c'est-à-dire, en définitive, sur
ce que je me suis déterminé à appeler l'*organisme psy-*

que je viens de résumer, dans laquelle il a ajouté aux observations déjà nombreuses recueillies dans l'édition précédente,
qui a servi de base à mon étude, d'autres faits, également intéressants, et dont quelques-uns, comme ceux notamment dus aux
recherches de M. Boirac, recteur de l'Académie de Dijon, permettraient peut-être d'entrevoir, à la base de l'extériorisation de la
sensibilité, des lois plus générales que celles qui ont été jusqu'à
ce jour mises en évidence.

1. Paris, Chamuel, 1901.
2. Paris, Chamuel, 1899.

chique, partiellement ou complètement extériorisé.

Les expériences qu'il a faites dans cet ordre d'idées ont donné parfois des résultats curieux et vraiment surprenants. Je cite textuellement, à titre d'exemples, parmi les huit cas de cette nature qu'il rapporte (pp. 292 à 294 des *Annales des sciences psychiques*), les deux suivants :

1° Lina est un modèle de peintre, chez qui de longues stations debout nécessitées par son état ont causé une *descente de matrice*. L'organe est arrivé à l'orifice du vagin et rend la marche très difficile.

J'extériorise le corps astral et je dis à Lina de mettre ma main sur le *double* de l'organe déplacé et de me prévenir quand elle sera en place. Je remonte alors doucement ma main et je l'arrête, sur son avertissement, quand elle s'est élevée d'une dizaine de centimètres. L'organe est en place et toute gêne a disparu. Il y a plusieurs années que l'opération a été faite, et il n'y a pas eu de rechute.

2° Joséphine est une jeune fille de dix-huit ans extrêmement sensible... Elle est domestique chez un marchand tailleur de Voiron. En remettant un ballot de marchandises sur un rayon élevé, à l'aide d'une échelle, elle tomba sur l'angle d'une machine à coudre et se blessa grièvement le côté. J'extériorisai le corps astral par lequel elle reconnut, au changement de couleur, l'emplacement de la contusion de son corps physique. Elle y plaça ma main que j'y laissai quelque temps avec l'intention de la guérir. Réveillée, toute douleur avait cessé définitivement.

Il n'est pas impossible que la suggestion ait suffi, dans ces différents cas, à produire les résultats obtenus. M. de Rochas en convient : « Cependant, dit-il, celui de Lina prouve qu'il y a eu plus qu'une action sur le système nerveux du sujet. » Quoi qu'il en soit, il semble au savant expérimentateur résulter de ce qui précède que si l'on pouvait toujours atteindre le corps astral, soit en le dégageant complètement, soit en agissant de manière à faire pénétrer le fluide du magnétiseur à travers l'organisme physique, en arriverait à produire des résultats en apparence miraculeux.

SECTION IV

EXTÉRIORISATION DES FACULTÉS DE PERCEPTION
(CLAIRVOYANCE, LUCIDITÉ, PRÉVISION DE L'AVENIR)

213. — L'extériorisation de la sensibilité, qui est le résultat de l'extériorisation *odique*, a elle-même pour conséquence l'extériorisation en un sens unique des facultés *perceptives*. Elle fournit la clef du problème que pose au psychologue l'apparition de ces facultés de clairvoyance, de lucidité, de prévision de l'avenir, qu'on rencontre dans le sommeil naturel, dans le somnambulisme, spontané ou provoqué, et dans tous autres états analogues. L'organisme psychique, dissocié et extériorisé de l'organisme nerveux, voit, entend, sent par lui-même et sans le secours des sens différenciés, et, comme il est doué en cet état d'une faculté de rayonnement que rien n'arrête (puisque l'od dont il est constitué traverse tous les corps), le temps et l'espace n'existent plus pour lui, et l'expansion à l'infini de ses couches odiques lui permet d'explorer le monde extérieur: le monde spirituel, sans doute, aussi bien que le monde physique, et cela, à quelque distance que soient placés les objets vers lesquels elles sont projetées.

Toute extériorisation est un commencement de dédoublement, un acheminement vers la séparation des deux organismes, corporel et psychique, que la nature a associés pendant cette vie et que la mort doit tôt ou tard séparer. Ce dédoublement, qui tend à libérer l'âme, ne commence pas à s'accomplir que, déjà, les effets libérateurs se font sentir.

L'esprit, dit le docteur Paul Gibier (*Analyse des choses*, p. 131)[1] se dégage, en même temps qu'une certaine quantité d'éner-

1. Paris, Dentu, 1890.

gie vitale ou animique, et se met en communication avec les choses extérieures. Au début, le dégagement consiste dans un simple rayonnement autour du corps, et c'est alors que les sujets lisent, *ou plutôt croient lire* avec la main, le front, l'épigastre, les pieds, etc. En un mot, les *trous de la lanterne* ne sont pas seulement les yeux, les oreilles ou les autres organes des sens; mais le *sens unique* se fait jour à travers tout les pores de la personne. Il n'y a plus alors de cerveau pour la perception ou la pensée, mais la perception et la pensée peuvent être partout. Dans cet état, le sujet peut déjà, au moyen de l'éther ambiant, dont les vibrations font vibrer à l'unisson *son éther animique* (son od) extériorisé, se rendre compte d'une foule de faits passés, présents et, j'ose le dire, futurs.

Quoi qu'il en soit, ce n'est pas ici le lieu d'approfondir l'étude de ces troublants phénomènes, étude qui a déjà été effleurée en divers passages de cet ouvrage, mais qui exige qu'on lui consacre un chapitre particulier où puissent être examinées, interprétées et expliquées, dans leurs causes et leurs effets, toutes les formes de la perception *extra-sensorielle* dans le temps et dans l'espace (V. *infra*, chapitre XI).

SECTION V

EXTÉRIORISATION DE LA PENSÉE
(TRANSMISSION DE PENSÉE ET TÉLÉPATHIE)

214. — Au lieu d'un sujet qui, par l'extériorisation odique, projette dans l'espace son sensorium, c'est-à-dire sa faculté de sentir, de manière à percevoir directement les vibrations des choses placées en dehors de la portée des sens ordinaires, — ce qui constitue à proprement parler la clairvoyance, clairaudience ou lucidité, dont on vient de donner l'explication, — le cas se présente aussi d'un sujet qui, par le même procédé d'extériorisation odique, projette sa pensée vers une personne éloignée, qui, si elle se trouve à ce moment placée dans les conditions de réceptivité nécessaires pour vibrer à l'unisson de l'agent transmetteur, c'est-à-dire si elle est elle-même plus ou moins extériorisée (car c'est là, du moins en général, une condition indispensable), percevra cette pensée sans le secours de la parole ou de tout autre moyen accessible aux sens ordinaires.

Et c'est là ce qu'en psychologie expérimentale, l'on appelle la *Transmission de pensée*, ou, plus généralement, surtout quand la pensée transmise s'accompagne d'images plus ou moins objectives, la *Télépathie*.

Il est aisé de voir ce qui distingue la *Télépathie* de la *Clairvoyance*, bien qu'en fait, dans l'interprétation de tel ou tel phénomène, on les confonde souvent, faute d'en discerner exactement le processus.

Il y a bien, dans les deux cas, une force qui chemine d'un point à un autre. Mais, dans la clairvoyance, il n'y a pas d'agent *transmetteur* à proprement parler ; c'est le percipient qui vient lui-même, par l'extériorisation, mettre sa faculté de perception dans le champ de vibration des choses qui, tout en l'impressionnant, n'en restent pas moins à son égard neutres et indifférentes ; — tandis que dans la transmission de pensée ou la télépathie, il y a un *agent* actif, celui qui projette sa pensée, et un *percipient*, celui qui la reçoit et en est impressionné. Le clairvoyant voit parce qu'il a *voulu* voir, et qu'il a projeté pour cela son sensorium vers l'objet où tendait son désir ; le percipient, dans la télépathie, perçoit la pensée ou l'image transmise, parce que quelqu'un a projeté vers lui cette pensée ou cette image. Le clairvoyant joue un rôle actif dans le phénomène dont il est le sujet, le percipient de la télépathie est passif ; il suffit seulement, pour qu'il perçoive la sensation ou la pensée transmise, que son instrument soit bien accordé.

Le docteur Dupouy, dans son traité des *Sciences oc-*

cultes et Physiologie psychique[1], signale à peu près
dans les mêmes termes la distinction à faire entre la
clairvoyance et la télépathie (p. 143).

215. — Quoi qu'il en soit de cette distinction, sur laquelle j'aurai l'occasion de revenir dans l'étude spéciale
et documentée qui sera, au cours de mon ouvrage,
consacrée au phénomène de la transmission de pensée
et de la télépathie, un point paraît dès à présent certain : c'est que, de même que l'extériorisation odique
entraîne avec elle, comme les travaux de M. de Rochas
l'ont si bien démontré, la sensibilité, et par cela même
les facultés de perception, de même c'est grâce à cette
extériorisation, empruntant l'od de Reichenbach comme
véhicule, que la pensée, avec toutes les images qu'elle
peut éveiller, chemine d'un point à un autre et, partie
d'un esprit, vient impressionner un autre esprit, parfois
à des distances considérables.

Rien n'est moins douteux, dit Carl du Prel dans son
traité (déjà cité) de la *Physique magique* (p. 106). Comme
de nombreuses expériences et observations l'ont démontré, c'est l'extériorisation odique qui explique le
mieux le phénomène de la transmission de pensée.

Ce point sera mis hors de doute à mon chapitre XII,
où cet important sujet de la transmission de pensée et
de la télépathie recevra tous les développements qu'il
comporte (V. *infra* n°' 430 et s.).

SECTION VI

EXTÉRIORISATION DE LA VOLONTÉ

216. — Le processus de l'extériorisation de la volonté
est, selon toutes probabilités, le même que celui de
l'extériorisation de la sensibilité. Elle se produit, comme

---

1. Paris, Soc. d'éditions scientifiques, 1898.

cette dernière, avec l'extériorisation odique, le plus souvent sous l'influence du magnétiseur, qui extériorisant lui-même sa propre volonté, la substitue à celle du sujet, en sorte que celui-ci, de même qu'il éprouve toutes les sensations de son magnétiseur et ne *sent* plus que par lui, de même ne *veut* plus que par lui et est, tant que dure la phase de l'hypnose pendant laquelle la suggestion continue à agir, exclusivement dirigé par lui. Il en est de sa volonté comme de ses muscles dans l'état cataleptique. Elle est aussi malléable que ceux-ci le sont dans ce dernier état, où le sujet ne représente plus qu'un automate passif sans aucune réaction personnelle.

Je n'ai pas à revenir sur ce phénomène, qui a été suffisamment étudié sous le chapitre VI, consacré à la *suggestion* (V. *supra*, nᵒˢ 138 et s.).

Mais ce qu'il est intéressant de faire observer, c'est que la volonté du sujet, pas plus que la sensibilité, n'est supprimée par l'extériorisation odique ; elle n'est que déplacée, et elle est ainsi susceptible d'agir utilement dans le champ de son extériorisation et en dehors du champ d'action de l'organisme corporel. En voici un exemple fourni par notre grand poète, Alfred de Musset, et recueilli par M. Sage dans son ouvrage déjà cité *la Zone frontière* (p. 102) :

Pendant les derniers jours de sa vie, le poète très abattu ne pouvait quitter son fauteuil. Un jour, voulant appeler sa gouvernante, il tendit la main vers sa sonnette pour l'agiter ; mais celle-ci était trop éloignée, il ne put l'atteindre. Néanmoins, cette sonnette se leva de la table et se mit à s'agiter violemment.

Ici, évidemment, ajoute le narrateur, l'extériorisation odique qui s'est produite chez le malade, sous l'influence de la dépression physique qu'il éprouvait, et qui a produit chez lui les mêmes effets que l'hypnose, a entraîné l'extériorisation de sa volonté et, en même temps, de la force motrice nécessaire à l'acte à accomplir..

C'est là, du reste, un de ces milliers de cas de *télé-kinésie* que l'expérimentation spirite a recueillis, et qui rentrent dans la classe des phénomènes d'extériorisation de la motricité dont il va être parlé.

SECTION VII

EXTÉRIORISATION DE LA MOTRICITÉ, DE LA FORCE VITALE ET ORGANISATRICE, ET DES FACULTÉS IDÉOPLASTIQUES ET TÉLÉPLASTIQUES, DANS LE MÉDIUMNISME OU LE SPIRITISME.

217. — J'arrive ici à l'étude d'un phénomène très complexe, déjà entrevu au cours de mes précédentes explications et dans lequel l'on voit s'extérioriser, soit séparément, soit en même temps, sous l'influence de l'état hypnotique ou du moins d'un état présentant avec celui-ci de très grandes analogies, non seulement toutes les facultés qui viennent d'être passées en revue, mais encore et principalement les *facultés motrices*, ainsi que les a appelées M. de Rochas dans son ouvrage sur *l'Extériorisation de la motricité* [1], et, accessoirement, les facultés *idéoplastiques* et *téléplastiques*, et la force vitale et organisatrice.

La question qui se pose ici est des plus ardues. Ce qui contribue surtout à la compliquer et à multiplier dans son examen les points d'interrogation, c'est qu'un facteur autre que ceux dont il a été fait état jusqu'ici dans l'interprétation des effets physiologiques et psychologiques de l'hypnose, semble intervenir pour influencer le phénomène et lui imprimer un caractère tout particulier. Ce facteur, c'est l'immixtion à peu près constante d'une intelligence, qui revêt parfois toutes les apparences et toutes les allures d'une personnalité

[1]. Paris, Chacornac, 1906.

autonome, qui se dit étrangère au groupe des expérimentateurs, prétend appartenir au monde supra-sensible, et
semble exercer une influence prépondérante sur la
marche du phénomène.

En général, l'âme n'exerce ses facultés motrices qu'à
la périphérie de l'organisme corporel et par l'intermédiaire du système nerveux et du système musculaire.
Ici, il paraît en être tout autrement : c'est l'organisme
psychique, que nous savons être distinct et virtuellement indépendant de l'organisme corporel, qui, s'extériorisant et entraînant avec lui plus ou moins complètement la force vitale, la force organisatrice et idéoplastique et les forces motrices, agit ou du moins
semble agir directement et sans qu'en général le
cerveau en ait conscience, sur le monde extérieur; —
parle, écrit, communique ses pensées, produit des mouvements, avec ou sans contact, ainsi que des phénomènes lumineux, organise des formes dont il reste
parfois des traces tangibles et matérielles, sous une
impulsion et une direction qui, d'une manière générale,
doivent venir de lui-même, c'est-à-dire du subconscient,
mais qui, dans certains cas, semblent être le fait d'une
intelligence étrangère.

On voit par là dans quelle région mystérieuse et
inaccessible ce phénomène, s'il n'est pas dépouillé de
ses apparences pour être ramené à la réalité, risque de
nous emporter et, de toutes façons, de quelle importance
est la solution du problème qui s'impose aux réflexions
du psychologue.

Ce n'est pas dans cet ouvrage, où je ne fais que
poser les principes de la psychologie transcendantale,
que je compte aborder l'étude approfondie de cette question, ni surtout la résoudre. Je ne veux ici l'envisager
qu'en tant qu'elle se rattache aux lois générales de l'hypnose et à la grande loi de l'extériorisation psychique,
dont je la considère, jusqu'à plus ample informé, comme
une application particulièrement intéressante. Pour la

traiter dans son ensemble et d'une manière complète,
un gros volume, dont je possède d'ailleurs tous les matériaux, serait à peine suffisant. Ce volume, je l'écrirai
peut-être un jour. En attendant, je vais donner ici à mes
lecteurs un simple et court aperçu de l'ensemble des
phénomènes qu'une expérimentation déjà longue (elle
remonte à la première moitié du siècle qui vient de finir)
et qui se poursuit tous les jours avec une activité croissante, a mis en évidence, et qu'il est aujourd'hui aussi
difficile de nier qu'il le serait de contester la réalité de
l'électricité et de la télégraphie sans fil.

218. — De même que l'organisme humain, comme on
l'a surabondamment démontré dans la troisième et quatrième section de ce chapitre, est capable, dans certaines conditions, spécialement dans l'hypnose, d'extérioriser et de projeter, parfois à de grandes distances,
ses facultés sensorielles, de même les travaux de M. de
Rochas (V. spécialement son traité précité de *l'Extériorisation de la motricité*) ont lumineusement établi
qu'il peut aussi extérioriser ses *facultés motrices*.

Le subconscient, ou plutôt son substratum, auquel
j'ai donné le nom d'organisme psychique, et qui paraît
être le véhicule de cette extériorisation, agirait ainsi à
distance, comme s'il était le prolongement synthétique
des nerfs *sensitifs*, d'une part, et des nerfs *moteurs*, de
l'autre.

Cette faculté d'extériorisation se rencontre surtout
dans les séances expérimentales de *médiumnisme*[1]. Elle
se manifeste aussi spontanément, notamment dans les
phénomènes de *hantise*.

Je me bornerai ici à l'envisager dans ses effets phy-

1. Le médium est, pour les spirites, l'intermédiaire nécessaire
pour leurs communications avec les esprits des morts. Pour le
psychologue, c'est le sujet dont il a besoin pour constater les phénomènes d'extériorisation dont celui-ci, grâce à une idiosyncrasie
particulière, est à la fois le siège et l'instrument. Il est aux expériences de médiumnisme ce que le *sensitif* est aux expériences
d'hypnose.

siques et physiologiques, abstraction faite des facteurs plus ou moins mystérieux qui peuvent intervenir dans la production et la direction de la force mise en jeu, réservant la recherche de ces facteurs pour le chapitre IX ci-après où il sera donné quelques explications sur les *Personnalités spirites*, et surtout pour l'étude plus complète que je ne désespère pas de pouvoir entreprendre un jour.

219. — Les divers phénomènes dans lesquels cette extériorisation se manifeste sont obtenus soit avec un très léger *contact* du médium, soit *sans contact*.

Le plus souvent, fait remarquer le docteur Gyel (*L'Être sub-conscient*, déjà cité), surtout dans les expériences à effets physiques intenses, le sujet, pendant leur production, se trouve plongé dans un sommeil particulier appelé *transe* (ou *trance*, suivant l'orthographe des auteurs anglais) *analogue au sommeil profond de l'hypnose*. — D'autres fois, il n'est pas endormi ; mais, même alors, les phénomènes se produisent indépendamment de sa volonté consciente. — Après la séance, le sujet accuse une fatigue considérable. Lorsqu'il a dormi, il ne sait rien en général de ce qui s'est passé.

. . . .

Les phénomènes, qui échappent presque toujours à la volonté consciente du sujet, sont dirigés par une intelligence en apparence distincte de lui....

J'ajoute que les personnalités *médiumniques* qui se manifestent ainsi font preuve parfois de capacités et de connaissances que ne possède pas la personnalité normale. Témoin, entre autres, Eusapia Paladino, le médium que des expériences célèbres ont fait connaître au monde entier et qui, lorsqu'il est sous l'influence de sa personnalité médiumnique, parle un français très pur, alors qu'en son état conscient, il ne parle que le patois napolitain.

Après ces renseignements préliminaires, voici, en vue de fournir une base concrète aux conclusions de mon étude, quelques indications sommaires sur les princi-

paux phénomènes d'extériorisation médiumnique : je m'en
tiendrai aux cas les plus simples et les plus connus.

§ 1. — *Mouvements de la table servant aux expériences
de médiumnisme, et coups frappés par, ou dans
cette table, ou en dehors. Typtologie.*

220. — Ce phénomène, connu sous le nom de *typtologie*, est le plus répandu et le plus facile à observer. Il
suffit d'un médium de faible puissance pour l'obtenir.
C'est le moyen le plus ordinairement employé par les
spirites pour leurs prétendues communications avec les
esprits. Il donne lieu à des observations très intéressantes. Mais ce n'est pas ici le lieu d'en parler.

§ 2. — *Écriture et langage automatique.
Écriture directe. Médiumnité parlante.*

221. — Certains médiums ont le don d'écrire *mécaniquement* et *inconsciemment* sous l'impulsion d'une
force intelligente qui leur paraît étrangère. Souvent,
l'écriture diffère d'un moment à l'autre, suivant la personne qui est censée la dicter.

D'autres médiums, au lieu d'écrire, expriment par la
parole des pensées qui paraissent également leur être
dictées par une intelligence venue du dehors.

La force qui, dans ce phénomène, est mise en mouvement, si elle émane principalement du médium, ne
vient certainement pas de sa conscience et de sa volonté
normales. Le doute à cet égard n'est pas permis lorsque
le médium obtient de l'*écriture directe*, c'est-à-dire avec
un instrument (plume ou crayon) avec lequel il n'a
aucun contact. Le docteur Gibier, dans son livre *Spiritisme et Fakirisme occidental* [1], rapporte (pp. 340

1. Paris, Octave Doin, 1887.

et s.) de nombreuses et intéressantes expériences de cette catégorie, suivies avec le médium Slade. La réalité du phénomène a été attestée, d'autre part, par le professeur Elliot Coues, qui rend compte de ses expériences avec un médium de San-Francisco, dans les termes suivants :

Je suis prêt à déclarer que j'ai vu, en pleine lumière du jour, à quelques pouces de moi, un morceau de crayon se lever et se mouvoir, personne ne le touchant, qu'il a écrit des phrases lisibles et compréhensibles qui indiquaient une pensée intelligente ; et que le même phénomène a été constaté en même temps, de la même manière, avec le même résultat, par d'autres personnes auprès de moi. (V. *L'Être subconscient* du docteur Gyel, p. 67.)

222. — Aucun doute, non plus, n'est possible sur l'origine de la force mise en mouvement dans l'écriture médiumnique ou dans la médiumnité parlante, et l'on peut affirmer que la conscience normale du médium y demeure étrangère :

A) Lorsque le crayon qui écrit est tenu par un enfant âgé seulement de quelques mois ;

B) Lorsque le message écrit ou parlé est donné en une langue étrangère ignorée du médium ;

C) Et, d'un manière générale, toutes les fois que le contenu du message comporte des facultés ou des connaissances qui dépassent incontestablement celles du médium.

Voici quelques exemples de ces remarquables phénomènes, recueillis dans l'ouvrage *Animisme et Spiritisme* d'Aksakof [1]

223. — A) Cet auteur rapporte notamment (p. 346), au sujet d'un cas d'écriture automatique par un enfant âgé de cinq mois, le témoignage du père de cet enfant, confirmé par la nourrice et par un témoin des plus honorables.

1. Paris, Leymarie, 1895.

Il cite en outre (pp. 347 à 353) d'autres cas d'écriture automatique du même enfant, ainsi que des manifestations de même nature dues à d'autres médiums en bas âge. On ne saurait, d'ailleurs, se dispenser de rapprocher de ces phénomènes ceux dont l'histoire de la persécution protestante dans les Cévennes a conservé le souvenir. Sous l'influence de l'exaltation religieuse produite par les événements, des enfants, parmi lesquels se trouvaient des nourrissons, et qui dans tous les cas ne connaissaient que le patois de leur pays, parlaient et prophétisaient en bon français. « Un témoin oculaire de ces événements, Jean Vernet, raconte qu'il a vu un enfant de treize mois parler distinctement et d'une voix très forte pour son âge, tout en ne pouvant pas encore marcher et n'ayant jamais prononcé une seule parole ; il restait couché dans son berceau, tout emmailloté, et prêchait les œuvres d'humilité dans un état de *ravissement*, de même que d'autres enfants. » (Aksakof, *loc. cit*, p. 353.)

224. — B) Quant aux médiums parlant des langues étrangères, qu'ils n'ont jamais apprises, ou les écrivant, Aksakof (*loc. cit*, p. 353), après avoir dit que ces faits « prouvent d'une manière absolue qu'il se produit dans les expériences de médiumnisme des manifestations d'un caractère plus élevé que celui du médium, et dont la source se trouve en dehors de ce dernier », rapporte, à l'appui de son affirmation, de nombreux exemples de ce pouvoir extraordinaire et bien fait pour déconcerter les psychologues.

Le plus remarquable, sans contredit, est le cas, devenu classique par suite des citations qui en ont été faites dans tous les ouvrages de métapsychisme, de la fille du juge Edmonds [1] qui, au témoignage de son

---

1. « Le juge Edmonds, dit Aksakof (*loc. cit.*, p. 355), jouissait dans son temps d'une renommée considérable aux États-Unis pour les hautes fonctions qu'il remplissait, d'abord comme président du Sénat, ensuite comme membre de la Haute Cour d'appel de New-York. »

père, parlait ou écrivait automatiquement, dans les nombreuses séances où ses extraordinaires facultés médiumniques se sont affirmées, en neuf ou dix langues, quelquefois pendant une heure, avec une facilité et une aisance parfaites, bien qu'elle ne connût que sa langue maternelle et le français.

Le juge Edmonds a décrit lui-même cette prodigieuse faculté de sa fille, sans la nommer du reste, dans un ouvrage intitulé *The Spiritualism*, paru en 1855.

Il a, plus tard, en 1858, publié une série de traités, *Spirituals Tracts*, et fourni dans l'un d'eux, qui a pour titre *le Parler en langues inconnues*, de plus amples détails sur cette forme de médiumnité de sa fille, dont il ne cache plus le nom, rapportant en outre beaucoup de cas analogues recueillis par lui à la suite d'une longue et minutieuse enquête, et dont quelques-uns sont cités dans le livre d'Aksakof (pp. 357 et s.).

Il serait trop long de les mentionner ici, où la place m'est mesurée. Mais le lecteur, en se reportant à ce dernier ouvrage, pourra se convaincre qu'aucun doute ne saurait subsister sur la réalité des faits et sur cette extraordinaire faculté, qui appartient à certains médiums, et dont l'origine ne peut évidemment être recherchée dans leur conscience *normale*, de converser en des langues qu'ils n'ont jamais apprises.

225. — C) Enfin, comme exemple de communications écrites ou parlées de toute nature, dépassant tellement les facultés et les connaissances intellectuelles du médium qu'il est impossible de les attribuer à sa conscience *normale*, mais seulement à son *subconscient extériorisé*, ou à une intelligence étrangère, je n'en vois pas de plus frappant, ni de plus intéressant que celui rapporté par Aksakof (*loc. cit.*, p. 126 et s.) au sujet du dernier roman de Charles Dickens : *The Mystery of Edwin Drood*, laissé inachevé par l'illustre auteur, et qui aurait été complété après sa mort, en Amérique, par un ouvrier mécanicien du nom de

« James », en qui se seraient révélées tout à coup les facultés de médium à écriture automatique [1].

Quand le bruit se répandit, écrit Aksakof, que le roman de Dickens allait être terminé par un procédé aussi extraordinaire et aussi inusité, le *Springfield Daily Union* envoya l'un de ses collaborateurs à Brattle-borough (Vermont) où habitait le médium, pour s'enquérir sur place de tous les détails de cette étrange entreprise littéraire. C'est le compte rendu de cette enquête, publié en huit colonnes par ce journal, le 26 juillet 1873, reproduit d'abord par le *Banner of Light* et ensuite partiellement par le *Spiritualist* (1873, p. 322), qu'Aksakof rapporte textuellement dans son ouvrage précité (pp. 326 et s.).

Il en résulte, notamment, que cette œuvre posthume, entreprise à la suite de communications reçues dans des séances de médiumnisme auxquelles James assistait par hasard et signées du nom de Dickens, a été réellement écrite par ce médium, qui, n'ayant poursuivi son instruction scolaire que jusqu'à l'âge de treize ans, n'avait jamais manifesté aucun goût pour la littérature, à laquelle il était demeuré totalement étranger.

Pour les détails révélés par cette enquête et les conclusions auxquelles elle aboutit, à [savoir l'impossibilité d'admettre que cette œuvre pût être attribuée à l'intelligence *consciente* du médium, je ne puis que renvoyer mes lecteurs au texte du procès-verbal publié par Aksakof.

226. — Pour clore cette série de manifestations médiumniques, étrangères à la pensée *consciente* du médium, je citerai, sans commentaires, un dernier cas, que j'emprunte encore à l'ouvrage précité d'Aksakof (p. 370) :

C'est le cas d'un enfant de treize ans qui, sans avoir

---

1. Le volume *posthume* a été, dit M. Delanne (*Recherches sur la médiumnité*, p. 383) publié en Amérique, en 1873, chez Clark W. Bryan, Springfled, Mass., États-Unis.

jamais appris la musique, exécute brillamment sur le piano une grande valse de Beethoven, ainsi qu'en témoigne son père M. Tallmaye, ancien sénateur et gouverneur du Wisconsin, dans la préface d'un de ses ouvrages *The Healing of Nations* (*Guérison des nations*).

§ 3. — *Télékinésie ou déplacements d'objets plus ou moins lourds, avec ou sans contact.*

227. — Je néglige ici, me bornant à les signaler, les mouvements et déplacements d'objets de toute nature que l'on obtient par le contact du médium et des assistants. Je m'en tiens aux expériences connues sous le nom de *Télékinésie*, et dans lesquelles les mouvements et déplacements d'objets ont lieu sans aucun contact apparent et qui, par conséquent, sont propres, mieux que les autres, à mettre en évidence la loi d'extériorisation psychique que je tiens à établir.

Les expériences de cette nature sont aussi nombreuses que variées. Je serais à même d'en puiser dans le dossier que j'ai recueilli, et d'en fournir ici des exemples très intéressants. Mais je me contenterai de rapporter le témoignage du célèbre savant anglais, William Crookes, qui, dans son ouvrage *Recherches sur les phénomènes du spiritualisme* [1], écrit ce qui suit (pp. 154 et suiv.) :

Les exemples où des corps lourds, tels que des tables, des chaises, des canapés, etc., ont été mis en mouvement, sont très nombreux... Ma propre chaise a en partie décrit un cercle, mes pieds ne reposant pas sur le parquet. Sous les yeux de tous les assistants, une chaise est venue lentement d'un coin éloigné de la chambre, et toutes les personnes présentes l'ont constaté. J'ai obtenu plusieurs fois la répétition d'une expérience que le Comité de la *Société dialectique* de Londres a con-

1. Paris, Libr. des Sciences psychologiques.

sidérée comme concluante, à savoir: le mouvement d'une
lourde table en pleine lumière, le dos des chaises du médium
et des assistants étant tourné vers la table, et chaque personne étant agenouillée sur sa chaise, les mains appuyées
sur le dossier, mais ne touchant pas la table. Une fois, le fait
se produisit pendant que j'allais et venais, cherchant à voir
comment chacun était placé.

§ 4. — *Lévitations de corps humains.*

228. — Ce phénomène rentre dans la catégorie précédente ; je ne l'en détache que pour mieux le signaler
à l'attention de mes lecteurs.

Les hagiographes ont plus d'une fois constaté dans
la vie des saints des cas de lévitation spontanée, notamment dans l'état d'*extase*[1]. Le cas est plus rare dans les
annales du médiumnisme. Cependant on en cite des
exemples. Je me bornerai à rapporter ici ceux pour lesquels je puis invoquer le témoignage de William
Crookes (*loc. cit.*, pp. 156 et s.).

Ces faits, dit le grand chimiste, se sont produits plusieurs fois en ma présence :

En une occasion, je vis une chaise, sur laquelle une dame
était assise, s'élever à plusieurs pouces du sol. Une autre fois,
pour écarter tout soupçon que cet enlèvement était produit
par elle, cette dame s'agenouilla sur la chaise, de telle sorte
que les quatre pieds en étaient visibles pour nous. Alors elle
s'éleva à environ trois pouces et demeura suspendue pendant
dix secondes à peu près et ensuite descendit lentement. Une
autre fois, deux enfants, en deux occasions différentes, s'éle-
vèrent du sol avec leurs chaises, *en plein jour* et dans les conditions les plus satisfaisantes (pour moi), car j'étais à genoux
et ne perdais pas de vue les pieds de la chaise, remarquant
bien que personne ne pouvait y toucher.

Les cas d'enlèvement les plus frappants dont j'ai été témoin
ont eu lieu avec Home[2]... A chaque occasion, j'eus toute

---

1. V. *infra*, au chapitre de l'Extase (n°° 328 et suiv.).
2. Célèbre médium dont les expériences au milieu du siècle der-

latitude possible d'observer le fait au moment où il se produisait.

Il y a au moins cent cas, bien constatés, de l'enlèvement de M. Home, qui se sont produits en présence de beaucoup de personnes différentes, et j'ai entendu de la bouche même de trois témoins, le comte de Dunraven, lord Lindsay et le capitaine C. Wyne, le récit des faits de ce genre les plus frappants, accompagnés des moindres détails de ce qui se passa......

Les meilleurs cas de lévitation de Home, ajoute William Crookes, eurent lieu chez moi. Une fois, entre autres, il se plaça dans la partie la plus visible de la salle et, après une minute, il dit qu'il se sentait enlever. Je le vis s'élever lentement, d'un mouvement continu et oblique, et rester pendant quelques secondes à six pouces du sol. Aucun des assistants n'avait bougé. Le pouvoir de s'enlever ne s'est presque jamais communiqué aux voisins du médium ; cependant, une fois, une femme fut enlevée avec la chaise sur laquelle elle était assise.

229. — Le récit auquel fait allusion William Crookes, dans les lignes de son ouvrage ci-dessus transcrites, est celui d'une séance qui eut lieu à Londres, le 16 décembre 1868, et au cours de laquelle Home fut vu par les assistants, à la lumière de la lune, qui pénétrait dans la chambre, s'élever, sortir ensuite par une fenêtre, *flotter dans l'air*, puis rentrer par l'autre fenêtre. Il a été rédigé par un des témoins, lord Lindsay, pour la *Société didactique* de Londres et se trouve rapporté dans un ouvrage (p. 61) de M. de Rochas *la Lévitation du corps humain* [1], auquel je me vois obligé de renvoyer le lecteur. Il est d'ailleurs corroboré par les attestations d'autres témoins, tels que : le comte Tolstoï, le docteur Karpovitch, et le docteur Hawkoley.

230. — Voici, enfin, pour clore cet aperçu des facultés du plus puissant médium du siècle dernier, comment Home, qui attribue ses lévitations à des êtres intelligents et invisibles, qui s'empareraient de sa force

nier eurent un grand retentissement et produisirent même une vive émotion à la Cour de Napoléon III.

1. Paris, Leymarie, 1897.

nerveuse pour se manifester, décrit lui-même ses impressions dans ses *Révélations sur ma vie surnaturelle* [1] :

Je suis en général soulevé perpendiculairement, les bras raides et relevés par-dessus ma tête, comme s'ils voulaient saisir l'être invisible qui me lève doucement du sol. Quand j'atteins le plafond, mes mains sont amenées au niveau de ma tête et je me trouve comme dans une position de repos. Je suis demeuré souvent ainsi suspendu pendant quatre ou cinq minutes... Une seule fois, mon ascension se fit en plein jour: c'était en Amérique. J'ai été soulevé dans un appartement à Londres, Sloane street, où brillaient quatre becs de gaz et en présence de cinq messieurs qui sont prêts à témoigner de ce qu'ils ont vu... En quelques occasions, la rigidité de mes bras se relâcha et j'ai fait avec un crayon des lettres et des signes sur le plafond, qui existent encore, pour la plupart, à Londres.

§ 5. — *Matérialisations et dématérialisations, partielles ou totales, de formes humaines.*

231. — Nous voici en présence du fait le plus troublant, le plus incompréhensible de tous ceux que les recherches et expériences de ces dernières années ont mis en évidence. C'est de ce fait que l'on peut dire : *Il faut l'avoir vu pour le croire* [2]. Toutefois, les expériences d'où résulte la réalité du phénomène, et qui

1. Paris, 1864, pp. 52-53.
2. J'ai eu ce privilège, ayant assisté à une des dernières séances qui ont été données à Paris, dans un cercle intime de douze personnes, par le célèbre médium de William Crookes, Florence Cook, et au cours de laquelle j'ai pu voir se dresser devant mes yeux, plusieurs fois, dans une lumière rouge suffisante pour qu'il me fût permis de lire l'heure à ma montre, pendant que le médium était en transe et mis d'ailleurs dans l'impossibilité d'agir et de se mouvoir, une forme humaine ayant toutes les apparences de la vie et dont j'ai pu serrer la main. J'ai dressé immédiatement, en rentrant chez moi, un procès-verbal très détaillé, de cette séance, que j'utiliserai peut-être un jour, si les circonstances me le permettent.

d'ailleurs se continuent tous les jours, sont dès à présent tellement nombreuses et tellement probantes qu'il faut bien se rendre à l'évidence. Je ne puis en donner ici, en attendant les renseignements qui seront.fournis au chapitre XII sur le phénomène du *dédoublement*, qu'un très bref aperçu, mais qui sera suffisant, je l'espère, pour me permettre de justifier les conclusions que l'on peut en déduire au sujet de l'intervention, dans le phénomène spirite ou médiumnique, de la grande loi de l'extériorisation psychique qu'il importe à un si haut point d'établir.

232. — L'action *organisatrice* ou *désorganisatrice* qui peut être exercée, grâce à l'hypnose, sur les molécules du corps humain, résulte déjà de certaines constatations scientifiques bien connues, telles que la production des *stigmates* par suggestion ou par auto-suggestion, et celle des *nævi* (ou marques de naissance). On s'est suffisamment expliqué à ce sujet au chapitre de la suggestion (*supra*, nᵒˢ 147 et s.). Mais ces phénomènes ne sont rien à côté de ceux que l'on rencontre dans les séances de médiumnisme. A ne s'en tenir qu'aux expériences faites par William Crookes, avec son fameux médium miss Florence Cook (devenue plus tard Mme Corner), et dont il a rendu compte lui-même dans son ouvrage précité *Recherches sur les phénomènes du spiritualisme*, et à celles, plus récentes, faites par divers savants, en France et à l'étranger, avec Eusapia Paladino, et dont les plus importantes ont été portées à la connaissance du public par M. de Rochas, dans son livre, déjà plusieurs fois mentionné ici, de *l'Extériorisation de la motricité*, il est aujourd'hui démontré : qu'en la présence d'un médium puissant, et dans un état de transe plus ou moins complète, des formes humaines (une main, un bras, une tête, quelquefois le corps tout entier) s'ébauchent sous l'action d'une force inconnue, deviennent visibles pour tous les spectateurs, manifestent leur présence par leur contact, quelquefois

par la parole; qu'elles sont douées temporairement de tous les attributs d'un être vivant, et qu'elles se dématérialisent ensuite, soit brusquement, soit lentement et par degrés, laissant parfois des traces visibles et durables de leur existence éphémère (écriture, empreintes, moulages, photographies, etc.).

Il y a, comme il est facile de s'en rendre compte, dans ces phénomènes, une double action : une action organisatrice, qui est indiscutable, puisqu'elle se manifeste par ses résultats, c'est-à-dire par la forme rendue visible et sensible à tous les assistants ; et une action désorganisatrice, qui n'est pas apparente, mais que certaines expériences ont démontrée. Il résulte, en effet, de ces expériences, que, pendant que la force émanant de lui, sert à matérialiser le fantôme, le médium perd exactement le poids qu'acquiert la forme matérialisée. Mais, après la disparition de celle-ci, il recouvre, à quelque différence près, son poids primitif [1].

La forme matérialisée, quand elle est complète, ressemble souvent, plus ou moins, au médium. Mais, souvent aussi, elle en diffère complètement (par les yeux, les cheveux, la taille, l'âge, le sexe, etc.).

---

1. M. Aksakof (*Animisme et Spiritisme*, p. 243) rapporte le fait suivant : « A une séance de contrôle avec le médium, miss Fairlamb, celle-ci fut, pour ainsi dire, cousue dans un hamac dont les supports étaient pourvus d'un enregistreur marquant toutes les oscillations du poids du médium, et cela aux yeux des assistants. Après une courte attente, on a pu constater une diminution graduelle du poids ; enfin une figure apparut et fit le tour des assistants. Pendant ce temps, l'enregistreur indiquait une perte de 60 livres dans le poids du médium, soit la moitié de son poids normal. Pendant que le fantôme se dématérialisait, le poids du médium augmentait, et, à la fin de la séance, comme résultat final, il avait perdu trois ou quatre livres. N'est-ce pas une preuve que, pour les matérialisations, la matière est prise à l'organisme du médium ? »

V. aussi d'autres exemples de même nature dans une petite brochure du même auteur, publiée sous le titre : *Un cas de dématérialisation partielle du corps d'un médium* (Paris, Librairie de l'art indépendant, 1896).

§ 6. — *Dématérialisation et rematérialisation d'objets extérieurs au médium. Apports.*

233. — Citons encore un très curieux phénomène qu'on rencontre quelquefois, mais assez rarement, dans les séances de médiumnisme et dont j'ai pu vérifier personnellement l'authenticité [1], celui que l'on désigne généralement sous le nom d'*apports*.

Des objets situés en dehors du local, bien clos, où se tient la séance, sont brusquement introduits dans ce local, sans que les expérimentateurs puissent savoir comment ils y ont été transportés. On reconnaît quelquefois, lorsque l'identité de l'objet apporté peut être vérifiée, qu'il vient de très loin.

Aksakof, dans son ouvrage précité (*Animisme et Spiritisme*, pp. 452 à 462), rapporte un certain nombre de cas de cette nature, notamment :

1° Le cas d'une photographie transportée de Londres à Lowestoft, à la distance de 175 kilomètres ;

2° Celui de deux aiguilles en bois transportées à une distance de 20 milles anglais.

Dans ces deux cas, l'identité et la provenance de l'objet apporté ayant été immédiatement reconnues, il est résulté de l'enquête faite au lieu de la provenance qu'un fort craquement, dans le premier cas, et un bruit insolite, dans le second, y ont été entendus à l'heure même où l'apport s'était effectué.

234. — Ce qui caractérise ce phénomène et le distingue des cas, décrits précédemment (*supra*, n° 227), de simples déplacements d'objets dans le local même de la séance, c'est qu'il suppose, chez le médium, non pas

---

1. Je me réserve de publier un jour, si les circonstances me le permettent, le procès-verbal rédigé par moi immédiatement après une séance intime qui m'a permis de me rendre compte de la réalité de ce phénomène.

seulement la mise en jeu de sa faculté d'extériorisation *de la motricité*, mais encore, comme dans les matérialisations et les dématérialisations dont il vient d'être parlé (*supra*, nos 231 et s.), une action organisatrice et désorganisatrice de la matière. En effet, pour pouvoir expliquer le phénomène uniquement par l'extériorisation psychique du médium en dehors de toute intervention étrangère, il faut supposer que la force ou la faculté extériorisée a le pouvoir de dissoudre à une grande distance l'objet à transporter, d'en véhiculer les molécules à travers l'espace, et de les faire passer à travers les murs, les portes ou les fenêtres closes du local où se fait l'expérience, pour reconstituer ensuite, avec elles, sur sa trame originelle, l'objet que reçoivent les expérimentateurs.

Ce pouvoir extraordinaire est évidemment de même nature que celui qu'on doit supposer pour expliquer les fameuses expériences de Zoellner qui, à la suite de séances tenues avec le médium Slade, affirme avoir constaté la formation de nœuds sur une corde sans fin, l'entrelacement d'anneaux de bois sans solution de continuité, la disparition et la réapparition d'un guéridon dans un local strictement clos, etc., etc. Il y aurait lieu, sans doute, de se demander si véritablement l'action des forces et facultés psychiques extériorisées par le médiumnisme peut, à elle seule, suffire pour rendre compte d'un phénomène aussi étrange et aussi complexe, ou si, au contraire, ce phénomène ne dépasse pas la limite de ce qui est explicable par les seules forces de la nature, telles que nous les connaissons ou pouvons les connaître, et ne suppose pas l'intervention d'intelligences transcendantales n'appartenant pas ou n'appartenant plus à notre monde terrestre. Mais, c'est là une question à laquelle une étude approfondie du problème *spirite* (proprement dit) permettrait seule de répondre. Je ne puis donc, pour le moment du moins, qu'en réserver l'examen.

§ 7. — *Explication générale des faits d'extériorisation psychique dans le médiumnisme.*

235. — Quoi qu'il en soit, à ne considérer que les forces mises en action dans les phénomènes qu'on vient de décrire, et toutes réserves faites au sujet de la possibilité que des intelligences extérieures y interviennent quelquefois pour les utiliser et les diriger en vue d'un but déterminé, il n'est pas douteux que ces forces n'émanent principalement du médium et, puisque sa conscience normale paraît bien n'y prendre aucune part, elles ne peuvent être mises en action que par sa *subconscience* extériorisée, par ce que le docteur Gyel appelle l'*Être subconscient*, ce que Myers désigne sous le nom de *subliminal*, et ce qu'on peut, avec autant de raison, appeler l'*Être psychique* ou l'*Organisme psychique*.

« Tout le prouve, dit le docteur Gyel (*L'Être subconscient*, p. 68) : la présence indispensable d'un médium ; sa fatigue considérable après la séance ; le synchronisme fréquent de ses mouvements associés aux mouvements des objets déplacés, etc. », et, doit-on ajouter, en ce qui concerne les matérialisations, la diminution de son poids.

Il n'est donc pas de doute possible : « le quelque chose qui peut s'extérioriser » entraîne avec lui non pas seulement de la sensibilité, mais encore de la force motrice et même les molécules matérielles nécessaires à la condensation et à la visibilité des formes créées.

236. — Il semble d'ailleurs qu'une plus grande précision dans l'explication générale des phénomènes du médiumnisme est désormais permise, depuis surtout que les travaux de M. de Rochas et les analyses si profondes de Carl du Prel ont jeté la lumière sur les lois qui régissent les diverses formes de l'Extériorisation psychique. C'est ce qu'avant de clore cette étude, je vais tenter de démontrer.

Tout d'abord la cause génératrice des faits d'extériorisation que l'on constate dans le médiumnisme doit certainement être recherchée dans l'hypnose, c'est-à-dire dans cet état particulier que produisent chez le sujet les procédés de magnétisation ou d'hypnotisation en usage, ou tous autres procédés analogues, et dont la caractéristique est l'*anesthésie* plus ou moins profonde des facultés de la conscience normale, coïncidant avec un *surcroît d'activité* des facultés subconscientes. Durand de Gros (*Le Merveilleux scientifique*, p. 127) fait observer que l'hypnose proprement dite est souvent précédée de ce qu'il appelle l'*état hypotaxique*, dans lequel sont plongées, très fréquemment et à leur insu, beaucoup de personnes *encore éveillées*. C'est l'*état de crédulité*, décrit par M. de Rochas dans son ouvrage sur *les États superficiels de l'hypnose* (V. *supra*, n° 104). Or, quand un médium parfaitement éveillé, du moins en apparence (et c'est le cas de tous les médiums qui ne tombent pas dans cet état particulier que l'on a coutume de désigner sous le nom de *transe*), s'assied avec plusieurs personnes autour d'un guéridon pour solliciter ou attendre les communications de prétendus esprits, n'a-t-on pas de puissantes raisons de supposer qu'il entre facilement et spontanément, sous l'influence de l'ambiance, de l'attente et de l'idée préconçue qui l'obsède, en même temps qu'elle domine tous les assistants, dans cet état d'hypotaxie que Durand de Gros et M. de Rochas ont défini et qui, d'après eux, le rend éminemment accessible à toutes les suggestions des personnes qui l'entourent et à toutes les auto-suggestions?

Or, on sait que la suggestion, même mentale, et l'auto-suggestion peuvent générer l'hypnose et, par conséquent, déterminer les phénomènes d'extériorisation qui la caractérisent.

237. — Voilà un premier point de similitude entre

l'hypnose et le médiumnisme. Mais cette similitude s'accentue et paraît même complète lorsque le médium entre en *transe*. La transe, en effet, présente tous les traits caractéristiques du somnambulisme (sommeil, insensibilité, inconscience, hyperesthésie des facultés, perte du souvenir au réveil). Dès lors, n'est-on pas fondé à admettre que l'état physiologique déterminé par le médiumnisme est de même nature et dû aux mêmes causes que l'état hypnotique et doit, dès lors, en principe, produire les mêmes effets d'extériorisation psychique? On n'aperçoit, il est vrai, dans le premier aucune trace visible du rôle du magnétiseur ou de l'hypnotiseur. Mais ne sait-on pas que ce facteur n'est pas indispensable et qu'il peut y être suppléé par des causes diverses, et spécialement par l'auto-suggestion. D'ailleurs, il n'est pas inutile de faire remarquer que, si l'on admettait l'hypothèse spirite, rien n'empêcherait de supposer que le rôle de l'hypnotiseur pourrait être aisément rempli par la personnalité mystérieuse qui intervient dans le phénomène, et cela avec autant plus de succès qu'elle doit sans doute disposer de moyens d'action particulièrement puissants : ce qui expliquerait l'intensité, tout à fait anormale, qu'on rencontre rarement dans l'hypnose ordinaire, et fréquemment au contraire dans le médiumnisme, des phénomènes d'extériorisation.

Quoi qu'il en soit, il ne semble pas téméraire, et c'est là le seul point qui nous intéresse, de considérer le médiumnisme comme une des formes de l'hypnose, et de les rattacher l'un et l'autre aux mêmes causes.

238. — Il en résulte une première conséquence : c'est que la force qui entre en jeu dans les phénomènes du médiumnisme, et que la plupart des psychologues désignent vaguement sous le nom de *force psychique*, n'est pas autre que l'agent magnétique à l'étude duquel tous les développements nécessaires ont été consacrés dans la 3ᵉ section de mon chapitre IV (V. *supra*, nᵒˢ 78

et s.), et qu'elle doit dès lors être identifiée avec cette force primordiale, l'*od* de Reichenbach, qu'on trouve répandue dans tous les corps et spécialement dans l'organisme humain, où elle est liée intimement à tous les phénomènes de la vie, et dont une des propriétés caractéristiques est, comme on l'a vu au cours du présent chapitre, de pouvoir s'extérioriser à l'infini, selon un processus que les expériences de M. de Rochas sur l'*Extériorisation de la sensibilité* (V. *supra*, nᵒˢ 204 et s.) ont nettement précisé.

239. — Une deuxième conséquence est que cette force, en s'extériorisant, doit entraîner et entraîne en effet avec elle, comme le démontre l'observation minutieuse du phénomène médiumnique, l'extériorisation plus ou moins complète des diverses forces et facultés physiologiques et psychologiques dont elle est le véhicule et dont le principe est dans l'âme, suivant l'affirmation déjà plusieurs fois rappelée de Carl du Prel, à savoir :

A. De la sensibilité et de la conscience (ce qui est démontré par la perte ou la diminution apparente de ces deux facultés dans le médium en *transe*) ;

B. De la force motrice nécessaire aux manifestations *télékinésiques* dont il a été parlé *supra*, nᵒˢ 227 et suivants ;

C. De la faculté organisatrice et idéoplastique, qui préside à la création de formes passagères, suivant un modèle idéal résidant dans la pensée *subconsciente* du médium, — et, avec cette faculté, des molécules matérielles nécessaires pour rendre ces créations visibles et sensibles ;

D. De la force vitale, qui permet d'animer momentanément ces formes ;

E. De la volonté, pour déterminer, en dehors des limites de la force musculaire, des mouvements et des actions dans un sens déterminé ;

F. De la pensée, pour répondre *subconsciemment* aux

questions des assistants, avec une supériorité parfois qu'explique seule l'exaltation des facultés (mémoire, imagination, etc.) produite par l'extériorisation hypnotique;

En un mot de l'Être psychique tout entier.

240. — Ajoutons que les facultés subconscientes des *assistants*, dans les séances de médiumnisme, peuvent aussi, sous l'action hypotaxique (V. *supra*, n° 236) ou hypnotique de ces séances, s'extérioriser, et que leurs pensées peuvent ainsi, par une sorte de suggestion mentale, être transmises au médium qui, dans ses réponses automatiques, n'est que leur écho inconscient et plus ou moins fidèle : ce qui explique qu'il réponde congrûment sur des faits qu'il ne connaît pas, mais à la condition, en général, qu'ils soient connus de l'un des assistants.

Ce dernier fait s'observe souvent dans les séances et il s'explique d'autant mieux que le médium étant, comme on vient de le dire, dans un état hypnotique, ou semi-hypnotique, est beaucoup plus sensible que dans l'état normal aux suggestions verbales ou mentales de son entourage.

En outre, on ne doit pas perdre de vue que l'extériorisation ayant exalté ses facultés psychiques, spécialement sa mémoire subconsciente, celle-ci lui fournit souvent, à son insu et sans qu'il s'en doute, les éléments de ses réponses sur des faits qu'il croit ignorer, parce que sa mémoire consciente les a oubliés, et dont il attribue de bonne foi la révélation à une intelligence étrangère.

241. — On voit par là combien de facteurs sont susceptibles d'intervenir dans le phénomène médiumnique, même abstraction faite de l'hypothèse spirite, et, par cela même, quelles difficultés inextricables présente son interprétation rationnelle.

Ce n'est pas, d'ailleurs, que je prétende tout expliquer par ces seules considérations et nier absolument la possibilité de l'intervention d'esprits appartenant à un autre monde que le nôtre. Cela est une autre question, qui ne peut être tranchée en quelques lignes et que je crois prudent de réserver pour une étude plus approfondie (V. *infra*, nos 290 et s.). J'ajoute que je n'aperçois *à priori* aucune raison valable de repousser l'hypothèse spirite, dégagée toutefois des manifestes exagérations, que l'on rencontre dans les ouvrages de quelques-uns de ses adeptes. Au contraire, l'idée que je me fais du subconscient, ce foyer d'activité psychique dont j'ai déjà dit qu'il était ouvert à toutes les influences spirituelles qui nous entourent, me dispose très bien à admettre qu'il peut, sous certaines conditions, et notamment chez les médiums dont l'organisme s'y prête tout spécialement, recevoir les inspirations et certaines communications des âmes de nos défunts, dont la survivance ne me paraît plus aujourd'hui pouvoir être mise en doute. Mais de là à croire, comme beaucoup de spirites, qu'il suffit à quelques personnes de s'asseoir, avec un médium, autour d'un guéridon, pour pouvoir évoquer les esprits et se mettre en communication avec eux, il y a loin. Ce que j'ai dit des puissantes et merveilleuses virtualités de l'Être psychique (ou subconscient) extériorisé, suffit, la plupart du temps, et sans qu'il soit besoin de l'hypothèse spirite, pour expliquer les phénomènes les plus étranges du médiumnisme, et c'est là, pour le moment, la seule conclusion un peu certaine qu'il me paraisse permis de donner aux observations qu'on vient de lire.

SECTION VIII

EXTÉRIORISATION DE L'ORGANISME PSYCHIQUE
TOUT ENTIER

242. — Enfin, il peut arriver que l'extériorisation *odique* soit totale et entraîne avec elle tout l'organisme

psychique, avec toutes les forces et facultés dont l'âme est le principe, le subconscient la synthèse, et l'organisme psychique le substratum à la fois physique et spirituel.

C'est ce qui se produit, notamment, dans le phénomène du *dédoublement*, qui, bien qu'il soit assez rare, a été cependant l'objet d'observations assez nombreuses et assez précises pour qu'on puisse l'admettre au nombre des phénomènes transcendantaux dont la psychologie expérimentale a le devoir de s'occuper (V. *infra*, chap. XII, nᵒˢ 485 et suiv.).

C'est également ce qui se rencontre quelquefois dans le phénomène de *matérialisation* (V. *supra*, nᵒ 231 et s.).

Il est bien entendu que l'extériorisation dont je parle ici n'est totale qu'en apparence; car si elle l'était en réalité, ce serait la mort. Toutefois, lorsqu'elle se produit, rien de ce qui constitue l'être humain ne semble subsister dans l'organisme corporel, qui paraît alors inerte, sans vie et comme à l'état de cadavre. « Toute l'essence psychique de l'homme, dit Carl du Prel (*loc. cit.*, p. 111), s'est extériorisée par le conducteur odique : force vitale, force d'organisation, sensibilité, facultés de perception, volonté, sentiment, pensées, conscience. » L'être humain semble être arrivé au terme de sa destinée terrestre, qui est son *essentification odique*, selon l'expression de l'éminent psychologue, — autrement dit, à la seule forme qui puisse survivre en lui, et sous laquelle il puisse encore se manifester après la dissolution de l'organisme corporel.

Et c'est ainsi que le phénomène de l'extériorisation psychique, que l'on vient d'étudier dans ses détails et dans son ensemble, est, parmi tous les phénomènes de l'hypnose, le plus propre à donner la clef du problème de la survivance dont je poursuis la solution depuis le commencement de cette étude.

CHAPITRE IX

De la personnalité humaine.

1re SECTION. — Dissociations, désintégrations et dédoublements de la personnalité. — Personnalités hypnotiques, somnambuliques et hystériques. — Psychologie
du génie et des saints. — Régression de la mémoire. —
L'extériorisation psychique dans l'agonie et dans la mort.

2me SECTION. — Des personnalités médiumniques
ou spirites.

243. — Les chapitres précédents ont suffisamment
fait comprendre à mes lecteurs que l'*être psychique*
se compose : d'une part, de l'*âme* (ou esprit), principe
supérieur de sa vie[1] et, d'autre part, des forces et facultés par lesquelles cette vie se manifeste et dont
l'ensemble constitue l'*organisme psychique*. Par son
indivisibilité, l'âme, d'essence spirituelle et émanation
de la divinité, assure l'unité et la permanence du moi,
mais cette unité n'appartient pas à l'organisme psychique, qui n'est pas stable et subit toutes les in-

1. Pour certains psychologues (spirites, occultistes, théosophes),
l'*âme* est l'organisme (que quelques-uns appellent le *corps spirituel*, le *périsprit* ou le *corps astral*) qui unit l'*Esprit*, principe supérieur, au corps terrestre. C'est en réalité ce que j'appelle l'*organisme psychique*. Cette différence de terminologie ne change rien
au fond des choses ; mais il me paraît préférable d'adopter celle
que l'ancien spiritualisme et un long usage ont consacrée.

fluences de l'ambiance dans laquelle il évolue, et, notamment, celle de l'organisme nerveux pendant la durée de son union avec ce dernier.

Tout ce qui a été exposé jusqu'ici sur les effets physiologiques et psychologiques de l'hypnose ne laisse aucun doute sur l'intensité de l'action exercée par elle sur l'organisme psychique, qu'elle extériorise toujours dans une certaine mesure, et spécialement sur les modifications plus ou moins importantes qui peuvent en résulter dans les états de conscience successifs d'un même individu ; modifications qui font que, dans ce même individu, plusieurs personnalités très différentes, du moins en apparence, semblent se manifester successivement à des intervalles de temps plus ou moins rapprochés.

Suivant que ces modifications sont dues : — à la suggestion étrangère pendant les premières phases de l'hypnose ; — à la suggestion, l'auto-suggestion ou toute autre cause pendant le somnambulisme provoqué, ou spontané ; — au rétrécissement du champ de la conscience dans les névroses et, en particulier, dans l'hystérie ; — ou à une influence venue ou prétendant venir du monde supra-sensible, dans le médiumnisme. — il paraît rationnel de donner aux personnalités qui se manifestent ainsi les noms de personnalités *hypnotiques, somnambuliques, hystériques et médiumniques*. C'est dans cet ordre et en les distinguant les unes des autres, que je vais présenter sur elles, le plus brièvement possible, quelques explications, en y ajoutant des précisions particulières sur la *régression de la mémoire*, sur ce qu'on appelle la *psychologie du génie et des saints*, et sur certains états de conscience que l'on observe dans quelques crises de la vie terrestre (accidents, agonie, mort, etc.).

SECTION I

Personnalités hypnotiques, somnambuliques et hystériques. — Psychologie du génie et des saints. — Régression de la mémoire. — Phénomènes psychiques des accidents, de l'agonie et de la mort.

§ 1er. — *Du dédoublement de la personnalité dans les premières phases de l'hypnose sous l'influence de la suggestion.*

244. — J'appelle *personnalités hypnotiques* celles qui apparaissent dans les premières phases de l'hypnose, sous l'influence de la suggestion étrangère, ou même de l'auto-suggestion. Elles ont fait l'objet d'intéressantes observations, spécialement de la part de M. de Rochas, qui a rendu compte de ses expériences en cette matière dans son ouvrage, plusieurs fois cité : *les États superficiels de l'hypnose* (pp. 94 et s.). — V. *supra* n° 140.

Sous l'empire d'une suggestion brusque, note l'éminent psychologue, le sujet perd tout à coup tous ceux de ses souvenirs qui ne se rapportent point à la personnalité évoquée, et ceux qui s'y rapportent, au contraire, règnent alors en maîtres dans son cerveau, avec l'intensité exceptionnelle qui caractérise tous les *monoïdéismes*. Ainsi, abolition momentanée des souvenirs de la personnalité normale et habituelle du sujet, et prédominance exclusive des souvenirs se rapportant à la personnalité fictive suggérée par l'hypnotiseur : tel est le phénomène.

Il est facile de s'apercevoir, d'après cette simple analyse, que ce phénomène a sa cause génératrice dans une *dissociation*, une *désintégration* de la personna-

lité. Sous l'influence de la suggestion ou de l'auto-suggestion, les souvenirs et les états de conscience ainsi
évoqués sont les seuls à se manifester, à s'extérioriser
(les autres étant momentanément obnubilés) autour de
l'idée suggérée d'une personnalité fictive et étrangère,
et qui n'est en définitive qu'une déformation, une frac-
tion de la personnalité du sujet.

Ces personnalités fragmentaires, que j'ai appelées
hypnotiques, apparaissent surtout dans les premières
phases de l'hypnose. Étant uniquement le produit d'une
suggestion, elles cessent de se manifester lorsque vient
à cesser l'aptitude du sujet à la suggestion, c'est-à-dire,
d'après M. de Rochas. (V. *supra*, n° 114), dès les débuts
de cette phase, déjà profonde, du somnambulisme que
cet expérimentateur a classée et distinguée des autres
sous le nom d'*état de rapport*.

Au delà, le phénomène des personnalités multiples, qui
s'observe dans le somnambulisme, prend un caractère
particulier, et son étude présente un très grand intérêt.

Il semble, en effet, qu'à la phase de *dissociation* et
de *désintégration* de la personnalité, qui est celle des
premiers états de l'hypnose et des débuts du somnambulisme, succède, au fur et à mesure que celui-ci s'approfondit, une phase de *réintégration*, pendant laquelle
tous les éléments dissociés du subconscient se recon-
stituent et se recoordonnent dans une personnalité plus
complète, plus autonome et manifestement supérieure.
C'est ce que les lignes qui suivent, et dont l'ouvrage
déjà cité de M. de Rochas (*Les États profonds de l'hypnose*, pp. 75 et s.) m'a principalement fourni la matière,
vont faire comprendre à mes lecteurs.

§ 2. — *Dédoublements de la personnalité
dans le somnambulisme provoqué.*

245. — L'apparition de personnalités multiples chez

le même sujet est un phénomène que les anciens magnétiseurs avaient déjà constaté, et que les observateurs actuels rattachent tous au somnambulisme, soit *artificiel*, soit *naturel*.

La caractéristique de ce phénomène est qu'en approfondissant de plus en plus par les procédés en usage le sommeil magnétique, on obtient successivement des états de mémoire et de conscience très différents et, en apparence, indépendants les uns des autres. Si, par exemple, le sujet amené d'abord à un premier état de somnambulisme [1] passe ensuite, sous l'action prolongée du magnétiseur, à un état plus profond, on remarque que, dans ce second état, il se souvient de tout ce qu'il a fait ou entendu : 1° dans l'état de veille ; 2° dans le premier état de somnambulisme ; 3° dans les somnambulismes antérieurs, soit moins profonds, soit de même nature. Mais il ne se souvient, ni dans l'état de veille, ni dans le premier état de somnambulisme, lorsqu'on l'y ramène, de ce qui s'est passé dans le second.

En un mot, à l'état de veille, il ignore tout de l'état somnambulique n° 1 et n° 2. L'état somnambulique n° 1 connaît l'état de veille et les états somnambuliques antérieurs semblables au sien ; mais il ignore l'état n° 2. Celui-ci, au contraire, connaît tout de l'état de veille et de l'état somnambulique n° 1, ainsi que des états *antérieurs* de même nature ou moins profonds que le sien.

M. de Rochas, dans son ouvrage précité *les États profonds de l'hypnose* dont j'extrais ces renseignements, ajoute que « les états de conscience sont parfois si différents que le sujet, dans un état, parle de lui dans un autre état, comme si c'était une personne étrangère ».

Le compte rendu, publié par le même auteur (*loc.*

---

1. Il est relativement facile de distinguer les différents états, parce que, ainsi qu'on l'a vu dans la classification de M. de Rochas (*supra*, n° 103), ils sont en général séparés les uns des autres par un état de léthargie nettement caractérisé.

cit., p. 78), d'une des premières expériences de M. Pierre Janet sur un sujet, nommé Lucie, confirme entièrement les observations qu'on vient de lire, et qui sont également conformes en tous points à celles qu'avait faites, dès l'année 1883, le docteur Bertrand (*Traité du somnambulisme*, p. 318).

246. — Ce n'est pas seulement une *double* personnalité qui peut se manifester dans le phénomène que l'on désigne improprement sous le nom de *dédoublement*. M. de Rochas (*loc. cit.*, p. 77) rappelle, d'après le témoignage du docteur Herbert Mayo, un cas de quintuple mémoire, c'est-à-dire de quintuple personnalité. Il n'y a pas en effet, enseigne M. Pierre Janet dans son traité de l'*Automatisme psychologique*, p. 113, un seul somnambulisme, mais plusieurs, qui sont caractérisés chacun par une mémoire particulière. » Et cet auteur ajoute :

Si l'on ne considérait qu'un sujet comme Lucie, on pourrait croire que cette division du somnambulisme a quelque importance et qu'il y a toujours ainsi trois mémoires différentes. En réalité, il n'y a ni deux, ni trois mémoires indispensables ; il peut s'en présenter un nombre quelconque et indéterminé ; Rose a au moins quatre ou cinq somnambulismes différents, ayant chacun une mémoire particulière. Il y a des sujets, comme N... qui sont tellement instables qu'ils ne reprennent le même somnambulisme qu'en étant endormis par la même personne et de la même manière ; sinon, ils entrent dans un état sensitivo-sensoriel différent et ne retrouvent pas les souvenirs du premier somnambulisme.

247. — Les recherches dont je viens de donner un aperçu ont permis à M. Pierre Janet, auquel elles sont dues, de conclure que « l'*hystérique* (et cela peut être dit aussi du somnambule) serait un personnage dont le *moi* ne serait pas simple et cacherait dans les profondeurs de son organisme un *sosie* mystérieux, une doublure étrange de lui-même, dont l'action ne se

réveillerait que dans certaines circonstances, au moment des crises notamment ».

Cette idée, M. Jules Janet, frère du précédent, à la suite d'expériences faites par lui-même, alors qu'il était interne à l'Hôtel-Dieu, dans le service de M. Dumontpallier, l'a développée longuement dans une étude publiée par la *Revue scientifique* (n° du 10 mai 1888), à laquelle le docteur Morand consacre un substantiel résumé dans les pages 365 à 384 de son *Traité du magnétisme animal* (déjà cité).

Le sujet de ces expériences était une hystérique célèbre dont il a été souvent parlé dans les traités spéciaux, Blanche Witt, qui, lorsque M. Jules Janet eut l'occasion de l'observer, était en traitement à l'Hôtel-Dieu, et manifestait tous les troubles de l'hystérie la plus profonde.

Je ne puis reproduire ici le compte rendu de ces remarquables expériences ; je me contente de citer les conclusions que leur auteur en tire, et dans lesquelles il fait observer notamment que le phénomène de la dissociation de la personnalité n'est pas spécial aux hystériques et paraît être une propriété générale de l'organisme humain, qui, si elle s'accuse plus particulièrement dans l'hystérie, se rencontre également, sous des influences diverses, telles notamment que le somnambulisme et autres troubles passagers, dans l'homme *normal* exempt de toute tare hystérique :

Cette dissociation, dit-il, des phénomènes psychologiques en deux groupes, l'un conscient, l'autre *inconçu*, n'est peut-être pas spéciale aux hystériques ; *il est possible qu'elle existe aussi chez les individus exempts d'hystérie.*

Quel est, en effet, le caractère principal de la *personnalité seconde* ? c'est d'être ignorée de la première. N'y a-t-il pas chez l'homme *normal* des actes, des séries d'actes même, qui s'exécutent inconsciemment ? Qui pourrait les exécuter, sinon une personnalité différente de la personnalité consciente ? Dans notre sommeil, sans être *noctambules*, nous faisons des rêves, nous exécutons des mouvements dont nous n'avons aucun souvenir au réveil. Dans certains états pathologiques de l'homme non hystérique, ces faits deviennent encore plus nets : dans l'ivresse, notamment, la personnalité consciente est anéantie par l'alcool, et l'homme ivre se promène toute une nuit sans savoir, quand il est dégrisé, les actes qu'il a accomplis pendant ce laps de temps. Il en est de même dans le chloroforme.

Chez les fous, cette dissociation s'exagère encore, et les actes dont le souvenir disparaît entièrement en dehors des accès où ils ont été accomplis, deviennent chez eux très communs. Qui agit, dans tous ces cas, sinon une personnalité inconnue de la personnalité consciente ?

Il semble donc y avoir chez l'homme exempt d'hystérie, comme chez l'hystérique, deux personnalités, une consciente et une *inconçue*.

§ 3. — *Dédoublements de la personnalité dans le somnambulisme naturel ou spontané.*

248. — De l'ensemble des expériences dont on vient de donner un aperçu, il résulte, ainsi que le fait observer M. de Rochas (*Les États profonds de l'hypnose*, pp. 88 et s.), qui rapporte à ce sujet plusieurs extraits de l'ouvrage précité de M. Pierre Janet, que le dernier état de conscience obtenu par l'approfondissement de l'hypnose, est supérieur en étendue et en puissance : d'une part, à ceux des phases intermédiaires de somnambulisme, par lesquelles le sujet a passé, et, d'autre part, à ceux de l'état de veille, — surtout, en ce qui concerne ce dernier état, lorsqu'il s'agit d'un sujet malade, comme ceux sur lesquels M. Pierre Janet a principalement fait porter ses expériences. Cet éminent psychologue, en effet, a observé (et cette observation confirme celles faites *supra*, n° 244) que la suggestibilité de ses sujets, très grande à l'état de veille et dans les premières phases du somnambulisme, tend à décroître et disparaît même complètement, à mesure qu'on approfondit l'hypnose :

Quand la seconde existence est complète, dit-il, le sujet est loin d'être inerte ; il remue, veut se lever et marcher, songe à faire mille folies, il est, comme Léonie ou Lucie, fort difficile à maintenir... A ce moment, les suggestions sont loin d'être toutes puissantes et peuvent provoquer toute espèce de résistances.

C'est, comme on le voit, la période de *réintégration* qui commence, succédant ainsi à la période de *désintégration*. Le sujet se recoordonne autour des états de conscience que l'approfondissement de l'hypnose a, pour ainsi dire, ramené à la surface de l'être psychique. Il finit même par recouvrer son unité et son autonomie et résiste dès lors aux suggestions étrangères. « On en peut conclure, dit M. Pierre Janet, que si le somnambulisme est une seconde existence, ce n'est pas nécessairement une existence faible, sans spontanéité et sans volonté. » Elle est même supérieure, chez les sujets malades tout au moins, à l'existence normale de l'état de veille.

M. Myers, dans ses études sur l'*écriture automatique*, se demande si l'état somnambulique, auquel il rattache ce dernier phénomène, au lieu d'être un état *régressif*, n'est pas plutôt, dans certains cas tout au moins, un état *évolutif*. Et il penche, avec beaucoup d'autres psychologues, vers cette dernière solution.

Qu'en conclure, sinon ceci :

Que, dans cet état, l'organisme psychique, dont on est en droit, après tout ce qui a été dit à son sujet dans mon ouvrage, de supposer l'existence, s'affranchit, en s'extériorisant, sous l'action prolongée de l'hypnose, des tares qui pèsent sur lui tant qu'il reste étroitement uni à l'organisme corporel. Par là, et par là seulement, s'explique la suractivité et la puissance qu'il manifeste et qui vont croissant au fur et à mesure que le somnambulisme s'approfondit. La simple surexcitation des centres nerveux, à laquelle M. Pierre Janet attribue ce dernier résultat, ne suffirait pas à l'expliquer, puisque les physiologistes, et notamment le docteur Grasset, reconnaissent, d'autre part, que cette surexcitation porte sur les centres *inférieurs* au détriment des centres *supérieurs*, que l'hypnose paralyse.

249. — Quoi qu'il en soit, cette supériorité, si elle n'apparaît pas nettement dans les états de somnambulisme profond provoqués par les passes magnétiques, est beaucoup plus manifeste dans certains états de somnambulisme *spontané*, de longue durée, qu'il a été donné à certains expérimentateurs d'observer. Il semble à cet égard que le seul fait de la durée du somnambulisme pendant lequel et grâce auquel tels ou tels états de conscience se manifestent, est pour ceux-ci un facteur puissant, à moins qu'il ne soit une conséquence, de cette recoordination psychique qui suit la période de désintégration et qui donne leur caractère et leur autonomie aux personnalités *secondes*, ainsi créées.

250. — L'exemple le plus universellement connu, parce que souvent cité, de ce remarquable phénomène est celui de Félida, si bien et si complètement étudié par le docteur Azam, qui a publié le compte rendu de ses savantes observations dans son ouvrage *Hypnotisme, double conscience* (1887). Il vaut la peine de reproduire ici, en l'abrégeant encore, le résumé qu'en a fait M. de Rochas (*loc. cit.*, pp. 98 et s.) :

Félida est née à Bordeaux, vers 1841, de parents bien portants... A l'âge de 14 ans, après la puberté, sa santé fut ébranlée... et elle prit ses premiers accès qui revenaient d'abord tous les cinq ou six jours. Voici comment les décrit le docteur Azam, appelé à la soigner :

Félida est assise, un ouvrage quelconque de couture sur ses genoux ; tout à coup, sans que rien ne puisse le faire prévoir, et après une douleur des tempes plus violente que d'habitude, la tête retombe sur sa poitrine, ses mains demeurent inactives et descendent inertes le long du corps ; elle dort ou paraît dormir, mais d'un sommeil spécial, car ni le bruit, ni aucune excitation, pincements ou piqûres ne sauraient l'éveiller. De plus, ce sommeil est subit ; il dure deux ou trois minutes ; autrefois il était beaucoup plus long[1].

Après ce temps, Félida s'éveille, mais elle n'est plus dans l'état intellectuel où elle était quand elle s'est endormie. Tout en elle est différent : santé, qui, de mauvaise est désormais excellente ; caractère, qui, de triste, est devenu gai ; imagination et sensibilité, qui sont plus vives et plus actives... Dans cet état, elle se souvient parfaitement de tout ce qui s'est passé pendant les autres états semblables, et aussi pendant sa vie normale [2]... Dans cette vie comme dans l'autre, ses facultés intellectuelles ou morales, bien que différentes, sont incontestablement entières... ; mais, dans la condition *seconde*, toutes les facultés paraissent plus développées et plus complètes. Cette deuxième vie, où la douleur physique ne se fait pas sentir, est de beaucoup supérieure à l'autre ; elle l'est surtout par le fait considérable, déjà indiqué, que, pendant sa durée, Félida se souvient, non seulement de ce qui s'était passé pendant les accès précédents, mais aussi de toute sa vie normale, tandis que dans celle-ci, elle n'a aucun souvenir de ce qui s'est passé pendant les accès.

Après un temps qui, en 1858, durait trois ou quatre heures presque chaque jour, tout à coup la gaieté de Félida disparaît, sa tête fléchit sur la poitrine et elle retombe dans cet état de torpeur (qui paraît être cet état léthargique qui sépare généralement, à l'aller et au retour [v. *supra*, n° 103] toutes les phases de l'hypnose).

Trois ou quatre minutes s'écoulent, et elle ouvre les yeux pour rentrer dans l'existence ordinaire. On s'en aperçoit à peine, car elle continue son travail avec ardeur, presque avec acharnement ; le plus souvent, c'est un travail de couture entrepris dans la période précédente. Elle ne le connaît pas (par suite de l'oubli au réveil de l'état somnambulique) et il lui faut un effort d'imagination pour comprendre. Néanmoins elle continue comme elle peut, en gémissant sur sa malheureuse situation ; sa famille, qui a l'habitude de cet état, l'aide à se mettre au courant. Quelques minutes auparavant, elle chantonnait quelque romance ; on la lui redemande, elle ignore absolument ce qu'on veut dire ; on lui parle d'une visite qu'elle vient de recevoir, elle n'a vu personne. Cette amnésie, toutefois, ne porte que sur ce qui s'est passé pen-

---

1. On retrouve ici la phase léthargique qui précède dans l'hypnose les changements d'états.

2. Même loi, comme on le voit, que pour les variations d'états de conscience dans le somnambulisme *artificiel*.

dant la condition seconde ; *aucune idée générale acquise anté-rieurement n'est atteinte...*

Si j'avais pu, ajoute le docteur Azam, avoir des doutes sur la séparation complète de ces deux existences, ils eussent été levés par ce que je vais raconter. Un jeune homme de 18 à 20 ans connaissait Félida depuis son enfance... et ils s'étaient promis le mariage. Un jour, Félida, plus triste que d'habitude, me dit, les larmes aux yeux, que sa maladie s'aggrave, que son ventre grossit et qu'elle a, chaque matin, des envies de vomir ; en un mot elle me fait le tableau le plus complet d'une grossesse qui commence. Aux visages inquiets de ceux qui l'entourent, j'ai des soupçons qui devaient être bientôt levés. En effet, dans l'accès qui suit de près, Félida me dit devant les mêmes personnes : « Je me souviens parfaitement de ce que je vous ai dit, vous avez dû facilement me comprendre ; je l'avoue sans détour, je crois être grosse. »

Dans cette deuxième vie, sa grossesse ne l'inquiétait pas et elle en prenait gaiement son parti. Devenue enceinte pendant sa condition seconde, elle l'ignorait donc pendant son état normal, et ne le savait que pendant ses autres états semblables.

251. — M. Léon Denis qui, dans son ouvrage déjà cité *le Problème de la destinée*, p. 82, rapporte aussi le remarquable exemple de personnalité somnambulique qu'on vient d'analyser, dit très justement qu'il n'y a pas là plusieurs personnalités en jeu, comme il s'en présente parfois dans les séances spirites, mais simplement *plusieurs états de conscience* : et c'est précisément ce qui distingue les personnalités somnambuliques des personnalités d'origine spirite, à supposer qu'il y ait réellement des cas où celles-ci se manifestent (V. *infra*, nos 290 et suiv.).

Le même auteur rapporte (*loc. cit.*, pp. 78 à 93) plusieurs autres cas de personnalité seconde, notamment :

1° Celui de Louis Vivé, décrit par Myers dans son *Traité de la personnalité humaine* (p. 60), et qui offre un curieux exemple de ces phénomènes de *régression de la mémoire*, au cours desquels, dit l'éminent psy-

chologue anglais, « le sujet revit toutes les scènes de
sa vie passée avec la rapidité et la facilité d'images
cinématographiques », et auxquels quelques lignes
d'explications seront consacrées plus loin au cours de
ce chapitre ;

2° Le cas de Mlle R. L..., observé par le docteur
Dufay, au cours des soins donnés à cette demoiselle,
pendant une dizaine d'années, et dont l'analyse faite
par lui dans la *Revue scientifique* du 5 juillet 1876
(p. 69), a été résumée par M. Gabriel Delanne dans son
ouvrage *l'Evolution animique* (p. 233) ;

3° Le cas de Mlle Alma Z..., étudié par le docteur
Masson et relaté par M. Myers (*loc. cit.*, pp. 61 et
62).

A cette énumération je n'hésite pas à joindre, comme
étant particulièrement intéressant, le cas suivant, que
je recueille dans l'ouvrage déjà cité *l'Evolution animique* (p. 283) de M. Gabriel Delanne :

Il s'agit d'une jeune fille qui, après avoir entendu plusieurs
fois, à l'âge de sept ans, pendant son sommeil, un musicien
ambulant jouer du violon, était tombée malade et avait été
conduite, de la ferme où elle était en service, chez une dame
charitable qui, après sa convalescence, l'employa comme
domestique. Après quelques années de séjour chez cette
dame, elle manifesta tout à coup, pendant les accès de somnambulisme naturel dont elle fut atteinte au cours de son
sommeil ordinaire, des facultés musicales extraordinaires :
modulant tout d'abord avec la bouche des sons semblables à
ceux du violon qu'elle avait précédemment entendu, exécu-
tant ensuite des morceaux de musique savante avec beaucoup de soin et de précision ; deux ans après, imitant par
le même moyen les accompagnements de piano, ainsi que les
voix qu'elle entendait dans la maison. Puis, elle se mit à
parler, s'imaginant qu'elle donnait des leçons, et, enfin, à
traiter, avec le discernement le plus étonnant et une puissance de mémoire prodigieuse, les sujets les plus divers,
politiques et religieux...

Dans cet état, qui se prolongea de dix à onze ans, elle se
montrait, à son réveil, bornée, maladroite, très lente à recevoir toute espèce d'instruction, quoiqu'on prît beaucoup de

soin dans ce but ; son intelligence était évidemment très inférieure à celle des autres domestiques ; elle n'avait plus
aucune aptitude pour la musique ; elle ne paraissait pas
avoir souvenance de ce qui se passait pendant l'état somnambulique.

252. — Il existe d'ailleurs un grand nombre d'autres cas de dédoublement de la personnalité, devenus
classiques comme ceux que je viens de rappeler, et
observés soit dans le somnambulisme provoqué, soit
dans le somnambulisme naturel. Ne pouvant tous les
citer, je me borne à renvoyer le lecteur aux sources
suivantes où il pourra en prendre connaissance : *les
Changements de personnalité*, des docteurs Bourru et
Burot ; *les Altérations de la personnalité*, par Binet ;
la Grande Hystérie, par Berjon ; *la Double Personnalité*, par le docteur Osgood Mason ; *les Vies successives*, de M. de Rochas (p. 395 à 403).

Toute cette phénoménologie, pour M. Denis (*loc. cit.*,
pp. 89 et suiv.), prouve qu'au-dessous du niveau de la
conscience normale, il existe des niveaux de conscience plus profonds, plus complets et qui constituent, dans leur ensemble et avec la conscience normale, la conscience *intégrale*, le véritable *moi*. L'état
somnambulique, qui permet à ces états profonds de se
manifester est donc bien, comme le dit Myers (V. *supra*,
n° 248), un état *évolutif*, et non pas un état morbide et
régressif. S'il coïncide quelquefois avec certains états
morbides, comme l'hystérie, c'est qu'en effet tout ce qui
affaiblit le corps physique, tout ce qui le déprime favorise l'extériorisation (la lucidité des mourants en est une
preuve manifeste) ; et, d'autre part, s'il y a tout d'abord,
dans le processus hypnotique, comme dans l'hystérie,
une première phase de dissociation et de désintégration, dont l'hystérique ne sort pas, cette phase, ne
l'oublions pas, est suivie, dans le somnambulisme *sain
et non morbide*, d'une réintégration et d'une recoordi-

nation d'autant plus complètes que celui-ci devient
plus profond ; ce qui fait dire :

A Myers (p. 63) : « que la personnalité humaine constitue
un complexus beaucoup plus modifiable qu'on ne l'admet
généralement » ; — « qu'il y a en elle une variété d'états successifs coïncidant avec la permanence du moi » ; — et, enfin,
« que toute phase, tout procédé de *désintégration* suggère
une phase et un procédé correspondant de *réintégration* » ;
Et àM. Léon Denis (*loc. cit.*, p. 91) : « que la conscience est
une, mais se manifeste diversement : d'une façon restreinte,
dans la vie normale, tant qu'elle est limitée dans le champ
de l'organisme ; — plus pleine, plus étendue, dans les états de
dégagement, — et, enfin, d'une manière totale et entière, à
la mort, après la séparation définitive ».

253. — C'est donc en vain que l'on a tenté, dans
l'école purement physiologiste, d'expliquer les dédoublements de personnalité, soit par des modifications
passagères et alternatives dans la circulation du cerveau, soit par le fonctionnement indépendant des deux
lobes cérébraux, soit par des altérations ou lésions du
système nerveux, ou par toute autre cause de même nature, et qu'on s'est prévalu de ce semblant d'explications pour nier l'unité et la continuité du *moi*, et soutenir par exemple, avec M. Ribot (*les Maladies de la
personnalité*, pp. 170-172) que le *moi* « n'est qu'un
agrégat, un composé, une colonie en un mot, une *coordination passagère*[1]. Tout en reconnaissant que ces
affirmations (qui dans tous les cas ne sauraient expliquer la supériorité bien constatée des personnalités
secondes sur la personnalité de *l'état de veille*, et sont
au contraire en contradiction avec elle) reposent sur
des faits d'expérience et que, dans les travaux d'introspection qui servent de base à la nouvelle psychologie
expérimentale, on ne saurait les négliger, Myers estime
que les théories que, de part et d'autre, spiritualistes

1. Cité par M. Léon Denis dans *le Problème de l'Être et de la destinée*, p. 78.

et matérialistes ont, en tenant compte de ces faits, laborieusement édifiées, ne sont nullement inconciliables, et, par conséquent, n'en affirme pas moins (p. 19 de la traduction française de son *Traité de la personnalité humaine*) l'unité du moi.

254. — En définitive, l'explication de la supériorité manifeste des personnalités secondes sur celle de l'état de veille, telle qu'elle se dégage des faits observés dans l'étude du somnambulisme, ne saurait se rencontrer dans le camp des matérialistes qui n'ont vu, d'ailleurs, et n'ont retenu de leurs expériences que les manifestations d'états de conscience *dissociés* et *inférieurs* qui précèdent, dans le somnambulisme, la phase de réintégration et de recoordination, et dont il a été parlé, sous le titre de *personnalités hypnotiques* au commencement de ce chapitre (V. *supra*, n° 244).

L'explication que l'on cherche est tout entière, et ne paraît pouvoir être que là, dans la grande loi d'extériorisation psychique dont j'ai déterminé (*supra*, n°⁹ 199 et suiv.) les diverses applications, et qui commande et régit, comme on l'a vu, tous les phénomènes de l'hypnomagnétisme. Cette extériorisation, en effet, qui se manifeste tout spécialement dans le somnambulisme et avec une intensité d'autant plus grande que celui-ci devient plus profond, fait remonter à la surface de l'organisme psychique, successivement et dans leur ordre d'ancienneté [1], les divers états de conscience, qui, normalement, y restent enfouis et comme indisponibles; puis, par un travail de recoordination, qui s'accomplit spontanément pour relier ces divers états les uns aux autres, reconstitue une personnalité *nécessairement* supérieure à celle de l'état de veille, puisqu'elle s'est enrichie de tout ce qui manquait à cette dernière pour être complète, c'est-à-dire de tous les éléments de connaissance, de sensibilité, d'énergie, en un mot de toutes

1. C'est ce que fera mieux comprendre, dans la suite de ce chapitre, l'étude du phénomène de *régression de la mémoire*.

les facultés *latentes*, de toutes les potentialités renfer-
mées dans les divers états de conscience que l'extériorisation, de latentes qu'elles étaient, a rendues actives
et a, pour ainsi dire, remises au jour.

§ 4. — *Dédoublements de la personnalité, et instabilité et rétrécissement des états de conscience dans
l'hystérie et autres états névropathiques (Convulsionnaires de Saint-Médard).*

255. — Ce qui a empêché beaucoup d'observateurs,
très savants et très avisés cependant, de se rendre
compte de la supériorité des personnalités somnambuliques sur celles de l'état de veille, c'est qu'ils ont le
plus souvent, surtout les médecins et les physiologistes,
fait porter leurs expériences sur des sujets malades, et
notamment sur des hystériques et autres névropathes
qu'ils avaient entrepris de guérir. Or, malgré les traits
de ressemblance qui peuvent exister entre les phénomènes de l'hypnose en général et ceux de l'hystérie, il
est vrai de dire, si l'on va au fond des choses, qu'entre
le somnambulisme spécialement, naturel ou provoqué,
et l'hystérie, il y a des différences profondes, tant au
point de vue de leurs causes que de leurs effets.

L'hystérie n'est qu'une crise morbide de dissociation,
de désintégration de la personnalité, dans laquelle les
états de conscience s'extériorisent sans ordre, sans
frein ni contrôle, et bien plutôt dans une poussée désordonnée qu'explique l'état d'instabilité du sujet, et
cela sans cette synthèse de reconstitution et d'intégra-
tion à laquelle, chez les sujets sains, aboutit l'hypnose
lorsqu'elle est poussée au delà d'une certaine limite ;
tandis que le somnambulisme, lorsque surtout il arrive
à des phases profondes, telles que l'*Extase*, ou la *Lucidité* (V. *supra*, nᵒˢ 110 et 121), devrait être défini : un
état, consécutif à une extériorisation des états de con-

science, pendant lequel la personnalité *intégrale* d'un sujet sain se reconstitue dans le plan du subconscient, qui, libéré du conscient, bien que restant en communication avec lui, peut ainsi affirmer toutes ses virtualités.

Pour le docteur Gyel (*Le Subconscient*, pp. 32 et s.), la cause des névroses et en particulier de l'hystérie doit être recherchée, non dans une lésion organique[1], mais dans un défaut de corrélation et d'harmonie entre le conscient et le subconscient : « Il y a névropathie, dit-il, toutes les fois qu'il n'y a pas corrélation ou dépendances suffisantes de la conscience à la subconscience. Il y a névropathie, parce que le subconscient remplit défectueusement son rôle de direction générale de l'être conscient. »

256. — Mais à quelles causes doit-on attribuer : soit ce défaut de corrélation et d'harmonie entre le subconscient et le conscient, soit l'impuissance du subconscient à remplir son rôle de direction ?

La réponse faite à cette question par le docteur Gyel (*loc. cit.*, pp. 138 et s.) est à citer textuellement :

1° La subconscience directrice peut être impuissante parce que son union avec la conscience et l'organisme est mal assurée, et que des phénomènes élémentaires d'extériorisation se produisent trop facilement et spontanément...

2° La subconscience directrice peut être impuisante parce qu'elle doit lutter contre des *suggestions extérieures*, contre les effets d'une contrainte, d'un genre de vie, d'un système d'éducation, etc., détournant l'être de sa voie naturelle. — C'est là une cause secondaire fréquente de l'hystérie. Dès que l'être est sorti de sa voie normale, dès surtout qu'il vit en désaccord avec les lois naturelles, la nature se venge cruellement, et la névrose survient...

3° Enfin, la subconscience directrice peut être impuissante par nature, réellement inférieure à sa tâche, parce qu'elle est

---

1. Dans son *Traité du magnétisme animal*, déjà cité, le docteur Morand enseigne (p. 116), comme le docteur Gyel, que l'hystérie, de même que toutes les névroses, ne se rattache pas à une liaison matérielle quelconque.

unie à un organisme trop compliqué pour elle, trop perfec--
tionné pour qu'elle sache l'utiliser convenablement. Les hystériques de cette catégorie seraient simplement des *névropathes inférieurs*.

4º En regard de ces névropathes *inférieurs*, on conçoit im-'
médiatement une catégorie de *névropathes supérieurs*, dont
l'individualité subconsciente est trop au-dessus d'un organisme grossier.

L'activité subconsciente est en lutte perpétuelle contre une
cérébration défectueuse, contre un instrument organique
et des sens dont elle ne tire pas tout le parti qu'elle désire-
rait et qu'elle surmène en vain. La lutte et la gêne se traduisent dans l'être conscient par des malaises et des troubles
divers.

L'influence subconsciente, chez le névropathe supérieur, ne
pèche donc pas par insuffisance, mais par excès.

Les névropathes supérieurs sont légion : la majorité des
grands écrivains, artistes ou savants, la plupart des hommes
de grand talent, tous les hommes de génie sont, à des degrés
divers, des névropathes supérieurs...

257. — Les passages ci-après de l'ouvrage, déjà
cité, *la Personnalité humaine* de Myers (pp. 45 et s.)
sont de nature à confirmer les vues du docteur Gyel sur
les causes de l'hystérie.

Après avoir fait remarquer qu'un des troubles caractéristiques de l'hystérie est le rétrécissement du champ
de la conscience *supraliminale*, et son envahissement
par les idées fixes, il ajoute que cet envahissement est
dû à ce que la conscience *subliminale* n'exerce qu'imparfaitement ses fonctions de contrôle et de directe-
tion. « Lorsqu'une idée fixe, soit l'*agoraphobie*, surgit
dans l'esprit de l'hystérique, c'est que probablement le
pouvoir de contrôle et de coordination de sa pensée,
qu'il devrait être capable d'exercer en tous temps, est
tombé à un niveau où il échappe à l'action de sa volonté. »

C'est dans le même ordre d'idées que le docteur Pierre
Janet (p. 39 de son ouvrage *l'État mental des hystériques*, cité par Myers, p. 47) explique l'*anesthésie* qui

est un des symptômes caractéristiques de l'hystérie. Il
y voit un phénomène de conscience, un rétrécissement
de la conscience *personnelle* (ou *supraliminale*), qui
n'est plus qu'imparfaitement soutenue, dirigée, alimen-
tée par la conscience *subliminale* :

> Ce qui caractérise, dit-il, l'hystérie avancée, c'est le défaut
> d'assimilation des sensations ou états affectifs élémentaires
> par ce qu'on appelle la perception *personnelle*. Le champ de
> la conscience de l'hystérique est tellement rétréci qu'il ne
> peut contenir que le minimum de sensations nécessaires à
> la vie...

L'anesthésie hystérique, ajoute Myers (*loc. cit*, p. 49)
en forme de commentaire, est avant tout caractérisée
par ce fait que telles ou telles facultés de perception
sur lesquelles le sujet a perdu tout pouvoir de contrôle,
ne disparaissent pas en réalité, mais se trouvent placées au-dessous du seuil de la conscience *supraliminale*, sous la garde, pour ainsi dire, d'une couche du
moi *subliminal* dans laquelle, soit par suite de suggges-
tions antérieures, soit autrement, elles restent enfouies
et momentanément inactives.

258. — Le docteur Félix Regnault, dans son ouvrage
Hypnotisme et Religion, pp. 34, note 1 [1], donne de l'hystérie la description suivante, qu'il emprunte à Charcot,
et qui permet de saisir sur le fait les véritables causes
de cet état pathologique :

> Ce sont, dit-il, des contractures généralisées, ou des
> secousses convulsives d'une force et d'une rapidité extrêmes,
> ou encore des contorsions qui exigent une souplesse et une
> force musculaire extraordinaires. Le sujet prend les attitudes
> les plus variées, souvent l'arc de cercle, le corps ne se soute-
> nant plus que par les pieds et la tête. Chez certains sujets,
> les contorsions sont d'une violence extrême. Le malade
> cherche à mordre, à se déchirer la figure ou la poitrine,
> s'arrache les cheveux, se frappe violemment, pousse d'affreux
> cris de douleur ou des hurlements de bête féroce. Il rappelle

1. Paris, Schleicher frères, 1897.

alors absolument la description des possédées du démon.

Le sujet prend des attitudes passionnelles. Il est en proie à des hallucinations, et il les exprime avec une mimique d'une intensité extraordinaire. Ces hallucinations sont extrêmement variées : supplication, prière, colère, menace, lutte contre un personnage imaginaire, terreur. Ou encore, il témoigne l'amour, appelle le bien-aimé, l'invite, l'embrasse, l'enlace, le possède. Ces mimiques s'accompagnent souvent de paroles entrecoupées, explicatives.

Tous ces symptômes ont été pris, chez les sauvages, dans l'antiquité et au moyen âge, pour des marques de possession divine ou démoniaque.

Tout ceci s'explique très bien, et il ne paraît pas qu'on puisse l'expliquer autrement, par le trouble qu'apporte chez certains organismes particulièrement instables, l'extériorisation partielle et désordonnée du subconscient, c'est-à-dire la dissociation, la désintégration de la personnalité, désintégration qui n'étant pas, tant que dure la crise hystérique, suivie d'une réintégration, comme dans l'état second du somnambulisme, laisse le sujet en proie à toutes sortes de suggestions *extérieures* et aux *auto-suggestions* les plus bizarres et les plus extravagantes, comme dans le rêve, privé qu'il est, dans cet état morbide, de son organe directeur et pondérateur, qui est le moi intérieur ou subconscient (V. *supra*, nº 152, ce qui a été dit du processus de la suggestion). La crise cesse lorsque le sujet rentre en possession de ce moi intérieur, c'est-à-dire lorsque la désintégration a fait place à la réintégration de la personnalité, et les exorcismes des possédés, dont les crisiaques de l'hystérie évoquent le souvenir, n'avaient sans doute pas d'autre but et d'autre effet que de provoquer cette réintégration, comme le font, dans le magnétisme, les passes *démagnétisantes*.

259. — Le docteur Regnault, dans son ouvrage précité (pp. 34 à 48), trace un intéressant tableau en raccourci des différentes formes et des diverses épidémies d'hystérie, qui ont été observées dans tous les temps et

chez tous les peuples. Plusieurs de ces épidémies ont éclaté sous l'influence d'une exaltation anormale du sentiment religieux : ce qui confirme ce qui a été dit précédemment au sujet de leur origine purement psychique. Une des plus célèbres est celle des *convulsionnaires de Saint-Médard*, qui éclata à Paris à la suite de la mort, arrivée le 1er mai 1727, d'un diacre de l'église de Saint-Médard, nommé Pâris, qui passait pour un saint dans son quartier et qui — dans la lutte qui s'était élevée à la suite de la publication et de la condamnation d'un livre l'*Augustinus* de l'évêque d'Ypres, Jansénius, sur la grâce, entre les *Jansénistes*, pour lesquels tous les illustres solitaires de Port-Royal avaient pris parti, et les *Jésuites*, alors tout puissants à la Cour, — avait soutenu avec ardeur, en dépit de la bulle *Unigenitus*, qui pour la seconde fois venait de la condamner, la cause du Jansénisme. M. Hippolyte Blanc a consacré un imposant volume, sous le titre *le Merveilleux dans le Jansénisme, le Magnétisme, le Méthodisme et le Baptisme américains*, etc., à l'histoire de cette épidémie [1].

Ce récit, qui transporte le lecteur dans un monde de phénomènes invraisemblables et dont quelques-uns ne paraissent pas pouvoir être expliqués par les lois connues de la physiologie, est, dans tous les cas, un exemple des plus significatifs de cette instabilité psychique qui caractérise l'état hystérique. Mais en même temps, car les faits qu'on y observe sont très complexes, on y rencontre, à côté des crises hystériques proprement dites, toute la phénoménologie de l'hypnose, sous ses aspects les plus variés et les plus transcendantaux, tels que : l'*extase*, les *lévitations* de corps humains [2]; les *cures magnétiques* les plus extraordi-

1. Paris, Henri Plon, 1865.
2. Le jour de la Toussaint, rapporte Montgeron, dans son ouvrage (*L'Idée de l'état des Convulsionnaires*, pp. 2, 3 et 4, cité par M. Hippolyte Blanc, Jeanne Thénard se mit sur la tombe de Saint-Médard (dans le cimetière où se passaient la plupart des scènes que décrit cet historien jusqu'à ce qu'il fût fermé par autorité de jus-

naires ; l'*hyperesthésie* des facultés, et, avec elle, les
dons de l'éloquence et des langues, et les dons de clairvoyance, de seconde vue et de divination[1] ; l'*insensibilité à la douleur*, au cours des supplices auxquels
les convulsionnaires se soumettent volontairement,
qu'ils s'infligent entre eux, sous les noms de *secours,
grands secours, secours meurtriers*, et qui vont, dans
une gradation raffinée, des simples coups de bûches et
de pointes d'épée, aux crucifiements de la Passion du
Christ[2] ; plus encore que l'insensibilité, l'*invulnérabilité* et l'*incombustibilité* [3] dans ces supplices, dont

tice) et sentit aussitôt son corps s'élever en l'air : « Il s'élevait
très haut, quoiqu'elle fût couchée, et se retournait et s'agitait avec
tant de violence que plusieurs personnes qui la tenaient, pour
l'empêcher de se briser contre le marbre du tombeau, ne pouvaient presque la retenir. »

1. Au témoignage de Montgeron (*loc. cit.*, p. 45) : « Les partisans
ou les adversaires des convulsions ont attesté ou avoué que plusieurs convulsionnaires parlent en extase des langues inconnues
et étrangères, dont il est visible qu'ils comprennent alors le sens,
— et qu'ils révèlent des choses très cachées, même les secrets des
cœurs. »

2. Ces crucifiements, qui reproduisaient *en réalité* toutes les
phases douloureuses et sanglantes de la Passion, et duraient de
longues heures après lesquelles la suppliciée, détachée de la
Croix, mangeait, disent les rapports, avec appétit, ne conservant
de ses blessures que des traces sanguinolentes qui se cicatrisaient
rapidement, sont attestés par des procès-verbaux signés de
témoins connus et peu suspects de complaisance et de naïve crédulité, tels que : Doyen de Gastel, Toussaint et le fameux de la
Condamine, qui a rédigé un de ces procès-verbaux.

3. « Une convulsionnaire, surnommée *la Salamandre* (de son
vrai nom, la fille Sonet), se jouait de l'ardeur du feu. Un ami de
Montgeron avait pu faire cuire des pommes et durcir des œufs en
les pendant au cou des convulsionnaires qui plongeaient leur tête
dans les flammes. Certaines convulsionnaires se couchaient le
long d'un foyer allumé, dans la même position que celle où l'on
met une viande qu'on veut faire rôtir ; et, si l'on s'avisait alors de
mettre un écran entre le feu et le visage, elles ne manquaient pas
de se plaindre aussitôt qu'on les brûlait, et elles en ressentaient
réellement de la douleur. » (Montgeron, *loc. cit.*, t. III, pp. 706 et
707, cité par M. Hippolyte Blanc, p. 54). Ainsi, chose curieuse et
inexplicable, les précautions prises pour les préserver de l'action
destructive du feu, ne faisaient au contraire que la leur faire mieux
sentir.

quelques-uns devaient normalement être mortels ou détruire par le feu les chairs qui y étaient volontairement exposées.

Je ne puis, malheureusement, m'arrêter à présenter à mes lecteurs une description détaillée de ces phénomènes. Force est pour moi de les renvoyer à l'ouvrage précité de M. Hippolyte Blanc, qui a puisé cette description aux meilleures sources, telles que, notamment, l'histoire de Montgeron, contemporain et témoin des faits qu'il raconte.

260. — Il paraît d'ailleurs impossible de mettre en doute la réalité des faits dont je viens de donner un bref aperçu. Tout concourt à en établir l'authenticité : les mesures ordonnées à diverses reprises par le gouvernement pour les interdire, les enquêtes de police auxquelles ils ont donné lieu, les nombreux témoignages émanant de personnes d'une haute autorité, que leur scepticisme et leurs préventions antireligieuses ne disposaient pas à se laisser facilement tromper.

Plusieurs de ces *miracles*, dit le célèbre David Hume (*Essai philosophique sur l'Entendement*, p. 10), cité par Hippolyte Blanc (*loc. cit.*, pp. 125 à 129) furent prouvés immédiatement sur les lieux, devant des juges d'une intégrité indubitable, et attestés par des témoins accrédités, par des gens de distinction, dans un siècle éclairé et sur le théâtre le plus brillant qu'il y eût alors dans l'univers. Où trouver ailleurs une aussi prodigieuse quantité de circonstances qui concourent pour la confirmation d'un fait, et qu'opposer à cette nuée de témoins, *si ce n'est l'impossibilité absolue de nier la nature miraculeuse des événements qu'ils attestent?*

261. — Les savants ou les médecins qui se sont occupés de ces faits et ont cherché à déterminer les causes physiologiques auxquelles il convenait de les rattacher, n'y ont réussi qu'imparfaitement. Presque tous n'ont voulu y voir que des manifestations pathologiques de l'hystérie. Mais cette explication a paru et est évidemment trop étroite. « L'hystérie, en effet, fait observer

M. Hippolyte Blanc (p. viii de l'introduction et pp. 130
et s. de son ouvrage précité) ne procure ni le don d'éloquence, ni le don de révélation, ni celui de l'invulnérabilité du corps humain. Ce qui est vrai, c'est que les
troubles hystériformes que l'on remarque dans les scènes
des convulsionnaires de Saint-Médard, ne sont qu'accessoires et qu'il s'y développe d'autres phénomènes beaucoup plus importants et surtout d'un caractère très
différent.

Il semble donc que, s'il est une explication naturelle
à cet ordre de phénomènes, on doit la trouver principalement dans l'application des lois, de mieux en mieux
connues, de l'hypnose. Les traits les plus essentiels de
l'hypnotisme et du somnambulisme naturel ou artificiel
(catalepsie, extase, magnétisme curatif, hyperesthésie
des facultés, oubli de la crise à l'état normal, anesthésie)
s'y retrouvent en effet. Quant à la cause déterminante
de cet état hypnotique, il est aisé de comprendre, je l'ai
déjà dit, que si les procédés habituels employés pour
provoquer cet état (fascination, suggestion, passes
magnétiques) font défaut dans l'espèce, ils sont avanta-
geusement remplacés par l'exaltation religieuse des
convulsionnaires, exaltation qui agit sur eux à la façon
d'une auto-suggestion puissante, d'un monoïdéisme, que
renforce encore la contagion du milieu dans lequel ils
s'agitent; qui révolutionne tout leur être, extériorise
leur sensibilité et les place, par conséquent, dans les
conditions les plus propices au développement de tous
les états, même les plus profonds, de l'hypnose.

262. — Il y a, toutefois, j'en ai déjà fait la remarque,
dans les faits qui caractérisent l'épidémie de Saint-
Médard, certains traits, certaines manifestations qui
débordent le cadre des phénomènes classiques de l'hypnose et que les lois de cette dernière, telles que nous
les connaissons, ne suffisent pas à expliquer.

Il est certain, notamment, que la faculté, qui se
révèle chez quelques convulsionnaires, et à laquelle on

a donné le nom de *Xénoglossie* [1], de faire des discours, de tenir des conversations dans des langues étrangères qu'ils n'ont jamais apprises, ne peut être attribuée à aucune des modifications physiologiques ou psychologiques que produit l'hypnose, ni, d'une manière générale, à aucune loi connue du monde où nous vivons. On invoquerait vainement, pour l'expliquer, l'hyperacuité de la mémoire que produit le somnambulisme. Si grande, en effet, que soit cette hyperacuité, elle peut bien expliquer certaines réminiscences de mots en langue étrangère, que le somnambule aurait autrefois lus ou entendus, mais non une connaissance de cette langue suffisante pour lui permettre de la comprendre et de la parler.

Que dire également de l'invulnérabilité des convulsionnaires à l'égard du feu qui les enveloppe, ou des coups, meurtriers pour toute autre personne, qui leur sont prodigués ?

Qu'ils y soient insensibles, on se l'explique puisqu'un des effets les moins douteux et les plus caractéristiques de l'hypnose, est de suspendre, en l'extériorisant, la sensibilité. Mais l'insensibilité ne doit pas être confondue avec l'*incombustibilité*, ni avec l'*invulnérabilité*. Pour ne pas être senti par le corps du crisiaque, le feu n'en doit pas moins, si le contact est suffisant, accomplir infailliblement son action destructive. De même pour les coups, les pointes d'épées et toute la variété des *grands secours* qui, si les récits de ces violences sont exacts, devaient, dans l'ordre naturel des choses, déterminer les plus graves lésions, sinon la mort.

Qui donc a suspendu le fonctionnement des lois physiques aux effets desquelles les convulsionnaires se

---

1. Le docteur Edm. Dupouy relève dans la *Revue spirite* de juillet 1913 (p. 495) un assez grand nombre de cas de cette nature, semblables à ceux que l'épidémie de Saint-Médard a permis d'observer.

soumettaient volontairement ? Ou plutôt quelle autre cause est intervenue pour neutraliser ces effets et les rendre, non seulement inoffensifs, mais même salutaires ? Autant de questions auxquelles les *naturalistes purs*, c'est-à-dire les partisans *exclusifs* des causes physiologiques, ne sauraient répondre, si ce n'est en niant les faits. Mais nier n'est pas répondre.

Cet embarras de certains savants en présence de phénomènes aussi inexplicables, suggère l'idée que la science expérimentale, en cette matière, pourrait bien être incompétente et qu'une explication adéquate et satisfaisante doit être cherchée et aurait plus de chances d'être trouvée en dehors de ses frontières.

263. — Du reste, pas n'est besoin absolument, pour cela, de quitter le terrain du rationalisme, et même du naturalisme, dans le sens large de ce mot. Autrement, il faudrait dire, ce qui est contraire à l'évidence, que Dieu et, avec lui, tout le monde *supra-sensible*, ainsi que les lois qui le gouvernent, sont en dehors de la nature. Il est, sans doute, plus difficile de démontrer leur existence que celle de notre monde physique. Mais l'effort fait en vue de cette démonstration n'en est pas moins rationnel, et on ne saurait prétendre que le monde, ainsi découvert, est en dehors des lois de la nature.

Ainsi se pose la question du monde *supra-sensible*, du *préternaturel*, diraient les théologiens, qu'il faut bien se garder de confondre avec le *surnaturel*. L'existence du premier et des lois qui le régissent, et notamment de celles au moyen desquelles il pourrait, par hypothèse, se mettre en communication avec notre monde physique et y exercer des influences diverses, bonnes ou mauvaises, n'a rien de surnaturel. Par conséquent, ce n'est pas franchir les limites d'une étude purement rationnelle que d'examiner si ces influences ne pourraient pas, en opposant une loi à une autre, neutraliser une loi de notre monde physique et l'empêcher de produire ses effets habituels, ou suppléer, par leur intervention, à l'insuffisance des facultés, des connaissances ou des moyens d'action dont nous disposons ici-bas, — et si ce ne serait pas là l'explication rationnelle des divers phénomènes (don des langues, clairvoyance, prévision de l'avenir, incombustibilité, invulnérabilité) qui ont été observés dans les circonstances les plus diverses rappelées au cours de cet ouvrage et, notamment, dans l'épidémie des convulsionnaires de Saint-Médard. Et, si l'on faisait plus que supposer cette intervention du monde supra-sensible dans le nôtre, si l'on pouvait en faire la démonstration, soit par voie d'induction, soit directement, ce ne serait pas, selon moi, une raison suffisante de crier au miracle et de parler de surnaturel.

Pour être miraculeux, dans la doctrine catholique, un fait, quel qu'il soit, doit avant tout porter la *marque divine* et, pour la distinguer, l'enseignement et l'autorité de l'Église sont les seuls guides à consulter et à suivre. Le fait doit, en outre, constituer une dérogation à une loi, soit du monde physique, soit du monde spirituel ; mais, comme nous ne connaissons pas toutes les lois du monde physique, et que nous ne connaissons que très peu celles du monde spirituel, sauf celles que la religion enseigne, il est très difficile, pour ne pas dire impossible, dans la plupart des cas, de déterminer s'il y a eu, véritablement ou non, dans le fait prétendu miraculeux, une dérogation à des lois établies.

Pour ce double motif, la question du *miracle* est, quoi qu'on puisse penser théoriquement de son admissibilité, une question très complexe et que l'Église catholique n'examine et ne résout qu'avec une grande circonspection et une extrême prudence : ce dont on ne peut que l'approuver.

264. — Quoi qu'il en soit, il paraît certain que les faits, même les plus extraordinaires, qui ont illustré l'épidémie des convulsionnaires de Saint-Médard, ne

remplissent ni l'une ni l'autre des conditions requises
pour justifier la qualification de *miracles*, que leur
donne improprement le grand philosophe David Hume
(V. *supra*, n° 260), et je me crois dès lors autorisé à
conclure que parmi ces phénomènes, quelques-uns, et
c'est le plus grand nombre, sont des faits d'origine
hystérique et surtout hypnotique ; et que d'autres, en
petit nombre, que l'hypnose ne suffit pas à expliquer,
mais que néanmoins, par sa vertu extériorisante, elle
favorise, ne sont ni surnaturels, ni miraculeux. Car,
d'une part, comment reconnaître la marque et la volonté divines dans ces scènes désordonnées et si peu
édifiantes qu'une exaltation maladive du sentiment religieux entretenait autour du tombeau du diacre Pâris ?
Et, d'autre part, rien ne prouve qu'il y ait eu dans ces
faits une dérogation aux lois de la nature, puisqu'on
peut facilement leur supposer une autre origine, qui n'a
rien de surnaturel, à savoir : les influences, *bonnes ou
mauvaises*, que les êtres intelligents du monde supra-
sensible peuvent, plus ou moins librement, et dans une
intention plus ou moins louable, exercer sur le nôtre.
Je dis : *influences bonnes ou mauvaises*, et c'est à
dessein. L'action des êtres du monde supra-sensible,
en effet, n'est pas nécessairement utile et bienfaisante.
Le bien n'a pas encore vaincu le mal, pas plus dans ce
monde que dans le nôtre, et l'on verra encore plus
d'une fois, au cours de cet ouvrage, des exemples
frappants des influences maléfiques que ces êtres
peuvent avoir sur nous.

§ 5. — *Psychologie du génie et des saints.*

265. — On aurait tort de conclure de ce qu'on vient
de lire, sous le § 4 qui précède, que les troubles d'équilibre entre les deux consciences (la conscience *supraliminale*, et la *subliminale*, ou subconscient) soient tou-

jours un signe de décadence psychique, et que tous les hystériques soient des *dégénérés*.

Parmi les *idées fixes* susceptibles d'envahir le champ de la conscience et d'amener cette rupture d'équilibre qui caractérise l'hystérie, il y a celles du type morbide et inférieur, ce sont les plus fréquentes ; mais il y a aussi les idées fixes du génie, soit moral (chez les saints), soit intellectuel (chez les grands hommes).

Ceux-ci, Myers (*La Personnalité humaine*, p. 54) les appelle très à propos des *progénérés*, par opposition aux *dégénérés* du type inférieur. Les troubles hystériques dont ils peuvent être atteints procèdent, entre autres causes, comme on l'a dit *supra* n° 256, du surmenage qu'impose un moi subliminal trop puissant à un organisme cérébral trop inférieur. Mais ce n'est là qu'un accident, qui ne se réalise pas toujours, puisqu'il peut arriver que le moi subliminal et le moi supraliminal soient d'égale puissance et en parfait équilibre, et qui, lorsqu'il se réalise, n'est en définitive que la rançon du génie ou de la sainteté.

C'est là, semble-t-il, une réponse décisive aux psychologues qui n'ont pas craint de confondre, dans une appellation commune et sans faire les distinctions nécessaires, les hommes de génie et les saints parmi ces êtres dégénérés (les hystériques) dont la caractéristique est l'instabilité et l'incoordination psychique, c'est-à-dire le désordre et l'incohérence dans les pensées et dans les actions. Comment n'a-t-on pas senti l'inconvenance et l'erreur manifeste qu'il y avait à classer ainsi ces hommes, véritable élite de l'humanité, dont la gloire a été précisément de réaliser ces magnifiques synthèses, cette unité grandiose, que le monde entier ne se lasse pas d'admirer.

Sont-ce des incohérents et des dégénérés : les Pascal, les Bossuet, les Newton, les Pasteur, les César, les Napoléon, les saint Vincent de Paul, les sainte

Thérèse [1] et tant d'autres ? Et parce que leur organisme nerveux a parfois tressailli d'une manière anormale sous les vibrations, trop puissantes pour lui, de
leurs grandes âmes, doit-on les considérer comme des
déséquilibrés, eux qui ont montré au contraire un si
parfait équilibre moral dans leurs œuvres et dans leur
vie ?

266. — D'après l'auteur de *la Personnalité humaine*,
l'homme de génie serait celui qui devance son temps
dans l'évolution *spiritualiste* de notre être.

---

1. Cette grande sainte est un des exemples les plus remarquables qu'on puisse invoquer à l'appui de la thèse que je sou-
tiens. Elle a eu souvent, en effet, au cours de sa vie, si bien remplie, des accidents, des troubles hystériques, et elle les a décrits
elle-même dans son auto-biographie, dont M. Henri Joly, membre
de l'Institut, rapporte quelques extraits à la page 28 de sa vie de
Sainte Thérèse (Paris, Victor Lecoffre, 1908).

Et pourtant cette sainte, dont le corps a été si tourmenté, a
été, au témoignage de ses contemporains, que confirment les
œuvres accomplies par elle, une des âmes les plus agissantes de
l'humanité, une fondatrice inlassable, qui a essaimé partout les
maisons de son ordre et qui mettait la gaieté et la bonne humeur
au nombre des qualités essentielles qu'elle recommandait à ses
religieuses.

Est-ce là le fait d'une dégénérée ? Non, évidemment, et M. Henri
Joly est parfaitement fondé, en concluant du particulier au général, à écrire à la page 126 de son autre ouvrage sur la *Psychologie
des Saints* (Paris, Victor Lecoffre, 1908) :

« Non, la sainteté n'est pas, comme la névrose, une *désagrégation* des forces mentales ; c'est une *agrégation* plus étroite que
toute autre et qui doit sa force au principe supérieur sous la
domination duquel elle se forme et se maintient.

« Elle n'est pas un *rétrécissement du champ de la conscience ;*
elle est l'ouverture d'un champ plus vaste, ouverture qui, à la
vérité, est payée (si le mot est juste) par le rétrécissement du
champ des sensations mobiles et des illusions inutiles.

« Elle n'est pas un *dédoublement de la personnalité*, bien qu'elle
crée assurément, au prix de nombreux sacrifices et de dures
souffrances, une personnalité nouvelle ; mais d'abord celle-ci,
loin de se subdiviser en désordre, offre une cohésion, une fermeté,
une unité, dont la psychologie ne trouve nulle part un semblable
exemple. On ne saurait nier davantage que cette personnalité
nouvelle laisse subsister de la personnalité primitive ce que
celle-ci avait de meilleur, et qu'à ces éléments survivants elle
assure la paix et l'accord avec les éléments surajoutés. »

Pourquoi, écrit Myers (p. 87), ne pas supposer en effet qu'il existe autour de nous (en dehors de ce que nous connaissons et de ce à quoi nous réduit l'hypothèse matérialiste) d'autres milieux, d'autres énergies que nous ne soupçonnons pas, que nous arriverons à découvrir un jour, mais qui néanmoins agissent sur nous et sur les autres êtres vivants, provoquent même des réactions de notre part, dont nous ne nous rendons pas compte parce qu'elles n'ont pas encore franchi le seuil du moi supraliminal ? Qu'est-ce qui nous empêche d'admettre que les actions télépathiques ou les influences, que des esprits exercent sur d'autres esprits, font encore partie de ces énergies non découvertes, existantes néanmoins et toujours actives ? Que nous vivons dans un milieu inconcevable et sans limites, monde de pensée, ou univers spirituel chargé de vie infinie, pénétrant et dépassant tous les esprits humains, ce que les uns appellent l'âme du monde, les autres Dieu ?

Il est remarquable que, sur ce dernier point, la psychologie expérimentale, qui ne se réclame cependant que de la science, et dont l'auteur que je viens de citer est un des adeptes les plus convaincus et les plus autorisés, se rencontre, comme cela arrivera du reste toutes les fois qu'on poussera l'analyse scientifique assez loin, avec l'enseignement chrétien, pour affirmer l'existence d'un monde spirituel dans lequel les âmes, et spécialement celles des hommes de génie et des saints, puisent leurs inspirations. La science et la foi se prêtent ici un mutuel appui ; mais la première rend le fait sur lequel elles sont d'accord plus sensible, en montrant le subconscient comme étant, grâce à sa faculté d'extériorisation, l'instrument *ad hoc* de cette communication entre les deux mondes.

267. — Aussi bien, Myers n'est pas le seul qui ait envisagé la psychologie du génie et des saints à ce point de vue élevé.

M. Cherbuliez, dans une étude sur le roman français, publiée par la *Revue des Deux Mondes* (nᵒ du 15 octobre 1910), considère l'homme de génie comme un être exceptionnel, profondément individuel, isolé au milieu

de ses semblables parce qu'il semble appartenir à un
autre monde avec lequel son subconscient est en perpétuelle communication ; en un mot, comme un puissant
foyer d'activité que ce monde mystérieux alimente sans
cesse, et qui ne s'élève au-dessus de nos têtes, dans
son splendide isolement, que pour mieux répandre au
loin ses rayons lumineux et fécondants.

268. — L'homme de génie est donc, dans cet ordre
d'idées, un intermédiaire bienfaisant qui relie notre
monde au monde spirituel, dont il est l'éloquent interprète.

Ceci est encore plus vrai des saints, car la sainteté
est la plus haute expression du sentiment religieux,
qui relie l'homme à Dieu. Elle suppose donc, selon la
remarque de M. André Chaumeix[1] et pourrait même
être définie : « une aptitude remarquable de l'esprit
à croire à l'existence d'un ordre de choses invisible
auquel notre bien suprême est de nous adapter har-
monieusement ».

L'homme religieux se rend compte *qu'il fait partie
de quelque chose de plus grand que lui.* Psychologiquement, cette aptitude particulière qui distingue
les saints des profanes s'explique très bien dans la conception que le grand philosophe américain, William
James, se fait de l'esprit et qui rappelle la théorie de
Myers sur le moi subliminal.

D'après cette conception, que résume M. Chaumeix
dans l'étude précitée :

Chacun de nous se trouve avoir une existence plus étendue qu'il ne se le figure, une personnalité plus vaste que
celle qui s'exprime habituellement, et en chacun de nous
demeure quelque faculté d'expression latente et en réserve.
Cet *arrière-plan* contient, avec des éléments insignifiants,

1. V. l'étude publiée par la *Revue des Deux Mondes* (nº du 15 octobre 1910, dans laquelle ce brillant écrivain analyse la méthode
et la doctrine de William James (décédé le 26 août 1910), en ce
qui concerne la détermination de la conscience, en général, et de
la conscience de l'homme religieux en particulier.

les éléments mêmes qui jouent le rôle le plus éclatant dans l'histoire des vies humaines ; c'est de lui que viennent les grandes œuvres, les intuitions du génie, les états mystiques, et des dispositions capitales dans la vie religieuse. Une conversion, par exemple, implique une transformation profonde d'une personnalité ; un état mystique donne au sujet qui l'éprouve la conscience de son union avec Dieu ; une prière, enfin, l'acte religieux pur, signifie la confiance dans l'action d'un être qui nous dépasse et la modification surnaturelle des événements. La théorie de Myers fait comprendre psychologiquement ces faits ; elle nous montre l'homme dépassant son moi conscient, entrant en rapport, par le moi subliminal, *avec un monde autre que celui qui tombe sous ses sens, avec des êtres spirituels.* La conversion est l'entrée dans le champ de la conscience de dispositions formées lentement dans les profondeurs du moi : *la prière est l'appel du moi conscient aux puissances avec lesquelles le moi subconscient est capable d'entrer en rapport.* Ainsi, le *fait* religieux prend un fondement scientifique. La conscience religieuse, en témoignant de sa relation à un moi plus grand qu'elle, énonce strictement un fait, *et il y a réellement une expérience religieuse.*

269. — William James ne s'est pas contenté de constater et d'expliquer psychologiquement le fait religieux. Il en a fait ressortir la grandeur, surtout quand il s'affirme dans les grands mystiques et dans les grands saints.

L'homme, dit-il, dans une page qui mérite d'être citée textuellement, et que j'emprunte à la *Revue des Deux Mondes* du 15 octobre 1910 (p. 854), en qui domine le sentiment du devoir, découvre une valeur infinie aux plus petits détails de ce monde, en tant qu'ils manifestent un ordre invincible. Il en reçoit un bonheur surnaturel avec une incomparable fermeté d'âme. Il est prêt à servir les autres ; il abonde en impulsions généreuses ; il n'apporte pas seulement un secours extérieur, sa sympathie atteint aussi les âmes, où elle éveille des puissances ignorées. Il ne place pas le bonheur dans le bien-être, comme le fait le vulgaire, mais dans cette ferveur intime qui transforme les privations en jouissances. Il ne recule devant aucun devoir, même devant le plus ingrat, et, si l'on cherche du secours, on peut compter sur le saint, beaucoup plus fermement que sur tout autre...

Qu'est-ce donc, ajoute M. Chaumeix (*loc. cit.*, p. 855), après avoir rapporté le passage si suggestif qu'on vient de lire :

Qu'est-ce donc, à côté du saint, que l'homme dominateur, que *l'homme fort*, de Nietzsche ? William James a la plus grande pitié pour le héros à la figure sèche et dure qui ne connaît que le monde matériel. Peut-être est-il utile à l'Univers qu'il y ait des hommes de types si différents. Mais un monde composé *d'hommes forts* serait inhabitable, un monde composé de *saints* serait délicieux. Lorsque sur la terre paraissent un saint François, un Gratry, leur sens du mystère, leur enthousiasme sont un rayonnement...

270. — La doctrine de William James, telle que ce court aperçu a permis à mes lecteurs de l'entrevoir, et grâce à l'autorité qui s'attache aux conceptions de ce grand psychologue, est d'un précieux secours pour la théorie du subconscient et, d'une manière générale, pour toutes les thèses soutenues au cours de mon étude. Mais son intérêt capital et son originalité résident surtout dans ce fait qu'elle érige en loi le sentiment religieux, en en faisant une dépendance de la psychologie générale et en le considérant comme un des éléments constitutifs et spécifiques de notre être.

Ainsi que le fait observer M. Chaumeix (*loc. cit.*, p. 855), beaucoup de philosophes prétendaient bannir le sentiment religieux comme inexplicable et anti-scientifique. « Par son analyse originale, James le rattache à la psychologie générale ;...... il a ainsi rendu impossible, *au nom de l'expérience*, les négations sommaires qui intervenaient au nom de cette même expérience, et a donné aux sentiments religieux leur place normale dans la vie de l'humanité. »

§ 6. — *Régression de la mémoire (phénomènes provoqués et phénomènes spontanés), dans l'hypnose
proprement dite et autres états analogues (émotions
violentes, accidents, évanouissements). — L'extériorisation psychique dans l'agonie et dans la mort.*

271. — A l'étude du dédoublement de la personnalité dans le somnambulisme provoqué ou naturel, qui
a été faite sous les § 2 et 3 de la 1ʳᵉ section du présent
chapitre, se rattache l'étude du phénomène très remarquable de la *régression de la mémoire*, *provoqué* au
cours d'expériences hypnotiques ou *observé* dans certains états *spontanés* de l'hypnose, ou tous autres états
analogues.

Je dois en dire quelques mots, qui ne feront d'ailleurs
que confirmer les résultats de l'étude qui précède.

272. — A. *Phénomènes de régression de la mémoire
provoqués au cours d'expériences hypnotiques.* — Dans
un discours du 6 février 1905, que commente M. Léon
Denis dans son ouvrage déjà cité *le Problème de la
destinée* (p. 241), M. Charles Richet disait : « La mémoire est une faculté implacable de notre intelligence,
car aucune de nos perceptions n'est jamais oubliée. Dès
qu'un fait a frappé nos sens, alors, d'une manière irré-
médiable, il se fixe dans la mémoire. Peu importe que
nous ayons gardé la conscience de ce souvenir ; il
existe, il est indélébile. »

Puisque ces souvenirs sont indélébiles, il doit y avoir
possibilité, pour ceux qui sont sortis du champ de la
conscience normale, de les y ramener. C'est ce qui a
lieu par l'effet, soit de suggestions diverses venues de
l'extérieur, soit d'auto-suggestions, soit, d'une manière
générale, de l'action extériorisante que l'hypnose, naturelle ou provoquée, ou tous autres états analogues
exercent, à des degrés divers, sur le subconscient.

Le docteur Pitre, doyen de la Faculté de médecine à Bordeaux, dans son traité *De l'hystérie et de l'hypnotisme*, rapporte des expériences faites par lui et qui démontrent que tous les faits et connaissances enregistrés en nous depuis l'enfance, peuvent, si oubliés qu'ils soient, être revivifiés et ramenés dans le champ de la conscience normale par la suggestion hypnotique : c'est ce qu'il appelle le phénomène de *l'ecmnésie*. « Son sujet, une jeune fille de dix-sept ans, ne parlait que le français et avait oublié le patois gascon, idiome de sa jeunesse. Endormie et reportée par la suggestion à l'âge de cinq ans, elle n'entendait plus le français et ne parlait plus que le patois. »

Le docteur Burot a fait des expériences identiques qu'on trouve mentionnées (avec les précédentes et celles de plusieurs autres savants, tels que les docteurs Henri Freeborn, Sollier, Bain et Gilbert-Ballet, de l'Hôtel-Dieu), dans l'ouvrage précité de M. Léon Denis, pp. 246 et s.

V. aussi : les expériences dont Binet rend compte dans son ouvrage *les Altérations de la personnalité* (pp. 237 et s.), et dont une, entre autres, pratiquée sur le sujet Jeanne R..., a été recueillie par M. Gabriel Delanne (*L'Évolution animique*, pp. 256 et s.).

273. — Mais les plus intéressantes, en cette matière, sont les expériences du colonel de Rochas, dont les comptes rendus, tout d'abord publiés dans divers recueils, ont été ensuite longuement commentés par M. Léon Denis (*Le Problème de la destinée*, pp. 264 à 288) et ont été enfin rassemblés tout récemment, depuis les plus anciens jusqu'aux plus récents, par l'expérimentateur lui-même, dans un ouvrage très documenté, paru, en 1911, chez Chacornac, sous le titre *les Vies successives*.

D'après ces comptes rendus, qui occupent les pages 44 à 269 de ce dernier ouvrage, M. de Rochas aurait fait revivre, au moyen de passes magnétiques, de plus en plus profondes, exercées sur son sujet et secondées par la suggestion, non seulement les souvenirs de sa vie actuelle, en remontant des plus récents aux plus anciens, mais encore les souvenirs *de ses vies anté-rieures ?*

Voici comment le colonel de Rochas décrit la manière dont il opéra (V. *Revue spirite*, n° de janvier 1907, p. 41, et M. Léon Denis, *loc. cit.*, p. 265) :

Depuis longtemps on savait que, dans certaines circon-stances, notamment quand on est près de la mort, des sou-venirs depuis longtemps oubliés se succèdent, avec une rapi-dité extrême, dans l'esprit de quelques personnes, comme si on déroulait devant leurs yeux les tableaux de leur vie entière.

J'ai déterminé expérimentalement un phénomène analogue sur des sujets magnétisés, avec cette différence qu'au lieu de rappeler certains souvenirs, je fais prendre à ces sujets des états d'âme correspondant aux âges auxquels je les ramène, *avec oubli de tout ce qui est postérieur à cet âge*[1]. Ces transfor-mations s'opèrent à l'aide de passes *longitudinales*, qui ont pour effet ordinaire l'approfondissement du sommeil magné-tique. Les changements de personnalité, si l'on peut appeler ainsi les étapes diverses d'un même individu, se succèdent invariablement selon l'ordre des temps, en allant vers le passé quand on se sert de passes *longitudinales*, pour reve-nir dans le même ordre vers le présent quand on a recours à des passes *transversales* ou *réveillantes*. Tant que le sujet n'est pas revenu à son état normal, il présente l'insensibilité cutanée. On peut précipiter les transformations en s'aidant de la suggestion, mais il faut toujours parcourir les mêmes phases et ne pas aller trop vite, sans quoi on provoque les plaintes du sujet, qui dit qu'on le torture et qu'il ne peut vous suivre.

Jusqu'ici, il n'y a rien de bien extraordinaire... ; mais voici

---

1. Il y a là une différence à noter avec ce qui se passe ordinaire-ment dans les expériences de dédoublement de la personnalité dans le somnambulisme provoqué, où la personnalité seconde garde le souvenir de la personnalité première (v. *supra*, n° 245). Cette différence tient sans doute à la suggestion expresse ou tacite du magnétiseur qui, dans l'évocation successive de chaque état de conscience, sur lequel il concentre l'attention du sujet, empêche tous les autres états de se manifester.

d'autres phénomènes dont l'explication est beaucoup plus difficile.

Lors de mes premiers essais, je m'arrêtais au moment où le sujet, ramené à sa première enfance, ne savait plus me répondre ; je pensais qu'on ne pouvait aller au delà. Un jour cependant j'essaie d'approfondir encore le sommeil en continuant les passes, et grand fut mon étonnement quand, en interrogeant le dormeur, je me trouvai en présence d'une autre personnalité se disant l'âme d'un mort ayant porté tel nom et ayant vécu dans tel pays. Dès lors, une nouvelle voie était indiquée ; continuant les passes dans le même sens, je fis revivre le mort et parcourir à ce ressuscité toute sa vie précédente en remontant le cours du temps. Ici encore ce n'étaient pas de simples souvenirs que je réveillais, mais des états d'âmes successifs que je faisais réapparaître... Des passes réveillantes ramenaient progressivement le sujet à son état normal, en parcourant les mêmes étapes exactement dans le sens inverse.

A noter que, depuis ces expériences dont les comptes rendus complets ont été publiés dans l'ouvrage précité *les Vies successives* de M. de Rochas, et qui ont porté sur 19 sujets pendant les années 1892 à 1910, ce ne sont pas seulement les existences *passées* que l'expérimentateur aurait fait revivre chez le sujet par les passes magnétisantes. Après avoir, par les passes transversales et démagnétisantes, ramené le sujet à son état normal, il lui aurait, en continuant ces passes, fait successivement parcourir, *dans l'avenir*, non seulement les diverses étapes restant à franchir de sa vie en cours, mais encore celles de ses vies futures.

274. — M. de Rochas mit d'ailleurs tous ses soins à rechercher si les souvenirs ainsi évoqués par lui dans le passé et ces prévisions de l'avenir correspondaient à une réalité. Mais le résultat de ses enquêtes fut que les révélations des sujets, exactes quant aux souvenirs de leur vie présente, ne l'étaient pas, généralement, relativement à leurs vies antérieures ou à leurs vies à venir. En outre, « les récits faits par eux étaient pleins d'anachronismes, qui révélaient l'introduction de sou-

venirs normaux dans des suggestions d'origine inconnue ».

Aussi l'éminent expérimentateur avoue-t-il implicitement l'échec de ses tentatives en vue de démontrer l'exactitude de l'hypothèse, qui lui paraît chère, des *vies successives*, dans cette réflexion pleine de mélancolie, qu'enregistre M. Léon Denis (*Le Problème de la destinée*, p. 275) :

Il est fort difficile de concevoir comment des actions mécaniques, comme celles des passes, déterminent le phénomène de la régression de la mémoire d'une façon *absolument certaine* jusqu'à un moment déterminé, et que ces actions, continuées exactement de la même manière, changent brusquement à ce moment-là leur effet, pour ne plus donner naissance qu'à des hallucinations.

275. — Faut-il ajouter qu'en obtenant des révélations non seulement sur les vies *antérieures*, mais encore sur les *vies à venir*, c'est-à-dire sur des vies qui n'ont pas encore été vécues, M. de Rochas a infirmé d'avance la confiance qu'on pouvait avoir dans la valeur de ces révélations, aussi bien des premières que des secondes ? On fera difficilement admettre aux penseurs qui croient au libre arbitre, que nous portons dès à présent en nous toute la trame de notre évolution future et cela d'une manière assez nette pour qu'elle puisse être décrite exactement par un sujet magnétisé. On ne saurait trouver un meilleur argument pour démontrer que ces évocations des vies futures ne sont que des résultats hallucinatoires de la suggestion du magnétiseur ou de l'auto-suggestion du sujet, et qu'il en est sans doute de même de l'évocation des souvenirs et états de conscience des prétendues existences antérieures. Seule, l'évocation des états de conscience et des souvenirs oubliés de notre vie actuelle, paraît possible et véritablement démontrée par les expériences de M. de Rochas [1].

1. C'est à cette interprétation que les *Annales des Sciences psychiques*, dans leur compte rendu de l'ouvrage de M. de Rochas

276. — Il serait donc plus que téméraire d'admettre,. malgré l'incontestable talent que M. Léon Denis met à défendre la doctrine spirite de la réincarnation et des vies successives (*loc. cit.*, pp. 264 à 291), que le problème soit résolu. C'est du reste ce que cet auteur reconnaît lui-même, lorsqu'il dit, en forme de conclusion : « La question reste encore pendante, il est vrai. On doit apporter une extrême réserve dans les conclusions. Cependant, malgré les obscurités qui subsistent, nous avons considéré comme un devoir de publier ces faits et expériences, afin d'attirer l'attention des penseurs et de provoquer de nouvelles investigations. C'est à ce prix que la lumière se fera, complète, sur ce problème, comme elle s'est faite sur tant d'autres. »

Qu'on me permette d'ajouter que je ne partage pas sur ce dernier point les espérances de M. Léon Denis. La psychologie expérimentale, en démontrant l'existence et la survivance de l'âme, me paraît être arrivée aux extrêmes limites de sa tâche. Au delà, elle est en présence d'un abîme que je considère comme infranchissable, par cette raison décisive que le monde supra-sensible reste fermé à ses procédés d'investigation scientifique. Sur ce que l'être humain devient après la séparation de l'âme et du corps, le philosophe ne peut que faire des conjectures, à moins qu'il ne préfère s'en rapporter :

(n⁰ˢ de nov. et déc. 1911, p. 363), donnent la préférence. Parlant des expériences dans lesquelles la régression de la mémoire *paraît* avoir été poussée jusqu'aux hypothétiques vies précédentes des sujets, elles font observer que l'auto-suggestion a dû y jouer un rôle considérable. « Il n'est certainement pas facile, disent-elles, de déterminer la mesure exacte dans laquelle quelques phénomènes supra-normaux peuvent s'être mêlés aux romans que les théories de la réincarnation, plus ou moins acceptées par les magnétiseurs, occultistes, spirites et théosophes, ont fait germer dans l'imagination des sujets, les prédilections philosophiques de l'opérateur aidant. Mais il est incontestable que ces romans de la subconscience constituent le fond même des prétendues vies successives qui ont été décrites par eux... En effet, il a été facile à M. de Rochas de s'assurer de la fausseté de presque toutes les indications qu'ils ont données. »

— Soit, comme le font les spirites, aux révélations, pourtant bien sujettes à caution, qu'ils croient possible d'obtenir des esprits par l'intermédiaire de leurs médiums ;

— Soit, à l'exemple des occultistes et des théosophes, aux conceptions brumeuses et aux spéculations aventureuses des brahmanes de l'Inde et des philosophes de l'antiquité ;

— Soit, simplement, comme j'ai cru devoir le faire, après de longues réflexions et de profonds retours sur moi-même, dont je me propose, si Dieu me prête vie, de rendre compte un jour à mes lecteurs, aux enseignements traditionnels, si purs, si fermes et si consolants, de la religion catholique, dans laquelle je suis né, et à laquelle mes préférences instinctives et ataviques m'ont définitivement ramené, le jour où s'est imposée à ma volonté la nécessité de conformer ma direction morale et ma conduite privée à mes nouvelles conceptions spiritualistes.

277. — *B. Phénomènes spontanés de régression de la mémoire dans certains états de l'hypnose ou autres états analogues (émotions violentes, accidents, évanouissements, etc.).* — Dans l'étude de l'hypnose, on rencontre toujours, comme on l'a vu (*supra*, chap. V, nᵒˢ 105 et 117), à côté des phénomènes provoqués par les passes magnétisantes ou autres procédés en usage, des phénomènes *naturels* et *spontanés* de même nature, présentant des caractères et des effets identiques.

Cette particularité, on ne pouvait manquer de la retrouver dans les phénomènes de régression de la mémoire. Longtemps, en effet, avant les expériences auxquelles ce phénomène a donné lieu et qui ont permis de l'étudier d'une manière plus complète et plus approfondie, il avait été fréquemment observé dans certaines crises de la vie, à la suite d'émotions violentes provenant d'accidents, dans l'évanouissement, dans l'agonie, en un mot dans tous les cas où l'organisme psychi-

que est fortement ébranlé et est porté, par le fait même
de cet ébranlement, à s'extérioriser comme dans les
phases plus ou moins profondes de l'hypnose.

On a constaté, dit M. Léon Denis (*Le Problème de
la destinée*, p. 203) que « dans certaines chutes, pendant
la trajectoire du corps humain d'un point élevé sur le
sol, ou bien dans l'asphyxie par submersion, la conscience supérieure de la victime passe en revue toute
sa vie écoulée avec une rapidité effrayante. Elle la
revoit tout entière, en quelques minutes, dans ses
moindres détails ».

Voici, d'après la description d'Haddock (*Somnambulisme et Psychisme*, p. 213, extrait du *Journal de
médecine de Paris*) un exemple très remarquable de ce
genre de phénomènes, que rapporte M. Léon Denis
(*loc. cit*, p. 203) :

L'amiral Beaufort, étant jeune, tomba d'un navire dans les
eaux de la rade de Porstmouth. Avant qu'on pût le secourir,
il avait disparu ; il se noyait. A l'angoisse du premier
moment avait succédé un sentiment de calme... Les sensations étaient d'une nature agréable... Avec l'affaiblissement
des sens coïncidait une extraordinaire surexcitation de l'activité intellectuelle ; les idées se succédaient avec une rapidité
prodigieuse. D'abord l'accident qui venait de se passer, la
maladresse qui en avait été la cause, le tumulte qui avait dû
s'ensuivre, la douleur dont le père de la victime allait être
frappé... furent le sujet de ses premières réflexions. Ensuite,
il se rappela sa dernière croisière, voyage coupé par un
naufrage, puis l'école... enfin ses occupations et aventures
d'enfant. Bref ! la remonte entière du fleuve de la vie, et
combien détaillée et précise. Il le dit lui-même : « Chaque
incident de ma vie traversait successivement mes souvenirs,
non comme une esquisse légère, mais avec les détails et les
accessoires d'un tableau fini. En d'autres mots, mon existence
tout entière défilait devant moi dans une sorte de revue pano-
ramique, chaque fait avec son appréciation morale ou des
réflexions sur sa cause et sur ses effets. De petits événements sans conséquence, depuis longtemps oubliés, se
pressaient dans mon imagination, comme s'ils n'eussent été
que de la veille. » — Et tout cela s'accomplit en deux minutes.

V. aussi, dans l'ouvrage précité de M. Denis (p. 254), le récit de l'accident arrivé à M. Cottin, aéronaute, dont le ballon *le Montgolfier* creva à 700 mètres d'altitude et fut précipité sur une maison de l'impasse Chevalier, à Saint-Ouen, et des impressions éprouvées par la victime de cet accident.

Il existe beaucoup de cas de même nature dans les annales du psychisme contemporain (V., entre autres, ceux que rapporte M. de Rochas dans *les Vies successives*, pp. 292 et s.). Tout porte à croire, d'ailleurs, que ce phénomène spontané de la régression de la mémoire doit être fréquent, et si les récits que nous en possédons sont relativement peu nombreux, c'est qu'il est peu de personnes qui, dans les conditions où il se produit, en conservent le souvenir, puisqu'il doit être de règle, comme à la suite des crises somnambuliques, que le retour à la vie normale ne laisse aucune trace, dans la conscience cérébrale, des sensations éprouvées pendant la crise d'évanouissement.

En commentant les faits qu'il rapporte, M. Léon Denis fait très justement observer qu'ils s'expliquent *par un commencement d'extériorisation*. Ils supposent l'existence d'un organisme psychique, animé d'un mouvement vibratoire qui s'accentue ou diminue suivant que cet organisme s'affranchit plus ou moins, par l'extériorisation et sous l'influence d'émotions diverses (accidents, violentes secousses, évanouissements) ou d'un état somnambulique plus ou moins profond, de la servitude du corps.

Enfin, conclut le savant et subtil psychologue que je me plais à citer, « ils font comprendre ce qui se passe après la mort, lorsque l'âme, délivrée de son corps terrestre, se retrouve en face de sa mémoire agrandie, mémoire-conscience, mémoire implacable, qui conserve l'empreinte de toutes ses fautes et devient son juge et parfois son bourreau ».

278. — C.) *L'Extériorisation psychique dans l'ago-*

nie et dans la mort. — Puisque la grande loi de l'extériorisation psychique dont on vient de retracer quelques applications et à l'étude de laquelle j'ai consacré tout un chapitre (V. *supra*, nᵒˢ 199 et s.) se vérifie dans toutes les crises artificielles de l'hypnotisme, d'une part, et, d'autre part, dans toutes les crises naturelles et spontanées qui ébranlent l'organisme humain, on ne saurait être surpris d'en observer les manifestations dans la crise suprême qui précède la mort, c'est-à-dire dans l'agonie, et dans la mort elle-même, qui n'est qu'une extériorisation complète et définitive de l'organisme psychique.

279. — Ces manifestations affectent des formes diverses.

Les cas de lucidité, de clairvoyance, de prévision de l'avenir, fait observer M. Léon Denis, dans son ouvrage *Dans l'Invisible* (p. 12), sont fréquents chez les mourants. Dans ces cas, le dégagement de l'enveloppe ouvre à l'esprit un nouveau champ de perception. L'âme se révèle, au moment de la mort, avec des facultés, des qualités supérieures à celles qu'elle possédait dans sa vie normale. Il faut voir là une preuve que notre personnalité psychique n'est pas une résultante de l'organisme corporel, étroitement liée à lui, mais qu'elle jouit d'une vie propre, différente de celle du corps, celui-ci étant plutôt pour elle une prison temporaire et une entrave.

Cette explication est rendue encore plus vraisemblable par ce fait, plusieurs fois signalé, d'aliénés recouvrant leur raison dans les moments qui précèdent la mort. Le dégagement de l'organisme psychique, qui commence déjà à s'opérer, le soustrait aux tares qui pesaient sur lui du chef de l'organisme corporel auquel il était lié, et spécialement à la folie. Le fait ne paraît pas d'ailleurs pouvoir être mis en doute ; il résulte des renseignements recueillis par M. Léon Denis dans un de ses ouvrages *le Problème de la destinée* (p. 188), que j'ai déjà plusieurs fois cité et où on lit ce qui suit :

Un fait à signaler et dont j'ai été témoin, dit le docteur Haas, président de la *Société des études psychiques* de Nancy, c'est que souvent, peu d'instants avant de mourir, des aliénés recouvrent leur complète lucidité...

Par suite du dégagement de l'organisme psychique, il se produit sans doute, comme dans le somnambulisme profond, une réintégration, une recoordination de la personnalité complète, du moi intérieur, que la folie, comparable en cela à l'hystérie, maintenait dans un état à peu près constant de dissociation et de désintégration.

280. — Les cas dans lesquels les mourants semblent entrer en possession de leurs sens *psychiques* et percevoir ainsi les êtres et les choses de l'*Invisible*, ne sont pas rares, et c'est là encore une des formes sous lesquelles se manifeste l'extériorisation suprême et définitive de l'organisme psychique.

Parmi les nombreux exemples empruntés par M. Léon Denis (*le Problème de la destinée*, p. 184 et s.) à l'enquête faite sur ce point par M. E. Bozzano, et dont les résultats ont été publiés par les *Annales des sciences psychiques* (mars 1906), je me borne à citer le suivant :

M. Alfred Smedley (pp. 50 et 51 de son ouvrage *Some Reminiscences*) raconte comme il suit les derniers moments de sa femme :

Quelques instants avant sa mort, ses yeux se fixèrent sur quelque chose qui sembla les remplir d'une surprise vive et agréable ; alors elle dit : « Comment ! comment ! voici ma sœur Charlotte, voici ma mère, mon père, mon frère Jean, ma sœur Marie ! maintenant, ils m'amènent aussi Bessy Heap ! Ils sont tous ici ; oh ! que c'est beau, que c'est beau ! Ne les vois-tu pas ? — Non, ma chère, lui répondis-je, et je le regrette bien. — Tu ne veux donc pas les voir ? répéta la malade avec surprise. Ils sont pourtant tous ici ; ils sont venus pour m'emmener avec eux... » — J'ajouterai ici que Bessy Heap avait été une servante très fidèle, très affectionnée à notre famille, et qu'elle avait toujours eu une affection particulière pour ma femme.

Après cette vision extatique, la malade resta quelque

temps comme épuisée ; enfin, tournant fixement le regard
vers le ciel, et soulevant les bras, elle expirait.

281. — Nous voici arrivés au dernier acte du drame
de la vie, c'est-à-dire à la mort. Observons-en les manifestations.

La manière brusque avec laquelle elle s'accomplit
suffirait à faire comprendre qu'il s'agit là encore d'une
véritable extériorisation, mais, cette fois, d'une extériorisation complète et définitive, de la séparation irré-
vocable qui met fin à l'union existant jusque-là entre
l'organisme corporel et l'organisme psychique. D'ailleurs, il a été possible, grâce à la puissance de vision
que possèdent certains sensitifs, d'observer ce phénomène dans son dynamisme spécial et dans son acheminement vers la rupture brusque et définitive qui accompagne le dernier soupir.

Si l'on en croit un psychologue distingué, M. Alfred
Erny, dont le Traité de *Psychisme expérimental*[1] est
rempli d'aperçus nouveaux et de vues profondes, un
Américain Jackson Davis, doué de facultés psychiques
puissantes, en même temps que de sérieuses connaissances médicales, auteur d'un livre sur *la Mort*, et
à la haute intelligence duquel les Anglais et les Américains ont toujours rendu justice, — aurait fait en cette
matière d'intéressantes expériences qui lui ont permis
de suivre, au chevet d'un mourant, et de décrire toutes
les péripéties du dégagement, c'est-à-dire de l'extériorisation finale de son organisme psychique. Une de
ces descriptions, trop longue pour que je puisse la
transcrire ici et qui ne saurait être résumée, est rapportée par M. Erny à la page 93 de son ouvrage précité et reproduite par M. de Rochas à la page 287
de son livre récent sur *les Vies successives*. Tout ce
que j'en puis dire, c'est qu'elle rappelle, avec quelques
variantes, le processus d'extériorisation du fantôme

1. Paris, Flammarion, 1895.

qui se forme, en dehors du sujet, dans certaines expériences d'extériorisation de la sensibilité pratiquées par
M. de Rochas (V. *supra*, n°ˢ 204 et s.). Mais il y manque les garanties de contrôle organisées par ce dernier
et qui rendent ses expériences si concluantes.

Aussi est-il bien évident qu'un témoignage de cette
nature, si grande que soit l'autorité de la personne de
qui il émane, n'a qu'une valeur très relative ; car l'hypothèse d'une hallucination est toujours vraisemblable
en pareil cas. Mais il concorde si bien avec la loi d'extériorisation dont on rencontre à chaque pas des applications dans l'étude de la psychologie expérimentale,
que l'esprit des chercheurs est tout disposé à lui accorder une certaine confiance. En outre, quand les témoignages sont nombreux et que, malgré la diversité de
leur origine, ils concordent entre eux, il est légitime,
dans une étude comme celle-ci, d'en tenir compte
dans une juste mesure : ils accumulent, en effet, les
probabilités en faveur du point litigieux qu'il s'agit
d'établir. Or, c'est en très grand nombre qu'on rencontre aujourd'hui, dans des ouvrages ou des recueils
estimables, des descriptions analogues à celle que je
viens de signaler :

La façon dont la mort est décrite *par des centaines de
voyants*, lit-on dans une déclaration faite par le docteur
Ciriax, à Berlin, et que rapporte M. Alfred Erny dans son
ouvrage précité, prouve que l'âme ou l'esprit sort de son
enveloppe mortelle par le crâne. Ces voyants ont remarqué
qu'aussitôt après cette sortie, un nuage vaporeux s'élève
au-dessus de la tête et, prenant la forme humaine, se condense peu à peu et ressemble de plus en plus à la personne
morte. Quand ce corps fluidique est formé, il n'en reste pas
moins attaché pendant quelque temps à la dépouille mortelle par un lien fluidique partant de la région intermédiaire
entre le cœur et le cerveau...

282. — Dans une étude très documentée sur les phénomènes de *dédoublement* et de *bilocation* pendant la

vie, publiée par les *Annales des sciences psychiques*
(numéros de mars, avril, mai 1911 et suivants), M. Ernest Bozzano rapporte un certain nombre d'exemples
de ces phénomènes en signalant les caractères qui les
distinguent des simples faits de télépathie proprement
dite. Parmi ces exemples, plusieurs se rapportent à des
cas de dégagement de l'organisme psychique, observés
et décrits par des sensitifs *au moment de l'agonie*. Ils
sont tous d'un grand intérêt et de leur ensemble se
dégagent de très fortes présomptions en faveur de
l'objectivité du phénomène d'extériorisation qu'ils mettent en relief. Je citerai seulement, entre tous, et c'est
par là que je terminerai mes observations, le cas suivant qui se recommande à mon choix tant par sa valeur
intrinsèque que par la notoriété du narrateur, William
Stainton Moses, l'auteur anglais, bien connu et aujour-
d'hui décédé, des *Enseignements spiritualistes*. Il s'agit
d'une expérience personnelle dont cet auteur a rendu
compte dans le *Light*, à la date du 9 juillet 1887 :

J'eus récemment, dit-il, et pour la première fois de ma
vie, l'occasion d'étudier les procédés de *transition de l'esprit*
(*sic*). J'appris tant de choses de cette expérience, que je me
flatte d'être utile à d'autres en racontant ce que j'ai vu... Il
s'agissait d'un proche parent à moi, âgé de presque quatre-
vingts ans... Sa fin étant proche, j'étais accouru pour accomplir mon triste et dernier devoir...

Grâce à mes sens spirituels [1], je pouvais discerner qu'autour
de son corps et au-dessus se massait l'*aura* nébuleuse avec
laquelle l'esprit devait se former un corps spirituel ; et je
percevais qu'elle augmentait à mesure de volume et de den-
sité, quoique soumise à des variations continues... selon les
oscillations subies dans la vitalité du mourant... Cette aura
semblait donc continuellement en flux et en reflux.

J'assistai à cet identique spectacle pendant douze jours et
douze nuits, et bien que depuis le septième jour déjà le corps
eût donné des signes évidents de son imminente dissolution,
cette merveilleuse fluctuation de la vitalité spirituelle en voie
d'extériorisation persistait, toujours égale. Par contre, la

1. Stainton Moses était un médium remarquable.

coloration de l'aura avait changé ; cette dernière prenait en outre des formes de plus en plus définies à mesure que l'heure de la libération s'approchait pour l'esprit. Vingt-quatre heures seulement avant la mort, lorsque le corps gisait inerte, les mains croisées sur la poitrine, le processus de libération se prit à progresser sans reculs.....

En même temps, on déclara que ce corps était mort. Il pouvait se faire qu'il en fût ainsi ; en effet, le pouls et le cœur ne donnaient pas signe de vie, et le miroir ne se voilait pas sous l'influence de l'haleine ; et pourtant les *cordons magnétiques* liaient encore l'esprit au cadavre, et y restèrent durant trente-huit heures. Je crois que si, pendant cette période, des conditions favorables s'étaient réalisées, ou si une puissante volonté avait agi sur le cadavre, on aurait pu rappeler l'esprit dans le corps..... Lorsque les cordons se brisèrent enfin, les traits du défunt, sur lesquels on lisait les souffrances subies, se rassérénèrent complètement et s'imprégnèrent d'une ineffable expression de paix et de repos.

§ 7. — *Résumé de la 1re section du chapitre IX.*

283. — En résumé, et c'est par là que je terminerai la première section de ce chapitre, le processus de l'extériorisation psychique, qui est au fond de tous les phénomènes de dissociation, de désintégration et de réintégration de la personnalité, et les modifications qu'elle entraîne dans les états de conscience du sujet et, par conséquent, dans sa personnalité, sont très variables, autant que les causes physiologiques et psychologiques qui les déterminent.

Dans ce que j'ai appelé l'état hypnotique, c'est-à-dire dans les premières phases de l'hypnose, pendant lesquelles la suggestion et l'auto-suggestion sont toutes-puissantes, l'extériorisation, en dissociant la conscience et en désintégrant ainsi la personnalité, laisse, pendant que dure cette désintégration, le sujet sans volonté et privé de tout contrôle sur lui-même. De là ces manifestations incohérentes, désordonnées, fictives comme

celles du rêve, dont l'être psychique est le siège pendant les premières phases de l'hypnose.

284. — Tel est également le cas des états morbides
de la névrose et de l'hystérie, pendant lesquels l'instabilité et le rétrécissement des divers états de conscience
qui se succèdent chez le malade, empêchent en général,
tant que dure la crise, toute recoordination de ces états
et, par conséquent, toute réintégration de la personnalité.

285. — Dans le somnambulisme, au contraire, à partir du moment où la suggestion cesse d'agir, il s'opère
spontanément, du moins en général, sous l'influence
reconstituante et réparatrice du sommeil magnétique,
une recoordination des divers états de conscience que
l'extériorisation avait tout d'abord dissociés ; le subconscient, ainsi reconstitué dans son unité, peut alors
jouer plus librement et plus utilement le double rôle qui
lui appartient, étant, dans cet état, également propre,
ainsi que l'a si bien établi notre grand psychologue
Myers [1] soit à entretenir et à rajeunir l'organisme en
lui infusant l'énergie qu'il puise dans le monde physique et spirituel auquel il est constamment relié, soit
à s'extérioriser pour exercer dans le temps et dans
l'espace ses divers modes d'action *télesthésique* et *télépathique* (extase, clairvoyance, transmission de pensée, etc.)

286. — Enfin, dans les manifestations du génie,
accompagnées ou non de ces accidents névropathiques
qui quelquefois, comme on l'a dit *supra*, n° 265, en
sont la rançon, le subconscient est généralement assez
puissant pour triompher, s'il y a lieu, de la crise de
dissociation qui a pu précéder ces manifestations ;
pour ensuite, par un travail spontané de recoordination, acquérir toute sa force et toute son autonomie ;
et, enfin, pour entraîner dans son orbite, avec la tota-
lité et l'intégralité de ses divers états de conscience,

---

1. *La Personnalité humaine*, p. 187 et suiv.

la conscience *supraliminale*, qu'il fait collaborer à son activité géniale.

287. — Il en est de même pour les saints, dans les actes de religiosité, de dévouement et d'activité supérieure qui remplissent leur vie terrestre. Toutefois il y a ceci de spécial, en ce qui les concerne, c'est que, plus fréquemment que pour tous autres, leurs méditations, leur régime d'austérités, et, d'une manière générale, la ferveur, la sincérité et l'intensité de leurs sentiments religieux, qui mettent leur subconscient en rapport constant avec l'Infini, les rendent plus aptes que d'autres à en recevoir les inspirations ; en même temps que, par la facilité qu'ils lui donnent de s'extérioriser et de distendre les liens l'unissant au conscient, ils permettent au subconscient d'exercer en dehors de l'être corporel, comme dans le somnambulisme profond, les actions télesthésiques et télépathiques que ce dernier état comporte, et dont l'étude va être continuée dans les chapitres suivants.

288. — Ces diverses observations sont d'ailleurs confirmées par l'examen des phénomènes, provoqués ou spontanés, de la mémoire, qui a fait l'objet du 6ᵉ paragraphe de ce chapitre, et qui montre que la personnalité entrant en action dans la vie normale et consciente, n'est jamais que fragmentaire, attendu que la subconscience (et son substratum, l'organisme psychique) n'extériorise alors que ce qui, dans ses facultés latentes, dont l'ensemble forme la personnalité totale, le *moi intégral*, est nécessaire aux besoins de la vie courante, — et ce qu'en outre il est sollicité, par l'habitude, les suggestions diverses, l'auto-suggestion, l'hypnose, les émotions violentes et tout ce qui ébranle l'être jusque dans ses fondements, de faire remonter au seuil de la conscience cérébrale, ou *supraliminale*, suivant l'expression de Myers[1].

1. Le *subconscient* pourrait ainsi être défini : le centre de la personnalité totale, autour duquel gravitent, sous des influences

289. — Enfin, et c'est la conclusion qui se dégage de toute cette étude, la personnalité totale ne s'émancipe et ne s'affirme entièrement, et, de latente qu'elle était, ne devient pleinement active que lorsque, rompant les liens qui unissent l'organisme psychique à l'organisme corporel, et après la crise d'agonie qui souvent révèle déjà les efforts et les prodromes de cette émancipation, la mort vient lui rendre sa liberté, son unité, son autonomie, sa puissance, et toutes ses virtualités.

SECTION II

DES PERSONNALITÉS MÉDIUMNIQUES OU SPIRITES

290. — J'ai dû déjà, dans cet ouvrage, aborder par certains côtés l'examen du problème que soulèvent les phénomènes du *médiumnisme* et du *spiritisme*. Il est difficile, en effet, de s'en désintéresser tout à fait dans un traité de psychologie expérimentale. J'ai montré que l'ensemble de ces phénomènes peut être rattaché aux lois générales de l'hypnose, avec laquelle la médiumnité a beaucoup de parenté, et spécialement à la grande loi de l'extériorisation psychique, à l'étude de laquelle j'ai consacré de longs développements au chapitre VIII (*supra*, nos 199 et s.).

Cette parenté de l'hypnose et du médiumnisme, on la retrouve encore dans le phénomène du dédoublement de la personnalité : ce qui m'amène à faire une nouvelle incursion dans un champ d'études que j'ai volontairement écarté de mon programme actuel, réservant cette tâche pour un autre ouvrage spécial dont j'ai déjà recueilli les matériaux, en prévision du cas où des circonstances favorables me permettraient un jour de l'entreprendre.

diverses, les innombrables personnalités fragmentaires qu'il contribue à alimenter.

291. — La 7ᵉ section de mon chapitre VIII, à laquelle je me réfère, contient un aperçu, très sommaire, il est vrai, des diverses catégories de ce que l'on appelle les phénomènes spirites, mais très suffisant pour faire comprendre en quoi ils consistent et ce qui les caractérise[1]. Le trait essentiel, qui les distingue des faits d'hypnose proprement dits, est, comme je l'ai déjà expliqué *supra* nº 217, que, dans leur processus, un

---

1. A ceux de mes lecteurs qui tiendraient à être édifiés plus complètement sur l'importance du phénomène spirite, je conseillerais de se reporter au tableau en raccourci qu'en a fait, de main de maître, le docteur Lapponi, médecin du pape, qui n'a survécu que quelques mois à la publication de son ouvrage et dont l'autorité en ces matières, étant donné la haute situation qu'il occupait, ne saurait être mise en doute.

Dans cet ouvrage, *l'Hypnotisme et le Spiritisme*, publié à Paris (Perrin, 1907) et dont la *Revue des Deux Mondes* dit que c'est un livre plein de faits et d'idées sous son petit volume, « écrit à la fois si clairement et si honnêtement, avec tant de finesse, de modération et de probité scientifique que sa valeur propre suffirait à légitimer le très vif succès qu'il a obtenu, en Italie, depuis le jour de sa publication » — l'auteur (pp. 109 et suiv.), pour décrire dans son ensemble et dans sa réalité le *fait spirite*, imagine une séance de médiumnisme au cours de laquelle se produisent tous les phénomènes de cette catégorie (coups frappés, mouvements avec ou sans contact, écriture automatique et écriture directe, incarnations, apports, matérialisations, etc.) qui ont été observés dans des milliers de séances et affirmés par des témoignages d'une autorité incontestable. Par un procédé littéraire qu'on ne saurait critiquer et qui était sans doute destiné à accroître l'effet de sa description et à la rendre plus saisissante, le docteur Lapponi a rassemblé ainsi, en les dramatisant, en quelque sorte, les résultats de toute l'expérimentation spirite sur les divers points du globe ; et on ne saurait nier qu'il ait atteint son but, aucune méthode n'étant plus propre à initier l'esprit du lecteur à tout un ordre de phénomènes auquel il était demeuré jusque-là étranger. L'auteur reconnaît du reste n'avoir pas assisté lui-même à ces expériences ; son tableau n'est que le résumé des rapports et comptes rendus publiés par les expérimentateurs ; mais il s'est attaché, dit-il, à ne recueillir que des témoignages sérieusement contrôlés et provenant d'hommes qualifiés par leur science et leur caractère pour inspirer confiance. Il faut d'autant mieux l'en croire sur ce point que sa foi catholique devait répugner à accueillir ces témoignages et le poussait plutôt à en discuter la valeur. Car, au fond, il blâme le spiritisme et en déconseille formellement la pratique.

facteur autre que ceux dont il a été fait état jusqu'ici
pour l'interprétation des effets physiologiques et psychologiques de l'hypnose, *semble* intervenir pour influencer
le phénomène et lui imprimer un caractère particulier.
Ce facteur, c'est l'immixtion à peu près constante d'une
intelligence qui revêt parfois toutes les apparences
d'une personnalité autonome, qui se dit étrangère au
groupe des expérimentateurs, prétend le plus souvent
appartenir au monde suprasensible, et semble exercer
une influence prépondérante sur la marche du phénomène. Cette personnalité est-elle, comme elle le prétend,
réelle, objective? ou n'est-elle qu'une simple apparence,
un dédoublement de la personnalité du médium, formé
par les états de conscience que, sous des influences
diverses, son subconscient a extériorisés?

Le vaste problème du spiritisme, problème dont
l'importance s'accroît chaque jour et préoccupe de plus
en plus les penseurs, se résume tout entier dans cette
interrogation. Je ne saurais évidemment proposer ici
une solution définitive, qui ne pourrait trouver son
fondement que dans une étude complète et approfondie
du phénomène. Je dois me contenter, pour le moment,
de faire connaître les impressions que les commencements de cette étude m'ont laissées.

292. — *A priori*, le subconscient, dont on connaît la
puissance dans les divers états d'extériorisation dont
il est susceptible et qui ont été signalés au cours de cet
ouvrage, semble pouvoir suffire, dans la plupart des
cas, à expliquer la nature et le rôle de ces personnalités mystérieuses qui interviennent dans les phénomènes
spirites. Au lieu de personnalités réelles et objectives,
il n'y aurait en réalité, d'après cette interprétation,
que des personnalités *secondes*, formées, comme les
personnalités *hypnotiques* (V. *supra*, n° 244), ou comme
les personnalités *somnambuliques* (V. *supra*, n°ˢ 245
et s.), de certains états de conscience extériorisés sous
l'influence de la suggestion ou de l'auto-suggestion,

qui le plus souvent agiraient comme on a vu qu'elles agissent dans les manifestations décrites sous la 7e section du chapitre VIII (V. *supra*, no* 217 et s.). Ce serait, en un mot, dans un dédoublement plus ou moins complet de l'organisme psychique du médium que résiderait le principal, pour ne pas dire l'unique facteur de ces phénomènes extraordinaires (V. dans ce sens une étude de M. E. Boirac, recteur de l'Académie de Dijon ; *Rev. Spir.* de février 1913).

Leur puissance, qui étonne ceux qui en sont témoins, doit, en effet, paraître moins surprenante pour ceux qui savent : d'une part, que toute ou presque toute la force mise en action dans ces manifestations émane du médium, comme les expériences l'ont démontré (V. *supra*, no* 235 et s.), et, d'autre part, que l'état physiologique du médium, pendant les séances, présente de grandes analogies avec les divers états de l'hypnose, et rappelle : soit, lorsqu'il n'entre pas en trance, l'état *hypotaxique* que M. de Rochas a décrit sous le nom d'*état de crédulité*, et qui est des plus favorables aux suggestions ; soit, lorsqu'il est en trance, l'état *somnambulique*, dont la propriété est, comme on le sait, d'exalter toutes les facultés psychiques et spécialement la mémoire (V. *supra*, no 128), et même d'en faire acquérir de nouvelles, telles que les facultés *télesthésiques* et *télépathiques* (V. *supra*, no* 130 et 137), dont il sera plus amplement parlé dans la suite de cet ouvrage.

293. — Il ne faudrait pas cependant, pour repousser l'hypothèse spirite, exagérer la puissance et les virtualités du subconscient jusqu'aux limites de l'invraisemblable. C'est ce qu'on paraît avoir fait dans le camp des psychologues qui combattent cette hypothèse, et c'est là, évidemment, un mauvais moyen pour arriver à la vérité.

Peut-être est-ce là le reproche qui pourrait être fait à l'ouvrage que M. Th. Flournoy, professeur de psychologie à la Faculté des sciences de l'Université de

Genève, a consacré, sous le titre *Des Indes à la planète Mars*[1], à rendre compte de ses observations sur un sujet remarquable, Mlle Hélène Smith, qui est restée soumise à son examen pendant cinq années à partir du mois de décembre 1894. Toutefois, l'œuvre de l'éminent professeur, bien qu'elle ait donné lieu à de sérieuses critiques de la part de la *Société d'études psychiques* de Genève, qui les a formulées dans une très intéressante brochure sous le titre *Autour des Indes à la planète Mars*[2], n'en constitue pas moins une étude d'une grande valeur dans laquelle le *subconscient*, qu'il désigne, à l'exemple de Myers, sous le nom de *subliminal*, et son rôle dans les manifestations de personnalités spirites sont précisés avec une pénétration et une sagacité qui en font un modèle d'analyse psychologique.

La place me manque pour donner de cette étude un aperçu qui puisse dispenser le lecteur de se reporter à l'ouvrage lui-même ; j'en signalerai néanmoins quelques traits essentiels.

294. — Le sujet étudié par M. Flournoy, Mlle Smith, est une demoiselle de Genève, employée dans une maison de commerce de cette ville, remarquablement intelligente et fort au-dessus, dit l'expérimentateur, des préjugés ordinaires.

Elle attribue tous les faits dont elle est l'instrument à son prétendu guide spirituel, Léopold, qui serait, d'après celui-ci, l'esprit désincarné de Cagliostro.

Au début des expériences auxquelles elle s'est prêtée avec une persévérance inlassable, elle reste, pendant toute la durée des séances, dans cet état *d'hémisomnambulisme sans amnésie*, qui est celui du plus grand nombre des médiums. Ce n'est que plus tard que cet état se transforme assez rapidement en *somnambulisme total avec amnésie au réveil*, et c'est

1. Paris, Alcan, 1900.
2. Paris, Leymarie, 1901.

alors que sa médiumnité se développe et se diversifie, qu'elle devient, dit M. Flournoy, l'idéal de ce que l'on appelle le médium polymorphe ou multiforme ; qu'elle a des visions que sa médiumnité lui permet de dessiner automatiquement ; qu'elle entend des voix, notamment celle de Léopold, et qu'elle devient un *médium à incarnations*, dont ce personnage, plus ou moins réel, se sert pour faire directement et verbalement ses communications à l'assistance. Elle subit alors « toute une collection de troubles très variés de la sensibilité et de la motilité, identiques à ceux que l'on observe chez les sujets hypnotisés ». Dès lors aussi, les messages obtenus par la typtologie, l'écriture automatique et de toute autre manière se systématisent en des rêves prolongés, sorte de romans somnambuliques qui ont leurs péripéties, leur trame, leur unité et qui se continuent de séance en séance pendant des mois et des années.

Au cours de ces expériences, Mlle Smith n'a pas eu moins de trois de ces romans. Deux d'entre eux se rattachent à l'idée des existences antérieures (A noter que Mlle Smith a beaucoup lu et est très au courant des publications spirites).

Dans le premier, elle revit son existence d'il y a cinq cents ans, alors qu'elle était fille d'un cheik arabe, et devint, sous le nom de Simandini, l'épouse préférée d'un prince hindou, nommé Sivrouka Nayaka, lequel aurait régné sur le Kanara, et construit, en 1401, la forteresse de Tchandraguiri (faits, lieux et date qui ont pu être contrôlés). — C'est le cycle *hindou* ou *oriental* (suivant la terminologie adoptée par M. Flournoy), au cours et sur le canevas duquel elle *brode*, dans la description de ses visions, ou *revit*, par l'incorporation en elle des divers personnages en action, et cela avec une vraisemblance et une couleur locale incomparables, les scènes de sa vie prétendue orientale, dont elle retrace les mœurs et certains épisodes, et dont elle parle la langue assez exactement pour que mœurs, faits et langage aient pu être à peu près identifiés.

Dans le second de ses romans, le *cycle royal*, Mlle Smith revêt la personnalité de l'infortunée reine de France, Marie-Antoinette, sa dernière incarnation, prétend-elle, avant de renaître dans sa personnalité actuelle de simple employée d'une maison de commerce, à Genève.

Mais, parallèlement à ces deux romans, s'en déroule un troisième, le *cycle martien*, « dans lequel elle entre en relations avec les gens et les choses de la planète Mars », se fabriquant laborieusement à cet effet, grâce au don spécial de *glossolalie* qui se révèle alors en elle, toute une langue inédite à laquelle elle a recours pour ses prétendues communications avec les Martiens, et que M. Flournoy a spécialement étudiée comme étant un exemple merveilleux et peut-être unique de la puissance d'action que le subconscient peut acquérir dans les états hypnoïdes qu'il lui a été donné d'observer.

L'éminent professeur a d'ailleurs analysé, avec une précision remarquable et une véritable science de philologue, le processus des divers automatismes qui ont contribué peu à peu au long et difficile travail d'élaboration de ce langage artificiel, calqué, il est vrai, a-t-il du moins semblé, sur le français, mais qui n'en offre pas moins, selon M. Flournoy, tous les caractères d'une langue proprement dite.

295. — De l'aveu même de l'éminent professeur, les facultés latentes du subliminal, même lorsqu'elles s'extériorisent avec leur maximum de puissance, n'expliquent pas tout dans les phénomènes dont la médiumnité de Mlle Smith est le siège et dont je viens de donner un trop bref aperçu. Si elles expliquent à la rigueur la variété et la richesse des ressources et de la documentation qu'un subliminal comme le sien peut mettre en œuvre pour fabriquer et parler une langue inédite, ou pour constituer dans sa perfection un personnage

historique, elles ne rendent compte suffisamment, ce semble :

Ni du pouvoir que Léopold aurait eu de pétrir, contre son gré et en dépit de ses souffrances, de ses répugnances et de ses luttes, l'organe phonétique du médium et de l'adapter aux exigences du personnage qu'il s'efforce de représenter (V. *supra*, n° 294) ; ni surtout l'extraordinaire aptitude d'Hélène Smith à s'exprimer dans une langue que bien certainement elle n'a jamais apprise.

296. — En réalité, la question est très complexe. Il n'existe *à priori* aucune raison péremptoire pour écarter, dans l'interprétation des phénomènes spirites, l'intervention d'une intelligence, d'une personnalité appartenant au monde supra-sensible, et notamment d'un esprit désincarné. Si l'âme humaine survit au corps avec son organisme psychique, sa conscience totale et sa personnalité, comme tout dans cet ouvrage tend à le démontrer, on ne saurait s'étonner que conservant les souvenirs de sa vie terrestre et attirée par eux et par des sentiments de diverses natures vers ceux qu'elle a quittés, elle cherche parfois à renouer avec ces derniers les liens que la mort a rompus.

Elle peut y parvenir, soit par voie d'inspiration directe, par une communication d'âme à âme (et ce doit être sans doute le cas le plus général) ; soit par une action télépathique de son organisme psychique sur le subconscient ou même le conscient du vivant vers lequel elle se sent attirée, comme on en verra de nombreux exemples au chapitre XII, ci-après, de la *Télépathie*. Mais ne peut-elle pas aussi, par un mécanisme dont la psychologie moderne a déjà réussi plus ou moins complètement à pénétrer les secrets, se servir, pour ses communications avec le monde terrestre, d'un sujet dont l'organisme psychique soit approprié à ce rôle d'intermédiaire ? Rien, semble-t-il, ne peut faire que cette supposition soit inadmissible et, au contraire, les faits innombrables que les annales du spiritisme ont recueillis dans le monde entier et à toutes les époques de l'histoire, et qu'elles recueillent encore tous les jours, ne permettent guère de nier purement et simplement la réalité du phénomène spirite.

C'est là l'impression, très ferme, que m'a laissée et que laisse à tous ceux qui l'entreprennent sans idées préconçues, une étude complète du spiritisme. On n'en finirait pas de citer les noms de penseurs bien connus de toutes les époques et de tous les pays qui, ayant abordé cette étude avec les plus grandes répugnances et des préventions de toutes sortes, se sont déclarés vaincus par l'évidence et ont accepté le fait spirite.

297. — Mais, bien que la possibilité des communications médiumniques des morts avec les vivants me paraisse sans trop de témérité pouvoir être admise, il n'en résulte pas que ces communications soient aussi fréquentes que les spirites sont portés à le croire. Je serais, au contraire, disposé à les considérer comme un fait *anormal*, dont la réalisation doit sans doute exiger la réunion de conditions exceptionnelles et difficiles à remplir.

D'autre part, et quoi qu'on puisse penser du plus ou moins de fréquence du phénomène, l'observateur, qui tient à ne pas être trompé, doit être d'une prudence extrême quand, se trouvant en présence d'une communication de cette nature ou de la manifestation, sous une forme quelconque, d'une personnalité distincte en apparence de celle du médium et de celles des assistants, il lui incombe d'en rechercher, sous ces apparences, et d'en préciser la véritable caractère.

La règle, en cette matière, que sa sagesse a fait adopter par tous les psychologues, est que, dans le doute sur la véritable origine de la personnalité qui vient ainsi s'affirmer dans les séances de médiumnisme, c'est l'hypothèse physiologique du dédoublement du médium qui doit être préférée, parce qu'en effet c'est, *à priori*, la plus naturelle, la plus conforme aux lois connues de la physiologie, et, par conséquent, la plus probable. N'oublions pas, en effet, que la personnalité *seconde*, quand c'en est une qui joue le rôle du prétendu esprit désincarné dans les séances de médiumnisme, puise tous les éléments de son apparente autonomie dans le subconscient du médium, c'est-à-dire dans un fonds très riche : étant constitué par des facultés insoupçonnées que l'hypnose (ou tout autre état analogue) a portées à leur maximum de puissance, et étant alimenté en outre par des apports étrangers que peuvent et doivent souvent lui fournir les assistants au moyen de la suggestion et de la transmission de pensée.

298. — De cette supériorité manifeste du subconscient sur le conscient, supériorité constatée aujourd'hui par tous les psychologues, et spécialement par M. Flournoy qui, étant données les diverses sources auxquelles il s'alimente, lui reconnaît, comme on l'a vu, des pouvoirs pour ainsi dire illimités, résulte un enseignement que les observateurs du phénomène médiumnique ne doivent pas perdre de vue : c'est que lorsque, dans les séances, la personnalité qui se manifeste avec les apparences d'un être autonome et différent du médium, fait preuve de facultés supérieures ou même très opposées à celles de ce dernier, il n'y a pas là une raison suffisante pour qu'il soit interdit de n'y voir qu'une *personnalité seconde* dont le subconscient aurait fait tous les frais, et pour être, par cela seul, autorisé à la considérer comme une personnalité d'origine spirite. Il faut encore pour cela que cette supériorité, ou ces différences dans l'expression de la personnalité manifestée, soient telles qu'il y ait impossibilité absolue de la confondre avec celle du médium.

Aksakof, pour diriger en cette matière les investigateurs, et leur permettre de faire les distinctions nécessaires, a tracé un ensemble de règles, appuyées de nombreux exemples, dont l'exposé occupe les pages

273 à 469 et 526 à 635 de son remarquable et substantiel ouvrage *Animisme et Spiritisme*, déjà cité, et auquel je ne puis que renvoyer le lecteur.

Dans les moyens que cet auteur suggère pour distinguer aussi sûrement que possible, dans les manifestations médiumniques, ce qui est l'œuvre exclusive du subconscient du médium, et ce qui provient d'une source transcendantale, tout n'est pas de même valeur. Par exemple, on comprend que l'origine occulte et transcendantale soit reconnue à ces manifestations dans lesquelles l'on voit des nourrissons et des petits enfants servir de médiums (V. *supra*, n° 222) et, par exemple (comme dans le cas cité par Aksakof à la page 352 de son livre, et où il s'agit d'un enfant de deux ans ne connaissant pas la première lettre de l'alphabet) obtenir sur une ardoise des réponses écrites aux questions qui leur étaient posées. On en peut dire autant des médiums parlant des langues qui leur sont inconnues (V. Aksakof, *loc. cit.*, pp. 353 à 372 ; Delanne, *Recherches sur la médiumnité*, pp. 415 à 434 ; — V. aussi *supra*, n° 224 et s.). Il est évident que la personnalité seconde, émanée du subconscient dans ses divers états d'extériorisation, en serait, en tout état de cause, incapable. Le subconscient, quelle que soit la richesse de ses dons, n'a certainement pas celui de converser en une langue qu'il n'a jamais apprise.

Mais qu'un médium soit l'instrument de communications contraires à sa volonté, ou à ses convictions, ou à son caractère, il n'y a pas là, en thèse générale, une raison suffisante pour attribuer à ces communications une origine supranormale. Ce qu'on sait des divers états de conscience qui peuvent se succéder dans un même sujet, et du caractère protéiforme des diverses personnalités que l'état hypnotique ou somnambulique peut faire émerger au seuil de la conscience supraliminale, suffit à expliquer ces apparentes contradictions qui peuvent s'affirmer dans les séances entre le contenu des communications et la personnalité habituelle et connue du médium.

Le plus remarquable exemple de ce genre de communications a été fourni par le révérend Stainton Moses, docteur en philosophie de l'Université d'Oxford et professeur au collège de Londres (mort en 1892), qui, sous le pseudonyme d'Oxon, a publié en 1883 un volume *Spirit Teaching*, traduit en français sous le titre *Enseignements des Esprits* [1], dans lequel l'auteur rapporte une série de communications reçues par lui grâce à sa propre médiumnité d'*écrivain automatique*. L'intérêt de ces séances réside dans les dialogues et la controverse qui s'engagent entre le médium écrivain et l'intelligence occulte sur les sujets les plus divers. C'est une véritable lutte doctrinale entre les deux interlocuteurs, qui soutiennent : l'un, la cause et la doctrine dont, comme pasteur, il est le représentant officiel, et l'autre, une doctrine franchement hétérodoxe.

Il se peut que les circonstances accessoires qui ont accompagné cette série de communications aient déterminé l'auteur des *Enseignements des Esprits* et, avec lui, Aksakof (*loc. cit.*, p. 317), à leur attribuer une origine supranormale. Mais, abstraction faite des causes particulières qui ont pu, dans une certaine mesure, légitimer cette interprétation, les communications reçues, bien qu'elles fussent en opposition complète avec les convictions du médium, n'en rentrent pas moins, contrairement au classement d'Aksakof, dans la catégorie de celles que le jeu de la subconscience, avec les extériorisations successives de ses divers et quelquefois très différents états de conscience, peuvent suffire à expliquer.

Il est opportun du reste de faire remarquer que les règles d'interprétation tracées par Aksakof n'ont rien d'absolu. Ce ne sont que des indications, généralement très judicieuses et d'un réel intérêt, appuyées

1. Paris, Leymarie, 1899.

qu'elles sont par une documentation très variée et tout
à fait suggestive. Pour porter sur chaque cas un jugement approprié, il faut examiner avec soin toutes les
circonstances, même les plus futiles ; c'est sur elles,
surtout, et par elles, que l'on peut asseoir et justifier une
sage appréciation et déterminer, avec le moindre risque
d'erreur, le véritable caractère et la véritable origine de
la personnalité manifestée.

299. — Pour me résumer, je dirai que les cas où l'on
peut *affirmer* le caractère *supranormal* de la manifestation, sont rares ; plus rares encore sont ceux qui
portent en eux-mêmes la preuve de l'identité de la personnalité qui se manifeste. Mais nombreux, au contraire, sont ceux autour desquels s'accumulent les probabilités en faveur de l'hypothèse spirite, et leur faisceau, si varié et à la fois si compact, permet de
supposer, semble-t-il, sans trop de témérité (c'est du
moins l'impression générale qui m'a paru s'en dégager) qu'au delà de notre plan terrestre, il pourrait bien
exister, comme le pensent les spirites, un autre monde,
le monde *supra-sensible*, peuplé d'êtres libres et intelligents, qui exercent sur le nôtre une influence, et qui
peuvent, dans certaines conditions, mal connues, communiquer avec nous par des moyens divers, au nombre
desquels se placerait le médiumnisme.

300. — Toutefois, ces dernières communications, —
outre qu'elles pourraient bien, comme je l'ai déjà dit,
être beaucoup plus rares que ne l'admettent les spirites [1], parce que les conditions en sont sans doute dif-

---

1. Ce qui est rare surtout, c'est le fait de leur production dans
des conditions telles qu'on ne puisse pas douter de leur origine
transcendantale. Car si on s'en rapportait aux apparences et à la
physionomie générale des séances, on résisterait difficilement à la
tentation, qu'elles suggèrent, d'y voir des manifestations d'intelligences extra-terrestres. C'est là un fait qu'il faut bien reconnaître
pour être juste envers le Spiritisme.

Un point à noter surtout, c'est que, dans les expériences de
médiumnisme, la force intelligente qui opère affirme toujours et
d'une manière invariable qu'elle émane d'un esprit désincarné.

ficiles à remplir ; outre que l'observateur a beaucoup
de peine à en discerner le véritable caractère et à distinguer les personnalités *spirites* des personnalités

Dans les nombreuses séances auxquelles j'ai pris part, j'ai souvent fait les plus grands efforts pour obtenir d'elle une affirmation contraire. Bien que notre médium, esprit cultivé, n'eût aucune
idée préconçue en cette matière et fût plutôt réfractaire à toute
idée d'intervention extra-terrestre, je n'y ai jamais réussi. Et
même cette force intelligente se plaisait à contrarier nos vues au
sujet de son origine. Pour nous démontrer que la pensée consciente ou subconsciente du médium n'était pas en jeu dans nos
expériences, nos correspondants de l'autre monde imaginaient,
dans leurs dictées *typtologiques* (c'était le moyen de communication habituellement employé avec eux) toutes sortes de combinaisons (renversement des lettres, appel des consonnes d'abord
et des voyelles ensuite, dictées en un nombre déterminé de mots
ou de lettres, dictées en latin, en grec ou avec mélange de ces
deux langues, etc.) qui tout d'abord nous avaient complètement
déroutés et auxquelles nous avions fini par nous habituer. On eût
dit qu'ils voulussent par ces moyens confirmer leurs affirmations
réitérées au sujet de leur origine transcendantale.

Je ne suis pas le seul à avoir fait cette observation : « En supposant, dit M. Gabriel Delanne (*Le Phénomène spirite*. Paris, Chamuel, 1893, p. 153), que les spirites soient dans l'erreur en attribuant ces manifestations aux esprits, n'est-il pas absolument
remarquable que le phénomène, qu'il ait lieu aux États-Unis, en
France ou en Italie, se donne partout la même cause, quels que
soient les médiums et les évocateurs? — D'où viendrait cette
unanimité, si les esprits n'existaient pas ? »

Il est certain que cette unanimité des intelligences manifestées par l'intermédiaire des médiums à se donner pour des esprits
désincarnés, constitue un puissant préjugé en faveur de l'hypothèse spirite, puisque, dans les diverses hypothèses contraires
qu'on lui a opposées, cette unanimité ne serait plus qu'un *universel mensonge*.

Du reste au sujet de ces diverses hypothèses, une remarque non
moins importante que la précédente s'impose à l'attention de
l'observateur : c'est que la force intelligente qui se manifeste
dans le phénomène médiumnique, semble avoir pris à tâche de
ruiner, en modifiant la forme de ses communications, toutes
celles que les savants ont successivement émises.

En effet, après les communications par coups frappés, que certains psychologues prétendaient attribuer aux *mouvements inconscients* du médium ou des assistants, la table démontre elle-même
l'insuffisance de cette interprétation en produisant des mouvements typtologiques *sans contact*. Plus moyen, dès lors, de parler
des mouvements inconscients des mains reposant sur la table.

Aux théories de la désagrégation mentale, du fonctionnement

secondes. — paraissent être, la plupart du temps, viciées dans leur contenu par les divers obstacles qu'elles ont à surmonter.

Le célèbre auteur d'*Animisme et Spiritisme*, Aksakof, qui a si bien étudié les lois du médiumnisme, signale à la page XIX de la préface de son livre, à côté de l'automatisme évident des communications médiumniques, la fausseté impudente et tout aussi évidente de leur contenu, surtout lorsque celui-ci, ainsi que le fait se produit souvent, est signé des noms de nos plus grands écrivains ou d'hommes célèbres dans l'histoire. On remarque aussi (et j'en ai fait l'expérience maintes fois) l'extrême suggestibilité des médiums et combien, dès lors, il est facile d'influencer et de dénaturer les communications faites par leur intermédiaire.

alternatif des deux lobes du cerveau, de la dissociation des centres nerveux, des influences hystériques ou hypnotiques, par lesquelles on a cherché et j'ai cherché moi-même à expliquer les manifestations de personnalités multiples et distinctes les unes des autres dans les communications faites soit par coups frappés, soit par l'écriture automatique, ces personnalités répondent elles-mêmes victorieusement: soit en écrivant, *directement et en dehors de tout contact et même sans plume et sans crayon*, ce qu'elles ont à communiquer (v. *supra*, n° 221), ce qui écarte toute possibilité d'une action quelconque des lobes cérébraux ou des centres nerveux plus ou moins désagrégés ; — soit en dictant des communications de telle nature que l'origine n'en puisse être attribuée à la conscience cérébrale du médium ou des assistants.

Enfin, à l'hypothèse du subconscient, qui, mieux qu'aucune autre, ainsi que je l'ai exposé au présent chapitre (v. aussi *supra* n°ˢ 235 et suiv.), semble pouvoir fournir l'explication générale de l'ensemble des phénomènes du médiumnisme, la force invisible et mystérieuse, toujours en marche, répond par des phénomènes d'une telle intensité et d'une telle complexité (apports, effets lumineux, don des langues, incorporation, matérialisations, etc., qu'elle semble vouloir briser le cadre dans lequel la science prétend l'enfermer, et qu'elle ne laisse plus notamment au subconscient, dernière ressource des psychologues, qu'une part de collaboration, très réelle d'ailleurs, dans la production des phénomènes, tout en conduisant l'observateur à lui en contester l'initiative et la direction. — V. en ce sens de très intéressants développements dans l'ouvrage *Christianisme et Spiritisme* de M. Léon Denis, p. 218 (Paris, Leymarie, 1898), et dans l'*Essai de spiritisme scientifique*, de Metzger (déjà cité), pp. 352 à 358.

301. — D'autres causes, et celles-ci plus générales, en ce qu'elles se rattachent aux lois mêmes de l'extériorisation psychique, sont de nature à vicier les communications médiumniques, même lorsqu'elles émanent véritablement d'entités occultes, telles que les esprits désincarnés, et c'est dans ces causes qu'on aurait sans doute l'explication de l'insuffisance et de l'insignifiance habituelles de ces communications, surtout quand elles touchent aux choses de l'autre monde.

C'est qu'en effet, le fait même des communications du monde invisible à notre monde visible par l'intermédiaire des médiums étant admis, ces communications ne doivent pas être, selon toute vraisemblance, conformes à l'idée que s'en font les spirites. Ce n'est pas, du moins en thèse générale, l'*Ego* de l'au-delà, tel qu'il est constitué avec son ancienne conscience terrestre et sa conscience nouvelle, en voie de formation, et dont l'union avec la première constitue, en ce nouvel état, la personnalité totale, ce n'est pas, dis-je, cet *Ego* tout entier qui se manifeste. Ce doit être uniquement, dans la généralité des cas, la conscience terrestre, que la monade spirituelle a entraînée sur le plan supérieur, mais qui, obéissant à l'attrait de ses souvenirs, de ses affections et de ses passions, dont elle n'est pas encore complètement détachée, s'extériorise sous l'influence de ces suggestions diverses et vient revivre momentanément son ancienne vie. De là, le caractère manifestement incomplet de ses communications qui ne sont alimentées que par ses anciens souvenirs ; et de là aussi, sans doute, l'absence totale de renseignements précis et caractéristiques sur les conditions de son évolution actuelle et de sa vie dans l'au-delà.

On s'explique également que les souvenirs qui attirent vers la terre l'état de conscience ainsi extériorisé, et qui font la base de ses communications aux vivants, n'aient pas, dans leur expression, toute la précision et toute l'exactitude désirables et qu'ils accusent parfois une certaine incohérence. Cela doit tenir, d'une part, à ce que l'extériorisation ne peut pas, en général, être complète, et à ce qu'une conscience fragmentaire, pour ainsi dire, ne peut émettre que des idées fragmentaires et mal coordonnées ; et, d'autre part, à ce que la crise d'extériorisation et celle d'*intériorisation* dans l'organisme du médium doivent nécessairement obnubiler encore, dans une certaine mesure, les facultés de cette conscience secondaire et amoindrie qui se manifeste, et la livrer en outre — en l'absence de *l'Ego* spirituel dont elle s'est momentanément dissociée et qui n'exerce plus sur elle son pouvoir de contrôle et de direction qui, dans la vie de l'au-delà, doit certainement lui appartenir — à toutes les suggestions des expérimentateurs.

302. — En résumé, ce que l'Esprit désincarné communique, c'est sans doute quelque chose de lui-même, un élément partiel et instable de son ancienne personnalité, mais non sa personnalité tout entière et surtout peu de chose de cette nouvelle personnalité qu'il commence à acquérir dans le monde nouveau dans lequel il est entré, et qui reste en principe inaccessible à la connaissance de notre pauvre et misérable humanité.

C'est à peu près la même idée qu'exprime Aksakof dans son ouvrage précité *Animisme et Spiritisme*, p. 603, lorsque, après avoir cité les cas dans lesquels la personnalité du défunt se manifeste, par l'intermédiaire d'un médium, avec les tares physiques ou morales dont il était affligé pendant sa vie terrestre, ou avec les rappels de certaines sensations caractéristiques éprouvées par lui au moment de sa mort, quand surtout celle-ci a été le résultat d'un accident violent, il part de là pour formuler cette règle générale :

Tout porte à croire que ces sensations provoquées chez le médium sont le résultat d'une loi naturelle qui pourrait être formulée ainsi : *Toute individualité transcendantale qui se manifeste à nouveau dans la sphère de l'existence terrestre, se trouve soumise, pour la durée de cette manifestation, aux mêmes condi-*

*tions dans lesquelles elle se trouvait à la fin de son existence phé-
noménale.*

Ceci comporterait, pour ainsi dire, un oubli temporaire
des conditions de son existence transcendantale et un retour
à l'existence phénoménale, telle qu'elle existait au moment
de son extinction.

303. — Myers, dans son *Traité de la personnalité
humaine* (pp. 254 et s.), se livre, à propos des fantômes des morts, dont il sera parlé au chapitre de la
télépathie (*infra*, nᵒˢ 527 et s.), à des réflexions analogues.

Se demandant quel est le sens véritable du mot *Esprit*
que l'on emploie pour désigner l'auteur d'une action
télépathique exercée par une personne décédée, il fait
remarquer que la conception qu'on s'en fait est généralement arbitraire : « Rien ne nous autorise, dit-il, à
affirmer que le fantôme d'une personne décédée *soit
cette personne elle-même.* Il s'agit plutôt de ces figures
ou fantômes analogues à ceux que, dans la télépathie
tre vivants, certaines personnes sont susceptibles de
projeter à distance, sans qu'on soit autorisé à en conclure que l'apparition que nous voyons soit nécessairement l'auteur même de la projection. » Mais, « il existe
certainement une connexion entre le spectre et la personne décédée, connexion dont la nature est à déterminer, mais qui est loin de signifier une identité complète ».

En outre cet esprit qui apparaît, « s'il existe entre
lui et sa manifestation *post mortem* un rapport analogue
à celui que nous constatons entre nos rêves et notre
vie terrestre, peut ne représenter que peu de chose qui
lui appartienne en propre, si ce n'est quelques souvenirs
et instincts vagues dans le genre de ceux qui donnent
une individualité diffuse et obscure à nos rêves les plus
ordinaires ».

304. — On constate aisément, du reste, en observant
les faits, que la personnalité qui revient se manifester

sur terre, avec ou même sans l'intermédiaire d'un médium, est frappée d'une sorte de *diminutio capitis*, qui
a affaibli ou paralysé ses facultés : c'est le plus souvent une personnalité falote, incohérente, chez laquelle
la pensée paraît éteinte ou absorbée par une idée fixe.
C'est ainsi que se présentent la plupart du temps aux
yeux des *sensitifs* qui peuvent les voir, les apparitions
des revenants, ainsi qu'on pourra s'en rendre compte
dans la suite de cet ouvrage, au chapitre XII, consacré
à l'étude de la télépathie. Quant aux personnalités qui
se manifestent par l'intermédiaire des médiums, leur
intelligence est généralement, sauf de rares exceptions,
fugace, imprécise et mal coordonnée. On sent qu'elles
ont à lutter contre des obstacles de diverses natures,
dont la nécessité de se servir d'un interprète et d'utiliser l'organisme du médium n'est pas le moindre. Elles
s'en expliquent elles-mêmes quelquefois dans leur communication (V. à cet égard l'ouvrage de César Lombroso : *Hypnotisme et Spiritisme*, pp. 285 à 288 [1] ; et
celui de M. Sage : *la Zone frontière*, déjà cité, pp. 54
et 55).

Ce sont des constatations de cette nature qui ont empêché l'écrivain bien connu, M. Maurice Mæterlinck,
de pousser plus loin son étude du spiritisme, qui l'avait
tout d'abord vivement intéressé et au bout de laquelle
il avait espéré un moment trouver une solution satisfaisante du problème de la destinée humaine. Il s'en explique lui-même dans un ouvrage tout récent: *la Mort* [2],
dont M. André Beaunier a rendu compte dans la livraison
d'avril 1913, de la *Revue des Deux Mondes*.

Enfin, dans sa dernière œuvre, *la Mort, l'Au-delà et
la Vie dans l'Au-delà*, qui n'a été traduit et publié en
France qu'après sa mort [3], Carl du Prel, aux lumières
duquel j'ai dû plusieurs fois faire appel au cours de mes

1. Paris, Flammarion, 1910.
2. Paris, Fasquelle, 1913.
3. Paris, Chacornac, 1905.

-études de psychologie expérimentale, démontre lumineusement et avec l'esprit scientifique et la pénétration
qui lui sont habituels, que ce qui se montre ou se communique à nous, de la personnalité du défunt, dans les
apparitions spontanées ou dans les séances de médiumnisme, n'est, dans la plupart des cas, que le pâle reflet
de la conscience totale, une sorte de *rêve obscur* de
l'esprit désincarné, et qu'on ne peut avoir aucune confiance dans le contenu de ces manifestations.

D'après cet auteur (*loc. cit.*, pp. 106 et s.) les apparitions de fantômes, notamment, seraient ordinairement
déterminées par des monoïdéismes (tels qu'un vif désir
à satisfaire ; une vengeance à assouvir, une révélation
importante à faire, etc.) conçus au moment de la mort
ou quelque temps avant la mort, et emportés par le
défunt dans son nouvel état. Ce sont ces monoïdéismes
qui, dans les apparitions, viennent se traduire en
action, de la même manière que les sujets hypnotisés
traduisent en action, après leur réveil, les monoïdéismes artificiels qui leur ont été suggérés par un
ordre *posthypnotique*. Dès lors, ce que disent ou ce
que font ces apparitions n'est que l'expression d'un état
de conscience limité dans lequel l'idée fixe prédomine et
exclut plus ou moins tous les autres souvenirs, d'où il
suit que l'on n'en peut rien déduire en ce qui concerne
l'état réel de l'âme après la mort et les conditions de
vie dans l'au-delà.

Au fond, conclut Carl du Prel, les deux mondes sont
encore pour nous tout à fait séparés par les lois qui les
régissent et par notre ignorance complète de celles qui
gouvernent le monde suprasensible, et sur lesquelles le
spiritisme est manifestement impuissant à nous renseigner. « *Voilà pourquoi le spiritisme actuel porte l'empreinte de quelque chose d'indéfini, de défectueux, de
trouble, de confus* ». On peut tout au plus le considérer *comme un essai élémentaire*, un effort, jusqu'à ce
jour infructueux, de l'homme terrestre, en vue de péné-

trer dans un monde qui se dérobe et qui se dérobera sans doute longtemps encore à ses investigations.

305. — De l'ensemble de ces données sur le caractère essentiellement défectueux que présentent les communications médiumniques — même, et l'on pourrait presque dire : *surtout* lorsqu'elles sont l'œuvre des esprits désincarnés — résulte un enseignement sur lequel on ne saurait trop insister : c'est que, outre les dangers divers que présentent les expériences spirites pour la santé physique et morale, l'équilibre des facultés et même pour la sécurité du médium et des assistants[1] ; outre qu'il n'est ni sage, ni prudent, de la part de ceux qui consultent les Esprits désincarnés de les prendre pour guides dans la direction de leur conduite et de leurs affaires [privées[2] — les spirites, ceux de l'École

---

1. Le plus puissant des médiums qu'il m'ait été donné d'observer, a dû, sur mes conseils, renoncer à toutes pratiques spirites, à cause des troubles qu'elles apportaient dans sa santé. Nous dûmes même mettre fin à une série de séances que nous avions entreprise avec lui, à cause de la violence des scènes qui s'y déroulaient et qui n'étaient pas sans danger pour les assistants.

Un exemple des brutalités auxquelles on s'expose dans les séances spirites, a été fourni par le docteur Paul Gibier. Dans son curieux ouvrage publié sous le titre de *Analyse des choses*, il raconte (pp. 170 et suiv.) diverses mésaventures dont il fut victime dans des expériences faites à l'École de médecine avec un médium à *incarnations*, par l'intermédiaire duquel se manifestait l'esprit désincarné d'un mort qu'il avait disséqué, et au cours desquelles il faillit être assommé, à coups de tabourets, par le médium *en transe*. Dans le même chapitre (p. 181), il déconseille vivement les pratiques spirites et tout entraînement destiné à développer les facultés des médiums, entraînement qui, dit-il, « conduit presque toujours à la démence ou à une péjoration des penchants, et parfois à l'éclosion de nouvelles passions dépendant le plus souvent d'une aberration du sens génésique ».

2. Un exemple des plus curieux et des plus intéressants du danger de la confiance que l'on pourrait être tenté d'accorder à ce genre de direction, se rencontre dans l'ouvrage, déjà cité, de M. Maxwell, *les Phénomènes psychiques* (pp. 230 et suiv.). L'auteur y raconte la mésaventure d'un banquier de Bordeaux qui, ayant été pendant de longs mois témoin dans sa maison de phénomènes psychiques d'une extraordinaire intensité, et ayant reçu très régulièrement de l'entité qui paraissait en être l'auteur des

d'Allan-Kardec tout au moins, sont tombés dans une grave et funeste erreur, la plus grave qu'ils pussent commettre pour l'avenir de leur doctrine philosophique, en s'avisant de s'appuyer sur les communications des esprits pour instituer de toutes pièces et sous la seule garantie de la libre pensée individuelle, toute une religion nouvelle, en opposition avec l'enseignement chrétien, et surtout catholique.

306. — Certes, l'œuvre d'investigateurs, qu'ils ont inlassablement poursuivie, malgré les dédains et les railleries, depuis plus d'un demi-siècle, et qui a contribué puissamment à ouvrir les yeux d'un grand nombre de nos contemporains sur les erreurs et les méfaits de la doctrine matérialiste et à modifier du tout au tout leur conception de la vie et de la destinée humaines, a été belle et féconde, et on doit leur en être reconnaissant. Je suis un de ceux qui ont participé le plus aux bienfaits de cette œuvre ; aussi ne me trouvera-t-on jamais dans les rangs de leurs détracteurs. Mais je ne puis m'empêcher de déplorer qu'après nous avoir conduits par leurs études et leurs longues et patientes observations, au seuil de l'Invisible et de l'*Inconnaissable*, selon la remarque de Carl du Prel, ils n'aient pas jugé plus sage de s'arrêter à cette limite, qu'ils n'ont pu franchir qu'au prix d'hypothèses aventureuses, et de laisser aux religions établies le soin d'une exploration pour laquelle elles ont des lumières qui leur sont propres. Chacun aurait alors, d'après ses affinités naturelles, continué, comme par le passé, à demander à celle qui pouvait lui

indications très précises et toujours exactes sur les opérations de Bourse à faire en vue du placement de ses capitaux, que l'Esprit conseillait d'employer à de bonnes œuvres, — avait fini par avoir une confiance absolue dans son guide, et fut tout à coup ruiné par une dernière opération très importante que, sur les mêmes conseils, il s'était déterminé à faire. Le récit de M. Maxwell, qui est très circonstancié, remplit vingt-trois pages de son ouvrage, et la notoriété du narrateur et sa grande compétence de psychologue lui donnent un intérêt exceptionnel (V. *infra*, n° 414).

inspirer le plus de confiance les solutions nécessaires, et le spiritisme, se renfermant dans sa sphère, aurait continué, avec plus de fruit que jamais, ses explorations purement psychologiques.

Au lieu de cela, qu'ont fait les Spirites en opposant à la religion traditionnelle une religion purement individuelle et libre penseuse, sans autre autorité que celle qu'elle pouvait emprunter aux prétendues révélations des esprits? Une œuvre caduque, certainement, puisque ces révélations ne présentent aucune garantie, ni d'authenticité, ni de vérité. Et c'est pour un résultat aussi incertain, qu'au lieu de rallier, comme ils auraient pu le faire, tous les esprits à tendances spiritualistes autour de leur système philosophique qui démontrait la réalité du monde supra-sensible, ils ont, par leurs hypothèses invérifiables sur les conditions de l'évolution de notre être après la mort, et par leurs attaques contre l'enseignement chrétien, froissé les consciences et éloigné d'eux, parmi les âmes qu'ils voulaient conquérir, précisément celles qui auraient été les mieux disposées à accueillir leurs travaux et à y applaudir [1].

---

1. Au moment même où j'écrivais ces lignes, j'ai été consulté par une femme très curieuse des choses de l'au-delà, remarquablement intelligente et en même temps bonne catholique, sur l'opportunité d'entreprendre l'étude du spiritisme et sur les moyens d'y parvenir. M'inspirant des idées développées au texte ci-dessus, voici ce que je lui ai répondu :

« Quant à l'étude du spiritisme, je la considère comme un des plus grands dangers auxquels une âme droite, élevée et nourrie de la moelle substantielle de notre religion traditionnelle, puisse s'exposer. Quelle que soit la valeur des découvertes que ses adeptes ont pu faire dans la connaissance de l'âme et de sa destinée, presque tous, du moins en France, ont abouti à des conclusions qu'un esprit chrétien ne peut accepter. Ils prétendent substituer à notre religion fondée sur la *révélation* et sur vingt siècles d'expérience, une religion *individuelle*, n'ayant d'autre loi que celle que chacun, dans l'exercice de sa libre pensée, voudra bien s'imposer. Ils n'ont d'autre base, du reste, pour justifier cette audacieuse prétention, que les prétendues révélations de leurs Esprits, qui ne sont, la plupart du temps, que le reflet de leurs propres pensées, ou une déformation de la pensée de l'esprit avec lequel ils entrent en communication. C'est peu, avouez-le, pour

C'est là, à tout le moins, une faute de tactique qu'on ne peut que regretter, parce qu'elle retardera peut-être pendant de longues années l'évolution des idées dont les travaux des spirites ont jeté la semence.

Mais cette évolution, tout permet de l'espérer, et c'est sur cette espérance que je termine mon étude de la *Personnalité humaine*, ne s'en accomplira pas moins, parce qu'elle est logique et nécessaire. L'étude du spiritisme a déjà contribué, plus qu'aucune autre, à réveiller dans les cœurs le sens de l'*Invisible*, qui était si profond chez nos aïeux, et à donner une base solide et substantielle, pour ainsi dire, à la doctrine, vieille comme le monde, de la survivance de l'âme après la mort. Quoi que fassent désormais les Spirites, qu'ils réparent ou aggravent encore la faute qu'ils ont commise, ils n'empêcheront pas ceux que leur œuvre de patientes observations aura convaincus de cette vérité essentielle, d'en déduire tôt ou tard les conséquences, à savoir : que notre destinée future, si la réalité nous en est, comme je le suppose, démontrée, *ne peut être qu'en Dieu*, et que, par conséquent, l'homme doit lui rendre, non seulement le *culte privé*, mais encore le *culte public* qui lui est dû ; qu'en outre, il doit, en vue de son perfectionnement, qui est le but de sa vie terrestre, se conformer aux volontés divines, en se soumettant aux contraintes et aux prescriptions morales que toutes les religions, en général, et la religion catholique, en particulier, ont édictées, sur la foi d'une

remplacer la révélation du Christ et opposer leurs spéculations personnelles au grand fait social du Christianisme, dans lequel la Providence n'est pas, on en conviendra, et ils en conviennent eux-mêmes, sans avoir joué un certain rôle, et même, je le crois fermement, un rôle des plus importants.

« Croyez-en mon expérience : le chemin dans lequel vous êtes tentée d'entrer n'est pas le bon ; vous risquez d'y compromettre votre santé morale, qui m'a paru si belle, si bien équilibrée, et peut-être aussi, si vous vous livriez à des expériences, votre santé physique. Il faut, pour poursuivre une telle entreprise, sans en courir les risques, le triple airain dont parle le poète antique, et je ne connais pas beaucoup de femmes qui le possèdent. »

révélation providentielle, dont les titres, pour cette dernière, ont résisté à vingt siècles de critiques, de haines et de calomnies.

Il se peut que quelques âmes, que séduisent encore les vieux clichés de la libre pensée, hésitent longtemps à entrer dans cette voie. Mais ne semble-t-il pas que le long crédit accordé en France aux libres penseurs tende plutôt à diminuer ? Le besoin d'autorité qui se fait sentir partout, en présence de l'effrayante anarchie qui règne aujourd'hui dans les idées et dans les mœurs, en est un indice certain. En pareille occurrence, ce n'est assurément pas une *religion purement individuelle* (deux termes qui s'excluent), dont chacun de nous serait à la fois le fidèle et le Pontife, mais seulement une religion organique, traditionnelle et hiérarchisée, capable d'incarner dans son culte tout ce que l'homme a de divin, qui aura le pouvoir de rallier tous les cœurs ; il n'y a qu'elle, dans tous les cas, qui puisse enrayer efficacement la crise de désorganisation dont souffrent tous les peuples.

307. — Je ne veux pas insister davantage sur cet ordre d'idées qui m'éloigne de mon sujet, d'autant que je me réserve de le faire dans un second ouvrage qui sera la suite de celui-ci, et où j'aurai, pour achever de décrire les étapes de mon évolution religieuse, à faire connaître, d'une manière plus complète qu'ici, les diverses raisons intrinsèques et extrinsèques qui, après mûre réflexion, m'ont déterminé à m'écarter de la route tracée par les doctrinaires du spiritisme, et à adopter la seule conclusion pratique qui m'ait paru découler sûrement de mon étude de la Psychologie expérimentale, à savoir le retour pur et simple à la foi de mes aïeux.

CHAPITRE X

De l'Extase et des Lévitations du corps humain dans l'Extase et dans d'autres états inférieurs.

SECTION I

DE L'EXTASE PROPREMENT DITE
QUELQUES EXTATIQUES CÉLÈBRES : JEANNE D'ARC

308. — L'extase est un des phénomènes les plus remarquables de l'hypnose. Elle paraît constituer la phase la plus profonde du somnambulisme, à laquelle l'extériorisation psychique, soit provoquée par des passes magnétiques ou autrement, soit spontanée, puisse amener un sujet. Elle est due en général à l'exaltation du sentiment religieux, et se caractérise, d'après la définition du docteur Morand, par des traits que j'ai déjà signalés, *supra*, n° 121.

Mais on verra plus loin que cette définition est trop étroite, et ne rend compte que d'une manière très imparfaite de la physionomie et de l'importance du phénomène que l'on a étudié sous le nom d'extase.

309. — Il est essentiel de ne pas confondre l'extase avec certains états que déterminent soit, dans les premières phases de l'hypnose, telles que la catalepsie,

soit dans celles plus profondes du somnambulisme, telles que l'état de rapport, des suggestions de tristesse, de gaieté, ou de sentiment religieux, exercées au moyen de la musique, ou par des passes au milieu du front, et qui ont été décrits *supra*, nᵒˢ 106 et 108. Ces produits de la suggestion n'ont rien de commun avec le phénomène de l'extase, qui est le plus souvent spontané et, dans tous les cas, se déroule sans qu'aucune suggestion *étrangère* intervienne, ou du moins paraisse intervenir.

L'extase proprement dite, qui est très rare, (à peine la rencontre-t-on une fois sur vingt cas de somnambulisme lucide, dit le docteur Charpignon) et qui ne se produit, lorsqu'elle n'est pas spontanée, qu'à la suite d'une magnétisation prolongée, qui le plus souvent reste inefficace [1] et qui d'ailleurs n'est pas sans danger, ne commence vraiment que lorsque le sujet perd tout sentiment de rapport avec le monde réel, même avec son magnétiseur.

D'après Charpignon (*Physiologie du magnétisme,* pp. 96 et s.), ce phénomène ne se manifeste que chez les somnambules très lucides, et principalement chez ceux qui sont portés à des sentiments d'une religion tendre et élevée, ou animés d'un amour profond. C'est surtout chez ceux-ci que la crise s'opère *spontanément,* sans doute par l'effet d'une auto-suggestion qui, chez certaines âmes profondément religieuses, absorbe toutes les autres pensées et constitue le plus puissant des monoïdéismes.

310. — Elle peut aussi, d'ailleurs, être provoquée (mais rarement, je l'ai déjà dit) par les procédés magnétiques :

Il arrive, dit le même observateur, cité par M. de Rochas à la page 68 des *États profonds de l'hypnose* », qu'en magné-

---

1. Comme je l'ai expliqué *supra*, nᵒ 113, au delà d'une certaine limite, variable suivant les sujets, ceux-ci *sont saturés* et la magnétisation n'agit plus.

tisant avec énergie un somnambule prédisposé à la crise dont nous parlons, *il cesse tout à coup d'entendre son magnétiseur ; il pâlit, ses membres s'affaissent complètement, et, si l'on ne sentait encore des battements au cœur, on croirait que la mort vient de frapper le somnambule...* L'âme se trouve sur le point de perdre ses rapports avec le corps. Elle est sur la limite du monde physique, attirée par le monde spirituel, qui est la lumière pure. Alors, si l'on reste observateur, on voit le visage de l'extatique exprimer un sourire de bonheur ; il demeure silencieux ordinairement, quelquefois il parle seul et très bas. Ce que l'on peut saisir, ce sont les expressions d'amour, de béatitude, adressées à un être qui semble converser avec lui ; ou bien, ce sont des paroles de consolation, des conseils sur un événement d'avenir adressés à celui qui occupe les pensées de l'extatique ; très rarement il pense pour lui, il a oublié la terre...

311. — Les anciens magnétiseurs, on ne saurait s'en étonner, ont été les premiers à signaler les traits caractéristiques qui distinguent l'Extase, soit provoquée, soit spontanée, de tous les autres états de l'hypnose, et à en décrire les merveilleux effets.

L'extase, s'écrie du Potet (*Manuel de l'étudiant magnétiseur,* p. 182), c'est la *mort sans mort* décrite par Platon, une espèce de ravissement de l'esprit où l'âme, niée par la science, apparaît dans toute sa majesté ; un état dans lequel l'âme dégagée de la matière, la domine, au lieu d'en être dominée, et où, semblables aux purs esprits, les extatiques ont des facultés merveilleuses qui remplissent d'enthousiasme les hommes qui les étudient sans les comprendre encore.

De tous les anciens magnétiseurs qui ont étudié l'extase, Deleuze est, comme toujours, celui dont les observations méritent le mieux d'être retenues. Dans son *Instruction pratique sur le magnétisme animal* (déjà citée) on lit ce qui suit :

L'insensibilité absolue des organes des sens et de ceux du mouvement, *réunie à l'exaltation du sentiment et de la pensée,* annonce quelquefois que la vie se retire vers le cerveau et l'épigastre. L'âme semble alors se dégager des organes et le *somnambule devient indépendant de la volonté du magnétiseur.* Cet état, auquel on a donné le nom d'extase ou d'exaltation magnétique, et que plusieurs auteurs allemands ont considéré comme le stade le plus élevé du magnétisme, est infiniment dangereux...

Plus loin (pp. 143 et s.) Deleuze décrit un état somnambulique qui se rapproche par certains côtés de celui dont on a parlé sous le nom d'extase, mais qui s'en distingue toutefois par ce fait, notamment, que les membres conservent leur sensibilité et que le sujet se maintient dans un calme parfait et reste en rapport avec son magnétiseur, dont il lit la pensée, sans recevoir d'ailleurs aucune impression par les organes des sens. C'est, semble-t-il, plutôt un stade d'acheminement vers l'extase que l'extase proprement dite :

Dans cet état, écrit-il, la manière de s'exprimer du somnambule est toujours différente de celle de l'état de veille. — Sa diction est pure et simple, élégante et précise ; son action n'a rien de passionné ; tout annonce un état de calme, une vue distincte de ce dont il parle et une entière conviction. On n'aperçoit dans ses discours pas le moindre trait de ce qu'on nomme *exaltation* ou enthousiasme, et j'insiste sur ce point, parce que ceux qui ont parlé de cet état sans l'avoir observé, ont supposé qu'il avait un caractère opposé à celui qu'il a réellement, et qui sert même à le distinguer.

Dans cette nouvelle situation, l'esprit est rempli d'idées religieuses dont il ne s'était jamais occupé ; il voit partout l'action de la Providence ; cette vie ne lui paraît qu'un voyage pendant lequel nous devons recueillir ce qui nous est nécessaire pour notre éternelle demeure. L'indépendance de l'âme, la liberté de l'homme, l'immortalité sont pour lui des vérités évidentes... Heureux l'homme à qui le hasard a fait rencontrer un somnambule de cet ordre ; car il n'est aucun autre moyen de faire naître chez un somnambule ordinaire les facultés que je viens de décrire...

312. — Pour en revenir à l'extase proprement dite, disons que Deleuze, avant de publier son *Instruction pratique sur le magnétisme animal*, en avait communiqué le manuscrit à un savant médecin étranger dans

lequel il avait toute confiance, en vue de provoquer ses critiques et ses avis et d'en faire profiter son propre ouvrage.

La réponse qu'il en reçut et qu'il a publiée comme annexe à son livre (pp. 393 à 466) est celle d'un homme d'un sens critique aiguisé, d'un jugement profond et d'une grande expérience en magnétisme. Son auteur ne cache pas son admiration pour l'état extatique qu'il a, dit-il, souvent étudié, et ne partage pas les craintes de Deleuze au sujet des dangers que cet état pourrait présenter.

Il n'est, dit-il, donné à aucun magnétiseur, de quelque force qu'il soit doué, de provoquer cet état extatique [1]. Il se dérobe à toute espèce d'influence volontaire ; il se développe d'après des besoins, des lois et des conditions intérieures dont l'essence nous est complètement inconnue et sur lesquelles les somnambules eux-mêmes ne nous ont pas jusqu'à présent donné la moindre lumière. Il est seulement de constante observation que, si les états inférieurs de somnambulisme varient dans leur caractère et leur direction, *celui-ci est toujours consacré aux idées religieuses, aux sentiments les plus purs et les plus élevés, et qu'il porte la même couleur dans toutes les religions, dans tous les temps et dans tous les pays.* Il me paraît que l'âme humaine entre alors dans une région où il n'y a plus rien de conventionnel, rien de traditionnel, rien d'arbitraire. *Aussi je n'ai jamais vu une personne corrompue parvenir à cet état, et je l'ai vu se perdre sur-le-champ lorsque la pureté du cœur avait reçu une altération profonde...* Je dirai plus : le plus grand bonheur qui puisse arriver à un homme, c'est d'être témoin de cet état extatique. Je ne connais rien sur la terre qui puisse, au même degré, inspirer l'enthousiasme de la vertu, faire naître et fortifier les sentiments religieux, purifier l'âme, la détourner des vanités de ce monde, et la ramener vers cette région d'où découle toute vie et toute vérité.

313. — Ce ne sont pas seulement les magnétiseurs,

---

1. Cette affirmation, dans les termes où elle est formulée, est trop absolue (V. *supra*, n° 310). Son auteur entend dire, sans doute, que même lorsqu'elle éclate après une longue magnétisation, ce qui d'ailleurs est très rare, la crise conserve encore, par certains côtés, le caractère de spontanéité qui lui est habituel.

anciens ou nouveaux, qui ont étudié l'extase et en ont admiré les effets ; ce sont aussi les philosophes, les historiens et tous les penseurs, en général. Ce phénomène, en effet, éveille dans l'esprit, plus qu'aucun autre des phénomènes de l'hypnose, tout un monde de pensées.

William James, dans son remarquable ouvrage *l'Expérience religieuse* (pp. 325, 355 et 358) ne craint pas de dire, en des termes que M. Léon Denis reproduit à la page 443 de son livre, déjà plusieurs fois cité, sur le *Problème de l'être et de la destinée,* que :

Le plus important résultat de l'extase est de faire tomber toute barrière entre l'individu et l'absolu. Par elle, nous nous rendons compte de notre identité avec l'Infini; c'est l'éternelle et triomphante expérience du mysticisme qu'on retrouve sous tous les climats et dans toutes les religions. Toutes font entendre les mêmes accents avec une imposante unanimité ; *toutes proclament l'unité de l'homme avec Dieu...* Les états mystiques (qu'engendre l'extase) apparaissent au sujet comme une *forme de connaissance.* Ils lui révèlent des profondeurs de vérité *insondables à la raison discursive.* C'est une illumination d'une richesse inépuisable, dont on sent qu'elle aura sur toute la vie un immense retentissement...

En un mot, ils sont la source des inspirations directes, des grandes intuitions qui parfois éclairent le monde.

314. — Avec la haute compétence dont il fait preuve dans toutes les questions de psychologie expérimentale, Myers définit l'extase dans son célèbre traité de *la Personnalité humaine,* aux lumières duquel j'ai déjà eu si souvent recours :

La conception de l'extase, écrit-il (p. 399), dans son sens à la fois le plus libéral et le plus sublime, s'est dégagée toute seule, d'une façon presque insensible, de tout un ensemble d'observations modernes...

Il n'est pas d'ailleurs paradoxal de dire que les preuves qui existent en faveur de l'extase sont plus sérieuses que celles que nous possédons en faveur de n'importe quelle autre croyance religieuse... Et si, au point de vue psychologique, la principale preuve de l'importance d'un phénomène subjectif faisant partie de l'expérience religieuse consiste dans le fait qu'il est commun à toutes les religions, il en existe à peine un autre qui réponde à cette condition au même degré que l'extase. Depuis le sorcier des sauvages les plus primitifs, jusqu'à saint Jean, saint Pierre, saint Paul, sans oublier Bouddha ou Mahomet, nous possédons des données qui, tout en présentant des difficultés considérables au point de vue moral et intellectuel, ont une base psychologique commune.

À toutes les époques, l'esprit est conçu comme étant susceptible de quitter le corps ou, s'il ne le quitte pas, d'étendre considérablement son champ de perception en faisant naître un état qui ressemble à l'extase. Toutes les formes de l'extase s'accordent sur ce point et toutes elles reposent sur un fait réel.

315. — J'ai dit (*supra*, n° 313) que l'étude patiente et attentive des phénomènes de l'extase évoquait dans l'esprit de l'observateur tout un monde de pensées. Je viens de rapporter quelques-unes de celles qu'elle a inspirées aux magnétiseurs et aux psychologues anciens ou modernes. Il est curieux de constater que leurs vues profondes sur ce sujet ont été partagées par un de nos plus grands historiens, Henri Martin. Les pages de son *Histoire de France* (t. VI, pp. 143 et s.), dans lesquelles il exprime ses idées sur l'extase, seraient tout entières à citer ; malheureusement, je ne puis, pour la commodité de mes lecteurs, que les renvoyer à l'ouvrage (*Les Vies successives*) de M. de Rochas (pp. 29 à 32) qu'ils connaissent déjà, et dans lequel elles ont été textuellement reproduites.

Ce qu'on doit retenir de ce passage dans lequel l'éminent historien a magnifié l'Extase, comme étant l'état le plus sublime auquel il soit permis à l'homme, sur cette terre, de s'élever, c'est — malgré les prudentes atténuations qui le terminent, et par lesquelles il manifeste ses préférences pour une interprétation purement *subjective* du phénomène :

d'une part, que la source des inspirations de l'extatique est en Dieu ;

et, d'autre part, qu'elles ont leur raison d'être dans ce fait que l'Extase étant avant tout un phénomène d'extériorisation psychique qui, plus que tous ceux de même nature, déjà étudiés ici, dégage l'âme de ses entraves corporelles, la rend ainsi plus apte à entendre les voix, à percevoir les influences du monde spirituel et à les comprendre.

Que cette inspiration s'exerce directement par une illumination de la conscience intérieure du sujet ou qu'elle s'exerce par l'intermédiaire de l'un de ces êtres spirituels qui, si les conclusions de mon livre sont exactes, doivent peupler le monde invisible, il importe peu ; les deux hypothèses sont également admissibles. Si Henri Martin paraît préférer la première, c'est sans doute que l'idée, sur laquelle elle repose, de la *subjectivité* des visions et des inspirations de l'extatique, lui semble plus philosophique que celle de leur *objectivité*. Je ne le chicanerai pas sur ce point; mais je ne puis m'empêcher de penser que les chances de ne pas se tromper seraient plus grandes, si l'on s'en rapportait simplement à ce qu'en disent eux-mêmes les extatiques. Est-il logique, lorsqu'on vient d'établir que l'extase a précisément le don d'illuminer l'esprit, de lui conférer pour la découverte de la vérité des aptitudes incomparables, est-il logique, dis-je, de prétendre que tout est illusion dans les affirmations de l'extatique au sujet du phénomène dont il est le percipient ? Cet être, dont on admire la profonde intuition, dès qu'il parle sur ce qu'il doit mieux connaître que personne, on le traite d'halluciné. Jeanne d'Arc répond vainement à ses juges, quand on l'interroge sur l'objectivité de ses visions : *Je les vis comme je vous vois ; je le crois aussi fermement que je crois en Dieu ;* mais les juges avaient leurs raisons pour fermer les oreilles aux réponses qui leur étaient faites ; ils étaient décidés à faire une martyre de cette femme angélique qui venait de sauver la France.

Les juges d'aujourd'hui (je parle des philosophes matérialistes) ont sans doute aussi leurs raisons pour condamner les extatiques qui prétendent avoir des visions. Valent-elles mieux que celles des juges de Jeanne d'Arc ?

316. — Puisque j'en suis venu à parler de cette illustre héroïne de notre histoire, il me semble à propos de fixer certains traits de cette grande épopée à laquelle elle a été mêlée et dans laquelle ses merveilleuses facultés d'*extatique*, inspirée par Dieu, ont joué un rôle si important et si décisif. Le sujet que je traite en ce moment ne pourra qu'y gagner en clarté et en précision, puisqu'il s'éclairera de tout ce que des documents historiques d'une incontestable authenticité peuvent ajouter aux observations des psychologues sur l'extase et les traits qui la caractérisent.

317. — Dans un livre récent[1], dont je ne partage pas les tendances et les vues essentiellement spirites, mais qui n'en est pas moins l'œuvre d'un grand écrivain et d'un esprit généreux, élevé, éloquent et convaincu, M. Léon Denis (pp. 34 et s.) retrace les années d'enfance et de jeunesse de Jeanne d'Arc à Domrémy et ses premières visions dans lesquelles s'affirmaient déjà ses facultés d'extatique et les desseins que Dieu avait sur elle.

Tous ces faits de vision et d'audition transcendantales, bien connus, mais que je ne puis, faute de place, mettre sous les yeux de mes lecteurs, sont, au témoignage des historiens les plus graves, Michelet, Edgar Quinet, Quicherat, absolument authentiques et s'appuient sur les textes les plus incontestables. Après s'être livré à une recherche approfondie, toute d'érudition, et à un examen scrupuleux de la vie de Jeanne d'Arc, ce dernier conclut : *Que la science y trouve ou*

1. *Jeanne d'Arc, médium.* Paris, Leymarie, 1910.

*non son compte, il n'en faudra pas moins admettre
ses visions.*

Ce qui justifie, d'ailleurs, cette conclusion, et ce qui
doit faire écarter toute hypothèse d'hallucination, c'est
que ces visions concordent avec le but poursuivi et qui,
en fait, a été atteint, malgré l'invraisemblance d'un tel
succès. Ce succès, en effet, ne peut s'expliquer que par
une intervention soutenue des puissances occultes dont
Jeanne avait entendu les voix. Ce sont ces puissances
qui lui inspirent sa science militaire, en même temps
que ses prédictions, dont la réalisation explique la confiance et l'obéissance aveugle des soldats qu'elle entraîne
à sa suite. « L'exemple de Jeanne d'Arc, dit M. Léon
Denis (*loc. cit.*, pp. 51 à 55) rappelle que les mondes
occulte et divin possèdent des sources de vérité autrement riches et profondes que celles où puisent ordinairement les humains. Et ces sources s'ouvrent parfois
aux simples, aux humbles, aux ignorants, à ceux que
Dieu a marqués de son sceau » et surtout, faut-il ajouter,
aux *Saints* qui, par leurs vertus et leurs souffrances
volontaires ou dignement acceptées, sont entrés en
étroite communication avec lui.

318. — En présence des nombreux traits de cette vie
admirable, sur lesquels je regrette de ne pouvoir
m'étendre davantage, on s'explique que les voix les
plus autorisées, tant en France qu'à l'étranger, se
soient, à part quelques rares exceptions, mises d'accord pour reconnaître le caractère divin et providentiel
de la mission de Jeanne d'Arc. M. Léon Denis, dans
son ouvrage précité (pp. 410 et s.), rapporte les appré-
ciations dont elle fut l'objet en France. Vers la fin du
siècle dernier, dit-il, un journaliste, Yvan de Woestyne,
ayant eu l'idée de demander aux membres de l'Académie française et à quelques personnages célèbres leur
sentiment sur Jeanne d'Arc, recueillit un ensemble de
témoignages constituant le plus magnifique éloge de
l'inspirée (V. le supplément du *Figaro* du 13 août

1887) et émanant d'hommes tels que Pasteur, Gaston Boissier, Léon Say, Alexandre Dumas, Gambetta, Jules Favre, Eugène Pelletan, Francisque Sarcey, etc.

319. — Mais, écoutons l'étranger. C'est de là, il est presque humiliant de le constater, que nous viennent les déclarations les plus nettes en faveur du caractère providentiel de l'œuvre accomplie par la grande libératrice, déclarations qui la vengent des ricanements odieux de Voltaire et des attaques sournoises d'un Anatole France.

En Allemagne, on rencontre ces déclarations sous la plume d'écrivains illustres tels que : l'éminent critique A.-W. Schlegel, qui, à la suite de nombreuses représentations, à Berlin, de 1801 à 1803, d'une tragédie de Schiller (*la Pucelle d'Orléans*), traduit ainsi son admiration pour le caractère de l'héroïne : « La haute mission dont elle a la conscience, et qui impose le respect à tout ce qui l'approche, produit un effet extraordinaire et plein de grandeur » — ; et Guido Goerres, dont l'ouvrage sur *Jeanne d'Arc* est un tribut d'hommages rendus à la grande Française, hommages auxquels s'associe explicitement le père de l'auteur, Joseph Goerres, qui, dans la préface, déclare que Jeanne est « l'envoyée de Dieu pour le salut de la France et le maintien de son rôle providentiel, et qu'elle appartenait à deux mondes, celui de la terre et celui du ciel, *étant appelée à agir dans l'un comme envoyée de l'autre* » (Léon Denis, *loc. cit.*, pp. 429 à 433).

320. — Par un contraste bien fait pour étonner le monde, c'est de la nation qui a envoyé Jeanne d'Arc au supplice, que sont venus les hommages les plus enthousiastes en faveur de la glorieuse martyre. Le bourreau, pris de remords, s'est jeté aux pieds de sa victime pour l'embrasser et implorer son pardon. Chaque année, des délégations anglaises traversent la Manche pour venir assister en mai aux fêtes de Rouen et y honorer avec solennité la mémoire de la Pucelle.

Ce revirement d'opinion en faveur de Jeanne d'Arc se reflète dans les œuvres de la pensée anglaise. Commencé déjà au dix-septième siècle, il ne fait que grandir et arracher aux historiens et aux poètes, tels que William Guthrie et John Wesley, en 1747, Southey, en 1796 (Poème épique : *Joan of Arc*), des aveux et des déclarations qui sont de véritables actes de repentir.

Aujourd'hui, dit enfin M. Léon Denis, dont j'achève de résumer l'ouvrage (*loc. cit.*, p. 426), les biographies de l'héroïne, qui sont autant d'apologies, se multiplient. Écoutons le *grand* Carlyle magnifier la *grande* victime : «Jeanne d'Arc devait être une créature de rêves pleins d'ombres et de lumières profondes, de sentiments indicibles, de pensées qui erraient à travers l'éternité. Qui peut dire les épreuves et les triomphes, les splendeurs et les terreurs dont ce simple esprit était la scène ? »

321. — Au cours de cette apothéose, qui va toujours grandissant et à laquelle l'Eglise catholique, merveilleusement inspirée, vient de donner l'éclat et la consécration de son culte, une voix discordante s'est élevée, et il a fallu, pour notre confusion et peut-être pour notre châtiment, à nous qui depuis plus d'un siècle tarissons en nous toutes les sources de la pensée divine, que cette voix sacrilège vînt d'un Français, qui, n'ayant pu supporter l'éclat rayonnant de la plus grande figure de notre histoire, s'est appliqué à l'embrumer et à la ternir par les ombres d'une étroite et fausse érudition. Et, par une ironie amère des choses, c'est un Anglais qui, montrant le vide de cette érudition, a relevé le gant et combattu pour que le patrimoine moral de la France, dont Jeanne d'Arc est le plus précieux joyau, ne fût pas amoindri.

Cette lutte entre deux pensées rivales, dans laquelle le spiritualisme et le matérialisme se sont heurtés en leur irréductible hostilité, est trop caractéristique et trop suggestive pour que je ne m'y arrête pas un instant. Elle a eu son narrateur dans la personne d'un rédacteur bien connu de la *Revue des Deux Mondes*, M. T. de Wyzewa, qui, dans le n° du 15 avril 1909 (p. 911) a publié un compte rendu de la *Biographie anglaise de Jeanne d'Arc* par Andrew Lang, un des écrivains actuels les plus en vue de l'Angleterre [1].

Ce compte rendu met en relief le souci de la vérité historique, qui éclate à chaque pas dans cette biographie faite par un Anglais « dont on peut bien affirmer, dit M. de Vyzewa, qu'il est aujourd'hui tout à fait au premier rang des hommes de lettres de son pays ».

La méthode dont l'auteur s'inspire et qui tient compte de tous les faits, sans distinction, pourvu qu'ils soient bien établis, le savant critique de la *Revue des Deux Mondes* l'oppose au caractère tendancieux de l'ouvrage d'Anatole France, auquel il reproche d'avoir souvent, emporté par son imagination de poète, et peut-être aussi égaré par les prétendues *certitudes naturalistes* auxquelles il subordonne tout, interprété *arbitrairement* la masse énorme des textes originaux qu'il a consultés.

C'est là une grave critique, la plus grave qu'on puisse adresser à un historien, et on aurait peine à la croire fondée, si M. Lang ne faisait lui-même dans son ouvrage de nombreuses citations qui établissent le peu de cas que M. Anatole France, dans son souci d'éliminer tout ce qui pouvait infirmer sa thèse naturaliste, a fait de la vérité historique.

C'est, au contraire, le grand honneur de l'auteur anglais, d'avoir su, pour écrire l'histoire de Jeanne d'Arc, se soustraire à toutes les influences extérieures, y compris celles que sa nationalité pouvait, même à son insu, lui suggérer; et c'est un fait qui a de quoi surprendre, qu'il se soit trouvé, à peu près en même temps, deux écrivains pour raconter la vie de l'héroïne

---

1. Au moment où j'écris ces lignes, j'apprends que cet écrivain vient de mourir, le 1ᵉʳ juillet 1912.

française, l'un Français, l'autre Anglais, et que ce soit ce dernier qui ait le mieux réussi à faire ressortir la grandeur de son rôle providentiel.

322. — Sur ce rôle de Jeanne d'Arc, dit M. de Wyzeva, le jugement de M. Lang est formel : l'auteur anglais tient ce rôle pour *miraculeux*. Sans attacher plus d'importance qu'il ne convient aux faits extraordinaires de clairvoyance, de clairaudience, de prémonition qu'on rencontre à chaque pas dans la vie de Jeanne d'Arc, faits qu'il analyse à la lueur des textes et dont il démontre l'authenticité[1], il voit le miracle surtout dans l'ensemble de l'œuvre accomplie et dans la manière dont son héroïne est parvenue à réaliser la mission qu'elle avait reçue :

Le vrai miracle chez Jeanne, s'écrie-t-il, c'est son génie, l'intelligence avec laquelle cette enfant s'est rendu compte de sa tâche, et le sublime courage qui lui a permis de l'exécuter.

Cependant, ajoute le biographe anglais, en forme de conclusion, j'incline à penser que Jeanne, d'une façon et jusqu'à un degré difficiles à définir, *a été véritablement inspirée. Son haut génie et son noble caractère ont trouvé à leur service des pouvoirs qui n'ont de valeur réelle qu'en proportion de l'objet auquel ils sont employés*[2].

323. — Disons enfin, avant de clore cette longue digression sur la vie et la mission de Jeanne d'Arc, qu'il appartenait à un Grand Français, qui est en

1. Voir, dans le texte de l'article de la *Revue des Deux Mondes*, les longs développements donnés à cet effet au sujet du fait bien connu sous le nom de « secret du roi », et qui permit à Jeanne de prouver à Charles VII le caractère providentiel de sa mission.
2. On ne saurait mieux dire : l'intervention divine, qui ne suppose pas nécessairement le *miracle* proprement dit, puisqu'elle peut aussi bien se réaliser par des moyens naturels que par des moyens surnaturels, réside, en effet, dans le fait même de l'inspiration, abstraction faite des moyens mis en œuvre (clairvoyance, clairaudience, prémonitions) pour donner un corps à cette inspiration, puisqu'on les rencontre aussi chez des sujets *non divinement inspirés*, et que l'ignorance où nous sommes des lois du monde invisible nous empêche seule d'en trouver l'explication.

même temps un noble cœur et un remarquable écrivain,
l'Académicien Hanotaux, de couronner le majestueux
édifice que les penseurs de diverses nations ont élevé à
la divine inspirée. Cette tâche, qui devait tenter son
patriotisme, il l'a remplie dans une étude publiée dans
la *Revue des Deux Mondes* (livraisons des 15 mai et
1er juin 1910) d'où j'extrais, en les résumant, les lignes
qui suivent:

Aucune nation moderne, écrit-il (p. 242), n'a, dans ses
annales, une figure pareille à celle de Jeanne d'Arc, héroïne,
sainte et martyre. Jeanne d'Arc appartient indivisiblement à
tous les Français.....

Quand on aura fait passer un large courant d'air sur son
histoire que l'esprit de parti a trop rétrécie et calfeutrée,
on contemplera, dans ses justes proportions, cet admirable
exemplaire de l'énergie française que fut Jeanne d'Arc ; on
admettra tout de sa vertu, et s'il est des choses que la raison ne peut atteindre, on s'inclinera devant le mystère : car
il est de l'intelligence humaine de connaître elle-même ses
limites.

324. — Dans la seconde partie de son travail (pp.
510 et s., n° de juin 1910 de la *Revue des Deux Mondes*), M. Hanotaux se livre, à propos des visions et des
facultés supra-normales de Jeanne d'Arc, à une étude
magistrale de l'*Extase*, qui semble avoir été faite tout
exprès pour confirmer ce que j'ai écrit à ce sujet au
cours de ce chapitre, dont les éléments ont été cependant
puisés à d'autres sources.

Les théologiens, dit-il, distinguent deux sortes d'apparitions et de visions : celles qui viennent de Dieu et illuminent
les saints et les saintes, et celles qui viennent du diable et
agitent les sorcières et les possédées.

L'inspiration de Jeanne d'Arc ne se distingue de celles des
autres élus que par son objet civil et patriotique. Ce caractère mis à part, elle se range dans une série historique *dont
les exemples sont nombreux et d'une authenticité incontestable.*
Les visions d'autres saints et d'autres inspirés présentent la
plus grande analogie, et même, parfois, une identité absolue

avec les faits mystérieux qui ont marqué la mission de
Jeanne d'Arc. Par leur multiplicité, ces faits s'autorisent et
s'authentiquent les uns les autres......

Telles sont, notamment, les visions et les inspirations
de Catherine de Sienne, dont notre historien fait (pp.
510 à 512), un récit abrégé ; celles de sainte Brigitte de
Suède (p. 512), de sainte Colette de Corbie, qui eut de
nombreuses extases dans lesquelles elle fut sollicitée, à
son grand effroi, d'entreprendre la réforme des ordres
monastiques, avec une telle insistance qu'elle ne pût,
malgré ses craintes et ses résistances, se soustraire à
cette mission (pp. 512 et 513).

Ces femmes *visionnaires* et ces hommes *visionnaires*, comme
saint François d'Assise, saint Bernard, saint Vincent Ferrier, etc., sont à la fois de très grands cœurs et de très
grands esprits, créateurs, réformateurs, organisateurs, ins-
pirateurs en même temps qu'inspirés. Personnages à la tête
ferme, au regard sûr, à la main prudente et délicate, voyant
le mal et le corrigeant, agissant avec autorité et perspica-
cité pour le bien, ils sont des meneurs d'hommes et de
peuples......
Ces personnalités, de forte tension intérieure et de puissante détente extérieure, ont en elles un trésor d'énergie
vitale qu'elles renouvellent sans cesse *par un contact mystérieux avec la fontaine de toute vie.* Elles puisent dans cette
réserve inconnue les trésors merveilleux dont elles font lar-
gesse à l'humanité......

Ainsi, la *vision* de l'extatique est, en somme, ajoute
M. Hanotaux (p. 516) dans une magnifique définition
que je suis heureux de mettre tout entière et textuellement sous les yeux de mes lecteurs :

la suprême retraite de la personnalité active, indépendante et volontaire. Elle est le refuge dans le sein de Dieu
pour y capter la force de Dieu. Elle est la source des *voca-
tions ;* elle retombe sur le cœur d'où elle s'élance, comme un
jet d'eau rejaillit sur lui-même, du ciel. La vision est une *vue*
extrêmement intense et convaincue de la vérité, qui est

Dieu : aussi, elle est généralement accompagnée d'un ordre : « Fille de Dieu, va, va ! »

La *vision* suppose la foi et l'impose. On ne peut dire à quelles frontières indicibles le surnaturel et l'humain entrent en contact, et de le dire ne nous appartient pas. Ces hommes seuls, ces surhommes pourraient nous expliquer comment leur œil a saisi et mesuré, dans une illumination soudaine, des vérités et des lois sous-jacentes aux lois apparentes de l'Univers. Mais leur effroi de ce qu'ils ont aperçu d'insondable est tel qu'ils se taisent.

On appelle *génie* une certaine maîtrise des procédures ordinaires de la raison, capable de brusquer la marche trop lente des choses favorables à l'humanité. Le génie est, pour nous, à l'opposé du talent et de la technique, quelque chose de mystérieux et de divin, un don.

La *vision* m'apparaît comme un procédé intellectuel plus rare encore, un don d'essence supérieure qui n'est fait qu'à ceux qui le réclament avec une infinie confiance. Le bien, qui veut naître, avertit une âme choisie et la suscite. La *vision* rompt avec les servitudes, les pédantismes, les raisonnements, les doctrines. La *vision* est un essor, une délivrance. Elle est le coup d'aile qui gagne le ciel, avec l'inéblouissable regard qui soutient l'éclat du soleil. Le propre de Jeanne d'Arc fut d'appliquer l'autorité de la *vision* et de l'inspiration célestes aux actes de la vie civile et laïque. Sur ce champ, qui échappe en partie à la religion, elle se fait une loi d'agir conformément à la volonté divine, ayant le sentiment, réaliste et nouveau, que les *choses du siècle* sont, non moins que celles de la religion, *sous le regard de Dieu*.....

325. — Mais il est temps de reprendre mon étude analytique de l'extase, que je n'ai interrompue du reste que pour montrer à mes lecteurs un des plus beaux types d'extatiques que l'histoire nous ait révélés.

Au point où j'en suis arrivé, et d'après les développements qui précèdent, il n'est pas téméraire d'affirmer que l'extase est avant tout, au point de vue physiologique, un phénomène d'extériorisation qui, en libérant l'être psychique de ses liens matériels avec le corps, et cela dans une mesure qui peut aller, on l'a vu *supra*, nos 310 et 311, jusqu'aux risques de mort, lui permet d'entrer en communication plus directe avec les êtres du monde invisible.

Mais, en poussant l'analyse plus loin, on s'aperçoit que cette définition n'est pas assez précise et conduirait à confondre l'extase proprement dite avec certains états désordonnés, tels que ceux de possession dont il sera traité dans la seconde partie de ce chapitre, et dans lesquels il n'est pas impossible que l'influence du monde invisible se fasse sentir, mais qui n'en sont pas moins très différents de l'extase, s'ils ne lui sont pas diamétralement opposés.

Ce qui appartient, en effet, à l'extase et n'appartient qu'à elle, c'est le caractère *divin* de l'influence qui s'y manifeste, puisque, même physiologiquement, il y a, comme l'ont observé les magnétiseurs dans leurs expériences, notamment Deleuze (*supra*, n° 312), incompatibilité absolue entre cet état et un sujet qui n'aurait pas la pureté du cœur, ou qui l'aurait perdue. L'extase est essentiellement *religieuse*, dans le sens large de ce mot ; on pourrait la définir une aptitude particulière à recevoir directement l'influx divin : c'est ainsi qu'on l'a considérée à toutes les époques, sous toutes les latitudes et dans toutes les religions. Cette aptitude, on l'a ou on ne l'a pas ; mais là où elle n'existe pas et où surtout l'extériorisation psychique provoque l'explosion de sentiments bas, grossiers et contraires à l'idée pure du divin, il ne peut y avoir extase ; ce n'en est que la falsification.

C'est pourquoi il y a antinomie dans les termes à dire, comme le fait M. Henri Joly, membre de l'Institut, dans sa *Psychologie des Saints*, déjà citée (p. 94), qu'il y a trois sortes d'extase : l'extase *naturelle*, l'extase *religieuse* et l'extase *diabolique*. L'extase, telle que je l'entends et qu'il convient de l'entendre pour ne pas profaner un terme qui exprime une si admirable chose, est, par définition, un état d'harmonie, d'illumination divine, un privilège réservé à certaines âmes placées en dehors des conditions ordinaires de l'humanité, et n'a rien de commun, si ce n'est peut-être les causes physiologiques, ni avec ce que M. Joly appelle l'*extase naturelle*, qui n'est autre chose, d'après la description qu'il en fait, qu'une forme plus ou moins accentuée du somnambulisme, mais sans le cachet divin qui caractérise l'extase, — ni surtout avec ces états, dits diaboliques, où tout est désordre, déséquilibre des facultés, erreur des sens et mensonge, et qui ne sont que des formes violentes et le plus souvent grossières d'extériorisation psychique, dominées par des influences mauvaises provenant soit de l'idiosyncrasie du sujet, le plus souvent hystérique, soit même du monde suprasensible (V. *infra*, nᵒˢ 336 et s.).

326. — Ceci explique que l'Extase, qui est dans tous les cas, je l'ai déjà dit, un état exceptionnel et que l'on a rarement l'occasion d'observer, se rencontre surtout chez les *saints*. Il y a à cela une double raison : la première est que c'est parmi eux surtout que le sentiment religieux et l'idée pure du divin prédominent et absorbent en quelque sorte toutes les facultés de l'âme ; la seconde est que, pour les mêmes raisons que chez l'homme de génie (habitude de la méditation, travail intense de la pensée), et pour des raisons qui leur sont propres (mortifications de la chair, désir ardent de la vie éternelle, etc., etc.), leur subconscient, avec son organisme psychique, est plus apte qu'aucun autre à s'extérioriser et, par conséquent, à entrer en communication directe avec la partie saine du Monde invisible et, comme le dit William James, avec l'Absolu (V. *supra*, nᵒ 313).

M. Hanotaux, dans son étude sur Jeanne d'Arc que je viens de résumer (*supra*, nᵒ 324), a cité un certain nombre d'extatiques célèbres ; ce sont tous et uniquement des *saints*. C'est encore une sainte, non moins célèbre, que cette extatique de génie, sainte Thérèse, dont M. Joly a écrit l'histoire[1]. Elle-même a tenu à racon-

1. *Sainte Thérèse*. Paris, Victor Lecoffre, 1908.

ter sa vie dans un livre qui a été traduit par le P. Marcel Bouix de la Cie de Jésus, et publié à Paris, en 1867, chez Lecoffre. La grande sainte y analyse, avec un sens psychologique d'une incomparable profondeur, les divers états ou degrés de l'oraison mystique dont la pratique continue doit conduire l'âme à l'union parfaite avec Dieu. La description qu'elle y fait de ses extases et ravissements, dans lesquels, dit-elle, l'âme est toute en Dieu, est du plus haut intérêt pour le psychologue. A défaut de l'ouvrage, on peut consulter sur ce point intéressant un résumé substantiel, et qui peut donner une idée assez nette du sujet traité par la sainte, dans l'étude précitée de M. Henri Joly. Je ne puis qu'y renvoyer le lecteur.

327. — D'après l'analyse qui vient d'être faite, on ne peut nier (ce sera là ma conclusion) que l'Extase, ainsi comprise et caractérisée par le désir d'union avec Dieu, qui est à la base de cet état transcendantal, ne soit un fait psychologique qui a ses racines au plus profond de notre être. L'aptitude à l'extase, bien qu'elle ne se révèle pleinement que chez les âmes d'élite dont la nature n'a pas été viciée par des influences malsaines du dehors, n'en fait pas moins partie de ces admirables facultés *latentes* du subconscient, qui ne s'épanouissent et n'entrent en pleine activité que lorsque, celui-ci venant à s'extérioriser, l'âme se trouve plus ou moins libérée des entraves corporelles : ce qui revient à dire, avec le grand psychologue américain, William James, que le sentiment religieux, que l'on rencontre d'ailleurs, plus ou moins pur et plus ou moins élevé, à toutes les époques et chez tous les peuples, est en nous un élément non pas *adventice*, mais *constitutif* et *essentiel* de notre être et de notre personnalité.

SECTION II

DES LÉVITATIONS DU CORPS HUMAIN DANS L'EXTASE PROPREMENT DITE ET DANS D'AUTRES ÉTATS INFÉRIEURS

328. — L'extase, je crois l'avoir suffisamment démontré dans la première section de ce chapitre, est, à proprement parler, la faculté pour l'âme, libérée par l'extériorisation psychique de sa sujétion envers le corps, de s'unir à Dieu, de pénétrer dans le monde spirituel *d'en haut*, et, comme le dit Myers (*la Personnalité humaine*, pp. 398 et s.) « d'y transporter son centre de perception ».

Elle est souvent accompagnée d'un autre phénomène, non moins remarquable et non moins difficile à expliquer, celui de la lévitation de l'extatique. Si la corrélation entre ce dernier phénomène et celui de l'extase était constante, on serait légitimement fondé à penser qu'il y a entre eux un rapport de cause à effet et à en induire que la cause qui produit ici l'extériorisation psychique, avec les caractères spécifiques de l'extase, est aussi la cause de la lévitation et réside dans ce monoïdéisme puissant qui, dans l'exaltation du sentiment religieux, attire l'âme vers les régions supérieures où sa pensée est habituée à placer le monde divin.

Mais cette corrélation entre l'extase proprement dite et les lévitations du corps humain est loin d'être constante. La question est donc assez complexe. En tous cas, avant de chercher à la résoudre, il est nécessaire d'édifier tout d'abord le lecteur sur la réalité du phénomène de la lévitation, et je ne puis le faire qu'en rapportant quelques-uns, parmi les plus authentiques et les plus probants, des faits que j'ai pu recueillir au cours de mes lectures. La plupart sont empruntés aux deux ouvrages déjà cités de M. Albert de Rochas : *la Lévitation du corps humain* et *les Frontières de la science*, auxquels j'aurai soin de faire les références nécessaires pour que mes lecteurs puissent au besoin s'y reporter.

Pour mettre un peu de clarté dans l'exposé de ces faits, je les distinguerai suivant qu'ils accompagnent l'extase proprement dite, ou qu'ils se manifestent dans des états différents et inférieurs, tels que le somnambulisme, l'hystérie, ou la transe médiumnique.

§ 1er. — *Des lévitations du corps humain dans l'Extase religieuse.*

329. — Les légendes orientales sont pleines de faits de lévitation, qu'elles attribuent aux dieux, aux héros, et même aux simples mortels doués d'une réputation de sainteté. D'autre part, un passage de Jamblique sur la *Divination*, rapporté par Russel Wallace, à la page 318 de son ouvrage *les Miracles et le Moderne Spiritualisme*[1] prouve que les anciens avaient connaissance de ce phénomène.

Plus près de nous, les annales et les ouvrages qui se sont donné pour tâche de recueillir les phénomènes psychiques de toute nature, ont enregistré un grand nombre de cas de lévitation d'une authenticité incontestable.

Brown-Séquard raconte qu'en 1851 il fut témoin d'un cas d'extase avec lévitation chez une jeune fille qui, tous les dimanches, à huit heures du matin, montait sur le bord arrondi et lisse de son lit, et y restait toute droite sur la pointe des pieds, jusqu'à huit heures du soir, la tête renversée en arrière dans l'attitude de la prière. — Et c'est un phénomène de même nature que

1. Paris, Librairie des sciences psychol. ; 1874.

rapporte, en même temps que ce dernier, M. de Rochas, dans son *Traité de la lévitation* (pp. 26 et 27), au sujet d'une stigmatisée qu'il avait connue dans l'Ardèche et qu'on désignait communément sous le nom de la *Sainte de Coux*.

330. — Mais c'est dans les *hagiographes* que se rencontrent les cas les mieux documentés de lévitations accompagnant les extases dont un grand nombre de saints ont donné le spectacle au cours de leurs méditations et de leurs exercices religieux. Le chapitre XXXII du tome II de *la Mystique divine*, que M. l'abbé Ribet, professeur de théologie morale au grand séminaire d'Orléans, a consacré à la description et à l'histoire de ce phénomène, et que M. de Rochas cite textuellement dans son ouvrage sur *la Lévitation du corps humain* (pp. 33 à 44), est très instructif à cet égard et je ne puis qu'engager mes lecteurs à s'y reporter.

Au témoignage de cet historien :

Il est peu d'extatiques qui n'aient été vus, une fois ou une autre, dans leurs ravissements, élevés au-dessus de terre, suspendus en l'air, sans appui, flottant parfois et se balançant au moindre souffle.

Dans le ravissement, écrit d'elle-même sainte Thérèse, mon corps devenait si léger qu'il n'avait plus de pesanteur, à ce point, que, quelquefois, je ne sentais plus mes pieds toucher à terre.

On citerait, ajoute le même auteur, de ces exemples par centaines. On raconte en particulier de plusieurs saints prêtres, entre autres de saint Pierre d'Alcantara, de saint Philippe de Néri, de saint François-Xavier, de saint Joseph de Copertino, de saint Paul de la Croix, qu'ils avaient à l'autel de ces extases aériennes. Parfois ce n'est pas une simple élévation au-dessus du sol, mais une véritable ascension dans les airs. Dominique de Jésus-Maria, religieux carme si célèbre par ses extases, s'élevait au point que ses frères pouvaient à peine, en étendant leurs bras, toucher la plante de ses pieds. Saint Pierre d'Alcantara atteignait quelquefois, dans ses transports, jusqu'aux lambris du chœur. Un jour de l'Ascension, tandis qu'elle psalmodiait au jardin entre deux de ses compagnes, la bienheureuse Agnès de Bohême, soudainement ravie, s'éleva à leurs yeux dans les airs, où elles la perdirent bientôt de vue ; et ce ne fut qu'après une heure qu'elle reparut, le visage rayonnant de grâce et de joie. Plusieurs fois, pendant ses oraisons contemplatives, sainte Colette disparaissait entièrement dans l'espace, aux regards de ses sœurs.

331. — Outre les saints mentionnés dans le récit dont je viens de donner un trop bref résumé, comme ayant eu des extases accompagnées de lévitations, les *Bollandistes*, dit M. de Rochas (*loc. cit.*, pp. 44 et s.), attribuent ce phénomène, depuis le neuvième siècle jusqu'au dix-huitième, à trente-trois saints ou saintes plus ou moins renommés. On peut y ajouter les noms d'autres saints ou bienheureux ayant fait l'objet de biographies particulières, tels que, entre autres, celui du bienheureux Vianney, curé d'Ars, dont l'histoire racontée par l'abbé Alfred Monnin, qui a vécu avec lui pendant plusieurs années, contient sur ses lévitations un témoignage irrécusable[1], — et, d'autre part, les récits que M. de Rochas a recueillis dans la 2e série de son ouvrage précité *les Frontières de la science* (pp. 117 à 212), où la question des lévitations a été de nouveau étudiée par lui, même plus complètement que dans son ouvrage précédent sur le même sujet, — et, notamment, le cas suivant rapporté à la page 125 de cette 2e série :

Le *Journal de Francfort*, du 6 septembre 1861, contient l'entrefilet suivant :

Un prêtre catholique entretenait, dimanche dernier, dans l'église Sainte-Marie, à Vienne, ses auditeurs de la protection constante que prêtent les anges aux fidèles commis à leur garde, et cela dans un langage plein d'exaltation et d'images. Dès le commencement du sermon, une jeune fille d'une vingtaine d'années manifestait tous les signes de l'extase, et bientôt, dit un témoin oculaire, les bras alternativement croisés ou élevés vers le ciel, les yeux fixés sur le prédicateur, elle fut aperçue de tout le monde, *se soulevant peu à peu de terre et demeurant à plus d'un pied du sol jusqu'à la fin du sermon*. On assure que le même phénomène s'était produit

1. *Le Curé d'Ars* (2 vol.) ; Paris, Donniol, 1907 (19e édition).

quelques jours avant, au moment où cette jeune personne recevait la communion.

332. — Je n'en finirais pas si je voulais constituer ici le dossier complet des témoignages qui nous ont été transmis au sujet de l'objectivité du phénomène des lévitations observé chez les extatiques. Il n'est pas, semble-t-il, dans l'histoire de fait plus certain, ni de mieux établi.

Mais j'ai une autre tâche à remplir, qui m'oblige à quitter ce sujet intéressant pour un autre qui ne l'est pas moins. Il existe, en effet, toute une série de phénomènes de même nature, ou du moins de même apparence, que l'étude du magnétisme et du médiumnisme a permis d'observer en dehors de l'extase religieuse, et qu'il est nécessaire de rapprocher de ceux que je viens de décrire, pour les comparer entre eux et montrer par quels traits caractéristiques ils se distinguent les uns des autres.

§ 2. — Des lévitations du corps humain dans les états autres que l'extase religieuse.

333. — Mon examen portera successivement sur les faits observés : 1º Dans le Magnétisme expérimental et le Somnambulisme naturel ou provoqué ; 2º dans l'Hystérie ; 3º et dans ce que l'on a appelé la *transe médiumnique*, et tous autres états analogues.

334. — A. *Lévitations dans le magnétisme expérimental et le somnambulisme naturel ou provoqué.* — Le célèbre magnétiseur Lafontaine, dans ses *Mémoires*, fait le récit de nombreux phénomènes de cette catégorie qu'il a pu constater, en 1858, dans le village de Morzine, en Chablais, où il avait été appelé pour combattre une épidémie de convulsionnaires qui s'était déclarée parmi des jeunes filles de onze à vingt ans. — V. ce

récit dans l'ouvrage précité *la Lévitation du corps humain* de M. de Rochas (pp. 51 à 53).

On n'a pas oublié du reste les faits de même nature qui ont illustré l'épidémie des convulsionnaires de Saint-Médard et qui sont rapportés *supra*, nº 259.

D'un compte rendu également recueilli par M. de Rochas (*loc. cit.*, pp. 53 à 56), j'extrais ce qui suit au sujet d'une jeune fille, Mlle d'A..., à laquelle Lafontaine avait été appelé à donner ses soins :

Je l'endormis promptement, puis je localisai mon action sur l'estomac et sur les jambes...

Pendant ce temps, Mlle Laure (personne qui se trouvait avec la malade) passa au salon, s'approcha du piano, l'ouvrit et préluda par quelques accents.

. . . .

Aux premières notes, ma malade avait éprouvé, par tout le corps, un léger frémissement... Mais, quand Mme Laure se remit à jouer un morceau très pathétique, ma malade sembla sortir de l'état d'engourdissement dans lequel le sommeil l'avait plongée. Sa figure s'anima, elle se mit sur son séant ; puis, la musique continuant, d'un bond elle se trouva debout et droite sur son lit, les yeux grands ouverts et fixes ; *puis ses pieds glissèrent jusqu'au bord du lit, sans qu'il y eût aucun mouvement de muscles.* Là, ils dépassèrent le lit et descendirent lentement, *les deux pieds à la fois et sans aucun point d'appui,* jusqu'au tapis, comme s'ils avaient été posés sur une de ces trappes dont on se sert à l'Opéra pour faire descendre les divinités au milieu des nuages. Tout le corps semblait soutenu par un fil invisible ; les membres étaient raides... Cependant, descendus sur le tapis, ses pieds continuèrent à glisser ensemble *sans le moindre mouvement, sans la moindre contraction.* Elle semblait une statue placée sur une planche qu'on tirait à soi et qui glissait, sans aucune secousse, comme si elle avait été posée sur un chemin de fer...

Jamais, non, jamais je n'ai rien vu d'aussi beau, ni d'aussi gracieux ; il semblait que tout ce que nous avons d'immortel en nous agît et se révélât dans ses poses...

335. — On a constaté d'ailleurs (et cela ne saurait surprendre ceux que l'étude de l'hypnotisme et du magnétisme a familiarisés avec la grande loi d'extériori-

sation psychique qui en régit tous les phénomènes), que des lévitations peuvent être provoquées par des passes magnétiques :

D'après M. de Rochas (*loc. cit.*, p. 93), l'un de ces cas, observé par M. Bourguignon, négociant à Rouen, a été décrit par lui dans une lettre au docteur Charpignon du 3 juin 1840 :

> M'étant aperçu, écrit-il, que ses membres (ceux du sujet qu'il magnétisait) suivaient, quand je le désirais, tous mes mouvements, je me suis avisé de les attirer ; différents essais ayant réussi, je plaçai ma main à deux ou trois pouces au-dessus de l'épigastre et le corps entier perdit terre et demeura suspendu...

M. Bourguignon affirme qu'il a réussi cette expérience huit fois sur dix, mais qu'il n'a pu la reproduire sur un autre sujet.

On lit encore dans l'ouvrage précité de M. de Rochas (p. 94) :

> Le *Journal du Magnétisme* de Ricard consigne, dans son numéro de novembre 1840, un fait analogue :
>
> M. Schmidt, médecin à Vienne (Autriche), vint se fixer en Russie avec sa fille, qu'il maria depuis à M. Pourrat (de Grenoble). Ce fut à Kiev que Mme Pourrat, qui était d'une mauvaise santé, fut magnétisée par son père. L'effet fut si puissant qu'après quelques passes, la malade, au grand étonnement des assistants, fut soulevée sur son lit sur lequel elle était étendue de son long, de manière qu'on pouvait passer la main entre le lit et le corps, sans toucher ni à l'un ni à l'autre.

336. — B. *Lévitations dans l'hystérie ou autres états désordonnés de l'hypnose.* — Les lévitations qui, au lieu d'accompagner l'extase proprement dite ou un état bien caractérisé de somnambulisme, relèvent plutôt, soit de l'hystérie, soit d'un de ces états analogues de l'hypnose qui se distinguent du somnambulisme par le rétrécissement du champ de la conscience du sujet et

par l'incoordination de leurs manifestations (V. *supra*, n° 255) — présentent parfois un caractère et un aspect *délirants* qui suggèrent l'hypothèse d'une influence désordonnée, malfaisante, *démoniaque*, pour ainsi dire, s'exerçant aux dépens du malheureux qui en est l'objet. La lévitation devient ainsi une forme de la *possession*, si fréquente pendant le moyen âge.

L'histoire des peuples occidentaux abonde en faits de ce genre. M. de Rochas en rapporte un certain nombre dans ses *Documents relatifs à la lévitation*[1] qui font suite à son ouvrage, déjà cité, sur le même sujet :

C'est la mésaventure de Simon le Magicien qui, après s'être élevé dans les airs sous les yeux de Néron et du peuple assemblé, est précipité à terre et se casse la cuisse (Sulpice Sévère, *Hist. Sacra*, t. II, c xxviii).

C'est saint Paulin attestant, dans la *Vie de saint Félix de Nole*, avoir vu un possédé marchant contre la voûte d'une église, la tête en bas, sans que ces habits fussent dérangés, etc.

Mais c'est dans les annales judiciaires rapportant les procès de sorcellerie, qu'on rencontre le plus de cas de lévitations, véritablement authentiques, rentrant dans cette catégorie. Ils sont même si nombreux que, selon M. de Rochas (*loc. cit.*, p. 29), le *Rituel des exorcismes* classe parmi les signes qu'il est nécessaire de constater pour établir la *possession : la suspension en l'air du possédé pendant un temps considérable.*

Un des documents les plus intéressants de ce genre — et je regrette que la place me manque pour le mettre entièrement sous les yeux de mes lecteurs — c'est le procès-verbal authentique des tentatives faites et des mesures prises pour délivrer une fille possédée, nommée Françoise, à Louviers, des obsessions et sévices de toutes sortes dont elle était l'objet. Il s'agit, en réalité, non d'un procès-verbal, mais d'une suite de procès-verbaux (car la lutte fut longue et fertile en incidents

---

1. Paris, Leymarie, 1907.

de toute nature) rédigés par plusieurs magistrats, en présence de nombreux témoins, et rapportant avec précision tous les faits vus et observés, toutes les péripéties du combat soutenu par eux contre l'influence démoniaque, et au cours duquel la possédée est plusieurs fois soulevée violemment de terre et maintenue dans les airs dans des attitudes aussi dangereuses qu'extravagantes. De ce document, qui remplit les pages 275 à 289 de l'ouvrage, déjà cité, du docteur Dupouy, *Sciences occultes et physiologie psychiques*, je me borne à extraire les lignes qui suivent et qui suffiront à montrer la forme essentiellement *maléfique* des lévitations qui y sont décrites :

Le onzième procès-verbal constate que Françoise fut enlevée au-dessus du lit où elle était couchée, pendant la nuit, en présence de plusieurs témoins.

Dans le procès-verbal suivant, le même phénomène se reproduit plusieurs fois, à l'église de Louviers, pendant la messe de l'exorcisme :

Icelle Françoise de rechef esté enluée hors de terre, plus hault que l'autel, comme si on l'eût prinse par les cheveux, d'une si estrange façon que cela avoit grandement estonné les assistants, qui n'eussent jamais cru voir une chose si espouuantable...

A propos de ces exemples de lévitations hystériques ou démoniaques, Lombroso, qui en rapporte quelques-uns dans son ouvrage *Hypnotisme et Spiritisme*, conclut ainsi en ce qui concerne leur objectivité :

Bien que paraissant isolément invraisemblables, leur vraisemblance, pour ne pas dire leur certitude, résulte de ce qu'ils se répètent aux époques et dans les régions et les races les plus différentes, sans lien historique entre elles, et dont quelques-unes même sont en complet antagonisme religieux et politique.

337. — C. *Lévitations médiumniques.* — Dans mon étude de *l'Extériorisation psychique* que j'ai considérée comme un des plus remarquables effets physiolo-

giques et psychologiques de l'hypnose et, par cela
même, de la *transe médiumnique*, celle-ci présentant
beaucoup de traits de ressemblance avec le somnambulisme (V. *supra*, n° 237), j'ai eu l'occasion de rapporter (V. *supra*, n°s 228 à 230) un certain nombre de cas
de lévitation observés dans les séances spirites, et notamment les lévitations du célèbre médium Home, dont
l'objectivité, grâce à la notoriété scientifique des témoins, tels que Williams Crookes, paraît ne pouvoir
être mise en doute.

J'ai sous les yeux et je pourrais encore citer ici de
nombreux exemples de ce remarquable phénomène, tels
que, notamment :

1° Le récit, par M. Louis Jacolliot (*Voyage au pays
des charmeurs*, pp. 61 et s., et *le Spiritisme dans le
monde*, etc. [1]), des lévitations de fakirs, dont il a été
témoin au cours de ses voyages dans l'Inde ;

2° Le compte rendu, par le docteur Cyriax, de Berlin (publié par M. de Rochas, *loc. cit.*, p. 57), d'une
séance au cours de laquelle Mme French, sous l'influence d'une transe médiumnique, fut enlevée de l'es-
trade sur laquelle elle se trouvait et portée vers le
fond de la salle, dont elle fit complètement le tour en
planant à une hauteur de deux pieds environ du plan-
cher ;

3° Les lévitations du fameux médium anglais, Eglinton, racontées par lui-même dans le n° du 24 juin 1886
du journal *le Médium*, et, principalement, celles
qu'il subit au cours d'une séance à la Cour de Russie ;

4° Les expériences faites à Paris, en 1888, par l'ingénieur Donald Mac Nab, et rapportées par M. de
Rochas sous les pages 521 et s. dans la 4e édition de
son livre, déjà plusieurs fois cité, sur *l'Extériorisation
de la motricité* ;

5° Enfin, les nombreuses expériences (bien connues et
rapportées dans le même ouvrage) faites par un groupe

1. Paris, Flammarion.

de savants, parmi lesquels le colonel de Rochas, avec le
fameux médium Eusapia Paladino, et auxquelles les
garanties de contrôle scientifique dont elles ont été en-
tourées donnent une valeur toute particulière.

Aussi bien, il ne s'agit pas ici de présenter une documentation complète au sujet d'un phénomène qui
rentre principalement dans l'étude du médiumnisme,
étude beaucoup trop complexe pour pouvoir être traitée en quelques pages et que je n'ai abordée qu'incidemment. Pour le moment, il doit me suffire d'avoir
mis sous les yeux de mes lecteurs assez d'exemples de
cet étrange phénomène de la lévitation du corps humain, sous ses quatre formes : extatique, somnambulique, hystérique et médiumnique, pour qu'ils n'aient
plus de sérieuses raisons de douter de sa réalité, et
pour qu'en outre ils soient en état de comprendre les
explications qu'il me reste à leur soumettre au sujet des
causes auxquelles ce phénomène paraît devoir être rattaché.

§ 3. — *Essai d'explications au sujet des causes des lévitations du corps humain.*

338. — Ainsi que je l'ai fait remarquer *supra*, n° 328,
si les lévitations du corps humain ne se produisaient
que dans l'extase, telle que je l'ai définie, avec son caractère essentiellement religieux, et n'apparaissaient
ainsi que comme une conséquence de cette puissante
attirance que le monde divin paraît exercer sur l'extatique, on pourrait être, dans une certaine mesure, fondé
à admettre que cette attirance et l'intense désir d'union
avec Dieu, qu'elle suppose, sont la cause déterminante
du phénomène qu'on vient d'étudier.

Même dans ce cas, d'ailleurs, et en supposant cette
interprétation fondée, il resterait encore à savoir com-

ment cette influence divine s'exerce, quelle force physique elle met en jeu dans l'organisme de l'extatique
pour le soulever dans les airs et l'attirer, au mépris
des lois connues de la pesanteur, vers les régions supérieures où, dans sa pensée, il place l'objet de son désir
divin. Car Dieu, ou les puissances spirituelles qui
s'associent à son œuvre, doivent *en général*, pour agir
(c'est la conviction de beaucoup de théologiens), suivre
les voies de la nature, et ils ne s'en départissent par
une action véritablement *miraculeuse*, dans le sens
strict du mot, que très exceptionnellement et lorsque
les voies normales leur font défaut ou sont impuissantes à accomplir leur volonté.

Dès lors, l'intervention divine dans les lévitations
fût-elle démontrée, ne dispenserait pas de chercher en
dehors d'elle la cause et le processus *physiologique* de
ce phénomène. A plus forte raison est-il nécessaire de
tenter cette recherche pour les lévitations d'un autre
ordre que celle de l'extase et dans lesquelles le caractère
divin fait complètement défaut.

339. — Après les explications fournies *supra* (n°ˢ 217
et s.) sur l'extériorisation psychique en général et, spécialement, sur l'extériorisation d'une *force motrice et
organisatrice* dans l'hypnose et dans le médiumnisme,
il semble bien que c'est précisément cette force — à laquelle sont dus, comme on l'a vu, tous les phénomènes
plus ou moins extraordinaires (mouvements des tables,
déplacements d'objets sans contact, écriture automatique, écriture directe, apports, phénomènes lumineux,
matérialisations, etc.) observés dans les séances de
médiumnisme — qui, en s'extériorisant, produit, sous
certaines conditions physiologiques difficiles, sans
doute, à réaliser, la lévitation du corps humain d'où
elle se dégage, aussi bien d'ailleurs les lévitations de
l'extase proprement dite que celles du somnambulisme,
de l'hystérie et du médiumnisme.

Cette force, William Crookes a pu la mesurer au

moyen d'appareils d'une grande précision, et lui a donné, faute de mieux, le nom de *force psychique*. — Voir la description de ces expériences dans les ouvrages déjà cités : 1º de l'expérimentateur lui-même, *Recherches sur les phénomènes du spiritualisme*, pp. 22 à 27 et 55 à 72; 2º et de M. de Rochas, *l'Extériorisation de la motricité*, pp. 475 à 487 de la 4ᵉ édition.

Le grand savant autrichien, Reichenbach, dont j'ai résumé les travaux sous mon chapitre IV (V. *supra*, nᵒˢ 84 et s.), en a fait une étude des plus approfondies et lui a donné le nom de *force odique* qui, aujourd'hui, semble avoir prévalu.

Et c'est enfin cette force qui joue le rôle capital, essentiel, dans la savante et lumineuse hypothèse au moyen de laquelle l'auteur du Traité de *la Magie*, 1ʳᵉ partie : *la Physique magique*[1], le grand psychologue allemand, Carl du Prel, a précisé les causes et analysé le processus *physiologique* du phénomène de la lévitation.

Je ne saurais me dispenser de donner à mes lecteurs un aperçu de cette étude magistrale, qui occupe les pages 159 à 205 du volume précité; on peut ainsi la résumer :

340. — Le mot *pesanteur* exprime un rapport entre deux corps, et non la propriété de l'un d'eux. Dire qu'une pierre est pesante, c'est constater l'action exercée sur la pierre par la terre, et non pas énoncer une cause, une propriété résidant en elle.

Ce rapport entre la terre et la pierre, qui crée la pesanteur, est modifiable. Évidemment, on ne peut supprimer la terre, et, par conséquent, aucun corps ne peut être soustrait à son attraction. Mais « peut-être sa force d'attraction pourrait-elle être annulée par la mise en jeu de forces capables de transformer, sous des

---

1. Paris, Leymarie, 1908. Les pages 159 à 167 de cet ouvrage ont été reproduites intégralement par M. de Rochas dans son livre : *les Frontières de la science* (2ᵉ série, pp. 177 à 186).

conditions données, la *gravitation* en *lévitation* ».

De ces forces, il en existe certainement : par exemple, celle que l'on constate dans le magnétisme *minéral*, et qui explique l'action exercée par l'aimant sur d'autres corps en un sens contraire à la loi de gravitation. Or, dès l'instant qu'une exception à cette loi est constatée, d'autres apparaissent comme possibles. Par exemple, si l'on admet, et de sérieuses considérations nous y autorisent, que la gravitation est identique à *l'attraction électrique*, il suffirait de supposer un changement dans la nature (*positive* ou *négative*) de l'électricité d'un corps, pour que la terre le repousse, au lieu de l'attirer, et que la *gravitation* se transforme pour lui en *lévitation*.

Aujourd'hui, on en est encore, dans la science, à nier le phénomène de la lévitation, parce qu'on le déclare impossible, comme étant contraire à la loi de gravitation. Mais il suffit de supposer un instant que la gravitation rentre dans les lois fondamentales de l'électricité, pour que la lévitation devienne aussitôt une des possibilités les plus nettes et que, par conséquent, l'objection disparaisse. Dès lors, en présence de faits établissant nettement la réalité du phénomène, comme ceux qui viennent d'être mis sous les yeux du lecteur, il semble permis et à propos, plutôt que de les nier, d'en rechercher la cause dans la mise en jeu des lois de polarisation du magnétisme animal, si bien étudiées par Reichenbach, et dont les multiples applications paraissent démontrer l'existence d'une force, *la force odique*, capable, sous diverses influences qui la renforcent ou l'extériorisent, telles que les passes magnétiques, les suggestions et auto-suggestions, et certaines dispositions physiologiques du sujet, de seconder ou de neutraliser, dans l'organisme humain, les effets de la loi de gravitation.

C'est à cette recherche que se livre Carl du Prel, qui, après avoir cité un certain nombre de faits venant à l'appui de son originale hypothèse, la formule, en forme de conclusions (*loc. cit.*, pp. 204 et 205), dans les termes suivants :

Si l'on admet la possibilité pour la pesanteur de se polariser, il ne reste plus aucun doute concernant la lévitation, et, en même temps, le terrain de recherche de la lévitation technique est tout trouvé. Si le pôle de l'homme ou d'un objet inanimé est inverti, il en résulte qu'ils doivent subir une répulsion de la part de la terre, tout comme les balles de sureau placées sous une cloche électrisée. Le corps humain renferme de l'électricité et de l'od, et, comme ce sont là des forces polarisées, elles peuvent servir à une double fin, par la rupture de l'état neutre, à une attraction et à une répulsion. Les queues des comètes, l'attraction dans les aimants et dans le magnétisme animal, les mouvements des tables (dans les séances de médiumnisme), l'innocuité que présentent les projectiles lancés par des mains invisibles (dans les phénomènes de hantise)... ; les acrobaties des somnambules et des possédés, l'apport spirite, la lévitation des fakirs, l'ascension extatique des saints et des médiums, constituent autant de modèles naturels qui prouvent qu'il existe des influences capables de modifier dans les corps les courants moléculaires au point de produire leur lévitation. Les causes en sont physiques, physiologiques ou psychiques [1].

341. — Je ne doute pas que cette interprétation, que je viens de résumer, du phénomène de la lévitation ne paraisse, malgré son caractère hypothétique, très judicieuse à mes lecteurs. Je suis, pour ma part, d'autant mieux disposé à l'admettre qu'elle concorde admirable-

---

1. L'hypothèse de Carl du Prel est absolument conforme à celle par laquelle les *yoghuis* de l'Inde, d'après M. Alfred Erny, expliqueraient la lévitation, soit du corps humain, soit des objets inanimés. Cette lévitation serait déterminée par un changement produit, sous des influences diverses, dans leur polarité habituelle au regard de la terre. Normalement, ils sont, vis-à-vis d'elle, en polarité *hétéronome*, et c'est pourquoi ils sont attirés par elle. Que la polarité vienne à changer, ils seront avec la terre en polarité *isonome*, et c'est pourquoi ils seront repoussés par elle. « En tout cas, ce qui est certain, observe M. Erny, c'est que la force psychique annule ou neutralise souvent la loi des gravitations » (*Le Psychisme expérimental* ; Paris, Flammarion, 1895).

ment avec tout ce que j'ai déjà eu l'occasion d'expliquer
au cours de mon ouvrage sur l'existence et le fonctionnement dans l'être humain d'un dynamisme spécial
qui préside à tous les actes de la vie psychique, et
sans lequel un très grand nombre de ces actes reste-
raient inexplicables. Quelle que soit la nature de cette
force, que ce soit la *force odique* de Reichenbach, ou
l'agent magnétique des anciens magnétiseurs, ou l'électricité, ou toute autre force *sui generis* encore inconnue
de la science, elle existe certainement dans la nature
et dans l'homme, parce qu'elle est l'adjuvant nécessaire
de toutes les manifestations *télesthésique, télépathiques*, ou autres, de l'organisme psychique qui, constamment et par un mouvement de flux et de reflux,
l'absorbe et la rayonne au dehors.

Elle semble bien être, en particulier, l'adjuvant nécessaire du phénomène de la lévitation. La force odique
de Reichenbach paraît même être spécialement qualifiée pour remplir ce rôle, puisque, d'après l'étude qu'en
a faite le savant physicien, elle est *polarisée* et peut,
on vient de le voir, grâce à un changement de sa polarisation, neutraliser les effets ordinaires de la loi de
gravitation.

342. — Mais, ce changement, qui peut l'opérer? Où
est la main mystérieuse qui tourne le commutateur de
la polarité?

En fait, d'après les expériences et les observations
recueillies au cours de ce chapitre, les facteurs de cette
modification physiologique seraient :

1° Tout ce qui exerce naturellement ou artificiellement une influence sur le courant odique (V. *supra*,
n°s 88 et s. et 93 et s.) et spécialement les passes des
magnétiseurs (V. *supra*, n°s 335 et s.);

2° Tout ce qui agit directement sur l'âme, par l'intermédiaire du subconscient et de son organisme psychique ; toutes les formes de suggestion ou d'auto-suggestion, qui, ainsi qu'on l'a vu précédemment,

produisent, dans une certaine mesure, sur le courant odique, les mêmes effets d'extériorisation que les passes magnétiques.

L'influence d'une volonté intelligente, consciente ou subconsciente, est donc en cette matière considérable, et cette volonté peut être : soit celle du magnétiseur qui effectue les passes ; soit celle des assistants qui, dans les séances de médiumnisme, exercent inconsciemment leur action sur le médium *intransé ;* soit celle du lévité lui-même, qui se suggestionne ; soit, enfin, celle d'un être *du monde suprasensible,* plus ou moins puissant, plus ou moins bienfaisant, et même malfaisant (car le mal, dans ce monde, y côtoie le bien, tout comme dans notre monde actuel), qui jouerait ici le rôle de magnétiseur ou de suggestionneur. Du moment, en effet, que ce monde existe et qu'il peut entrer en rapport avec le nôtre, il n'y a pas de raisons pour écarter l'hypothèse de son intervention dans un phénomène, tel que la lévitation, dont il connaît et dont il peut, mieux que nous sans aucun doute, mettre en action la loi physique et physiologique. Il y a même des raisons spéciales pour soupçonner cette intervention, de préférence à toute autre, dans les lévitations *extatiques,* surtout celles des saints, dont le processus essentiellement harmonique porte le cachet de leur origine, ce que j'ai appelé la *marque divine ;* tandis que, d'un autre côté, il n'est pas téméraire de supposer une intervention d'êtres délirants et malfaisants dans les lévitations violentes et désordonnées des hystériques et de ceux que l'Église catholique a toujours appelés et appelle encore, non sans quelque apparence de raison, des *possédés.*

343. — Je n'en dirai pas davantage sur cette question, où tout est conjectural et qui ne comporte pas de solution nette et absolue. Il est permis toutefois de faire remarquer ici, en terminant ce chapitre, combien l'étude de la psychologie expérimentale modifie les

points de vue auxquels on s'est, pendant si longtemps, exclusivement placé pour analyser l'être humain et faire apparaître tous les ressorts de son activité, et quels éléments de revision elle apporte aux jugements sommaires prononcés en cette matière contre les enseignements séculaires de l'Église, dont chaque pas que fait cette étude est une plus ou moins éclatante confirmation. Voici déjà, en effet, que les rapports du monde spirituel avec le nôtre, les influences qu'il exerce sur nous, ne sont plus les *contes de fées* pour lesquels les *primaires* n'avaient et n'ont encore que des railleries ; que les visions de Jeanne d'Arc et les extases de sainte Thérèse trouvent grâce devant les psychologues, fussent-ils, comme M. Henry Joly et M. Hanotaux, de l'Institut, et que l'on commence à juger plus digne de notre époque éclairée, de les admirer que d'en contester l'objectivité. D'autres progrès, dans cette voie, se réaliseront, il n'est plus permis d'en douter. Le mouvement qui ne fait encore que se dessiner, s'accentuera de plus en plus, et le jour viendra où les espérances radieuses, qui consolent de vivre et qu'on avait crues mortes, ressusciteront, comme un nouveau printemps, dans les âmes des générations futures.

CHAPITRE XI

Perceptions extra-sensorielles dans le temps et dans l'espace. — Clairvoyance et Clairaudience, Double vue, Lucidité. — Diesthésie et Télesthésie. — Prescience et Divination.

344. Si l'Extase apparaît dans le chapitre précédent comme une forme particulière de cette *extériorisation psychique* dont j'ai étudié les lois générales sous mon chapitre VIII (*supra*, nᵒˢ 199 et s.), et si elle se distingue des autres formes d'extériorisation surtout en ce qu'elle est susceptible de mettre l'être humain en rapport direct avec le monde spirituel, le phénomène qui va faire l'objet de mon étude embrasse, sous les diverses dénominations par lesquelles on a pris l'habitude de le désigner (clairvoyance, clairaudience, double vue, lucidité, prescience, divination) toutes les formes d'extériorisation psychique qui permettent à l'homme de se mettre directement en rapport, dans le temps et dans l'espace, *et sans l'intermédiaire des sens*, soit avec les choses passées, présentes et même futures de l'Univers dont il fait partie, soit avec les choses éloignées et placées hors de la portée habituelle de son centre de perception.

Ce phénomène, ainsi que je l'ai expliqué *supra*, nᵒ 213, se rattache au phénomène plus général, si bien établi par les expériences de M. de Rochas (*supra*, nᵒˢ 204 et s.), de l'*extériorisation de la sensibilité*, et qui est lui-même une des principales modifications physiologiques, un des plus remarquables effets du sommeil et de l'hypnose. Il n'est donc pas étonnant que ce soit dans le sommeil naturel et aux divers degrés de l'hypnose que les faits de clairvoyance soient le plus souvent constatés. Et même, s'ils semblent quelquefois être indépendants de tout état de cette nature, il ne faut pas se fier aux apparences ; car on n'ignore pas, après toutes les explications que j'ai données, combien un état léger d'auto-hypnose peut facilement passer inaperçu.

345. — Je n'entreprendrai pas de définir les noms divers sous lesquels a été désigné le phénomène que je vais analyser ; car, comme ils sont souvent employés les uns pour les autres et qu'il règne encore une certaine confusion à cet égard dans les esprits, il serait difficile d'y apporter toute la précision nécessaire. Mais j'y suppléerai par un groupement méthodique, basé sur l'identité de nature des faits que j'aurai successivement à signaler.

La caractéristique de la clairvoyance, entendue dans son acception la plus large, réside dans la faculté pour le sujet de percevoir directement et sans la participation des sens différenciés, soit dans leur périphérie naturelle, soit à distance et en dehors de leur champ d'action, les impressions, rayonnements et vibrations *des choses passées, présentes et même à venir.*

Quand ces choses sont placées, à l'égard du voyant, à une distance quelconque, hors la portée habituelle de ses sens, le phénomène appartient à la catégorie des faits que l'on désigne sous le nom de *Télesthésie* (de deux mots grecs signifiant sentir, percevoir de loin). Et l'on commence, depuis que M. Sage a publié son ouvrage, déjà cité, *le Sommeil naturel et l'Hypnose*, à se servir du mot *Diesthésie* (percevoir à travers), qu'il a en effet employé dans cet ouvrage, pour désigner la perception, sans l'intermédiaire des sens, de choses qui, tout en étant dans la périphérie de l'appareil sensoriel, sont soustraites à son action par des obstacles matériels. Ce sera là une des premières bases de la division de mon sujet.

346. — D'autre part, je me suis déjà expliqué sur ce qui distingue les faits de *Télesthésie*, qui vont être étudiés au cours de ce chapitre, des faits de transmission de pensée et de *Télépathie*, qui feront l'objet du chapitre suivant (V. *supra*, chap. VIII, nᵒˢ 214 et s.). Je ne reviendrai sur ces explications que pour invoquer, à l'appui de la distinction que j'ai faite entre ces deux ordres de phénomènes, l'autorité du grand psychologue anglais, Myers.

D'après lui, les phénomènes de *Télépathie* et de *Télesthésie* ont ce trait commun : qu'ils ont l'un et l'autre leur explication naturelle dans une *projection* totale ou fragmentaire du subliminal, soit par *l'agent télépathique* en vue de transmettre au *percipient* l'impression voulue, soit par le *percipient télesthésique*, en vue d'aller audevant et, pour ainsi dire, à la recherche de la sensation. Mais, en déterminant ainsi ce qui rapproche ces deux classes de phénomènes, on fait apparaître en même temps ce qui les distingue l'un de l'autre : comme je l'ai fait observer moi-même (*supra*, nᵒ 214), le clairvoyant voit ou sent parce qu'il a voulu voir ou sentir et qu'il a projeté pour cela son *sensorium psychique* vers l'objet où tendait son désir ; le percipient, dans la télépathie, perçoit la pensée ou l'image transmises, parce que quelqu'un a projeté vers lui cette pensée ou cette image. En d'autres termes, tandis que dans la télépathie il y a toujours un agent et un percipient, c'est-à-dire un transmetteur et un récepteur de la pensée, de la sensation, il n'y a, dans la télesthésie, qu'un percipient, à la fois actif et passif, qui projette sa faculté de sentir jusqu'à l'objet dont il aura ainsi la sensation et la connaissance.

SECTION I

HISTORIQUE

347. — Le phénomène de la clairvoyance que j'ai entrepris de décrire et d'analyser, n'est pas nouveau ; il est au contraire aussi vieux que le monde où nous vivons. Ce qui est nouveau seulement, c'est l'étude méthodique que l'on en fait depuis un certain nombre d'années. Quant au phénomène lui-même, on en trouve les manifestations chez tous les peuples et à toutes les époques de notre histoire.

On ne s'en étonnera pas si l'on réfléchit que, comme on vient de le dire, il se rattache à une loi générale de l'organisme humain, la loi de l'extériorisation psychique, et n'est qu'un des effets les plus constants de cette loi.

Il est vrai que, dans le passé, on l'interprétait comme une manifestation anormale, surnaturelle, du monde invisible. Mais on n'a pas le droit de s'en étonner davantage : car nos aïeux ne se sont trompés qu'à moitié. La clairvoyance, en effet, peut avoir une double source. On estime, et je suis de cet avis, qu'elle n'est, en général, que la mise en action d'une faculté latente de notre être s'extériorisant pour explorer et percevoir, soit les choses proches de nous, mais dont la perception est interdite à nos sens par les obstacles matériels qui les cachent, soit les choses éloignées et hors de la portée de notre perceptivité sensorielle. Mais elle peut avoir aussi une origine *télépathique*, puisque, comme on le verra dans le chapitre suivant, la télépathie est un fait non moins certain que la clairvoyance. Il est vrai que ce n'est plus alors, à proprement parler, de la clairvoyance ; mais le fait importe peu et il n'en est pas moins constant qu'en attribuant les phénomènes de clairvoyance qu'ils ont été à même de constater à une inspiration du monde invisible, les anciens observateurs n'ont rien affirmé d'invraisemblable, et qu'on ne peut *a priori* les taxer d'erreur. Et même lorsque la clairvoyance porte sur les faits à venir et devient ainsi de la *divination*, on verra plus loin qu'il y a de sérieuses raisons à invoquer en faveur de l'hypothèse télépathique.

Mais ce n'est pas ici le lieu d'insister sur ce point, puisque aussi bien ce que je me propose en ce moment est surtout d'entr'ouvrir les archives du passé pour y retrouver les traces constantes et universelles du phénomène de la clairvoyance.

348. — A Rome, à Delphes, et partout où il s'exerçait, l'art divinatoire des *Pythonisses* (ou *Pythies*) et des *Sybilles* constituait une véritable institution d'État. On venait les consulter, de tous les points du Globe, sur les affaires publiques aussi bien que sur les affaires privées. Le docteur Edmond Dupouy, dans son ouvrage déjà cité *Sciences occultes et physiologie psychique*, rapporte (p. 118), que, de ces deux ordres de voyantes, les *Pythies* étaient les plus célèbres.

« Les Pythonisses et les Sybilles n'entraient généralement en faculté de prévision, comme les clairvoyants d'aujourd'hui, qu'après avoir passé par les crises du somnambulisme artificiel. »

Le don de *seconde vue*, et spécialement de la *lecture les yeux fermés*, que l'on retrouvera au cours de mon analyse des différentes formes de clairvoyance, était connu des Romains, puisqu'il éveillait déjà les défiances qu'aujourd'hui il suscite parmi nos contemporains :

On sait, écrit à ce sujet le docteur Dupouy (p. 117), que Trajan, très sceptique au sujet des somnambules lucides de son temps, avait envoyé à l'oracle d'Héliopolis des demandes par écrit scellées et cachetées. Le Dieu ordonna de lui renvoyer du papier blanc. Trajan fut confondu : il avait envoyé en effet des tablettes vides d'écriture.

C'est, d'ailleurs, dans la *divination* que les oracles

de l'antiquité excellaient. Nous avons à cet égard le précieux témoignage de Plutarque, que rapporte Russel Wallace (*les Miracles et le Moderne Spiritualisme*, p. 286) dans les termes suivants :

Les réponses de la pythie, bien que soumises au contrôle le plus sévère, n'ont jamais été reconnues fausses ou inexactes; au contraire, la vérification de leur exactitude a rempli le temple de dons venant de toutes les parties de la Grèce et des pays étrangers...

De telles déclarations auraient-elles été faites par un tel écrivain, si ces oracles n'avaient été que de simples conjectures d'imposteurs ?

349. — Il est beaucoup plus facile aujourd'hui de croire aux récits de Plutarque, puisque les faits contemporains constatés à la suite de nombreuses et sévères enquêtes, démontrent la possibilité de ceux que rapporte l'éminent écrivain. M. Édouard Schuré, dans une étude publiée par la *Revue des Deux Mondes* (janvier 1912) sur *le Miracle hellénique, l'Apollon de Delphes et la Pythonisse*, établit ce fait si important de la concordance des phénomènes de clairvoyance, tels que les étudient nos psychologues actuels, avec ceux de l'histoire, et fait remarquer que cette concordance profite aux uns et aux autres, comme étant de nature à plaider en faveur de leur objectivité.

Il est à noter, ajoute-t-il, parlant des remarquables facultés divinatoires des pythonisses, que des penseurs de premier ordre, comme Pythagore et Platon, les honorèrent de leur foi et qu'ils considérèrent le délire divin, en latin *furor divinus*, comme le mode de connaissance le plus direct et le plus élevé. Le scrupuleux, le positif Aristote lui-même reconnaît qu'il y a une *philosophie époptique*, c'est-à-dire une science de la vision spirituelle.

350. — Au premier siècle de l'ère chrétienne, le philosophe pythagoricien, Apollonius de Thyane, étonna le monde par sa science, en même temps que par ses

merveilleuses facultés de clairvoyant. Le docteur Wahu, dans son ouvrage très documenté et déjà cité sur *le Spiritisme dans l'antiquité et les temps modernes* (pp. 41 et s.), et Ed. Grimard, dans une étude publiée par la *Revue spirite* de février 1910 (pp. 68 et s.), font un récit abrégé de sa vie, qu'ils ont emprunté à l'histoire écrite à la fin du deuxième siècle par Philostrate et traduite du grec, en 1863, par M. Chassang, maître des conférences à l'Ecole normale.

Apollonius naquit à Thyane, métropole de la Cappadoce, en Asie Mineure, à peu près à l'époque à laquelle naquit Jésus.

Tout jeune, il donne déjà des signes de ces facultés transcendantales qui contribuèrent à attirer l'attention sur lui.

Lorsque, rapporte Edmond Grimard (*loc. cit.*, p. 68), il eut fait la connaissance de Damis, qui plus tard devint son plus fidèle disciple et ami, celui-ci lui offrit de l'accompagner au cours d'un long voyage qu'il allait faire dans l'Inde, alléguant obligeamment qu'il parlait les langues des contrées qu'ils auraient à traverser : « Mais, je les comprends toutes, ces langues, répondit Apollonius, bien que je n'en aie jamais appris aucune... » Dans un entretien qu'il eut avec Vardan, roi de Babylone, Apollonius annonça clairement ses prétentions à la *prescience*.

Ce sont, en effet, d'après ses historiens, les faits de prescience et de prophétie qui abondent le plus dans sa vie : « tel, entre autres exemples, dit Ed. Grimard, son refus de s'embarquer sur un navire qui coule pendant la traversée ».

Quant aux faits de clairvoyance, ils sont également nombreux et offrent les divers aspects sous lesquels ils ont encore l'habitude de se manifester aujourd'hui :

A Alexandrie, qu'il venait visiter sur la sollicitation des habitants, il rencontre aux portes de la ville une troupe de douze brigands, condamnés à mort, que l'on conduisait au supplice, et sauve l'un d'eux, qu'il déclare

innocent, en demandant qu'on retardât son exécution.
Avant que celle-ci fût accomplie, l'innocence du condamné était en effet reconnue et ce dernier remis en liberté aux applaudissements des Égyptiens qui en reportaient tout l'honneur sur leur grand philosophe.

Un exemple remarquable de *vision à distance*, de *télesthésie*, dirait-on aujourd'hui, est l'annonce de l'incendie d'un temple de Rome, faite par Apollonius, qui se trouvait alors à Alexandrie.

Mais, dit Ed. Grimard (*loc. cit.*, p. 69), la preuve par excellence de la puissance de double vue que possédait le grand Mage, nous est fournie par le récit de la fameuse vision relative à l'assassinat de Domitien, dont Apollonius, qui se trouvai alors à Éphèse, eut la prodigieuse intuition, au moment précis où, à Rome, s'effectuait le tragique attentat.

(Suivent dans le texte cité les détails de cette vision télesthésique.)

351. — Avec Apollonius de Thyane, qui vivait, comme on vient de le voir, au commencement de notre ère, l'histoire a enregistré les faits extraordinaires dus à un clairvoyant qui, dès son jeune âge, a orienté sa vie vers l'étude et la pratique de la philosophie et a tout fait pour cultiver et renforcer les dons que la nature lui avait départis.

Avec Swedenborg, qui vécut plus près de nous, à la fin du dix-septième siècle et au commencement du dix-huitième, et que l'on a appelé *le prince des voyants et des théosophes*, on rencontre, dans la série des clairvoyants célèbres, un penseur épris des réalités de la science et ayant consacré la moitié de sa vie à faire des expériences, à exécuter de grands travaux publics pour lesquels il fut anobli par le gouvernement de son pays. et à écrire de nombreux ouvrages scientifiques dont la liste est trop longue pour que je puisse la rapporter ici: — et qui, tout à coup, à l'âge de cinquante-huit ans, à la suite d'une vision dont l'on trouve le récit détaillé

dans l'ouvrage de M. Matter, *Swedenborg, sa vie, ses
écrits et sa doctrine*[1], subit, dans tout son être, un
ébranlement tel qu'il en fut entièrement transformé.
« A partir de ce jour, dit-il, je renonçai à toute occupa-
tion profane pour ne plus travailler qu'à des choses spirituelles et me dévouer aux ordres que j'avais reçus du
Seigneur. »

C'est au cours de cette nouvelle existence — tout entière consacrée à l'élaboration de sa doctrine théoso-
phique et religieuse, fondée sur des révélations mystérieuses dont il se croit illuminé et qu'il attribue au nouveau *sens intérieur* qui s'est développé en lui et le fait
pénétrer, assure-t-il, dans le monde invisible — que se
manifeste en lui, à un degré qui a été rarement rencontré, les dons de clairvoyance et de prescience que
j'ai entrepris d'étudier.

Plusieurs de ces manifestations sont célèbres et telles
qu'il est difficile d'en contester la réalité et l'objectivité.

La plus connue et la plus intéressante, parce qu'elle
s'appuie sur un témoignage précis du grand philosophe
Kant, est celle qui eut lieu, en 1759, à Gothenbourg,
chez des amis où Swedenborg, revenant de Londres à
Stockholm, s'était arrêté.

Le fait a été raconté par Kant lui-même, en 1766,
dans les *Rêves d'un visionnaire éclairés par des rêves
de métaphysique*. Voici comment, d'après M. Matter
(p. 146), s'exprime l'éminent philosophe :

Ce fut, dit-il, si je suis bien informé, vers la fin de 1759, que
Swedenborg revenant d'Angleterre, dans l'après-midi, prit
terre à Gothenbourg.

Dans la soirée même, il fut invité à une réunion chez un
négociant de cette ville et, au bout de quelques instants, il
y donna, avec tous les signes de la consternation, la nouvelle
qu'à cette heure même, il avait éclaté, à Stockholm, au quartier de Südermaler, un épouvantable incendie. [Au bout de
quelques heures pendant lesquelles il se retirait de temps à

1. Paris, Didier, 1863.

autre, il apprit à la société ces deux choses : que le feu était
arrêté, et à quel point il avait fait des progrès.

Dès le même soir, on répandit cette étonnante nouvelle, et
le lendemain elle circulait dans toute la ville. Mais le rapport
de Stockholm n'en arriva à Gothenbourg (située à une distance de 50 lieues), que deux jours après, conforme en tout,
dit-on, aux visions de Swedenborg (*OEuvres* de Kant, t. III,
p. 88).

Il fallait que le fait eût excité au plus haut degré l'intérêt du grand philosophe : car, deux ans plus tard,
après de nouvelles investigations destinées à éclairer sa
religion, Kant, dans une lettre du 10 août 1768 à sa
spirituelle amie, Mlle Charlotte de Knobloch, confirme,
avec de nouveaux détails, son précédent récit, et se
porte formellement garant de l'authenticité du fait (V. le
texte de cette lettre dans l'ouvrage précité de Matter,
p. 148).

Cet événement eut, d'après cet historien (*loc. cit.*,
p. 162), dans tous les pays du Nord, un immense retentissement. Il en fut de même d'un autre fait sur
lequel on possède les témoignages concordants de Swedenborg lui-même, du général Tuxen, du philosophe
Kant et de l'académicien Thiébault. Il résulte de ces
témoignages, recueillis et commentés par Matter (*loc.
cit.*, pp. 173 à 193), que le célèbre voyant — qui,
comme on l'a dit, se flattait de pouvoir pénétrer dans le
Monde invisible et d'y converser directement avec les
Esprits — aurait précisé un jour, devant la reine Louise
Ulrique, princesse de Prusse et sœur de Frédéric le
Grand, les circonstances d'un secret connu seulement
d'elle et de son autre frère défunt, le prince Guillaume,
comme lui ayant été révélé par ce dernier au cours
d'un entretien qu'il aurait eu avec lui dans le monde des
Esprits.

352. — On n'aurait qu'une idée incomplète de la psychologie de Swedenborg, de ses facultés anormales,
qu'il attribue à son *sens intérieur*, si l'on s'en tenait aux

faits qui viennent d'être rapportés et aux nombreux ouvrages qu'il a publiés et dont on trouve la longue énumération dans la biographie de M. Matter.

Sa personnalité tout entière, celle qui a étonné l'Europe pendant une grande partie du dix-huitième siècle
et qui a laissé longtemps son empreinte dans les esprits
de l'époque qui ont subi son ascendant en matière religieuse et que l'on désigne encore sous le nom de *Swe-
denborgiens*[1], cette personnalité, dis-je, se révèle surtout dans le journal qu'il a tenu depuis l'année 1745, date
où commence son apostolat, jusqu'en 1765, et auquel il
a donné successivement les noms de *Adversaria* ou *Tablettes*, et, à partir de 1747, de *Diarium spirituale*.
C'est là, en effet, qu'il consigne, au jour le jour, comme
elles lui viennent, sans préparation et sans souci de la
forme et de toute littérature, ses impressions, ses visions, ses réflexions. Les autographes ont été déposés,
en 1872, à la bibliothèque de l'Académie de Stockholm,
par les soins de M. Tafel. On y voit, dit son biographe,
quelle foi inébranlable il avait en sa mission, combien sa
prétention de pénétrer le monde invisible et de communiquer avec lui était profonde, intuitive, pour ainsi
dire, et sincère. « Tout, ajoute M. Matter (p. 233), dans
la riche et didactique pensée du voyant, est à ce point
éloigné de tous les états d'âme qui impliquent l'idée
d'un dérangement ou d'un bouleversement des fonctions
normales, que c'est insulter à l'histoire de l'humanité
que de jeter ces vilains mots sur une telle vie. »

353. — La mort de Swedenborg fut marquée par un
dernier trait de prescience non moins extraordinaire
que ceux qui avaient illustré sa vie. Le chef des métho-
distes, John Wesley, désirait depuis longtemps conférer avec lui. Il reçut un jour du célèbre voyant un
billet lui disant « qu'informé de son désir par le monde

---

1. Cette empreinte a subsisté jusqu'au milieu du siècle dernier,
époque à laquelle on estimait encore à 400.000 le nombre des
adeptes restés fidèles à la doctrine *swedenborgienne*.

des esprits, il serait charmé d'y répondre ». Au moment où il reçut ce billet, l'illustre prédicateur se disposait à partir en tournée, et il manda à Swedenborg qu'il profiterait de sa gracieuse permission aussitôt qu'il serait de retour de sa prochaine absence, qui lui prendrait six mois de temps. Celui-ci lui répondit « qu'en ce cas, ils ne se verraient pas dans ce monde, *le 29 mars prochain devant être le jour de sa mort.*

Wesley, ajoute M. Matter (*loc. cit.*, p. 339), ne prit cette nouvelle que pour une vision ; mais l'événement étant venu justifier la prédiction et donner à la courte correspondance des deux interlocuteurs une gravité extraordinaire, le ministre Smith, qui fut informé du fait et put le vérifier, en fut si frappé qu'il se mit à lire les écrits de Swedenborg et devint l'un des premiers ministres de *l'Église de la Nouvelle Jérusalem* (Lettre de l'ingénieur Hawkins, dans les documents publiés par Tafel, p. 151, et dans la *Revue de la Nouvelle Jérusalem,* IV, 117).

354. — J'ai parlé, sous le chapitre qui précède, des visions *extatiques* de Jeanne d'Arc, notre grande inspirée. Il serait bien étonnant, d'après ce qu'on connaît d'elle, qu'elle n'eût pas, au cours de sa splendide épopée, manifesté ces facultés de clairvoyance et de divination qui font en ce moment l'objet de mon étude, car si les clairvoyants ne sont pas tous des inspirés, c'est-à-dire des êtres privilégiés tenant leurs révélations d'une action télépathique du monde spirituel, on peut dire que tous les inspirés sont en même temps des *clairvoyants* dans le sens précis de ce mot. Étant en effet sensibles aux radiations du monde divin, il est peu vraisemblable qu'ils restent insensibles aux radiations du monde physique, qui exigent chez le percipient une nature moins affinée. Qui peut le plus peut le moins : aussi rencontre-t-on en abondance des faits de prescience ou de simple clairvoyance dans la courte vie de Jeanne d'Arc. Disons toutefois que, d'une manière générale, et si l'on s'en rapporte aux déclarations de Jeanne elle-

même, ils ont une origine et un caractère *télépathiques* plutôt que *télesthésiques*, c'est-à-dire qu'ils paraissent dus, moins à la projection dans le temps et dans l'espace de son centre de perception, qu'à l'action télépathique des êtres invisibles qui l'inspirent.

En voici quelques exemples que j'emprunte à l'ouvrage déjà cité (V. *supra*, n° 317) de M. Léon Denis (pp. 60 à 63), dans lequel se trouvent relatées les sources authentiques où ils ont été puisés :

Jeanne dit au soldat de Chinon, qui l'avait injuriée au moment de son entrée au château : « Ah! tu renies Dieu, et pourtant tu es si près de ta mort! » Le soir même, ce soldat se noyait par accident.

D'autres fois, et le plus souvent, c'est Jeanne elle-même qui l'atteste, elle est prévenue par ses voix. A Vaucouleurs, sans l'avoir jamais vu, elle va droit au sire de Baudricourt : « Je le reconnus, explique-t-elle, grâce à ma voix : c'est elle qui me dit : « Le voilà! »

A Chinon, introduite auprès du roi, Jeanne n'hésite pas à le reconnaître parmi les trois cents courtisans au milieu desquels il s'était dissimulé.

Dans un entretien intime, elle lui rappelle, pour le convaincre de sa mission, les termes d'une prière muette qu'il avait précédemment adressée à Dieu, seul dans son oratoire (V. *supra*, n° 322, note 1).

Ce sont encore ses voix : qui lui apprennent que l'épée de Charles-Martel est enfouie dans l'église de Sainte-Catherine-de-Fierbois; qui la réveillent à Orléans lorsque, épuisée de fatigue, elle s'était jetée sur son lit, ignorant l'attaque de la bastille de Saint-Loup; — qui la préviennent qu'elle sera blessée d'un trait, le 7 mai 1429, à l'attaque des Tourelles ; etc., etc.

355. — Ai-je besoin de dire, après cela, qu'en dehors de Jeanne d'Arc, que son rôle historique m'a fait choisir de préférence à toute autre personnalité, comme type de clairvoyante et d'inspirée, l'histoire des saints, en général, est une mine dans laquelle on pourrait puiser à

pleines mains des exemples de ces facultés admirables dont je m'attache ici à déterminer les causes naturelles, mais qui, chez ces êtres privilégiés, s'élèvent souvent à des hauteurs où la raison humaine peut à peine les suivre ? Il y aurait certainement là une étude des plus intéressantes à aborder et dont les résultats récompense-raient largement celui qui oserait l'entreprendre. Quel-que désir que j'en aie, je ne puis le faire, en tous cas, dans un ouvrage qui, comme celui-ci, excède déjà les limites que j'aurais voulu m'imposer [1]. Et puis, mon livre s'adresse plus particulièrement à une catégorie spéciale d'esprits de bonne foi, mais égarés, dont je suis quelque peu confus d'avoir pendant trop longtemps partagé les préjugés et les injustes préventions. Pour eux, tous les faits, si authentiques qu'ils soient, dont leur raison prétendue scientifique ne trouve pas immé-diatement l'explication naturelle, sont des faits controu-vés. Ce ne sont que fables et légendes auxquelles ils se croiraient déshonorés d'apporter la moindre parcelle d'attention. J'accumulerais sous leurs yeux les exemples les mieux contrôlés de clairvoyance et de divination ; dès lors qu'il s'agirait d'un saint, je me heurterais à des esprits fermés et absolument rebelles à toute compré-hension de ce genre, et, peut-être même, aurais-je mis cette catégorie de lecteurs en défiance contre l'ensemble de mes constatations. Comme, avant tout, je désire les amener à ce que je considère aujourd'hui comme la vé-rité, et que j'ai, pour m'inspirer ce désir, la sympathie que l'on éprouve naturellement pour ceux avec lesquels on a combattu, même le mauvais combat, je préfère laisser de côté un ordre de faits qu'ils ne seraient peut-être pas en état de comprendre et ne les attaquer que par leur côté vulnérable, en limitant ma documentation aux

1. Ce n'est pas sans regrets que je m'abstiens d'utiliser ici un certain nombre de documents de cette espèce que j'avais recueillis au cours de mon enquête, les jugeant de nature à intéresser mes lecteurs.

phénomènes que des observateurs et expérimentateurs
aux habitudes scientifiques et, par conséquent, non
suspects à leurs yeux, ont constatés et auxquels peuvent
être appliqués les méthodes d'analyse auxquelles ils sont
habitués.

Je viens de tracer un tableau général, et très incomplet
d'ailleurs, du phénomène de la clairvoyance et de la
prescience dans le passé et montré que c'est un fait
universel. Ce caractère d'universalité lui appartient également dans le présent, et c'est ce qui résultera de l'analyse, à laquelle je vais procéder dans les sections suivantes de ce chapitre, des différentes formes sous
lesquelles il se manifeste.

SECTION II

DIESTHÉSIE

356. — C'est M. Sage qui, dans son traité (p. 132)
du *Sommeil naturel et de l'hypnose*, déjà plusieurs
fois cité, s'est servi pour la première fois de ce terme
de *Diesthésie* pour désigner la forme la plus simple du
phénomène qui fait l'objet de mon étude actuelle. Le
néologisme est heureux, car il apporte une précision,
qui manquait jusqu'ici, dans l'analyse de ce phénomène.
Je le prends donc pour mon compte, persuadé qu'il
fera fortune et que les psychologues finiront par
l'adopter.

Perception extrasensorielle s'effectuant par un sens
unique et généralisé, par suite de l'impuissance d'agir
où sont les sens *spécialisés*, telle est la *diesthésie*,
selon la définition qu'en donne M. Sage, et que je résume en quelques mots.

Ainsi que je l'ai fait remarquer au commencement de
ce chapitre (*supra*, n° 345), quand l'obstacle à la perception par les sens différenciés consiste dans la distance.

la diesthésie devient de la *télesthésie* (percevoir de loin), selon l'expression courante, ou de la *télédiesthésie*, selon l'expression adoptée par M. Sage.

Ce sens unique, par lequel s'effectue la perception, soit diesthésique, soit télesthésique, c'est le *sixième sens*, ou *sens central et universel*, ou encore *sens intérieur*, le *sensorium psychique*, en un mot, auquel j'ai consacré une étude spéciale (*supra*, nº 196 et s.) et qui a précisément la propriété de fonctionner dans certains états d'hypnose, principalement dans le somnambulisme, et lorsque les sens spécialisés sont anesthésiés et privés de leur activité normale.

357. — Cette hypothèse d'un sens universel dans lequel se synthétisent les cinq sens différenciés, rend bien mieux compte des perceptions diesthésiques ou télesthésiques, que celle de la *transposition des sens*, par laquelle on a prétendu les expliquer, et qui n'est fondée, semble-t-il, que sur une illusion et une auto-suggestion du sujet, s'imaginant, par exemple, *voir* par la nuque, ou *entendre* par l'épigastre, alors qu'en réalité c'est la sensibilité générale de l'organisme psychique extériorisé qui est seule en cause. C'est ce que Myers explique lumineusement, dans l'édition anglaise[1] de son traité de la *Personnalité humaine*. (V. aussi dans *les Miracles et le Moderne Spiritualisme* de Russel Wallace, un cas de vision sans le secours des yeux, dont le processus a pu amener les observateurs à croire à une véritable transposition des sens.)

En réalité, dans les cas où s'opère cette apparente transposition des sens, les organes ordinaires, ainsi que le fait justement observer M. Sage (*loc. cit.*, p. 147), ne sont pour rien dans la perception. Tout est l'œuvre du sens intérieur unique, qui émerge, tout en s'ignorant lui-même, et qui se met directement en rapport avec les choses dont il veut prendre connaissance, sans que les

---

1. Citée par M. Sage à la page 145 du *Traité du sommeil naturel et de l'hypnose.*

organes dont il est momentanément affranchi par l'extériorisation, aient réellement à intervenir.

Je vais précisément montrer de quoi ce sens unique
est capable, en analysant les diverses formes ci-après,
que peut affecter la clairvoyance diesthésique :

1° Lecture et vision sans le secours des yeux ;

2° Découverte des sources, ou Rabdomancie ;

3° Autoscopie et diagnostic sensitif ou intuitif des
maladies ;

4° Introspection ou don de seconde vue psychologique,
que l'on pourrait tout aussi bien désigner sous le nom
de *diagnostic psychologique.*

§ 1er. — *Lecture et vision sans le secours des yeux.*

358. — On sait qu'un des effets les moins contestés
du somnambulisme est de déterminer un surcroît d'activité dans toutes les facultés du somnambule. Il se peut
donc qu'il y ait des cas de lecture ou de vision sans le
secours *apparent* des yeux, qui peuvent s'expliquer par
une hyperacuité de la vue déterminée par un état de
somnambulisme. M. Sage, dans son ouvrage précité *le
Sommeil naturel et l'Hypnose* (p. 134), en cite un exemple, qui lui est fourni par une expérience de Bergson et
de Robinet. Il s'agit d'un sujet hypnotisé qui était
arrivé à lire quelques indications d'un livre dont le dos
était tourné de son côté, et dont les feuilles imprimées
faisaient face à l'expérimentateur, qui les avait ainsi
sous les yeux. MM. Bergson et Robinet se persuadèrent
que le sujet, sans s'en rendre compte lui-même, voyait
simplement comme dans une glace l'image du livre,
qui se réfléchissait sur la cornée de l'expérimentateur.

Il est évident que cette expérience, en supposant que
son interprétation soit fondée, n'a rien de commun avec
la vision *diesthésique*, telle que je l'ai définie.

359. — Tout autres, au contraire, sont les quelques

cas de véritable diesthésie, que je recueille ici, à *titre d'exemples*, entre mille autres disséminés dans les ouvrages et recueils consacrés à l'étude de la Psychologie expérimentale :

Les anciens magnétiseurs, notamment, ont eu maintes fois l'occasion de constater ce phénomène pendant le sommeil magnétique. Voici un cas rapporté par Ch. Lafontaine, dans son ouvrage *l'Art de magnétiser*, et que cite M. Sage (*loc. cit.*, p. 154) :

Mme de Loyauté, chanoinesse, fut magnétisée par moi dans une soirée chez le duc de Luxembourg. En huit minutes elle fut plongée dans le sommeil et, vingt minutes après, la lucidité apparut dans tout son éclat. Nous ne pûmes cependant pas en jouir, car chacun voulait faire des expériences banales pour se convaincre de cette lucidité. Ainsi cinq personnes changèrent les aiguilles de leurs montres sans regarder où elles les arrêtaient. On présentait une montre au-dessus de la tête ; la somnambule répondait : telle heure, telle minute. On présentait une montre derrière le sujet : même résultat. Un autre gardait sa montre dans la main et Mme de Loyauté indiquait toujours exactement l'heure aux montres de chacun.

M. Gabriel Delanne, dans son *Traité de la médiumnité* (déjà cité), mentionne (p. 221 et s.) un certain nombre de cas de même nature. — C'est ce que fait également le docteur Dupouy, qui, dans son excellent *Traité des sciences occultes et Physiologie psychique*, auquel j'ai déjà fait de nombreux emprunts, rapporte (p. 124) d'intéressantes expériences faites par le docteur G. de Messimy.

360. — Mais l'exemple le plus remarquable et le plus constant de clairvoyance, en général, et de clairvoyance diesthésique, en particulier, a été fourni au siècle dernier par le fameux *Alexis* (Didier), sujet de M. Marcillet. Voici ce qu'en rapporte Russel Wallace dans *les Miracles et le Moderne Spiritualisme*, p. 95 :

Le docteur Edwin Lee, dans son *Traité de magnétisme ani-*

mal, rend compte de quatorze séances à Brighton, dans des maisons particulières, avec le clairvoyant bien connu, Alexis Didier. Dans chacune de ces occasions, il joua aux cartes les yeux bandés, nommant souvent les cartes de ses adversaires aussi bien que les siennes propres ; il lut nombre de cartons écrits par les visiteurs et mis sous enveloppe, déchiffra n'importe quel livre, huit ou dix pages plus loin que le feuillet ouvert, et décrivit le contenu de quantité de boîtes, étuis et autres récipients...

Les mêmes faits se produisirent en présence du célèbre Robert Houdin, le prestidigitateur connu du monde entier, qui délivra, à la suite de deux séances auxquelles il prit part, une attestation disant que les ressources de son art ne lui permettaient pas de les reproduire. Je ne puis, dit-il une première fois, « éviter d'affirmer que les faits relatés sont scrupuleusement exacts, et, plus je réfléchis, plus je trouve *impossible* de les classer parmi les trucs qui sont l'objet de mon art. » ;

Et, une seconde fois : « Je sortis de cette séance aussi étonné que qui que ce soit peut l'être, et pleinement convaincu *qu'il serait tout à fait impossible* à n'importe qui de produire par simple adresse des effets aussi surprenants. »

361. — Russel Wallace signale encore (*loc. cit.*, pp. 90 et s.) d'autres faits de vision *diesthésique* attestés par le docteur Grégory dans son ouvrage *Lettres sur le magnétisme :*

Par exemple, des personnes, en se rendant à une séance pour voir les phénomènes, achètent dans n'importe quel magasin, à leur choix, quelques douzaines de devises imprimées, enfermées dans des coquilles de noix. On met les coquilles dans un sac, le clairvoyant en tire une et lit la devise *enclose*. La noix est brisée et examinée, et des centaines de devises ont été ainsi lues correctement. L'une de ces devises comportait 98 mots.

§ 2. — *Rabdomancie* [1] *ou découverte des sources.*

362. — Parlant du sens unique au sujet duquel je viens de fournir quelques explications, et au moyen duquel les sensitifs (somnambules ou autres) exercent leurs facultés de clairvoyance diesthésique ou télesthésique, Carl du Prel fait remarquer (V. *supra*, n° 196) que ces sensitifs « sont affectés par des matières complètement indifférentes à l'homme normal et à eux-mêmes à l'état de veille... Les métaux, notamment, exercent sur eux une influence facile à démontrer, que Reichenbach a qualifiée d'*influence odique* et qu'il a mise en évidence par des milliers d'expériences ».

D'après de nombreuses observations, très concordantes entre elles, il en serait de même des sources. Ce mode spécial de perception diesthésique constituerait tout l'art des *sourciers*, c'est-à-dire de ces sensitifs qui ont le don de découvrir les sources au moyen des oscillations d'une branche de coudrier, en forme de fourche, tenue en mains par eux et promenée sur le terrain à explorer. Quand la pointe de la baguette s'abaisse vers la terre, c'est l'indication de l'existence probable d'une source dans le voisinage.

. « Cette pratique, dit M. Félix Reynault dans son ouvrage, déjà cité, *Hypnotisme et Religion* (p. 236), est fort ancienne ; elle a été cultivée chez les Grecs et les latins, et, rapporte Cassiodore, un nommé Marcellus avait de son temps composé un ouvrage sur ce sujet. »

363. — Le professeur W. F. Barrett s'est livré en cette matière à des recherches longues, minutieuses et intéressantes, dont les résultats, rapporte M. Sage (*le Sommeil naturel et l'Hypnose*, p. 137), « ont été publiés dans les *Annales de la Société pour les recherches*

---

1. *Rabdomancie* ou *Rhabdomancie* : terme tiré, dit Larousse, du grec *rhabdos* (baguette) et *manteia* (divination).

psychiques de Londres (vol. XIII et XV), et établissent définitivement la réalité des faits ». Il ressort des conclusions de l'éminent professeur, que le phénomène étudié par lui est bien, en général, un phénomène de *diesthésie*, c'est-à-dire de perception, à travers un obstacle infranchissable pour les sens différenciés, par ce sens unique, ce sixième sens dont j'ai parlé, et qui, sous l'influence d'un état plus ou moins hypnotique, émerge des profondeurs du subconscient pour se mettre en rapport direct avec des choses qui, dans l'état normal, lui sont inaccessibles.

« Quelques sourciers, dit M. Félix Regnault (*loc. cit.*, p. 237), prétendent *voir* l'eau à travers la terre. Mais ils sont rares... La plupart disent *éprouver une sensation particulière* », qui varie du reste suivant les objets (sources ou divers métaux) perçus. Carl du Prel, dans son ouvrage déjà cité *la Magie*, 1re *partie : la Physique magique* (p. 241), donne le tableau de ces sensations diverses en citant les publications où il a puisé ses renseignements et auxquelles le lecteur aura ainsi toutes facilités de se reporter.

364. — Mais, pour que cette influence s'exerce sur le subconscient du sensitif, seul capable sans doute de la percevoir et de la transmettre au conscient, et pour qu'elle se traduise ensuite par un mouvement de la baguette, il faut qu'il émane de l'eau, du métal ou du corps, quel qu'il soit, dont le sujet subit l'influence, un dynamisme spécial, une force rayonnante et essentiellement conductible, qui partant de l'objet en question et traversant, comme l'électricité, l'obstacle qui le sépare du sensitif, vient déterminer chez lui la sensation spécifique qu'il éprouve, et le mouvement de la baguette qui en est la conséquence. Il y a tout lieu de penser que cette force est la force *odique*, ou *bio-magnétique*, comme on voudra, qu'on trouve plus ou moins, à l'état *statique* ou à l'état *dynamique*, dans tous les corps de la nature, et sur laquelle j'ai donné, dans mon étude sur le Magné-

tisme (*supra*, n°⁵ 78 et s.), d'abondantes et utiles explications.

La baguette de coudrier qui est associée à la découverte des sources, — en supposant que son emploi ne soit pas seulement pour le sensitif un moyen de concentrer son attention et de développer en lui un léger état d'hypnose favorable à la mise en action de son sens diesthésique — n'a dans tous les cas aucune vertu propre. Tout au plus pourrait-on dire que, si le coudrier est employé de préférence, c'est que peut-être il est meilleur conducteur de la force mise en action. La baguette divinatoire ne paraît donc être qu'un indicateur automatique de l'impression reçue par le subconscient, sans l'intermédiaire des sens. Le phénomène présente beaucoup d'analogie avec celui que l'on observe dans les séances de *typtologie spirite*, où la force qui se dégage des assistants, et principalement du médium, pour faire mouvoir la table, actionne cette dernière dans le sens de la réponse à libeller et provenant soit d'une entité étrangère (hypothèse spirite), soit le plus souvent du subconscient du médium, sans que le conscient de celui-ci y participe. Et ce qui démontre cette analogie, c'est que l'on pourrait très bien, pour obtenir des dictées typtologiques, employer utilement, au lieu de la table, une baguette de coudrier que le médium, à l'exemple des sourciers, tiendrait des deux mains et qui se renverserait dans tel ou tel sens, convenu d'avance, pour dicter les réponses du subconscient du médium ou des prétendus esprits. Il paraît, du reste, que ce mode de communication spirite a déjà été employé, si l'on en croit Carl du Prel (*loc. cit.*, p. 252), qui note, d'après Lebrun et Monestier, qu'un curé s'en servait, en 1700, pour avoir des réponses à ses questions et obtenir ainsi des renseignements « sur les absents, le passé, le présent et même l'avenir ».

Bien mieux encore, on a vu, en 1692, un certain Aymar se servir de la baguette divinatoire pour se procurer, par ses mouvements automatiques, des renseignements au sujet d'un criminel dont il suivit ainsi la piste et qui fut arrêté, condamné et exécuté, grâce à ses investigations[1].

1. On a déjà cité quelques exemples de ce genre particulier de clairvoyance que l'on appelle : *clairvoyance à la piste*, dans diverses parties de cet ouvrage, et, notamment, *supra*, n° 111. Celui de Jacques Aymard, qui repose sur des témoignages d'une incontestable valeur, complètera utilement la série.

J'en emprunte le compte rendu à l'ouvrage, connu de mes lecteurs, *les Miracles et le Moderne spiritualisme* de Russel Wallace (p. 84 de l'édit. de 1874), où on lit ce qui suit :

« Le cas de Jacques Aymar, dont les facultés furent imputées par lui-même et par d'autres à la baguette divinatoire, mais qui étaient évidemment personnelles, est un des mieux attestés de l'histoire... M. Baring-Gould, dans ses *Curieux Mythes du moyen âge*, donne un récit complet de ce cas avec une référence aux autorités originales, à savoir : M. Chauvin, docteur en médecine, témoin oculaire..., le sieur Pauthot, doyen de la Faculté de médecine de Lyon, et le procès-verbal du Procureur du Roi. Les faits se passent comme en suit le résumé :

« Le 5 juillet 1692, à Lyon, un cabaretier et sa femme furent assassinés, et l'on trouva leurs corps dans le cellier ; l'argent était dérobé. Il y avait à côté des cadavres une serpe à tailler les haies, laquelle était tachée de sang ; mais on ne découvrit aucune trace des meurtriers. Les officiers de justice étaient complètement en défaut, lorsqu'ils entendirent parler d'un homme, nommé Jacques Aymar, qui, quatre ans auparavant, avait découvert à Grenoble un voleur dans un homme que l'on ne soupçonnait pas du tout du crime. On envoya chercher cet individu et on l'introduisit dans le cellier. Sa baguette divinatoire commença à s'agiter violemment (on sait, par ce que j'ai déjà exposé, *supra*, n° 364, que la baguette divinatoire ne joue ici que le rôle d'indicateur de l'impression *subconsciente* éprouvée par le sensitif), et son pouls s'éleva comme s'il avait battu la fièvre. Puis Aymar sortit de la maison et marcha le long des rues ainsi qu'un chien qui suit une piste. Il traversa la cour du palais archiépiscopal et franchit la porte du Rhône ; à ce moment, comme la nuit était tombée, les recherches furent suspendues.

« Le jour suivant, il suivit la trace, accompagné de trois policiers, en descendant vers la levée qui borde le fleuve, et là stationna dans le pavillon d'un jardinier. Il déclara que jusqu'alors il avait marché sur la piste de trois meurtriers, mais que deux seulement étaient entrés dans le pavillon, où, affirmait-il, ils s'étaient assis à certaine table et avaient bu le vin d'une bouteille particulière. Le propriétaire protesta énergiquement que personne n'avait été à cette table, mais Aymard, ayant questionné chaque habitant de la maison, trouva deux enfants qui s'étaient rencontrés avec les assassins et qui avouèrent, après bien des difficultés, qu'un dimanche matin, alors qu'ils étaient seuls, deux hommes

365. — Pour compléter ces courtes explications sur la rabdomancie, je ne puis me dispenser de faire état d'une conférence faite le 7 novembre 1908, à la salle Lemoine, à Paris, dans une réunion de la *Société universelle d'Etudes psychiques*, par le regretté Gaston Méry, alors conseiller municipal et directeur de *l'Echo du Merveilleux*. Le conférencier entretint son auditoire de ses expériences personnelles et raconta comment il était tout récemment devenu sourcier.

étaient entrés soudain, s'étaient assis, et avaient réellement pris du vin de la bouteille qui avait été indiquée. Il les suivit alors jusqu'au fleuve et découvrit les places où ils avaient dormi, et précisément les chaises et les bancs dont ils avaient usé.

« Quelque temps après, il atteignit le camp militaire de Sablon, et enfin Beaucaire, où les meurtriers s'étaient séparés ; mais, il persista sur la trace de l'un d'eux jusque dans la geôle, et, parmi quatorze ou quinze prisonniers, signala, comme le coupable, un bossu (qui ne se trouvait enfermé que depuis une heure). Celui-ci protesta de son innocence, mais ayant été ramené à Lyon, le long de la route, il fut reconnu dans chaque maison où Aymar avait préalablement relevé la trace de son passage. Cela le confondit au point qu'il avoua, et enfin il fut exécuté comme assassin. »

Notons, et c'est là une remarque que je fais en passant, n'ayant pas le loisir d'insister sur un point qui, malgré son réel intérêt, n'est, pour le but que je me propose, que secondaire : que, d'une manière générale, les différents types de clairvoyance *à la piste*, qu'évoque le récit qui précède, et dont j'ai présenté çà et là quelques exemples au cours de cet ouvrage, peuvent être utilement rapprochés des nombreux cas, d'un caractère similaire, observés chez certains sujets, le plus souvent des professionnels, auxquels M. Duchâtel, qui les appelle des *psychomètres*, a consacré une étude très documentée sous le titre de *la Vue à distance et dans l'espace*. — *Enquête sur des cas de psychométrie* (Paris, Leymarie, 1910), et dont l'art consiste à mettre en action, par divers procédés (cartomancie, rabdomancie, cristalloscopie, chiromancie, graphologie, etc.) qui constituent à proprement parler l'art psychométrique, leurs facultés innées de clairvoyance et de prescience, dans l'intérêt des personnes qui recourent à eux pour en obtenir des révélations utiles. Ces procédés(et c'est là surtout ce qu'il importe de signaler), quand ils ne sont pas de simples trompe-l'œil, n'ont et ne peuvent avoir d'autre objet, comme le miroir, la baguette de coudrier et tous autres de même nature, que de créer ou de favoriser chez ces psychomètres, soit l'état hypnoïde nécessaire à l'extériorisation et au développement de leurs facultés transcendantales, soit le rapport magnétique, direct ou indirect, avec les personnes par qui ou pour qui ils sont consultés.

Il se trouvait en nombreuse société dans une propriété des environs de Melun. L'une des personnes présentes, M. F..., qui avait été autrefois un médium remarquable, émit la proposition d'essayer de découvrir des sources. On se mit immédiatement à l'œuvre, et plusieurs de ces essais furent couronnés de succès. Pour le détail de ces expériences, réellement intéressantes, je ne puis que renvoyer le lecteur à la livraison des *Annales des sciences psychiques* (nov. 1908), où le compte rendu de la conférence a été publié.

366. — Enfin, j'ai la bonne fortune, au moment de clore cette étude, de constater que la question de la découverte des sources par la clairvoyance diesthésique, loin d'exciter encore les railleries des esprits forts, toujours prêts à nier, dans leur orgueilleuse raison, tout ce qui l'étonne ou la dépasse, est, au contraire, de plus en plus à l'ordre du jour et vient, tout récemment, de faire un grand pas. J'en trouve la preuve dans un article que publie *la Liberté* dans son numéro du 3 avril 1912, sous le titre de *la Réhabilitation de la baguette divinatoire*, et dans lequel ce journal annonce qu'une sous-commission vient d'être chargée récemment, au ministère de l'Agriculture, de faire une enquête sur la vertu de la baguette divinatoire.

Cette fois, dit la *Liberté*, l'initiative est partie de l'Allemagne. Des géologues allemands avaient été frappés par des résultats, vraiment surprenants, qu'avaient obtenus certains chercheurs de sources à l'aide de la traditionnelle baguette de coudrier...

Avant tout, il fallait contrôler scientifiquement ces recherches. Une association s'est fondée, dans ce but, outre-Rhin, et elle vient de publier les résultats qu'elle a obtenus dans deux brochures très curieuses dont M. Paul Lemoine nous a donné l'analyse.

Des recherches ont d'abord été faites, dans le Sud-Ouest africain allemand. Sur 148 emplacements qui ont été indiqués à l'aide de la baguette et où des sondages approfondis ont été faits, 117 renfermaient une source souterraine, ce qui constitue une proportion vraiment troublante de 80 p. 100 environ, qui ne peut être l'effet du hasard.

Plus récemment encore, *l'Éclair*, dans son numéro du 14 avril 1913, a très bien résumé l'état actuel de la question :

> Les *sourciers*, dit-il, ne sont pas une simple histoire de sorciers. Il est bien établi maintenant que, grâce à une clairvoyance *dont l'origine échappe même à l'opérateur*, ils peuvent découvrir des cavités, déterminer la présence des métaux invisibles et dénicher les sources cachées. Une lectrice de *l'Éclair* nous dit qu'elle a été témoin d'un fait de ce genre à Luc-Ronau (Finistère). On voulait creuser un puits pour alimenter d'eau l'école libre « Anne-de-Bretagne ». Un brave fermier, avec sa baguette de coudrier, se promena sur le terrain. Il arriva à l'endroit propice : on creusa et, à cinq mètres, on trouva l'eau annoncée par lui.
>
> Mais vainement notre lectrice et d'autres personnes essayèrent de la baguette : alors qu'elle s'inclinait avec le sourcier, en leurs doigts elle restait inerte...
>
> *Ce n'est donc pas la baguette qui fait découvrir les sources : c'est l'homme qui la tient. Et cette faculté n'est donnée qu'à certains hommes...*

C'est bien là, en effet, ce qui résulte de toutes mes explications précédentes.

§ 3. — *Introspection physiologique.* — *Autoscopie et diagnostic sensitif ou intuitif.*

367. — Cette troisième forme de diesthésie est celle qui se manifeste principalement chez les malades soumis à un traitement magnétique, pendant la crise somnambulique que ce traitement provoque quelquefois, et qui, lorsqu'ils sont arrivés à cette phase de somnambulisme que M. de Rochas distingue des autres sous le nom d'*état de lucidité* (V. *supra*, n° 110), leur permet de voir, au moyen de ce sens intérieur et unique dont j'ai parlé, et de décrire soit leurs propres organes, soit ceux des personnes avec lesquelles ils sont mis en rapport magnétique, directement ou même par l'intermédiaire

d'objets ayant subi le contact plus ou moins prolongé de ces personnes ; de diagnostiquer la maladie dont ces organes sont atteints ; d'en analyser les phases profondes ; d'en diriger le traitement, et d'en annoncer, parfois avec une précision déconcertante, les péripéties et l'évolution.

Cette faculté se manifeste également dans le somnambulisme naturel, avec les mêmes caractères et la même puissance que dans le somnambulisme provoqué.

J'ai déjà, dans le cours de cet ouvrage et spécialement au chapitre V (*supra*, nos 110 et s. ; 130 à 133) et au chapitre VII (nos 188 à 198), signalé de nombreuses preuves de cette faculté extraordinaire, à laquelle on donne généralement le nom d'*autoscopie* (V. *supra*, nos 188 à 190), lorsqu'elle s'exerce sur le sujet lui-même et à son profit, et de *diagnostic sensitif ou intuitif* (nos 191 à 194), lorsqu'elle est mise au service d'un malade mis en rapport avec le sujet. J'ai insisté sur les services qu'elle peut rendre et qu'elle a déjà rendus ; j'ai montré que cette faculté a son explication naturelle dans l'*extériorisation odique*, qui est à la base de tous les phénomènes hypnotiques, et qui permet au sujet de mettre son sensorium psychique, directement et sans l'intermédiaire des sens différenciés, en rapport, soit avec ses propres organes, soit, *par le mélange odique*, avec ceux de la personne pour laquelle il est consulté.

Enfin, j'ai défini (nos 195 à 198), avec Carl du Prel, notre maître en cette matière, ce que l'on doit entendre par le *sixième sens*, par lequel s'accomplissent tous ces phénomènes si inexplicables pour la science actuelle, et j'ai montré, par une longue suite d'observations disséminées au cours de mon ouvrage, que ce sixième sens, ce sens *intérieur et unique*, s'il n'est pas l'âme elle-même, ne peut être que son organisme, l'organisme psychique ; celui qu'elle emportera avec elle après la mort du corps, et qui, dès cette vie, supplée déjà, dans certains états qui lui permettent de s'extérioriser et d'agir, à l'insuffisance des sens ordinaires ou à leur anesthésie, en se mettant directement en rapport avec les choses que leur situation ou des obstacles quelconques rendent inaccessibles à ces derniers.

L'étude de cette forme particulière de *diesthésie*, que je désigne sous le nom d'*Introspection physiologique*, est donc déjà faite et je pourrais me dispenser de plus amples développements. Je crois utile toutefois de signaler ici quelques documents intéressants qui achèveront de convaincre mes lecteurs de l'objectivité du phénomène.

368. — Parmi les observateurs les plus qualifiés pour rendre compte de cet ordre de faits, qu'ils ont d'ailleurs, plus que tous autres, maintes occasions de constater, sont les médecins. Le docteur Dupouy, dans son ouvrage précité *Sciences occultes et Physiologie psychique* (pp. 122 et s.), cite comme venant d'eux de nombreux témoignages :

Une cataleptique soignée par le docteur Petetin, dit-il, avait l'habitude de chanter pendant ses accès : « Je chante, disait-elle, pour me distraire d'un spectacle qui m'épouvante. Je vois mon intérieur, les formes bizarres des organes enveloppés d'un réseau lumineux ; ma figure doit exprimer ce que j'éprouve, l'étonnement et la crainte... »

Une somnambule du docteur Chapelain voyait l'oreille interne d'un malade et en donnait une description anatomique exacte...

Chardel employait lui aussi les somnambules pour son diagnostic ; une d'elles diagnostiqua un épanchement pleural, une péricardite.

Le docteur Bertrand fut fort étonné de voir un sujet faire la découverte, à travers les robes d'une malade, d'une affection dartreuse des voies génitales. Un autre, prétend-il, diagnostiqua la boiterie de la hanche chez un enfant qu'on lui présentait au repos. Un autre, enfin, perçut une balle logée dans la tête et la découvrit exactement [1].

---

1. Ce cas a été rapporté *supra*, n° 110.

Hippolyte Blanc, dans son ouvrage déjà cité, *le Merveilleux dans le Jansénisme et le Magnétisme*, reproduit (p. 192) un rapport très détaillé du docteur Husson sur une suite d'expériences faites sur un étudiant en droit dont la paralysie, soignée à l'hôpital de la Charité à partir du 8 avril 1827, avait résisté à tous les remèdes médicaux, et qui, au cours du traitement magnétique auquel on le soumet à partir du 29 août 1827, dicte lui-même les soins à lui donner, prévoit exactement la date (1er janvier 1828) à laquelle il sera guéri, et donne en outre de nombreuses preuves de lucidité en lisant, les yeux fermés, les divers textes qui lui sont présentés.

L'éminent astronome, M. Camille Flammarion, dont on connaît la haute autorité en matière de sciences psychiques, s'est livré en France à une enquête analogue à celle qu'a faite et que continue la *Société des Recherches psychiques de Londres*, et a pu recueillir ainsi un certain nombre de cas de clairvoyance autoscopique et de diagnostic sensitif, qu'il a publiés dans son ouvrage déjà cité *l'Inconnu et les Problèmes psychiques*, et parmi lesquels je signale à mes lecteurs, en regrettant de ne pouvoir m'y arrêter, les deux cas, particulièrement intéressants, rapportés sous les pages 496 et 500 de la nouvelle édition et 492 et 495 de l'ancienne.

369. — On a remarqué, dans les exemples cités soit au présent paragraphe, soit précédemment, que les malades soumis au traitement magnétique appliquent souvent le sens diesthésique qui se développe en eux pendant les crises somnambuliques, non seulement à voir et à décrire, avec leurs organes, les symptômes de la maladie, mais encore à en prévoir les diverses phases, les accès, l'évolution en un mot, et, quelquefois, l'époque précise de la guérison ou de la mort. Cette faculté de prévision est même ce qu'il y a de plus extraordinaire en eux. Les faits qui l'attestent sont d'ailleurs fréquents et trop bien établis pour qu'il soit permis

d'en contester l'objectivité. Entre tous les témoignages
qui la mettent en évidence, je me bornerai ici, après
tous ceux qui ont déjà été rapportés, à invoquer
celui du docteur Bertrand, tel qu'il est exprimé dans
son *Traité du Somnambulisme* (Paris, 1823) et tel que
le rapporte M. de Rochas dans son ouvrage précité *les
Vies successives*, pp. 375 et s.

J'ai cru, dit-il, qu'il pourrait être bon que j'entrasse dans
quelques détails relativement aux premières observations que
j'ai eu l'occasion de faire sur la *prévision* et le somnambulisme. Avant tout, il ne serait pas inutile de rappeler que
je m'étais imposé rigoureusement l'obligation d'écrire immédiatement après chaque séance tout ce qui venait de se
passer...

Or, je trouve dans mon journal plus de *quatre-vingts prédictions*, qui portaient presque toutes sur des accès convulsifs ;
ces accès avaient des caractères qui ne permettaient pas de
croire qu'ils fussent feints...

Outre les prédictions dont je viens de parler, la même
malade m'en a fait beaucoup d'autres dont l'accomplissement
fournit des preuves plus concluantes encore. Il lui est arrivé de
m'annoncer huit jours d'avance que, pendant une nuit qu'elle
me désigna, sa tête enflerait, que ses paupières seraient infil-
trées et que, sur ses joues, on verrait apparaître, en plusieurs
endroits, des égratignures semblables à celles qu'on pourrait
faire en effleurant la peau avec une pointe d'épingle ; et
tout cela arriva comme elle l'avait prédit.

La même somnambule me fit une prédiction qui mérite que
j'en fasse une mention particulière : elle m'annonça dans son
sommeil que sa maladie se terminerait par un délire furieux
qui durerait 42 heures; et, plus de 15 jours d'avance, elle me
prédit qu'elle perdrait la raison le vendredi 2 octobre, à
deux heures après midi, et qu'elle ne reviendrait à elle que
le dimanche 22, à huit heures du matin. Le délire arriva
comme elle l'avait annoncé. Je ne la quittai presque pas
pendant tout ce temps; et quand je n'étais pas auprès d'elle,
quelques-uns de mes amis voulurent bien me remplacer...

370. — J'aurai, au cours de ce chapitre, à étudier,
dans l'ensemble de ses manifestations, cette étonnante
faculté de prévision qui accompagne si souvent le som-

nambulisme et tous autres états d'extériorisation psychique. C'est alors seulement qu'il conviendra d'en rechercher les causes et l'origine. Mais il semble permis de dire dès à présent, et c'est par là que je terminerai ce paragraphe, que réduite, comme elle l'est ici, à des faits qu'une connaissance approfondie de la maladie permettrait à la rigueur de prévoir, et qui ne sont que des conséquences naturelles d'un état organique dans les profondeurs duquel l'autoscopie du sujet le fait pénétrer, cette faculté ne semble pas dépasser les pouvoirs de vue directe, d'analyse profonde et de déduction logique, auxquels l'*être psychique*, quand il est extériorisé par le somnambulisme, peut prétendre. Dès lors, il n'est pas nécessaire, pour les admettre et les expliquer, de recourir à une hypothèse télépathique, comme on sera peut-être entraîné à le faire quand il s'agira de faits essentiellement différents, tels que ceux que j'aurai à rapporter plus loin (V. *infra*, nᵒˢ 427 et suiv.).

§ 4. — *Introspection psychologique.* *Diagnostic moral et lecture de pensée.*

371. — Quand on s'est rendu compte, comme on a pu le faire à la lecture des pages précédentes, que c'est l'âme qui, en s'extériorisant avec son organisme psychique et en s'affranchissant momentanément de sa servitude envers le corps, devient l'agent direct des perceptions qui sont ordinairement l'œuvre des sens, on comprend aisément qu'elle puisse exercer sa clairvoyance à travers tous les obstacles physiques, non seulement sur les choses matérielles, telles que les organes du corps, ainsi que je l'ai exposé sous le paragraphe précédent, mais encore, et même, semble-t-il, à plus forte raison, sur les choses qui sont de même essence qu'elle, c'est-à-dire sur les choses morales et spirituelles.

Le fait même de la lecture de pensée a été maintes-fois constaté par de sérieuses expériences. Après avoir rapporté, dans son *Traité des sciences occultes* précédemment cité, plusieurs expériences faites par le docteur G. de Messimy pour démontrer la réalité du phénomène de la vision sans le secours des yeux (V. *supra*, nº 359), le docteur Dupouy cite (p. 125) un cas de lecture de pensée, observé chez un sujet en état de somnambulisme par le même expérimentateur, et dont celui-ci a rendu compte dans les termes suivants :

La lucidité de mon sujet s'étendait jusqu'à la lecture même de la pensée des assistants... Ayant prié douze personnes de la société de se ranger devant le sujet..., nous conseillons à chacune d'elles de penser... à une fleur choisie librement, sans en communiquer le nom à personne... Alors, nous tournant vers le sujet, nous lui ordonnons de nommer à haute voix la fleur pensée par chacune de ces personnes, et il les nomma toutes, sans se tromper et sans la moindre hésitation, lisant comme dans un livre la pensée humaine.

On pourrait, observe le docteur Dupouy, multiplier ces faits constatés par beaucoup d'expérimentateurs, dont plusieurs appartiennent au corps médical, et notamment par M. Ch. Richet et par M. Coste.

Ajoutons que dans l'Inde, la terre classique des phénomènes psychiques, les *Yoguis* sont passés maîtres dans l'art de lire dans la pensée d'autrui. M. Maindron, dans ses *Lettres écrites du sud de l'Inde*, publiées par la *Revue des Deux Mondes* (1er décembre 1907), ne dit pas si c'est un yogui qu'il a rencontré au cours de ses pérégrinations dans la presqu'île indienne, mais voici ce qu'il raconte :

Ayant été, au mois de novembre 1896, accosté, à Bombay, sur la place de l'hôtel Watson, par un de ces Cachemiriens errants qui exercent le métier de chiromancien, je tendis ma main à ce montagnard. Cet Indien chétif regarda avec beaucoup d'attention ma paume, mes doigts ; et je me préparai à écouter les vérités premières et les prédictions ambiguës dont ces industriels tiennent boutique. Grande était mon erreur. Jamais je n'ai rien entendu de tel. L'homme basané, palpant délicatement mes mains, me débita lentement le compte rendu le plus exact de ma vie passée. Il la prit depuis ma petite enfance jusqu'au moment présent. Je ne le trouvai pas en défaut sur un événement, une concordance de date, qu'il s'agît de moi ou de ceux qui me touchent. Méthodiquement il disséqua mon être. S'élevant au-dessus des faits, il découvrit ma personne morale, dégagea le caractère du tempérament. Il me donna mon procédé de travail ; puis il me parla de ces douleurs profondes et intimes que l'on ne confie point, et il n'en ignorait rien...

Il parla longtemps, sans que je l'eusse approuvé d'un mot, ou d'un geste. Sa petite gratification reçue, il se perdit dans la foule...

. . . .

372. — D'ailleurs, à côté de cette forme particulière de clairvoyance dont la vulgarité et le caractère charlatanesque ne laissent pas d'inquiéter les psychologues qui, comme M. Edmond Duchatel [1], l'ont scientifiquement observée, il en est une autre qui n'encourt pas le même reproche et qui, au contraire, apparaît dans toute sa noblesse et sa grandeur lorsqu'on l'étudie chez certaines âmes élevées et d'une haute spiritualité, parmi lesquelles les saints tiennent la première place.

On ne saurait nier, dans tous les cas, que les saints ne soient mieux préparés que qui que ce soit, par leurs vertus, leurs jeûnes et leurs macérations, leur ardente et constante union avec Dieu, à s'extérioriser dans le monde spirituel, auquel ils appartiennent déjà sous certains rapports, à planer au-dessus des vulgarités de la vie terrestre, et à user ainsi, à jets continus, pour ainsi dire, des dons de clairvoyance et surtout de prescience qui leur sont départis et qui en font, dans toute la force du terme, de véritables inspirés, dont les sources d'illumination, par un privilège qui leur appar-

1. *La vue à distance dans le temps et dans l'espace. — Enquête sur des cas de psychométrie,* par Ed. Duchâtel, inspecteur des Finances ; Paris, Leymarie, 1910.

tient en propre, sont à la fois dans le monde sensible
et dans le monde suprasensible.

373. — Les faits confirment pleinement cette appréciation, en montrant qu'en effet les saints sont d'admirables liseurs de pensées.

La pénétration des sentiments d'autrui, observe M. Henri
Joly, de l'Institut (*La Psychologie des saints*, p. 73), et ce qu'on
appelle le don de seconde vue, voilà un phénomène qui est
loin d'être rare chez nos héros. Chez sainte Catherine de
Sienne, il est presque continuel. Très fréquent chez saint
Vincent Ferrier, on le voit souvent aussi chez sainte Thérèse
qui, d'après les témoignage les plus précis de ses religieuses,
n'avait souvent qu'à passer auprès de l'une d'elles pour deviner ses désirs ou ses tentations ; elle en profitait soit pour
dissiper celles-ci, soit pour apaiser ceux-là...

A cette énumération on pourrait, d'après l'abbé
Monnin (p. 291 du 2ᵉ vol. de son histoire, déjà citée,
de la vie du bienheureux Vianney, curé d'Ars), ajouter
les noms de saint Dominique, saint François d'Assise,
saint Bonaventure, saint Thomas d'Aquin, saint François de Paule, saint Ignace, saint Joseph de Cupertino,
saint Philippe de Néry, sainte Claire, sainte Colette,
sainte Julienne et sainte Rose.

374. — Ce phénomène de la *lecture de pensée*, il est
utile de le faire remarquer, diffère de celui de la *transmission de pensée*, que j'étudierai plus loin, et avec
lequel il ne doit pas être confondu. Il en diffère autant
et de la même manière que la clairvoyance diffère de la
télépathie (V. *supra*, nᵒ 346). Dans la transmission de
pensée, proprement dite, c'est l'auteur de la pensée
transmise qui est actif et qui fait pour ainsi dire tous
les frais de cette communication, tandis qu'il est passif
dans la lecture de pensée, où le clairvoyant, en se rendant maître de cette pensée par un effort de concentration et la puissance de son intuition, joue véritablement
le rôle actif.

Aussi, ce phénomène, beaucoup plus rare, semble-t-il,

que celui de la transmission de pensée, suppose-t-il chez le sujet un état habituel de clairvoyance et de pénétration qui n'appartient, comme on l'a déjà dit, qu'aux âmes d'élite et à certains sensitifs doués d'une faculté exceptionnelle d'extériorisation. C'est pour cela que les saints sont presque les seuls à en avoir le privilège, et c'est aussi, dit M. Joly (*loc. cit.*, p. 75), « parce que l'âme du saint, sur laquelle glissent, sans y pénétrer, tant d'impressions mondaines, dispose, pour tout ce qui touche à la vie de l'esprit et de la conscience, d'une délicatesse refusée au commun des hommes ».

375. — Ces observations s'appliquent de tous points à cet ardent convertisseur d'âmes que fut, au cours du siècle dernier, dans sa modeste paroisse d'Ars, le bienheureux Vianney, dont j'ai parlé déjà plusieurs fois au cours de cet ouvrage. Son biographe, l'abbé Alfred Monnin, qui fut aussi son contemporain, son auxiliaire dans les travaux de la paroisse et son ami, s'expliquant sur ses dons de clairvoyance qui, au confessionnal, lui faisaient deviner les plus secrètes pensées de ses pénitents, écrit ce qui suit (*le Curé d'Ars*, t. II, p. 291) :

Ce qui rendait à ce serviteur de Dieu sa tâche plus facile, c'est qu'il avait reçu, à un très éminent degré, le don de discernement des esprits... Il lisait à livre ouvert dans le cœur de ses pénitentes et découvrait leurs fautes cachées dans les derniers replis de la conscience, *dans ces bas-fonds de l'âme qu'on ne visite jamais*. Il est impossible de se refuser à croire qu'il ait eu la révélation de l'état intérieur des personnes qui s'adressaient à lui, et même qu'il ait pénétré leurs plus secrètes pensées. Nous avons su d'une manière certaine qu'il avait fait connaître à un grand nombre d'entre elles qu'elles le trompaient en confession. C'est journellement qu'il disait à première vue, à ceux qui venaient à lui, quels étaient leurs attraits, leurs vocation et par quelle voie Dieu voulait les conduire...

Et, plus loin, M. Alfred Monnin (p. 303) donne de ce don particulier de clairvoyance chez les saints, la magistrale explication qui suit :

Ces faits ne doivent point étonner. L'*union avec Dieu* [1] donne à l'homme la faculté de pénétrer sous l'enveloppe du corps les mystères les plus profonds de la conscience. Dans l'état ordinaire, l'âme sort de son sanctuaire pour se répandre au dehors sur les objets sensibles; le contraire arrive dans l'état mystique. Lorsque, par un long exercice de la contemplation, l'âme a ramassé ses puissances comme en un foyer, elle se trouve préparée à remonter à Dieu et à se perdre en lui. L'homme n'étant plus alourdi par les bruits du monde, n'entendant plus rien de ce qu'en disent les créatures ou de ce qu'il dit lui-même, est uniquement occupé à converser avec Dieu, dans d'ineffables entretiens. Son esprit, qui n'est pas orienté du côté des choses sensibles, mais vers les régions d'où vient la vérité, a des perceptions plus nettes et plus saines. De même que le corps, purifié par le jeûne, devient plus immatériel en quelque sorte, ainsi l'âme, sanctifiée par cette abstinence des objets extérieurs, reçoit d'en-haut des impressions célestes et acquiert des idées plus élevées et plus claires. L'homme, en cet état, n'est plus *qu'un seul esprit avec Dieu.* Ainsi uni avec *celui* qui est *l'Unité* essentielle, il acquiert au dedans de son être une unité et une simplicité toujours plus grandes. A mesure qu'il se simplifie, il monte plus haut; et, dans cette ascension continuelle, plus il s'anéantit en lui-même, plus il se développe en Dieu, et plus en même temps il se purifie, jusqu'à ce que devenu limpide comme le cristal ou pur comme l'or épuré par le feu, il n'ait plus rien qui lui soit propre, mais qu'il appartienne à Dieu tout entier...

SECTION III

TÉLESTHÉSIE (OU TÉLÉDIESTHÉSIE)

376. — La clairvoyance *télesthésique*, c'est-à-dire la perception, sans l'intermédiaire des sens, des choses extérieures, présentes, passées ou à venir, ne se distingue de la clairvoyance *diesthésique* que par la na-

---

1. *Avec l'absolu*, dirait le philosophe allemand, Hartmann, qui donne, à cela près qu'il remplace Dieu par *l'absolu* (?), la même explication de certains dons de clairvoyance poussés au delà des facultés purement humaines, ou tout au moins une explication analogue.

ture de l'obstacle qui empêche les sens, si actifs qu'ils soient, d'exercer leur rôle habituel, puisque c'est uniquement quand cet obstacle consiste dans la distance à laquelle se trouve le percevant de l'objet à percevoir, et que cet objet est placé en dehors de la périphérie des sens, que la *diesthésie* devient de la *télesthésie*. Il n'y a donc aucune différence essentielle et fondamentale entre ces deux formes de clairvoyance, et tout ce qui a été dit précédemment de la diesthésie s'applique en général à la télesthésie. On ne les a distinguées que pour introduire plus de clarté dans le sujet et non pour les opposer l'une à l'autre.

J'ai déjà, dans les chapitres qui précèdent, cité quelques exemples de clairvoyance télesthésique (V. notamment *supra*, n° 111, et principalement au chapitre *Du sommeil et des rêves*, n° 49 et s.). Il me reste à compléter cette documentation, autant que me permettent les limites assignées à cet ouvrage, de manière à édifier le lecteur, par la multiplicité et la variété des exemples, sur la réalité et l'objectivité du phénomène.

Je distinguerai les faits de télesthésie que j'ai à rapporter et qui ne représentent d'ailleurs qu'une infime partie des milliers de faits dûment constatés par la psychologie expérimentale, suivant qu'ils ont eu lieu : 1° dans le rêve ; 2° dans le somnambulisme naturel ou tous autres états analogues ; 3° et dans le somnambulisme provoqué, sous le bénéfice de cette observation que, même dans les cas où des faits de clairvoyance ont paru se manifester dans *l'état normal*, on peut être à peu près certain qu'un état spontané de somnambulisme *à l'état de veille*, tel qu'il a été décrit *supra*, n° 120, existait, quoique non apparent, chez le sujet.

§ 1er. — *Télesthésie dans le rêve.*

377. — L'enquête qu'a faite, il y a quelques années, M. Flammarion, pour recueillir, après les avoir sévère-

ment contrôlés, les phénomènes télesthésiques et télépathiques, et les faire entrer, à titre de documents scientifiques, dans le domaine de la psychologie expérimentale, a permis à l'éminent astronome de cataloguer,
comme étant, dit-il, absolument démonstratifs, un certain
nombre de cas de vision à distance pendant le sommeil
et les rêves, dont 49 ont été publiés par lui dans son
ouvrage déjà cité *l'Inconnu et les Problèmes psychiques* (pp. 452 à 503 de l'anc. éd. et pp. 459 à 509 de
la nouvelle). J'en extrais, à titre d'exemples, aussi abré-
gés que possible, les cas suivants [1] :

378. — *Vision à distance de l'incendie d'une ferme
appartenant à un ami du rêveur.* — M. George Parent, maire à Wiège-Faty (Aisne), dans une lettre
adressée à M. Flammarion, raconte un rêve qu'il eut
dans la nuit et dans lequel il assista à l'incendie d'une
ferme d'un de ses amis, incendie dont toutes les circonstances coïncidèrent avec celles du rêve.

379. — *Vision par une mère d'une déformation
survenue à son enfant en nourrice et qu'on essayait
de lui cacher.*

Il y a six ans, écrit Mme Ducheiu à M. Flammarion, j'eus
un second enfant que, vu son état de santé, ma mère emmena
le lendemain de sa naissance chez elle, à soixante lieues,
pour le faire nourrir sous ses yeux... Nous avions fréquemment de ses nouvelles et elles étaient satisfaisantes... Un
matin, je m'éveille avec une oppression singulière; j'avais rêvé,
la nuit, *mon enfant bossu.* Je le dis à mon mari, je me mets à
pleurer; il me rit au nez. Aussitôt levée, j'écris à ma mère...
On nous répond par mille éloges sur l'enfant... Quelque
temps après, ma mère vint nous voir et, le soir, dans l'intimité du coin du feu, nous révéla, à mon mari et à moi, que
ma lettre l'avait rendue malade de saisissement; qu'en effet,
au moment où cette lettre était arrivée, *mon enfant était*

---

1. Les lecteurs, qui auraient le désir de se rendre compte par
eux-mêmes de la valeur documentaire de ces exemples, devront
se reporter au texte, où ils trouveront tous les détails et toutes
les circonstances propres à en établir l'authenticité.

bossu... Quelques massages intelligemment faits avaient supprimé cette petite rondeur.

380. — *Vision par un médecin, le docteur Golinski, de l'état et de l'entourage d'une malade qui pense, au moment même de cette vision, à l'appeler à son chevet.* — Le récit suivant du docteur Golinski, médecin à Krémentchug (Russie), a été publié dans les *Proceedings* de la *Société des Recherches psychiques* de Londres, où M. Flammarion l'a recueilli :

Au mois de juillet 1888, je me suis étendu, selon mon habitude, sur un canapé à près de 3 heures de l'après-midi et me suis endormi. J'ai rêvé qu'on sonnait et que j'avais la sensation un peu désagréable qu'il fallait me lever et aller chez un malade. Puis je me suis vu directement transporté dans une petite chambre. A droite de la porte d'entrée se trouvait une commode et sur cette commode, je remarquai une bougie ou une petite lampe à pétrole d'une forme particulière, très différente de toutes celles qu'il m'était arrivé de voir. A gauche de la porte d'entrée, je vois un lit sur lequel est couchée une femme qui a une forte hémorragie... Je fais un examen de la femme... Ensuite je rêve d'une façon vague de quelques secours médicaux que je donne, puis, je m'éveille... Il était 4 heures est demie.

Environ dix minutes après mon réveil, on sonna et je fus appelé chez une malade. En entrant dans la chambre à coucher, je fus saisi, car je reconnus la chambre dont je venais de rêver... Ce qui me frappa surtout, ce fut une bougie à pétrole placée sur la commode, absolument à la même place et de la même forme que dans mon rêve, et que je voyais pour la première fois...

Frappé de la coïncidence étrange de mon rêve avec ce que j'ai vu, j'ai demandé à la malade à quelle heure elle avait décidé de m'envoyer chercher. Elle me répondit qu'elle était indisposée depuis le matin... Qu'à peu près à 1 heure et demie de l'après-midi apparut une légère hémorragie suivie de malaise... L'hémorragie devint très forte vers 2 heures et la malade s'inquiéta davantage... Entre 3 et 4 heures, elle était toujours indécise et dans une grande anxiété. A peu près à 4 heures et demie, elle se décida à m'envoyer chercher...

C'est là un cas assez complexe, où le rêve et la clairvoyance télosthésique du médecin semblent avoir été provoqués par un appel télépathique de la malade. Dans tous les cas, la vision elle-même, qui embrasse des détails matériels auxquels la malade évidemment ne pensait pas, tels que la lampe à pétrole, et qu'elle n'a pu par conséquent transmettre, est bien, semble-t-il, un cas de clairvoyance télesthésique et non l'effet d'une simple transmission de pensée de la part de la malade.

381. — *Vision à distance par Frédéric Marks d'une tempête et d'un danger couru par son frère.* — Il s'agit d'un jeune homme, Frédéric Marks, qui, dans un rêve, a la vision de son frère, Charles Marks, assailli sur un bateau à voiles par une tempête qui le met en danger. Le récit est contenu dans une lettre adressée à M. Flammarion par M. Bristol, et confirmé par des lettres des deux frères, attestant la conformité de la vision avec les détails de l'accident, et publiées par les *Annales des Sciences psychiques* (1892, pp. 230-235) dont l'auteur de *l'Inconnu et les Problèmes psychiques* cite quelques extraits.

382. — M. Sage a, lui aussi, dans son précieux traité du *Sommeil naturel et de l'hypnose* (pp. 139-142 et 164 à 174), recueilli quelques cas de vision à distance qu'il a extraits, en les résumant, de publications anglaises bien connues, telles que les *Proceedings* de la *Société des Recherches psychiques de Londres*, *la Personnalité humaine* de Myers, et *les Fantômes des vivants* de Gurney, Myers et Podmore.

Le cas suivant me paraît plus particulièrement digne d'être retenu :

Vision dans le rêve d'objets soustraits au dormeur (*Mlle Mary Luke*) *par un de ses locataires* (Extrait de l'édition anglaise de l'ouvrage de Myers, *Human Personality*, vol. I, p. 391 ; p. 139 de l'ouvrage précité de M. Sage) :

Mlle Mary Luke occupe à New-York une maison à trois

étages et rez-de-chaussée. Elle utilise le rez-de-chaussée et le 1er étage pour son commerce, sous-loue à des étrangers le second étage ; quant au 3e étage, il est habité par sa sœur, Mme Stallings, et la famille de celle-ci. Mlle Luke voit souvent en rêve des scènes réelles. Le mercredi 28 août 1895, elle fut absente toute la journée et ne rentra que pour se coucher. Rien de particulier n'attira son attention, sauf toutefois l'absence d'un réveille-matin de valeur qui se trouvait sur la cheminée du salon. Mais, comme l'un des locataires le prenait quelquefois quand il avait besoin de se lever à une heure inaccoutumée, elle n'attacha pas d'autre importance à l'incident.

Pendant son sommeil, il lui semble voir la chambre de M. et Mme L..., deux des locataires du second ; tout est dans le plus grand désordre ; les locataires sont partis emportant tout ce qui leur appartient et tout ce qu'ils ont pu trouver dans la maison ayant quelque valeur. Au matin, le souvenir du rêve persiste avec une netteté particulière. Mlle Luke s'informe auprès de sa sœur qui n'a rien vu, ni rien entendu d'anormal. Néanmoins, elle va frapper chez les époux L... et, n'obtenant pas de réponse, elle pénètre dans leur chambre avec une deuxième clef et trouve tout exactement dans l'état où elle l'a vu en rêve : les locataires sont partis emportant ce qui lui appartient et tout ce qu'ils ont pu trouver dans la maison...

383. — *Vision en rêve, par Miss Loganson, du meurtre de son frère, et, en somnambulisme, du lieu où avait été enterrée la victime.* — Ce cas rappelle, par certains côtés, ceux qui rendirent célèbre Jacques Aymar (V. *supra*, no 364, note 1).

Il présente lui-même cette particularité que la vision à distance, d'ailleurs imprécise, a bien pu être provoquée par un appel télépathique de la victime, comme dans quelques-uns des cas précédemment rapportés (V. *supra*, nos 380 et 381).

Je l'extrais des *Annales des sciences psychiques* du 16 octobre-1er novembre 1908, p. 340, où on lit ce qui suit :

L'héroïne, Miss Loganson, vit en rêve le meurtre de son frère Oscar, agriculteur à Marengo, ville située à plus de

80 kilomètres... La famille ne prêta aucune attention aux
déclarations de la jeune fille ; mais, pour calmer l'état nerveux dans lequel elle se trouvait, elle lui permit d'envoyer un
télégramme. La réponse fut : « Oscar disparu ». Dès lors, la
voyante put partir avec un de ses frères pour la ferme de la
victime ; elle mena directement la police dans une exploita-
tion voisine appartenant à un nommé Bedford. Là, tout était
fermé et la porte dut être enfoncée par les policemen. Dans
la cuisine, on découvrit des traces de sang. Miss Loganson
ne s'arrêta pas et se dirigea droit vers un poulailler, dont la
cour était pavée. « C'est là que mon frère est enterré, » dit-
elle... On consentit à faire des fouilles sous le pavage. On
trouva un paletot : « C'est celui de mon frère, » s'écria-t-elle.
— Continuant les recherches, on trouva le cadavre d'Oscar
Loganson à 1 m. 50 de profondeur. Immédiatement, la police
envoya le signalement de Bedford dans toutes les directions.
Le meurtrier a été arrêté à Ellis (Nebraska).

Miss Loganson, interrogée, ne peut donner aucune explication de sa découverte du crime ; elle dit simplement que
l'esprit de son frère *exerçait depuis quelques jours* une influence
sur elle.

§ 2. — *Télesthésie dans le somnambulisme naturel*
ou autres états analogues. Clairaudience.

384. — Parmi les cas de clairvoyance télesthésique
pendant le somnambulisme naturel, recueillis soit par
M. Sage dans son ouvrage *le Sommeil naturel et l'Hypnose*, soit dans d'autres publications dignes de confiance, les suivants méritent particulièrement d'être
signalés :

*Vision et relation écrite immédiatement par une
somnambule, Mlle Honorine X... de toutes les circonstances d'un naufrage en mer.* (Extrait de l'ouvrage
précité de M. Sage, p. 177):

Mlle Honorine X..., remplissant les fonctions d'institutrice chez la baronne ***, château de Saint-Sever,
vit, une nuit, dans un accès de somnambulisme auquel
elle était sujette, le bateau sur lequel s'était embarqué

un des fils de la baronne, faire naufrage en mer, près d'une côte lointaine. Les détails de l'accident furent immédiatement consignés par elle avec une grande exactitude.

Très longtemps après, ajoute M. Sage, la relation du naufrage sur les côtes de l'Orégon, écrite par le fils, arriva dans une lettre qui contenait les mêmes détails, si bien qu'il y avait identité entre les deux récits. On ne peut accuser Mlle Honorine d'avoir improvisé le sien après coup, car sa narration, *écrite en état de somnambulisme*, avait été conservée avec soin, et datée. Or la date coïncidait avec l'événement.

385. — *Observation clinique par le docteur Fanton, d'une malade, Mme A..., pendant les crises somnambuliques auxquelles donne lieu sa maladie. Vision très nette des faits et gestes de son mari en voyage.* — Sous ce titre, je résume, ne pouvant, à mon grand regret, le rapporter textuellement, un cas des plus curieux et des plus intéressants, dont le docteur Fanton, qui l'a observé au cours de sa pratique médicale, fait un récit détaillé et minutieux dans la livraison du 1er-16 décembre 1910 des *Annales des Sciences psychiques*, auxquelles sa valeur documentaire l'a fait adresser par l'illustre professeur, M. Ch. Richet.

Il s'agit d'une dame, Mme A..., à laquelle le distingué praticien a donné ses soins pendant trois années consécutives, pour deux accouchements, une métro-péritonite et diverses crises hystériformes, qu'elle eut à subir de 1883 à 1885, et qui, au cours de ce traitement, manifeste des dons de clairvoyance télesthésique extraordinaires, lui permettant, notamment, de voir le docteur Fanton mangeant une omelette aux fines herbes avant de se rendre auprès d'elle ; de lire une dépêche de son mari en voyage, adressée au même docteur pour le prévenir de son arrivée à Marseille et d'en reproduire exactement le contenu ; et, enfin d'assister aux péripéties de ce voyage et d'avertir M. Fanton que son mari n'ar-

riverait pas à l'heure indiquée par sa dépêche, attendu
que s'étant endormi dans le train, il avait manqué, à
Culoz, la correspondance pour Marseille [1].

386. — *Clairaudience. Exemples de cette forme
de télesthésie.* — Les faits spontanés d'*audition* à distance rentrent, au même titre que ceux de vision dont
on vient de parler, dans la classe des perceptions extra-
sensorielles, dites télesthésiques. Ils sont, au témoignage
de M. Maxwell [2], assez fréquents et sont généralement
associés, comme on le verra surtout au chapitre ci-après
de la Télépathie, à des phénomènes soit de télesthésie,
soit de télépathie *visuelles*, sans qu'on puisse toujours
distinguer nettement quel est, de ces deux caractères,
celui qui prédomine.

Il semble toutefois que c'est le caractère télépathique
qui s'affirme dans le cas suivant rapporté par M. Joly
dans son traité, déjà cité, de *la Psychologie des saints*,
p. 77 :

Le bienheureux Raymond de Capoue, écrit le distingué
membre de l'Institut, raconte lui-même comment il entendit, à Gênes, les paroles suivantes, que sainte Catherine de Sienne prononçait pour lui en mourant dans sa
ville natale : « Dites-lui qu'il ne faiblisse jamais. Je suis
avec lui au milieu de tous les périls ; s'il tombe, je l'ai-
derai à se relever. »

J'entendis une voix qui n'était pas dans l'air et qui prononçait des paroles que saisissait mon esprit, non mon oreille ;
et cependant je les percevais plus distinctement en moi-même
que si elles m'étaient venues d'une voix extérieure ; je ne sais
autrement rendre cette voix, si on peut appeler voix ce qui
n'avait aucun son... D'autre part, ceux qui avaient assisté aux
derniers moments de la Sainte rapportèrent ces paroles, et Raymond y reconnut celles qui étaient arrivées jusqu'à son âme.

1. Il est bien entendu que le compte rendu détaillé de cette observation, qu'il faudrait lire dans le texte, écarte toute idée de
supercherie et de simulation et ne laisse aucun doute sur la réalité des faits de clairvoyance qu'il rapporte.

2. *Les Phénomènes psychiques ;* Paris, Alcan, 1903, p. 161.

387. — Le caractère du phénomène est des plus complexes et semble être à la fois *télesthésique* et *télépathique* dans le cas suivant, que rapporte M. Léon Denis (*Dans l'Invisible*), et que je ne classe ici, à la suite du cas du bienheureux Raymond, bien qu'il y ait entre eux, à plusieurs points de vue, de notables différences, que pour réunir dans une commune observation les deux seuls exemples de clairaudience que je croie devoir citer :

Le docteur Balme, de Nancy, soignait Mme la comtesse de L...., atteinte de dyspepsie. Elle se rendait à ses consultations et ne pénétra jamais dans sa demeure située hors de la ville. Trois jours après une de ses visites, le 19 mai 1899, rentrant chez lui et traversant l'antichambre, il entendit ces mots : « Comme je me sens mal ! et personne pour me secourir ! » Puis il entendit le bruit d'un corps qui s'affaissait sur une chaise longue. La voix était celle de Mme de L.... Vérification faite, nul dans la maison n'avait vu, ni entendu cette dame. Il se retira dans son cabinet de travail, se recueillit, et, s'étant placé en léger état d'hypnose, se transporta chez la dame et la vit. Il suivit tous ses faits et gestes, et les nota minutieusement.

Lorsque Mme de L.... vint le voir, il lui communiqua ses impressions, qui se trouvèrent exactes en tous points et conformes à la réalité des faits : « Après vous être retirée dans votre chambre, lui demanda-t-il, que paraissiez-vous donc chercher autour de vous ? — *Il me semblait qu'on me regardait,* » répondit la dame.

Ce cas, qui a le mérite d'avoir été noté par un observateur expérimenté, comporte les réflexions suivantes :

C'est bien, semble-t-il, à un appel *télépathique* venu de sa malade, — appel qu'explique l'angoisse dans laquelle celle-ci se trouvait, et qui s'est traduit chez le percipient par une impression à forme auditive exercée sur son subconscient, — que le docteur Balme a répondu, en se plaçant, par un effort d'auto-suggestion, dans un état d'hypnose suffisant pour rendre possible l'extériorisation de son centre psychique de perception et, par cela même, son *excursion télesthésique* au domi-

cile de sa cliente. Cette interprétation est confirmée par
ce fait que celle-ci déclare avoir eu la sensation de sa
présence : « Il me semble, dit-elle, qu'on me regardait. »

En d'autres termes, il y a eu, d'une part, transmission
de pensée, ou de sensation, c'est-à-dire *action télépathique*, de la malade au docteur, et, d'autre part, en
réponse à la pensée transmise, extériorisation par le docteur, en état d'hémi-somnambulisme, et transfert auprès
de la malade de son centre psychique de perception,
c'est-à-dire *action télesthésique*.

Il se peut que ce mot de *transfert*, dont je me sers,
soit impropre et ne réponde pas exactement aux conditions réelles du phénomène. Peut-être l'organisme psychique n'a-t-il nul besoin de se transférer d'un point à
un autre pour agir et sentir efficacement malgré la distance. Mais les faits se passent, et c'est là tout ce que
l'on peut affirmer avec certitude, comme s'il y avait réellement transfert. Et, au fond, cela importe peu ; car, de
quelque manière qu'on les interprète, ils n'en sont pas
moins la preuve frappante et vivante des facultés et des
pouvoirs extraordinaires qui appartiennent à cet organisme psychique, distinct de l'organisme nerveux, dont
j'ai émis l'hypothèse, et qui devient de plus en plus, au
fur et à mesure que mon étude s'avance, une substantielle réalité.

§ 3. — *Télesthésie expérimentale dans le somnambu-* *lisme provoqué.*

388. — Les faits *expérimentaux* de *Télesthésie*, dont
l'observation est rendue plus accessible par la faculté
que l'on a de les provoquer, viennent s'ajouter aux faits
spontanés pour les confirmer et rendre plus éclatante la
preuve de leur objectivité.

M. Flammarion, dans son ouvrage précité *l'Inconnu
et les Problèmes psychiques* (pp. 477 et s. de l'ancienne

édition et 482 et s. de la nouvelle), en rapporte quelques-uns qui ont été décrits par Mme Henri Sidgwick et publiés par les *Annales des sciences psychiques* (1892, p. 17). Je me borne à citer ici, à titre d'exemple, d'après le récit de cette dame, l'expérience suivante faite avec un sujet endormi magnétiquement, Miss Fanie :

Miss Florence F..., une voisine, fut invitée à venir un soir, après avoir préparé une expérience comme épreuve pendant la journée...

Elle demanda à Fannie ce qu'il y avait dans son écurie (située à quelque distance du lieu de l'expérience). Celle-ci répondit : « Deux chevaux noirs, un gris et un rouge... Miss Florence : «Ce n'est pas ça, Fannie ; il n'y a que mes chevaux noirs à l'écurie. » Dix ou quinze minutes après, un frère de Miss Florence vint la rejoindre et lui dit qu'il y avait des voyageurs à la maison, et, en le questionnant, nous apprîmes que le cheval *gris* et le *rouge* leur appartenaient et qu'ils avaient été à l'écurie il y avait une demi-heure, quand Fannie les signala.

389. — M. Sage (*Le Sommeil naturel et l'Hypnose*) fournit, avec sa compétence habituelle, une importante contribution à l'étude des faits *expérimentaux* de télesthésie. Voici les plus intéressants parmi les cas qu'il a recueillis :

Expérience du docteur Charpignon. Vision par une de ses somnambules, Mlle Céline, d'un promeneur, M. Jouanneau, à plusieurs lieues de distance. (Extrait de l'ouvrage précité de M. Sage, p. 182). —Au cours des expériences de magnétisation que pratiquait le docteur Charpignon, une de ses somnambules lui déclara qu'elle voulait aller voir sa sœur, qui était à Blois.

Elle connaissait la route, raconte l'expérimentateur, et la suivit mentalement. — « Tiens, s'écria-t-elle, où va donc M. Jouanneau ? » — Sur ma demande : « Où êtes-vous donc ? — Je suis à Meung, répond-elle, vers les Mauves, et je rencontre M. Jouanneau, tout endimanché, qui va sans doute dîner à quelque château. » — Puis elle continua son voyage. Or la personne qui s'était offerte spontanément à la vue de la somnambule, était un habitant de Meung, connu des personnes présentes. On lui écrivit de suite pour savoir de lui s'il était vraiment en promenade dans l'endroit désigné, à l'heure indiquée. — La réponse confirma minutieusement ce qu'avoit dit Mme Célina.

390. — *Expériences du docteur Alfred Backman.* — M. Alfred Backman, de Kalmar (Suède), a étudié très sérieusement le phénomène de la clairvoyance, et MM. Myers et Charles Richet, qui le connaissent, affirment, dit M. Gabriel Delanne (*Recherches sur la médiumnité*), sa parfaite probité scientifique.

M. Sage (*loc. cit.*, p. 257) rapporte de lui une expérience faite à Kalmar, au [cours de laquelle son sujet, Alma Radberg, décrivit très exactement, après avoir été magnétisée, la chambre où se trouvait à la même heure le docteur Kjellmann, à Stockholm, avec certaines dispositions particulières que celui-ci avait imaginées afin de rendre l'expérience plus concluante. (V. aussi, dans Delanne, *loc. cit.*, p. 226, le compte rendu d'une expérience de même nature et du même observateur, démontrant d'une manière irrécusable la lucidité d'une jeune fille de quatorze ans, Anna Samuelsson, qui lui servait de sujet.)

391. — M. Sage décrit encore, dans son ouvrage précité :

1° (p. 260) une expérience rapportée par le Révérend H. B. Sims, dans une lettre adressée au docteur Elliotson, et au cours de laquelle le fameux sujet Alexis Didier, dont il a été parlé *supra*, n° 360, étant plongé dans le sommeil magnétique, décrivit minutieusement et exactement, et même dessina la maison, avec ses dépendances, distante de plusieurs lieues, qu'habitait M. Sims, avec mille autres détails topographiques qui furent reconnus exacts, indiqua en outre l'unique personne qui l'habitait, son âge, et décrivit son caractère et son extérieur, comme si cette personne lui eût été familière;

2° (pp. 262 et 264) deux expériences du magnétiseur bien connu F. W. Hands :

Dans la première, le sujet, Ellen Dawson, qui fut aussi le sujet du baron du Potet, et que M. Hands avait soignée magnétiquement pour du rhumatisme, se transporte, en somnambulisme, du lieu de l'expérience à Berkeley, c'est-à-dire à 140 milles de distance, pénètre dans une maison qu'elle ne connaissait pas et où M. Hands, sachant que sa femme devait y être en visite, lui avait suggéré de se rendre ; reconnaît cette dame, qui en effet s'y trouvait, la voit jouer aux cartes, voit et décrit tous ses faits et gestes, ceux des personnes présentes, leur caractère, ainsi que les lieux environnants, tels que le cimetière, l'église, etc., le tout avec la plus parfaite exactitude, comme put s'en assurer M. Hands, lorsqu'il se retrouva avec sa femme.

Dans la seconde de ces expériences, le sujet, une jeune fille, Francès Gorman, envoyée pendant son sommeil magnétique dans la maison de son frère, où l'on présumait que se trouvait, dérobé et caché par la femme de ce dernier, un acte notarié dont le mari avait le plus grand besoin, découvre l'acte en question au fond d'une malle où il était enfoui, et, par les indications qu'elle donne, permet à son frère de rentrer en possession de cet acte, qu'il avait, à maintes reprises, vainement cherché.

392. — *Expériences de M. Marcillet avec son sujet : Alexis Didier*. — Je ne puis quitter M. Sage, dont la documentation, aussi variée qu'abondante, vient de me permettre de donner ici un aperçu assez complet du phénomène télesthésique, sans renvoyer mes lecteurs aux pages 272 à 282 de son ouvrage, où cet auteur rapporte encore un certain nombre d'autres cas très remarquables, empruntés par lui à l'ouvrage, aujourd'hui oublié[1], du célèbre sujet, *Alexis Didier*, dont j'ai déjà

---

1. *Le Sommeil magnétique* (chap. XI) ; Paris, Dentu, 1856.

plusieurs fois parlé (V. *supra*, n°⁵ 360 et 391).

Le récit des séances auxquelles ce somnambule prit part, sous la direction de M. Marcillet, qui y jouait le rôle de magnétiseur, est un véritable conte des *Mille et une Nuits*, et le terme de *Panesthésie*, que M. Sage a créé pour désigner l'infinie variété des formes sous lesquelles les facultés de ce clairvoyant se sont manifestées, si l'on en croit le narrateur, n'a rien d'exagéré. On peut dire, en effet, que cette clairvoyance s'étendait *à tout* et percevait *tout* ce qui est inaccessible aux sens normaux, avec une facilité qui tient du prodige.

Malheureusement ces récits émanent d'*Alexis* lui-même et ne présentent d'autres garanties que celles résultant de son honorabilité, qui n'était d'ailleurs pas contestable, et c'est pourquoi je me dispense de consacrer à leur reproduction une place qui ne m'est que trop mesurée.

Cependant je ferai exception pour le cas suivant, mieux documenté que les autres, puisqu'il trouve à s'appuyer sur un témoignage presque officiel, celui de M. Prévost, commissionnaire au Mont-de-Piété, qui, en cette qualité, avait été victime d'un vol dont les révélations du fameux somnambule contribuèrent à faire découvrir et arrêter l'auteur. Le récit en est contenu dans une lettre que M. Prévost, lui-même, adressa au rédacteur du Journal *le Pays*, dans les termes suivants :

C'était en 1849, au mois d'août, un de mes employés venait de disparaître, en m'emportant une somme importante. Les recherches les plus actives faites par la police avaient été sans succès, lorsqu'un de mes amis, M. Linstant, jurisconsulte, alla consulter Alexis, sans me faire connaître son projet.

« La somme volée, dit le somnambule, est très considérable, elle s'élève à près de 200.000 francs. »

C'était exact. Alexis continua, disant que le commis infidèle se nommait Dubois, qu'il le voyait à Bruxelles... hôtel des Princes... où il était descendu.

Linstant partit pour Bruxelles ;... il apprit, à son arrivée, que Dubois avait effectivement logé à l'hôtel des Princes, mais que, depuis quelques heures seulement, il avait quitté la ville... M. Linstant revint à Paris... et fit connaître l'étrange révélation d'Alexis.

Curieux, à mon tour, de consulter ce clairvoyant, je priai mon ami de me conduire chez M. Marcillet. Alexis me dit qu'il voyait Dubois à la maison de jeu de Spa, qu'il perdait beaucoup d'argent, et qu'au moment de son arrestation il n'aurait plus rien...

(Le soir même, le narrateur se met en route ; mais à Bruxelles, il est retardé par les formalités administratives à remplir en vue de l'arrestation de son voleur, et il n'arrive à Spa que pour y apprendre que celui-ci avait quitté cette ville depuis quelques jours...)

De retour à Paris, je me rendis de nouveau auprès d'Alexis. — Vous avez eu peu de patience, me dit-il ; depuis quelques jours, à la vérité, Dubois est allé à Aix-la-Chapelle, il a continué à jouer... il a perdu considérablement... Il est rentré actuellement à Spa, où il va finir de laisser au jeu le peu qui lui reste...

J'écrivis immédiatement aux autorités de Bruxelles et de Spa, et quelques jours après Dubois fut arrêté à Spa. Il avait tout perdu au jeu...

393. — *Expériences du docteur Ferroul, faites en 1894, avec son sujet Anna B..., à Narbonne.* (Extrait des *Annales des sciences psychiques*, nos de mai-juin et juillet-août 1896.) — Voici quelques renseignements publiés par M. Goupil dans les *Annales des sciences psychiques* sur des expériences faites à Narbonne, en 1894, par le docteur Ferroul, maire de cette ville et ex-député, avec un sujet, Anna B..., jeune fille de vingt-six ans.

Dans la première, qui eut lieu en juin 1894 (*loc. cit.*, p. 141), Anna, endormie, se rend magnétiquement au Boulou, localité située à 86 kilomètres de Narbonne, où le docteur lui suggère de se transporter, et assiste à une scène, qu'elle décrit très exactement, ainsi qu'on a pu ensuite le vérifier, et dans laquelle une personne, connue du docteur, était couchée et soignée par un médecin, venant d'être blessée à l'épaule et aux reins par un accident de voiture.

Une autre expérience de M. Ferroul, que M. Goupil, dans la publication qu'il en a faite dans les *Annales des sciences psychiques* (*loc. cit.*, p. 145), appelle *le cas de la sous-préfecture* et qui donna lieu à une vive polémique entre les parties adverses dans les journaux de la localité, est des plus curieuses et mérite tout au moins d'être signalée.

En juillet 1894, dit le docteur Dupouy (*Traité de sciences occultes et Psychologie psychique*), auquel j'en emprunte le résumé, au moment des lois de réaction, Ferroul, comme chef du parti socialiste, était en lutte avec le parti gouvernemental. Un jour, le secrétaire de la mairie vint avertir M. Ferroul qu'un agent de la Sûreté, arrivé de Carcassonne, était venu prendre le commissaire central à la mairie, pour l'emmener chez le sous-préfet.

M. Ferroul songea à se servir des facultés d'Anna ; il l'envoya chercher, l'endormit et lui suggéra de se transporter à la sous-préfecture. La lucide lui fournit tous les détails les plus circonstanciés sur une affaire très compliquée, et tous ces détails étaient rigoureusement exacts.

Pendant toute l'année 1894, le docteur Ferroul n'a négligé aucune occasion de mettre à l'épreuve la lucidité de son sujet Anna B...., comme en témoignent les exemples très variés et très typiques qu'en donne M. Goupil (*loc. cit.*, pp. 194 et s.). Voici notamment, et c'est par là que je termine, avec le regret d'avoir à passer sous silence d'autres exemples non moins intéressants, ce que ce dernier rapporte textuellement d'une expérience que le docteur Ferroul avait eu l'heureuse idée de concerter entre deux groupes distincts d'observateurs, distants de 500 mètres, et qui devaient se réunir à la même heure :

Dans un local étaient M. Ferroul, M. David, docteur médecin à Narbonne, et Anna B...

Dans l'autre local, plusieurs personnes réunies devaient accomplir des actes quelconques.

Une simple passe sous les yeux d'Anna B... suffit pour la mettre dans l'état de somnambulisme lucide...

Dans ladite expérience, elle conserva, comme cela a lieu parfois dans le rêve ordinaire, le sentiment de la distance. M. F... lui ayant donné l'ordre de se rendre dans l'autre groupe, elle s'imagina qu'elle s'y transportait à pied avec M. F... et dit : « N'allez pas si vite, je ne puis vous suivre ! »

Elle dépeignit ensuite les personnes réunies, dont quelques-unes étaient inconnues d'elle, et MM. Ferroul et David. Elle dit leurs noms en les entendant nommer par les autres personnes.

Voici une partie de ses déclarations: « Ils disent que ça n'est pas possible. Enfin, dit M. B..., essayons. — Qu'allons-nous faire ? dit M. H... — Jouons aux jeux innocents, dit Mme H... — Ah ! ils placent la petite K... au milieu d'eux, ils lui bandent les yeux (ici description du jeu). — C'est égal, dit M. B..., nous avons l'air d'un tas de... ici réunis. — Oh ! oh ! dit M. H..., il y a des dames ici, etc... »

M. Ferroul prenait note de tout ce que racontait le sujet, et, lorsque l'expérience fut terminée, il mit sous enveloppe la relation dictée, la fit porter immédiatement aux personnes rassemblées, et la relation fut trouvée exacte de tous points.

394. — Expérience de M. Maxwell avec Mme Agullana. — Enfin, pour clore cette aride et déjà trop longue documentation, je ne puis mieux faire que de citer une expérience faite par M. Maxwell, avec son sujet, Mme Agullana, et dont il a rendu compte dans son traité, déjà cité, des Phénomènes psychiques (pp. 191 et s.) : expérience d'autant plus intéressante qu'elle confirme entièrement les résultats si remarquables des travaux de M. de Rochas, tels que je les ai résumés (supra, nᵒˢ 204 et s.), et qu'elle conduit M. Maxwell à considérer, comme je l'ai fait moi-même (supra, nᵒˢ 213 et 344), le phénomène de la vision à distance comme une suite, un développement du phénomène plus général de l'extériorisation de la sensibilité :

J'ai déjà parlé, écrit ce savant observateur (p. 192), de Mme Agullana, sujet très sensible... J'eus l'occasion de me trouver un soir chez elle avec M. B... et je voulus faire voir à ce dernier, qui ne paraissait pas les connaître, les effets du sommeil profond (obtenu par les passes magnétiques). Je prolongeai mes passes longitudinalement, du front à l'épigastre, pendant plus de 25 minutes... Je fis quelques passes encore et fis remarquer à M. B... que si Mme A... paraissait avoir de l'anesthésie cutanée, elle semblait percevoir les piqûres à deux ou trois centimètres au delà de la peau. Les passes furent continuées encore pendant assez longtemps, un quart d'heure environ; à ce moment, Mme A... parut présenter les deux particularités suivantes: 1° sa sensibilité semblait localisée derrière elle, à environ un mètre en arrière d'elle et à soixante centimètres au-dessus du niveau de la tête. Elle tressaillait quand, précaution prise pour qu'elle ne s'en aperçût pas, on pinçait l'air à l'endroit sus-indiqué; 2° seules, les personnes *en rapport* avec elle — dans le sens donné à ce mot par M. de Rochas — pouvaient l'impressionner; le contact et le pincement des autres personnes n'étaient pas perçus... Puis les phénomènes se développaient; Mme Agullana prétendait être hors de la maison. Je lui dis d'aller voir ce que faisait un de mes amis, M. B..., bien connu d'elle. Il était 10 heures 20 du soir. A notre grande surprise, elle nous dit « *qu'elle voyait M. B... à demi déshabillé se promener pieds nus sur la pierre* ». Cela ne nous parut avoir aucun sens. Cependant j'eus l'occasion de voir mon ami le lendemain... Il se montra très étonné et me dit textuellement: « Hier soir, je n'étais pas bien; un de mes amis, M. S..., qui habite chez moi, me conseilla d'essayer la méthode Kneipp et me pressa avec tant d'insistance que, pour lui donner satisfaction, j'essayai pour la première fois hier soir de me promener nu-pieds sur la terre froide. J'étais, en effet, à demi déshabillé quand j'ai fait ce premier essai; il était 10 h. 20, et je me suis promené quelque temps sur les premières marches de l'escalier, qui est en pierre. »

Commentant cette expérience, M. Maxwell ajoute : « Ce phénomène, que les anciens magnétiseurs appelaient la lucidité, la clairvoyance ou, plus exactement, la vision à distance, me paraît être un développement des faits signalés par M. de Rochas ; *les choses se passent comme si la sensibilité tout entière était extériorisée à des distances variables.* C'est la *télesthésie*, phénomène analogue, dans le domaine sensitivo-sensoriel, à la *télékinésie motrice*. »

§ 4. — *Observations générales sur le phénomène télesthésique.*

395. — Comment concevoir que certains sensitifs puissent voir ou entendre, dans le rêve, ou dans le somnambulisme et autres états analogues, ce qui se passe au loin, bien au delà de la portée de leurs sens différenciés ?

C'est la question que se posent tous les psychologues, après qu'ils ont constaté que le fait est réel et établi par de nombreux témoignages et des expériences décisives.

C'est ce que se demande notamment M. Metzger à la page 124 de son *Essai sur le spiritisme scientifique,* déjà cité :

Plusieurs hypothèses, dit-il, sont possibles:

1° Après avoir été mis en rapport, d'une manière quelconque, avec les personnes ou les choses sur lesquelles il s'agit d'obtenir des renseignements, la volonté (du sensitif) tend vers l'endroit désigné et, par un mécanisme que nous ignorons, la pensée connaît, jusque dans leurs moindres détails, les événements qui s'y accomplissent ou les objets qui s'y trouvent.

2° C'est une intelligence extra-terrestre, un esprit, qui fait passer devant ses yeux ou plutôt devant son âme, par suggestion continue ou transmission de pensée, les tableaux et les scènes qu'il décrit avec une si surprenante précision.

3° L'âme s'éloigne du corps, et se transporte directement, personnellement, avec toutes ses facultés pensantes et sa sensibilité propre, dans le lieu ou chez les personnes sur lesquels son attention a été appelée. Elle se rend compte exactement de toutes les circonstances capables d'intéresser le consultant ; puis, ayant repris possession de son organisme physique, elle rapporte ce qu'elle a vu et entendu.

Cette dernière hypothèse, ajoute M. Metzger, trouverait un appui dans les dires mêmes des somnambules dont un certain nombre, d'entre les meilleurs, « ont le sentiment très net que quelque chose qui est en eux se

détache de leur corps et se porte vers le but fixé... »,
tandis que d'autres, comme dans l'exemple cité par
Charpignon (V. *supra*, nᵒ 389), déclarent rencontrer,
sur le parcours de leur excursion somnambulique, telle
ou telle personne qui de fait se trouvait, au même moment, de passage au point précis désigné par le sensitif.

396. — De ces trois hypothèses, proposées pour expliquer le phénomène télesthésique, la première n'explique
rien et ne fait que reculer la difficulté ; la seconde suppose au fait des communications spirites un caractère
de généralité et de fréquence qui, même pour les
adeptes du spiritisme, est loin d'être établi.

Quant à la troisième, il est visible que c'est vers elle
que penche l'auteur que je viens de citer, puisque,
d'ailleurs, un peu plus loin (p. 127), au sujet de cette
possibilité qu'il suppose à l'âme de se détacher du corps
pour se transporter dans l'espace, il déclare que les
faits (qu'il rapporte ensuite) en fournissent la preuve
irréfutable.

C'est bien aussi à cette hypothèse que notre grand
psychologue anglais, Myers, donne la préférence,
lorsque, dans son ouvrage sur *la Personnalité humaine*,
il dit (p. 245 de l'édition française), donnant une conclusion à l'ensemble des faits expérimentaux observés
par lui : « qu'il semble s'y manifester la faculté pour
l'âme de visiter à son gré et en toute indépendance du
corps, n'importe quel endroit... ».

397. — Pour ceux des psychologues qui, comme je
l'ai fait dans cet ouvrage, rattachent tous les faits de
psychologie expérimentale à la loi de l'*extériorisation
psychique*, la question sur laquelle je viens de donner
l'avis de Metzger et de Myers, ne se pose même pas, ou
plutôt elle est toute résolue par cette loi même, dont
l'universalité paraît bien établie et dont les phénomènes
transcendantaux, tels que l'extase, la télesthésie et la
télépathie, pour n'en citer que quelques-uns, ne sont
que des applications.

Du jour où M. de Rochas (V. *supra* nᵒˢ 204 et s.) a expérimentalement démontré que la sensibilité, dans certains états de l'hypnose, au lieu d'être momentanément anéantie, comme on le pensait autrefois, en invoquant un phénomène d'inhibition des centres nerveux, est en réalité déplacée, extériorisée au delà de la périphérie de ces centres, il a trouvé la clef du problème télesthésique. Cette extériorisation, en effet, n'étend pas au delà de ses limites naturelles le rayonnement du système nerveux, puisqu'au contraire celui-ci est paralysé dans sa fonction et de l'état *dynamique* retombe en quelque sorte à l'état *statique* ; elle fait plus, elle déplace et transporte à des distances variables et, semble-t-il, indéfinies, le siège même de la sensibilité, ce qui prouve que ce siège réside, non pas seulement où on le plaçait autrefois, mais dans un organisme spécial, l'organisme psychique, qui généralement reste uni à l'organisme nerveux, mais est capable, en certaines circonstances particulières, définies au cours de cet ouvrage, de s'en séparer et de fonctionner sans lui.

Étant donc établi que ce siège de la sensibilité peut se déplacer, entraînant avec lui, comme on l'a vu *supra* (nᵒˢ 199 et s.), toutes les autres facultés de l'âme (pensée, volonté, force vitale, organisatrice, motrice et idéoplastique), le problème de la télesthésie se trouve implicitement résolu, et tous les faits, toutes les expériences, dans lesquels on voit l'âme humaine, pourvue de son organisme spécial, manifester son activité psychique en dehors de la périphérie des sens, et percevoir, directement et à des distances illimitées, les vibrations et les rayonnements que ceux-ci sont impuissants à percevoir, — tous ces faits, dis-je, apparaissent, avec une clarté éblouissante, ainsi que je l'ai déjà dit au commencement de ce chapitre (*supra*, nᵒˢ 344 et s.), comme des conséquences directes de la loi d'extériorisation psychique, que tout, dans la vaste synthèse à travers laquelle je conduis mes lecteurs, concourt à établir.

SECTION IV

PRÉVISION DE L'AVENIR (PRESSENTIMENTS, PRÉCOGNITIONS, PRESCIENCE ET DIVINATION)

398. — L'âme humaine, lorsque son organisme psychique est extériorisé par le sommeil naturel ou par les influences hypnotiques de diverses natures et de diverses origines, telles que, notamment, celles provenant du somnambulisme naturel ou provoqué, est capable de percevoir non seulement le rayonnement et les vibrations des choses et des êtres, *présents ou passés*, qui, par suite, soit d'obstacles de toutes sortes, soit de la distance des lieux où ils exercent leur action, sont inaccessibles aux sens ordinaires; mais encore des choses et des êtres *futurs* qui, pour l'homme soumis aux lois et aux limitations du temps et de l'espace, n'ont pas encore à proprement parler d'existence.

Cicéron disait déjà, ce qui prouve que ce phénomène n'avait pas échappé aux penseurs de l'antiquité : « *Quum est somno evocatus animus à societate corporis, tum meminit præteritum, præsentia cernit, futura prævidet.* »

Qu'il en soit ainsi et que l'âme puisse exceptionnellement lire dans l'avenir, qui pour l'homme terrestre est comme s'il n'existait pas, je ne me charge pas de l'expliquer de manière à rendre clair et compréhensible à tous les esprits un phénomène aussi invraisemblable. Mais clair ou non, c'est un fait, et un fait établi non seulement par de nombreux documents historiques, ainsi que je l'ai montré dans la première section de ce chapitre, mais encore par les observations et expériences approfondies de la psychologie expérimentale, telles que je vais les résumer de mon mieux dans la présente section.

399. — Un des psychologues les plus avisés de notre époque, M. Charles Richet, que son esprit largement scientifique met à l'abri de toutes les affirmations aventureuses, et qui a ouvert une enquête sur les faits de prémonition, enquête dont il a tracé le programme dans la livraison du 1er février 1908 des *Annales des sciences psychiques*, déclare expressément que « *les prémonitions* sont, parmi les faits de la métaphysique subjective, *ceux qui ont à la fois le plus de certitude et le plus d'obscurité* : — *certitude*, car il en existe des cas absolument authentiques ; *obscurité*, car l'intelligence humaine actuelle ne peut en rien les comprendre ».

Cette opinion est partagée par le savant et si populaire astronome, Flammarion, qui, lui aussi, a entrepris sur les mêmes faits de prémonition une enquête, dont je fais connaître plus loin les premiers résultats, et qui, tout récemment, au cours d'une réunion tenue à l'occasion de son jubilé scientifique, le 26 février 1912, par la section parisienne de la *Société universelle des études psychiques*, traçait aux membres de cette Société le programme des problèmes qu'ils avaient à résoudre, dans des termes qui ne laissent aucun doute sur la fermeté des nouvelles convictions auxquelles ses recherches en cette matière l'ont conduit. — V. *Annales des sciences psychiques* (mars 1912, p. 93).

400. — M. Léon Denis, dans son ouvrage déjà cité *Dans l'Invisible* (p. 174), dit que la divination a été pratiquée dans tous les temps et que son rôle dans l'antiquité est considérable.

Parlant ensuite des *pressentiments*, qui ne sont que les formes les plus simples et les plus rudimentaires de cet étrange phénomène, il ajoute que le pressentiment est « l'intuition vague et confuse de ce qui doit arriver », et fait remarquer, avec Joseph de Maistre, *que l'homme est informé naturellement de toutes les vérités utiles.*

Notons toutefois que le pressentiment n'est pas toujours une simple et vague intuition. Il a quelquefois, au contraire, toutes les apparences d'une prémonition *télépathique*, de forme *auditive*, à la fois très précise et très pressante, mais dont l'origine reste inconnue.

C'est ainsi, notamment, d'après ce que rapporte M. Metzger dans son ouvrage déjà cité *Essai de spiritisme scientifique*, p. 147, que le capitaine Mac Gowan, au service des États-Unis, échappa à l'incendie du théâtre de Brooklyn, dont il eût été probablement victime, avec ses deux fils, s'il n'avait, le jour même de la représentation pour laquelle il avait retenu des places, entendu à plusieurs reprises une voix intérieure lui répéter avec insistance : « Ne va pas au théâtre ! »

C'est encore à un avertissement de même nature plusieurs fois répété : « *N'allez pas avec ces hommes ! Fermez votre porte à clef !* » que — dans le cas rapporté par M. Gabriel Delanne dans son ouvrage *le Phénomène spirite*, p. 141 — un jeune vicaire de Yorkshire qui, étant de passage à Invercaxde (Nouvelle-Zélande), avait accepté un soir de se rendre le lendemain matin à une partie de pêche avec un jeune homme qu'il avait rencontré, et dut, de rester sourd à l'appel de son compagnon qui vint le réveiller à l'heure convenue, d'échapper ainsi à un naufrage où tous les pêcheurs trouvèrent la mort.

401. — C'est principalement dans le rêve ou dans le somnambulisme, soit naturel, soit provoqué, que se manifeste la faculté de pressentir ou de prévoir nettement l'avenir. La raison en est, comme je l'ai déjà fait remarquer au commencement de ce chapitre (V. *supra*, n° 344) que c'est dans ces deux états surtout que l'âme est le plus apte à s'extérioriser et, par conséquent, à manifester jusqu'à leurs plus extrêmes limites ses facultés de clairvoyance et de divination.

§ 1er. — *Faits de prévision de l'avenir dans le rêve.*

402. — J'ai déjà cité, à titre d'exemples, au chapitre *Du Sommeil et des Rêves* (V. *supra*, nos 52 à 55), de nombreux cas de prévision de l'avenir observés dans les rêves. Il est nécessaire, pour qu'il ne subsiste aucun doute dans l'esprit de mes lecteurs sur l'objectivité du phénomène, que je complète ici ma documentation. Les éléments m'en sont fournis soit par l'ouvrage, plusieurs fois cité, *l'Inconnu et les Problèmes psychiques*, dans lequel M. Flammarion a publié les résultats de son enquête sur les divers phénomènes de clairvoyance[1], soit par l'ouvrage de M. Sage *le Sommeil naturel et l'Hypnose*, également connu de mes lecteurs, soit par d'autres publications.

Voici d'abord ceux que j'ai recueillis dans le premier de ces deux ouvrages ; je prends soin d'indiquer pour chacun d'eux les pages qu'ils occupent dans l'ancienne et la nouvelle édition, afin que mes lecteurs puissent au besoin s'y reporter.

403. — *Mariage d'Émile de la Bédollière* (pp. 509 de l'ancienne édition, ou 516 de la nouvelle) :

Lors de mes débuts dans le journalisme, à Paris, raconte lui-même M. Flammarion, j'avais pour collègue, au *Siècle*, un écrivain charmant... Émile de la Bédollière. Son mariage est dû à un rêve prémonitoire.

Dans une petite ville du centre de la France, à la Charité-sur-Loire (Nièvre), il y avait une jeune fille ravissante de grâce et de beauté... Plusieurs prétendants aspiraient à sa main et l'un d'eux, que les parents préféraient, avait une grande fortune. Mais Mlle Angèle Robin ne l'aimait pas et le refusait.

Un jour.., elle pria la Sainte Vierge de lui venir en aide.

1. Le chapitre IX de cet ouvrage (pp. 504 à 563 de l'anc. éd. et pp. 511 à 575 de la nouvelle) est spécialement consacré à l'étude des faits de prémonition dans le rêve et dans le somnambulisme et contient le récit, sévèrement contrôlé, de 76 cas de cette nature.

La nuit suivante, elle vit en rêve un jeune homme, en costume de voyageur, portant un grand chapeau de paille et des lunettes... A son réveil, elle déclara à ses parents qu'elle refusait absolument le prétendant et qu'elle attendrait...

L'été suivant, le jeune Émile de la Bédollière est entraîné par un de ses amis.... à faire un voyage dans le centre de la France. Ils passent à la Charité et vont à un bal de souscription. A leur arrivée, le cœur de la jeune fille bat tumultueusement dans sa poitrine, ses joues se colorent d'un rouge incarnat, le voyageur la remarque, l'admire, l'aime, et, quelques mois après, ils étaient mariés. C'était la première fois de sa vie qu'il passait dans cette ville.

404. — Les avertissements les plus variés sont donnés dans des rêves que l'événement a confirmés et dont chaque récit, adressé à M. Flammarion par ses correspondants, a été contrôlé par lui :

Ici (p. 518 de l'ancienne édition et p. 527 de la nouvelle), c'est une conversation entendue en rêve par le narrateur, et dont le contenu, absolument mot pour mot, et toutes les circonstances extérieures, soigneusement notées par lui, sont confirmés en fait quelques jours après.

Là (p. 522 de l'ancienne édition et 534 de la nouvelle), c'est l'enterrement d'un enfant, dont le rêveur a la vision, qui meurt accidentellement à quelques jours d'intervalle.

Un correspondant de M. Flammarion lui adresse du Havre le récit suivant (pp. 523 et 525 de l'une et l'autre édition) :

Le 25 novembre 1860, étant à chasser en mer, vers 4 heures du soir, dans une barque, nous revenions et n'étions plus qu'à 20 mètres du rivage, lorsqu'un de mes amis avoua qu'il avait rêvé, la nuit précédente, qu'il mourrait noyé. Je le rassurai en lui disant que dans dix minutes nous serions à terre.

Quelques instants après, notre barque chavira et deux de mes amis, dont celui en question, se noyèrent malgré les soins que nous leur avons prodigués...

Dans un autre récit (pp. 525 et 537 de l'une et l'autre édition), un lieutenant de vaisseau, habitant Rochefort, rapporte que sa femme, une nuit qu'elle s'était endormie au chevet de sa mère malade, vit en rêve celle-ci, qui lui dit : « Tu me perdras à 11 heures ». Et la prédiction s'accomplit exactement à l'heure dite.

Enfin (pp. 545 et 556, ancienne et nouvelle édition), M. Alfred Cail raconte à M. Flammarion que tenant à assister son frère cadet, Aristide, qui devait tirer au sort pour son service militaire, le 10 janvier 1874, il le rejoignit la veille à Nieuil (Vendée), où habitait leur mère et où il passa la nuit.

Après le dîner, écrit-il, pendant lequel la conversation roula sur les chances du tirage au sort, j'allai me coucher vers dix heures.

La préoccupation, sans doute, me fit rêver, et je vis distinctement mon frère Aristide mettant sa main dans l'urne, retirant un numéro, et me montrant le chiffre, *considérablement agrandi*, de 67.

Réveillé en sursaut, j'allume ma bougie et regardant l'heure, je constate *3 heures du matin*.

En me levant à 8 heures, je fis part de mon rêve à ma mère, à mon frère, au garde champêtre et aux conscrits de la commune, qui en rirent fort.

Mais, à 3 heures de l'après-midi exactement, le même jour, au chef-lieu de canton *Saint-Hilaire-des-Loges* (Vendée), mon frère tirait de l'urne le fameux numéro 67, et me le montrait du même geste que dans le rêve de douze heures auparavant...

405. — C'est à l'ouvrage de M. Sage : *le Sommeil naturel et l'Hypnose*, que j'emprunte les deux cas suivants de rêves prémonitoires :

1er cas (Extrait par M. Sage, *loc. cit.*, p. 323, des *Proceedings* S. P. R., vol XI, p. 491).

Une nuit de 1893, M. Haggard, consul britannique à Trieste (Autriche), fit le rêve suivant : Il acceptait avec sa femme à dîner chez le consul général allemand. Ils étaient introduits dans une vaste pièce, avec, aux murs, des panoplies d'armes de l'Est africain... Après dîner, il examinait ces armes et faisait remarquer au vice-consul de France, qui le rejoignait à ce moment, une belle épée, montée en or, qui devait être un présent fait à leur hôte par le sultan de Zanzibar. Le consul de Russie survenait sur ces entrefaites, attirait l'attention sur la petitesse de la poignée de cette épée, petitesse qui aurait rendu cette arme inutilisable pour un Européen et, pour appuyer ses dires, il prenait l'arme et faisait un moulinet au-dessus de sa tête. M. Haggard à ce moment s'éveilla, et telle avait été l'intensité du rêve qu'il éveilla aussi sa femme pour le lui raconter.

Six semaines plus tard, le rêve se réalisait dans les moindres détails.

2° cas (Extrait par M. Sage, *loc. cit.*, p. 325, des *Proceedings S. P. R.*, vol. XI, p. 489) :

M. Kinsolving, de Philadelphie, rêve qu'il est dans un bois et rencontre un serpent à sonnettes ; heureusement il le tue et *remarque une malformation* de la queue. Le lendemain, il va se promener dans les montagnes ; soudain le souvenir de son rêve lui revient, juste à temps pour lui éviter de mettre le pied sur un serpent à sonnettes enroulé. Le serpent est tué : on l'examine : c'est absolument celui du songe.

406. — M. de Rochas, dans son ouvrage déjà cité sur *les Vies successives* (p. 363), rapporte un certain nombre de cas de prémonitions dans le rêve et, entre autres, une observation d'un puissant intérêt, due au docteur Marc Fage (d'Ambarès), que le docteur Thibaut a utilisée dans sa thèse intitulée *Essai psychologique et clinique de la sensation du « Déjà vu »* (publiée à Bordeaux en 1899).

Cette observation, qui rappelle celle dont il a été fait mention (*supra* n° 403) au sujet du mariage de la Bédollière, et qu'il faudrait lire dans le texte pour en comprendre toute la valeur documentaire, peut être ainsi résumée :

Il s'agit d'un ingénieur, M. X..., occupant une haute situation, qui, ayant perdu sa femme et ne voulant pas se remarier, est néanmoins assailli, trois ou quatre mois après, d'obsessions matrimoniales, se manifestant chaque fois sous la forme d'un rêve, toujours identique à lui-même, dans lequel il voit une jeune fille, avec laquelle on le pousse à se marier, et dont la vision devient tellement précise et lui plaît tant qu'il se décide à l'épouser et qu'une enfant (une fille) naît de cette union.

A quelque temps de là, un membre de la *Société de Saint-Vincent-de-Paul*, sous prétexte de solliciter une offrande, se présente chez lui et lui fait des propositions de mariage avec une jeune fille dont le prénom (Mathilde), la situation de famille, les qualités, etc., correspondent exactement avec ceux de la personne vue en rêve. Il accepte une entrevue et se rend à la propriété que celle-ci habite à la campagne où, dès son arrivée, il retrouve, *traits pour traits*, dans la personne de Mathilde et dans les lieux et les êtres qui l'entourent, toutes les particularités de ses rêves. Frappé de ces circonstances, il croit à un avertissement d'en-haut, et le mariage se réalise. Peu de temps après, de ce mariage, naissait une fille, à laquelle on donnait le nom que portait celle du rêve.

Dans le même *Traité des Vies successives* (p. 370), M. de Rochas publie les confidences que lui a faites Mme la générale G... sur les rêves prémonitoires dont elle était coutumière :

J'ai eu, lui écrit-elle, dans de nombreuses circonstances de ma vie, des rêves prémonitoires et déconcertants que j'ai communiqués à l'avance à mon entourage. J'ai décrit (j'en ai fait des croquis) des maisons que je n'avais jamais vues ; j'ai annoncé des deuils ; j'ai vu en rêve, étant jeune fille, lors de mon examen pour le brevet supérieur, le devoir d'histoire que nous allions avoir le lendemain. C'était l'histoire de Catherine II... Tout dernièrement, mise au défi par mon fils, j'ai vu en rêve une partie du texte de la dissertation d'histoire donnée au concours des Affaires étrangères. J'ai eu ce rêve le 12 février, c'est-à-dire deux mois avant le concours, alors que le sujet n'était pas choisi, bien certainement.

A la page 377 du même ouvrage, M. de Rochas fait suivre les documents qu'il vient de rapporter des réflexions suivantes :

On ne doit accueillir qu'avec beaucoup de défiance les récits des personnes qui disent avoir prévu des événements extraordinaires ; cependant il est des témoignages qu'on ne peut révoquer en doute et c'est à ce titre que je rapporterai le fait suivant arrivé à notre célèbre chirurgien, le baron Larrey, qui me l'a raconté. Une nuit, il rêva quatre numéros pour mettre à la loterie, et, le lendemain, pressé d'aller à sa visite, il pria Mme Larrey de faire elle-même la mise. Mais quelle fut sa douleur, en rentrant chez lui, d'apprendre que les numéros étaient sortis et que sa commission avait été oubliée.

On a cité un grand nombre de cas semblables. Si l'on était tenté d'attribuer celui-ci *au hasard*, je prierais le lecteur de se rappeler que le joueur avait 2.555.189 chances contre lui.

§ 2. — *Faits de prévision de l'avenir dans le somnambulisme, naturel ou provoqué, dans tous autres états analogues, et dans les états normaux ou paraissant tels.*

407. — Dans le rêve, les phénomènes de prescience, lorsqu'ils se produisent, n'ont pas d'autres observateurs, pour en attester et en garantir l'authenticité, que le rêveur lui-même, qui doit être cru sur parole.

Il n'en est pas de même de ceux qui se produisent dans le somnambulisme, soit naturel, soit provoqué, ou dans tout autre état analogue, tel que, par exemple, *la transe médiumnique*, ou même dans certains états, normaux en apparence, mais laissant supposer qu'un certain ébranlement de l'organisme, dont les causes restent inconnues, a déterminé chez le sujet une extériorisation psychique semblable à celle qui résulte du sommeil naturel ou magnétique. Ceux-ci, en effet, se prêtent, bien mieux que ceux du rêve, à une observation expérimentale, puisqu'ils ont généralement des témoins qui peuvent noter immédiatement les prédictions faites en leur présence et s'assurer ensuite de leur réalisation.

Aussi, les observations recueillies en cette matière présentent-elles en général un plus grand intérêt pour le psychologue que celles auxquelles ont donné lieu les rêves prémonitoires, et ont-elles une plus grande portée.

En voici quelques-unes, notamment, qui, à ce point de vue, ne laissent rien à désirer. Elles appartiennent à la classe des faits de prescience constatés dans l'état somnambulique naturel ou provoqué, et ont été recueillies par M. Flammarion à la suite de l'enquête dont j'ai parlé (*supra*, n° 402) dans son ouvrage *l'Inconnu et les Problèmes psychiques.*

408. — A. *Faits de prescience dans le somnambulisme naturel ou provoqué.* — La première de ces observations (Flammarion, *loc. cit.*, pp. 552 de l'ancienne édition et 564 de la nouvelle) est d'autant plus intéressante qu'elle émane d'un savant des plus distingués et très versé dans les sciences psychiques, le docteur Liébault qui, dans une étude sur *la Thérapeutique suggestive,* en a rendu compte dans les termes suivants :

Elle est extraite, écrit le distingué praticien, d'un de mes registres, à son rang, n° 339, 7 janvier 1886 :

Est venu me consulter aujourd'hui, à 4 heures de l'après-midi, M. S. de Ch., pour un état nerveux sans gravité... Il avait, quelques années auparavant, rendu visite à Mme Lenormand, nécromancienne, qui lui avait dit : « Vous perdrez votre père dans un an, jour pour jour. Bientôt vous serez soldat (il avait alors dix-neuf ans), mais vous n'y resterez pas longtemps. Vous vous marierez jeune ; il vous naîtra deux enfants et vous mourrez à vingt-six ans. »

Cette stupéfiante prophétie, que M. de Ch... confia à des amis et à quelques-uns des siens, il ne la prit pas d'abord au sérieux ; mais son père étant mort le 27 décembre 1880, après une courte maladie et juste un an après l'entrevue de la nécromancienne, ce malheur ébranla quelque peu son incrédulité. Et, lorsqu'il devint soldat, seulement sept mois, lorsque marié peu après, il fut devenu le père de deux enfants, et qu'il fut sur le point d'atteindre vingt-six ans, ébranlé définitivement par la peur, il crut qu'il n'avait plus que quelques jours à vivre. Ce fut alors qu'il vint me trouver.....

(Suit, dans le texte du rapport, l'indication des mesures tentées par le docteur pour combattre et dissiper la noire

obsession, l'idée fixe du consultant, tentatives qui paraissent
avoir réussi, et le rapport continue) :

Je ne pensais plus à rien de cela lorsque, au commencement d'octobre, je reçus une lettre de faire part par laquelle
j'appris que mon malheureux client venait de succomber le
30 septembre 1885, dans sa vingt-septième année, c'est-à-
dire à l'âge de vingt-six ans, ainsi que Mme Lenormand
l'avait prédit.

409. — Je cite, pour mémoire seulement, faute de
place pour le rapporter dans toute son étendue, le
compte rendu, signé de M. Louis d'Ervieux, et certifié
par un témoin C. Deslion, d'un cas assez complexe de
clairvoyance télesthésique et de *prévision*, publié dans
les *Annales des sciences psychiques* de l'année 1896
(p. 205) et reproduit par M. Flammarion dans son ouvrage précité de *l'Inconnu et les Problèmes psychiques*
(pp. 555 de l'ancienne édition et 567 de la nouvelle) :

Une amie du narrateur, lady A....., ayant été victime
d'un vol commis dans son hôtel des Champs-Élysées,
et dont la police, malgré de nombreuses recherches, ne
parvint pas à découvrir l'auteur, M. L. d'Ervieux, accompagné de l'institutrice au service de Mme A... et de
Mme Deslions, se rend chez une somnambule jouissant
d'une certaine notoriété à Paris, et cette profession-
nelle, après une mise en scène où le marc de café joue
son rôle habituel[1], entre dans les détails les plus circonstanciés sur la scène du délit, qui, d'après elle, avait
été commis par un des domestiques de la maison, dépei-
gnant pièce par pièce, et d'une manière exacte, la topo-
graphie de l'hôtel, l'armoire et le sac de voyage dans
lequel l'argent était placé et la manière dont il a été
soustrait; faisant défiler, comme dans un kaléidoscope,
les sept domestiques au service de Mme A... dont elle
dit exactement le sexe et les attributions, et parmi les-

1. Comme le fait remarquer le directeur des *Annales des sciences
psychiques*, il ne faut voir dans l'emploi, par les *professionnels*, des
cartes et du marc de café, qu'un moyen employé inconsciemment
par le sujet pour se mettre en état d'auto-somnambulisme.

quels se trouvait, assure-t-elle, le voleur. Invitée à désigner plus explicitement celui des sept domestiques qui
était l'auteur du vol, elle s'y refuse : mais elle ajoute
que, si le délit devait rester impuni, *du moins le coupable, deux ans plus tard, subirait la peine capitale.*

Deux ans après, en effet, Lady A.... recevait, venant
du tribunal de la Seine, l'avis de se rendre, comme
témoin, au Palais de Justice. On avait trouvé l'auteur
du vol ; c'était l'un des sept domestiques, qui venait de
se faire arrêter pour un crime (l'assassinat de Mme Cor-
net) commis dans une autre maison où il s'était placé.
Cet ancien domestique de lady A..., qu'on appelait fami-
lièrement *Le Petit*, à cause de sa douceur et de ses
bons services et sur lequel les soupçons de sa maîtresse
ne s'étaient jamais portés, n'était autre que Marchan-
don, de sinistre mémoire, qui, reconnu coupable du
crime pour lequel on l'avait arrêté, et non gracié, subit
à Paris, il y a quelques années, la peine capitale.

410. — J'ai, au cours de ce chapitre (*supra*, n° 369),
montré que les malades, soumis ou non au traitement
magnétique, — quand sous l'influence de ce traitement
ou sous toute autre influence de nature hypnotique, ils
tombent en état de somnambulisme ou tout autre état semblable — acquièrent quelquefois un nouveau sens, une
nouvelle faculté, à laquelle on donne le nom *d'autoscopie*,
lorsqu'elle s'exerce sur eux-mêmes et à leur profit, et de
diagnostic sensitif, lorsqu'elle est mise au service d'un
autre malade mis en rapport avec eux, et qui leur permet, non seulement de voir et de décrire les symptômes
de la maladie, mais encore d'en prévoir les diverses
phases, les accès, l'évolution, en un mot, et quelquefois
l'époque précise de la guérison ou de la mort. J'ai dit
en outre, après avoir cité quelques exemples de cette
faculté, que réduite, comme elle semblait l'être, dans
les quelques cas que j'ai cités (n°s 369 et 370), à des
faits qu'une connaissance approfondie de la maladie per-

mettait à la rigueur de prévoir, comme des conséquences naturelles d'un état organique dans les profondeurs duquel l'autoscopie du sujet le faisait pénétrer, elle n'excédait pas la limite des pouvoirs de vue directe, d'analyse profonde et de déduction logique auxquels l'être psychique, quand il est extériorisé, peut prétendre. J'en concluais que ces prévisions ne devaient pas, du moins en général, être considérées comme de véritables faits de prescience et ne présentaient pas les mêmes difficultés d'explication que cette dernière catégorie de phénomènes.

Il n'en est ainsi toutefois qu'autant que les prévisions restent dans les limites de ce que la raison discursive, en la supposant très éclairée et portée à sa plus haute puissance par le somnambulisme, peut vraisemblablement déduire, et tel n'est pas le cas, semble-t-il, des diverses observations que M. Flammarion, continuant avec une persévérance inlassable l'enquête dont j'ai signalé au cours de ce chapitre les premiers résultats, a recueillies et publiées dans les *Annales des sciences psychiques* des 1er-16 septembre 1911 (p. 267), et spécialement des deux suivantes, où le malade annonce la date de sa mort avec une précision et dans des conditions telles qu'on ne saurait leur reconnaître d'autre caractère que celui de faits de prescience proprement dits.

La première de ces observations, que M. Flammarion déclare absolument authentique, lui a été communiquée par Mme Frondoni-Lacombe, de Lisbonne, dans la lettre suivante :

Ici, à Lisbonne, à l'hôpital Saint-Louis-des-Français, une sœur de Saint-Vincent-de-Paul, sœur Marie Louchon, se sentait fort souffrante de l'estomac et dans un grand état de prostration. La supérieure fit venir le médecin (et sœur Marie fut administrée ; c'était un lundi...) La malade, très résignée, pria alors ses compagnes de ne pas se tourmenter et de dormir tranquilles, car, affirma-t-elle, elle ne devait

mourir que le samedi suivant. « Comment le savez-vous ?
lui demanda la supérieure. — Par la Sainte Vierge, répondit sœur Marie. Elle vient de m'apparaître et de me le dire.
Toute ma vie je lui ai exprimé le désir de mourir un samedi,
le jour qui lui est consacré. »

La supérieure crut à une hallucination. Le mardi, le mercredi, le jeudi, le vendredi et le samedi jusqu'à six heures du
soir, aucune aggravation de la maladie n'annonçait la fin
prochaine. « C'est singulier, disait la sœur. Il est déjà si
tard et la Sainte Vierge n'est pas encore venue me prendre ;
elle me l'a pourtant bien promis. — Oh ! dit la supérieure, la
Sainte Vierge n'a pu aujourd'hui s'occuper de vous, il y en a
tant qui l'implorent. »

Mais tout à coup la malade s'écria : « Non, non, la mort
vient, tâtez mes pieds, ils sont glacés... Oui, je meurs jusqu'à la taille, je suis morte. Un Christ,... vite,... une Sainte
Vierge, Priez !... Priez !... »

Et elle meurt.

La seconde des observations recueillies par M. Flammarion n'est pas moins suggestive. Elle est extraite
par lui d'un ouvrage, *Contribution à certaines facultés cérébrales méconnues*, du docteur W. C. de Sermyn, qui la rapporte comme l'ayant faite lui-même, au
cours de sa longue carrière médicale, sur un malade,
Jean Vitalis, subitement atteint d'un rhumatisme arti-
culaire aigu. Un matin du seizième jour de sa maladie,
celui-ci se réveille avec l'apparence d'une complète guérison, disant qu'il avait eu, la nuit, la vision très nette
de son père, mort depuis quelques années, qui lui avait
enlevé ses douleurs et lui avait annoncé, en même temps,
qu'il mourrait le soir même, à 9 heures précises, l'ex-
hortant à s'y préparer en bon catholique qu'il était.

Toute la journée, qu'il employa en partie à se con-
fesser et à se faire administrer l'extrême-onction, se
passa pour lui dans un calme absolu, et une réelle et
constante expression dans les traits de contentement et
de bonheur. Rien ne pouvait faire prévoir le dénoue-
ment auquel le malade, contrairement à l'avis du médecin, qui ne l'avait pas quitté, persistait à s'attendre.

Lorsque, écrit le docteur Sermyn, à la fin de son compte rendu, qu'il faudrait lire dans le texte pour en apprécier toute la valeur, la pendule vint à marquer neuf heures moins une minute, et pendant que l'on continuait à rire et à causer, Jean Vitalis se leva du sofa sur lequel il était assis et dit tranquillement : « L'heure est venue ! »

Il embrassa sa femme, ses frères, ses sœurs, puis il sauta sur son lit avec beaucoup d'agilité. Il s'y assit, arrangea les cousins, puis, comme un acteur qui salue le public, il courba plusieurs fois la tête, en disant : « Adieu, adieu ! », s'étendit sans se hâter et ne bougea plus.

Il était mort.

411. — On ne peut méconnaître qu'on rencontre dans les deux cas si saisissants que je viens de citer, tous les traits qui caractérisent les faits de prescience proprement dits et les distinguent des simples faits de clairvoyance. Il est vrai qu'il reste, pour les interpréter autrement et les attribuer par exemple à des causes purement physiologiques, l'extrême ressource de recourir, comme le propose, mais sans conviction, M. Flammarion, à la suite de l'exposé du premier de ces cas, à l'hypothèse du docteur Liébault, qui ne voit, dans la réalisation de certaines prévisions de même nature, que l'aboutissement, la réalisation *post-hypnotique* d'une auto-suggestion à long terme qui se serait produite chez le malade au cours d'un rêve, ou d'un état plus ou moins profond d'hypnose.

Mais, riposte l'auteur du *Sommeil naturel et de l'Hypnose*, M. Sage (p. 336), on peut opposer à M. Liébault des cas qui ne s'accommodent en aucune manière de son explication, et pour lesquels il faut chercher une autre cause qu'une suggestion du sommeil à la veille ou qu'une hyperacuité de sensation. Tel est certainement le cas si bien décrit par M. Liébault lui-même et que j'ai rapporté *supra*, n° 408. Et il en existe bien d'autres. Donc son hypothèse, qui peut suffire à rendre compte de la réalisation de certaines prémonitions, ne saurait prétendre à expliquer toutes les autres, et

j'ajoute que, pour un esprit impartial que les faits ont
convaincu de la possibilité de la prescience et qui ne
nie pas *a priori* tout phénomène de ce genre, le choix
à faire entre les deux hypothèses, celle du docteur Liébault ou celle de la prescience, pour expliquer les deux
cas de prévision de mort qu'on vient de lire, ne saurait
être douteux.

412. — B. *Faits de prescience observés dans le
médiumnisme.* — J'ai fait remarquer *supra*, nᵒˢ 236 et
s., en traitant du phénomène d'extériorisation psychique
dans le médiumnisme, que l'état physiologique du
médium, dans les séances auxquelles il participe et dont
il est le facteur essentiel, se rapproche beaucoup, s'il ne
se confond pas avec eux, des états plus ou moins profonds de l'hypnose, et principalement, lorsqu'il est *en
transe*, de l'état somnambulique. Dans tous les cas, le
médium en transe est le siège des mêmes phénomènes
d'extériorisation psychique que le somnambule et, dès
lors, il doit avoir les mêmes aptitudes que ce dernier à
la clairvoyance diesthésique ou télesthésique et à la
divination. C'est ce que l'expérience permet de vérifier,
et je suis convaincu que si l'on prenait la peine d'étudier le spiritisme spécialement à ce point de vue, on
trouverait dans ses annales un stock abondant de faits
de cette nature. Je ne dispose ici que de trop peu de
place pour tenter l'entreprise ; je me bornerai à recueillir, à titre d'exemples, quelques observations particulièrement intéressantes.

413. — J'emprunte le premier de ces exemples aux
Annales des sciences psychiques, où il se trouve rapporté deux fois (années 1909, p. 120, et 1912, p. 365).
C'est un épisode très remarquable, d'une allure franchement spirite, et raconté dans les termes suivants,
que je résume, par le célèbre publiciste anglais William
Steed, très versé de son vivant, comme on le sait, dans
les études et expériences psychiques :

Il y a quelques années, j'avais comme employée une dame d'un talent remarquable, mais d'un caractère inégal et si difficile que je songeais sérieusement à m'en séparer, quand *Julia* [1] écrivit par ma main : « Soyez patient avec E. M... Elle viendra nous rejoindre ici avant la fin de l'année... »

C'était, si j'ai bonne mémoire, le 10 ou le 16 janvier que cet avertissement m'avait été donné.

Il me fut répété en février, mars, avril, mai et juin... — « Rappelez-vous, était-il dit chaque fois, que E. M... aura cessé de vivre avant la fin de l'année. »

En juillet, E. M. avale un petit clou et devient gravement malade... Julia, interrogée, répond : « Elle guérira de ceci, mais quand même elle succombera avant la fin de l'année...»

En décembre, E. M. fut atteinte de l'influenza : « C'est cela? demandai-je à Julia — Non, *elle ne viendra pas ici de façon naturelle*, mais, quoi qu'il en soit, elle viendra avant l'expiration de l'année. »

. . . .

Mais l'année s'écoula, et elle vivait encore. Julia repartit : « Je puis m'être trompée de quelques jours, mais ce que j'ai dit est vrai. »

Vers le 10 janvier, Julia m'écrivit : « Vous verrez E. M. demain ; faites-lui vos adieux... Vous ne la reverrez plus sur la terre ». — J'allai la trouver ; elle avait la fièvre... on allait la transporter à l'hôpital...

Deux jours après, je reçus un télégramme m'informant que E. M. s'était jetée par une fenêtre du quatrième étage dans un accès de délire et qu'on l'avait ramassée morte. La date n'avait dépassé que de quelques jours les douze mois dont avait parlé le premier message.

Je puis prouver l'authenticité de ce récit par le manuscrit même des messages originaux et par l'attestation contresignée de mes deux secrétaires, à qui, sous le sceau du secret. j'avais communiqué les avertissements de Julia.

414. — Le second des cas de prescience observés dans le médiumnisme et qu'il est intéressant de recueillir, n'est pas moins suggestif que le premier. J'en ai déjà, du reste, à mon chapitre de la *Personnalité humaine* et sous la section consacrée à l'étude des personnalités médiumniques (V. *supra*, nº 305, note),

1. L'esprit-guide qui était censé se manifester dans les expériences médiumniques de William Steed.

dit quelques mots, qu'il me reste ici à compléter.

Il a été rapporté par M. le docteur Maxwell, le distingué magistrat de la Cour d'appel de Paris, dont on connaît la compétence spéciale et la haute autorité dans toutes les matières qui touchent à la *Psychologie expérimentale*. Le récit, qui occupe 23 pages de son remarquable ouvrage sur *les Phénomènes psychiques* (pp. 232 et s.), lui en a été communiqué par le principal témoin, M. Vergniat, banquier à Bordeaux, « dont M. Braunschweig, son parent, homme connu, cultivé, intelligent et rompu aux affaires, déclare M. Maxwell, se porte garant ».

En voici un bref résumé, aussi fidèle que possible, mais qui évidemment ne saurait remplacer le texte que des exigences impérieuses m'interdisent de reproduire ici :

C'est à Bordeaux, où M. Vergniat était alors agent de change, et en l'année 1867 que les faits commencent à se dérouler.

Ce sont d'abord des phénomènes de hantise qui se produisent spontanément, en grand nombre et avec une intensité toujours croissante, dans la nouvelle maison de la rue Melbec, n° 116, où M. et Mme Vergniat viennent de s'installer.

M. V... ne tarde pas du reste à reconnaître que ces phénomènes, qui se compliquent de plus en plus, sont dus à la médiumnité de sa femme, dans laquelle semble s'être incarnée une personnalité occulte, se disant le père, décédé, de Mme V... C'est alors que commencent à se manifester les phénomènes de clairvoyance les plus variés de la part de cette prétendue personnalité, qui paraît avoir pris à tâche de gagner la confiance du maître de la maison, engage avec lui verbalement, par l'intermédiaire du médium, des conversations d'un ordre très élevé, lui donne des conseils, entre autres celui de ne pas croire à la doctrine spirite, de revenir aux pratiques de la religion, et de faire des aumônes à tels ou tels pauvres qu'il lui indique, se réservant de lui en fournir les moyens : « Gagnant toujours du terrain, dit l'auteur de ce récit, par de nouvelles manifestations de plus en plus surnaturelles (?), sa volonté se substitue à la nôtre. » Finalement elle en arrive à s'ingérer dans les affaires financières de M. V... et à lui dicter, par l'organe du médium, des ordres pour l'emploi et la mise en valeur de ses capitaux.

Un matin (c'est M. V... qui parle), au moment de partir pour mon bureau, Mme V... me dicta d'un air inspiré l'ordre suivant : « Tu vas faire vendre ce matin à Paris, par dépêche, six mille francs de rentes 3 p. 100 et acheter par contre dix mille francs de rente italienne. » Puis, elle ajouta : « Ne t'ai-je pas dit : Lorsqu'il me plaira de t'imposer l'obligation de donner, cela ne sera jamais à tes dépens ? Or, j'ai besoin de quelques milliers de francs dont je t'indiquerai l'emploi au moment venu. » — Malgré les choses étranges que j'avais déjà vues, je restai abasourdi. En effet, Mme V..., quoique femme d'un agent de change, ne s'était jamais occupée d'affaires et elle était absolument ignorante des combinaisons financières... Cette affaire n'étant pas dangereuse, je télégraphiai à Paris, sans hésiter. Le soir, en rentrant, j'avais la réponse que je voulus communiquer à mon mystérieux client. « C'est inutile, dit-il, je la connais.. »

Du jour où cette opération de bourse fut faite, les deux mouvements en sens inverse, favorables à l'arbitrage, ne se sont pas démentis. Et un fait important à noter, c'est que tous les matins l'inconnu prédisait avec une précision mathématique la cote que le télégraphe devait apporter à 4 heures du soir. J'insiste sur ce fait, parce qu'on semble contester aux esprits la possibilité de prévoir et de dénoncer l'avenir...

(De fait, l'arbitrage réussit merveilleusement..., et sur ce bénéfice, conformément aux instructions de l'esprit, 1.000 francs furent remis à un père de famille qu'il avait indiqué, et 650 francs furent employés à l'achat d'un piano pour la fille de M. V... Lorsque celle-ci, qui n'avait encore reçu aucune instruction musicale, se mit au piano, ses doigts, subissant une influence mystérieuse, se promenèrent involontairement sur le clavier, et jouèrent des airs inconnus dont les accompagnements étaient dans toutes les règles de l'harmonie...)

L'arbitrage liquidé, d'autres opérations, conseillées comme la première, réussirent aussi bien qu'elle. Le but était toujours l'aumône; l'esprit indiquait les personnes à secourir, et, pour subvenir à ces distributions, il augmentait le chiffre de ses opérations...

C'est alors, poursuit le narrateur, qu'il changea de tactique. Au lieu de prendre les bénéfices de chaque liquidation, il s'opposa désormais à toute réalisation. Sous cette direction, les affaires me créèrent rapidement une position opulente... Ma quiétude était absolue lorsque éclatèrent les complications avec l'Allemagne. Cependant, dès le premier jour, je voulais tout liquider : « Voilà tes terreurs qui recommencent comme au moment de l'incident du Luxembourg, me dit l'Esprit. Eh bien! je t'affirme que la guerre n'aura pas lieu. Crois donc celui qui est le maître, et qui depuis trois ans ne t'a jamais trompé. »

Malgré ces affirmations, deux jours après, la guerre était décidée, et, en s'emparant des lignes télégraphiques, le ministre au cœur léger (Olivier) acheva ma ruine, car il me mettait dans l'impossibilité de communiquer avec Paris et partant de limiter ma perte...

M. Maxwell (*loc. cit.* p. 255) fait suivre cet émouvant récit des réflexions suivantes :

J'ai donné in *extenso* cette curieuse auto-observation. La leçon qu'elle comporte se dégage d'elle-même. La *personnification* [1] est sujette à des erreurs qui peuvent être dangereuses si l'on s'abandonne aveuglément à sa direction, comme trop de personnes sont tentées de le faire.

Au surplus, les faits extraordinaires dont la vie de Mme Vergniat a été remplie ne se sont pas bornés à ceux que je viens de raconter. Elle paraît avoir possédé des facultés supranormales jusqu'au dernier moment. Il serait d'un intérêt considérable que sa famille en donnât un récit détaillé.

Ce n'est pas le seul enseignement qui se dégage du récit qu'on vient de lire :

1. Personnification *médiumnique;* on en pourrait d'ailleurs dire autant des personnalités somnambuliques ou de toute autre de même nature.

En ce qui concerne tout d'abord la réalité des faits, il est sans doute regrettable que M. Maxwell, qui habitait alors Bordeaux, où il exerçait dans la magistrature une fonction élevée, propre à donner à son témoignage une très grande autorité, et qui avait ainsi les plus grandes facilités pour contrôler sur place le récit qu'il a publié, ne se soit pas livré à une enquête personnelle sur d'aussi étranges phénomènes.

Quoi qu'il en soit, il se dégage de ce récit une atmosphère de sincérité qui impressionne favorablement, et l'on peut se demander à quel mobile aurait obéi un homme honorable, comme paraît l'être M. Vergniat, pour présenter ainsi des faits controuvés qui le mettent plutôt dans la fâcheuse posture d'un homme d'affaires plus crédule et plus confiant que prudent et avisé. Il lui a fallu certainement, pour faire publiquement un aveu aussi pénible pour son amour-propre, un grand courage et on peut l'en croire lorsqu'il déclare, au commencement de son récit, qu'il ne l'a entrepris, malgré l'évidente répugnance qu'il devait éprouver, que par amour de la vérité et pour prémunir ses enfants contre les épreuves qu'il a subies.

415. — Voici encore une observation, que les *Annales des sciences psychiques* (n° du 1er-16 juin 1911, p. 189) ont empruntée au *Monde psychique*, où elle a été publiée, et qui rappelle par certains traits celle qu'on vient de lire. Je la cite textuellement :

Il existe à Paris, dans le XVII° arrondissement, un... spirite convaincu, M. V..., possédant quelque peu la médiumnité de l'écriture *mécanique* (lisez : *automatique*, c'est le terme consacré). Tous les ans, invariablement... il reçoit par ce moyen un ordre dont les termes varient, mais dont le fond est toujours le même : « Tu vas te munir d'une somme d'argent et partir pour Monte-Carlo. Là, tu joueras tel numéro et telle couleur, et, quand tu auras triplé ton capital, tu reviendras. Sur ton gain, tu prélèveras ta mise, les frais de voyage et de séjour, et tu feras du surplus tel emploi désigné (toujours une œuvre de charité).

Voici quelque vingt ans que l'ordre arrive annuellement, et toujours M. V.., s'y conforme avec la plus scrupuleuse exactitude. Chaque année la destination des sommes gagnées varie; mais ce qui demeure invariable, c'est la réussite de la martingale qui n'a jamais eu d'échec...

« C. L. »

416. — C. *Faits de prescience dans les états* NORMAUX *de veille, ou* PARAISSANT TELS. — Les faits de prescience ne s'observent pas seulement dans le rêve et dans l'hypnose, ou autres états analogues, tels que le médiumnisme. On les a constatés assez souvent chez des sujets se trouvant, tout au moins en apparence, dans leur état de veille habituel.

Etant donné que l'exercice de cette faculté, de la part des personnes qui en sont douées, suppose, comme je crois l'avoir démontré, une condition préalable d'extériorisation psychique et que cette extériorisation nous est apparue dans le cours de cet ouvrage comme une des propriétés essentielles du sommeil et de l'hypnose, on pourrait s'étonner que des sujets aient pu réellement, quoique étant dans leur état normal de veille, faire preuve de facultés divinatoires.

Mais, tout d'abord, on ne doit pas oublier qu'il y a chez certains sujets éveillés des états, normaux en apparence, dans lesquels se dissimulent de véritables états de somnambulisme.

D'autre part, la cause physiologique qui met en action les facultés de clairvoyance dont il est question dans ce chapitre, et spécialement la faculté de prescience est, à proprement parler, ainsi que je l'ai maintes fois répété, l'extériorisation psychique; ce n'est le sommeil ou l'hypnose qu'indirectement et parce qu'ils sont eux-mêmes de puissants générateurs d'extériorisation psychique. Mais cette extériorisation peut se produire sous d'autres influences que le sommeil et l'hypnose, et cela suffit à expliquer qu'on rencontre parfois des cas de prescience observés en dehors de ces deux derniers états physiologiques.

31

417. — On en pourrait citer de nombreux exemples, même en dehors de ceux que fournissent, soit l'histoire profane dans les vaticinations des *Pythonisses* et des *Pythies*, soit l'histoire sacrée dans les prophéties de la Bible, et dont j'ai déjà dit quelques mots dans l'historique qui est en tête de ce chapitre.

Les vies des *Saints*, notamment, en sont remplies. Les *hagiographes*, en général, leur attribuent une cause surnaturelle et y voient l'intervention d'une influence divine. Les circonstances dans lesquelles les faits se présentent, semblent bien, dans certains cas, justifier cette interprétation. C'est ce que pense notamment M. Henri Joly, de l'Institut, des nombreux faits de prescience qu'il relève dans la vie de la grande mystique, sainte Thérèse, dont il a écrit l'histoire[1]. (V. notamment, p. 63, les nombreux faits de cette nature qu'il rapporte et qu'il attribue exclusivement à une intervention surnaturelle.)

Mais, cette interprétation, à laquelle je ne contredis pas, ne s'oppose pas à la recherche des causes naturelles et physiologiques qui expliquent la fréquence chez les Saints des faits de clairvoyance et de prescience qu'on leur attribue. Ces causes, ce sont, à n'en pas douter, l'austérité de leur vie, leurs jeûnes, leurs macérations, et ensuite, leurs méditations, leurs prières, leurs aspirations constantes vers le monde suprasensible, leur vie et leur union permanente avec Dieu et en Dieu (V. *supra*, n° 372). Toutes ces causes concourent à les prédisposer, même à l'état de veille, à l'extériorisation psychique, puisqu'elles tendent naturellement à attirer et à élever leur âme vers les régions mystérieuses et supérieures auxquelles elle aspire. Dans cet état, qui exerce sur eux la même influence que le sommeil et l'hypnose sur les profanes, qu'une émotion plus vive les saisisse, qu'une ardeur plus grande pour leur divin maître les embrase, et voilà leur âme qui, ébranlée et dégagée pour un instant

1. Paris, Victor Lecoffre, 1903.

par cette commotion passagère de ses liens corporels
et des préoccupations terrestres, tombe dans une sorte
d'extase, de ravissement, ou simplement de concentra·
tion intérieure, qui lui permet d'entrer en communication avec les êtres et les choses de ce monde où les limi·
tations du temps et de l'espace semblent ne plus exister,
et d'en recevoir directement les inspirations.

En d'autres termes, si l'extériorisation psychique est
un fait certain et bien établi par les travaux des psychologues qui ont spécialement étudié le sommeil naturel
et hypnotique, il s'en faut de beaucoup qu'on connaisse
toutes les causes qui, en dehors de ces derniers états
physiologiques, sont susceptibles de la produire, et la
diathèse spécifique que je viens de définir et que de
nombreux témoignages permettent de diagnostiquer chez
les saints, est certainement une de ces causes et suffit,
par conséquent, à expliquer leur aptitude particulière à
l'extériorisation et, par cela même, au développement
spontané en eux des facultés de clairvoyance et de divi·
nation.

418. — Ce que j'ai dit des saints, on pourrait le dire
aussi, à peu près pour les mêmes raisons, des hommes
de génie, dans les œuvres desquels éclatent si souvent
ces grandes intuitions, ces sublimes inspirations, dont
ils ont à peine conscience, et dont la source est certainement dans cette région divine où leur aptitude à l'extériorisation psychique les fait pénétrer. C'est là un sujet
qui, lui aussi, serait digne de tenter les psychologues
et qui, du reste, a été traité par M. Henri Joly dans sa
Psychologie des grands hommes[1] ; je suis convaincu
que son étude approfondie ouvrirait sur le phénomène
que je viens d'analyser des aperçus nouveaux et du
plus grand intérêt, et fournirait plus d'une preuve de
l'existence, chez ces êtres d'exception, de la faculté de
soulever les voiles qui nous cachent l'avenir.

Mais le sujet est trop vaste pour qu'il me soit permis

1. Paris, Hachette, 2ᵉ édition.

de l'aborder et je dois me contenter ici, pour clore cette
documentation déjà trop longue, de signaler encore deux
exemples, qui seront les derniers, de faits de prescience
bien caractérisés, observés chez des sujets éveillés et se
trouvant, selon toute apparence, dans leur état normal.

419. — *Prémonition du docteur Gallet lors de l'élection de Casimir Périer à la présidence de la République.* — Voici un cas de prévision d'avenir qui ne
laisse rien à désirer au point de vue de la netteté des
faits et de leur authenticité. Le docteur Gustave Geley,
l'auteur du remarquable ouvrage *l'Être subconscient* par
le docteur Gyel [1], que j'ai eu si souvent l'occasion de citer,
l'a publié dans la livraison du 1er-16 octobre 1910 des
Annales des sciences psychiques :

Je dois, écrit-il, la connaissance de ce cas à mon excellent
confrère, le docteur Gallet, d'Annecy, qui eut *lui-même*, dans
un éclair spontané et inattendu de lucidité, la remarquable
prémonition que voici :

Le 27 juin 1894, *vers 9 heures du matin*, le docteur Gallet,
alors étudiant en médecine à Lyon, travaillait dans sa chambre
en compagnie d'un camarade d'études, actuellement le docteur Varey, médecin lui aussi à Annecy. Gallet était alors
très occupé et très préoccupé par la préparation d'un examen tout proche... Il ne s'intéressait pas à la politique et
n'avait causé qu'incidemment et superficiellement, les jours
précédents, de l'élection du Président de la République, qui
devait avoir lieu le jour même (Le congrès électoral allait
se réunir à midi).

Tout à coup, Gallet, entièrement à son travail, en fut dis-
trait impérieusement par une pensée obsédante. Une phrase
inattendue s'imposait à son esprit avec une telle force *qu'il
ne put s'empêcher de l'écrire d'un trait sur son cahier de notes* [2].

1. Gyel n'est que le pseudonyme de Geley, véritable nom de
l'auteur.
2. Si, comme le docteur Geley s'en est assuré, M. Gallet a plusieurs fois dans le cours de sa vie fait preuve de médiumnité, on
peut voir là un cas très curieux d'écriture automatique, dictée par
une influence étrangère et ne pouvant guère s'expliquer autrement que par l'hypothèse spirite. Le cas rentrerait donc, malgré
les apparences contraires, dans la classe des prémonitions médiumniques.

Cette phrase était : « *M. Casimir Périer est élu Président de la République, par 451 voix.* »

Cela se passait, je le répète, avant la réunion du congrès.

Stupéfait, Gallet interpella alors son camarade Varey et lui tendit le papier sur lequel il venait d'écrire.

Varey lut, haussa les épaules, et, comme son ami, très intéressé, déclarait qu'il croyait à la réalité de cette prémonition, il le pria un peu rudement de le laisser travailler en paix.

Après déjeuner, Gallet sortit pour aller suivre un cours à la Faculté. Il rencontra, chemin faisant, deux autres étudiants, M. Bouchet, actuellement médecin à Cruseilles (Haute-Savoie), et M. Deborne, actuellement pharmacien à Thonon. Il leur annonça que Casimir Périer serait élu par 451 voix. Malgré les rires et les moqueries de ses camarades, il continua à leur affirmer, à plusieurs reprises, sa conviction.

Au sortir du cours de la Faculté, les quatre amis se retrouvèrent et allèrent se rafraîchir à la terrasse d'un café voisin. A ce moment arrivèrent les camelots vendant des éditions spéciales qui annonçaient le résultat de l'élection présidentielle. Gallet s'empressa d'acheter un journal et de le passer à ses amis qui demeurèrent muets de stupeur en lisant : « *M. Casimir Périer élu par 451 voix* ».

Ce récit, ajoute le docteur Geley, « a été écrit sous la dictée du docteur Gallet, dont les souvenirs, encore une fois, sont extrêmement nets et précis ». Il est suivi, dans les *Annales des sciences psychiques*, des attestations, en date des 25 juillet 1910, 25 juin 1910 et 28 juin 1910, par lesquelles les trois témoins, le docteur Varay à Annecy, M. Deborne, pharmacien à Thonon, et le docteur Bouchet, à Cruseilles, certifient nettement et sur tous les points l'exactitude absolue du récit du docteur Gallet.

Le docteur Geley, qui a eu la bonne inspiration de le publier, l'accompagne d'observations intéressantes dans lesquelles il examine les diverses hypothèses (*coïncidence, télépathie, prescience*) pouvant être invoquées pour expliquer le phénomène et il conclut en faveur de la prescience. Il ajoute, d'ailleurs, que M. Gallet eut maintes fois d'autres prémonitions réalisées :

Assistant aux courses, à Lyon, alors qu'il était encore
étudiant, il eut, *six fois de suite*, avant le départ des chevaux,
la *vision mentale* d'un chiffre qui fut, chaque fois, celui du
cheval gagnant. Il l'annonça, les six fois, à un camarade stupéfait et enthousiasmé.

420. — *Prédiction de Cazotte sur les événements de
la Révolution.* — Le cas qui suit ne présente pas, bien
s'en faut, les mêmes garanties d'authenticité que celui
qu'on vient de lire et l'on pourrait soupçonner la prédiction extraordinaire qui en fait tout l'intérêt d'être
postérieure aux événements si tragiques qu'elle annonce.
Cependant, de sérieux documents, que M. de Rochas a
exhumés dans son traité, déjà cité, des *Vies successives*
(pp. 351 et s.) à l'appui de l'extrait qu'il donne des
œuvres de La Harpe, imprimées en 1906 et où cette
prédiction se trouve rapportée, permettent de ne pas
tenir un trop grand compte de ces soupçons; je me décide donc à la mettre, avec les documents justificatifs,
sous les yeux de mes lecteurs.

Je cite textuellement le récit de La Harpe, en éla-
guant seulement quelques détails secondaires :

Il me semble que c'était hier, et c'était cependant au commencement de 1788. Nous étions à table... La compagnie
était nombreuse et de tout état. (Je passe sur les premières
phases de la conversation générale qui s'était engagée, et
dont les propos libertins et anti-religieux, si familiers aux
hommes de cette époque, et les espérances d'un prochain
changement dans l'état social faisaient tous les frais.)
Un seul des convives n'avait pas pris part à cette conversation... C'était Cazotte, homme aimable et original, mais
malheureusement infatué des rêveries des illuminés. Il prend
la parole, et du ton le plus sérieux: « Messieurs, dit-il, soyez
satisfaits, vous verrez tous cette grande et sublime révolution
que vous désirez tant... Savez-vous ce qui arrivera de cette
révolution pour vous, tous tant que vous êtes ici ? — Ah!
voyons, dit Condorcet... — Vous, monsieur de Condorcet,
vous expirerez étendu sur le pavé d'un cachot; vous mourrez du poison que vous aurez pris pour vous dérober au bourreau, du poison que le bonheur de ce temps-là vous forcera

de porter toujours sur vous... C'est au nom de la philosophie, de l'humanité, de la liberté, c'est sous le régime de la raison qu'il vous arrivera de finir ainsi, et ce sera bien le règne de la raison, car elle aura des temples. — Par ma foi, dit Chamfort, vous ne serez pas un des prêtres de ce temple-là. — Je l'espère; mais vous, monsieur de Chamfort, qui en serez un, et très digne de l'être, vous vous couperez les veines en vingt-deux coups de rasoir, et pourtant vous n'en mourrez que quelques mois après. » On se regarde et on rit. — « Vous, monsieur Vicq d'Azir, vous ne vous ouvrirez pas les veines, mais vous vous les ferez ouvrir six fois dans un jour au milieu d'un accès de goutte, pour être plus sûr de votre fait, et vous mourrez dans la nuit. Vous, Nicolaï, vous mourrez sur l'échafaud; vous, monsieur Bailly, sur l'échafaud; vous, monsieur de Malesherbes, sur l'échafaud. — Ah ! Dieu soit béni, dit Roucher, il paraît que monsieur n'en veut qu'à l'Académie... et moi, grâce au ciel... — Vous, vous mourrez aussi sur l'échafaud. — Oh ! c'est une gageure, s'écrie-t-on de toutes parts, il a juré de tout exterminer... Et quand cela arrivera-t-il ? — Six ans ne se passeront pas que tout ce que je vous dis sera accompli. — Voilà bien des miracles (et cette fois, c'est moi qui parlais), et vous ne m'y mettez pour rien. — Vous y serez pour un miracle tout aussi extraordinaire : vous serez alors chrétien [1]. »

Grandes exclamations : « Ah ! reprit Chamfort, je suis rassuré ; si nous ne devons périr que quand La Harpe sera chrétien, nous serons immortels. — Pour ça, dit alors la duchesse de Grammont, nous sommes bien heureuses, nous autres femmes, de n'être pour rien dans les révolutions... — Votre sexe, mesdames, ne vous défendra pas cette fois... — Mais, qu'est-ce que vous nous dites donc là, monsieur Cazotte ? C'est la fin du monde que vous prêchez. — Je n'en sais rien ; mais ce que je sais, c'est que vous, madame la duchesse, vous serez conduite à l'échafaud, vous et beaucoup d'autres dames avec vous, dans la charrette du bourreau et les mains liées derrière le dos. — Ah ! j'espère que, dans ce cas-là, j'aurai du moins un carrosse drapé de noir. — Non, madame ; de plus grandes dames ! — Quoi, les princesses du sang ?... — De plus grandes dames encore ! » Ici, un mouvement très sensible dans toute la compagnie, et la figure du maître se rembrunit : on commençait à trouver que la plaisanterie était forte. Mme de Grammont, pour dissiper le nuage, n'insista pas, et se contenta de dire du ton le plus léger : « Vous ver-

1. En effet, La Harpe, à quelque temps de là, se convertissait, et mourait plus tard (1803) à Paris, dans la foi chrétienne.

rez qu'il ne me laissera pas seulement un confesseur. — Non,
madame, vous n'en aurez pas, ni vous, ni personne. Le dernier supplicié qui en aura un, par grâce, sera... » Il s'arrêta un
moment. — « Eh! bien quel est donc l'heureux mortel qui
aura cette prérogative? — C'est la seule qui lui restera, et
ce sera le roi de France.... »

. . . .

Il est bien évident que ce récit se ressent d'un souci
d'arrangement littéraire dont certains écrivains, surtout
ceux de la fin du dix-huitième siècle, La Harpe plus
peut-être que tous les autres, se préservent difficilement
et que les détails de la prédiction ne sont si précis que
parce que le narrateur les aura peut-être complétés après
coup. Il est présumable, en effet, qu'au moment même
de la prédiction, La Harpe, alors qu'il était encore l'in-
crédule et le libre penseur qu'il fut tout d'abord, n'a pas
eu un seul instant la pensée d'accorder aux dires de
Cazotte la moindre confiance, et a jugé inutile d'en
prendre note par écrit. Ce n'est que lorsque les événements tragiques qu'il avait entendu annoncer se dérou-
lèrent dans toute leur horreur, que sa mémoire dut lui
rappeler la prédiction de 1788, et qu'il crut bon de la
consigner dans ses œuvres, avec tous les détails dont quelques-uns devaient être bien effacés de son souvenir et
qu'il a dû chercher à reconstituer.

Mais, de là à penser qu'il a tout inventé, le fond et
la forme, dans un récit aussi grave et sur un sujet qui,
à l'âge et à l'époque où il écrivait ses œuvres, devait lui
apparaître dans toute sa tragique grandeur, il y a loin,
et cette supposition, si outrageante pour la mémoire de
La Harpe, ne me paraît guère admissible.

D'ailleurs, les documents exhumés par M. de Rochas
(pp. 351 et s. des *Vies successives*) et que je crois devoir
citer textuellement, sont peu favorables à cette interprétation :

Le *Journal de la librairie* de 1817 (pp. 382 et 383) a, dit-il,
inséré une note sur la prédiction de Cazotte, dans laquelle il

est dit que M. Parisot, en la publiant pour la première fois, en 1806, dans les œuvres posthumes du grand écrivain, en a supprimé la fin, dans laquelle La Harpe disait que *la prophétie n'est que supposée ?* [1]

Deleuze eut l'idée, en 1825, de faire une enquête à ce sujet. Il vit le fils de Cazotte, qui ne voulut pas affirmer que la rédaction de La Harpe fût exacte dans toutes les expressions, mais qui n'avait pas le moindre doute sur la réalité des faits. Il a certifié en outre que son père était doué au plus haut degré de la faculté de prévision et qu'il en avait des preuves nombreuses. Mlle Cazotte a fait la même déclaration au général Ménabréa, ambassadeur d'Italie en France, qui me l'a répétée.

Le comte de Montesquiou ayant assuré à Deleuze que Mme de Genlis lui avait dit plusieurs fois qu'elle avait entendu raconter cette prédiction à La Harpe, *avant la Révolution*, Deleuze le pria de vouloir bien demander à cette dame de plus amples détails. Voici ce qu'elle répondit : « Novembre 1825. Je crois avoir mis le trait de M. Cazotte dans mes souvenirs, mais je n'en suis pas sûre. Je l'ai entendu raconter cent fois à La Harpe, *avant la Révolution*, et toujours exactement comme je l'ai vu imprimé partout et comme il l'a fait imprimer lui-même. Voilà tout ce que je puis dire, certifier et signer.

« Comtesse de GENLIS ».

Quelques années après, Mialhe, le collaborateur de Deleuze, écrivit sur le même sujet au baron Delamotte-Langon, qui lui répondit : « Paris, le 18 décembre 1833. Vous me demandez, mon cher ami, ce que je puis savoir touchant la fameuse prédiction de Cazotte, mentionnée par La Harpe. Je n'ai là-dessus qu'à vous attester, *sur l'honneur*, que j'ai entendu Mme la comtesse de Beauharnais répéter plusieurs fois qu'elle avait assisté à ce singulier fait historique. Elle le racontait toujours de la même manière et avec l'accent de la vérité ; son témoignage corroborait celui de La Harpe... Vous pouvez faire de cet écrit l'usage que vous voudrez. »

Le célèbre écrivain anglais, Burke, assista au banquet en question, et il a affirmé dans un de ses livres que les choses s'étaient passées comme La Harpe l'a raconté.

Enfin Deleuze reçut d'un ami de Vicq d'Azir (un des convives nommés par La Harpe) l'assurance que ce célèbre

---

1. Si ce renseignement était exact, la question serait résolue. Mais l'explication cadre mal avec le ton et la teneur générale du récit, et paraît bien invraisemblable.

médecin lui avait raconté, en présence de sa famille, *avant la Révolution*, la prophétie de Cazotte, *qui ne cessait pas de l'inquiéter malgré son scepticisme.*

Il semble donc établi, conclut justement M. de Rochas, que Cazotte avait bien réellement prévu et annoncé les excès de la Révolution quelque temps avant qu'elle éclatât. Si le récit de La Harpe, me permettrai-je d'ajouter, n'a pas la sécheresse d'un procès-verbal, ce qui sans doute eût été préférable, ce n'est pas une raison suffisante pour tenir en suspicion tout ce qu'il a raconté.

421. — Avant de clore cette nomenclature des faits de prescience les plus importants, constatés et sévèrement contrôlés par les psychologues, je suis heureux de pouvoir encore signaler à mes lecteurs une étude très documentée que viennent de publier les *Annales des sciences psychiques* et dans laquelle M. Ernest Bozzano, dont les travaux psychologiques jouissent tant en Italie qu'en France d'une très grande autorité, rapporte, en les soumettant à une savante critique, destinée à en préciser la portée, un très grand nombre de cas (exactement 162, du n° d'août 1912 à celui de septembre 1913) de prescience de toute nature, observés dans le rêve, le somnambulisme et tous autres états analogues, y compris *les états paraissant normaux*, et qu'il répartit dans les trois catégories suivantes :

« 1° AUTO-PRÉMONITIONS DE MALADIE OU DE MORT.

A. Auto-prémonitions de maladie.
B. Auto-prémonitions de mort à *brève* échéance et où la mort est due à des causes naturelles.
C. Auto-prémonitions de mort à *longue* échéance, et où la mort est due à des causes naturelles.
D. Auto-prémonitions de mort, où la mort est due à des causes accidentelles.

2° PRÉMONITIONS DE MALADIE OU DE MORT INTÉRESSANT DES TIERCES PERSONNES.

E. Prémonitions de maladies de tiers.

F. Prémonitions de la mort de tiers, à *brève* échéance, et où la mort est due à des causes naturelles.

G. Prémonitions de la mort de tiers à *longue* échéance, et où la mort est due à des causes naturelles.

H. Prémonitions de la mort de tiers à *brève* échéance, et où la mort est due à des causes accidentelles.

I. Prémonitions de la mort de tiers à *longue* échéance, et où la mort est due à des causes accidentelles.

J. Prédictions de mort se produisant *traditionnellement* en une même famille.

K. Prémonitions d'événements importants n'impliquant pas la mort.

3° PRÉMONITIONS AUTRES QUE CELLES DE MALADIES OU DE MORTS.

L. Prémonitions d'incidents insignifiants et pratiquement inutiles.

M. Prémonitions météorologiques.

N. Prémonitions qui sauvent.

O. Prémonitions qui déterminent l'accident possible.

CONCLUSION. »

Ces indications, que j'ai tenu à reproduire, montrent bien quelle ampleur M. Bozzano a donnée à son étude, qui se classe ainsi au nombre des documents que tout psychologue sera tenu désormais de consulter. La place m'est ici trop parcimonieusement comptée et ma documentation est déjà trop abondante pour qu'il me soit permis d'insister davantage sur les mérites de ce travail (qui suffirait, à lui seul, à rendre incontestable le fait si important de la prévision de l'avenir) et d'utiliser quel-

ques-unes de ses données. Il importait seulement d'en
faire état et d'attirer sur lui l'attention de mes lecteurs,
pour qu'ils pussent au besoin s'y reporter.

Voir également, dans le même ordre d'idées, deux
études, très intéressantes, publiées par les *Annales des
sciences psychiques*: l'une, dans le numéro d'octobre 1913
(pp. 303 et s.), où M. Marcel Mangin rend compte d'un
récent ouvrage, *Lucidité et Intuition*, du docteur Osty;
— l'autre, dans ce même numéro (pp. 310 et s.), et dans
celui de novembre-décembre 1913, où, à la suite de ce dernier ouvrage, le savant psychologue dont nos lecteurs
ont déjà été et seront encore à même d'apprécier l'esprit
synthétique et la vaste érudition, M. Maxwell, soumet à
un examen critique approfondi, que je regrette de ne pouvoir reproduire, *le Problème de l'Intuition*, sur lequel
d'éminents philosophes, tels que Bergson, pour ne citer
que le plus célèbre, attirent de plus en plus notre attention.

§ 3. — *Hypothèses explicatives.*

422. — Étant donné ce qui a été dit de la faculté qui
appartient à *l'être subconscient*, selon les uns, à *l'être
ou l'organisme psychique*, selon les autres, de s'extérioriser et, par cela même, de percevoir ce qui naturellement est hors de la portée normale des sens, et, par
conséquent, sans leur secours, le phénomène de la clairvoyance proprement dite (*diesthésie* ou *télesthésie*) s'explique de soi-même et se rattache à des causes purement physiologiques que l'étude du sommeil naturel et
du magnétisme a mises en évidence. La projection de la
sensibilité, extériorisée avec l'organisme psychique,
n'est en principe arrêtée ni par les obstacles matériels,
ni par la distance; ce n'est qu'une question de mesure,
et la possibilité pour le sujet endormi ou extériorisé par
quelque influence que ce soit, d'assister à telle ou telle

scène plus ou moins cachée, plus ou moins éloignée, et d'en être impressionné, dépend uniquement de la puissance de l'extériorisation et de l'étendue du périmètre qu'elle est capable d'embrasser.

Mais si cette explication peut paraître suffisante pour la vision, à travers les obstacles ou à distance, des faits *présents*, ou même *passés*, il n'en saurait être de même de cette faculté, plus complexe, qui permettrait au sujet de prendre connaissance des *faits à venir*.

On touche là à la limite qui sépare les lois du monde sensible de celles du monde supra-sensible. L'explication scientifique, qui ne s'occupe que des premières, est à bout de souffle. Qu'on en juge par celle que propose, bien timidement, il est vrai, le docteur Gyel (*l'Être subconscient*, pp. 60 et s. de la 1re édition) :

La prévision de l'avenir, dit-il, pourrait peut-être s'expliquer ainsi : L'avenir découle nécessairement du passé et du présent... Il suffirait donc de connaître tout ce qui touche une personne quelconque dans le passé et dans le présent (ou même simplement dans le présent, qui résume tout le passé dont il découle) pour connaître dans les grandes lignes l'avenir de cette personne.

C'est à peu près la même idée qu'exprime M. de Rochas, dans son ouvrage déjà cité *les Vies successives*, lorsqu'il écrit (p. 346, note 1) :

Une intelligence qui, pour un instant donné, connaîtrait toutes les forces dont la nature est animée et la situation respective des êtres qui la composent, si d'ailleurs elle était assez vaste pour soumettre ces données à l'analyse, embrasserait dans la même formule les mouvements des plus grands corps de l'Univers et ceux du plus léger atome ; rien ne serait incertain pour elle, et l'avenir, comme le passé, serait présent à ses yeux...

423. — Le malheur, pour la validité de cette explication, est qu'une intelligence semblable à celle que suppose le raisonnement de M. de Rochas, et qu'une

connaissance aussi universelle que celle que comporte
celui du docteur Gyel, n'existent pas, humainement parlant, et, par conséquent, leur explication n'a aucun sens,
ni aucune portée, ou plutôt elle n'est valable et perti-
nente que pour démontrer que Dieu, qui est le seul être
ayant cette intelligence absolue et cette connaissance
universelle, nécessaires dans leur hypothèse à la possession du don de prescience, doit être aussi le seul à
le posséder dans toute son étendue. Et c'est peut-être
bien là, en effet, qu'est la source unique où le voyant
puise sa connaissance de l'avenir, et là aussi, par conséquent, qu'il faudra aboutir pour trouver la véritable
explication de cette mystérieuse faculté. C'est ce que
l'on verra un peu plus loin.

424. — Revenons, en attendant, à l'hypothèse du
docteur Gyel, d'après laquelle la prescience pourrait
bien n'être qu'une intuition profonde, par le subconscient extériorisé, des conséquences de faits passés et présents et *connus de lui*. Il est bien certain que cette condition d'une connaissance approfondie de faits présents
et passés dont les faits prévus dans l'avenir ne seraient
que la conséquence, est difficile, pour ne pas dire
impossible, à remplir, et qu'elle n'est pas remplie dans
la plupart des cas de prescience qui ont été précédemment analysés. Pour ne prendre, par exemple, que le
cas si bien observé par le docteur Liébault, de Mme
Lenormand annonçant à la personne qui était venue la
consulter le nombre des enfants qu'elle aurait, les
dates exactes de la mort de son père et de son propre
décès (V. *supra*, n° 408), on ne peut que constater à
quel degré l'hypothèse explicative proposée par le docteur Gyel est insuffisante. La connaissance de tout le
passé d'une personne quelconque, même de l'ami le
plus intime, échappera toujours à l'œil le plus observateur. On ne peut du reste la supposer ni dans le cas
observé par le docteur Liébault, ni dans la plupart des
autres. Quels rapports de cause à effet peut-il exister,

du reste, entre l'existence passée d'une personne et la
détermination de faits aussi précis que ceux prévus par
Mme Lenormand ? Il est évident que, l'avenir fût-il soumis aux lois du déterminisme le plus absolu, il ne serait
pas possible de relier ces événements au passé de la
personne intéressée, et de les prévoir comme une conséquence directe et inéluctable de ce passé. Le mieux
est donc, en pareille occurrence, d'avouer franchement
son impuissance à découvrir la cause d'un phénomène
dont toutes les données nous échappent, à moins qu'on
ne se décide à la rechercher dans l'hypothèse d'une
communication directe ou indirecte avec Dieu, ou
tout au moins avec le Monde invisible qui nous pénètre sans doute à notre insu de ses influences diverses,
et dont les lois, pour nous être inconnues, n'en existent pas moins et contiennent sans doute la clef de
ce mystérieux problème.

425. — Le docteur Gyel le reconnaît lui-même implicitement lorsqu'il dit (*loc. cit.*, p. 156) : « La *lucidité*
n'est qu'une capacité d'action sensorielle, indépendante,
dans une certaine mesure, des conditions de l'espace et
du temps. »

Il semble bien, en effet, que le subconscient, l'être
psychique, dans l'exercice de ses facultés *supra-normales*, telles que certaines formes de clairvoyance et,
notamment, la prescience, s'affranchit des limitations
de *l'espace et du temps*, c'est-à-dire, en définitive, des
lois qui régissent notre monde physique. C'est ainsi
que les choses futures lui apparaissent comme étant sur
le même plan que les choses présentes et passées. C'est
donc qu'il puise son pouvoir dans des lois, inconnues
et inaccessibles à la science, du monde invisible. Et le
fait, si inexplicable qu'il soit, n'a rien d'inadmissible
pour qui reconnaît que cet être ou organisme psychique
constitue la personnalité totale et *permanente* de l'être
humain, personnalité qui s'alimente aux sources les plus
diverses et les plus mystérieuses. Il n'y aurait donc,

dans cet ordre d'idées, aucune témérité à supposer que, sous certaines conditions favorisées par le sommeil, l'hypnose ou telles ou telles idiosyncrasies que j'ai tâché de définir au cours de cette étude, des influences venues du monde invisible peuvent envahir le subconscient et lui inspirer les connaissances dont il fait preuve dans la découverte des faits passés, présents, et surtout des *faits à venir*.

426. — L'auteur, bien connu de mes lecteurs, du *Sommeil naturel et de l'Hypnose*, M. Sage (p. 316), avoue son impuissance à expliquer par des causes naturelles admises par la science, le phénomène qui fait l'objet de mon étude actuelle.

Même aveu dans cette page éloquente que j'extrais de l'ouvrage *Dans l'Invisible* de M. Denis (p. 176) :

La prémonition et les pressentiments sont difficiles à expliquer au point de vue scientifique. Ils ne sont explicables qu'en certains cas, lorsque l'événement pressenti a des précédents, subjectifs ou objectifs. Mais, dans la plupart des cas, rien, dans les faits annoncés, ne se prête à l'idée de succession ou d'enchaînement.

D'où vient le pouvoir de certaines âmes de lire dans l'avenir ? Question obscure et profonde, qui donne le vertige, comme l'abîme, et qu'on ne pose pas sans trouble, car, instinctivement, nous la sentons presque insoluble pour notre faible science.

Comme chaque monde roulant dans l'espace communie, à travers la nuit, avec la grande famille des astres par les lois du magnétisme universel, de même l'âme humaine, étincelle du foyer divin, peut communier avec la grande âme éternelle et en recevoir des instructions, des inspirations, des illuminations soudaines [1]...

427. — Pas plus que les auteurs que je viens de citer, je ne puis proposer une explication scientifique du problème de la prescience ; mais il n'est pas impossible toutefois d'en suggérer une qui, pour n'être pas scien-

1. C'est là évidemment la communion avec l'*Absolu*, par laquelle le philosophe allemand Hartmann explique tous les faits du psychisme transcendantal.

tifique, n'en est pas moins rationnelle pour ceux qui ne limitent pas arbitrairement aux vérités dites *scientifiques* les connaissances auxquelles il est permis à l'homme de prétendre. Cette solution se dégage déjà des quelques considérations qui précèdent ; il me reste tout au plus à la préciser.

Enserrés dans les liens et les limites de notre raison discursive, nous ne pouvons concevoir l'avenir que comme une chose qui n'a pas encore d'existence et, par conséquent, comme étant inaccessible à nos facultés de perception. Et, cependant, comment expliquer que l'âme le perçoive quelquefois ? Si le fait est prouvé, et comment en douter après les nombreux témoignages que l'on vient de rapporter, une conséquence inéluctable s'impose : l'avenir, qui n'est que le déroulement à l'infini des effets du présent, existe déjà, comme existe le présent dans sa réalité, et le passé dans les traces qu'il a laissées.

Mais si l'homme, en tant qu'homme, ne peut ni le concevoir, ni le percevoir, puisqu'il faut un être infini pour suivre dans leur infini développement les conséquences du passé et du présent, ce qui ne saurait être au pouvoir de l'homme terrestre, peut-être ce qu'il y a déjà de divin en lui en est-il capable quelquefois, dans sa communion avec Dieu, c'est à-dire avec *l'Absolu*, qui n'a aucune limite et qui, par conséquent, embrasse tout dans l'Univers, l'avenir comme le présent et le passé.

C'est là sans doute la seule explication possible, puisqu'on n'en saurait trouver d'autres dans ce que nous connaissons des facultés de clairvoyance de l'homme, poussées même à leurs extrêmes limites. Ces facultés, en effet, ne lui permettent pas de prévoir l'avenir ; c'est là une science qui n'a rien d'humain ; c'est à proprement parler une *science divine*, c'est-à-dire une science à laquelle Dieu et les êtres qui vivent dans son rayonnement peuvent seuls prétendre.

En sorte que ce fait pour l'homme de puiser, lui-même ou par des intermédiaires, la connaissance de l'avenir dans son union directe ou indirecte avec Dieu, rapproché de l'impossibilité pour lui de la puiser à toute autre source et surtout en lui-même, — outre qu'il montre en Dieu et non ailleurs l'origine première et nécessaire de ces inspirations et de ces intuitions qui ont quelquefois illuminé le monde et qui, lorsqu'elles se manifestent dans le cours ordinaire de la vie, nous troublent et nous déconcertent, — constitue en même temps une des démonstrations les plus inattendues, et néanmoins les plus concluantes, de l'existence de ce Dieu providentiel *dans lequel et par lequel nous vivons*, suivant les termes mêmes de l'enseignement catholique, et de ce *monde divin* qui se meut constamment, et plus près que nous, dans le rayonnement de Dieu et auquel nous avons le ferme espoir de nous réunir un jour.

C'est de ce monde que s'échappent par intermittences les lueurs éclairant l'avenir, qui viennent jusqu'à nous, jusqu'à l'âme, dans les moments où libérée par l'extériorisation psychique, elle est plus en état de communiquer avec les êtres et les forces spirituelles qu'on y rencontre.

Comment se fait cette communication ? Il y aurait irrévérence à supposer dans tous les cas une inspiration directe, un acte spécial de l'intelligence et de la volonté divines. Le phénomène doit être soumis à des lois générales et doit s'analyser sans doute de la manière suivante : soit perception directe des rayons illuminant l'avenir, par un sensitif assez extériorisé, comme dans l'extase principalement, pour projeter son sensorium jusque dans le monde divin ; soit transmission de ces rayons par une *action télépathique* allant, directement ou par l'intermédiaire d'une intelligence de l'audelà, du foyer divin au sensitif apte à la percevoir.

Télesthésie ou télépathie, tels seraient en définitive les moyens d'information par lesquels la connaissance de l'avenir peut dans certains cas arriver jusqu'à nous.

428. — Je prévois l'objection que l'on peut élever contre cette interprétation. Comment admettre, dira-t-on, que Dieu soit la source unique où l'âme humaine, dans son union directe ou indirecte avec lui, puise la connaissance de l'avenir, en présence de certaines prémonitions qui, comme quelques-unes que j'ai citées au cours de ce chapitre, se font remarquer par le caractère frivole, charlatanesque, et même parfois malfaisant de leur contenu, ou par l'indignité manifeste des sujets (tels certains somnambules professionnels d'honorabilité douteuse) qui leur servent d'interprètes ?

A cette objection, il est facile de répondre que le soleil luit pour tout le monde, même pour les plus indignes. Et même il se peut que certains sujets, placés dans des conditions physiologiques spéciales, soient plus aptes que d'autres, plus dignes mais de conditions différentes, à percevoir le rayonnement divin, soit directement, soit par l'intermédiaire d'êtres aptes à le refléter et à le transmettre. Ils sont comme le miroir que son indignité n'empêche par de refléter fidèlement et de diffuser autour de lui les rayons solaires, pourvu qu'il soit dans de bonnes conditions d'exposition.

Instruments, indignes parfois, d'une grande tâche, les sensitifs et les êtres mystérieux qui les inspirent, peuvent donc, dans leurs rôles de percipients et de diffuseurs des rayons divins, apporter la frivolité, l'esprit de mensonge, le désir de nuire, qui caractérisent les êtres d'une moralité peu avancée (car tout n'est pas parfait dans le monde de l'au-delà pas plus que dans le nôtre). De là des phénomènes qui nous scandalisent et qui certainement ne portent pas la marque de leur origine divine. Mais cette origine n'en est pas moins certaine, comme est certaine celle des rayons solaires, quel que soit l'emploi bienfaisant ou malfaisant que, sur leur parcours, on en fasse.

Et qui sait, d'ailleurs, si la tradition des anges déchus, que le dogme catholique s'est appropriée, en même temps qu'elle fournirait une explication admissible de ces formes maléfiques, ou simplement vulgaires, du don de prescience, n'y trouverait pas elle-même sa propre justification ?

429. — Quoi qu'il en soit, et c'est là ma conclusion, l'explication que je viens de proposer, si elle n'est pas scientifique, est, du moins, comme je l'ai dit, très rationnelle, et la seule dans tous les cas qui, dans l'état de nos connaissances, puisse donner une idée approximative du processus par lequel la connaissance de l'avenir, privilège exclusif de Dieu, peut arriver néanmoins jusqu'à nous. Elle est d'ailleurs conforme à l'instinct des peuples qui, partout et à toutes les époques de leur histoire, ont toujours attribué les manifestations d'un pouvoir qu'ils ne pouvaient s'expliquer, à des puissances mystérieuses dont ils se sentaient et dont ils se sentent encore entourés, et il se pourrait bien, en définitive, que ce soit cet instinct, souvent supérieur à la raison, qui ait trouvé la meilleure solution.

CHAPITRE XII

Transmission de pensée. — Télépathie. — Téléplastie. — Dédoublement. — Fantômes des vivants et des morts.

430. — « S'il est un dogme bien établi chez les psycho-physiologistes, fait observer M. Gabriel Delanne, dans son récent et remarquable ouvrage sur *les Apparitions matérialisées des vivants et des morts*[1], c'est qu'il est impossible à l'homme de transmettre sa pensée à son semblable autrement que par la parole, l'écriture ou le geste. Insinuer que peut-être, exceptionnellement, la pensée (ou la sensation, les deux phénomènes sont à ce point de vue identiques) pourrait passer directement d'un cerveau dans un autre, c'est faire hausser les épaules à nos fortes têtes, qui déclarent que la vibration nerveuse ne pouvant se produire que dans le tissu nerveux, la pensée ne saurait s'extérioriser, le système nerveux se terminant à la périphérie du corps. »

Mais le peu de fondement de cette objection, ajoute M. Delanne (*loc. cit.*, p. 44) a été démontré par M. Ochorowicz qui, dans son traité de *la Suggestion mentale*, propose, pour expliquer cette extériorisation, l'hypothèse d'une transmission *par induction*, analogue à celle d'un courant électrique sur un autre, sans contact ma-

1. Paris, Leymarie, 1908, 1er vol., p. 44.

tériel, ou à celle des ondes hertziennes, comme dans la télégraphie sans fil.

Non seulement cette hypothèse n'a rien d'inadmissible, mais, quand on connaît les études de Reichenbach sur la *force odique* et le rôle d'intermédiaire et de véhicule que cette force semble jouer dans les phénomènes psychiques (V. *supra*, nᵒˢ 84 et s.) et, notamment dans l'extériorisation de la sensibilité et de l'être psychique en général (V. *supra*, nᵒˢ 200 et s.), on a de sérieuses raisons de penser que cette hypothèse est bien près d'être une réalité, à cela près toutefois que le courant électrique de M. Ochorowicz semblerait devoir être remplacé par une force semblable, mais néanmoins distincte, à savoir le courant *odique*.

D'autre part, après ce que j'ai dit sous le chapitre précédent (V. *supra*, nᵒˢ 376 et s.) de la faculté qu'a l'être humain, dans des conditions déterminées, d'extérioriser plus ou moins complètement son organisme psychique, pour le faire agir à de longues distances et lui permettre de percevoir directement les rayonnements des êtres et des choses placés en dehors de la périphérie du système nerveux et de la portée des sens, la raison est toute disposée à admettre la possibilité pour cet être d'extérioriser, sans le secours de la parole, de l'écriture ou du geste, sa faculté pensante, qui n'est en somme qu'une des facultés de son organisme psychique, et de la projeter au loin vers son semblable, à l'effet de lui suggérer telle ou telle pensée, telle ou telle sensation, d'exercer en un mot sur lui une influence quelconque.

En d'autres termes, la *télesthésie*, telle que je l'ai définie dans mon précédent chapitre, implique la *télépathie*, l'une et l'autre n'étant que des modalités différentes d'un même phénomène, celui de l'extériorisation et de la projection en dehors de l'organisme corporel, de l'être psychique, ou, plus spécialement, de quelques-unes de ses facultés.

431. — Mais, en pareille matière, les faits valent

mieux que les suppositions, si justifiées qu'elles soient.

C'est donc par l'examen des faits, des faits observés en même temps que des faits d'expérience, qu'il convient d'aborder et de poursuivre cette étude. La transmission de pensée étant, d'ailleurs, l'expression la plus simple de l'action télépathique, c'est par elle que je commencerai, pour passer ensuite à l'examen du phénomène, beaucoup plus varié et plus complexe, de la *Télépathie* proprement dite.

SECTION I

DE LA TRANSMISSION DE PENSÉE

432. — Il importe tout d'abord de distinguer, en cette matière, la *lecture de pensée* de la *transmission de pensée*. Ce sont deux phénomènes distincts, le premier étant une des formes de la clairvoyance diesthésique ou télesthésique, que j'ai étudiée sous le chapitre précédent, et différant du second autant et de la même manière que la clairvoyance diffère de la télépathie. J'ai déjà donné *supra*, n° 374, les explications nécessaires au sujet de cette distinction, qui est généralement d'une application facile. Il est certain, par exemple, que lorsqu'un somnambule décrit l'état d'âme du sujet qui le consulte, et qu'il évoque des souvenirs que celui-ci a tout à fait oubliés et dont il n'a plus conscience, — ou, lorsque le curé d'Ars rappelle à ses pénitentes les fautes que ceux-ci avaient oubliées et dont ils négligeaient de s'accuser (V. *supra*, n° 375), la passivité du sujet est ordinairement complète et permet de supposer que ce n'est pas lui qui *transmet* sa pensée au voyant, mais plutôt que c'est ce dernier qui *lit* dans la pensée du consultant ou du pénitent.

433. — La *transmission* proprement dite de la pensée se manifeste d'une manière tellement évidente dans

l'hypnose, sous forme de suggestion mentale [1], qu'il est difficile d'en contester la possibilité. On verra plus loin combien elle est ou paraît fréquente soit dans les expériences de magnétisme, soit même dans les séances de médiumnisme.

Mais, bien que l'état d'hypnose favorise incontestablement la réceptivité du percipient dans le phénomène de la transmission de pensée, on peut citer néanmoins de nombreux cas observés en dehors de toute hypnose, *du moins apparente* (chacun sait, en effet, qu'un hémi-somnambulisme ne se révélant par aucun signe extérieur, n'est pas rare et peut dès lors suffire à déterminer les conditions propres à la réceptivité par le percipient de la pensée transmise).

Voici un cas auquel pourrait bien convenir cette dernière observation ; je le cite, mais en l'abrégeant, tel qu'il a été rapporté par le docteur Quintard à la Société de médecine d'Angers (*Annales des sciences psychiques*, 1894), et résumé dans l'ouvrage précité, *l'Être subconscient*, du docteur Gyel (p. 80) :

Ludovic X... est un enfant de moins de sept ans... A l'âge de cinq ans... il semblait déjà marcher sur les traces du célèbre Inaudi.

Actuellement, on n'a qu'à lui lire un problème pris au hasard dans un recueil et il en donne aussitôt la solution...

Le père de l'enfant, ayant d'autres préoccupations, n'avait, tout d'abord, apporté aux prouesses de son fils qu'une attention relative. A la fin, il s'en émut et... il ne tarda pas à remarquer que : 1° l'enfant n'écoutait que peu la lecture du problème ; 2° la mère, *dont la présence est la condition expresse de la réussite de l'expérience*, devait toujours avoir sous les yeux ou dans la pensée la solution demandée.

D'où il déduisit que son fils ne calculait pas, mais devinait (ou, pour mieux dire, que sa mère lui transmettait sa pensée), ce dont il résolut de s'assurer. En conséquence, il pria Mme X... d'ouvrir un dictionnaire et de demander à son fils quelle page elle avait sous les yeux, et le fils de répondre

1. Voir l'ouvrage classique du docteur Ochorowicz *la Suggestion mentale*, qui contient sur ce point les preuves les plus variées et les plus concluantes.

aussitôt : « C'est la page 456 », ce qui était exact. Dix fois il recommença et dix fois il obtint un résultat identique.

Une phrase est écrite sur un carnet, si longue soit-elle, il suffit qu'elle passe sous les yeux maternels pour que l'enfant interrogé, même par un étranger, répète la phrase mot pour mot... Pas n'est besoin même que la phrase, le nombre ou le mot soient écrits sur le papier ; il suffit qu'ils soient bien précis dans l'esprit de la mère pour que le fils en opère la lecture mentale...

434. — On sait, d'après les témoignages de nombreux voyageurs qui ont pénétré dans les profondeurs mystérieuses du continent africain, que les nouvelles s'y propagent avec une rapidité merveilleuse, qu'aucune raison d'ordre physique ne suffit à expliquer. M. Gaston Méry, dans la livraison d'octobre 1908 de *l'Écho du Merveilleux*, en cite quelques exemples et il invoque à l'appui de ses dires le témoignage du marquis de Morès, mort si héroïquement sur la terre d'Afrique :

Il y a là, évidemment, affirme ce dernier, un phénomène occulte. Si les Arabes communiquaient entre eux par un moyen physique quelconque, on s'en apercevrait. Ils ne communiquent pas au moyen de feux, on le verrait. Ils ne communiquent pas au moyen de cris, on les entendrait. Leur procédé est invisible et silencieux... Mon opinion, c'est que les nouvelles se transmettent mentalement, par l'intermédiaire de vieux marabouts, d'espèces d'ascètes qui, de longue date, sont entraînés par des pratiques inconnues à projeter au loin leur pensée.

435. — On pourrait multiplier à l'infini les exemples de transmission spontanée de la pensée, dûment constatés par des observateurs sérieux et doués de sens critique. Mais la place me manque pour cette enquête. Aussi bien les expériences des anciens magnétiseurs sur leurs sujets, et d'autres plus récentes faites soit avec des sujets en état d'hypnose, soit même avec des sujets éveillés, suffisent, à elles seules, pour mettre hors de doute la réalité du phénomène. Je me bornerai à en citer sommairement quelques-unes :

Tout d'abord les anciens magnétiseurs ont été unanimes pour affirmer que leurs pensées, leurs sensations,
leurs ordres étaient perçus par leurs sujets sans aucune
suggestion verbale.

D'après M. Gabriel Delanne[1] auquel j'emprunte les
renseignements ci-après, qu'il a lui-même recueillis
dans le *Traité de la suggestion mentale* du docteur
Ochorowicz, le marquis de Puységur, après sa découverte du somnambulisme, fut surpris de voir que son
sujet répétait tout haut un air que lui n'avait fait que
fredonner intérieurement : « Je n'ai pas besoin de lui
parler, ajoute-t-il, *je pense* devant lui, il m'entend, il
me répond. »

Après avoir dit que, lorsqu'on veut demander quelque chose aux somnambules, il faut exprimer sa volonté
par des paroles, Deleuze[2] fait cette importante réserve :
« Pourtant les somnambules entendent sans qu'on leur
parle. »

Charpignon[3] est encore plus affirmatif :

Nous avons maintes fois formé dans notre pensée des
images fictives, et les somnambules que nous questionnions
voyaient ces images. Nous avons souvent obtenu une parole,
un signe, une action, *d'après une demande mentale*. D'autres,
adressant aux somnambules des questions en langues étrangères inconnues des magnétisés, ont obtenu des réponses
indiquant non pas l'intelligence de l'idiome, mais celle de la
pensée de celui qui parlait ; *car si l'expérimentateur parlait
sans comprendre, le somnambule restait impuissant à saisir le sens
de la question.*

M. Gabriel Delanne, dans son ouvrage précité *les
Apparitions matérialisées des vivants et des morts*,
cite un exemple intéressant d'expériences de même
nature faites par la *Société des recherches psychiques*

1. *Recherches sur la médiumnité* (p. 261) ; Libr. des sciences psychiques. Paris, 1902.
2. *Instr. pratique sur le magnétisme animal* (p. 135) ; Paris, Dentu,
1825.
3. *Physiologie, médecine et métaph. du magnétisme* (p. 325).

de Londres et relatées dans les *Proceedings* de cette Société (vol. I, p. 31). Le rapport en a été fait par un comité composé du professeur Barrett et de MM. Gurney, Massey, Stainton Moses et Myers, dans les termes suivants :

Une dame demanda à un magnétiseur bien connu de nous, de l'endormir, afin de lui permettre de visiter en esprit certains endroits dont lui-même n'avait aucune connaissance. Il ne put y réussir; mais il s'aperçut qu'il pouvait amener cette dame à décrire des endroits qui lui étaient inconnus à elle, mais qu'il connaissait bien...

436. — Le fait *d'endormir* à distance un sujet et de lui suggérer en cet état des actes qu'il accomplit aussi bien que sous l'influence d'une suggestion *verbale*, a été bien des fois expérimenté avec succès par les anciens magnétiseurs. Les renseignements que donne sur ce point M. Delanne dans ses *Recherches sur la médiumnité* (pp. 269 à 272) sont très précis et très concluants. Pour se rendre compte de la valeur de ces expériences, plusieurs de nos plus célèbres psychologues modernes, Myers, Ochorowicz, Marillier et Pierre Janet, eurent, en 1886, l'heureuse inspiration de les renouveler avec un remarquable sujet, Léonie B., que le docteur Gibert avait découvert. Les résultats obtenus, si l'on en juge par ceux que cite, à titre d'exemple, l'auteur des *Apparitions matérialisées des vivants et des morts* (t. I, pp. 48 et s.), furent des plus satisfaisants.

M. Richet a fait de son côté, à Paris, 39 expériences avec le même sujet. Il obtint 5 succès complets, à la suite desquels il déclara que son expérimentation, dans des conditions aussi sévères, le force à reconnaître que l'action à distance, sorte de télégraphie sans fil, d'âme à âme, puisque l'usage normal des sens est supprimé, est plus qu'une hypothèse, plus qu'une possibilité, mais une splendide réalité [1].

1. CH. RICHET, *Hypnotisme à grande distance.* — Communication

A l'exemple du docteur Gibert et de M. Pierre Janet, dont le sujet, Léonie, obéissait à la suggestion mentale à un kilomètre de distance, le docteur Balme, de Nancy, avait, selon le témoignage de M. Léon Denis (*Dans l'Invisible*, p. 149), le pouvoir de transmettre mentalement sa volonté à une demoiselle de Lunéville. Il l'obligeait ainsi à venir dans son cabinet, à Nancy, réclamer ses soins.

Le même docteur était parvenu, après des essais longtemps et infructueusement répétés, à établir par la transmission de pensée une correspondance régulière avec une de ses amies.

D'abord, dit-il dans le *Bulletin de la Société des études psychiques de Nancy*, cité par M. Léon Denis (*Dans l'Invisible*, p. 151), il n'obtint aucun résultat. Tous les jours, à la même heure et pendant longtemps, ils poursuivirent leur tentative. Les pensées échangées furent d'abord contradictoires. Un jour, cependant, un mot fut perçu avec exactitude; puis, par la suite, des phrases de quatre à cinq mots furent transmises. Enfin, au bout de deux ans, ils communiquèrent à distance, à n'importe quel moment de la journée, en frappant d'abord quelques coups dans leurs mains.

437. — Une autre forme de transmission expérimentale de la pensée, que signale également l'auteur des *Apparitions matérialisées des vivants et des morts* (*loc. cit.*, t. I, p. 51) consiste à faire, hors la vue du sujet, un dessin que celui-ci doit ensuite reproduire, sans l'avoir vu. A Liverpool, où des expériences de cette nature ont été faites, « les agents étaient, dit M. Delanne : MM. Guthrie, Steel, Birchall, Hugues et Gurney ; les sujets (ou percipients) : Miss Relp et Miss Edward. La plupart du temps, on exécutait le dessin original dans une autre pièce que celle où se trouvait le sujet... »

Une grand nombre de ces expériences eurent un plein

à la Société de psych.-phys. (*Revue de l'hypnotisme*, 1ᵉʳ janvier 1888).

succès, comme on peut s'en assurer en se reportant aux reproductions lithographiques qui en ont été publiées dans l'édition anglaise des *Phantasms of the living*, et dont M. Delanne donne quelques spécimens aux pages 52 et 53 de son livre.

438. — Dans d'autres expériences faites par MM. Richet, Gilbert et Janet et recueillies dans la traduction française, publiée par M. Marillier sous le titre de *Hallucinations télépathiques*, des *Phantasms of the living*[1], ce sont des nombres qui ont été pensés par l'agent et devinés par le percipient. Le total des succès constatés, rapporte M. Elbé[2], dépasse de beaucoup celui que le calcul des probabilités pouvait faire prévoir.

D'après le même auteur (p. 375 ; — V. aussi *les Hallucinations télépathiques*, p. 22), une autre série de 400 expériences, effectuées en juin 1876 par M. et Mlles Wingfield, donnèrent lieu à 27 succès complets, alors que le nombre prévu par le calcul des probabilités ne devait être que de 2 seulement :

Le sujet, ajoute M. Louis Elbé, n'a pas besoin pour cela d'être amené à l'état d'hypnose, mais il ne faut pas non plus qu'il soit complètement éveillé...

439. — Quoi qu'il en soit de cette dernière observation, il est certain que l'absence d'hypnose ou de tout autre état analogue, chez le percipient, et même chez l'agent, est loin d'être une garantie de succès dans les expériences de transmission de pensée. C'est le contraire qui paraît certain, surtout si l'on observe, comme l'ont fait MM. L. Usher et P. Burt dans une étude publiée par *les Annales des sciences psychiques* (1-16 février 1910, p. 42), que « la transmission de pensée est, comme paraissent l'être les autres facultés

---

1. Paris, Alcan, 1905.
2. *La Vie future devant la sagesse antique et la science moderne* (p. 375) ; Paris, Perrin, 1907.

supernormales de notre esprit (prémonition, clairvoyance, etc.), une fonction spéciale de la conscience
subliminale ». C'est ce qui explique peut-être l'imper-
fection relative des résultats obtenus dans les expériences où l'agent et le percipient sont l'un et l'autre
dans leur état normal. Un certain degré d'inconscience
chez l'un ou l'autre serait, en général, un facteur indispensable à la réussite de l'expérience, et les conditions
les plus favorables seraient que cet état fût commun
aux deux opérateurs, à l'agent comme au percipient,
dont les consciences *subliminales* auraient ainsi une
plus grande liberté pour fonctionner et communiquer
entre elles.

440. — Ces conditions se trouvent souvent réalisées
dans les séances de *médiumnisme*, où, en effet, le médium et parfois les assistants, ou tout au moins quelques-
uns d'entre eux, subissent plus ou moins et à leur insu,
même quand ils ne tombent pas en transe, c'est-à-dire
dans un état qui présente de grandes analogies avec certaines phases de l'hypnose (V. *supra*, nos 236 et 292),
une obnubilation du conscient qui donne son essor à la
conscience subliminale et lui permet ainsi d'entrer en jeu
dans les faits de transmission de pensée dont les assistants
sont témoins. C'est ce qui explique la précision troublante
de certains résultats et les réponses parfois surprenantes
que l'on obtient et qui ne laissent aucun doute sur le
phénomène de la transmission de pensée, ou, du moins,
qui ne laissent à l'observateur que cette alternative, ou
de conclure à la réalité de ce phénomène, ou d'admettre
que les réponses sont dues à l'intervention d'intelligences
étrangères au groupe des expérimentateurs, tels que
les esprits des morts qui s'en disent les auteurs : ce
qui ne serait après tout qu'une autre forme, plus transcendantale encore, de la transmission de pensée. Il
semble, pour tout esprit observateur et doué de sens
critique, qui assiste à ces séances, et j'ai eu moi-même
maintes fois cette impression dans les expériences aux-

quelles j'ai pris part, que le médium est une véritable plaque sensible, sur laquelle se reflètent tour à tour les pensées des divers assistants.

M. Gabriel Delanne, dans son ouvrage précité, *Recherches sur la médiumnité* (pp. 282 à 292), rapporte une suite d'expériences très concluantes à ce point de vue, faites par le Révérend P. H. Newnham — à l'aide de sa femme en qui s'étaient révélées des facultés de médium écrivain — et au cours desquelles furent recueillies 385 réponses, écrites automatiquement, et correspondant exactement aux questions posées *mentalement* par l'expérimentateur. Toutes les précautions avaient été prises pour que Mme Newnham n'eût aucune connaissance, ni par l'ouïe, ni par la vue, des questions écrites par son mari et auxquelles elle a effectivement et congrument répondu par l'écriture automatique.

441. — Une source très précieuse d'informations auxquelles a donné lieu le phénomène de la transmission de pensée, se rencontre notamment dans l'ouvrage précité de M. Sage *la Zone frontière* (pp. 167 à 178 et 223 à 252). J'en extrais les renseignements suivants :

442. — *Expériences du docteur Binet-Sanglé.* — En voici un spécimen qui suffira à faire connaître le mode opératoire de l'expérimentateur :

Il s'agit de transmettre au percipient le mot : *vautour*. Ce mot n'est pas articulé, même à voix basse, il n'est lu que des yeux par M. J... et le docteur Binet-Sanglé. Celui-ci esquisse alors un vautour sur une feuille de papier et prie l'agent de transmettre l'image au percipient. Au bout de quelques instants, le percipient déclare : « C'est un oiseau ; c'est un drôle d'oiseau, il n'a pas d'ailes (le croquis tracé par le docteur n'avait en effet pas d'ailes), et enfin : « C'est un vautour ».

443. — *Expériences du docteur Gibotteau.* — Je résume, d'après le texte de M. Sage, une des plus curieuses parmi les expériences que ce docteur a faites et

qu'il a publiées, en 1892, dans *les Annales des sciences psychiques* :

Le but de l'expérimentateur était de donner mentalement à son sujet, sur lequel il avait un ascendant considérable, une suite d'hallucinations, en aussi grand nombre et aussi variées que possible.

Dès le début, le sujet (une femme) ferma les yeux à demi, et prit un air un peu vague, mais il n'y eut ni changement dans la voix, ni réveil, ni phénomène *d'amnésie*, et il m'est impossible de donner le nom de sommeil à l'état dans lequel elle se trouvait... Je commençai par lui faire regarder les objets placés sur la petite table en face d'elle que recouvrait un tapis jaunâtre sans dessins bien marqués... Un gros encrier avec un couvercle à ressort se trouvait sur cette petite table. Elle le vit successivement, et conformément au dispositif suggéré *mentalement* par l'expérimentateur, se déplacer de droite à gauche jusqu'au bord de la table, tourner dans tous les sens, s'ouvrir brusquement comme par l'effet du ressort, se renverser et répandre l'encre ; puis l'encrier s'ouvrit de nouveau et il en sortit un petit serpent. J'imaginai alors de le supprimer mentalement et de ne plus voir que le tapis. Le succès fut immédiat, l'encrier disparut et demeura invisible aussi longtemps que je le voulus...

Puis ce sont des animaux plus grands, que l'expérimentateur fait apparaître : un cheval bai, puis un cheval blanc, un lion, un ours, avec diverses attitudes et les mouvements les plus variés, dont il évoque dans son esprit la représentation visuelle, représentation fidèlement reproduite par les descriptions du sujet. « Sur le lit, qui avec ses rideaux formait une tache obscure, il fait également apparaître, couchées et généralement appuyées sur le coude, au moins dix personnes, bien connues du sujet, qui toutefois avait quelque peine à les reconnaître »...

444. — *Expériences de Carl du Prel et Von Schrenk-Notzing.* — Une de ces expériences est caractéristique, en ce qu'elle montre avec quelle intensité la pensée peut être transmise à certains sujets particulièrement

sensibles et plongés dans le sommeil hypnotique. Je
reproduis partiellement le compte rendu qu'en donne
M. Sage (*loc. cit.*, pp. 229 et s.) :

Lina (c'est le nom du sujet) est endormie par M. Notzing.
Alors, *sans prononcer un mot*, Carl du Prel écrit sur un
morceau de papier : « M. de Notzing lira, en silence et à distance, la poésie allemande: *Le Coup du matin*, de Martin
Greif. Interrogée à son réveil sur ce qu'elle a rêvé, Mlle Lina
racontera le contenu de cette poésie.

Après avoir pris connaissance de ce désir, l'hypnotiseur
prie Lina d'être attentive à ce qu'il va penser, et prenant
le livre de Martin Greif, il lit *des yeux* la poésie (indiquée
par Carl du Prel).

Quelques instants après son réveil, on demande à Lina si
elle a bien dormi et si par hasard elle aurait fait quelque
rêve. Elle raconte alors, mais en peu de mots, ce qui est
contenu dans la poésie...

445. — Plusieurs autres expériences mériteraient
aussi une mention particulière. Telles sont celles auxquelles ont procédé, sur des sujets hypnotiques : soit
MM. de Guaita et le docteur Liébault, soit le docteur
Ochorowicz, soit le docteur Texte, soit MM. Gibert, de
concert avec MM. Myers et Marillier, soit le docteur
Dussart, soit enfin M. Émile Desbeaux, — et dont
M. Flammarion a rendu compte sous les pages 294 à
308, et 349 à 354 de la 1re édition de son ouvrage
déjà tant de fois cité *l'Inconnu et les Problèmes psychiques.*

Telle est également la série d'expériences faites par
Miss Clarisse Miles, qui remplissait le rôle *d'agent*,
avec Miss Hermione Ramsden, qui jouait celui de *percipient*, et que les *Annales des sciences psychiques*
ont relatées dans leurs livraisons d'avril-mai 1906, et
des 16 mai-1er juin et 16 juin-1er juillet 1908.

Si je me borne à signaler ces documents à mes
lecteurs, en les renvoyant pour plus amples informations au texte même des publications qui les ont recueillis, c'est que les limites dans lesquelles mon étude

doit se renfermer et qui ne sont déjà que trop dépassées, m'en font une impérieuse nécessité.

Aussi bien, il semble que la cause est entendue ; que le phénomène de la transmission de pensée est un fait avéré et reconnu par l'unanimité des psychologues qui se sont donné la peine de le soumettre à une étude consciencieuse et approfondie, et que, seuls, des esprits prévenus et superficiels pourraient, après tant de témoignages, tant d'expériences et de preuves décisives, persister encore à en contester la réalité.

D'ailleurs, s'il restait encore quelques doutes sur ce point, ils seraient bientôt dissipés par l'étude de la *Télépathie*, qui n'est qu'une forme plus complexe de la transmission de pensée, et à laquelle les diverses sections ci-après de ce chapitre vont être exclusivement consacrées.

SECTION II

TÉLÉPATHIE ENTRE VIVANTS. NATURE ET FORMES DIVERSES DE CE PHÉNOMÈNE — TÉLÉPATHIE PROPREMENT DITE. — TÉLÉPLASTIE. — DÉDOUBLEMENT.

§ 1er. — *Généralités. Définition. Distinctions nécessaires.*

446. — Le mot de *télépathie* est formé des deux radicaux grecs : *télé* (loin) et *pathos* (sensation). Il signifie, dans son acception usuelle : transmission par une personne (*l'agent*) à une autre personne éloignée (*le percipient*) d'un ensemble de pensées, de sensations, d'images, de scènes vécues, en rapport avec l'état physique et psychique de l'agent au moment même de cette transmission.

Dans une définition basée sur les apparences extérieures du phénomène, l'auteur du substantiel ouvrage déjà tant de fois cité, *l'Être subconscient* (p. 82), le docteur Gyel, écrit :

La télépathie consiste essentiellement dans le fait d'une impression physique intense se manifestant en général inopinément chez une personne *normale* (c'est-à-dire non sujette à des troubles fonctionnels ou à des hallucinations), soit pendant l'état de veille, soit pendant le sommeil, impression qui se trouve être en rapport concordant avec un événement survenu à distance. — Tantôt cette impression constitue tout le phénomène. Tantôt elle s'accompagne d'une vision (ou sensation d'autre nature) en apparence objective et extérieure au percipient.

Cette définition est suivie, dans l'ouvrage précité, d'une série d'observations générales, qui mettent en évidence les traits essentiels et aussi les plus habituels du phénomène.

Il convient d'y ajouter, et la remarque est importante, que, alors que le plus souvent le percipient dans la télé-pathie *spontanée*, est, du moins en apparence, dans son état normal de veille ou de sommeil naturel, l'agent, au contraire, est généralement dans un état physiologique anormal, causé par la crise qu'il traverse (accident, agonie, évanouissement, léthargie, mort, etc.) et qui est la cause *impulsive* du phénomène ; que cet état anormal, en même temps qu'il détermine l'action télépathique, la facilite aussi, en provoquant, au même degré, et souvent avec plus d'intensité que l'hypnose, l'extériorisation psychique qui est la condition de cette action.

C'est précisément l'inverse de ce qui se passe dans la télépathie *expérimentale* où l'agent, étant toujours éveillé et le plus souvent dans son état normal, n'agit avec efficacité sur son sujet d'expériences que si celui-ci remplit les conditions de réceptivité nécessaires que donne l'hypnose ou tout autre état analogue. Et c'est ce qui explique, sans doute, que, de l'aveu même du docteur Gyel (*loc. cit.*, p. 86), la télépathie expérimentale n'ait pas donné tous les résultats qu'on en espérait et soit loin d'être aussi nettement établie que la télépathie spontanée.

447. — Celle-ci, en effet, on peut aujourd'hui l'affirmer sans crainte de démentis, s'est imposée à la science par la masse imposante des faits que ses adeptes, depuis près d'un demi-siècle, et, entre tous, la *Société des Recherches psychiques de Londres*, fondée en 1882, ont recueillis.

« Jamais, s'écrie M. Delanne (*Les Apparitions matérialisées des vivants et des morts*, t. I, pp. 42 et s.), programme ne fut mieux rempli; car, de nos jours, les travaux de cette Société font autorité dans le monde des psychologues, et peuvent être proposés comme des modèles d'investigations patientes, perspicaces et surtout bien contrôlées. »

Le même auteur cite les noms des présidents qui ont dirigé successivement la Société depuis sa fondation; tous jouissent d'une notoriété mondiale. Quant aux membres actifs, ils comptent, d'après l'énumération qu'en fait Durand de Gros (*Le Merveilleux scientifique*, p. 49) parmi les plus hautes notabilités scientifiques de l'Angleterre, et il en est de même des membres correspondants des pays étrangers, notamment de la France, parmi lesquels figurent les noms les plus illustres de la psychologie expérimentale : Beaunis, Bernheim, Liégeois, Richet, d'Abbadie, Sabatier, Hartmann, le docteur Lombroso, Ribot, Taine, etc.

L'enquête entreprise et poursuivie inlassablement par cette Société, a donné des résultats considérables. En 1909, on comptait, d'après M. Delanne (*loc. cit.*, pp. 43 et 174) plus de vingt volumes de procès-verbaux (*Proceedings*) contenant plus de 2.000 témoignages sévèrement contrôlés, indépendamment des nombreux faits recueillis dans le *Journal* de la société. C'est au cours de cette enquête que MM. Myers, Gurney et Podmore eurent l'heureuse inspiration d'extraire de ces procès-verbaux les cas les plus remarquables de télépathie, d'en faire la synthèse et de les publier, au nombre de 7 à 800 environ, dans un ouvrage intitulé *Phantasms of the living* (*Fantômes des vivants*) [1], dont une traduction abrégée a été faite en France, sous le titre, quelque peu déconcertant, de *Hallucinations télépathiques*, par M. Marillier, maître de conférences à l'École des hautes études et secrétaire, pour la France, de la *Society for psychical researches*, de Londres [2].

De son côté, M. Flammarion eut l'idée d'ouvrir en France, parallèlement à celle qui se poursuivait et qui se poursuit encore en Angleterre, une enquête de même nature. Le 26 mars 1899, il fit à cet effet un appel aux lecteurs des *Annales politiques et littéraires*, du *Petit Marseillais* et de la *Revue des Revues*, appel auquel il fut largement répondu. Sur les 4.280 réponses reçues de ses correspondants, et dont 2.456 étaient négatives et 1.824 affirmatives, quant à la question de savoir s'il leur avait été donné de constater au cours de leur existence des faits de télépathie, l'auteur de l'enquête put en réserver 786, importantes, qui ont été jugées dignes d'être classées, transcrites quant aux faits essentiels, résumées et publiées dans son ouvrage déjà cité *l'Inconnu et les Problèmes psychiques.*

Ajoutons que ces sources déjà si complètes d'observations ont été accrues et le sont encore chaque jour par celles que les revues spéciales qui se consacrent à l'étude des phénomènes psychiques (et elles se multiplient de plus en plus) et même la grande presse, ne cessent d'enregistrer.

On s'explique, dans ces conditions, que des savants d'une prudence excessive, comme M. Charles Richet, aient pu dire : « On trouve une telle quantité de faits

1. Une part prépondérante dans ce travail appartient à M. Gurney, qui a, sauf l'introduction, qui est de Myers, rédigé le corps de l'ouvrage. M. Gurney était un psychologue aussi érudit que sagace et ingénieux. Il est l'auteur du *Traité de Psychologie physiologique* (*The Power of Sound*).
2. Paris, Félix Alcan, 1905.

impossibles à expliquer autrement que par la télépathie, qu'il faut admettre *une action à distance*..... Le fait semble prouvé, absolument prouvée » (Léon Denis, *Dans l'Invisible*, p. 11).

448. — Il ne peut entrer dans le plan de mon ouvrage d'entreprendre une revue, si peu détaillée qu'elle soit, des faits de télépathie, soit spontanés, soit expérimentaux, qui ont été recueillis dans ces trente dernières années. Une pareille tâche excéderait manifestement les limites que je suis forcé de m'imposer. Tout ce qu'il m'est permis de tenter, et c'est à quoi je vais m'attacher dans les deux paragraphes suivants, c'est de donner à mes lecteurs, par quelques exemples choisis soit dans les procès-verbaux de la double enquête poursuivie par la *Société des recherches psychiques de Londres*, et par M. Flammarion (V. *supra*, n° 447), soit dans les comptes rendus puisés à d'autres sources, un aperçu aussi net et aussi complet que possible du phénomène qui fait l'objet de mon étude actuelle et des divers aspects sous lesquels il se manifeste.

449. — Les auteurs des *Fantômes des vivants* et leur traducteur, M. Marillier (V. *supra*, n° 447) se sont efforcés d'apporter de l'ordre et de la méthode dans l'exposé des cas de télépathie qu'ils ont choisis, au milieu de beaucoup d'autres, et publiés avec toutes les références nécessaires et de nombreuses pièces justificatives. Ils étudient, en effet, séparément, dans des chapitres successifs :

1° Les cas de télépathie expérimentale ;

2° Les impressions *purement internes*, dans lesquelles ils comprennent : *A*. la transmission des idées et des images ; *B*. la transmission d'émotions et de tendances motrices ;

3° Les cas de télépathie dans les rêves ;

4° *Item* dans l'état intermédiaire entre la veille et le sommeil ;

5° Les cas de télépathie *visuelle* ;

6° Les cas de télépathie *auditive* ;

7° Les cas de télépathie tactile, ou affectant simultanément plusieurs sens, ou produisant des effets matériels;

8° Les cas de télépathie réciproque;

9° Enfin, les cas de télépathie collective.

Cette division et ces distinctions présentent, à n'en
pas douter, un réel intérêt et tout observateur avisé
doit savoir en tenir compte. Mais elles ne peuvent que
céder le pas devant une distinction beaucoup plus
importante, qui, selon moi, domine tout classement de
cette nature et peut seule permettre, en effet, de ne pas
confondre, en cette matière, deux ordres très différents
de phénomènes qui certainement ne comportent pas la
même interprétation.

Je m'explique :

Le grand ouvrage dont je viens de parler, *Phantasms
of the living*, et dont M. Marillier a donné une traduction abrégée, rattache le phénomène de la télépathie à
celui de la transmission de pensée, dont il ne serait
qu'une modalité plus complexe et plus importante.
Voici, par conséquent, d'après cette interprétation, quel
serait le processus de la télépathie spontanée : sous l'influence d'une émotion, d'un ébranlement et, d'une manière générale, d'une crise quelconque (l'agonie d'un
mourant, par exemple) survenue, par suite d'un accident,
d'une maladie, ou autrement, dans l'état physiologique
de *l'agent*, sa pensée, qui subirait et refléterait plus ou
moins en elle cet état de crise avec ses circonstances
extérieures, serait transmise au cerveau, selon les uns,
à la conscience subliminale, selon les autres (et, notamment, dans l'opinion de Myers), d'une personne éloignée
vers laquelle il se sentirait attiré. Et cette pensée, ainsi
extériorisée, en allant au loin influencer le percipient,
déterminerait chez celui-ci une impression *purement
subjective*, mais qui *s'objectiverait*, pour lui, en une
hallucination *visuelle*, *auditive* ou *motrice*, suivant la
nature particulière de ses réactions mentales, et dans

tous les cas *véridique*, puisque conforme et adéquate
aux faits réels qui ont provoqué chez l'agent l'extériorisation de sa pensée.

450. — Quelle que soit la validité de cette explication
et c'est ce qu'il sera temps d'examiner plus loin (V. *infra*, n°ˢ 517 et s.), il paraît certain dès à présent
qu'elle ne saurait embrasser dans ses termes étroits
tous les cas de télépathie spontanée que les enquêtes
dont j'ai parlé (*supra*, n° 447) ont recueillis et établis
par des témoignages irrécusables.

Si elle peut être à la rigueur jugée suffisante pour
les cas les plus simples, par exemple pour celui de
l'apparition à un seul percipient de la victime d'un accident au moment où cet accident se produit, sans
autres détails caractéristiques, elle est déjà moins satisfaisante lorsque la vision du percipient lui permet de
décrire exactement, avant toute information, non seulement le genre d'accident, mais encore toutes ses circonstances extérieures et, notamment, l'aspect physique et les vêtements de la victime. Quelle apparence,
en effet, que celle-ci ait arrêté sa pensée, pour la transmettre au percipient, sur des détails aussi accessoires
que le vêtement qu'elle portait au moment de l'accident ?

Mais que dire du cas où l'apparition a été vue *simultanément, dans le même endroit de l'espace,* par
plusieurs personnes différentes ? Si plusieurs personnes
objectivent en même temps, en une hallucination visuelle, l'impression purement subjective qu'elles ont
reçue, il est inadmissible qu'elles s'entendent à placer
au même point de l'espace l'objet de leur hallucination.

Que dire également des apparitions qui ouvrent des
portes *réellement* fermées et laissent des traces matérielles de leur passage ?

Il est évident que pour ces cas, et bien d'autres encore, l'hypothèse des savants auteurs des *Fantômes des
vivants* ne saurait convenir, et il est nécessaire d'en

chercher une autre : par exemple celle d'un *dédoublement plastique*, ou d'une projection à distance de quelque chose de substantiel venant de l'organisme psychique, cette doublure de l'organisme corporel, que nous avons en nous, et qui, je crois l'avoir suffisamment établi (V. *supra*, nos 199 et s.), a la faculté de s'extérioriser plus ou moins complètement sous l'influence de l'hypnose ou d'autres crises analogues.

C'est, en effet, à démontrer l'exactitude de cette hypothèse que s'attache le savant auteur déjà cité des *Apparitions matérialisées des vivants et des morts*, M. Gabriel Delanne, et c'est en réalité la thèse et l'objet principal de son premier volume.

451. — On voit par là de quel intérêt est la distinction à faire entre les cas de télépathie spontanée qui comportent l'explication télépathique, proprement dite, c'est-à-dire dont le processus réside uniquement dans la transmission de pensée, et ceux pour lesquels cette explication est insuffisante, et pourquoi cette distinction paraît devoir dominer toutes les autres, qui ne sont qu'accessoires.

M. Durand de Gros ne s'y est pas mépris. Dans son lumineux ouvrage *le Merveilleux scientifique* il insiste sur le caractère *bio-magnétique*[1] qui semble appartenir à un très grand nombre de cas de télépathie spontanée et qui suppose non pas un simple phénomène purement *subjectif* de transmission de pensée, mais l'extériorisation et la transmission *réelle*, de l'agent au percipient, d'un dynamisme *sui generis*[1], dans tous les cas vraiment *objectif*, et ne pouvant vraisemblablement provenir que de l'organisme psychique de l'agent.

L'éminent psychologue montre qu'il n'est pas possible de confondre dans la même explication deux

1. Cette hypothèse de force ou de substance *bio-magnétique* équivaut sans doute, dans la pensée de Durand de Gros, à l'hypothèse de *force ou fluide odique*, si bien mise en évidence par les expériences de Reichenbach (V. *supra*, n° 84).

ordres de phénomènes aussi différents que le sont la
télépathie proprement dite, telle que l'a définie tout
d'abord la *Société des recherches psychiques de
Londres*, et certains cas avérés de *dédoublement* dont
on rencontre des exemples dans la vie des saints, et
auxquels l'Église a donné le nom caractéristique de
bilocation. En dehors des causes surnaturelles qui
peuvent légitimement être assignées à ce phénomène
par le croyant, des causes naturelles peuvent également
intervenir dans sa production, puisqu'on le rencontre
aussi quelquefois, comme on le verra plus loin, chez des
sujets léthargiques et en dehors de toutes circonstances
pouvant éveiller l'idée du miracle. Dès lors, l'explication suivante que donne M. Durand de Gros d'un des
faits de ce genre les plus connus et les plus authentiques, emprunté par lui à la vie de saint Alphonse de
Liguori, a une portée générale et mérite d'être retenue,
ne fût-ce que pour montrer la nécessité de distinguer,
dans la classification des faits à étudier ici, le phénomène du dédoublement du simple fait télépathique :

Voici donc, écrit M. Durand de Gros (*loc. cit.*, p. 59),
Alphonse de Liguori pris de syncope au milieu de ses moines
du couvent de Scala (royaume de Naples) et demeurant deux
jours et deux nuits consécutifs en état de léthargie. Et
maintenant l'Église nous affirme... que, durant le cours de ce
long sommeil, Alphonse était à Rome, au Vatican, auprès du
pape à son lit de mort, pour l'assister dans ses derniers
moments.
Je prends le fait, tel que l'Église nous le donne. Le contester..., servirait de peu ; en effet, après comme avant, nous nous
heurterions à une multitude de faits du même ordre, qui
s'appuient sur tout un appareil scientifique de preuves testi-
moniales et de vérifications expérimentales absolument imposant... Ces observations faites, je dis que pour admettre, ne
fût-ce que par hypothèse, que le cénobite de Scala passa
quarante huit heures dans sa retraite..., plongé dans un sommeil profond, et que, durant les mêmes quarante-huit heures,
il était dans le palais du Vatican, activement occupé à donner
les secours de la religion à Clément XIV mourant, il y a lieu
à un sérieux *distinguo*.

A peine de tomber dans une flagrante contradiction dans les termes, on ne peut soutenir que ce qui était resté dans le pays de Naples de la personne de notre saint se trouvait identiquement à Rome dans le même temps; et, réciproquement, que cette portion de lui-même qui s'était transportée à Rome, et y avait résidé tout ce temps, n'avait point nonobstant bougé de place et n'avait pas cessé un seul instant d'être cloué sur sa couche à cinquante ou cent lieues de là. Donc, c'est *une* chose qui dormait actuellement, insensible et inerte, au couvent de Scala; et c'est une *autre* chose qui veillait à la même heure auprès du pape et déployait un zèle actif à préparer un homme à mourir...

Si le fait en cause et les faits semblables... sont prouvés, si force nous est de les admettre, eh bien! une conséquence me paraît découler de là avec la plus limpide et la plus irrésistible évidence: *c'est que, à la nature physique apparente est associée une nature physique occulte, qui est fonctionnellement son équivalente, quoique de constitution tout autre.*

C'est que l'organisme vivant que nous voyons et que l'anatomie dissèque, a également pour doublure (si ce n'est pas lui-même qui est la doublure) un *organisme occulte* sur lequel n'a prise ni le scalpel, ni le microscope, et qui pour cela n'en est pas moins pourvu, comme l'autre, mieux que l'autre peut-être, *de tous les organes nécessaires au double effet qui est toute la raison d'être de l'organisation vitale : Recueillir et transmettre à la conscience les impressions du dehors, et mettre l'activité psychique à même de s'exercer sur le monde environnant et de le modifier à son tour.*

On ne saurait mieux démontrer la coexistence dans l'être humain d'un organisme psychique, distinct et indépendant (virtuellement tout au moins) de l'organisme corporel, et destiné à lui survivre, ni mieux confirmer ainsi l'exactitude de l'hypothèse qui m'a servi jusqu'ici à expliquer tous les phénomènes transcendantaux, tels que le dédoublement notamment, de la psychologie expérimentale.

452. — Après ces considérations générales, le moment est venu d'entrer dans l'examen des faits. Conformément à la méthode dont je viens de démontrer la nécessité, et pour ne pas confondre des faits d'un ordre tout différent, je grouperai dans deux paragraphes distincts :

1° Les faits de télépathie proprement dite (dans le sens étroit de ce mot) entre vivants, c'est-à-dire ceux qui, à la rigueur, peuvent être considérés, suivant le point de vue adopté par les auteurs des *Phantasms of the living* et des *Hallucinations télépathiques*, comme une variété et une extension du phénomène de la transmission de pensée ;

2° Les faits auxquels ce caractère ne saurait être reconnu et qui paraissent impliquer, dans leur processus et dans leur causalité, une extériorisation, un véritable *dédoublement*, suivant le terme consacré, du centre ou de l'organisme psychique ;

3° Enfin, dans un troisième paragraphe, qui terminera l'étude que je me suis proposée dans la présente section de ce chapitre, je passerai en revue les diverses hypothèses qui ont été suggérées par les psychologues pour une explication rationnelle de cette double forme du phénomène télépathique.

Il ne me restera plus qu'à étudier les faits de télépathie *post mortem* : ce sera l'objet de la troisième et dernière section de ce chapitre.

§ 2. — *Faits de télépathie proprement dite, c'est-à-dire pouvant être considérés à la rigueur comme une variété et une extension du phénomène de la transmission de pensée.*

453. — Dans l'inventaire, trop sommaire à mon gré, que je vais présenter à mes lecteurs, des documents relatifs au phénomène de la télépathie pure, considérée comme une variété et une extension du phénomène de la transmission de pensée, je suivrai, autant que possible, l'ordre adopté, dans les *Hallucinations télépathiques*, par le traducteur des *Phantasms of the living*. Je les préviens, une fois pour toutes, que je devrai en

général, et à mon vif regret, passer sous silence les
nombreuses et copieuses pièces justificatives qui accompagnent les procès-verbaux et comptes rendus d'où
ces documents tirent principalement leur indiscutable
valeur. Ils auront d'ailleurs les plus grandes facilités
pour suppléer à cette lacune, grâce au soin que je pren-
drai toujours de me référer au texte original.

A. — TÉLÉPATHIE EXPÉRIMENTALE.

454. — Les cas de télépathie expérimentale sont
rares et rarement précis, dit le docteur Gyel (V. *supra*,
n° 446).

Cependant on en trouve quelques-uns offrant un réel
intérêt au chapitre III des *Hallucinations télépathiques*
où ils sont présentés par les auteurs comme « pouvant
servir de transition » entre les cas de transmission expérimentale de pensée et les cas de télépathie spontanée
(pp. 32 à 51).

Je cite les suivants à titre d'exemple :

455. — *Hallucinations télépathiques* [V. (14), p. 38].
— Le récit ci-après a été copié sur un manuscrit du
narrateur, M. S. H. B., qui l'avait lui-même tiré de
son *journal*, perdu depuis :

Un certain dimanche du mois de novembre 1881, vers le
soir, je venais de lire un livre où l'on parlait de la grande
puissance de la volonté... Je résolus avec toute la force de
mon être d'apparaître dans la chambre à coucher du devant
au second étage d'une maison située 22, Hogarth Road,
Kensington. Dans cette chambre couchaient deux personnes
de ma connaissance : Mlle L. S. Vérity et Mlle C. E. Vérity. Je
demeurais à ce moment, 23, Kildare Gardens, à une distance
de trois milles à peu près de Hogarth Road, et je n'avais parlé
de l'expérience que j'allais tenter à aucune de ces deux
personnes, par la simple raison que l'idée de cette expérience me vint le dimanche soir en allant me coucher. Je
voulais apparaître à une heure du matin, très décidé à manifester ma présence.

Le jeudi suivant, j'allai voir ces dames, et, au cours de notre conversation (et sans que j'eusse fait aucune allusion à ce que j'avais tenté), l'aînée me raconta l'incident suivant :

Le dimanche précédent, dans la nuit, elle m'avait aperçu debout près de son lit et en avait été très effrayée, et, lorsque l'apparition s'avança vers elle, elle cria et réveilla sa petite sœur, *qui me vit aussi.*

Je lui demandai si elle était bien réveillée à ce moment, elle m'affirma très nettement qu'elle l'était. Lorsque je lui demandai à quelle heure cela s'était passé, elle me répondit que c'était vers une heure du matin.

Sur ma demande, cette dame écrivit un récit de l'événement et le signa...

(Suivent les pièces justificatives, parmi lesquelles une déclaration de la sœur cadette confirmant celle de son aînée).

Le récit qu'on vient de lire est précédé et suivi, dans le même ouvrage (*Hall. télép.*, pp. 35, 40 et 43), du compte rendu détaillé de trois autres expériences, à peu près semblables, du même expérimentateur. Elles ne font que confirmer les résultats de la première.

Dans une autre expérience (*eod. loc.*, pp. 45 et s.) l'agent, qui a transmis son image au percipient, avait été préalablement magnétisé. Il est certain qu'il y a dans ce fait un élément de succès très particulier, ainsi que je l'ai fait remarquer (*supra*, n° 439) dans mon étude de la transmission de pensée. La réussite de cette expérience, que je me dispense de décrire plus amplement, mais qu'on pourra lire au texte précité des *Hallucinations télépathiques*, corrobore donc mon observation.

456. — M. Delanne, dans son ouvrage déjà cité *les Apparitions matérialisées des vivants et des morts* (I, pp. 199 et s.) rapporte un assez grand nombre de cas *expérimentaux* d'apparitions rentrant dans la catégorie soit des faits de télépathie, soit des dédoublements. Je me borne à citer le suivant, qui appartient à la première de ces deux catégories. Le récit, extrait des *Proceedings*

(vol. X, p. 270), émane de l'agent, M. Kirk, et a été confirmé par la percipiente, Miss G.

Il est ainsi conçu :

7 juillet 1890 : Du 10 au 20 juin, j'ai essayé d'agir télépathiquement sur Miss G. ., espérant me rendre visible pour elle, mais ne parvenant qu'à produire chez elle un sentiment d'inquiétude plus ou moins prononcé. Je ne l'avertissais ni du moment, ni du but de mes tentatives, que je faisais toujours chez moi, de 11 heures du soir à 1 heure du matin.

Enfin, le 23 juin, contrairement à mon attente, je réussis tout à fait. Cette fois j'étais dans mon bureau et me décidai subitement à agir. Il était, autant que je puis me le rappeler, entre 3 h. 30 et 4 heures de l'après-midi... Je posai mon crayon et m'étendis pour me reposer en pensant à faire un essai sur Miss G... Je ne savais où elle était, mais j'eus l'inspiration de me rendre dans sa chambre à coucher. Ce fut une heureuse idée ; j'ai su qu'à ce moment elle y sommeillait dans un fauteuil, condition la plus propre à lui permettre de recevoir un message télépathique.

La forme que vit Miss G... était *tête nue et vêtue exactement comme je l'étais en réalité*, c'est-à-dire avec une jaquette en tissu écossais d'un rouge sombre, ce qui était exceptionnel, car ordinairement je portais dans mon bureau un costume clair, mais j'avais dû envoyer celui-ci à réparer.

La couleur de mon costume me servit d'élément de preuve. Je lui demandai : « Comment étais-je habillé ? » Posant la main sur la manche de ma jaquette, qui était d'une étoffe *claire* : « Ce n'était pas, dit-elle, avec ce vêtement, mais avec la jaquette de couleur foncée que vous portez quelquefois ; j'ai nettement remarqué les *petits carreaux de l'étoffe*, et j'ai vu tous les détails aussi nettement que si vous aviez été corporellement présent. Je ne pouvais vous voir plus distinctement. »

(Suit le récit confirmatif de Miss G., que je me dispense de reproduire.)

457. — Je relève, dans l'ouvrage *la Zone frontière* de M. Sage, trois cas très remarquables de télépathie expérimentale.

C'est d'abord (p. 174) un essai, d'ailleurs couronné de succès, par le docteur Schrenck-Notzing, ce colla-

borateur de Carl du Prel dont j'ai eu plusieurs fois à
signaler les expériences, d'apparaître, au moment où il
passait, vers 11 heures et demie du soir, à Munich,
devant la maison d'une famille de sa connaissance, à une
demoiselle de cette famille, qu'il savait sensible à l'action télépathique.

C'est encore (p. 176) une tentative du même genre,
et également réussie, par le Révérend Newnham, d'apparaître à un de ses amis, Z..., qui se trouvait alors à
plusieurs milles de lui.

Le troisième cas, relaté par M. Sage (*loc. cit.*, p. 185)
et qui diffère peu des premiers, concerne l'une des
expériences faites par le Révérend Clarence Godfrey
avec une dame de sa connaissance, et que rapporte
M. Podmore dans son livre : *Apparitions et Transmission de pensée*, p. 228.

458. — Ces diverses expériences, notamment celle
de M. S.-H.B. sur la personne des demoiselles Vérity
(V. *supra*, n° 455) suggèrent à Myers, dans son savant
Traité de la personnalité humaine (p. 249), les profondes réflexions ci-après, auxquelles je ne puis que
m'associer:

Dans ces *auto-projections*, nous avons devant nous la manifestation, je ne dirai pas la plus utile, mais la plus extraordinaire de la volonté humaine. Qu'y a-t-il qui dépasse
davantage toutes nos facultés connues que cette puissance
de produire sa propre apparition à distance ?...

Ici commence la justification de la conception que nous
avons ébauchée, à savoir que le *moi subliminal*, loin de former
un simple enchaînement de remous et de tourbillons, isolés
en quelque sorte du courant principal de l'existence humaine,
en constitue, au contraire, lui-même, le courant principal et
puissant, celui que nous pouvons, avec le plus de raison,
identifier avec l'homme lui-même. D'autres manifestations ont
leurs limites précises ; quelles sont les limites de celle-ci ?
L'esprit s'est montré dissocié en partie de l'organisme ;
jusqu'où va cette dissociation ? Il manifeste une certaine indépendance, une certaine intelligence, une certaine permanence ; quel degré d'indépendance, d'intelligence, de perma-

nence peut-il atteindre ? De tous les phénomènes vitaux,
celui-là est le plus significatif ; *l'auto-projection* est le seul acte
défini que l'homme semble capable d'accomplir *aussi bien
avant qu'après la mort corporelle.*

B. — Télépathie spontanée. — Impressions télépathiques purement internes. — Transmission : 1° d'idées
et d'images; 2° d'émotions indéterminées; 3° de tendances motrices.

459. — « Tantôt, lit-on dans dans *les Hallucinations
télépathiques*, p. 69, l'impression télépathique éprouvée
par le percipient reste une impression purement interne,
image ou émotion ; tantôt, au contraire, elle est objec-
tivée et devient une hallucination, c'est-à-dire, pour le
sujet, un objet identique aux perceptions normales. »

C'est des premières que j'ai d'abord à parler, comme
constituant la forme élémentaire, le premier degré de la
télépathie spontanée.

Seize cas de ce genre ont été choisis, comme spécimens, par l'auteur des *Hallucinations télépathiques*
parmi les 88 que contient l'édition anglaise des *Phantasms of the living.*

De son côté, l'enquête de M. Flammarion fournit également sur ces formes élémentaires du phénomène télépathique de précieuses indications. Les cas qu'il a
recueillis et publiés dans *l'Inconnu et les Problèmes
psychiques*, sous les pages 318 à 344, et sous le titre
de *Manifestations des mourants* (pp. 59 à 215), sont
nombreux et variés et présentent quelques exemples intéressants de cette catégorie.

Voici quelques cas provenant de cette double source :

460. — Le premier est un cas de *transmission de
tendance motrice* [*Hall. télép.*, XXII (81), p 89.]

Dans ce cas, que je me borne à signaler sommairement, le percipient, Skirving, maître maçon à la cathé-

drale de Winchester, raconte qu'à une époque où il exerçait son métier à Gloucester Gate, à une trop grande distance de son logis pour y revenir dans la journée prendre
ses repas, il sentit brusquement un désir intense de rentrer chez lui. « Comme je n'avais rien à faire chez moi,
écrit-il, je tâchai de me débarrasser de ce désir, mais il
m'était impossible d'y réussir. »

Enfin, il céda et, à son arrivée à la maison, il apprit
qu'un fiacre était passé sur le corps de sa femme et
l'avait sérieusement blessée, à une heure qui coïncidait
exactement avec celle où il avait été mentalement sollicité de quitter son travail.

461. — Le fait suivant, qui figure au n° 15 de l'enquête de M. Flammarion, et à la page 325 de son
ouvrage précité, lui a été rapporté, dit-il, par un de ses
amis, professeur dans une Faculté de médecine de France,
et présentant par sa situation des garanties toutes spéciales :

M. Z..., qui se trouvait alors à Saint-Louis du Sénégal, fut
piqué à un orteil par un insecte du pays, très dangereux et
connu parmi les Européens sous le nom de chique. À la suite
de cette piqûre, il fut pris d'une fièvre intense qui le mit à
deux pas du tombeau et le laissa, pendant une vingtaine de
jours, sans connaissance. Or quelques heures après qu'il eût
perdu tout sentiment, on lui apporta un télégramme de sa
mère, qui était en France, demandant ce qui lui était arrivé.
L'heure à laquelle avait été lancé ce télégramme, en tenant
compte du temps nécessaire pour aller le porter au bureau,
coïncidait avec celle de l'évanouissement de M. Z. Lorsque
ce dernier, heureusement rétabli, rentra en France, sa mère
lui raconta que, sans motif apparent, elle avait soudain
éprouvé une sorte de secousse et qu'elle avait eu immédiatement l'intuition que son fils courait un grand danger ; cette
impression était si puissante qu'elle avait immédiatement
fait lancer un télégramme pour avoir de ses nouvelles.

462. — Enfin, d'après le témoignage de M. Margue-
rit (à Toulouse), recueilli par M. Flammarion (n° 80 de
son enquête, p. 135 de son ouvrage précité) :

Quand le célèbre tribun Barbès était à la prison centrale
de Nîmes, il était toujours entouré par ses gardiens, et on
avait pour lui tous les égards que l'on puisse accorder à un
prisonnier politique. Un jour, dans une cour, étant avec
plusieurs personnes, il leur dit tout à coup : « Il arrive
malheur à mon frère. » Le lendemain, on sut que le frère de
Barbès était mort à Paris d'une chute de cheval, au moment
même de l'impression ressentie par son frère.

C. — CAS DE TÉLÉPATHIE SPONTANÉE DANS LES RÊVES.

463. — Le sommeil naturel, comme on le sait, est,
pour les mêmes raisons que l'hypnose, un état physiologique très propice à l'extériorisation psychique. La
réceptivité du dormeur à une action télépathique doit,
par conséquent, être plus grande que celle de l'homme
éveillé, et se manifester tout particulièrement dans la
rêve. Mais le rêve demeure le plus souvent enfoui dans
les profondeurs du subconscient, dans lequel il s'élabore,
et n'arrive qu'exceptionnellement à la conscience *supraliminale* : ce qui explique la rareté relative des cas de
télépathie qu'il a été permis aux rêveurs d'observer
utilement et de constater.

En outre, le rêve, même quand le dormeur en a conservé le souvenir, ne fournit ordinairement à sa conscience que des impressions vagues et imprécises qui,
pour lui, manquent d'objectivité. Aussi les faits de télépathie constatés dans cet état n'acquièrent-ils quelque
valeur que par la concordance du rêve avec les faits
qu'il semble annoncer : c'est cette concordance, elle
seule, qui permet d'établir une relation de cause à effet
entre l'événement et l'impression perçue par le rêveur
et de conclure à une action télépathique exercée à distance sur le percipient.

Six cas de ce genre ont été choisis, comme spécimens, par l'auteur des *Hallucinations télépathiques*
(pp. 97 à 115) parmi les 142 que contient l'édition
anglaise des *Phantasms of the living*.

De son côté, l'ouvrage de M. Flammarion *l'Inconnu et les Problèmes psychiques* (pp. 405 à 452 de l'ancienne édition et 411 à 457 de la nouvelle) enregistre 70 cas, numérotés de 1 à 70, choisis par son auteur parmi ceux qu'il a recueillis au cours de son enquête.

La lecture en est intéressante. Voici deux exemples qui suffiront à donner une idée de cette forme particulière du phénomène télépathique :

464. — *Nᵒ 40 de l'enquête Fl..., pp. 423 anc. éd, et 429 de la nouv. de* l'Inconnu et les Prob. psych. :

> Mon oncle, écrit J. S. de Marseille, était capitaine marin. Il revenait en France après une absence de plusieurs mois. Une après-midi.., dans sa cabine, voulant noter quelques observations sur son livre de bord, il s'endormit et rêva qu'il voyait sa mère assise, ayant sur ses genoux un drap maculé de sang, sur lequel reposait la tête de son frère. Impressionné péniblement, il se réveilla et voulut reprendre ses notes, mais il se rendormit et fit encore le même rêve. À son réveil, frappé de ce double rêve, il l'inscrivit sur son livre de bord, avec la date et l'heure.
>
> Son navire ayant été signalé à son arrivée dans le port de Marseille, un ami vint le trouver et lui dit : « Je t'accompagne chez toi. » Mon oncle se rendit à la consigne ; pendant ce temps, l'ami avait fait mettre le navire en deuil. Au sortir de la consigne, mon oncle, à cette vue, s'écria : « Mon frère est mort. — Oui, mais comment le sais-tu ? » Alors mon oncle raconta son rêve en plein Océan. *Son frère s'était tué* le jour indiqué sur le livre de bord.

465. — Le cas suivant n'a été recueilli par M. Flammarion qu'après la dernière édition de son ouvrage précité *l'Inconnu et les Problèmes psychiques* et a été publié dans les *Annales des sciences psychiques* (1ᵉʳ. 16 octobre 1910). La relation en a été envoyée à l'éminent astronome par M. Maurice Rollinet, qui la tenait de M. Doutaz, curé à Domdidier (canton de Fribourg, Suisse). La voici, un peu abrégée :

> C'était à la mi-novembre de l'année 1859. J'avais alors dix-huit ans, je me mettais au lit, et m'endormis...

Depuis combien de temps Morphée me berçait-il dans ses bras, je l'ignore, lorsqu'une vision étrange se présenta à mon esprit. Je vis le visage attristé de mon cher vieux père, s'adressant à moi depuis la maison paternelle éloignée de 24 kilomètres de la villa que j'habitais près de Fribourg. « Mon cher Joseph, me disait-il, *c'est avec un immense chagrin que je viens te dire : la pauvre sœur Joséphine est mourante à Paris.* »

Réveillé par cette vision, je me dis aussitôt : « Ah ! bah ! c'est un rêve ! » Là-dessus, je me rendormis.

Mais voilà que la même vision se présente encore exactement comme la première fois, avec le même aspect lamentable et les mêmes paroles : « Mon cher Joseph, etc. ; *mais ta mère ignore encore la douloureuse nouvelle.* »

Cette fois, me dis-je, en quittant le lit, je ne crois plus à un rêve et, sous l'impression pénible d'une douloureuse réalité, je m'habillai, consultai ma montre : minuit et demi...

Le jour venu, je descendis à la salle à manger... Un peu après, je m'acheminai vers la ville et le lycée. A mon entrée en ville, comme j'avais du matériel à prendre dans ma chambre, j'abordai la maison, confiée à la garde d'un vieux concierge. A peine entré dans le corridor du rez-de-chaussée, je vis venir à moi le bon vieillard tenant en main un petit paquet et me disant : « Un monsieur, qui est arrivé de chez vous, m'a chargé de vous remettre sans retard le présent envoi de la part de votre père, car c'est du plus pressant. » J'ouvre aussitôt le paquet ; il était accompagné d'une lettre écrite en toute hâte par mon père, et j'y lis : « *Mon cher Joseph, c'est avec un immense chagrin que je viens te dire : la pauvre sœur est mourante à Paris... mais ta mère ignore la douloureuse nouvelle.* La dépêche m'est parvenue vers les dix heures ce soir, je n'ai pas cru devoir en donner connaissance à ta mère pour le moment... C'est maintenant onze heures. A minuit et demi, M. le député M.. partira pour le grand conseil ; je la mettrai dans le paquet que ta chère mère a préparé à cette occasion... Tâche de nous arriver sans manquer demain soir... Impossible à mon âge... de pouvoir remplir ce douloureux devoir. Tu nous représenteras, hélas !... »

Cette relation est suivie du certificat ci-après, signé du narrateur :

« Le soussigné déclare en conscience que la narration est parfaitement exacte et qu'il garde de cet événement un souvenir précis, comme s'il datait seulement d'hier.

« Domdidier, le 18 avril 1908.

« Jas. Doutaz, curé. »

D. — CAS DE TÉLÉPATHIE SPONTANÉE DANS L'ÉTAT INTERMÉDIAIRE ENTRE LA VEILLE ET LE SOMMEIL.

466. — Vingt-trois cas de cette catégorie ont été choisis, comme spécimens, par l'auteur des *Hallucinations télépathiques*, parmi les 115 que contient l'édition anglaise des *Phantasms of the living*.

Ils sont peu différents des cas de télépathie spontanée observés dans le rêve, et ne s'en distinguent par aucun trait caractéristique.

Je me borne à en citer un, remarquable surtout par les circonstances extérieures qui l'accompagnent :

467. — N° XLI (166), *Hall. télép.* p. 193. — Ce cas paraît avoir frappé l'attention des psychologues ; car on le trouve rapporté non seulement dans l'édition abrégée des *Phantasms of the living*, de M. Marillier, mais encore dans de nombreuses autres publications. Comme le compte rendu en est très long (5 pages du texte des *Hallucinations télépathiques*), je me vois dans l'obligation de le résumer :

Dans la nuit du 14 au 15 novembre 1857, la femme du capitaine G. Wheatcroft, habitant Cambridge, rêve qu'elle voit son mari (parti dans l'Inde depuis deux mois) ayant l'air anxieux et malade. Elle se réveille et voit de nouveau son mari les mains pressées contre la poitrine, les cheveux en désordre et la figure très pâle... L'apparition resta visible l'espace d'une minute, puis disparut. Mme Wheatcroft ne se rendormit pas et, le matin suivant, elle raconta tout à sa mère...

Dans le mois de décembre suivant, un mardi, un télégramme, publié à Londres, lui annonçait que le capitaine W. avait été tué devant Lucknow, *le 15 novembre*. La veuve ayant informé aussitôt M. Wilkinson, avoué de son mari, que la date du 15 novembre devait être erronée, ce dernier demanda et reçut du ministre de la guerre un certificat qui confirma la date précédemment indiquée.

A quelque temps de là, M. Wilkinson, se trouvant chez des amis, M. et Mme N. (qui se livraient habituellement à des expériences de spiritisme) et ayant parlé comme d'une chose étonnante de la vision qu'avait eue la veuve du capitaine, ceux-ci se rappelèrent qu'ils avaient eu, dans une séance tenue par eux, *le 14 novembre, à 9 heures du soir*, une vision absolument semblable et correspondant à la description de Mme Wheatcroft, et qu'ils avaient obtenu de l'étrange visiteur un message leur disant que le capitaine venait de mourir, dans l'après-midi, par suite d'une blessure reçue à la poitrine.

Finalement, la date du 14 novembre fut reconnue comme la seule exacte... Le défunt avait été frappé dans la poitrine par un fragment de bombe. On l'avait enterré à Dilkaosa, et, sur une croix de bois, plantée au chevet de la tombe, avaient été gravées les initiales G.W. et la date de la mort, 14 novembre. Le ministre de la guerre corrigea l'erreur qui avait été commise et délivra, en avril 1859, un nouveau certificat dans lequel la date du 14 novembre avait été substituée à celle du 15.

468. — Parmi les nombreux cas de même nature recueillis par M. Flammarion lors de l'enquête dont il a été parlé *supra* (n° 447) et publiés dans son ouvrage précité *l'Inconnu et les prob. psych.*, les deux suivants méritent qu'on s'y arrête.

N° 132 de l'enquête Fl. (*p. 169 de l'anc. et nouv. édition*) :

En 1884, année du choléra à Marseille, je pars pour Bagnères-de-Bigorre et Barèges, avec mon mari et mes deux enfants. J'y étais depuis huit jours, à l'hôtel de l'Europe; une nuit, je suis réveillée brusquement sans cause directe; ma chambre, où je couche seule, est complètement obscure; je vois debout, sur ma descente de lit, une personne entourée d'une auréole lumineuse; je regarde, un peu émue comme vous le pensez, et je reconnais le beau-frère de mon mari, un docteur, qui me dit : « Prévenez Adolphe, *dites-lui que je suis mort.* » J'appelle aussitôt mon mari, couché dans la chambre voisine, et lui dis : «Je viens de voir ton beau-frère, il m'annonce sa mort. »

Le lendemain, un télégramme nous confirma la nouvelle...

P. PONCER, rue de Paradis, 415, à Marseille.

469. — *N° 159 de l'enquête Fl.* (*p. 187 anc. et*

nouv. édition). — C'est une bonne fortune de pouvoir citer ici un témoignage de celle que l'on a appelée la *Grande Française*, Mme Adam. Elle écrivait, le 29 novembre 1898, au regretté Gaston Méry, en réponse à une enquête que cet écrivain avait entreprise sur le « merveilleux », la lettre suivante, que M. Flammarion a recueillie :

J'avais été élevée par ma grand'mère. Je l'adorais. Quoiqu'elle fût dangereusement malade, on me cachait sa maladie, parce que je nourrissais ma fille et qu'on craignait pour moi un chagrin trop violent.

Un soir, à 10 heures, une veilleuse seule éclairait ma chambre. Déjà endormie, mais réveillée par les pleurs de ma fille, je vis ma grand'mère au pied de mon lit. Je m'écriai : « Quelle joie, grand'mère, de te voir. » Elle ne répondit pas et leva la main vers l'orbite de ses yeux. Je vis deux grands trous vides ! Je me jetai à bas de mon lit et courus vers elle : au moment où j'allais la saisir dans mes bras, le fantôme disparut...

Ma grand'mère était morte, *ce jour-là même*, à 8 heures du soir.

470. — *N°s 63 et 64 de l'enquête Fl. (pp. 437 et 439 de l'anc. éd. et 443 et 445 de la nouvelle).* — Sous ces numéros et ces pages de son ouvrage précité, M. Flammarion rapporte deux autres cas de télépathie spontanée, observés, non dans le rêve ou un état intermédiaire entre le sommeil et la veille, mais dans un état d'inconscience analogue à celui du sommeil ou de l'hypnose et, par conséquent, devant favoriser, de même que celui-ci, la sensibilité du percipient à l'action télépathique. Il s'agit, dans l'un, d'une vieille femme tombée en enfance, qui, au moment précis de la mort de son neveu, annoncée par télégramme quelques heures plus tard, avait, au grand étonnement des personnes qui l'entouraient, attaché sur ses cheveux la photographie de ce neveu.

Dans l'autre, c'est la veuve du maréchal Serrano, qui raconte que, dans les derniers moments de son mari, à

Madrid, alors que les souffrances de celui-ci augmen-
taient et que, terrassé par la morphine, il se trouvait
dans un état complet d'anéantissement, « il se leva tout
à coup, seul, droit et ferme, et, d'une voix plus sonore
qu'il ne l'avait jamais eue de sa vie, il cria dans le
grand silence de la nuit : « Vite ! qu'un officier d'ordon-
nance monte à cheval et coure au Prado ! Le roi est
mort ! » — C'était vrai, la nouvelle de la mort du roi
au Prado arrivait quelques heures après à Madrid.

E. — TÉLÉPATHIE SPONTANÉE A L'ÉTAT DE VEILLE. —
DISTINCTION ENTRE LES HALLUCINATIONS PROPREMENT
DITES, C'EST-A-DIRE INTERNES ET PUREMENT SUBJECTIVES,
ET LES HALLUCINATIONS DITES VÉRIDIQUES OU TÉLÉPA-
THIQUES. — THÉORIE DE LA COINCIDENCE FORTUITE. —
CAS SPONTANÉS DE TÉLÉPATHIE VISUELLE, A L'ÉTAT DE
VEILLE.

471. — Les auteurs des *Phantasms of the living*
et la traduction abrégée qu'en a faite M. Marillier, sous le
titre d'*Hallucinations télépathiques*, ont, avant d'aborder l'examen des cas de télépathie spontanée *à l'état de
veille*, consacré tout un chapitre à préciser les règles
et la méthode à suivre pour observer les distinctions
nécessaires entre les *hallucinations proprement dites*,
qu'on rencontre quelquefois chez les sujets normaux, et
les hallucinations dites *véridiques* ou *télépathiques*,
et éviter qu'on attribue à la télépathie, c'est-à-dire à une
influence *extérieure* au sujet et éloignée de lui, de
simples hallucinations *subjectives* dont la cause est interne et n'est que dans le sujet lui-même (*Hall. télép.*,
pp. 165 à 207).
Il semble bien, malgré l'intérêt de ces distinctions,

que l'on ait pris, pour éviter les confusions que l'on redoute, un soin superflu.

D'une manière générale, en effet, rien de plus hallucinatoire en soi que le rêve et, pourtant, cette considération n'a pas empêché les psychologues de reconnaître
dans le rêve de véritables cas de télépathie, c'est-à-dire
d'admettre la réalité d'une action extérieure venant de
loin atteindre le rêveur, quand les effets produits sur ce
dernier, c'est-à-dire ses perceptions, coïncident exactement avec des faits *réels* dont il lui a été ainsi donné
connaissance.

Il est certain qu'il peut y avoir dans les faits observés
en cette matière de véritables *hallucinations*, c'est-à-
dire, suivant la définition même de ce mot, de pures
illusions du cerveau et des sens. Il est généralement
assez facile d'en présumer et même d'en déterminer le
caractère par l'examen même, soit du sujet, soit de la
forme qu'elles affectent. Mais, ce n'est pas à cette détermination *à priori* qu'il convient de s'attacher pour distinguer l'hallucination télépathique des autres.

De quoi s'agit-il, en effet? De savoir si l'impression
perçue, dans quelque état que ce soit — dans l'état de
veille, dans le rêve, dans le délire, dans la folie, peu
importe — correspond à quelque fait *réel* qui s'est
passé à une plus ou moins grande distance, au moment
même où cette impression a été subie; si, par exemple,
la vision d'un accident, suivie ou non de mort, a coïn-
cidé avec cet accident et en a plus ou moins fidèlement
reproduit les détails. Si oui, la vision, quelque halluciné que paraisse le sujet, quelques motifs qu'on ait
de croire à une perversion de ses facultés sensorielles,
n'est cependant pas une pure hallucination, et c'est vraiment mal à propos qu'on s'est avisé de lui donner ce
nom, malgré le correctif de *véridique* qu'on y a ajouté.
Le sujet a subi réellement une action télépathique, c'est-
à-dire venue de loin; il a eu une sensation *objective*,
puisqu'elle correspond à un fait *réel*, qui en a été le

point de départ, et qui en est, il est permis et raisonnable de le supposer, la véritable cause.

La question qui se pose, en pareil cas, n'est donc pas de savoir si l'impression subie a eu un caractère ou une forme hallucinatoires ; elle est, plus exactement, de savoir s'il y a eu coïncidence et corrélation, plus ou moins parfaites, entre le fait qui s'est produit au loin et l'impression du percipient. Plus cette coïncidence et cette corrélation seront précises, plus il y aura de points communs entre les deux termes de l'équation, plus l'objectivité de l'action télépathique apparaîtra comme certaine.

472. — Dès lors, on se trouve, lors de l'examen de chaque cas particulier, en présence d'un problème algébrique, qui consiste à déterminer la valeur numérique des coïncidences constatées par rapport à celle qui pourrait être attribuée à ce que l'on a appelé la *coïncidence fortuite*. En un mot, déterminer la part légitime du hasard dans ces coïncidences, tel est le problème.

Les termes en ont été nettement définis par les auteurs des *Phantasms of the living* et par leur traducteur M. Marillier (*Hall. télép.*, pp. 208 à 225). Je suis trop mauvais mathématicien pour me porter garant de la valeur et de l'exactitude de leurs calculs. Mais il se trouvera plus d'un de mes lecteurs pour suppléer à mon insuffisance. Je me bornerai donc à dire que, d'après ces calculs, la part du hasard est réduite : pour les hallucinations *auditives*, à $\dfrac{1}{20.000.000.000.000}$, et, pour les hallucinations *visuelles*, à $\dfrac{1}{40.000.000.000.000}$, c'est-à-dire que, sur 40 millions de billions de trillions d'hallucinations visuelles, il n'y en aurait qu'une seule susceptible d'être expliquée par la *coïncidence fortuite*.

C'est évidemment réduire l'hypothèse du hasard à un chiffre tel qu'il équivaut à zéro et que, dès lors, il n'est pas possible d'en tenir compte pour expliquer les innombrables coïncidences constatées dans l'étude de la télépathie, entre le fait (accident, mort, etc.) et l'action télépathique qui l'annonce. C'est la preuve, en même temps, que cette action est réelle, *objective*, puisque c'est le fait lui-même qui, le hasard étant écarté, en est la seule et véritable cause génératrice.

Les psychologues sont unanimes à se rallier à cette conclusion.

En réalité, s'écrie M. Delanne (*Les Apparitions matérialisées des vivants et des morts*, I, 478), c'est à une certitude morale absolue : que le hasard ne saurait expliquer de pareilles coïncidences — que l'on aboutit.

M. Ch. Richet, que cite M. Delanne, et M. Flammarion (*L'Inconnu et les Prob. psych.*, pp. 216 à 247) ne sont pas moins explicites.

473. — Ces observations étaient indispensables pour préciser la portée et la signification des documents déjà mis sous les yeux de mes lecteurs et de ceux qu'il me reste à leur soumettre. Je vais maintenant reprendre au point où je l'avais laissée et poursuivre jusqu'au bout, sans me laisser désormais distraire de ma tâche, la revue des faits de *télépathie proprement dite*, c'est-à-dire de ceux qui peuvent à la rigueur être considérés comme un variété et une extension du phénomène de la transmission de pensée.

Après les faits de télépathie expérimentale, les cas spontanés de télépathie purement interne, et enfin les exemples de télépathie spontanée dans le rêve ou dans un état intermédiaire entre le sommeil et le rêve, qui ont déjà été étudiés, ce sont les différentes formes (*visuelle, auditive, tactile*) de télépathie *à l'état de veille*, qui sollicitent actuellement mon examen.

Trente-six cas spontanés de télépathie *visuelle*, à l'état de veille, ont été choisis, comme spécimens, par l'auteur des *Hallucinations télépathiques* (pp. 226 à 292) parmi les 119 que contient l'édition anglaise des *Phantasms of the living*, dont ce dernier ouvrage n'est, je le rappelle, qu'une traduction abrégée. Les quelques citations que j'en vais faire, jointes à celles que je puiserai à d'autres sources, donneront à mes lecteurs, je l'espère, une idée suffisante de cette forme particulière du phénomène télépathique.

474. — Nº LXVIII (222), *Hall. télép.*, p. 229. — Le récit suivant du 2 novembre 1883 émane de M. Richard Searle, avocat, Home Lodge, Hernehill, Londres, et a été confirmé par une lettre du 4 décembre 1883, de M. Paul Pierrard, 27, Gloucester Gardens, W., Londres:

Une après-midi, il y a quelques années, j'étais assis dans mon bureau au Temple, rédigeant un mémoire... La fenêtre, à deux ou trois mètres de ma chaise à gauche, a vue sur le Temple. Tout à coup, je m'aperçus que je regardais par la vitre d'en bas..., j'apercevais la tête et le visage de ma femme, elle était renversée en arrière ; elle avait les yeux fermés, la figure complètement blanche et livide comme si elle eût été morte. Je me secouai, j'essayai de me ressaisir, puis je me levai et regardai par la fenêtre : je ne vis que les maisons d'en face...

Je retournai chez moi, le soir, à mon heure habituelle, et, pendant que je dînais avec ma femme, elle me dit qu'elle avait lunché chez un amie à Gloucester Gardens avec une de ses nièces qui habitait avec nous, mais que pendant le lunch, l'enfant était tombée et s'était coupé la figure. Le sang avait jailli. Ma femme ajouta qu'elle s'était effrayée... *et qu'elle s'était évanouie.* Il devait être, dit-elle, 2 heures et quelques minutes. C'était à ce moment... que j'avais vu l'apparition à la vitre de la fenêtre. Je dois ajouter que c'est la seule fois que ma femme se soit évanouie...   R. S.

475. — Nº LXXIX (228) *Hall. télép.* p. 248.

Le 6 décembre 1873, vers 11 heures du soir, écrit le Rév. F. Barker, ancien recteur de Cottenham, Cambridge, dans une lettre du 2 juillet 1884, je venais de me coucher et je n'étais pas encore endormi, ni même assoupi, quand je fis tressaillir ma femme en poussant un profond gémissement, et, lorsqu'elle m'en demanda la raison, je lui dis : « Je viens de voir ma tante ; elle est venue, s'est tenue à mon côté et m'a souri, de son bon et familier sourire, puis elle a disparu. »

Une semaine après, nous apprîmes que cette tante était morte cette même nuit, et, en tenant compte de la longitude, presque au moment où la vision m'était apparue. Quand ma cousine, qui était restée auprès d'elle jusqu'à la fin, entendit parler de ce que j'avais vu, elle dit : « Je n'en suis pas surprise, car elle vous a appelé continuellement pendant son agonie... »

Frédéric BARKER.

476. — Parmi les 180 cas recueillis par M. Flammarion et publiés (*loc. cit.*, pp. 64 à 215) sous le titre de *Manifestations des mourants*, je ne retiens, en ce qui concerne la télépathie *visuelle*, que les suivants ; il y en a de plus intéressants, mais la longueur des comptes rendus me les fait écarter :

N° 6 de l'enquête Fl. (p. 74 de son ouvrage précité) :

Mme Féret, à Juvisy, mère de la receveuse des postes de cette ville, écrivait à M. Flammarion, en décembre 1898 :

Le fait dont il s'agit remonte assez loin ; mais, je m'en souviens comme d'hier... C'était pendant la guerre de Crimée, en 1855. J'habitais alors rue de la Tour, à Passy.

Un jour, à l'heure du déjeuner, vers midi, je descendis à la cave. Un rayon de soleil pénétrait par le soupirail et allait éclairer le sol. Cette partie éclairée me parut soudain une plage de sable, au bord de la mer, et, étendu mort sur ce sable, gisait un de mes cousins, chef de bataillon.

Effrayée, je ne pus avancer davantage, et je remontai avec peine les marches de l'escalier. Ma famille, témoin de ma pâleur et de mon trouble, me pressa de questions. Et lorsque j'eus raconté ma vision, ils se moquèrent tous de moi.

Quinze jours après, nous recevions la triste nouvelle de la mort du commandant Solier. Il était mort en débarquant à Varna, et la date correspondait au jour où je l'avais vu étendu sur le sable de la cave.

477. — *N° 71 de l'enq. Fl. (p. 130 de son ouvrage précité).*

Une dame était à un grand dîner de cérémonie, donné par un personnage. Au milieu du dîner, la dame en question jette un grand cri, et, les yeux fixés sur le mur en face d'elle, les bras tendus en avant, crie: « Mon fils! » et tombe en syncope. On l'emporte dans une autre pièce, et, en revenant à elle, sanglotant, elle raconte que tout à coup la salle à manger, avec ses lumières et ses convives, avait disparu pour lui montrer la mer en fureur et *son fils dans les flots*, qui lui tendait les bras. Plus tard, elle reçut la nouvelle de la mort de son fils, officier de marine, naviguant dans la mer des Indes, qui avait été emporté par une lame le jour même de ladite vision.

Je puis, si vous le jugez à propos, donner les noms, les lieux et les dates.

J. Hervoches du Quilliou
à Lanhélin, par Combourg (Ille-etVilaine).

478. — Voici, pour terminer, un dernier cas que je cite surtout à raison de la célébrité mondiale de celui qui en fut le sujet. Je l'extrais de l'ouvrage de M. Gabriel Delanne, *l'Ame est immortelle* (p. 133), qui l'a emprunté aux *Psychische Studien,* de mars 1897.

Gœthe se promenait un soir d'été pluvieux avec son ami K., revenant avec lui du Belvédère, à Weimar. Tout à coup le poète s'arrête, comme devant une apparition, et allait lui parler. — M. K. ne se doutait de rien. — Soudainement, Gœthe s'écria : « Mon Dieu! si je n'étais sûr que mon ami Frédéric est en ce moment à Francfort, je jurerais que c'est lui !... » Ensuite il poussa un formidable éclat de rire. — « Mais, c'est bien lui... mon ami Frédéric ! *Toi ici, à Weimar ? Mais, au nom de Dieu, mon cher, comme te voilà fait, habillé de ma robe de chambre... avec mon bonnet de nuit... avec mes pantoufles aux pieds, ici, sur la grande route ? ...* » K. ne voyait absolument rien de tout ceci, et s'épouvanta, croyant le poète atteint subitement de folie. Mais Gœthe, préoccupé seulement de sa vision, s'écria, en étendant les bras: « Frédéric ! Où as-tu passé... Grand Dieu!... mon cher K... n'avez-vous pas remarqué où a passé la personne que nous venons de rencontrer ? »... K., stupéfait, ne répondait rien. Alors le poète, tournant la tête de tous les côtés, s'écria d'un air rêveur: « Oui! je comprends... c'est une vision... Cependant, quelle peut être la signification de tout cela? Mon ami serait-il mort subitement ?... serait-ce donc son esprit ? »

Là-dessus Gœthe rentra chez lui, et trouva Frédéric à la maison... Les cheveux se dressèrent sur sa tête : « Arrière,

fantôme ! » s'écria-t-il en reculant, pâle comme un mort.
— Mais, mon cher, est-ce là l'accueil que tu fais à ton plus
fidèle ami ?... — Ah ! cette fois, s'écria le poète, riant et
pleurant tout à la fois, ce n'est pas un esprit, c'est un être de
chair et d'os », et les deux amis s'embrassèrent avec effusion.

Frédéric était arrivé au logis de Gœthe, trempé par la
pluie, et il s'était revêtu des vêtements secs du poète ; ensuite,
il s'était endormi dans son fauteuil et avait rêvé qu'il allait à
la rencontre de Gœthe et que celui-ci l'avait interpellé avec
ces paroles (*les mêmes que celles qu'avait prononcées le poète*) :
« *Toi ici, à Weimar ?... Quoi ?... avec ma robe de chambre,... mon
bonnet de nuit... et mes pantoufles, sur la grande route ?...* » De
ce jour, le grand poète crut à une autre vie après la vie
terrestre.

Cette dernière circonstance du rêve de l'ami de Gœthe
est à noter ; elle permet de supposer que, si Gœthe a
vu en chemin l'apparition de son ami, celui-ci, dans son
rêve, a entendu les apostrophes du poète. Il y a eu, par
conséquent, une action télépathique réciproque, de l'un à
l'autre, et peut-être cette observation rentrerait-elle
plutôt dans la catégorie des cas que leur caractère de
réciprocité autorise à interpréter comme des cas d'extériorisation ou de dédoublement, plutôt que dans celle
des cas de télépathie proprement dite.

F. — Cas spontanés de télépathie auditive à l'état de veille.

479. — C'est encore : 1° aux documents de l'enquête
faite par la *Société des recherches psychiques de
Londres*, tels qu'ils ont été recueillis dans les *Phantasms of the living* de MM. Myers, Gurney et Podmore, et résumés dans les *Hallucinations télépathiques*
de M. Marillier [1], 2° et à ceux de l'enquête de

---

1. Dix cas de cette nature ont été choisis, comme spécimens,
par cet auteur (pp. 293 à 309) parmi les 39 que contient l'édition
anglaise.

M. Flammarion, publiés dans son ouvrage *l'Inconnu et les Problèmes psychiques*, que j'emprunte les deux exemples ci-après de cette forme particulière de télépathie qui s'adresse spécialement au sens de l'ouïe et qui, pour ce motif, est désignée sous le nom de télépathie auditive :

480. — *N° CIV* (268), *Hallucinations télépathiques*, p. 293. — Auteur du récit : M. R. Fryer-Bath :

Janvier 1883. — Un étrange événement eut lieu dans l'automne de l'année 1879. Un de mes frères était absent de la maison... lorsque, une après-midi, vers 5 heures et demie, je fus étonné de m'entendre appeler distinctement par mon nom. Je reconnus si clairement la voix de mon frère que je parcourus toute la maison pour le trouver ; mais ne le trouvant pas et le sachant à 40 milles de là, je finis pas attribuer cet incident à une illusion, et n'y pensai plus. Lorsque mon frère arriva, le sixième jour, il raconta entre autres choses qu'il avait évité... un accident assez sérieux. En descendant du train, son pied avait glissé et il était tombé tout de son long sur le quai... « Ce qui est assez curieux, dit-il, c'est que, quand je me sentis tomber, je vous appelai. » Ce fait ne me frappa point sur le moment, mais lorsque je lui demandai à quel moment de la journée cela était arrivé, il m'indiqua une heure qui se trouva correspondre exactement à celle où je m'étais entendu appeler.

Interrogé, M. John, E. Fryer, la victime de l'accident, a écrit ce qui suit :

Newbridge Road, Bath, 16 nov. 1885. — Je faisais un voyage en 1879 et j'eus à m'arrêter à Gloucester. En descendant du train, je tombai et un employé du chemin de fer m'aida à me relever. Il me demanda si je m'étais fait mal et si quelqu'un voyageait avec moi ; je répondis non aux deux questions et lui demandai pourquoi il les faisait. Il répondit: « Parce que vous avez prononcé le mot « Rod ». Je me rappelle parfaitement avoir prononcé le mot « Rod ». A mon arrivée à la maison,... je racontai l'incident, et mon frère me demanda l'heure et le jour. Il me dit alors qu'il m'avait entendu l'appeler à ce moment-là. Il était si sûr que c'était ma voix, qu'il chercha si j'étais dans la maison.

481. — *N° 7 de l'enquête Flammarion* (p. 76 *de son ouvrage précité*). — Cette observation a été portée à la connaissance du savant astronome, dans les termes ci-après, par Clovis Hugues, homme politique bien connu et estimé de tous pour la sincérité de ses convictions. Son témoignage est de ceux que l'on ne saurait mettre en doute :

Cher maître et ami,

C'était en 1871... J'étais à la prison de Saint-Pierre, à Marseille. Là se trouvait aussi Gaston Crémieux, condamné à mort (à la suite des événements de la Commune). Je l'aimais beaucoup... Dans la prison, à l'heure des promenades, il nous arrivait de traiter, au petit bonheur de la causerie, la question de Dieu et de l'âme immortelle. Un jour, comme quelques camarades s'étaient proclamés athées et matérialistes avec une véhémence peu ordinaire, je leur fis remarquer, sur un signe de Crémieux, qu'il était peu convenable de notre part de proclamer ces négations devant un condamné à mort qui croyait en Dieu et à l'immortalité de l'âme. Le condamné me dit en souriant : « Merci, mon ami ! Quand on me fusillera, j'irai vous faire la preuve en manifestant dans votre cellule. »

Le matin du 30 novembre, à la pointe du jour, je fus subitement réveillé par *un bruit de petits coups secs* donnés dans ma table. Je me retournai, le bruit cessa, et je me rendormis. Quelques instants après, le bruit recommença. Je sautai alors de mon lit, je me plantai, bien éveillé, devant la table : *le bruit continua.* Cela se reproduisit encore une ou deux fois, toujours dans les mêmes conditions.

Au saut du lit, tous les matins, j'avais l'habitude de me rendre... dans la cellule de Gaston Crémieux où m'attendait une tasse de café. Ce jour-là, comme les autres jours, je fus fidèle à notre rendez-vous. Hélas ! il y avait des scellés sur la porte de la cellule et je constatai... que le prisonnier n'était plus là. J'avais à peine fait cette terrible constatation que le bon gardien se jetait dans mes bras, tout en larmes : « Ils nous l'ont fusillé ce matin, à la pointe du jour ; mais il est mort bien courageusement. »

G. — Cas spontanés de télépathie tactile et de télépathie affectant plusieurs sens.

482. — Rendant compte de l'enquête faite par la *Société des recherches psychiques de Londres*, l'auteur principal des *Phantasms of the living*, M. Gurney écrit (*Hallucinations télépathiques*, p. 310) : « Les hallucinations du toucher sont, chez les sujets normaux, beaucoup plus rares que celles de l'ouïe, plus rares que celles de la vue. Je n'ai pu recueillir que 68 exemples d'hallucinations tactiles. Dans 43 cas, le toucher était seul intéressé; dans 8 cas, l'hallucination tactile était associée à une hallucination auditive ; dans 4 cas, les trois sens étaient hallucinés. »

Sur ces 68 cas, 29 ont été choisis par M. Gurney et insérés dans l'édition anglaise des *Phantasms of the living* et 10 seulement figurent dans la traduction abrégée de M. Marillier.

C'est exclusivement dans ces derniers et dans les documents de l'enquête de M. Flammarion, publiés dans son ouvrage *l'Inconnu et les Problèmes psychiques*, que je puise les trois exemples de télépathie tactile, ou affectant plusieurs sens, qu'il me paraît utile de mettre sous les yeux de mes lecteurs.

N° CXVI (294), *Hallucinations télépathiques, p.* 314. — L'auteur du récit qu'on va lire est le Révérend P. H. Newnham, Maker Vicarage, Devonport :

En juillet 1867, j'étais à Bournemouth, et je remplaçais momentanément le chapelain de l'hôpital. Il nous arriva un jeune homme atteint de phtisie, que, vu la gravité de son état, nous installâmes en ville, où je le visitai plusieurs fois en qualité de pasteur. Le dimanche 29 septembre, j'avais dit les prières à la chapelle, et le chapelain prêchait l'office du soir; c'était vers la fin du sermon, il était 8 heures environ... Je sentis tout à coup une main se poser doucement, mais fortement sur mon épaule droite.

J'en fus si saisi que, persuadé de la présence de quelque être invisible, je demandai : « Est-ce S..? » (le nom de baptême d'un de mes élèves mort en 1860). La réponse fut immédiate, faite clairement et intérieurement : « Non, c'est William. »

Après le service, je demandai des nouvelles de mon jeune ami ; j'appris que la garde avait été mandée près de lui parce qu'il se trouvait plus mal. Le lendemain matin, j'appris qu'il était mort (la veille) vers 8 heures 10 minutes. Ce fut environ dix minutes avant sa mort que j'éprouvai cette impression...

483. — *N° 19 de l'enquête Flammarion (p. 97 de son ouvrage précité)* :

Le 4 décembre 1884, à 3 heures et demie du matin, étant parfaitement éveillée, je venais de me lever. J'eus la vision très nette de l'apparition de mon frère, Joseph Bonnet, sous-lieutenant de spahis, 2e régiment en garnison à Batna... Mon frère m'embrassa sur le front ; je sentis un frisson très froid, et il me dit très distinctement : « *Adieu, Angèle, je suis mort.* »

Très émue... je réveillai mon mari aussitôt en lui disant : « Joseph est mort ; il vient de me le dire... »

Toute cette journée du jeudi, je fus très angoissée. A 9 heures du soir, nous reçûmes une dépêche ; avant de l'ouvrir, je savais ce qu'elle contenait. Mon frère était mort à Kenchela (Algérie), à 3 heures du matin.

Angèle Espéron, née Bonnet.

Je certifie absolument exact le récit ci-dessus de ma femme.

Osman Espéron,
capitaine en retraite, chevalier de la
Légion d'honneur, à Bordeaux.

484. — *N° 155 de l'enquête Flammarion (p. 183 de son ouvrage précité)*. — A noter ce dernier cas de télépathie *tactile*, d'un intérêt particulier, dont le récit a été adressé à M. Flammarion par M. Michel, teinturier à l'usine de Valabre, par Entraigues (Vaucluse) :

Je pouvais avoir une douzaine d'années. Mon pauvre père, un des héros de Sidi-Brahim, avait passé la nuit et une partie

de la journée au chevet de sa mère, dangereusement malade.
Il était revenu. Vers les 4 heures du soir, un de mes oncles
vint le chercher, en lui disant qu'elle était plus mal et qu'elle
manifestait le désir de voir les deux petits. Mon père voulut
nous mener... Mais, moi, je résistai tellement que rien ne
put ébranler ma résolution, tout cela parce que j'avais une
peur très grande des morts.

Je restai donc seul à la maison, avec ma pauvre mère... qui
se décida à me faire coucher dans son lit, me promettant de
venir bientôt me tenir compagnie.

Vers les 7 heures et demie, je reçus *une gifle* d'une violence
extraordinaire. Je me mis à crier ; ma mère vint immédiatement à mes cris, me demandant ce que j'avais. Je lui répondis que j'avais été battu, la joue me faisait mal ; ma mère
constata que j'avais la joue rouge et enflée... Ce ne fut
que vers les 9 heures que mon père rentra ; tout de suite
ma mère lui fit part de ce qui m'était arrivé et, quand elle
lui dit l'heure, mon père répondit : « C'est précisément à
cette heure que sa grand'mère a rendu le dernier soupir. »

J'ai conservé sur la joue droite, pendant plus de six mois,
l'empreinte d'un main droite, très apparente, surtout après
avoir joué et quand la figure est plus rouge, constatation
qui fut faite par des centaines de personnes, la trace de la
main étant blanche.

Dans cet exemple de télépathie tactile, où l'impression
transmise par l'agent au percipient a produit sur lui
un effet physique et laissé sur sa joue des traces durables, l'explication du phénomène par la transmission
de pensée peut paraître insuffisante ; cependant elle
n'est pas absolument inadmissible et peut-être n'est-il
pas nécessaire de faire intervenir ici l'hypothèse d'une
extériorisation de force autre que celle de la pensée et
du désir, qu'avait conçu la mourante, d'infliger une
correction méritée à son petit-fils. Dès lors que l'on
admet — et c'est le point de vue, peut-être trop exclusif, on le reconnaîtra un peu plus loin, auquel se sont
placés les auteurs des *Phantasms of the living* et des
Hallucinations télépathiques — que le percipient peut
réagir à une impression, à une simple pensée, transmise télépathiquement, par une hallucination visuelle,

auditive ou tactile, assez vivement pour qu'il croie à
une sensation *réelle et objective*, — on ne doit pas
s'étonner, quand on connaît la puissance physiologique
de la pensée et de la suggestion, puissance qui lui permet de produire des stigmates (V. *supra*, n° 147), que
le percipient, qui a eu la sensation d'un soufflet, en ait,
pendant quelque temps, conservé les traces, comme s'il
l'avait effectivement reçu.

§ 3. — *Faits de télépathie ne comportant pas d'autres
explications que l'hypothèse d'une extériorisation
plus ou moins complète de l'être ou de l'organisme
psychique. — Dédoublement. — Bilocation. —
Idéoplastie et Téléplastie. — Faits spontanés et faits
expérimentaux.*

485. — On a provisoirement accepté dans le paragraphe qui précède, pour expliquer les faits de télépathie,
l'hypothèse de *l'hallucination véridique*, avec son mécanisme compliqué et ses invraisemblances (V. *supra*,
n° 449).

Peut-être y aurait-il lieu de s'en tenir à cette hypothèse, si elle pouvait rendre compte de tous les cas de
télépathie. Et, même alors, devrait-on tout au moins
la compléter par cette autre hypothèse, que l'analyse
des faits suggère invinciblement, à savoir que, même
dans les cas les plus simples, dans ceux notamment qui
consistent uniquement en une transmission de pensée
ou de sensation, il doit nécessairement se produire,
comme dans les cas plus complexes, un phénomène
d'extériorisation, de moindre importance toutefois et de
moindre intensité; c'est-à-dire qu'incontestablement une
force émanant de l'agent est transmise à travers l'espace au percipient.

Il y a, chez ce dernier, plus qu'un simple réflexe, se

traduisant par une hallucination correspondante à l'état physiologique et psychologique de l'agent; en réalité, quelque chose de ce dernier, une émanation de son être se déplace, dans une intention déterminée, pour aller impressionner un autre être à distance; et c'est là un fait général, commun à tous les cas de télépathie.

Mais ce fait prend une importance capitale lorsque le phénomène s'accentue. On a déjà rencontré, dans les documents que j'ai groupés sous le paragraphe précédent, quelques cas pour lesquels l'hésitation était permise et où le phénomène apparaissait avec le caractère d'une extériorisation, réelle et substantielle, de l'être psychique, plutôt qu'avec celui d'une simple transmission de la pensée. Mais j'ai réservé pour le présent paragraphe l'examen des cas dans lesquels ce caractère ressort avec évidence et qui ne comportent pas d'autre explication que celle fournie par la loi générale de l'extériorisation psychique, déjà si familière à mes lecteurs.

Ces préliminaires posés, j'entre en matière en reprenant, au point où je les avais laissés, le classement méthodique et l'étude, sous ses divers aspects, du phénomène télépathique.

A. — CAS SPONTANÉS DE TÉLÉPATHIE RÉCIPROQUE ET SIMULTANÉE. — HYPOTHÈSE DE LA CLAIRVOYANCE TÉLESTHÉSIQUE.

486. — J'extrais un des exemples de cette forme particulière de télépathie, des *Hall. télép.* (CXXV, 304) de M. Marillier, qui en a choisi 7 parmi les 14 cas recueillis par les auteurs de l'édition anglaise des *Phantasms of the living*. Le narrateur est M. J. T. Milward Pierre, Bow Ranche, Knox County, Nébraska (Etats-Unis) :

J'habite Nébraska, où j'ai un élevage de bétail. Je dois épouser une jeune personne, qui habite Yankton...

Vers la fin d'octobre 1884, pendant que j'essayais d'attrapper un cheval, je reçus un coup de sabot dans la figure... Je ne perdis pas connaissance un seul instant... Il s'écoula un moment avant que quelqu'un me parlât. Je m'appuyais contre le mur de l'écurie lorsque je vis à ma gauche et près de moi la jeune personne dont j'ai parlé. Elle était pâle. Ce n'était pas son visage seulement que je voyais, mais sa personne tout entière, une forme parfaitement matérielle qui n'avait rien de surnaturel. A ce moment, mon fermier me demanda si je m'étais fait mal. Je tournai la tête pour lui répondre, et, lorsque je regardai de nouveau, l'ombre avait disparu...

Je fus tellement obsédé par le souvenir de cette apparition que le lendemain matin je partis pour Yankton. Les premières paroles de la jeune fille furent : « Mais je vous ai attendu hier toute l'après-midi. J'ai cru vous voir : vous étiez très pâle, et votre figure était toute en sang. » (Je puis dire que mes contusions n'avaient pas laissé de traces visibles). Je fus très frappé de cela et lui demandai quand elle avait cru me voir. Elle dit : « Immédiatement après le déjeuner. » L'accident avait eu lieu juste après mon déjeuner.

Ce cas comporte, au sujet de son interprétation par une hallucination télépathique réciproque, de sérieuses réserves. Il semble, en effet, que les conditions pour que cette double action puisse s'exercer, soient très difficiles à remplir. De pareilles coïncidences doivent, dans tous les cas, être extrêmement rares.

Aussi serait-on plutôt disposé à voir, dans ce cas comme dans ceux qui vont suivre, non pas un cas de télépathie réciproque et simultanée, mais bien plutôt un cas de *clairvoyance télesthésique*. L'explication, en effet, devient alors toute naturelle : M. P..., sous la commotion qui a ébranlé son organisme, extériorise (on sait en effet que c'est là le processus le plus probable de la clairvoyance télesthésique) non seulement sa pensée, mais plus ou moins complètement son double psychique, qui, attiré vers l'objet de son amour, est ainsi mis en état, tout à la fois, de lui apparaître et de percevoir tout ce qui se passe au lieu où il s'est transporté.

Il est évident que cette hypothèse rend inutile celle d'une double action hallucinatoire. Elle est d'ailleurs très vraisemblable et l'est encore davantage dans les exemples qui suivent, où l'hypothèse hallucinatoire est manifestement insuffisante, et dans d'autres cas de même nature que M. Gabriel Delanne a recueillis dans son ouvrage précité *les Apparitions matérialisées des vivants et des morts* (pp. 74 à 112).

487. — Dans un de ces exemples, que M. Delanne a extraits des *Annales des sciences psychiques* (1895, p. 230), il s'agit d'un jeune marin qui ayant été pris dans une violente tempête et précipité à la mer, aperçoit tout à coup, au moment où il lutte contre les flots, « comme un léger et clair brouillard qui peu à peu prend une forme humaine, dans laquelle il reconnaît sa sœur ». Pendant ce temps et au même moment, celle-ci était en proie à une violente crise au cours de laquelle elle avait eu, ainsi qu'elle le raconta, la vision très nette et très exacte du déchaînement de la tempête, de la lutte de son frère avec les flots, terminée par un échouement sur un rocher, et de divers incidents, dont quelques-uns très précis et caractéristiques.

A la suite du compte rendu détaillé de ce cas remarquable, M. Delanne (*loc. cit.* p. 103) fait cette judicieuse réflexion :

En somme, il semble plus conforme à l'interprétation des faits de supposer que le *moi* de la jeune fille se trouvait sur le lieu de l'accident, puisque son frère voit la forme de sa sœur, que d'imaginer que ce soit simplement sa pensée qui ait agi télépathiquement, puisque celle-ci se souvient *d'être allée* vers le vaisseau et qu'elle a *vu* des épisodes *réels*.

488. — Le second exemple de vision réciproque fourni par l'ouvrage précité de M. Delanne (p. 109) et qui comporte les mêmes observations, a été publié, comme celui qui précède, par les *Annales des sciences psychiques* (1891, p. 219).

Le narrateur M. S. R. Wilmot, manufacturier à Bridgeport, écrit ce qui suit :

Le 3 octobre 1863, je quittai Liverpool pour me rendre à New-York par le steamer *City of Limerik*.

Le soir du second jour, peu après avoir quitté Kinsale Head, une grande tempête commença, qui dura neuf jours... Pendant la nuit qui suivit le huitième jour de la tempête, il y eut un peu d'apaisement, et je pus jouir d'un sommeil bienfaisant. Vers le matin, je rêvai que je voyais ma femme que j'avais laissée aux États-Unis. Elle venait à la porte de ma chambre, dans son costume de nuit. Sur le seuil, elle sembla découvrir que je n'étais pas seul dans la chambre, hésita un peu, puis s'avança à côté de moi, s'arrêta et m'embrassa, et, après avoir causé quelques instants, elle se retira tranquillement.

Me réveillant, je fus surpris de voir mon compagnon dont la couchette était au-dessus de moi, s'appuyant sur son coude et me regardant fixement : « Vous êtes un heureux gaillard, me dit-il enfin, d'avoir *une dame qui vient vous voir comme cela.* » Je le pressai de m'expliquer ce qu'il voulait dire ; il refusa d'abord, mais me raconta enfin ce qu'il *avait vu, étant tout à fait éveillé* et accoudé sur sa couchette. *Cela correspondait exactement avec mon rêve.*

Le nom de ce compagnon était William J. Tait, il n'avait pas un caractère à plaisanter habituellement ; c'était au contraire un homme posé et très religieux et dont le témoignage peut être cru sans hésiter.

Le lendemain du débarquement, je pris le train pour Watertown, où se trouvait ma femme et mes enfants. Lorsque nous fûmes seuls, sa première question fut : « Avez-vous reçu ma visite, il y a une semaine, mardi ? — Une visite de vous, dis-je ? Nous étions à plus de 1.000 milles sur la mer. — Je le sais, répliqua-t-elle ; mais il m'a semblé vous avoir visité. — C'est impossible, dites-moi ce qui vous fait croire cela. »

Ma femme me dit alors qu'en voyant la tempête..., elle avait été extrêmement inquiète. La nuit précédente, la même nuit où, comme je l'ai dit, la tempête avait commencé à diminuer, elle était restée longtemps en pensant à moi, et, environ vers quatre heures du matin, il lui sembla qu'elle venait me trouver. Traversant la vaste mer en fureur, elle rencontra un navire bas et noir, monta à bord et descendant sous le pont, traversant les cabines jusqu'à l'arrière, arriva à ma chambre : « Dites-moi, ajouta-t-elle, a-t-on toujours des chambres comme celle que j'ai vue, *où la couchette supérieure est plus en arrière que celle d'en dessous?* Il y avait un homme dans celle du dessus *qui me regardait directement* et, pendant un instant, j'eus peur d'entrer, mais enfin je m'avançai à côté de vous, me penchai, vous embrassai et vous serrai dans mes bras, et je m'en allai. » La description donnée par ma femme, du bateau, *était correcte dans tous ses détails,* bien qu'elle ne l'eût jamais vu... S. R. WILMOT.

La sœur de M. Wilmoth, qui était en même temps que lui sur le bateau, certifie que M. Tait a parfaitement vu la dame en blanc, et qu'il crut un instant que c'était elle qui venait prendre des nouvelles de son mari, malade du mal de mer.

B. — ACTION TÉLÉPATHIQUE RESSENTIE PAR LES ANIMAUX.

489. — Lorsqu'une action télépathique, telle notamment que celle qui résulte de l'apparition d'un vivant ou d'un mort, est ressentie par une ou plusieurs personnes, et en même temps par des animaux se trouvant dans l'entourage de cette ou de ces personnes, il parait bien difficile de se contenter, pour l'expliquer, de l'hypothèse des *hallucinations véridiques*, et de ne pas admettre l'objectivité de la vision.

Et pourtant nombreux sont les cas de cette nature. Dans un mémoire publié en appendice à la suite de son ouvrage déjà cité *les Miracles et le Moderne Spiritualisme* (pp. 325 à 361), M. Alfred Russel Wallace en rapporte un certain nombre, les uns recueillis dans les *Proceedings* de la *Société des Recherches psychiques de Londres*, les autres puisés à des sources diverses, telles, notamment, que l'ouvrage de Robert Dale Owen *Faux pas sur la Frontière d'un autre monde:*

C'est ici, par exemple, pour en résumer quelques-uns : un cheval s'arrêtant brusquement, frissonnant de frayeur devant une apparition, vue en même temps par trois personnes ; — là, des chiens qui, au moment où des coups mystérieux sont entendus dans une mai-

son, s'enfuient, effrayés, au lieu d'aboyer selon leur
habitude au moindre bruit insolite, et vont se cacher
sous les meubles; — ailleurs, trois chiens qui, toutes
les fois que des bruits, dont on ne parvint jamais à
trouver l'origine, se faisaient entendre, se couchaient
de frayeur, ou se blottissaient tout tremblants sous un
lit, sans qu'il fût possible de les en faire sortir.

Pour conclure, M. Russel Wallace, après avoir cité
encore d'autres cas semblables, ajoute :

Cette série de cas où l'on voit les impressions produites par
les fantômes sur les animaux, est certainement remarquable
et digne d'une profonde attention. Ces faits ne devraient pas
se présenter, si la théorie de l'hallucination et de la télépathie était vraie, et pourtant on doit y ajouter foi puisqu'ils
sont presque toujours introduits dans le récit comme des
choses inattendues... Ils nous montrent irréfutablement qu'un
grand nombre de fantômes perçus par la vue ou par l'ouïe,
même s'ils ne le sont que par une seule personne, sont des
réalités objectives. La terreur manifestée par les animaux qui
les perçoivent, et leur contenance, si différente de celle qu'ils
ont en présence de phénomènes naturels, montrent non
moins clairement que, bien qu'objectifs, les phénomènes ne
sont pas normaux et ne peuvent être expliqués par quelque
tromperie ou par des éventualités naturelles mal interprétées.

490. — M. Bozzano a consacré une longue étude publiée par les *Annales des sciences psychiques* d'août
1905, à ce genre particulier de phénomènes et en a
réuni 69 exemples d'un puissant intérêt, dont quelques-
uns ont été aussi recueillis, soit par M. Delanne dans
son tome II des *Apparitions matérialisées des vivants
et des morts* (pp. 116 à 118), soit par M. Flammarion (*l'Inconnu et les Problèmes psychiques*), pp. 166
et s. ; — V. notamment, p. 207, un récit très dramatique
emprunté par cet auteur aux *Hall. télép* de M. Marillier.

Je dois, à mon grand regret, me contenter de les
signaler à mes lecteurs, en les renvoyant aux recueils
et ouvrages qui les ont publiés.

C. — Cas de télépathie spontanée dans lesquels des effets physiques et persistants sont produits sur la matière, en connexion avec l'action télépathique observée. — Mouvements et déplacements d'objets. — Photographies.

491. — Quand l'apparition, écrit Russel Wallace dans son ouvrage déjà cité *le Miracle et le Moderne Spiritualisme* (p. 333), accomplit un acte dont il reste des traces, par exemple, déplace un meuble, ouvre une porte, éteint une lampe... il faut bien se rendre à l'évidence, et le phénomène ne peut trouver son explication dans l'hypothèse de l'hallucination véridique.

Or, il existe de nombreux témoignages de ce genre, dont quelques-uns sont rapportés par Russel Wallace lui-même (*loc. cit.*, pp. 333 à 336), et d'autres, puisés à des sources diverses, et qui tous établissent nettement la réalité objective des apparitions.

Ceux que rapporte M. Gabriel Delanne, dans son récent et remarquable ouvrage *les Apparitions matérialisées des vivants et des morts*, et qui remplissent tout un chapitre de son premier volume (pp. 244 à 305) sont particulièrement concluants.

En voici quelques-uns, que je cite d'après les titres caractéristiques sous lesquels l'auteur les a groupés pour en rendre compte :

1° Le fantôme d'un vivant frappe à la porte de chez lui (p. 248);

2° L'apparition ouvre la porte d'une cuisine (p. 256);

3° Les empreintes d'une main mystérieuse (p. 258);

4° Le fantôme du vivant ouvre une porte fermée à clef (p. 259);

5° Un fantôme qui ouvre une barrière (p. 261);

6° Un double qui tient un livre (p. 274);

7° Passagers sauvés par suite du dédoublement de l'un d'eux (p. 275);

8° Les dédoublements de Florence Marryat (p. 281);
9° Le cas du Révérend Thomas Benning (p. 283);
10° Un fantôme de vivant qui sonne, parle et boit (p. 288).

De cette abondante documentation, je me borne à extraire les deux cas énumérés sous les n°s 2 et 7 ci-dessus et auxquels il convient d'accorder une mention spéciale.

492. — Le premier de ces témoignages émane du docteur Georges Wyld, que M. Delanne considère comme un enquêteur des plus consciencieux; il a été publié dans le *Light* (1882, p. 26) et reproduit par Aksakof (*Animisme et Spiritisme*, p. 514):

J'avais d'excellents rapports d'amitié avec Miss J. et sa mère... Le récit qu'elles m'ont fait a été confirmé par l'une des deux servantes qui en ont été témoins. Quant à l'autre, je n'ai pu la retrouver...

Miss J. était très assidue à visiter les pauvres. Or, un jour qu'elle regagnait son domicile après une tournée charitable, elle se sentit fatiguée et mal à l'aise à cause du froid et éprouva le désir d'aller à son retour se réchauffer auprès du four dans la cuisine. *Au moment précis qui correspondait à celui où cette idée lui passait dans l'esprit*, deux servantes qui étaient occupées dans la cuisine, *virent tourner le bouton de la porte, celle-ci s'ouvrir et livrer passage à Miss J...* Celle-ci s'approcha du four et se chauffa les mains. L'attention des servantes était attirée par les gants de chevreau glacé couleur verte que Miss J. avait aux mains. Subitement, devant leurs yeux, elle disparut. Frappées d'étonnement, elles montèrent chez la mère de Miss J. et lui firent part de l'aventure, sans oublier le détail des gants verts.

La mère en conçut quelque appréhension..; mais elle essaya de tranquilliser les servantes, leur disant que Miss J. n'en avait jamais eu de verts, et que, par conséquent, leur vision ne pouvait être considérée comme le fantôme de sa fille.

Une demi-heure après, Miss J. *en personne*, faisait son entrée; elle alla droit à la cuisine et se chauffa devant le feu. Elle avait à ses mains des gants verts, *n'en ayant pu trouver de noirs*.

493. — Le second des cas cités par M. Delanne est

encore plus remarquable : Il a été également rapporté par M. Durville[1] dans *le Fantôme des vivants* (p. 77), ainsi que dans la plupart des publications psychiques, et même par le journal politique *l'Eclair* du 24 novembre 1908. Il s'agit de l'équipage d'un navire qui aurait été sauvé d'une perte imminente grâce à l'action *extra-corporelle* (apparition de sa forme et message écrit) d'une personne qui se trouvait à son bord, endormie, sur un autre bâtiment. Le témoignage de première main a été recueilli par Robert Dale Owen, dans son ouvrage *Footfalls*, etc. Le voici, tel qu'il a été résumé par le docteur Perty (*Apparitions mystiques*, t. II, p. 142) :

Un certain Robert Bruce, écossais, était, en 1828, capitaine en second sur un navire marchand faisant le trajet entre Liverpool et Saint-Jean du Nouveau-Brunswick. Un jour, on était dans les eaux de Terre-Neuve, Robert Bruce, assis dans sa cabine, voisine de celle du capitaine, était absorbé dans des calculs de longitude. Pris d'un doute sur l'exactitude des résultats qu'il avait obtenus, il interpella le capitaine, qu'il croyait dans sa cabine : « Quelle solution avez-vous ? » lui cria-t-il. Ne recevant pas de réponse, il tourna la tête et crut apercevoir le capitaine dans sa cabine, occupé à écrire. Il se leva et s'approcha de l'homme qui écrivait. Celui-ci leva la tête, et Robert Bruce aperçut un personnage absolument inconnu, qui le regardait fixement. Bruce monta précipitamment sur le pont et fit part au capitaine de ce qu'il avait vu. Ils descendirent ensemble; il n'y avait personne, mais sur l'ardoise qui se trouvait sur la table du capitaine, ils purent lire ces mots, écrits d'une main étrangère : « Gouvernez au nord-ouest! » On compara cette écriture à celle de tous les autres passagers; on alla jusqu'à faire des perquisitions, mais sans résultat. Le capitaine, se disant qu'il ne risquait que quelques heures de retard, ordonna de tenir au nord-ouest. Après quelques heures de navigation, ils aperçurent les débris d'un vaisseau pris dans les glaces, ayant à bord l'équipage et quelques passagers en détresse... La situation des voyageurs était désespérée. Quand ils eurent été recueillis à bord du vaisseau sauveteur, Bruce, à son grand étonnement, reconnut dans l'un d'eux l'homme

1. Paris, 1909, Librairie du Magnétisme.

qu'il avait vu dans la cabine du capitaine. Ce dernier pria
l'inconnu d'écrire sur l'autre côté de l'ardoise ces mêmes
mots : « Gouvernez au nord-ouest. » L'écriture était visiblement la même. On apprit que le jour même, vers midi, ce
voyageur était tombé dans un profond sommeil et qu'en se
réveillant, une demi-heure après, il avait dit : « Aujourd'hui,
nous serons sauvés ». Il avait vu en songe qu'il se trouvait
sur un autre navire, qui venait à leur secours; il fit même
la description de ce navire et, à son approche, les voyageurs
n'eurent pas de peine à le reconnaître...

Dale Owen ajoute que ce récit lui a été fait par M. J. S.
Clarke, capitaine du schonner *Julia Hallock*, qui le tenait à
son tour de Robert Bruce.

494. — On ne saurait quitter cette matière sans
mentionner certains cas très curieux, observés le plus
souvent avec des médiums, de *doubles* se formant à
côté du sujet que l'on photographie, et reproduits visiblement sur le cliché. Dans ce cas, et si tout soupçon,
soit de fraude, soit d'erreur dans la manipulation, peut
être écarté, on se trouve en présence d'une preuve formelle et matérielle du phénomène de *dédoublement*.

« Alors même, dit M. Delanne (*les Apparitions mat.
des vivants et des morts*, p. 290), que les yeux ne
voient rien, si la plaque montre un fantôme, c'est qu'il
était là, invisible et présent. »

Il est clair que, dans ce cas, l'hypothèse d'une simple
action télépathique ou transmission de pensée avec hallucination véridique, n'a rien à faire et ne saurait fournir une base rationnelle à l'interprétation des faits.

C'est là d'ailleurs un problème dont le *spiritisme* poursuit la solution depuis de nombreuses années avec une
louable persévérance, mais qui est trop complexe pour
qu'il me soit permis de l'aborder dans un ouvrage qui,
comme celui-ci, a déjà dépassé sensiblement les limites que je m'étais assignées. Tout ce que je puis
dire, c'est qu'au point où en sont les expériences, et si
je consulte le volumineux dossier que j'ai déjà recueilli
en cette matière et que j'utiliserai peut-être un jour, la

preuve du dédoublement du médium, dans les séances de matérialisations, me paraît faite, assez complètement du moins pour qu'on puisse l'admettre comme hypothèse scientifique et en faire état pour l'interprétation des formes spéciales du phénomène télépathique que j'examine en ce moment. — V. d'ailleurs les expériences de dédoublements *médiumniques* qui sont rapportées *infra* n°ˢ 514 et suiv.

D. — CAS SPONTANÉS DE TÉLÉPATHIE COLLECTIVE.

495. — L'auteur de l'ouvrage précité, *les Miracles et le Moderne Spiritualisme*, M. Alfred Russel Wallace, place au nombre des principales preuves de l'*objectivité* du fait télépathique, et notamment des apparitions : la *simultanéité* de la perception du même fantôme par deux ou plusieurs personnes en même temps. Et il cite (pp. 327 et s.), en dehors des observations de cette nature qui ont déjà été faites (*passim*) dans les diverses parties de cette étude, plusieurs cas du même ordre, tous recueillis dans les *Proceedings* de la *Société des Recherches psychiques de Londres* ou dans les *Phantasms of the living* et, notamment, le cas suivant, dans lequel l'objectivité de l'apparition est en outre démontrée *par des relations d'espace définies* (*loc. cit.*, p. 328) et par la concordance de l'impression visuelle éprouvée par chacun des percipients avec la place qu'il occupait au moment de la vision.

Une dame, rapporte-t-il, apparut à cinq personnes à la fois, et, à plusieurs reprises, à deux d'entre elles. Un jour elles la suivirent ensemble dans le salon. La figure sortit alors et descendit dans un passage conduisant à la cuisine, mais fut vue une minute après par une autre, Miss D..., alors qu'elle gravissait les marches extérieures de la cuisine, et, comme il se trouvait que, en ce même instant, la fille mariée du capitaine D... était à une fenêtre de l'étage supérieur, cette dame, de son côté, vit la figure continuer sa course sur la pelouse.

Il est impossible, ajoute notre auteur, que plusieurs hallucinations concordent aussi exactement[1]. *Quelque chose d'insubstantiel, si vous voulez, mais d'objectif, semble absolument nécessaire pour produire les faits observés.*

496. — Résumant son analyse des circonstances qui, dans les apparitions, excluent l'hypothèse de l'hallucination, M. Russel Wallace dit encore :

J'ai maintenant exposé très brièvement et discuté les diverses classes de preuves qui démontrent l'objectivité de beaucoup d'apparitions. Les différents groupes de faits, éloquents par eux-mêmes, gagnent encore beaucoup de force par l'appui qu'ils se prêtent mutuellement. Ils sont tous harmonieux et consistants dans la théorie et la réalité objective.

Avec l'hypothèse de l'hallucination, alors que quelques-uns, pour être expliqués, exigent des théories pénibles et sans base, une grande partie d'entre eux sont tout à fait inexplicables, et doivent être ignorés, ou mis de côté, pour être expliqués à part. On admet que les hallucinations *collectives* (ainsi qu'on les appelle) sont fréquentes; on admet également que les fantômes agissent souvent comme des réalités objectives par rapport aux objets matériels qui les entourent et aux différentes personnes (qui les perçoivent); cela existe dans le cas où ils sont objectifs, mais n'est guère admissible avec la doctrine subjective ou télépathique.

Ces observations préliminaires, que je n'ai pas craint d'emprunter au célèbre naturaliste, vont permettre à mes lecteurs de mieux comprendre la portée des phénomènes sur lesquels elles projettent leur lumière et dont j'ai à donner ici la description.

497. — Je prends le premier et le plus intéressant des exemples de télépathie *collective*, confirmant l'in-

---

1. Observation d'autant mieux fondée que chaque hallucination, on le sait, est individuelle, subjective, étant conditionnée par l'état physiologique et psychologique de chaque percipient et que, par conséquent, on ne saurait concevoir que plusieurs percipients aient été tous hallucinés de la même manière.

terprétation qu'on vient de lire, dans la traduction française des *Phantasms of the living* [1], (n° CXXXI (36) *Hallucinations télépathiques*, p. 344), dans laquelle Mlle Catherine Weld raconte ce qui suit :

19 mai 1883. — The Lodge, Lymington.

Philippe Weld était le plus jeune fils de M. James Weld de Archers Lodge, près Southampton... Il fut envoyé par son père, en 1842, au collège Saint-Edmond, près de Ware... L'après-midi du 16 avril 1845, Philippe, qui, accompagné d'un des maîtres et de quelques camarades, était allé canoter,... tomba accidentellement dans une partie très profonde de la rivière et, malgré tous les efforts faits pour le sauver, s'y noya.

Son corps fut ramené au collège et le Très Rév. docteur Cox (le directeur) fut profondément affligé. Il se décida à aller lui-même chez M. Weld, à Southampton... où il arriva le lendemain... Avant d'entrer dans la propriété, il vit, à une petite distance de la grille, M. Weld, qui s'approchait et lui dit : « Vous n'avez pas besoin de parler, car je sais que Philippe est mort. Hier, après midi, je me promenais avec ma fille Catherine et nous l'avons vu tout à coup. Il se tenait... entre deux personnes, dont l'une était un jeune homme vêtu d'une robe noire. Ma fille les aperçut la première et s'écria: « Oh ! « papa ! As-tu jamais vu quelqu'un ressembler à Philippe « comme cette personne ? — Comme lui, répondis-je, car c'est lui ! » Nous marchâmes vers ces trois formes. Philippe regardait avec une expression souriante et heureuse le jeune homme en robe noire... Tout à coup, ils parurent s'évanouir à mes yeux et je ne vis rien, si ce n'est un paysan que je voyais auparavant *à travers* ces trois formes, ce qui me fit penser que c'étaient des esprits... »

Le lecteur peut s'imaginer l'étonnement inexprimable du docteur Cox à ces mots. Il demanda à M. W. s'il avait jamais vu le jeune homme en robe noire que Philippe regardait avec un sourire heureux. M. Weld répondit qu'il ne l'avait jamais vu, mais que les traits de son visage étaient si nettement gravés dans son esprit qu'il était sûr de le reconnaître aussitôt, où qu'il le rencontrât. Le docteur Cox raconta alors au père désolé toutes les circonstances de la mort de son fils, qui

1. M. Marillier y rend compte de 23 cas sur les 86 de cette catégorie recueillis par l'édition anglaise.

avait eu lieu à l'heure même où il était apparu à son père et à sa sœur...

Environ quatre mois plus tard, M. Weld rendit visite avec sa famille à son frère, M. Georges Weld, à Seagram Hall, dans le Lancashire. Un jour il alla se promener avec sa fille Catherine au village voisin de Chipping, et, après avoir assisté à un service à l'église, fit une visite au prêtre. Il se passa un moment avant que le Révérend Père pût venir auprès d'eux, et ils s'amusèrent en attendant à examiner les gravures suspendues au mur de la chambre. Tout à coup, M. Weld s'arrêta devant un portrait (on ne pouvait lire le nom qui était au-dessous parce que le cadre le recouvrait) et s'écria : « C'est la personne que j'ai vue avec Philippe ; je ne sais de qui c'est le portrait, mais je suis certain que c'est cette personne que j'ai vue avec Philippe. » Le prêtre entra dans la chambre quelques instants après et M. Weld le questionna immédiatement au sujet de la gravure. Il répondit que la gravure représentait saint Stanislas Kostka, et qu'il croyait que c'était un très bon portrait du jeune saint.

M. Weld fut très ému. Saint Stanislas était un jésuite qui était mort très jeune ; et, comme le père de M. Weld avait été un grand bienfaiteur de cet ordre, on supposait que sa famille était placée sous la protection particulière des saints jésuites; puis Philippe avait été amené depuis peu, par suite de diverses circonstances, à une dévotion spéciale envers saint Stanislas. En outre, saint Stanislas est regardé comme l'intercesseur spécial des noyés, ainsi qu'il est dit dans sa vie. Le Révérend Père donna aussitôt le portrait à M. Weld qui, naturellement, le reçut avec la plus grande vénération et le garda jusqu'à sa mort. Sa femme y tenait beaucoup également, et, à sa mort, il passa à sa fille (la narratrice, qui avait vu l'apparition en même temps que son père); elle l'a encore chez elle...

Tandis que la simultanéité de la vision par deux personnes paraît devoir faire rentrer le cas qui précède dans la classe des apparitions *objectives*, ayant pour origine une extériorisation plus ou moins complète de l'organisme psychique, tout au moins en ce qui concerne le noyé, les auteurs des *Phantasms of the living* (*Hall. télép.*, p. 379) n'y voient qu'une simple hallucination télépathique : « Nous pouvons concevoir, en effet, font-ils observer, que l'idée de son saint favori fut réellement présente à l'esprit du jeune garçon pendant qu'il se noyait. » C'est cette idée qui aurait été transmise aux deux percipients et à laquelle ils auraient réagi l'un et l'autre par une hallucination visuelle.

M. Russel Wallace, qui rapporte le fait dans son ouvrage *les Miracles et le Moderne Spiritualisme* (p. 351) estime que l'hypothèse spirite est seule en état de donner à ce fait une interprétation raisonnable.

Pour ceux qui ne refusent pas d'admettre l'hypothèse que des morts puissent, dans certains cas, exercer une influence sur des vivants et communiquer avec eux (et cette possibilité sera établie avant la fin de ce chapitre) l'explication de M. Russel Wallace est très plausible. Mais j'aurai l'occasion de revenir sur cette question sous le paragraphe spécialement consacré à l'examen des divers systèmes d'interprétation des phénomènes télépathiques (V. *infra*, nos 521 et s.).

498. — Voici enfin, pour clore cet examen de la télépathie *collective*, un cas qui s'est manifesté publiquement et a eu de trop nombreux témoins pour comporter l'hypothèse de l'*hallucination véridique*. Il a été rapporté par les grands journaux de Londres : Le *Daily Express*, l'*Evening News*, le *Daily News* du 17 mai 1905, l'*Empire* du 14 mai 1905, etc., et reproduit par les *Annales des sciences psychiques* de juin 1905, et par le *Problème de la destinée* de M. Léon Denis (p. 118).

Ces publications rendent compte de l'apparition, en pleine séance du Parlement, à la Chambre des Communes, du fantôme d'un député, le major Sir Carne Raschse, retenu à ce moment chez lui par une indisposition. Trois députés attestent la réalité de cette manifestation. Voici, d'après l'ouvrage précité de M. Léon Denis, d'où j'extrais le renseignement, comment s'exprime l'un d'eux, Sir Gilbert Parker :

Je voulais participer au débat, mais on oublia de m'appeler.

Pendant que je regagnais ma place, mes yeux tombèrent sur sir Carne Raschse, assis près de sa place habituelle. Comme je savais qu'il avait été malade, je lui fis un geste amical, en lui disant: « J'espère que vous allez mieux. » Mais il ne fit aucun signe de réponse. Cela m'étonna. Le visage de mon ami était très pâle, il était assis, tranquille, appuyé sur une main ; l'expression de sa figure était impassible et dure. Je songeais un instant à ce qu'il convenait de faire : quand je me retournai vers sir Carne, il avait disparu. Je me mis aussitôt à sa recherche, espérant le trouver dans le vestibule. Mais Raschse n'y était pas; personne ne l'y avait vu.

Sir Carne lui-même ne doute pas d'être réellement apparu à la Chambre, sous forme de double, préoccupé qu'il était de se rendre à la séance pour appuyer de son vote le gouvernement.

Dans le *Daily News* du 17 mai 1905, Sir Arthur Hayter ajoute son témoignage à celui de Sir Gilbert Parker. Il dit que lui-même, non seulement vit Sir Carne Raschse, mais attira l'attention de Sir Henry Bannerman sur sa présence à la Chambre.

E. — APPARITIONS COLLECTIVES, MULTIPLES ET RÉITÉ- RÉES DU MÊME AGENT. — CAS SPONTANÉS DE DÉDOU- BLEMENT PUREMENT PHYSIOLOGIQUE, OBSERVÉS EN DEHORS DE TOUTE CAUSE ET DE TOUTE INTENTION TÉLÉ- PATHIQUES. — DÉDOUBLEMENT ET BILOCATION.

499. — Si, comme on vient de le voir, le fait que l'action télépathique atteint collectivement et simulta- nément plusieurs percipients constitue une très forte présomption en faveur de l'objectivité du phénomène, et rend plausible l'hypothèse du dédoublement, il en est de même, à plus forte raison, du fait que le même agent exerce et réitère son action collective en apparaissant, par exemple, plusieurs fois à des personnes différentes, à des intervalles plus ou moins éloignés. Les hallucina-

tions, dites télépathiques, en effet, sont rares et les personnes qui ont rendu compte de celles qu'elles ont éprouvées, assurent presque toutes que le fait a été unique dans leur existence.

Par conséquent, quand un fait aussi anormal qu'une apparition se répète plusieurs fois dans des conditions à peu près semblables, et quand surtout cela a lieu en dehors de toute circonstance ayant pu déterminer l'agent à exercer une action télépathique sur tel ou tel perci- pient connu de lui, l'explication doit être recherchée, semble-t-il, de préférence à toute autre, dans l'état phy- siologique de cet agent, dans une prédisposition natu- relle de son organisme à s'extérioriser, à se dédou- bler.

500. — C'est ce que fait justement observer M. Ga briel Delanne, dans son ouvrage déjà cité des *Appari- tions matérialisées des vivants et des morts* (vol. I, p. 174), où il rapporte en outre (pp. 181 à 198) un certain nombre de cas de dédoublement de cette nature, qu'il emprunte, pour la plupart, à l'ouvrage *Phantasms of the living* de MM. Gurney, Myers et Podmore, traduit par M. Marillier sous le titre de *Hallucinations télépathiques*. Tels sont notamment : 1° le récit, par Mme Hawkins, des apparitions nombreuses de son double, au moment où, dans sa jeunesse, elle jouait avec des fillettes, ses compagnes ; 2° celui de trois appari- tions, à sa femme et à sa fille, du Révérend T. L. Vil- liams, pasteur de Porthleven, dans un lieu éloigné de celui où, au même moment, il se trouvait corporellement; 3° les apparitions successives à trois personnes diffé- rentes, inconnues les unes des autres, du double de Mme Stone ; 4° enfin, celles du double de Mlle Hopkin- son. Je ne fais qu'indiquer ces documents, pour qu'au besoin mes lecteurs puissent s'y reporter. J'ai hâte, en effet, d'arriver à des cas bien connus, classiques pour ainsi dire, puisqu'on les trouve cités dans tous les recueils spéciaux, et qui sont nettement caractéristiques

du dédoublement *naturel* et *physiologique*, en tant que ce phénomène se distingue de la télépathie proprement dite.

501. — J'extrais le premier de l'ouvrage précité de M. Delanne (*loc. cit.*, p. 159) :

La baronne Isabella von Ungern Stenberg raconte, dans *Die Uebersinnliche Welt*, de juin 1902[1], une série de faits extranormaux qui se seraient passés dans la famille des comtes Steenbach, en Esthonie (Russie), près du golfe de Finlande. De génération en génération, il y aurait eu dans cette famille des cas de dédoublement, visibles non seulement pour les membres de la famille, mais aussi pour des *étrangers*.

Ainsi il arrivait plusieurs fois que le vieux comte Magnus se dédoublait pendant qu'il sommeillait dans son fauteuil après son déjeuner (et cela aux yeux de toutes les personnes présentes)...

Pendant la guerre de 1830, le comte Magnus était à son régiment, près de Varsovie, au moment où sa femme donna naissance, à Narwa, à un petit garçon. Quelques jours après, un domestique voit son maître arriver en traîneau et en descendre ; il lui ouvre la porte en le saluant. Le comte Magnus monte l'escalier et traverse une pièce où sa sœur Lili était assise ; celle-ci se lève, saisie, et s'écrie : « Comment toi, Magnus, de retour si subitement ! » Mais, sans rien répondre, il entre chez sa femme, encore au lit, et à côté de laquelle se trouve la nourrice avec le bébé. Silencieux, il regarde longtemps les deux êtres chéris : « C'est donc notre maître ? » demande la nourrice, et la comtesse, très émue, répond : « Oui, c'est lui. »

Mais, toujours muet, il quitte la chambre sans avoir touché personne, ni avoir été touché, et le domestique qui était à la porte de la maison ne le voyait pas sortir. Le traîneau avait disparu[2].

---

1. Traduction française dans la *Revue des études psychiques* (octobre 1902).

2. « L'épisode du traîneau, explique M. Delanne (*loc. cit.*, p. 60), peut être rapproché des autres cas où la vision se montre accompagnée d'objets accessoires : canne, parapluie, cheval, voiture, etc., qui n'ont aucune réalité objective matérielle, mais existent cependant *en image éthérée*; car, parfois, ces sortes de mirages psychiques sont perçus simultanément par tous les témoins de l'apparition. » — On peut ajouter que ce phénomène accessoire des

502. — M. Delanne rapporte également (pp. 266 et s. du même ouvrage) un cas de dédoublement naturel, c'est-à-dire observé sans qu'on puisse lui assigner une cause et une intention télépathiques, dont a été témoin, avec toute une assemblée, M. Stead, directeur de la *Review of Reviews*, qui l'a publié pour la première fois, avec toutes les preuves à l'appui, dans le numéro d'avril 1896, du *Boderland*.

D'après le compte rendu de l'illustre publiciste (qui, on le sait, a récemment trouvé la mort dans la catastrophe du *Titanic*), compte rendu reproduit *in extenso* par M. Delanne, il s'agit d'une dame A., qui, un dimanche soir du 13 octobre 1895, alors que, retenue à la maison de sa mère par son état maladif, elle eût été dans l'impossibilité de sortir, et qu'en fait de nombreux témoignages établissent irrécusablement qu'elle n'avait pas quitté un instant son appartement, a été vue cependant par M. Stead et plusieurs autres personnes, qui l'ont reconnue : pénétrant dans une église située à quelques kilomètres de son domicile ; assistant à l'office pendant une heure un quart ; recevant d'une employée de l'église un livre de prières et le tenant à la main, mais sans le lire ; puis, après s'être levée et avoir descendu rapidement la nef, disparaissant subitement sans qu'aucune des personnes qui l'avaient reconnue eût pu la rejoindre.

L'enquête minutieuse faite par M. Stead, et dont tous les détails sont rapportés dans l'ouvrage précité de M. Delanne, ne laisse aucun doute sur l'identité de l'apparition et sur l'impossibilité où se trouvait Mme A. d'assister à l'office de l'église où la présence de son double a été constatée.

apparitions n'est, sans doute, qu'une mise en action de cette faculté *idéoplastique*, ou *téléplastique*, que l'organisme psychique, dans le dédoublement, extériorise avec lui, et dont on rencontre de nombreux exemples dans les matérialisations des séances médiumniques et les dédoublements des médiums (V. *supra*, n° 217 et s. et 239).

503. — Cette dernière observation fait bien comprendre la différence qui existe entre les dédoublements *dits télépathiques* et cette classe particulière de dédoublements que j'ai désignés, avec M. Delanne, sous le nom de dédoublements *naturels* ou *physiologiques*, et auxquels il serait peut-être préférable de réserver, pour plus de précision, le terme, quelquefois employé, de *bilocation.*

Voici un autre exemple, plus caractéristique encore, de dédoublement *naturel* (ou *bilocation*), bien propre à faire ressortir ce qui distingue ce phénomène du dédoublement télépathique. Il a été publié par Aksakof, dans son traité, universellement connu, de *l'Animisme et Spiritisme* (pp. 498 et s.) et a fait depuis lors le tour de la presse et des ouvrages spéciaux.

Je le cite textuellement, mais en l'abrégeant le plus possible :

En 1845, existait en Livonie (et existe encore) ... un institut pour jeunes filles nobles, désigné sous le nom de *Pensionnat de Neuwelcke...*

Au nombre des maîtresses, il y avait une Française, Mlle Émilie Sagée, née à Dijon... Elle était alors âgée de trente-deux ans.

Peu de semaines après son entrée dans la maison, de singuliers bruits commencèrent à circuler sur son compte parmi les élèves. Quand l'une disait l'avoir vue dans telle partie de l'établissement, fréquemment une autre assurait l'avoir rencontrée ailleurs au même moment...

Les choses ne tardèrent pas à se compliquer... Un jour qu'Émilie Sagée donnait une leçon à treize de ces jeunes filles, parmi lesquelles Mlle de Gûldenstubbe, et qu'elle écrivait le passage à expliquer au tableau noir, les élèves virent tout à coup, à leur grande frayeur, deux demoiselles Sagée, l'une à côté de l'autre. Elles se ressemblaient exactement et faisaient les mêmes gestes...

Peu après, une des élèves, Mlle de Wrangel, obtint la permission de se rendre, avec quelques camarades, à une fête locale du voisinage. Elle était occupée à terminer sa toilette, et Mlle Sagée... était venue l'aider et agrafait sa robe par derrière. La jeune fille s'étant retournée par hasard, aperçut dans la glace deux Émilie Sagée qui s'occupaient d'elle. Elle fut tellement effrayée qu'elle s'évanouit.

Des mois se passèrent, et des phénomènes semblables (avec quelques variétés que la narration d'Aksakof indique) continuaient à se produire.

Mais le cas le plus remarquable de cette activité, en apparence indépendante des deux formes, est certainement le suivant :

Un jour, toutes les élèves, au nombre de quarante-deux, étaient réunies dans une même pièce située au rez-de-chaussée et s'ouvrant sur un jardin... Tout en travaillant, elles voyaient Mlle Sagée occupée à cueillir des fleurs, non loin de la maison ; c'était une de ses distractions de prédilection. A l'extrémité supérieure de la table se tenait une autre maîtresse chargée de la surveillance et assise dans un fauteuil de maroquin vert. A un moment donné, cette dame s'absenta, et le fauteuil resta vide. Mais ce ne fut que pour peu de temps, car les jeunes filles y aperçurent tout à coup la forme de Mlle Sagée. Aussitôt elles portèrent leurs regards dans le jardin et la virent toujours occupée à cueillir des fleurs ; seulement, ses mouvements étaient plus lents et plus lourds, pareils à ceux d'une personne accablée de sommeil ou épuisée de fatigue. Elles portèrent de nouveau leurs yeux sur le fauteuil, où le double était assis, silencieux et immobile... Certaines qu'elles n'avaient pas affaire à une personne véritable..., deux des élèves les plus hardies s'approchèrent du fauteuil et, touchant l'apparition, crurent y rencontrer une résistance comparable à celle qu'offrirait un léger tissu de mousseline ou de crêpe. L'une osa même passer au-devant du fauteuil et *traverser* en réalité une partie de la forme. Malgré cela, celle-ci dura encore un peu, puis s'évanouit graduellement. L'on observa aussitôt que Mlle Sagée avait repris la cueillette de ses fleurs avec sa vivacité habituelle. Les quarante-deux pensionnaires constatèrent le phénomène de la même manière...

Ces divers phénomènes durèrent avec diverses variantes environ dix-huit mois, c'est-à-dire pendant tout le temps que Mlle Sagée conserva son emploi (1845-1846)... Ils avaient lieu principalement à des moments où elle était préoccupée ou très appliquée à sa tâche. On remarqua qu'à mesure que le double devenait plus net et prenait plus de consistance, la personne elle-même devenait plus raide et s'affaiblissait et, réciproquement, qu'à mesure que le double s'évanouissait, l'être corporel reprenait ses forces[1]...

1. « Remarquons en passant, dit M. Delanne (*loc. cit.*, p. 178) qu'il existe une relation entre l'activité vitale de la jeune fille et

On peut aisément se figurer qu'un phénomène aussi extraordinaire ne pouvait se présenter avec cette insistance, pendant plus d'un an, dans une institution de ce genre, sans lui porter préjudice... (Les parents s'émurent, le pensionnat se dépeupla, et le jour vint où il fallut se résigner, malgré ses excellents services, à renvoyer Mlle Sagée. C'était la dix-neuvième fois, ainsi qu'elle le déclara, que pareille mésaventure, due aux mêmes causes, lui arrivait.)

Après avoir quitté Neuwelcke, elle se retira pendant quelque temps, non loin de là, auprès d'une belle-sœur qui avait plusieurs enfants tout jeunes. Mlle de Güldenstubbe alla lui faire visite là et apprit que ces enfants, âgés de trois à quatre ans, connaissaient les particularités de son dédoublement ; ils avaient l'habitude de dire qu'ils voyaient deux tantes Émilie...

Je tiens, dit en terminant Aksakof, tous ces détails de Mlle de Güldenstubbe elle-même, et elle m'accorda volontiers l'autorisation de les publier avec les indications de noms, de lieu et de date. Elle resta à la pension de Neuwelcke pendant tout le temps que Mlle Sagée y enseigna ; personne n'aurait donc pu donner une relation aussi fidèle des faits avec tous leurs détails...

504. — Un des faits les plus connus et les plus extraordinaires qui aient illustré la vie de saint Alphonse de Liguori, et dont l'authenticité n'a jamais été mise en doute, à savoir l'assistance que, sans quitter sa résidence d'Arienzo, il prêta au pape Clément XIV, mourant à Rome, a été raconté par le baron Henrion, dans son *Histoire générale de l'Église* [1]. C'est ce fait sur lequel M. Durand de Gros, dans son ouvrage *le Merveilleux scientifique* (V. supra, n° 451), s'appuie prin-

le fantôme : quand les fonctions de la vie ordinaire diminuent chez elle d'intensité, le double devient plus visible et se concrète davantage, comme si une partie de l'énergie de l'organisme servait à le matérialiser. »

C'est là une observation d'une importance capitale et qui s'applique à tous les phénomènes de la psychologie transcendantale qui puisent leurs origines dans une extériorisation du subconscient, ou, ce qui revient au même, de l'Être ou organisme psychique. Il y a un parallélisme constant, mais en sens inverse, entre l'activité anormale de ce dernier et celle de l'organisme corporel.

1. T. II, p. 272 ; Paris, 1851.

cipalement pour montrer la différence profonde qui existe entre la télépathie *subjective* et le phénomène essentiellement *objectif* du dédoublement. Le voici tel qu'on le trouve rapporté, d'après le récit d'Henrion, dans l'ouvrage de M. Delanne, *l'Ame est immortelle* (p. 170) :

Dans la matinée du 21 septembre 1774, Alphonse, après avoir dit la messe, se jeta dans son fauteuil ; il était abattu et taciturne, et, sans faire le moindre mouvement, sans articuler un seul mot de prière ni adresser jamais la parole à personne, il resta dans cet état tout le jour et toute la nuit suivante : durant ce temps, il ne prit aucune nourriture, et on ne vit pas qu'il désirât aucun service autour de sa personne. Les domestiques, qui s'étaient d'abord aperçus de sa situation, se tenaient à la portée de sa chambre, mais ils n'osaient entrer.

Le 22, au matin, ils reconnurent qu'Alphonse n'avait pas changé d'attitude, et ils ne savaient plus ce qu'il fallait en penser ; ils craignaient que ce ne fût autre chose qu'une extase prolongée.

Cependant, quand l'heure est un peu plus avancée, Liguori agite la sonnette pour annoncer qu'il veut célébrer la sainte messe. A ce signe, ce n'est pas seulement le frère laïque chargé de le servir à l'autel, mais toutes les personnes de la maison, et d'autres du dehors, qui accourent avec empressement. Le prélat demande, avec un air de surprise, pourquoi tant de monde. On lui répond qu'il y a deux jours qu'il ne parle, ni ne donne aucun signe de vie. « C'est vrai, répliqua-t-il, mais vous ne savez pas que j'ai été assister le pape qui vient de mourir. »

Une personne qui avait entendu cette réponse alla, le jour même, la porter à Sainte-Agathe ; elle s'y répandit aussitôt, comme à Arienzo, où résidait Alphonse. On crut que ce n'était là qu'un songe, mais on ne tarda pas à avoir la nouvelle de la mort de Clément XIV, qui avait passé à une autre vie le 22 septembre, précisément à 7 heures du matin, au moment où Liguori avait repris ses sens.

L'historien des papes, Navaès, fait mention de ce miracle en racontant la mort de Clément XIV. Il dit que le souverain Pontife avait cessé de vivre le 22 septembre 1774, à 7 heures du matin, assisté des généraux des Augustins, des Dominicains, des observantins et des conventuels, et, ce qui intéresse encore davantage, assisté miraculeusement par le bienheureux Alphonse de Liguori, *quoique éloigné du corps*, ainsi qu'il résulte du procès juridique du susdit bienheureux, approuvé par la sacrée congrégation des Rites.

On peut citer, dit M. Delanne (*L'Ame est immortelle*, p. 171), des cas analogues pour saint Antoine de Padoue, saint François Xavier, et surtout Marie d'Agréda, dont les dédoublements se produisent pendant plusieurs années. — V. aussi à ce sujet des détails circonstanciés du même auteur dans le 1er vol. (p. 147) des *Apparitions mat. des viv. et des morts*.

505. — Peut-être fera-t-on remarquer, en ce qui concerne les phénomènes de bilocation, que ceux auxquels le caractère *miraculeux* a pu légitimement être reconnu, et tel est le cas, semble-t-il, pour saint Alphonse de Liguori, doivent être exclus d'une étude purement physiologique : car le simple fait d'être miraculeux leur enlève toute portée scientifique.

A cela je répondrai que, pour moi, qui n'ai cherché dans l'étude des faits de la psychologie expérimentale que la preuve de l'indépendance et de la survivance de l'âme, il importe peu que la preuve en soit faite *naturellement*, ou *surnaturellement*, pourvu qu'elle soit faite. Or elle ne l'est pas moins, pour ne pas dire plus, si les faits de bilocation attribués aux saints dont il s'agit, doivent être expliqués par une intervention surnaturelle qui confirme implicitement, comme c'est le propre des miracles, les enseignements de la religion révélée au sujet d'une vie future, que s'ils ne comportent qu'une interprétation purement rationnelle, mais dont les conclusions, au point de vue de la survivance de l'âme, sont les mêmes.

L'espérance en une autre vie, qu'elle vienne de Dieu directement, ou de la raison humaine, sera toujours la bienvenue, et on ne peut même que se féliciter qu'elle puisse venir à la fois de ces deux sources, se fortifiant et se complétant l'une par l'autre. Et c'est, en effet, ce qui peut et doit même se produire souvent dans ces phénomènes qui nous déconcertent et où l'intervention divine, si elle a lieu, n'exclut pas l'emploi des moyens naturels, quand ils peuvent suffire. Qui sait, notamment, si, dans le cas de saint Alphonse de Liguori et autres cas analogues, l'intervention mystérieuse ne s'est pas bornée à préserver le saint des dangers de mort auxquels l'exposait incontestablement une extériorisation psychique trop prolongée.

Donc, ne disons pas que les phénomènes psychiques dans lesquels une cause miraculeuse peut être supposée, doivent être exclus d'une étude purement scientifique. Ils sont, au contraire, pleins d'enseignement pour le savant aussi bien que pour le chrétien, et il n'y a qu'une interprétation purement tendancieuse, et par cela même antiscientifique, qui puisse refuser d'en tenir compte.

506. — Il y aurait encore beaucoup de renseignements précieux à recueillir dans les divers ouvrages que j'ai consultés pour l'étude du dédoublement. Je signalerai notamment, avec le regret de ne pouvoir m'y arrêter :

1° Les faits, plusieurs fois répétés, de translation instantanée du corps de deux enfants de la famille Pansini — faits attestés par des témoins d'une honorabilité indiscutable, tels que Mgr Pasquale Bérardi, évêque de Ruvo et Bitonto et Mgr J. Vaccaro, archevêque de Bari, etc., etc. — qui ne rappellent d'ailleurs que de loin le phénomène du dédoublement, et pour lesquels aucune explication rationnelle, telle notamment que celle de l'extériorisation psychique par laquelle ce dernier phénomène est interprété, ne semble pouvoir être proposée [1] ;

2° Une intéressante étude du savant psychiatre, César Lombroso, dans son ouvrage déjà cité *Hypnotisme et Spiritisme* (pp. 216 à 227), sur la formation et l'appa-

---

1. JOSEPH LAPPONI, *l'Hypnotisme et le Spiritisme*, pp. 133 et suiv. ; Paris, Perrin et Cie, 1907.

rition des doubles : chez les sujets magnétisés, dans le
sommeil, dans la *transe* médiumnique, dans l'état en
apparence normal, *post mortem*, chez les saints et les
prophètes, chez les hommes de génie, et dans l'histoire ;

3° Une synthèse, publiée par M. Émile Laurent dans
les livraisons des 16 octobre-1er novembre 1908 et
les suivantes, où cet auteur passe en revue les faits
de télépathie recueillis dans la traduction française
abrégée des *Phantasms of the living*, et montre que,
dans chacune des catégories sous lesquelles ces faits
sont classés, on rencontre des cas où la formation de
l'image prétendue hallucinatoire est due à une projection de son organisme psychique par l'agent télépathique et revêt ainsi un caractère d'objectivité incontestable. Cette synthèse, d'un réel intérêt, vient à l'appui
des observations que j'ai moi-même présentées au sujet
des distinctions nécessaires à faire, dans l'interprétation
du phénomène télépathique, entre les faits de télépathie
proprement dite et les dédoublements (V. *supra*, nᵒˢ 451
et s.) ;

4° Enfin, une longue et savante étude publiée par
M. Ernest Bozzano, dans les livraisons de mars, avril,
mai et juin 1911 des *Annales des Sciences psychiques*,
où, sous le titre un peu trop spécial de *Considérations
et hypothèses sur les phénomènes de bilocation*, l'auteur embrasse en réalité toute la matière traitée par moi
dans le présent chapitre ; passe au crible, en citant de
nombreux exemples, dont plusieurs sont déjà connus et
ont trouvé leur place dans les pages qui précèdent, les
diverses formes sous lesquelles se manifeste le phénomène
télépathique, y compris, bien entendu, le dédoublement
et la bilocation. Je ne saurais trop recommander à mes
lecteurs ce magistral travail dont la valeur critique égale
l'intérêt documentaire, et qui projette une vive lumière
sur le problème que j'ai, dans ce chapitre, entrepris de
résoudre.

F. — Expériences scientifiques sur le phénomène et le processus physiologique du dédoublement. — Dédoublements médiumniques.

507. — Dans l'étude de la télépathie proprement dite, on rencontre, à côté des faits spontanés, quelques faits expérimentaux, dont quelques-uns ont été rapportés *supra*, nᵒˢ 454 et s. et qui corroborent les raisons que l'on a de croire à l'exactitude et à la sincérité des nombreux témoignages auxquels ont donné lieu les premiers. Il en est de même pour les faits de dédoublement, qui ont pu, plusieurs fois, surtout grâce aux magnétiseurs, être constatés expérimentalement.

Ils l'ont été, plus généralement encore, dans les séances de médiumnisme, dites de *matérialisations*, qui, si elles n'ont pas spécialement pour objet de provoquer le dédoublement du médium, supposent néanmoins, pour expliquer physiologiquement leurs résultats, l'intervention de ce mode particulier d'extériorisation psychique.

J'emprunte une partie de mes renseignements sur ce sujet à deux auteurs déjà plusieurs fois cités : 1ᵒ au traité de M. Delanne, *les Apparitions matérialisées des vivants et des morts* (t. I, chap. VII, pp. 308 à 472, et t. II, *passim*); et à celui de M. Durville, *le Fantôme des vivants* (2ᵉ partie, *partie expérimentale*, pp. 143 à 351). C'est donc à ces deux ouvrages que mes lecteurs devront se reporter s'ils tiennent à compléter, pour leur instruction personnelle, les trop courtes explications que je puis leur donner.

508. — Tous les magnétiseurs ont affirmé la réalité du dédoublement, qui était pour eux un fait d'une certitude incontestable. Ils ont été les premiers à signaler qu'il existe en chacun de nous une forme invisible de notre corps, qui, dans certaines conditions, s'exté-

riorise et devient visible, soit, lorsqu'elle n'est pas suffisamment matérialisée, pour certains sujets doués d'une
sensibilité anormale, et que l'on a appelés pour cela des
sensitifs, soit même, lorsqu'elle est plus substantielle,
pour les *non-sensitifs*.

« Les travaux de ces savants, dit M. Delanne (*loc.
cit.*, p. 310) ont été longtemps dédaignés. Mais, de nos
jours, on reconnaît que la plupart de leurs observations
étaient exactes », et l'existence objective d'un agent
mystérieux (force ou substance), polarisé et lumineux,
qui serait le substratum, ou tout au moins le véhicule
de l'organisme psychique, lorsque celui-ci s'extériorise,
paraît bien près d'être universellement admise (V. sur
ce point : *supra*, nos 82 et s.).

Ce résultat est dû principalement : 1° aux importants travaux du baron de Reichenbach, dont des milliers
d'expériences, poursuivies pendant toute sa longue existence, ont isolé, identifié, et finalement mis en évidence,
sous le nom d'*od* ou de *force odique*, ce char de l'âme,
comme l'appelait Pythagore, cet organe de transmission, cet intermédiaire nécessaire entre nos deux natures,
matérielle et spirituelle (*supra*, nos 84 et s.); 2° aux
célèbres expériences de M. le colonel de Rochas sur
l'extériorisation de la sensibilité et de la motricité,
qui lui ont permis d'analyser et de décrire le processus
de l'extériorisation dans le dédoublement et le mode de
formation du fantôme ou double psychique (V. *supra*,
nos 204 à 206) — expériences d'ailleurs confirmées par
d'autres hommes d'étude, et, notamment : par M. Durville, dans les travaux dont il rend compte dans son
ouvrage précité *le Fantôme des vivants*; par le docteur Luys (V. *supra*, n° 96), le docteur Baraduc (*supra*,
n° 98), le commandant Darget, M. Charpentier,
M. Maxwell (*supra*, nos 99 et 100) et autres psychologues.

509. — Je ne puis que me référer à ce qui a déjà été
exposé dans mon chapitre de l'extériorisation psychique

(*supra*, nᵒˢ 205 et s.) sur cette formation du fantôme, ou
double psychique, observée et décrite par M. de Rochas,
et qui contient toute l'explication physiologique du dédoublement. On y voit par quel travail interne l'être psychique, sous l'influence grandissante de l'hypnose,
développée chez le sujet par les passes magnétiques ou
tous autres moyens, se dégage lentement et progressivement de son enveloppe corporelle, pour se reformer
au dehors dans son unité et son homogénéité, et vivre
désormais, pendant un temps plus ou moins long, de sa
vie propre, en entraînant avec lui ses facultés de pensée, de conscience, de sensibilité, de motricité dont il
cesse d'animer pour le même temps l'organisme corporel. Dans les dédoublements spontanés, ce sont, au
lieu des passes magnétiques de l'expérimentateur, les
secousses provoquées par un accident ou toute autre
cause physiologique, et l'ébranlement intérieur qu'elles
produisent, qui déterminent cette dissociation de l'être
et cette extériorisation de l'organisme psychique. Mais,
pour être différentes, les causes n'en produisent pas
moins, dans l'un et l'autre cas, les mêmes effets, et tout
porte à penser que le processus du dédoublement est le
même.

510. — Depuis les premiers comptes rendus qu'il a
donnés de ses expériences en cette matière, M. de Rochas
a poursuivi ses études et en a publié çà et là, dans
diverses monographies, les importants résultats, notamment ceux que M. Delanne a résumés dans son
traité des *Apparitions matérialisées des vivants et des
morts*, et qui confirment et complètent, sur la formation des doubles, les premières découvertes du savant
expérimentateur. Pour le détail de ces nouveaux travaux,
je ne puis que renvoyer le lecteur à l'ouvrage précité
(pp. 376 et s.)

Il convient de noter toutefois que, dans un ouvrage
ultérieur (déjà cité) sur les *Vies successives* (p. 39),
après avoir rappelé ses précédentes expériences sur la

formation du fantôme dans le phénomène du dédoublement, telles qu'elles ont été décrites *supra*, n°⁵ 204,
205 et 210, M. de Rochas fait observer que si, en général, le fantôme ressemble traits pour traits au sujet
dédoublé; si, pour parler le langage de l'éminent psychologue, « *le corps astral est normalement* la reproduction exacte du corps physique, » il n'en est pas toujours ainsi, et il peut arriver que, sous une influence
idéoplastique ou *téléplastique*, provenant soit du sujet
lui-même, soit d'une entité étrangère, comme dans certaines matérialisations de formes humaines des séances
spirites, dont je parlerai plus loin, cette ressemblance,
qui est le fait habituel, fasse complètement défaut. C'est
ce qui résulte des expériences qu'il rapporte sous les
pages 39 et suivantes de son nouvel ouvrage.

511. — Il est clair, ainsi que le fait judicieusement
observer M. Delanne, que si l'on pouvait à volonté produire expérimentalement le dédoublement dans des
conditions de réalité objective aussi complètes que
celles que l'on rencontre dans les cas spontanés signalés *supra*, n°⁵ 499 et s., la question que l'on étudie ici
recevrait rapidement une solution définitive. Mais le
dédoublement expérimental que les magnétiseurs, à
l'exemple de M. de Rochas, cherchent à obtenir, remplit rarement les conditions nécessaires pour être perçu
par les sens ordinaires. L'expérimentateur, pour savoir
s'il y a dédoublement, c'est-à-dire formation d'un
double réel et objectif, ne peut, en dehors de ce qu'il lui
est permis d'inférer des modifications produites dans la
sensibilité extériorisée du sujet, que s'en rapporter aux
descriptions concordantes des *sensitifs*, puisqu'il n'y
a qu'eux pour lesquels le double soit visible.

Aussi quelques chercheurs ont-ils eu l'idée de remédier à cette situation en recourant à divers moyens de
contrôle propres à établir l'objectivité du dédoublement.

Tout un chapitre de l'ouvrage précité de M. Durville
est rempli par la description d'expériences très remar-

quables, et dans lesquelles quelques-uns des sujets employés par l'expérimentateur ont réussi à envoyer leur
double à une certaine distance, et à l'heure qui leur
avait été fixée, dans une réunion tenue en vue de l'expérience tentée; à s'y rendre visibles à d'autres sujets
préalablement dédoublés, et à exercer diverses actions :
soit sur ces derniers, qu'elles contracturaient et auxquels elles inspiraient de vives sensations de répulsion
et de terreur; soit sur des écrans disposés à cet effet et
qui, sous cette action, notamment, devenaient lumineux.

Malgré tout l'intérêt que ces expériences présentent,
je dois renoncer à les décrire plus complètement; mais
ceux de mes lecteurs qui auraient le désir d'approfondir
la question, pourront lire avec fruit les pages 281 à 295
que M. Durville leur a consacrées.

512. — Un autre moyen de contrôler les dires des
sensitifs servant de témoins dans les expériences de
dédoublement, est fourni aussi par les diverses actions
psychiques (bruits, mouvements et déplacements d'objets *sans contact*, action sur l'aiguille d'un sthéno-
mètre) exercées, à la demande de l'expérimentateur, par
le fantôme sur la matière, dans la salle même des expériences, et dont les effets sont sensibles pour tous les
assistants.

On a vu, dans les trop courtes explications données
au cours de cet ouvrage sur le phénomène médiumnique
ou spiritique, que, grâce à une certaine force qui se
dégage des médiums, c'est-à-dire de certains sujets pré-
disposés, et qui est renforcée par celle émanant également des assistants, on obtient certains phénomènes,
notamment certains bruits, certains mouvements et
déplacements d'objets, sans contact apparent, dont l'origine exacte n'est pas encore bien précisée, mais paraît
dans tous les cas, qu'elle soit *spirite* ou purement *médiumnique*, se rattacher à la loi d'extériorisation psychique qui gouverne tous les phénomènes de la psycho-

logie transcendantale (V. *supra*, n⁰ˢ 217 et s., mon étude
de l'extériorisation de la motricité).

Les expériences de M. Durville, dont cet auteur rend
compte aux pages 297 à 351 de son ouvrage précité,
démontrent que les mêmes phénomènes peuvent être
produits avec une certaine facilité par le fantôme des
sujets dédoublés expérimentalement : ce qui confirme
l'hypothèse de l'extériorisation de la motricité et, en
même temps, met hors de doute la réalité objective du
dédoublement.

513. — Au cours de ces expériences, M. Durville a
fait plusieurs essais pour photographier le fantôme et
a obtenu quelquefois des empreintes (V. notamment
celle qu'il reproduit sous la figure 2, p. 218) qui sont
assez encourageantes. Toutefois, il reconnaît lui-même
que ces résultats ne sont pas décisifs, ainsi qu'il l'avait
déjà dit, pour des essais antérieurs, dans une communication faite par lui à la *Société magnétique de France*,
le 8 février 1908, et dont M. Delanne a publié un résumé
dans son ouvrage *les Apparitions mat. des vivants et
des morts*, p. 414.

Ces tentatives de M. Durville, en vue de photographier les doubles extériorisés de ses sujets, suggèrent
invinciblement l'idée que c'est à les renouveler, dans des
conditions propres à en assurer le succès, que devraient
tendre tous les efforts des adeptes de la psychologie
expérimentale. On entre, du reste, de plus en plus dans
cette voie et, soit dans les expériences de la nature de
celles dont je viens de parler, soit dans les expériences
médiumniques de matérialisations de formes humaines,
c'est à la photographie que l'on demande de plus en plus
de contrôler les visions des assistants et de démontrer
leur objectivité.

J'ajoute que ces essais ne sont pas toujours infructueux, si l'on en juge par l'expérience suivante faite par
M. de Rochas pour s'assurer de l'objectivité du dédoublement d'un de ses sujets, et dont le compte rendu, fait

par l'expérimentateur lui-même, a été publié dans l'ouvrage précité de M. Delanne *les App. mat. des viv. et des morts* (t. I, p. 380) :

Le sujet est encore Mme I.... ; nous étions parvenus à obtenir avec elle la production du fantôme lumineux à sa droite, et nous ignorions alors qu'on pouvait aller plus loin dans cet ordre de manifestations.

Il s'agissait de voir si le fantôme lumineux pouvait impressionner une plaque photographique. Pour cela, nous fîmes asseoir Mme L..., dans le cabinet noir où M. Nadar produit ses agrandissements à la lumière oxhydrique. Derrière elle était disposé un écran d'étoffe d'un noir mat.

Le sujet soumis à la magnétisation ayant déclaré que le fantôme était formé à environ un mètre sur sa droite, j'allongeai ma main vers l'endroit indiqué jusqu'au moment où il sentit le contact de cette main, ce qui indiquait que je touchais le fantôme ; on alluma un papier pour éclairer ma main et on put mettre ainsi au point un appareil braqué sur elle. On reboucha l'objectif pour commencer la pose qui se prolongea pendant près d'un quart d'heure.

Pendant toute la pose, Mme L.... nous tenait au courant de ses impressions. Elle voyait sur la droite ce qu'elle appelait son double, sous forme de vapeur lumineuse bleuâtre, à peine distincte pour le corps, mais avec des effluves partant des pieds, et beaucoup plus nette pour la figure, qui lui apparaissait toujours de profil et comme enveloppée de flammes vacillantes.

Quel ne fut pas notre étonnement quand, en développant la plaque, nous vîmes surgir sur cette plaque, qui avait été braquée à un mètre du sujet sur un écran absolument noir, une tache représentant un profil humain *exactement comme l'indiquait le sujet.*

514. — J'ai annoncé, en commençant cette étude (V. *supra*, nº 507), que les faits de dédoublement avaient pu être maintes fois constatés expérimentalement dans les séances de *médiumnisme*. C'est là, en réalité, leur véritable champ expérimental, puisque l'un des phénomènes les plus troublants et les mieux établis de ces séances, celui de la matérialisation, plus ou moins complète, d'une forme humaine, semblable ou non à celle du

médium, mais dans tous les cas agissant en dehors de
lui, constitue avant tout, quelle que doive être son interprétation, spirite [1] ou purement physiologique, le
plus complet, le plus caractéristique et, disons mieux,
le plus substantiel, le plus objectif et le plus intensif des
dédoublements, puisque le double est visible pour tous
les assistants ; qu'il exerce des actions physiques qui
n'appartiennent qu'à l'être vivant tout entier et qui font
supposer que dans ce double se sont extériorisées à la
fois : la sensibilité, la conscience, les forces vitales,
motrices ou idéoplastiques, en un mot presque toute la
vitalité du médium *en transe*, et même une partie de sa
substance moléculaire, sans laquelle, en effet, il ne
pourrait ni agir, ni percevoir, ni être perçu objectivement.

Or, ainsi que je l'ai déjà expliqué (*supra*, n⁰ˢ 217 et
s., 231 et s.), cette forme particulière de dédoublement, dont l'étude a été poursuivie surtout par les
spirites et comporte des développements qui m'obli-
geraient à ajouter un deuxième volume à celui que je
soumets aujourd'hui à mes lecteurs [2], a été mise en évidence par d'innombrables expériences, dont quelques-

1. On a vu (*supra*, n⁰ 217) que les spirites introduisent dans
l'interprétation du phénomène de matérialisation un autre facteur
que le simple dédoublement physiologique, qui est l'immixtion, à
peu près constante, selon eux, d'un esprit de l'au-delà qui s'in-
corporerait en quelque sorte dans l'organisme extériorisé du médium et utiliserait ses forces physiques et psychiques pour reconstituer momentanément sa propre personnalité terrestre, en
modifiant plastiquement le double à sa ressemblance afin de se
faire reconnaître des ou de quelques-uns des assistants et d'entrer en communication avec eux. L'hypothèse n'a rien d'invraisemblable et je la crois vraie dans certains cas. Mais elle n'exclut
pas, loin de là, celle du dédoublement physiologique, qui, dans la
réalité des choses, est la seule qui soit positive et indiscutable.

2. J'ai recueilli tous les matériaux nécessaires à la publication
d'un ouvrage sur le spiritisme : ils sont considérables. Mais il
m'a paru d'une bonne méthode, avant d'entreprendre cette publication, si jamais je m'y décide, d'aborder tout d'abord et de
mener à bonne fin une étude d'ensemble de toutes les questions
qui rentrent dans le cadre général de la psychologie expérimentale.

unes ont une très grande valeur par suite de la notoriété scientifique des expérimentateurs et du soin qu'ils
ont mis à se mettre à l'abri des tentatives de fraude et
des multiples causes d'erreurs qui menacent toujours
des investigations aussi délicates et aussi complexes.

515. — Telles sont, notamment, parmi les plus
célèbres :

1° Celles de Robert Dale Owen, à la suite desquelles
l'expérimentateur affirma avoir vu des formes ayant
toutes les apparences de la vie et empruntées sans
doute au médium, sortir d'un cabinet vide, tandis que le
médium lui-même restait visible, étant demeuré assis
parmi les spectateurs (Russel Wallace : *Les Miracles
et le Moderne Spiritualisme* [1894], p. 254). — Voir
quelques exemples de ces expériences dans *le Psychisme expérimental* (pp. 129 à 134) de M. Alfred Erny.

2° Les expériences suivies par l'illustre savant anglais, William Crookes, d'abord avec le célèbre médium
Home, et ensuite avec Miss Florence Cook (depuis
Mme Corner), dont l'expérimentateur a lui-même rendu
compte dans son ouvrage *Recherches sur les phénomènes du spiritualisme*. — Au commencement de l'année
1874, pendant plus de trois mois, William Crookes retint
Miss Florence Cook, âgée alors de dix-sept ans, complètement à sa disposition, dans son propre domicile où
elle avait consenti à demeurer, et là, en présence de
témoins d'une haute notoriété scientifique, de nombreuses séances se succédèrent, au cours desquelles et
sous des conditions de contrôle irréprochables et excluant toute possibilité de fraude, une apparition, qui se
donnait le nom de *Katie King* et disait être un esprit
venu pour remplir une mission terrestre, se montra en
dehors du cabinet noir dans lequel le médium *en transe*
était resté ; put être photographiée (une fois, entre
autres, en même temps que le médium) ; fit plusieurs
fois le tour des assistants, se laissa toucher par eux et
par William Crookes, qui se promena avec elle, lui

donnant le bras, l'ausculta même et put constater l'absence complète de ressemblance et même des différences physiologiques dans les pulsations du cœur et l'état des poumons, entre le médium et le fantôme. Dans des discours récents sur *les Recherches psychiques*, traduits par M. Sage (Paris, Leymarie, 1903) et, notamment, dans un discours prononcé en 1898, à Bristol, comme président du Congrès de l'*Association britannique pour l'avancement des sciences*, M. William Crookes, revenant, devant un nombreux et savant auditoire, sur ces incidents de sa vie scientifique, déclara que non seulement il n'avait rien à rétracter des constatations qu'il avait faites en 1874 et publiées dans ses *Recherches sur les phénomènes du spiritualisme*, mais qu'au contraire il pourrait même y ajouter [1].

3° Les curieuses expériences, avec divers médiums, du sculpteur américain S. A. Barckett, dont on trouvera le récit dans l'ouvrage déjà cité de M. Alfred Erny, *le Psychisme expérimental* (pp. 149 à 157), et qui font dire à l'expérimentateur : «J'ai vu des centaines de formes matérialisées, et, dans bien des cas, le double fluidique du médium, si ressemblant que j'aurais juré que c'était le médium lui-même, *si je n'avais pas vu ce double se dématérialiser devant moi, et, immédiatement après, constaté que le médium était endormi.*

4° Dans le même ordre d'idées, les expériences faites par divers hommes d'étude, avec Eglinton, dont la médiumnité était remarquable, et au cours desquelles la matérialisation et la dématérialisation du double, à l'inverse de ce qui se passe habituellement, se sont

---

1. Ce qui fait la valeur des expériences de William Crookes et ce qui explique la fermeté qu'il a mise à en affirmer toute sa vie les résultats, c'est, indépendamment de sa renommée scientifique, qui est universelle, comme celle d'un Pasteur, l'ensemble des méthodes employées par lui pour se garantir contre toute possibilité de fraude, et dont un spécimen, notamment, a été minutieusement décrit et commenté par M. Gabriel Delanne dans son ouvrage précité *les App. mat. des viv. et des morts* (pp. 395 et suiv.).

souvent effectuées, non dans un cabinet noir, mais sous les yeux mêmes des assistants, qui ont pu suivre ainsi toutes les phases, tout le processus de ce double phénomène (V., notamment, celle que rapporte M. J. H. Mitchiner dans le journal *le Light*, n° du 8 mars 1890, et qui a été publiée dans l'ouvrage de M. Louis Gardy *Cherchons* (pp. 133 à 136)[1], — et les expériences, notamment celles du docteur Nichols, dont il est rendu compte dans l'ouvrage précité de M. Alfred Erny, *le Psychisme expérimental*, pp. 158 à 172).

5° Celles, particulièrement remarquables, qui, dues à la médiumnité, soit d'Eglinton, soit d'autres médiums, tels que Mme Corner, ont été décrites par Aksakof dans son savant traité *De l'Animisme et du Spiritisme* (pp 192 et s., 215 et s., 230 à 239), et au cours desquelles plusieurs photographies de formes humaines matérialisées purent être obtenues, soit à la lumière du magnésium, soit à la lumière électrique :

a) Alors que le médium, resté dans le cabinet noir, était invisible pour les assistants et pour l'objectif photographique ;

b) Alors que le médium, resté également dans le cabinet noir et par conséquent invisible pour les assistants et pour l'objectif, était sous la surveillance d'un des expérimentateurs, qui a pu s'assurer de sa présence pendant toute la durée de l'opération, et l'identifier ;

c) Enfin, alors que le médium et le fantôme étant l'un et l'autre en vue de l'objectif, ont été en effet photographiés sur la même plaque.

6° Diverses expériences : de Zoëlner, avec le médium Slade (V. *Choses de l'autre monde* d'Eugène Nus, 5° éd., pp 340 et s., et Aksakof, *loc. cit.*, p. 125) ; — du docteur Wolfe, avec Mme Hollin (V. Aksakof, p. 114) ; — du professeur napolitain Chiaia, avec le célèbre médium Eusapia Paladino (V. Gab. Delanne, *le Phénomène spirite*, 1893, p. 122).

1. Paris, Librairie des sciences psychiques, 1890.

7º Plus spécialement encore, celles de Denton, professeur de géologie bien connu en Amérique, et celles de Reimers, Ashton, Nichols et Adshead, auxquelles Aksakof a consacré une étude approfondie, sous les pages 127 à 172 de son traité *Animisme et Spiritisme.*

Elles en valaient la peine. On vient de voir, en effet, que la photographie offre aux expérimentateurs un précieux moyen d'investigation, en ce qu'elle permet de démontrer la réalité *objective* des matérialisations qui s'effectuent sous les yeux des assistants et de prouver ainsi que ceux-ci n'ont pas été le jouet d'une hallucination.

Mais son emploi exige de nombreuses et délicates manipulations qui ne laissent pas ·que de donner certaines facilités à la fraude, toujours possible en pareil cas, et qui parfois rendent douteux les résultats des expériences. Ce moyen de contrôle a besoin lui-même d'être sévèrement contrôlé.

En poursuivant leurs recherches avec une patience inlassable, les expérimentateurs ont découvert un autre procédé qui, grâce à sa simplicité, donne toutes les facilités désirables pour se prémunir contre la fraude et, par conséquent, répond à toutes les objections.

Ils ont demandé à l'entité qui est supposée se manifester dans les séances de matérialisation (esprit ou double du médium ?) de produire sur des surfaces préparées à cet effet (fleur de farine, noir de fumée, etc.) une empreinte d'une de ses formes (main, pied, figure, etc.), et ils ont obtenu ainsi, dans des conditions de contrôle irréprochables, des traces matérielles et visibles de ces formes.

Perfectionnant ensuite le procédé et employant à cet effet des matières malléables, telles que la terre glaise ou la paraffine, ils ont pu se procurer directement, sous l'action de la force occulte qui se manifestait, des moules dans lesquels il a suffi d'introduire du plâtre pour obtenir des moulages parfaits et sans soudures de formes matérialisées.

Tel est l'objet des expériences remarquables que je viens de rappeler et qui fournissent à elles seules, grâce à la rigueur scientifique avec laquelle elles ont été conduites, une preuve directe et absolue du dédoublement.

8° Citons enfin, pour clore cette nomenclature (car on n'en finirait pas si l'on voulait épuiser toute la richesse documentaire que les expérimentateurs ont, en cette matière, accumulée et continuent encore à accroître chaque jour) :

Les expériences bien connues, même du public (car la presse en a plusieurs fois recueilli les échos), et poursuivies depuis plusieurs années avec le médium napolitain *Eusapia Paladino* par un groupe de savants et de psychologues, parmi lesquels on rencontre des noms tels que ceux de Lombroso, Charles Richet, Aksakof, le professeur Wagner, Ochorowicz, le colonel de Rochas, Sully-Prudhomme, le professeur Lodge, Myers, le docteur Dariex, Maxwell, Sabatier, professeur à la Faculté des sciences de Montpellier et d'autres célébrités médicales et scientifiques. Ces expériences, qui ont eu lieu à Naples (1891 et 1895), à Milan (1892 et 1893), à Rome (1893 et 1894), à Varsovie (1893 et 1894), à Carqueiranne et à l'île Roubaud (1894), à Cambridge (1895), à l'Agnélas (1895), à Tremezzo, Auteuil et Choisy-Yvrac (1896), à Naples, Rome, Paris, Montfort-l'Amaury et Bordeaux (1897), et enfin à Gênes (1901-1902), et dont les plus célèbres ont été recueillies par M. de Rochas dans son ouvrage sur *l'Extériorisation de la motricité*, ont achevé de démontrer, grâce, notamment, aux photographies, empreintes et moulages de formes humaines (surtout partielles) qui ont pu être obtenues, ce que j'ai déjà affirmé (*supra*, n° 232), à savoir : qu'en la présence d'un médium puissant et se trouvant en état de transe plus ou moins complète, des formes humaines (une main, un bras, une tête, quelquefois le corps tout entier) s'ébauchent sous

l'action d'une force inconnue, mais vraisemblablement
tirée du médium, deviennent plus ou moins visibles
pour les spectateurs, manifestent leur présence par leur
contact, quelquefois par la parole ; qu'elles sont douées
temporairement de tous les attributs d'un être vivant,
et ne sont manifestement, dans la plupart des cas, que
les doubles psychiques extériorisés de l'organisme total
ou partiel du médium.

516. — Avant de passer outre, je m'excuse auprès de
mes lecteurs d'avoir apporté toute la sécheresse d'un
procès-verbal, d'ailleurs incomplet, à les renseigner
sur des expériences aussi intéressantes, dont tous les
détails ont leur importance et seraient à noter. Mais le
sujet que je viens de traiter ici, parce qu'il me fournissait
une démonstration aussi claire que directe du phénomène
du dédoublement, rentre surtout dans l'étude du *Spiritisme*, étude qu'il n'entrait pas dans mon programme
d'aborder, si ce n'est qu'incidemment et à raison de la
connexité des lois qu'on y rencontre avec celles qui
gouvernent l'ensemble des phénomènes de la psychologie expérimentale.

Je m'en tiendrai donc aux explications que je viens
de donner, non toutefois sans indiquer à ceux de mes
lecteurs qui voudraient approfondir la question, un sûr
moyen de compléter leur documentation, en les renvoyant
à l'ouvrage, auquel mon étude sommaire a fait de si
nombreux emprunts, de M. Gabriel Delanne, *les App.
mat. des vivants et des morts*, et spécialement aux
chapitres II à VIII du deuxième volume, dans lesquels cet
auteur a rapporté compendieusement les expériences les
plus connues de matérialisations médiumniques, en a
décrit la genèse, l'anatomie en quelque sorte et la physiologie, et a fourni les preuves les plus nombreuses,
les plus complètes et les plus décisives de leur objectivité.

Au moment d'envoyer mon manuscrit à l'imprimerie,
je crois devoir signaler encore à mes lecteurs les expé-

riences, toutes récentes, de Mme Juliette-Alexandre Bisson, ainsi que l'ouvrage, *les Expériences dites de matérialisation*, publié à Paris, chez Alcan, en 1913, et dans lequel l'auteur rend compte de ses remarquables travaux, que les *Annales des sciences psychiques*, dans leur livraison de novembre-décembre 1913, analysent d'une manière assez approfondie, avec planches à l'appui, pour qu'en ressortent avec clarté toute l'importance et tout l'intérêt documentaires.

§ 4. — *Hypothèses explicatives des faits de télépathie et de dédoublement.*

517. — HYPOTHÈSE DE LA TRANSMISSION DE PENSÉE ET DES HALLUCINATIONS VÉRIDIQUES. — On a vu (*supra*, n° 449) quelle est l'hypothèse qui a servi de point de départ à l'enquête de la *Société des Recherches psychiques de Londres* et à son étude du phénomène télépathique, en même temps que de base aux explications qu'ont données de ce phénomène les interprètes des travaux de cette société, MM. Myers, Gurney et Podmore, dans leur ouvrage des *Phantasms of the living*, que M. Marillier a fait connaître en France par sa traduction abrégée, sous le titre de *Hallucinations télépathiques.*

Cette hypothèse, qui est celle de la transmission de pensée et de l'hallucination subjective, dite *véridique*, outre qu'elle comporte les plus expresses réserves, en ce qu'elle ne s'adapte que très imparfaitement aux faits observés, est trop étroite et laisse sans explication un très grand nombre de cas, et, notamment, les plus intéressants.

Aucun des psychologues qui ont écrit sur ce sujet ne s'y est trompé. Le traducteur des *Phantasms of the living* ne dit-il pas lui-même dans les *Hallucinations télépathiques* (p. 50) : « qu'il y a un abîme infranchis-

sable entre les phénomènes ordinaires de transmission
de pensée et les apparitions des mourants », et, après
avoir tenté par ses réflexions de combler cet abîme, il
ajoute : « Peut-être vaut-il mieux encore reconnaître la
difficulté et dire que, dans le rapprochement que nous
avons tenté entre la transmission expérimentale de la
pensée et la télépathie spontanée, nous n'avons tenu
compte que de l'aspect physiologique du phénomène. »

518. — Ce qui paraît avoir déterminé le choix de
cette hypothèse à l'origine des recherches et de l'étude
entreprises sur le phénomène télépathique, c'est qu'elle
s'éloignait le moins possible des sentiers battus de la
science officielle, qu'elle paraissait ainsi moins aven-
tureuse, et qu'elle s'accommodait plus aisément que toute
autre d'une explication fondée sur une loi physique
connue, celle, par exemple, qui considérant la pensée
comme une forme spéciale de l'énergie, comme une
force d'une nature particulière mise en action par le
cerveau, lui reconnaîtrait, comme à la lumière, la chaleur, l'électricité, les ondes hertziennes, la propriété de
se propager, sans conducteur matériel, par *émission* à
travers l'espace, suivant l'ancienne théorie, ou plutôt
par *ondulations* à travers l'éther, suivant la théorie
actuellement en faveur.

M. Delanne n'a pas de peine à démontrer que cette
explication n'explique rien en ce qui concerne les faits
qu'il s'agit d'interpréter, et qu'elle se heurte dans tous
les cas à d'irréductibles objections.

Dans son traité des *Apparitions matérialisées des
vivants et des morts*, (p. 71) il fait observer que cette
action qu'on prête à la pensée dans le phénomène télépathique « ne saurait être actuellement assimilée à aucune forme connue de l'énergie ».

La lumière, la chaleur, l'électricité, dit-il, se propagent
bien à travers l'espace sans conducteur matériel, mais elles
sont soumises à des lois telles que celle de leur affaiblissement en raison du carré de la distance ; elles se réfléchis-

sent, se réfractent, se diffusent, alors que l'action télépathique semble franchir tous les obstacles pour arriver à son but sans être jamais détournée de sa route. Si l'on suppose que c'est le cerveau matériel de l'agent qui engendre la pensée transmise, *il existe une formidable disproportion entre la faiblesse des actions chimiques qui se produisent dans l'intimité de la cellule nerveuse et la grandeur de l'effet produit.*

Ces observations, que d'ailleurs M. Delanne complète et développe un peu plus loin (p. 480), sont d'autant mieux fondées qu'en général l'action télépathique à travers l'espace se produit dans un moment où le système nerveux est, comme dans l'agonie, par exemple, complètement déprimé, et même quelquefois, comme dans la léthargie de saint Alphonse de Liguori (V. *supra*, n° 504), absolument inerte et incapable d'exercer une action physique quelconque. Si donc il y a, dans la télépathie, une force rayonnante pour transmettre le message à travers l'espace, ce ne peut être qu'une force étrangère à l'organisme corporel, en un mot une force émanant d'un centre distinct et virtuellement indépendant de ce dernier, et que j'ai appelé l'organisme psychique.

519. — Une dernière raison pour qu'il en soit ainsi, est que cette force rayonnante, que l'on suppose émaner du cerveau de l'agent télépathique et se propager à travers l'espace pour atteindre le percipient, ne pourrait presque jamais, dans ces conditions, parvenir à son but; car elle manquerait de direction. L'intelligence qui lui serait nécessaire pour s'orienter, tourner les obstacles et trouver le percipient là où il peut être, surtout lorsqu'il est, comme dans les cas rapportés *supra*, n°s 487 et 493, à des centaines de lieues en mer, n'est pas en elle; cette force physique ne peut, sans guide pour la diriger, que suivre en ligne droite la trajectoire déterminée par la vibration cérébrale. Ce n'est donc pas en elle qu'il faut chercher le facteur de l'action télépathique; on ne saurait le trouver que dans l'âme elle-même, et

dans son organisme psychique plus ou moins extériorisé.

« C'est là, dit M. Delanne (*loc. cit.*, p. 481) un phénomène absolument nouveau, qui montre avec évidence
qu'il se produit des rapports directs entre les esprits
humains, sans l'intermédiaire des sens. »

520. — HYPOTHÈSE SPIRITE. — Frappés des invraisemblances qui caractérisent l'hypothèse télépathique
proprement dite, quelques psychologues en ont tiré argument pour lui substituer l'hypothèse spirite. De ce
nombre est M. Metzger qui, dans son *Essai de spiritisme scientifique*, déjà cité, a très bien montré à
quelles difficultés se heurtent les explications fondées
sur le système des vibrations cérébrales, et développé en
même temps les raisons qui lui font préférer l'hypothèse
de l'intervention des esprits. Parlant de l'action télépathique qui s'exerce malgré tous les obstacles de nature
physique, et que les distances, quelles quelles soient,
n'affaiblissent pas :

Une telle force, dit-il (p. 103), est évidemment d'une nature
très particulière, sans analogue avec celle que l'expérience de
chaque jour nous révèle. Serait-il très téméraire de conclure
de là à l'intervention, dans ces phénomènes, d'intelligences
extra-terrestres qui, pouvant facilement et avec la rapidité de
l'éclair, se déplacer à leur gré, agiraient de près, et non pas
de loin, ainsi qu'on est obligé de l'admettre dans l'hypothèse
d'un agent unique, conscient ou inconscient, et d'un sujet
entre lesquels il n'y aurait d'autre intermédiaire que l'éther
cosmique ?

521. — Dans un mémoire publié en appendice dans
son ouvrage *les Miracles et le Moderne Spiritualisme*,
sur la réalité des apparitions, dont les cas ont été recueillis, avec les soins et la méthode scientifique que
l'on connaît (V. *supra*, n°ˢ 447 et s.), par la *Society
for psychical Researches* et publiés par extraits dans
les deux volumes des *Phantasms of the living*, le savant et génial naturaliste anglais, Russel Wallace,

après avoir établi d'une manière irréfutable la preuve de leur *objectivité*, « terme qui, dit-il, n'implique pas nécessairement leur *matérialité* », consacre une étude approfondie à la question de savoir : « Quelle est la nature et l'origine des différentes classes d'apparitions ou de fantômes, depuis les *doubles* de personnes vivantes jusqu'à ces apparitions qui nous apportent des nouvelles de nos amis défunts », dans laquelle il critique l'hypothèse de la transmission de pensée et des hallucinations véridiques, émise par les auteurs des *Fantômes des vivants*, et propose celle de l'intervention de personnalités extraterrestres pour expliquer, dans leur ensemble, les phénomènes qui font l'objet de son examen.

Il n'a pas de peine, d'ailleurs, à citer un assez grand nombre de faits qui militent en faveur de cette dernière hypothèse. Tels sont d'abord ceux que rapporte notre auteur (pp. 348 à 350) et dans lesquels l'apparition ayant été consécutive au décès de la personne apparue, ou, mieux encore, ayant révélé des faits postérieurs à son décès et qui ont été reconnus exacts, tels que certains détails typiques de son inhumation que lui seul pouvait connaître, *l'action de l'esprit désincarné du défunt ou d'autres esprits* peut seule expliquer le phénomène. J'aurai l'occasion de revenir sur cette question dans la section de ce chapitre consacrée à l'étude de la télépathie *post mortem*.

Tel est encore le cas d'*apparition collective* qui a été rapporté *supra*, n° 497, et dans lequel un jeune homme, Philippe Weld, au moment où il se noyait, ou venait de se noyer, apparaît à son père et à sa sœur entre deux personnes, dont l'une, vêtue d'une robe noire de prêtre, est reconnue et identifiée par le père, au vu d'un portrait, comme étant le saint personnage, Stanislas Kostka, de l'ordre des Jésuites.

Voici donc, s'écrie Russel Wallace (p. 351), un cas où le fantôme d'un fils et d'une personne étrangère apparaissent à deux parents ; où la présence de cette personne inconnue fut

évidemment calculée, puisque son identité établie débarras-
sait l'esprit du père de toute crainte relative au bonheur
futur de son fils. Il est impossible d'avoir un cas plus frappant
de véritables fantômes des morts, je ne dis pas *nécessairement* produits par le mort ou le saint jésuite, *mais très probablement* par eux, ou par quelque autre esprit ami qui avait
le pouvoir de produire ces fantômes et de soulager ainsi le
père et la sœur de leur anxiété.

522. — Un des meilleurs plaidoyers en faveur de la
thèse du savant naturaliste nous est fourni par une
brochure que la *Société d'Etudes psychiques de Genève*
a publiée, sous le titre *Autour des Indes à la planète
Mars*, en vue de soumettre à une analyse critique certaines théories émises par le professeur, Th. Flournoy,
sur le *subliminal*, dans son livre *Des Indes à la planète Mars*, que j'ai déjà fait connaître à mes lecteurs
(V. *supra*, n°ˢ 293 et s.).

Il confirme lumineusement l'argumentation de Russel
Wallace, ainsi que celle de M. Metzger.

On ne saurait nier du reste la valeur de cette argumentation, et s'il n'y avait d'autre alternative pour le
psychologue que le choix entre l'hypothèse de la transmission de pensée et l'hypothèse spirite, nul doute que
la seconde ne paraisse préférable à la première. Que
l'intervention d'intelligences extra-terrestres dans les
divers phénomènes de télépathie et de dédoublement
qui ont été passés en revue au cours de ce chapitre,
soit possible et qu'elle constitue parfois un facteur important et même nécessaire du phénomène, je n'aperçois
pas, après les explications déjà données sur ce sujet
(V. *supra* n°ˢ 296 et s.), de sérieuses raisons de le contester. Je reconnais même que plusieurs des faits rapportés au cours de ce chapitre et surtout ceux de *télépathie post mortem*, qui vont être étudiés sous la section
suivante (V. *infra*, n°ˢ 527 et s.), suggèrent invinciblement cette hypothèse, sans laquelle ils paraîtraient
inexplicables.

Mais la question ne se pose pas tout à fait dans ces termes. Outre les deux hypothèses que je viens d'examiner et de discuter, il en reste une troisième, celle de *l'extériorisation psychique*, qui est plus qu'une simple hypothèse, comme on va le voir ; qui en outre a l'immense avantage sur les deux autres, sans toutefois les exclure absolument, de s'adapter et de fournir une explication suffisante à la généralité des cas de télépathie et de dédoublement observés au cours de ce chapitre, et qui, par conséquent, pourrait bien donner la véritable clef du problème.

C'est ce qu'il me reste à examiner.

523. — HYPOTHÈSE DE L'EXTÉRIORISATION PSYCHIQUE. — Les expériences de M. de Rochas et des nombreux psychologues qui ont marché sur ses traces et confirmé les résultats de ses travaux (V. *supra*, nᵒˢ 199 à 242), nous ont appris que, dans tous les états physiologiques qui entraînent ou supposent un ralentissement de l'activité nerveuse et, par cela même, de la vitalité de l'organisme corporel, notamment, dans le sommeil naturel, dans l'hypnose, sous l'influence des narcotiques et tous autres anesthésiques, dans certaines crises spontanées ou provoquées de léthargie, d'évanouissement, d'émotions violentes, dans l'agonie et, finalement, dans la crise finale de la mort, toutes les facultés qui constituent notre être psychique ont une tendance plus ou moins grande à s'extérioriser, à se dissocier de notre organisme corporel, pour exercer, en dehors de ce dernier, une activité propre, indépendante ou paraissant telle, et d'autant plus intense que le sommeil ou l'hypnose sont plus profonds ou que la crise physiologique est plus grave.

Tantôt, c'est une des facultés actives de l'âme (la volonté, ou la pensée) qui s'extériorise pour aller, comme dans la suggestion mentale ou dans la télépathie proprement dite, influencer la volonté ou la pensée du percipient (V. *supra*, nᵒˢ 214 et 216).

Tantôt ce sont, comme dans la clairvoyance diesthésique ou télesthésique, ses facultés passives, sa sensibilité qui se déplacent, avec la partie de l'organisme
psychique qui leur sert de substratum ou de véhicule,
pour aller, dans le temps et dans l'espace, prendre une
connaissance directe des choses de l'Univers (V. *supra*,
nᵒˢ 204 et s., 213 et s., 344 et s.).

Tantôt, enfin, ce sont, comme dans le dédoublement,
toutes les facultés actives et passives (pensée, sensibilité, conscience, forces : vitale, motrice, idéoplastique,
etc.), qui sont plus ou moins entraînées dans cette émi-
gration d'un nouveau genre et agissent ;vis-à-vis du
percipient comme une personnalité autonome et dissociée de l'organisme corporel (V. *supra*, nᵒˢ 217 et s.,
242 et s. et 499 et s.).

Dans ces différents cas, c'est toujours la substance, si
spiritualisée qu'on puisse la supposer, ou tout au moins
le dynamisme de l'être psychique, son organisme en un
mot, qui se détache momentanément et plus ou moins
complètement de l'organisme corporel, pour manifester
une activité propre et à laquelle celui-ci semble demeurer étranger.

On ne peut dire d'ailleurs que ce soit là une simple
hypothèse, puisque les expériences que j'ai rapportées
au cours de mon ouvrage, et notamment sous le paragraphe précédent de ce chapitre (nᵒˢ 507 et s.), ont
établi dans toute sa réalité objective le fait du dédoublement, c'est-à-dire de la modalité la plus complète
et la plus caractéristique de l'extériorisation psychique.

524. — Aussi les psychologues les plus autorisés sont-
ils de plus en plus disposés à admettre que c'est dans
cette faculté anormale appartenant à l'être psychique
(qu'ils désignent : les uns sous le nom *d'être subconscient*, les autres sous celui de *subliminal*), de s'extérioriser, que réside l'explication la plus sûre, en même
temps que la plus large, de l'ensemble des phénomènes
étudiés sous le nom de *Télépathie*.

Telle est l'opinion du docteur Gyel (*l'Être subconscient*, p. 152).

Telle est aussi celle du savant auteur de *la Personnalité humaine*, Myers, dont la haute compétence en ces matières est, comme on le sait, universellement reconnue.

De quelle manière, se demande-t-il, l'esprit humain exerce-t-il cette faculté de communiquer exactement avec un autre esprit, malgré les distances qui les séparent, et d'exercer sur lui, sous des formes diverses, ce que l'on est convenu d'appeler l'*action télépathique*? Après avoir passé en revue quelques-unes des hypothèses qui ont été proposées, il reconnaît (p. 217) qu'aucune d'elles ne donne la solution du problème et qu'il faut la chercher dans la propriété qu'a le *subliminal* de s'extérioriser et de projeter au loin dans la zone immédiate (*subliminale*, ou même *supraliminale*, dans les cas où les sens sont directement impressionnés) du percipient, ses facultés internes, son *centre fantasmogénétique*, selon l'expression de l'auteur : « Il s'accomplit, dit-il, un mouvement ayant un certain rapport avec l'espace, tel que nous le connaissons et un transfert de présence pouvant ou non être discerné par les personnes envahies, et il en résulte la perception d'une scène éloignée dont la personne actionnante peut ne pas se souvenir. »

525. — Cette thèse du savant psychologue ne diffère de la mienne et de celles d'autres commentateurs qu'en ce qu'il appelle *subliminal* ce que je désigne sous le nom d'*être* ou *organisme psychique*, ce que M. Delanne et tous les spirites dénomment le *périsprit*, et les occultistes, le *corps astral*. Ce qui prouve d'ailleurs que ces termes, malgré leurs différences, répondent à la même conception, c'est qu'à la page 232 de son livre, Myers désigne sous le nom de *psychorragie*, « dont la traduction littérale, dit-il, signifie *échappement*, *dégagement de l'âme* », cette faculté automatique de projection du subliminal, qui est, d'après lui, à la base du

phénomène télépathique, et spécialement du phénomène des apparitions entre vivants.

Au fond, en effet, tout aboutit, dans les diverses manières de comprendre l'extériorisation psychique, à ce point essentiel :

L'âme, sous l'influence des causes mêmes qui ont ralenti l'activité nerveuse, se dégage momentanément et dans une certaine mesure, qu'elle ne saurait dans tous les cas dépasser sans risque de mort, de l'organisme corporel et se trouve ainsi en état d'exercer en dehors de lui son activité propre, par ses propres moyens, et de projeter au loin soit ses facultés ou quelques-unes d'entre elles, soit, ce qui revient au même, l'organisme ou partie de l'organisme qui leur sert de substratum, soit, si l'on redoute la trop grande précision de ces termes, son propre dynamisme dont nous ne connaissons, hélas ! ni la nature, ni la puissance, mais que l'on ne saurait mettre en doute, sous peine d'avoir à nier tous les effets produits par l'action télépathique ou à admettre qu'il peut y avoir des effets sans cause. Et ainsi, l'autonomie et l'indépendance virtuelle de l'âme, puisant en elle-même tous les principes de son activité et pouvant, par conséquent, se passer du corps terrestre, qui n'est que son auxiliaire, son instrument utile, mais non nécessaire, se trouvent implicitement démontrées et, avec elles, la possibilité et la probabilité de sa survivance.

526. — J'ajoute que cette preuve de la survivance de l'âme ne reposerait pas seulement sur une simple induction, mais deviendrait une preuve *directe et décisive*, si, parmi les cas de télépathie et d'apparitions recueillis par les psychologues, il s'en trouvait quelques-uns émanant manifestement, non d'une personne vivante, mais d'une personne décédée, qu'il aurait été permis d'identifier. Alors, en effet, devant l'impossibilité absolue d'attribuer le phénomène à une action *cérébrale* de l'agent télépathique, c'est-à-dire à l'action d'un cerveau

inorganique et peut-être déjà réduit en poussière, il faudrait bien admettre que l'âme seule du défunt a pu être pour quelque chose dans son action télépathique, dans son apparition, et que, par conséquent, cette âme est encore vivante et n'a pas suivi le corps dans sa désagrégation.

C'est à cette conclusion, éminemment consolante, que devaient aboutir les recherches faites en cette matière par les psychologues et, notamment, par la *Société des Recherches psychiques de Londres*, qui, alors qu'elle avait été fondée pour recueillir et étudier les phénomènes de télépathie *entre vivants*, fut surprise des nombreux cas de télépathie *post mortem* qu'elle eut à enregistrer : résultat d'autant plus remarquable qu'il était inattendu et qu'il n'a pas été sans déconcerter les premiers pionniers de ces recherches, mal préparés à l'accueillir et à lui faire une place dans leurs théories.

Aujoud'hui que beaucoup d'anciennes préventions sont dissipées, on ne craint plus autant de faire entrer dans un plan d'études psychiques cette forme particulière du phénomène télépathique. Et c'est ce qui me détermine, après l'étude, que je viens de faire, des apparitions et des dédoublements ou fantômes des *vivants*, de consacrer une section spéciale, qui sera la dernière de ce chapitre, aux diverses actions télépathiques *post mortem* et aux apparitions ou fantômes des morts.

SECTION III

TÉLÉPATHIE « POST MORTEM ». — FANTÔMES DES MORTS.

527. — Ainsi que je viens de l'expliquer à la fin de la précédente section, si l'on pouvait fournir la preuve absolue, fût-elle unique, d'une action télépathique quelconque exercée *après sa mort* par une personne dont l'identité ne pourrait être mise en doute, on aurait ainsi la double démonstration : 1° que la véritable personnalité de l'être humain, que son moi, son centre permanent d'activité résident, non dans l'organisme corporel, essentiellement transitoire, mais dans un organisme distinct de celui-ci et auquel j'ai donné le nom d'organisme psychique ; 2° et, par conséquent (car il y a une liaison nécessaire entre ce fait et le suivant), que l'âme, avec son organisme psychique, n'est pas atteinte dans son essence par les causes de désagrégation physique qui limitent fatalement la durée de l'existence du corps, et est dès lors appelée à lui survivre.

Le premier de ces points a été mis en évidence par les développements et les conclusions de la seconde section de ce chapitre (V. *supra*, n° 523). Ce qui me reste à dire ici n'en sera que la confirmation.

Le second point pouvait déjà s'induire de mes explications précédentes. Mais il reste à en fournir la preuve directe et décisive, en groupant dans une revue d'ensemble : 1° les nombreux faits *spontanés* d'apparitions ou autres actions télépathiques exercées par les morts sur les vivants et observées dans tous les temps et tous les lieux ; 2° et les faits de même nature *provoqués* et *constatés expérimentalement* dans les séances de médiumnisme.

§ 1. — *Faits spontanés d'apparitions ou autres actions télépathiques exercées par les morts sur les vivants.* — *Mobiles divers de ces apparitions.*

528. — On lit dans l'Introduction (p. 1) de la traduction publiée en France par M. Marillier, sous le titre de *Hallucinations télépathiques*, des *Phantasms of the living*, que les auteurs de cet ouvrage ne se sont pas occupés des *prétendues apparitions des morts*, mais seulement des apparitions des vivants.

On ne peut qu'être surpris, de la part d'auteurs aussi

consciencieux que l'étaient MM. Gurney, Myers et Podmore, d'une sélection aussi tendancieuse. Car les *Proceedings* de la *Société des Recherches psychiques de Londres* et les autres informations auxquelles ces auteurs ont eu recours, leur fournissaient une grande quantité de cas de cette nature. En effet, ainsi que le constate le docteur Durand de Gros dans son ouvrage, déjà cité, *le Merveilleux scientifique* (p. 61), tandis que dans la vaste enquête à laquelle il a été procédé en Angleterre par cette Société et dont les résultats ont été publiés par les *Proceedings*, les fantômes des *vivants*, les seuls scientifiquement admis tout d'abord, se sont montrés d'une rareté relative, « c'est par légion qu'en sont sortis *les fantômes des morts* ».

529. — Arrivons donc, sans plus tarder, à l'examen des faits.

Plusieurs volumes ne suffiraient pas à publier ici tous ceux que les légendes ont recueillis, que l'histoire a enregistrés, et que les adeptes de la psychologie expérimentale ont, surtout depuis quelques années, mis au jour.

C'est de ces derniers, principalement, comme étant les plus probants, parce qu'ils reposent sur des témoignages précis et sévèrement contrôlés, que je vais entretenir mes lecteurs.

Voici, pour entrer en matière, l'opinion qu'émettait au sujet des fantômes des morts, comme président du Congrès psychique de Chicago, le professeur bien connu, M. Elliot Coues, dont M. Alfred Erny rapporte les paroles dans son ouvrage déjà cité *le Psychisme expérimental* (p. 108) :

Je ne crois pas aux fantômes, *selon le sens populaire du mot*, parce qu'il est aussi loin que possible de la conception scientifique d'une apparition.

D'après mes propres observations, je pense que certaines personnes décédées peuvent se rendre perceptibles à notre vue, mais pour certains buts déterminés... Je crois aux fantômes, parce qu'il y a en nous une *individualité intérieure* dont nous ne nous rendons pas toujours compte... Cette individualité intérieure, que j'appellerai l'âme, ne paraît pas sujette à la loi de gravitation, que nous savons être universelle dans le monde physique; son existence ne dépend pas du corps qu'elle habite, car elle est indépendante des combinaisons chimiques qui forment notre corps... La question de savoir si l'âme peut se manifester après la mort dépend des preuves; *elles sont nombreuses, concluantes*, et, selon les lois ordinaires des témoignages humains, suffiraient pour établir les faits devant n'importe quel tribunal.

530. — Le traité de *la Personnalité humaine*, déjà tant de fois cité, que Myers a écrit dans toute son indépendance philosophique et alors qu'il avait définitivement rompu avec les conceptions étroites et quelque peu matérialistes de son ancien collaborateur, Podmore, — abonde en considérations du plus haut intérêt, appuyées sur des faits précis et bien contrôlés, sur les apparitions de fantômes et autres actions télépathiques de toutes sortes exercées par les morts sur les vivants.

Cherchant, notamment, à déterminer les conditions que doivent remplir les impressions télépathiques pour pouvoir être attribuées à l'action de quelque individualité humaine persistant après la mort, Myers (*loc. cit.*, pp. 265 à 273) cite les observations présentées par Gurney, en 1888, lors de la discussion de cette question à la *Société des recherches psychiques de Londres* et, spécialement, celle qui prétend expliquer la possibilité des perceptions télépathiques se rapportant au fantôme d'une personne décédée, et *postérieures au décès de cette* personne, par la théorie de la *latence*, — c'est-à-dire par cette hypothèse : que la transmission télépathique aurait bien eu lieu et serait parvenue à son adresse *avant le décès de l'agent*, mais que l'impression produite serait restée *à l'état latent* pendant plus ou moins longtemps dans le *subsconscient* ou *subliminal* du percipient, pour n'émerger et ne remonter dans la région *supraliminale*, ne devenir consciente en un mot que quelque temps après le décès.

Si cette explication, un peu spécieuse, on en conviendra, peut être admise dans certains cas de télépathie qui peuvent être considérés comme de simples phénomènes de transmission de pensée, elle est, pour Myers, inadmissible, en thèse générale, dans tous les cas de télépathie (et ils sont nombreux) qui ne comportent pas cette dernière interprétation et supposent nécessairement, comme dans le dédoublement des vivants, une action *directe et réellement objective* de l'agent sur le percipient. Pour ces cas, on ne saurait concevoir que la perception de l'action télépathique ait pu être retardée jusqu'après la mort de l'agent, à moins d'admettre que l'être psychique, ou quelque chose de lui, a survécu à cette mort.

Il en est de même lorsque nous assistons, plusieurs heures après la mort, à la vision de l'accident qui l'a causée, avec des détails tels qu'ils n'auraient pu traverser l'esprit du mourant : « Des cas de ce genre, dit Myers (*loc. cit.*, p. 277) font penser que l'esprit du *décédé* continue à être attaché aux choses terrestres et qu'il est capable de faire partager au sujet les choses qui le préoccupent lui-même. »

531. — L'hypothèse de la latence résiste encore moins à l'examen, lorsque l'apparition témoigne que l'esprit possède une connaissance continue de ce qui arrive après sa mort à ses amis survivants, ou se montre instruit de faits qu'il n'avait pu connaître de son vivant.

Tels sont :

1° Le cas extrait des *Proceedings* (XV, p. 17) et rapporté tant par M. Myers (*loc. cit.*, p. 280) que par M. Delanne (*le Phén. spirite*, p. 140), — d'un voyageur de commerce, M. G..., homme très positif, qui eut un matin la vision d'une de ses sœurs morte depuis neuf ans :

Lorsqu'il raconta le fait à sa famille, il ne fut écouté qu'avec incrédulité et scepticisme. Mais, en décrivant la vision telle qu'elle lui était apparue, il mentionna l'existence sur le côté droit de la face, d'une égratignure qui était rouge comme si elle venait d'être faite. Ce détail frappa tellement sa mère qu'elle tomba évanouie. Lorsqu'elle eut repris connaissance, elle raconta que c'est elle qui avait fait cette égratignure à sa fille au moment de sa mise en bière, qu'elle l'avait ensuite dissimulée en la couvrant de poudre, de sorte que personne au monde n'était au courant de ce détail. Le fait qu'il a été aperçu de son fils était donc une preuve incontestable de la véracité de la vision et elle y vit en même temps l'annonce de sa mort prochaine, qui survint en effet quelques semaines plus tard.

2° Le cas, extrait des *Proceedings S. P. R.* (X, pp. 380-382) et rapporté également par Myers (*loc. cit.*, p. 282), de Mme Lucy Dadson.

Un soir, entre onze heures et minuit, cette dame, alors qu'elle était tout à fait éveillée, s'entendit appeler trois fois par son nom et vit aussitôt la figure de sa mère *morte depuis seize ans*, portant deux enfants sur les bras, qu'elle lui tendit, en disant : « Prenez soin d'eux, car ils viennent de perdre leur mère. » Le surlendemain, Mme Dadson apprenait que sa belle-sœur était morte des suites de couches, trois semaines après avoir donné naissance à un enfant, qui était son deuxième... Elle ne savait rien jusque-là, ni de l'accouchement de celle-ci, ni de la naissance du dernier enfant.

Plusieurs cas de même nature, rapportés dans les *Phantasms of the living*, ont été recueillis, avec d'autres, dans *la Zone frontière* de M. Sage (pp. 254 et s.).

532. — Enfin, l'hypothèse de la *latence* est tout à fait en défaut dans les apparitions *collectives*, c'est-à-dire lorsque l'apparition, postérieure à la mort de l'agent, a été vue en même temps par deux ou plusieurs personnes. Il est peu supposable, en effet, que les impressions reçues par les consciences *subliminales* des divers percipients, subissent, sous des influences *purement subjectives*, des retards *d'une égale durée* et

remontent toutes *à la même minute* au seuil de leurs consciences *supraliminales*.

Voici, d'après Myers (*loc. cit.*, p. 283), un exemple, entre plusieurs, de cette classe d'apparitions qui lui paraissent absolument inconciliables avec toute autre hypothèse que celle de la persistance, chez l'être désincarné, de la faculté de communiquer télépathiquement ses impressions, ce qui implique sa survie :

Il s'agit du baron von Driesen, qui *neuf jours* après la mort de son beau-père, avec lequel, il avait eu autrefois des démêlés, vit l'apparition de celui-ci venir lui demander pardon de ses torts envers lui. La même apparition a été vue, *au même moment*, par le prêtre du village qu'habitaient von Driesen et son beau-père et le but de cette apparition était de solliciter le prêtre d'opérer la réconciliation entre le gendre et le beau-père.

533. — Dans les études auxquelles ont été soumises les nombreuses apparitions *post mortem* qu'ils ont été à même de constater, plusieurs psychologues se sont attachés à en rechercher et en déterminer le mobile. Il me paraît d'autant plus intéressant de les suivre dans cette voie que j'y vois une excellente méthode de classement pour passer en revue les diverses formes de cette télépathie spéciale et citer ici quelques cas de chaque espèce à titre d'exemples.

534. — *Absence complète de mobile.* — Disons d'abord qu'à côté des apparitions ou autres manifestations *post mortem* qui paraissent avoir été inspirées par un désir *personnel* à l'esprit désincarné d'impressionner, dans tel ou tel sens, tel ou tel de ses parents ou amis, ou de revoir des lieux qui lui étaient chers (et ce sont sans doute les plus nombreuses), il y en a d'autres qui ne répondent, ou du moins paraissent ne répondre à aucun but déterminé.

Tel est, notamment, le cas, recueilli dans les *Proceedings* de la *Société des recherches psychiques* de Londres (V. p. 452), du colonel Crealock, où un soldat a été aperçu par son supérieur, quelques heures après sa mort, roulant et emportant son lit.

Tels sont également, selon la remarque de l'auteur de *la Personnalité humaine* (*loc. cit.*, p. 294), la plupart des cas de *hantise* dont les exemples abondent dans les annales du psychisme contemporain, autant que dans les légendes de tous les pays, et dans lesquels le mobile de l'apparition posthume ne peut être déterminé ou paraît, s'il en existe un, se rattacher à des événements passés et oubliés, dont la maison où les phénomènes observés se produisent aurait été le théâtre[1].

535. — *Mobile consistant dans le désir, naturel au défunt, de renseigner le percipient sur le fait et les circonstances de sa mort.* — Souvent le défunt, auteur de l'action télépathique, ne paraît pas avoir d'autre mobile que d'annoncer sa mort au percipient, de l'appeler auprès de lui, de le rassurer sur son sort actuel et de lui enlever ainsi tout sujet de tristesse et de regrets. C'est là le trait le plus commun des apparitions et toutes autres manifestations qui se produisent peu de temps après le décès. Russel Wallace (*les Miracles et le Moderne Spiritualisme*, pp. 351 et s.) cite plusieurs cas de cette espèce, et, notamment, le cas de télépathie *auditive* ci-après :

Le Révérend C.C. Wamby, de Salisbury, se promenant dans la campagne, un dimanche soir, était occupé à composer une lettre de compliments pour un ami très cher, quand il entendit une voix lui dire : « Quoi ! écrire à un mort ! écrire à un mort ! » — Personne n'étant auprès de lui, il s'efforçait de croire que c'était une illusion et continuait sa missive, lorsqu'il entendit de nouveau la voix lui dire encore plus haut: « Quoi ! écrire à un mort ! écrire à un mort ? » — Il comprit alors ce que cette voix voulait dire ; mais, malgré cela, il envoya la lettre ; il reçut comme réponse la nouvelle que son ami était mort.

---

1. Voir p. 295 du même ouvrage, la curieuse explication, que donne Myers, des *maisons hantées*.

Le même caractère appartient évidemment au cas, rapporté par M. Camille Flammarion (*l'Inconnu et les Problèmes psychiques*, p. 446), de M. Louis Noell, pharmacien à Cette, qui n'ayant pas été touché par plusieurs télégrammes, lui annonçant la mort brusque et inattendue de sa sœur Hélène, voit, dans la nuit, *dix-huit heures* après le décès, dans un rêve plein d'épouvante, cette sœur lui apparaître, pâle, sanglante, inanimée, et l'entend pousser ce cri perçant, plaintif et répété : « Que fais-tu donc, mon Louis? Mais viens donc ! Mais viens donc ! »

536. — *Mobile fondé sur un sentiment d'affection du défunt pour le percipient.* — Les sentiments d'affection qui unissaient le défunt au percipient : voilà encore un des mobiles fréquents de son apparition.

C'est le seul, notamment, que l'on puisse supposer dans le cas très touchant, — que M. Sage (*la Zone frontière*, p. 214) a emprunté au numéro de novembre 1901 du *Journal* de la *Société pour les Recherches psychiques de Londres*, — de l'apparition d'un père à sa fille, âgée de deux ans, qu'il adorait. Le récit en a été adressé au docteur Hodgson par la mère de l'enfant, Mme Meredith, des Lilas, Cedarhurst, Long-Island :

Ma fille avait environ deux ans lorsque son père, qui l'adorait, mourut. Deux mois après sa mort, l'enfant était assise sur le lit, s'amusant avec des joujoux, dans la chambre que mon mari avait occupée de son vivant. La bonne et moi, nous mettions dans les malles les habits du cher disparu. Tout à coup l'enfant se mit à causer et à rire avec quelqu'un qui demeurait invisible pour nous. Je lui demandai ce qu'elle faisait; elle me répondit, comme étonnée de ma question : « Je parle avec papa. » Je demandai : « Où est-il, ton papa? — Mais ici, répondit-elle. » Je dis : « Ton papa n'est pas ici. » Mais elle soutint le contraire et désigna du doigt l'endroit où elle le voyait tout près du lit. Puis elle dit : « Maintenant, mon papa est parti ! » Enfin elle ajouta en riant tout haut: « Mon papa avait un drôle d'habit tout blanc ! » Elle continua ensuite à s'amuser avec ses joujoux comme si rien ne s'était passé. Elle ignorait la mort de son père (qu'on lui avait cachée).

537. — *Mobile de l'apparition : conseil ou avertissement salutaire à donner au percipient.* — Quelquefois, c'est dans une pensée de protection à l'égard du percipient, en vue de lui donner un conseil, ou de l'arrêter sur une voie dangereuse, que le fantôme d'un parent ou d'un ami lui apparaît, ou exerce sur lui une action télépathique visuelle, auditive, ou de toute autre nature.

C'est, notamment, un but de ce genre que, dans le cas rapporté, avec une grande précision et des détails très circonstanciés, par Eugène Nus, dans son excellent ouvrage *A la recherche des destinées*[1], le père de M. P..., décédé depuis quatorze ans, semble bien poursuivre, lorsqu'il apparaît à son fils et à sa bru au moment où ceux-ci se trouvaient engagés dans d'imprudentes spéculations qui devaient les conduire à leur ruine.

Même mobile, sans aucun doute, dans le cas raconté par le docteur John Mason Neale et recueilli par M. Leadbeter[2], où deux enfants, qui avaient perdu leur mère depuis peu de temps, voient un jour celle-ci, au moment où ils jouaient dans un couloir, leur apparaître et leur commander de ne pas aller plus loin et de s'en aller. Des recherches firent en effet connaître que, si les enfants s'étaient avancés de quelques pas dans le couloir, ils seraient tombés dans un puits non recouvert, qui s'ouvrait sous leurs pas.

Voici un dernier cas, appartenant à la même catégorie et d'un grand intérêt, dans lequel le percipient ne doit son salut et celui des vaisseaux qu'il commandait qu'à un ordre donné et à une action télépathique visuelle et auditive, exercée par un ami, mort depuis longtemps.

---

1. Page 231. Paris, Flammarion.
2. *L'autre côté de la mort.* Paris, Édit. théosophiques, 1910. p. 221.

Il est emprunté au livre d'Aksakof *Animisme et Spiritisme*, p. 426. Je transcris textuellement le résumé qu'en a fait M. Gabriel Delanne dans les *Apparitions mat. des viv. et des morts* (vol. II, p. 43).

Le capitaine C. P. Drisko raconte de quelle manière le vaisseau *Harry Booth*, qu'il commandait, fut sauvé du naufrage pendant la traversée entre New-York et Dry Tortugas, en 1865 :

Voyant que tout était en ordre sur le pont, je me fis remplacer par M. Peterson... et je descendis dans ma cabine pour prendre un peu de repos.

A onze heures moins dix, *j'entendis distinctement une voix* qui me disait : « Monte sur le pont et fais jeter l'ancre. » — « Qui es-tu ? » demandai-je, en m'élançant sur le pont. J'étais surpris de recevoir un ordre. En haut, je trouvai tout en règle. Ni Peterson, ni le timonier n'avaient rien vu, ni rien entendu...

Je redescendis. A midi moins dix, *je vis entrer dans ma cabine un homme vêtu d'un long pardessus gris, un chapeau à larges bords sur la tête*, me regardant fixement dans les yeux, il m'ordonna de monter et de faire jeter l'ancre. Là-dessus, il s'éloigna tranquillement, et j'entendis *ses pas lourds* lorsqu'il passa devant moi. Je montai encore sur le pont et ne vis rien d'extraordinaire. Tout marchait bien. Absolument sûr de ma route, je n'avais aucun motif pour donner suite à l'avertissement, d'où qu'il vînt. Je regagnai donc ma cabine, mais ce n'était plus pour dormir ; je ne me déshabillai pas et je me tins prêt à monter, si besoin était.

A une heure moins dix, le même homme entra et m'intima, *d'un ton plus autoritaire*, de monter sur le pont et de faire jeter l'ancre. Je *reconnus alors* dans l'intrus *mon vieil ami, le capitaine John Barton*, avec lequel j'avais fait des voyages étant jeune garçon, et qui m'avait témoigné une grande bienveillance. D'un bond, j'arrivai sur le pont, et donnai l'ordre de baisser les voiles et de mouiller. Nous nous trouvions à une profondeur de 50 toises. C'est ainsi que le vaisseau évita d'échouer sur les rocs Bahama.

Il est évident, fait observer M. Delanne (*loc. cit.* p., 44), qu'aucune cause terrestre ne peut intervenir pour l'explication de ce cas remarquable. On assiste dans cet exemple à la progression de l'action télépathique de l'esprit. D'abord il se manifeste par l'hallucination auditive d'une voix qui donne l'ordre de jeter l'ancre. Mais le capitaine ne tient aucun compte de cet avertissement, tellement il est sûr de n'avoir rien à redouter. Alors, l'esprit se fait voir, mais probablement pas encore assez nettement, bien qu'aucun des détails de son costume n'échappe au percipient. Enfin, la troisième fois, l'ordre est si formel et l'apparition si nette, que M. Drisko reconnaît son vieil ami et obéit à ses injonctions. La volonté du fantôme est manifestée par une continuité et une énergie qui ne nous laissent aucun doute sur sa réalité et sur l'intérêt persistant que l'âme prend encore à ceux qu'elle affectionnait ici-bas.

538. — *Détails caractéristiques en vue de l'identification du défunt.* — Un trait assez fréquent des apparitions et autres actions télépathiques *post mortem*, est la préoccupation, de la part des défunts, de se faire reconnaître par des détails typiques et de nature à produire chez le percipient la conviction de leur survivance.

Tel est le cas, déjà mentionné *supra*, nᵒ 531, de la sœur de M. G..... qui, *neuf ans après sa mort*, s'est montrée à ce dernier, au cours d'un travail qui l'absorbait, avec une grande précision de détails dans l'habillement et dans les traits de la figure, et, notamment, en rendant visible une égratignure qui lui avait été faite involontairement par sa mère, au moment de son ensevelissement, et que celle-ci avait soigneusement dissimulée et n'avait jamais révélée à personne.

Tel est encore le cas relaté dans la *Revue scientifique et morale du Spiritisme* (fév. 1902, p. 489) et dans le t. II des *Apparitions matérialisées des vivants et des morts*, de M. Delanne (p. 14) — de l'apparition à Miss Jessie Valker, du mari de son hôtesse, *mort depuis huit mois*, qui se fait reconnaître et fournit un moyen de l'identifier, en faisant sentir au bras de la percipiente *l'étreinte puissante d'une main privée de son doigt médius* (ce sont les termes du récit). A noter que Miss Valker n'avait jamais connu le défunt et ignorait qu'il eût une main privée d'un doigt, et que son récit a été confirmé par une amie, Miss Clara A... Spinck, avec laquelle elle logeait, qui n'a pas vu l'apparition, mais a été témoin de l'émotion éprouvée par son amie et de divers autres incidents que celle-ci a racontés.

539. — *Révélation de certains faits intéressant le percipient et ne pouvant être connus que du défunt.* — Les *Annales des Sciences psychiques* (janvier 1912, p. 24) rapportent un cas de ce genre recueilli et commenté par le docteur Marcel Baudoin, de Paris, qui tente de l'expliquer par l'hypothèse, très contestable d'ailleurs, étant donné les circonstances, de la *cryptomnésie*, c'est-à-dire d'une réminiscence de souvenirs enfouis depuis longtemps dans le subconscient du percipient. Il s'agit d'un M. P... qui, en 1892, entend en rêve une voix lui donnant, pour retrouver au cimetière la tombe, qu'il avait vainement cherchée, de son grand-père, enterré là depuis 1824, des indications précises qui, une fois éveillé, le conduisent directement à l'endroit désiré.

Voici un autre cas de même nature que M. Delanne a recueilli et qu'il discute longuement dans les *Apparitions mat. des vivants et des morts* (t. II, p. 47), où il démontre que les faits ne peuvent être expliqués ni par l'hypothèse de la *cryptomnésie*, ni par celle de la *perception télépathique retardée :*

A son lit de mort, Sylvain Maréchal avait prononcé quelques mots « Il y a quinze... » qui annonçaient chez le mourant la préoccupation de faire à ses proches une révélation qu'il n'avait pu terminer.

Douze heures après sa mort, une amie, Mme Dufour, qui l'avait assisté à son agonie, et qui venait de se coucher, n'avait pas encore éteint sa lampe lorsqu'elle entendit la porte s'ouvrir doucement. Elle mit la main devant la lumière et regarda ; Sylvain Maréchal était au milieu de la chambre, vêtu comme de son vivant, ni plus triste, ni plus gai.

« ChèreMadame, lui-dit, je viens vous dire ce que je n'ai pu achever hier : Il y a quinze cents francs en or cachés dans un tiroir secret de mon bureau ; veillez à ce que cette somme ne tombe pas en d'autres mains que celles de ma femme... » Puis il sortit. La frayeur prit alors Mme Dufour... ; elle se jeta hors du lit pour courir à la chambre de son amie,

Mme Maréchal, qu'elle rencontra venant de son côté chez elle, pâle et tout effarée. — « Je viens de voir M. Maréchal, » dirent en même temps les deux femmes, et elles se répétèrent les détails à peu près identiques de la vision qu'elles venaient d'avoir, chacune de son côté. — Les quinze cents francs en or furent trouvés dans un tiroir secret du bureau.

540. — *Demande par le défunt de secours et assistance pour lui-même et pour les siens.* — Il arrive aussi que l'action télépathique *post mortem* est exercée par le défunt dans son propre intérêt et pour réclamer secours et assistance pour lui ou pour les siens.

Tels sont : 1° Le cas, relaté dans l'ouvrage déjà cité de Leadbeater *L'Autre Côté de la mort* (p. 242), du capitaine Blomberg qui, étant mort subitement, alors qu'il était à la Martinique, avec son régiment, apparut à deux de ses camarades pour leur annoncer sa mort et demander à l'un d'eux de se charger de son petit garçon désormais orphelin.

Il lui donna l'adresse, à Londres, des parents de l'enfant...; de plus, il expliqua que les droits du jeune garçon à une certaine propriété pourraient être établis par quelques pièces que l'on trouverait dans un tiroir qu'il décrivit. L'adresse donnée était exacte et les titres de propriété furent retrouvés là où il avait dit. Cette affaire eut un retentissement considérable et vint aux oreilles de la reine Charlotte qui, vivement intéressée, donna des ordres pour que l'enfant fût admis dans la Nursery royale et élevé sous sa direction. Il devint un clergyman métropolitain bien connu dans la première partie du siècle dernier.

2° Le cas, également rapporté par M. Leadbeater (*loc. cit.*, p. 248) de deux associés, éleveurs de bétail en Australie, dont l'un disparaît subitement sans qu'on puisse le retrouver, et, trois semaines après, apparaît à son associé, pâle et triste, au bord d'un étang, lui désignant, par deux fois, un trou profond de l'étang, recouvert par les branches d'un arbre, et dans lequel, des fouilles ayant été faites, le cadavre de l'associé disparu est découvert, avec, à côté de son corps, une hache qui avait été l'instrument du meurtre, et dont le propriétaire fut reconnu, arrêté, condamné et exécuté.

541. — *Monoïdéismes divers. Promesse d'apparaître faite de son vivant par le défunt.* — L'auteur de *la Zone frontière*, M. Sage (p. 215) estime, avec Carl du Prel et Myers, dont il résume les observations, que beaucoup d'apparitions spontanées, dont le mobile est plus ou moins apparent, pourraient être attribuées à tel ou tel *monoïdéisme* que le défunt aurait emporté dans la tombe.

On peut citer dans ce sens :

1° Le cas rapporté par M. R. D. Awen, dans son livre *The Debatable Land*, et résumé par M. Leadbeater (*loc. cit.*, p. 254) — De Sarah Clarke, domestique, qui avait été longtemps au service de la tante de Miss V., et qui apparut à cette dernière et entra en conversation avec elle pour lui avouer une action criminelle dont elle s'était de son vivant rendue coupable (un vol de pièces d'argenterie) et en demander pardon à son ancienne maîtresse. Le remords que la défunte avait de sa faute a été évidemment le facteur du monoïdéisme qui l'a poussée à hanter les lieux où cette faute avait été commise et à apparaître à une personne qui habitait ces lieux, Miss V., et pouvait utilement intercéder pour elle auprès de sa tante, la victime du vol, en vue d'obtenir son pardon.

2° Le cas très curieux, recueilli par le même auteur (*loc. cit.*, p. 256), d'un ancien prêtre catholique qui ayant commis de son vivant la faute de prendre note par écrit d'un secret de famille, très grave, qui lui avait été révélé en confession, et étant mort subitement, sans avoir pu détruire cette note qu'il avait cachée dans un retrait de sa maison dissimulé par un travail de maçonnerie, apparaît *dix-huit ans après sa mort*, à une personne qui se trouvait de passage dans cette maison, et lui fait l'aveu de sa faute en lui donnant toutes les indications nécessaires pour que cette personne puisse la réparer et détruire le fatal secret.

Beaucoup de faits de hantise n'ont pas d'autre origine qu'une idée de *vengeance* (un des plus puissants peut-être des monoïdéismes) emportée dans l'au-delà et que le défunt cherche à assouvir. M. Leadbeater (*loc. cit.*, pp. 277 et suiv.) en rapporte quelques exemples intéressants, notamment celui d'un officier anglais qui, au Canada, ayant abandonné une jeune femme, après l'avoir séduite, est, pendant plus de dix ans, après le décès de cette dernière, victime de la persécution la plus acharnée.

Enfin, il est arrivé quelquefois que des personnes se sont fait de leur vivant la promesse d'apparaître l'une à l'autre après leur décès et que cette promesse a joué dans l'esprit du prémourant le rôle d'un monoïdéisme assez puissant pour qu'elle fût tenue :

Sous le titre : *Apparition réelle de ma femme après sa mort* (Chemnitz, 1804), le docteur Woetzel publia un livre qui causa, dit M. Gabriel Delanne (*L'âme est immortelle*, p. 172), une assez grande sensation dans les premières années du siècle dernier, et dans lequel l'auteur raconte, notamment, que, quelques semaines après la mort de sa femme, *qui lui avait promis au cours de sa maladie de se montrer à lui après sa mort* :

Un vent violent sembla souffler dans la chambre, quoique fermée; la lumière fut presque éteinte; une petite fenêtre dans l'alcôve s'ouvrit, et, à la faible clarté qui régnait, Woetzel vit la forme de sa femme, qui lui dit d'une voix douce : « *Charles, je suis immortelle, un jour nous nous reverrons.* » L'apparition et ces paroles consolantes se renouvelèrent une seconde fois. La femme se montra en robe blanche sous l'aspect qu'elle avait avant de mourir. Un chien, qui n'avait pas bougé à la première apparition, se mit à frétiller et à décrire un cercle comme autour d'une personne de connaissance.

542. — *Apparitions ou autres actions télépathiques collectives* post mortem. — Les diverses actions télé-

pathiques ou apparitions que je viens de passer en revue, ont été, jusqu'à présent, classées, qu'elles fussent individuelles ou collectives, d'après la nature du mobile qui paraît les avoir déterminées.

Il est intéressant, à un autre point de vue, de classer à part quelques apparitions *collectives*, qui se signalent surtout par une *objectivité* plus indiscutable que celle des apparitions individuelles.

C'est de celles-là que l'on peut dire, avec M. Delanne, qu'elles sont exclusives de toute hypothèse fondée sur *l'hallucination télépathique*, attendu qu'on ne saurait admettre que plusieurs personnes soient hallucinées en même temps et de la même manière, une même action, *lorsqu'elle reste subjective*, produisant nécessairement autant d'effets dissemblables qu'il y a de percipients.

543. — Voici le résumé d'un des cas de cette nature, que rapporte cet auteur dans le 2e volume de son ouvrage *les Apparitions mat. des viv. et des morts*, p. 80 :

Mme Caroline Judd raconte (et son témoignage est confirmé par sa sœur Mary Dear, une des percipientes, et par une autre sœur qui n'a connu le fait que par le récit de ces dernières) que sa grand'mère, morte en sa quatre-vingt-quatrième année, avait une prédilection particulière pour une vieille horloge placée dans la chambre de ses petites-filles, voisine de la sienne, et venait la consulter chaque matin, en se levant.

Trois semaines après sa mort, poursuit la narratrice.... je m'éveillai et vis distinctement sa haute stature bien connue, sa vieille figure calme, et ses grands yeux noirs qui restaient fixés comme d'habitude sur le cadran de la vieille horloge. Je fermai les yeux pendant quelques secondes, puis je les rouvris doucement ; elle était encore là. Une seconde fois, je les fermai et les rouvris ; cette fois elle était partie.

Le soir, au moment où nous nous préparions à nous coucher, ma sœur, éminemment pratique et ennemie du romanesque, me parla ainsi: « Je ne puis me décider à me coucher sans vous avoir confié quelque chose. Je vous prie seulement de ne pas vous moquer, car j'ai été vraiment effrayée. *Ce matin, j'ai vu grand'maman !* » J'étais stupéfaite. Je lui demandai l'heure, quel aspect avait l'apparition, où elle se tenait, ce qu'elle faisait, etc... Je trouvai que *sous tous les rapports, sa vision correspondait à la mienne.* Elle avait gardé le silence pendant toute la journée, par crainte du ridicule...

544. — La notoriété du narrateur et le fait que les témoins lui sont connus et offrent toutes les garanties nécessaires de sincérité, donnent un prix tout particulier au récit suivant d'apparition collective, que M. Camille Flammarion a écrit pour la *Revue spirite*, et qui a été publié tant par ce recueil (numéro de janvier 1912) que par les *Annales des Sciences psychiques* d'avril 1912 :

Mon neveu regretté, le capitaine Camille Martin, de l'Infanfanterie coloniale, est mort à Paris, le 22 mars 1911,... dans l'appartement qu'il habitait depuis un an, avenue des Gobelins, 4. Sa veuve et sa belle-fille viennent de me faire part toutes frémissantes encore,... d'un phénomène psychique digne de toute notre attention...

Six semaines environ après la mort de son mari, Mme Martin était couchée dans le même appartement (mais non dans la chambre mortuaire) lorsque, non encore endormie, elle aperçut l'ombre de son mari glisser dans l'air, non loin d'elle.

Sa fille, couchée dans un autre lit, et endormie, se réveilla soudain et aperçut, de son côté, l'ombre de son beau-père arrivant directement sur elle en la fixant de ces yeux caves et maladifs qu'il présentait aux derniers temps de sa vie. Elle en eut une telle peur qu'elle jeta un effroyable cri d'angoisse et que tout à l'heure, en me racontant le fait, elle en tremblait encore des pieds à la tête en pâlissant étrangement.

Je les ai priées, l'une et l'autre, de m'écrire séparément une relation sommaire de ce qu'elles ont observé et ressenti.

Suivent, comme annexes au texte publié par les recueils ci-dessus mentionnés, les deux récits des percipientes, qui concordent entièrement entre eux.

545. — Voici un autre cas d'apparition *collective* et

successive que M. Delanne (*loc. cit.*, p. 94) a extrait des *Mémoires de M. Gurney sur les apparitions survenant peu de temps après la mort*, et présentant cette particularité d'affecter trois sens différents (la vue, l'ouïe et le toucher) de l'une des percipientes. La narratrice est Miss Lister, qui étant venue, en 1884, à la suite de la mort du mari d'une de ses amies, habiter avec celle-ci, fut témoin des faits suivants :

Un soir, ayant été priée, au moment où elle se disposait à aller prendre un bain, d'aller auparavant chercher un livre laissé la veille dans le salon, Mme Lister vit le mari défunt de son amie, *assis à la table de ce salon, sur laquelle il appuyait son coude, tout auprès du livre...*

Le fantôme, raconte-t-elle *paraissait souriant* comme s'il eût connu mes pensées. Je pris le volume et le portai à mon amie *sans lui dire ce qui venait d'arriver.* Je me rendis ensuite dans la salle de bains *et n'y pensai plus.* Mais je n'y étais pas depuis vingt minutes, lorsque j'entendis mon amie venir et ouvrir la porte du salon. Je ris en écoutant si l'apparition s'y trouvait encore ; mais j'entendis mon amie se précipiter hors de la pièce, descendre quatre à quatre et agiter fiévreusement la sonnette de la salle à manger. Une servante accourut ; je m'habillai aussi rapidement que possible et je descendis près d'elle, que je trouvai pâle et tremblante. « Que se passe-t-il ? lui dis-je. — Je viens de voir mon mari, répondit-elle. — Quelle sottise ! lui répliquai-je. — Oh non, *je l'ai bien vu,* ou du moins, si je ne l'ai pas réellement vu, *il m'a parlé deux fois.* Je me suis échappée de la chambre, *mais il m'a suivie et a posé sa main glacée sur mon épaule.* »

546. — A la suite de ce cas, M. Delanne en rapporte deux autres (*loc. cit.*, pp. 96 et 98) — dans lesquels le fantôme apparaît successivement et *séparément,* comme dans le cas précédent, dans des lieux et sous des aspects et des costumes *différents,* à *deux* personnes dans le premier cas, et à *trois* personnes dans le second, peu d'heures après la mort et avant que cette mort fût connue ; et un troisième cas (pp. 102 à 107) —

dans lequel l'apparition se montre, longtemps après la
mort, sept fois à quatre personnes, dans des lieux et à
des intervalles différents, parfois avec des manifestations bruyantes qui rappellent les maisons hantées. Je
ne les cite que pour mémoire et seulement en vue de
faciliter la tâche de ceux de mes lecteurs qui seraient
tentés d'approfondir ces graves questions.

547. — Je suis loin, malgré les nombreux témoignages
que je viens de rapporter, d'avoir épuisé le sujet des apparitions et autres actions télépathiques *spontanées*, exercées *post mortem*. A passer en revue cette phénoménologie dont la documentation s'accroît tous les jours,
M. Delanne a consacré tout un chapitre (pp. 1 à 130) du
deuxième volume de son excellent ouvrage sur *les Apparitions matérialisées des vivants et des morts*. M. Leadbeater y a employé presque en entier les **590 pages** de
son traité *l'Autre Côté de la mort*. Dans les emprunts
que j'ai faits à ces ouvrages et à d'autres publications
telles que : *la Zone frontière*, de M. Sage ; *la Personnalité humaine*, de Myers ; *les Miracles et le Moderne spiritualisme*, de Russel Wallace ; les *Annales
des sciences psychiques*, etc., etc., je n'ai obéi qu'à
la préoccupation de fournir à mes lecteurs un ou
deux exemples de chaque variété d'apparitions ou d'actions télépathiques, et j'ai dû, pour ne pas grossir démesurément cet ouvrage, laisser dans l'ombre un grand
nombre de cas tout aussi authentiques et tout aussi intéressants que ceux auxquels j'ai donné la préférence,
sans autre raison, le plus souvent, de cette préférence,
que la concision et la brièveté du récit.

J'aurais voulu, notamment, mettre à contribution,
pour compléter cette documentation, une étude très
pénétrante de M. Ernest Bozzano, dont les *Annales des
sciences psychiques* ont commencé, dans leur livraison
du 1er-16 juin 1909 et continué dans les numéros suivants
l'intéressante publication. Dans cette étude, M. Bozzano
reprend la tâche, qu'avait entreprise Aksakof (V. *supra*,

n°˙ 298 et suiv.) de déterminer les règles à suivre pour identifier les personnalités qui se manifestent soit *spontanément* par une action télépathique, telle que l'apparition de leurs fantômes, soit *expérimentalement* par l'intermédiaire des médiums, et reconnaître si ces personnalités sont bien objectivement ce qu'elles disent ou semblent être, c'est-à-dire des esprits désincarnés, et non pas une simple hallucination du percipient, une création subconsciente, une personnalité seconde, même un double du médium. L'auteur de cette étude la documente précisément en rapportant un certain nombre de cas dans lesquels l'identification d'une personnalité défunte et son action objective *post mortem* paraissent être, selon lui, dûment établies.

Je regrette de ne pouvoir utiliser ici les documents qu'il a réunis ; mais mes lecteurs me sauront gré, je l'espère, de les leur avoir signalés et de leur avoir permis, par mes références, de s'y reporter.

§ 2. — *Faits provoqués et constatés expérimentalement dans les séances de médiumnisme, d'apparitions et autres actions télépathiques des morts sur les vivants.*

548. — Les séances de médiumnisme constituent, pour ceux tout au moins qui considèrent les phénomènes qui s'y produisent comme ayant ou pouvant avoir une origine spirite, un vaste champ d'expériences susceptibles de leur fournir de nombreux éléments d'observations sur les actions télépathiques des morts sur les vivants. On m'excusera toutefois si je me montre sur ce point très sobre de détails et si je me borne à signaler la place qu'elles occupent à bon droit dans l'analyse du phénomène de la télépathie *post mortem*, et l'intérêt qui s'y attache.

J'en ai assez dit dans les diverses occasions que j'ai
eues de parler du *spiritisme* (V. notamment *supra*,
nᵒˢ 217 à 241, et 290 à 307), pour que mes lecteurs sa-
chent ce qu'il est et quelle est sa prétention.

Ainsi que je me suis cru obligé de le reconnaître (*supra*, nᵒ 296), cette prétention, pour ceux qui ont, comme
moi, fait une étude approfondie du spiritisme et de son
abondante et extraordinaire phénoménologie, n'a rien
d'exorbitant, ni d'inadmissible *à priori*. Ceux qui l'admettent sont du moins en honorable compagnie, ainsi
qu'on en peut juger par la longue suite des hommes
d'élite de tous temps et de tous pays qui, après de
patientes recherches, ont fini par accepter plus ou moins
explicitement l'hypothèse spirite, fondée sur la possibilité des communications des vivants avec les morts.

Mais, ceci posé, la difficulté ne fait que commencer,
et elle peut se préciser ainsi :

Étant donné (V. *supra*, nᵒ 297) que le médium est
apte à jouer, selon les circonstances, dans les phénomènes dont il est ici question : tantôt le rôle *d'intermédiaire* d'un esprit désincarné, auquel il prête sa force
et ses moyens d'action et même, dans les apparitions,
son *double* ou quelque chose de son *double psychique* ;
— tantôt le rôle *d'agent principal*, opérant pour son
propre compte sous les apparences d'une personnalité
seconde, que l'extériorisation psychique a constituée, et
sous la forme, plus ou moins modifiée *idéoplastiquement*, de son double extériorisé, — comment savoir,
dans chaque espèce, quel est son véritable rôle, celui
d'intermédiaire ou celui d'agent principal ?

Aucune question n'est d'une solution plus difficile et
c'est à la résoudre que convergent maintenant tous les
efforts des psychologues qui se sont adonnés à l'étude
du spiritisme.

549. — Les spirites qui, dans le commencement de
leurs expériences, étaient portés à voir des esprits partout, ont été par la suite les premiers à reconnaître, sous

l'influence de quelques psychologues distingués et de culture scientifique, que, dans le doute sur le véritable caractère de la personnalité qui vient s'affirmer dans les séances de médiumnisme, c'est l'hypothèse du dédoublement de la personnalité (dans l'ordre intellectuel) ou de l'organisme du médium (dans les matérialisations et apparitions) qui doit être préférée, parce qu'en effet c'est, *à priori*, la plus naturelle, la plus conforme aux lois connues de la physiologie et, par conséquent, la plus probable.

Pour que l'origine spirite soit rigoureusement justifiée et puisse être admise avec la certitude que l'on est en droit d'exiger en pareille matière, il faut que l'expérimentateur soit en état de démontrer, d'après le contenu de la manifestation, que ni le médium, ni aucun des assistants, ni aucun être vivant, n'a pu en être l'auteur, ou, ce qui simplifierait la question et serait encore plus démonstratif, que, seule, la personnalité extra-terrestre qui s'est prétendue l'auteur de la manifestation et qui a pu être identifiée, avait, dans les conditions particulières où le phénomène s'est produit, la possibilité de le réaliser En dehors de ces conditions, il peut y avoir des probabilités suffisantes pour entraîner une conviction *personnelle*, il ne peut y avoir certitude.

On conçoit que les cas dans lesquels une pareille preuve peut être faite soient très rares. J'ai exposé (*supra*, n°ˢ 298 et s.) les divers points de vue auxquels Aksakof s'est placé et les règles qu'il a tracées pour diriger les expérimentateurs dans cette laborieuse démonstration. Je ne reviendrai pas sur ce sujet, qui embrasse le problème spirite tout entier et qui, par conséquent, sort des limites de la tâche que j'ai entreprise. Mais il me reste à dire quelques mots d'une étude à laquelle M. Gabriel Delanne a consacré les 841 pages du deuxième volume de son traité des *Apparitions matérialisées des vivants et des morts* et où le savant auteur examine les conditions que, d'après lui, doivent remplir, pour pouvoir être considérées comme ayant une origine spirite, les apparitions de formes humaines, matérialisées ou non, que perçoivent *certains sensitifs*, ou que *tous* les assistants peuvent observer dans les séances de médiumnisme.

Ces conditions sont très sévères. Même si l'apparition ou la forme matérialisée ressemble à un défunt connu de l'un ou de plusieurs des percipients, cette ressemblance, bien qu'elle constitue une preuve dont on a raison en général de se contenter et dont on se contente du reste pour les apparitions spontanées des fantômes, n'est pas, pour M. Delanne, dans les séances de médiumnisme tout au moins, une preuve absolue d'identité; car la forme apparue peut n'être, quoi qu'elle en dise, du moins dans le cas où le médium aurait connu le défunt, que le double de ce médium, extériorisé et modifié *idéoplastiquement* à la ressemblance du prétendu défunt. On n'a donc, en cette matière, une certitude que si la matérialisation se produit dans des conditions *extrinsèques* qui permettent, en dehors de la ressemblance, d'identifier la forme apparue, et fournissent la preuve que cette forme ne peut être que celle *de tel ou tel* défunt et ne peut être attribuée qu'à son intervention télépathique dans le phénomène de la matérialisation.

550. — Il n'était pas facile de réunir un grand nombre de cas remplissant complètement des conditions aussi rigoureuses. M. Delanne y a néanmoins réussi, du moins dans une certaine mesure. La preuve que l'apparition matérialisée n'est pas simplement le double du médium, plus ou moins *transfiguré* (c'est le mot qu'emploie M. Delanne pour désigner les modifications que le pouvoir idéoplastique du médium peut imprimer à son double), mais une personnalité différente, autonome et indépendante du médium et des assistants, lui paraît, notamment, résulter :

1° De ce que *plusieurs* formes matérialisées apparaissent simultanément avec le même médium et agissent indépendamment les unes des autres : « Ce sont bien des êtres autonomes, dit M. Delanne après avoir rapporté un cas de cette nature où deux figures d'hommes et deux figures de femmes s'étaient montrées. Ce serait dépasser les limites de toute induction raisonnable que de faire de ces fantômes des créations de la force plastique extériorisée du médium, un homme ne pouvant exercer sa volonté en même temps dans quatre directions différentes » (*Loc. cit.*, p. 326).

On peut ajouter à cette judicieuse observation de M. Delanne que, si l'on peut concevoir que le médium soit capable d'extérioriser son dynamisme au profit de plusieurs individualités *existantes* de l'au-delà, qui s'en servent pour agir et se rendre visibles, en même temps et chacune de leur côté, sur notre plan physique, on ne saurait expliquer qu'il puisse, en extériorisant son double, c'est-à-dire son centre d'activité psychique tout entier, ce qui est le trait caractéristique du dédoublement, créer et faire vivre *artificiellement* plusieurs personnalités autonomes et différentes, qui agissent en même temps et indépendamment les unes des autres. Physiologiquement, il semble qu'il ne peut y avoir en même temps qu'un seul dédoublement, comme il n'y a chez un sujet qu'un seul organisme psychique à extérioriser. C'est pourquoi le fait que plusieurs formes apparaissent simultanément dans une séance de matérialisations exclut absolument l'hypothèse du dédoublement pur et simple du médium et ne comporte d'autre explication que l'hypothèse spirite.

2° De ce que le même fantôme apparaît plusieurs fois, toujours identique à lui-même, dans des séances et avec des médiums différents (*Ibid.*, *loc. cit.*, p. 332).

3° De ce que l'apparition parle ou écrit dans une langue complètement inconnue du médium ; tel le cas rapporté avec d'autres (*loc. cit.*, p. 346) où le fantôme écrit en vieux grec, langue ignorée du médium, sous les yeux des assistants, plusieurs lignes que ceux-ci peuvent lire, mais non traduire. Comme le fait remarquer M. Delanne (p. 371), la phrase écrite par le médium, dans une langue qu'il ne connaissait pas, n'a pu lui être transmise inconsciemment par les assistants, puisque personne n'était capable de déchiffrer le message, qui a dû être traduit après la séance.

4° De ce que le médium éveillé, comme dans les célèbres matérialisations des expériences de William Crookes, avec Miss Florence Cook, cause avec l'apparition (*loc, cit.*, p. 353).

551. — Quant aux preuves directes d'identité des personnalités humaines qui se manifestent par l'apparition de leur forme terrestre ou quelque autre action télépathique, après leur mort, dans les expériences médiumniques, elles sont naturellement très variées. M. Delanne consacre le chapitre VI tout entier de son deuxième volume à exposer et à décrire les expériences dans lesquelles elles lui ont paru décisives.

Il faut, d'ailleurs, les lire dans le texte pour se rendre compte des diverses circonstances qui, dans les cas rapportés par M. Delanne, ont permis d'identifier le défunt dont la forme est apparue. Il ne servirait à rien de les résumer ; car c'est uniquement de leurs détails que ces expériences tirent toute leur valeur.

Je ne me pardonnerais pas toutefois de passer sous silence le cas célèbre, au récit duquel M. Delanne consacre les pages 420 à 448 de son deuxième volume, de M. Livermore, banquier américain très répandu dans la société et le monde commercial de New-York, — qui, quelques années après la mort de sa femme aimée et toujours regrettée, entreprend, avec un médium bien connu, Miss Kate Fox, une série d'expériences, qu'il poursuit pendant cinq années consécutives, du 23 janvier 1861 au 2 avril 1866 (pendant ce temps, 388 séances ont été tenues), et au cours desquelles Estelle lui apparaît chaque fois assez complètement matérialisée pour pouvoir être immédiatement reconnue et lui fournir, avec une continuité et une abondance incomparables, des preuves complètes et irréfutables de son identité, et par conséquent de sa survie, telles que (en dehors de ses traits très reconnaissables et de la nature intime de ses révélations sur des faits que le médium ne pouvait connaître) : des communications écrites *directement*, non par ce dernier, mais par le fantôme lui-même, sur des cartes marquées par l'expérimentateur d'un signe d'identité destiné à éviter toute possibilité de substitution, dans diverses langues (le plus souvent le français) que le médium ne connaissait pas, et dont les caractères graphiques étaient *la parfaite reproduction de l'écriture d'Estelle vivante*[1].

Nous devons le récit de ces merveilleuses expériences à Robert Dale Owen, qui, ayant eu à sa disposition les notes dans lesquelles M. Livermore racontait jour par jour les apparitions de sa femme, en a composé, sous le titre *Apparitions pendant cinq ans d'une femme défunte à son mari survivant*, un des chapitres les plus intéressants de son célèbre volume *le Territoire contesté entre ce monde et l'au-delà*, en se bornant du reste, dit M. Delanne (p. 421), à citer un ou deux exemples des principales variétés de faits qui se sont reproduits pendant la longue période écoulée entre 1861 et 1866.

552. — Cette preuve irréfutable d'identité, qui résulte de la similitude de l'écriture du fantôme avec celle qu'avait la défunte de son vivant, on la retrouve encore dans les expériences du docteur Nichols, dont il est rendu compte dans l'ouvrage précité de M. Delanne (pp. 454 à 468) et dans lesquelles Willie, la fille décédée de l'expérimentateur, se manifeste *post mortem* à son père par des messages dont le graphisme était abso-

1. Plusieurs de ces séances eurent lieu en présence de deux témoins, en dehors de l'expérimentateur : le docteur Gray, qui était considéré à cette époque comme un des médecins les plus remarquables de New-York, et M. Groute, son beau-frère. Les autres n'eurent pas d'autres témoins que M. Livermore lui-même.

lument identique à celui de Willie vivante, et dont
quelques-uns, comme dans le cas précédent d'Estelle
Livermore, sont écrits en des langues inconnues du
médium.

Je publie ici, dit à ce propos M. Delanne (*loc. cit.*, p. 460),
une reproduction de l'écriture de Miss Nichols quand elle
vivait sur terre, et l'on peut constater qu'il existe une parfaite
identité entre les graphismes *ante* et *post mortem*; de plus, que
cette écriture ne ressemble pas à celle d'Eglinton (le médium).
Il est impossible, absolument, d'imiter une écriture que l'on
ne connaît pas, de sorte que la preuve que l'intelligence de
Willie a survécu est parfaite et déjoue toute interprétation
autre que celle qui résulte de l'immortalité de l'âme. On
voit sur le coin de la feuille les initiales du docteur Nichols,
avec la date, 2 février 1878; donc la feuille n'a pas été changée
et le médium, n'ayant pas connu Miss Nichols, n'a pu simuler
son écriture.

Ajoutons que la transmission de pensée de la part de
l'un des assistants qui aurait connu cette écriture,
n'aurait pu fournir au médium qu'une image d'une netteté et d'une précision insuffisantes pour lui permettre
d'effectuer une aussi parfaite contrefaçon.

553. — Spontanée ou expérimentale, il est certain
que l'action télépathique, soit sous forme d'apparition,
soit autrement, par un mort sur des vivants, fournit un
argument décisif en faveur de la doctrine de la survivance de l'âme. Les divers phénomènes de la télépathie
inter vivos, qui ont été étudiés dans la première partie
de ce chapitre, démontraient déjà, de même que ceux
de l'hypnotisme, du dédoublement de la personnalité,
de l'extase, de la clairvoyance et de la prescience, étudiés dans les chapitres précédents, qu'il existe dans
l'être humain un centre d'activité, un organisme psychique, distinct et virtuellement indépendant de l'organisme nerveux, pouvant se manifester, déjà pendant
la vie terrestre, sans le secours et en dehors de ce dernier et par des actions qui lui sont interdites, avec

d'autant plus de puissance que la dissociation des deux
organismes est plus complète et que l'organisme corporel est plus ébranlé et plus près de l'anéantissement.

Il était, dès lors, absolument légitime d'en induire
que cet organisme psychique, dont l'autonomie, l'indépendance et l'activité *transcendantale* ne se manifestent
réellement que lorsque les liens qui l'unissent au corps
viennent à se relâcher et que celui-ci subit un commencement de désorganisation, ne doit pas être affecté par
les causes de dissolution et d'anéantissement qui menacent ce dernier, et, par conséquent, doit lui survivre.

Cette induction, que j'ai déjà plusieurs fois formulée,
à peu près dans les mêmes termes, à la fin de mes
chapitres précédents et au cours de celui-ci (*supra*,
n° 525), la télépathie *post mortem* la confirme entièrement par une preuve *directe* et, par cela même, *décisive* : car l'étude que j'en ai faite n'eût-elle fourni qu'un
seul exemple d'action télépathique exercée par un mort
sur un vivant, cela suffirait, pourvu que l'authenticité
en fût bien établie, pour m'autoriser à clore ce chapitre
par cette affirmation : non seulement la survivance de
l'âme peut s'induire des faits que je viens de passer en
revue ; mais elle est elle-même un *fait*, établi à la fois
par l'observation et par de sérieuses expériences.

Cette conclusion apparaîtra encore plus nette et plus
incontestable, j'ose l'espérer, lorsque j'aurai, dans le
dernier chapitre qu'il me reste à écrire, rapproché dans
un résumé synthétique toutes les données de mes chapitres précédents.

CHAPITRE XIII

Résumé et Conclusions.

554. — Résumé. — Dès les premières lignes de mon étude de la psychologie expérimentale (*supra*, n°s 29 et s.), j'ai émis l'hypothèse qu'il devait exister dans l'être humain un centre de forces, de pensées et de volitions, différent de celui que l'École matérialiste donne pour base à l'activité psychique — capable dans certains cas de s'extérioriser et de fonctionner en dehors de l'action périphérique des centres nerveux et de la conscience cérébrale, avec une puissance et des facultés que celle-ci ne possède pas, — et auquel d'éminents psychologues ont cru pouvoir donner le nom caractéristique, soit de conscience *subliminale*, soit de *Subconscient* ou d'*Être subconscient*.

Cette hypothèse a déjà trouvé sa confirmation dans l'observation des phénomènes ordinaires et normaux de notre vie mentale, et il m'a été permis de constater, avec Myers, Émile Boutroux et Richet (*supra*, n°s 31 à 34) et tout un groupe de savants observateurs (n°s 35 à 37), qu'un grand nombre des phénomènes habituels et bien connus de la vie psychique, tels que ceux, notamment, qui caractérisent le génie artistique, scientifique et littéraire, ne pouvaient, en dehors de cette hypothèse, trouver leur explication.

L'étude du sommeil ordinaire et des rêves, qui a été l'objet de mon chapitre III (*supra*, nos 42 et s.), a fait faire à mes lecteurs un pas de plus dans la connaissance du subconscient. Ils ont pu, grâce aux nombreux témoignages que le subconscient donne de son activité psychique pendant le sommeil et les rêves, comprendre jusqu'à quel point ce centre de vie est distinct et indépendant (*virtuellement tout au moins*) des centres nerveux, puisque c'est au moment où ceux-ci se reposent et sont de ce fait réduits à un état *d'inhibition* plus ou moins complète, que le subconscient manifeste au contraire son maximum de puissance et d'activité. Et déjà ils ont pu entrevoir la possibilité d'en conclure que ce subconscient n'étant pas obligatoirement et indissolublement lié *dans le présent* au corps terrestre, ne lui est pas lié non plus *dans l'avenir*; que le corps (je ne fais ici que répéter ce que j'ai dit ailleurs) peut donc mourir, l'organisme cérébral tomber en dissolution, sans que le subconscient subisse nécessairement le même sort, puisque, pendant la vie de cet organisme, il peut déjà se passer de lui, et que même sa *propre* vitalité augmente d'autant plus que faiblit celle de ce dernier.

A la suite de cette conclusion, j'ai cru pouvoir en faire pressentir une seconde, implicitement contenue dans la première, à savoir : que ce subconscient, dans lequel se résume l'être psychique tout entier, devait, pour fonctionner et manifester toutes ses énergies en dehors et souvent à l'insu de la conscience normale et de l'organisme nerveux, pour pouvoir survivre enfin à la désagrégation de ce dernier et continuer sur un autre plan l'œuvre de vie pour laquelle il a été constitué, avoir lui-même son *substratum*, son fondement dans un organisme spécial, distinct des centres nerveux et auquel j'ai donné le nom d'*organisme psychique*.

555. — Toutes ces vues, qui jusque-là pouvaient encore paraître prématurées, ont trouvé leur confirmation dans l'étude approfondie du magnétisme et de

l'hypnotisme, qui a fait l'objet de mon chapitre IV et des chapitres suivants, les plus importants sans contredit de cet ouvrage, puisque, comme je l'ai fait remarquer (*supra*, n° 60), c'est dans l'observation des lois qui gouvernent l'hypnose que l'on trouve la clef et l'explication rationnelle de tous les phénomènes de la *psychologie transcendantale*.

L'hypothèse du *subconscient* ou du moi *intérieur* ou *subliminal*, et de sa faculté d'extériorisation, qui lui permet de se dissocier et de se manifester plus ou moins complètement en dehors et à l'insu du conscient cérébral, sort, en effet, triomphante de cette étude.

C'est ce qui résulte tout d'abord (malgré les contradictions, plus apparentes que réelles, des premiers adeptes de l'hypnotisme) des observations sagaces et profondes des anciens magnétiseurs, telles qu'elles ont été résumées sous le chapitre IV, et, ensuite, des travaux et expériences des psychologues modernes qui, en reprenant les traditions des Mesmer, des de Puységur et des Deleuze et autres magnétiseurs, et en les soumettant à un contrôle scientifique, ont véritablement créé toute une science nouvelle de l'âme et de la personnalité humaine, qui donne à la conception spiritualiste de la double nature de l'homme une base désormais inébranlable.

556. — Pour donner corps à cette conception d'un subconscient agissant à l'insu et sans la participation du conscient ordinaire, d'un centre d'activité psychique distinct et virtuellement indépendant des centres nerveux, il était *utile* qu'on pût déterminer l'agent (substance ou force) pouvant servir d'instrument à ce centre psychique, ou, pour mieux préciser encore, d'*organisme* propre à l'accomplissement des fonctions qui lui sont dévolues. La découverte de la force *odique* par Reichenbach, ainsi que les travaux consacrés par M. de Rochas et d'autres expérimentateurs à l'étude de cette force, et dont il a été rendu compte dans la troisième section du

même chapitre, sont venus à propos pour élucider cette grave et importante question. Il semble bien, en effet, d'après les nombreux documents recueillis *supra*, n°ˢ 78 et s., que l'existence d'un agent magnétique, véhicule nécessaire de la pensée, de la volonté et de toutes les autres facultés du subconscient (et par cela même de l'âme), entre de jour en jour, avec une évidence de plus en plus forte, dans le domaine des vérités scientifiques[1].

557. — Ma démonstration a été poursuivie et complétée par la détermination et une analyse approfondie, faites au chapitre V (2ᵉ section, n°ˢ 123 et s.), des diverses modifications que l'hypnose, dans ses phases successives, apporte dans le fonctionnement de la conscience et de la personnalité humaine, et qui toutes supposent l'existence d'un centre d'activité psychique spécial, distinct et différent de celui par lequel se manifeste la conscience cérébrale, et, selon l'heureuse expression de M. Émile Boutroux, *le débordant de toutes parts et par toutes ses manifestations*.

C'est ainsi que, démontrant son existence par des propriétés, des facultés et un mode d'activité dont le conscient est incapable, le subconscient, *avec ou sans* son organisme spécial, de simple hypothèse qu'il était au début de cette étude, s'est imposé peu à peu, comme une réalité *physiologique*, aux méditations des psychologues dont je n'ai fait ici que recueillir et résumer les travaux.

1. Il est à propos de faire remarquer que, alors même que l'existence de cet agent *magnétique* ou *odique*, ou de tel nom qu'on croie devoir le désigner, ne serait pas complètement démontrée, mes observations au sujet du fonctionnement dans l'être humain d'un centre psychique distinct des centres nerveux et les conclusions finales que ces observations autorisent, ne perdraient rien de leur valeur. Il manquerait sans doute un anneau à la chaîne qui relie les deux termes de l'argumentation, mais les conclusions n'en subsisteraient pas moins, puisqu'il n'y a pas d'autre moyen d'expliquer les faits sur lesquels elles s'appuient, et que, d'ailleurs, c'est l'âme elle-même, directement, qui pourrait, en pareil cas, combler cette lacune.

On l'a vu, en effet, fonctionner dans les différents états de l'hypnose, tels qu'ils ont été décrits au chapitre V; et, d'une manière générale, son autonomie, sa puissance extraordinaire et, pour tout dire en un mot, ses virtualités s'y sont affirmées avec une intensité et une variété de moyens pour lesquels le conscient, tel que nous le connaissons, avec son appareil nerveux et ses sens différenciés, serait certainement mal préparé :

— Soit, par exemple, que suppléant aux moyens habituels de perception du conscient, alors que les sens différenciés ont été mis en état d'inhibition par les procédés de l'hypnose, le subconscient manifeste une hyperacuité de sensations qui ne se rencontre jamais à l'état normal (*supra*, n° 127), et qui permet, notamment, aux sensitifs de lire, les yeux fermés, un livre qu'on leur présente;

— Soit que la mémoire et toutes les autres facultés dont le subconscient est le siège permanent et indéfectible, s'exaltent sous l'action extériorisante et libératrice du somnambulisme, dans des proportions telles qu'elles semblent appartenir à un autre être, bien supérieur au sujet, tandis qu'elles appartiennent en réalité à un autre organisme de celui-ci, à son subconscient, bien supérieur en effet à celui qui fonctionne chez lui à l'état normal (V. *supra*, n°ˢ 128 et s., et chap. IX, spécialement n°ˢ 248 et s.);

— Soit, enfin, que le subconscient, à cette exaltation de toutes les facultés (sensibilité, volonté, mémoire, etc.) joigne encore la manifestation de facultés nouvelles qui en général sont refusées à l'homme normal, telles que l'extase, la clairvoyance et la lucidité, la prévision de l'avenir et la télépathie (V. *supra*, n°ˢ 130 et s.; chap. X, n°ˢ 308 et s.; chap. XI, n°ˢ 344 et s.; chap. XII, n°ˢ 430 et s.).

558. — J'ai montré également, dans l'étude spéciale consacrée à la suggestion (chap. VI, n°ˢ 138 et s.), quel rôle considérable y joue le subconscient. C'est incontes-

tablement ce dernier, on a pu s'en rendre compte, qui reçoit la suggestion, sous quelque forme qu'elle soit donnée, soit par le canal des sens, dans la suggestion *verbale*, soit directement, dans la suggestion *mentale*; qui la fait sienne, l'élabore dans les profondeurs du moi intérieur, et finalement la réalise, quand le moment fixé par l'hypnotiseur pour son exécution est arrivé. Le sujet n'a en effet aucune conscience de ce qui se passe et ne garde aucun souvenir de la suggestion donnée, et lorsqu'il l'exécute, quelquefois après un long délai, dont la supputation exige parfois un calcul compliqué (V. *supra*, n° 142), il agit automatiquement, sans savoir à quelle impulsion il obéit et pourquoi il obéit. La conscience normale demeure donc étrangère à toute l'opération, et c'est le subconscient seul qui y prend part, à l'insu et quelquefois contrairement à la volonté du conscient qui résiste de toutes ses forces et qui paraît subir une véritable contrainte de la part du subconscient.

J'ajoute que dans les effets physiologiques de la suggestion, tels qu'ils ont été décrits et étudiés par Carl du Prel (V. notamment, au sujet des *stigmates* et des *nævi* ou marques de naissance, *supra*, n° 147 et s.), le rôle du subconscient est encore plus remarquable. On y aperçoit nettement, grâce à l'analyse qu'en a faite l'éminent psychologue allemand, la puissance de l'âme, dont le subconscient n'est que l'instrument organique, sur le corps, augmentée dans des proportions qui dépassent toutes les prévisions des physiologistes (V. *supra*, n° 149).

Enfin, les diverses théories présentées, pour expliquer le phénomène de la suggestion, par les principaux psychologues dont j'ai analysé les travaux : MM. le docteur Gyel, Gabriel Delanne, et surtout Myers, Durand de Gros et Carl du Prel (V. *supra*, n° 151 et s.) se réunissent toutes malgré des divergences inévitables en un parei sujet, en un point commun pour reconnaître le subconscient comme étant le principal, sinon l'unique

facteur des effets physiologiques et psychologiques produits par la suggestion ou l'auto-suggestion.

559. — Pareillement, c'est encore le subconscient,
avec son organisme psychique (réel ou supposé), que
nous retrouvons constamment comme l'agent et le
siège principal des phénomènes décrits dans le chapitre VII, sous le nom d'*effets curatifs de l'hypno-magnétisme*. C'est toujours le *mens agitat molem* des
vieux spiritualistes qui se vérifie, l'âme qui, par sa
propre puissance et par l'intermédiaire du subconscient
et de son organisme psychique, guérit le corps en réta-
blisant l'équilibre des fonctions vitales. Il en est ainsi,
en effet :

— Soit que l'on considère, avec l'École de Nancy, la
suggestion comme ayant par elle-même et indépendamment de l'agent magnétique, un pouvoir curatif ; car
alors la suggestion ne pouvant, comme la remarque en
a été faite plusieurs fois, produire ses effets qu'en
s'adressant au subconscient, c'est bien à ce centre d'activité psychique, où elle s'élabore et se réalise, qu'est
due la guérison, le cas échéant ; — d'autant plus que
c'est lui, d'après Myers (V. *supra*, n° 170), qui serait
préposé, dans l'être humain, aux fonctions de développement, de conservation et de réparation de l'organisme
corporel, fonctions qu'il exercerait, toujours d'après le
même auteur, plus spécialement et plus activement dans
le sommeil (naturel ou hypnotique) qu'à l'état de veille ;

— Soit que l'on rattache les effets curatifs du magnétisme à ce principe actif (fluide ou force) que l'on retrouve dans toute la nature et qui a été étudié, sous le
nom de *force odique*, ou, plus généralement, d'*agent
magnétique* (V. *supra*, n°⁵ 78 et s.). Car, d'une part, les
radiations, extériorisées par l'hypnose, de cette force que
Carl du Prel considère comme le véhicule de la force
vitale, et à laquelle appartient, dans cette hypothèse, le
pouvoir curatif, sont précisément, ainsi qu'on l'explique
au chapitre VII (*supra*, n°⁵ 177 et s.), des émanations de

ce foyer d'activité qui est à proprement parler l'organisme du subconscient. Et, d'un autre côté, il est à noter que, sans les radiations, qui du magnétiseur pénétrent jusqu'au tréfonds de l'être psychique du magnétisé, et sans le *mélange odique* qui en résulte, selon l'expression de Carl du Prel, on ne saurait s'expliquer d'une manière satisfaisante : ni cet *état de rapport* qui constitue une des phases les plus remarquables du somnambulisme et dans laquelle le sujet ne perçoit les choses extérieures que par son magnétiseur (V. *supra*, n° 108); — ni les deux états de *sympathie au contact* (V. *supra*, n° 109), ou de *sympathie à distance* (*supra*, n° 112), dans lesquels le sujet éprouve, soit au contact, soit à distance, toutes les sensations de son magnétiseur, comme s'il ne formait qu'un seul être avec lui; — ni ces facultés extraordinaires de clairvoyance dont l'étude a été faite *supra*, n° 188 et s., et 191 et s., sous les noms d'*autoscopie* et de *diagnostic sensitif*, et qui permettent à un somnambule de diagnostiquer soit sa propre maladie, soit celle d'une tierce personne avec laquelle il a été mis en rapport, d'en prévoir les crises et de prescrire un traitement approprié. C'est à l'*od*, manifestation dynamique et lumineuse, perceptible pour le *sensitif*, que celui-ci, explique Carl du Prel, doit de pouvoir ainsi lire ou ressentir, soit dans l'organisme malade, soit dans les objets inanimés qui ont été soumis à son influence odique, les troubles qui l'affectent.

On peut en dire autant du *sixième sens*, étudié *supra*, n° 195 et s., c'est-à-dire de la faculté, qu'ont les somnambules, de synthétiser en un sens unique les cinq sens différenciés que nous possédons à l'état ordinaire et de suppléer ainsi à l'état d'inhibition dans lequel ceux-ci se trouvent momentanément plongés. C'est par l'od, en effet, et par l'od seulement, qu'on en peut fournir l'explication, et Carl du Prel a certainement raison lorsqu'il définit le sixième sens : *la faculté de percevoir direc-*

*tement les qualités odiques des choses, c'est-à-dire
leur essence.* — (V. *supra*, n° 196.)

De toutes ces considérations sur la thérapeutique magnétique, il se dégage, et c'est là ce qui constitue leur
principal intérêt, des vues d'une haute portée philosophique. Le subconscient apparaît de la sorte, avec son
organisme psychique, comme étant, sinon le principe,
du moins le véhicule de la force vitale, puisque c'est lui
qui, grâce au courant odique dont il est constamment
traversé, en condense et en distribue toutes les énergies
et produit ainsi l'équilibre favorable à la santé. C'est en
définitive, comme le soutiennent justement les *Monistes
spiritualistes*, l'âme qui, par cet organisme intermédiaire qui l'unit au corps, produit et entretient la vie
(V. *supra*, n° 181), ce qui justifie Aristote et saint Tho
mas d'Aquin, disant que « l'âme *pensante* est en même
temps la *forme* du corps et que *penser et organiser constituent sa double fonction.* » Et c'est ainsi qu'une
étude approfondie du magnétisme et de l'hypnotisme
nous met, ainsi que je crois l'avoir suffisamment fait
comprendre, sur la voie d'une heureuse solution du
grand problème de la vie, solution qui conciliera peut-
être un jour, sur un terrain commun, les systèmes di-
vergents des matérialistes et des spiritualistes.

560. — Enfin, c'est dans mon chapitre VIII, tout
entier consacré à l'étude de la grande loi de l'*extériorisation psychique*, loi qui gouverne tous les phénomènes
de la psychologie expérimentale, que prend corps définitivement la conception du subconscient et de son
organisme psychique envisagé comme un centre de forces
distinct de l'organisme corporel, auquel il supplée quelquefois pendant la vie d'ici-bas, et est destiné à survivre après la mort. C'est dans cette étude que sont
déterminés les lois, les causes et le processus de son
extériorisation, et c'est enfin dans les chapitres suivants
qui traitent de la Personnalité humaine (chap. IX), de
l'Extase (chap. X), de la Clairvoyance et de la prévision

de l'avenir (chap. XI), et de la Transmission de pensée et de la Télépathie (chap. XII), que cette conception reçoit tout son développement par l'analyse des phénomènes transcendantaux dans lesquels on la trouve réalisée.

On y voit que tout notre être psychique, dès cette vie déjà, tend à l'extériorisation, parce qu'il sent obscurément qu'il se rapproche ainsi de sa destinée. Il est en effet prisonnier dans le corps, pour des fins voulues par le Créateur, et ce n'est qu'en se libérant de cette entrave qu'il peut agir pleinement avec toutes ses facultés poussées à leur plus haute expression, en un mot, développer toutes ses virtualités.

Dans certains cas, on l'a vu *supra* n° 242, l'extériorisation peut même être si complète qu'elle semble avoir entraîné avec elle, en dehors de l'organisme corporel, tout l'être psychique, et même la partie de l'organisme corporel dont a besoin celui-ci pour impressionner les sens.

Au delà, c'est la mort : ce qui fait dire à Carl du Prel *qu'en mourant, nous faisons usage de notre faculté d'extériorisation.*

561. — Comment s'opère cette extériorisation, et à quelles causes physiologiques peut-on la rattacher ?

On n'a sur ce point, surtout du côté des matérialistes, que des données bien incertaines. Dans le système que j'ai exposé, on suppose, et les faits observés, ainsi que je crois l'avoir démontré, justifient cette supposition, que les procédés employés par le magnétiseur tendent et aboutissent, par l'interruption du courant odique *polarisé*, ou de toute autre manière, à rompre artificiellement et momentanément l'union qui, à l'état normal, existe entre les deux organismes, le nerveux et le psychique. En dehors de cette cause, la plus générale sans doute, un état spontané d'hypnose ou de somnambulisme, une vive émotion, morale ou psychique, un cas pathologique, un évanouissement, l'agonie, etc..

sont susceptibles de produire les mêmes effets de dissociation entre le conscient et le subconscient, entre l'organisme corporel et l'organisme psychique.

La conscience cérébrale, dans cette hypothèse, se
trouve momentanément obnubilée, privée qu'elle est de
la direction et du contrôle qu'exerce habituellement sur
elle la conscience supérieure. Mais, d'un autre côté, on
conçoit que, libéré des servitudes de son conscient cérébral, qu'il n'a plus à contrôler ni à diriger, le subconscient acquiert toute son autonomie, que ses facultés
s'exaltent au point de percevoir *directement* des sensations qui, dans l'état normal, ne lui arrivent que par
le canal des sens, et peut faire preuve de pouvoirs de
clairvoyance, de lucidité, de prescience, de télépathie et
même de dédoublement, qui nous surprennent et dont,
en dehors de mon hypothèse, on chercherait en vain
l'explication.

562. — On pourrait, il est vrai (j'ai prévu cette
objection et j'y ai déjà répondu), opposer à cette interprétation celle de certains physiologistes, d'après laquelle
l'*écorce cérébrale* serait le siège d'un organe exerçant
sur les autres centres nerveux le pouvoir de contrôle,
de direction et de modération qu'on vient d'attribuer au
subconscient. Cet *étage supérieur* du cerveau, comme
l'appelle M. Bernheim, étant engourdi par les procédés
de l'hypnotiseur, on s'expliquerait ainsi la suractivité et
le désordre apparent qui se manifestent dans les autres
centres cérébraux.

Mais tout d'abord, ce *désordre* apparent, qui résulterait de l'engourdissement des centres *dits supérieurs*,
n'existe pas dans les *états profonds* de l'hypnose. C'est
plutôt le contraire qui se réalise, puisqu'on y admire la
merveilleuse puissance des facultés qui s'y manifestent et qui supposent un parfait état de recoordination,
et non le désordre, ainsi que je l'ai plusieurs fois fait
observer au cours de cet ouvrage. L'hypothèse qu'on
nous oppose est donc manifestement contraire aux faits.

En outre, on chercherait vainement dans le monde savant, écrit M. Flammarion (*L'Inconnu et les Prob. psy.*, p. 572), un physiologiste qui oserait affirmer que des phénomènes tels que : celui de la clairvoyance télesthésique, qui permet au sujet de voir et de décrire des choses placées à des milliers de lieues de la portée de ses sens, — ou celui de la télépathie, par lequel il transmet sa pensée et tout un cortège d'images et de sensations véridiques à une autre personne, quels que soient les obstacles et les distances qui s'opposent à cette action, — puissent être considérés comme des fonctions du système nerveux. La question paraît donc résolue : si les phénomènes dont il s'agit ne peuvent être *fonctions du système nerveux*, la nécessité s'impose de chercher cette fonction dans un autre centre d'activité psychique.

Enfin, ce qu'on ne saurait expliquer dans l'hypothèse que je combats, c'est que le sommeil, naturel ou artificiel, qui est par définition *le repos du système nerveux* (V. *supra*, n° 42), puisse n'exercer son influence anesthésiante que sur *une partie* du cerveau, à l'exclusion des autres. Pourquoi, comment et par quelle grâce spéciale, les cellules, autres que celles spécifiées par les physiologistes, échapperaient-elles à cette influence ? Peut-on admettre que le ralentissement de la circulation sanguine, qui paraît être la cause déterminante du sommeil naturel, puisse s'opérer dans tout le corps, y compris l'écorce cérébrale, sans se faire sentir sur *tous* les autres centres cérébraux, sans aucune exception ? Or le sommeil hypnotique ressemble, à s'y méprendre, au sommeil naturel et procède sans doute d'un dynamisme identique. Il semble donc incontestable que l'engourdissement, qui en est la cause, ou l'effet, doit gagner tous les centres nerveux sans exception, puisqu'ils sont tous de même essence et soumis au même dynamisme [1].

1. S'il épargne, dans mon hypothèse, l'organisme psychique,

Mais, alors, comment expliquer la suractivité qui se manifeste dans quelques-uns de ces centres, aussi bien du reste dans le sommeil naturel, pendant lequel l'intensité de certains rêves suffirait à la rendre évidente, que dans le sommeil artificiel ? Le problème paraît insoluble si l'on s'en tient à l'hypothèse des physiologistes.

Le problème s'éclaire, au contraire, si l'on admet la dualité des organismes, dans l'homme, pour la manifestation des phénomènes de conscience : l'un, qui est le cerveau, pour la conscience ordinaire et transitoire de notre existence terrestre, et l'autre, qui est l'âme, avec son organisme psychique et extériorisable, pour la conscience totale, supérieure et permanente, qui constitue, pour chacun de nous, la véritable personnalité.

563. — C'est d'après ces motifs, développés au cours de mon ouvrage, que je me suis cru autorisé à conclure fermement en faveur de l'existence distincte de ce second organisme. A la permanence de l'activité psychique, pendant cette vie, malgré les états de sommeil ou d'hypnose qui devraient la paralyser, et qui au contraire la renforcent en la libérant ; — à la survivance de cette activité à la mort, qui devrait au contraire l'éteindre, si elle ne puisait pas son principe dans un centre de forces différent des centres nerveux : il faut bien, en effet, un organe, puisque toute *fonction* suppose nécessairement l'organe par lequel elle s'accomplit et qu'on ne conçoit pas que l'âme, même complètement libérée, puisse s'en passer, si l'on admet qu'après la mort du corps elle conserve une vie de relations, non seulement avec Dieu et le monde spirituel, mais encore avec tous les êtres et toutes les forces de l'Univers.

Que cet organisme soit purement spirituel, on a pu l'admettre sous le prétexte qu'il ne tombe pas sous les sens. Mais *spirituel* et *supra-sensible* ne sont pas des

c'est que, précisément, celui-ci est d'une autre essence et soumis à des lois différentes.

termes équivalents, et il y a tout lieu de penser que l'être humain, après la mort du corps, conserve encore, dans un certain sens et dans la mesure nécessaire à sa vie dans l'au-delà, une double nature, attendu que l'âme ou, disons mieux, pour éviter toute confusion, l'*Esprit immortel* ne saurait se passer, pour agir sur les forces du monde physique, d'une certaine affinité et de certains rapports avec elles, sans quoi l'âme, séparée du corps, serait une *exilée* dans l'Univers ; elle perdrait toute personnalité, et n'ayant plus de conscience qu'en Dieu, dont elle est sans aucun doute une émanation, ne pourrait que se réunir à lui et se confondre avec lui dans l'oubli et la quiétude d'un profond *Nirvana* [1].

1. Cette conception d'un organisme psychique, d'une essence mixte et servant de *substratum* à la vie de l'âme, soit dans ce monde, soit dans l'autre, n'est pas nouvelle, et je demande la permission d'emprunter à l'ouvrage de M. Gabriel Delanne (*L'Âme est immortelle*, pp. 15 à 46) quelques citations qui établissent son ancienneté :

M. Delanne en signale les traces dans l'antiquité indienne, égyptienne, persane et chinoise, en Judée, en Grèce ; chez les poètes, les savants, les philosophes, et même les Pères de l'Église.

« Je crois, dit Leibniz, avec la plupart des anciens, que tous les génies, toutes les âmes, toutes les substances simples, sont créées toujours jointes à un corps, et qu'il n'y a jamais eu des âmes qui en soient complètement séparées. »

Tertullien (*De carne Christi*, chap. VI), qui déclare, d'autre part, que la corporalité de l'âme est affirmée par les Évangiles (*De anima*, chap. VII, VIII et IX, éd. de 1657, p. 8), dit que les anges eux-mêmes auraient un corps qui leur est propre et que, dans certaines conditions, ils peuvent se rendre visibles aux hommes. — C'est aussi l'opinion qu'exprime saint Basile dans son traité du Saint-Esprit (*Liber de Spiritu Sancto*, chap. XVI, édit. bénéd. de 1730, t. III, p. 32).

« Il n'y a rien dans la création, enseigne saint Hilaire, choses visibles ou invisibles, qui ne soit corporel. Les âmes elles-mêmes, qu'elles soient ou non réunies à un corps, ont encore une substance corporelle inhérente à leur nature, par la raison qu'il faut que toute chose soit dans quelque chose. — Et, Dieu seul étant incorporel, d'après saint Cyrille d'Alexandrie, lui seul ne peut être circonscrit, tandis que toutes les autres créatures le peuvent, quoique leurs corps ne ressemblent point aux nôtres... »

Telle est aussi l'opinion de saint Grégoire, de saint Bernard, du grand Ambroise de Milan, qui disait : « Ne nous imaginons point qu'aucun être soit exempt de matière dans sa composition, à la

564. — Quoi qu'il en soit, substance ou force, esprit ou matière, l'organisme psychique existe, par la raison, indépendamment de toutes les considérations de fait et de toutes les preuves expérimentales relevées au cours de cet ouvrage, qu'il est indispensable, ainsi que j'ai commencé et que je vais achever de l'établir, à la vie de l'âme et à ses diverses manifestations, soit, pendant son union avec le corps, soit, plus certainement encore, après leur séparation définitive.

Pour le bien comprendre, il suffit de relever — comme je l'ai fait au cours des divers chapitres de ce volume sur : la Conscience et la Subconscience (chap. I et II), le Sommeil et les Rêves (chap. III), le Magnétisme et l'Hypnotisme (chap. IV à VIII), les Dédoublements de la personnalité (chap. IX), l'Extase (chap. X), la Clairvoyance et la Prescience (chap. XI), la Transmission de pensée et la Télépathie (chap. XII) — toutes les manifestations de l'activité psychique, et elles sont nombreuses, que les observations et les expériences des psychologues ont mises en évidence et que l'organisme nerveux *est incapable, avec les moyens limités dont il dispose, de réaliser*. Le fait qu'elles s'accomplissent tout de même fournit, chaque fois que leur objectivité est démontrée, une preuve catégorique de l'existence dans l'être humain d'un centre psychique distinct des centres nerveux, capable de fonctionner en dehors de

seule et unique exception de la substance de l'adorable Trinité. »
— Voir également les citations, dans le même sens, des déclarations faites par saint Jean de Thessalonique au deuxième concile de Nicée (787) et recueillies par M. Léon Denis (*Christ. et Spirit.*, pp. 398 à 401).
— « Si l'âme humaine, écrit de son côté Eugène Nus, dans *les Grands Mystères* (Paris, Libr. des sciences psych., 7ᵉ éd., pp. 114 à 116), existe et doit continuer d'exister, comme être particulier, chaque âme est nécessairement distincte des autres âmes. L'idée de distinction entraîne l'idée de limite et de forme; forme et limite impliquent la matière. L'âme est donc toujours substantielle, c'est-à-dire esprit et matière ; et ses éléments constitutifs, les essences inférieures dont elle est la synthèse, sont substantiels aussi. »

ces derniers et sans leur secours, et d'exercer directement et par ses propres moyens des actions qui leur
sont interdites [1].

Pour n'en citer que quelques-unes, il est certain, par
exemple, que ce n'est que grâce à des facultés spéciales
d'intuition et d'extériorisation que le conscient cérébral
ne possède pas, mais qui sont en puissance dans le subconscient, dont l'organisme psychique n'est que l'instrument, que celui-ci peut percevoir, à distance et en dehors
du champ d'action des sens normaux, les vibrations de la
lumière, du son et de la pensée ; voir des faits et des
gestes, entendre des sons, scruter des pensées, que le
cerveau est impuissant à saisir ; prendre directement
connaissance du passé, du présent et même de l'avenir,
dans des conditions que les lois connues de la physiologie matérialiste ne permettent pas d'expliquer (V.
chap. XI, nᵒˢ 395 et 422).

C'est encore le même organisme psychique, qui, grâce
à ses facultés d'extériorisation, est seul capable d'annoncer la mort de l'organisme corporel auquel il est
uni, ou un accident grave, à des parents ou des amis
éloignés, en projetant dans l'espace et en faisant appa-

---

1. On a déjà vu (*supra*, nᵒ 557) M. Émile Boutroux faire la même
observation et en conclure à l'existence et la survivance de l'âme.

C'est aussi celle qui fait accepter la même conclusion à notre
grand philosophe du jour, le professeur Henri Bergson, qui, dans
un discours du 28 mai 1913, qui serait tout entier à citer, a, en
prenant possession du siège présidentiel de la *Société des Recherches psychiques de Londres*, auquel il vient d'être promu, prononcé
les paroles suivantes (V. *Annales des Sciences psychiques* de nov.-
déc. 1913, pp. 321 et suiv.) :

« Plus nous nous accoutumerons à cette idée d'une conscience
qui *déborde l'organisme*, plus nous trouverons naturelle et vraisemblable l'hypothèse de la survivance de l'âme au corps. Certes,
si le mental était rigoureusement calqué sur le cérébral, s'il n'y
avait rien de plus dans une conscience humaine que ce qu'il serait
possible de lire dans son cerveau, nous pourrions admettre que la
conscience suit les destinées du corps et meurt avec lui. Mais si
les faits, étudiés sans parti pris, nous amènent au contraire à
considérer la vie mentale comme beaucoup plus vaste que la vie
cérébrale, la survivance devient si probable que l'obligation de la

raitre à des centaines de lieux son fantôme plus ou
moins extériorisé (V. chap. XII (*de la télépathie*),
n°s 446 et s.).

Tous les phénomènes d'automatisme que l'on rencontre dans l'étude du médiumnisme, à laquelle j'ai consacré quelques pages sous la 7e section du chapitre VIII
(n°s 217 et s.), s'élaborent en général dans le subconscient, sans la participation et même à l'insu de la conscience normale. C'est ce subconscient qui — en utilisant ses connaissances acquises, soit par la voie normale des sens et de la conscience cérébrale, soit par
des voies supranormales que celle-ci ne connait pas
et qui lui demeurent étrangères, et, en extériorisant
sa motricité, sa force vitale, sa faculté organisatrice
et désorganisatrice, et toutes ses facultés en général —
produit des mouvements, signes conventionnels de la
pensée, sans contact apparent; parle ou écrit automatiquement, quelquefois sans aucun instrument approprié (*supra*, n°s 221 et s.), sous l'influence de personnalités qui paraissent lui être étrangères et avec lesquelles il converse parfois dans des langues qu'il ne
connait pas (*supra*, n° 224); révèle des faits complètement ignorés du médium et des autres personnes
de l'assistance, ou prédit des événements futurs qui
se réalisent (*supra*, n° 412); élève le corps du sujet
à quelques pieds au-dessus du sol (*supra*, n°s 228
et s., et 328 et s.); déplace des objets situés en
dehors de toute action nerveuse et musculaire (*supra*,
n° 227); matérialise des organes humains, quelquefois
des corps entiers, dont les éléments sont empruntés à
sa propre substance et même à l'organisme corporel du

preuve incombera à celui qui la nie bien plutôt qu'à celui qui l'affirme; car, ainsi que je le disais ailleurs, « l'unique raison que
nous puissions avoir de croire à une extinction de la conscience
après la mort, est que nous voyons le corps se désorganiser, et
cette raison n'a plus de valeur si l'indépendance, au moins partielle, de la conscience à l'égard du corps est, elle aussi, un fait
d'expérience ».

sujet (*supra*, nᵒˢ 231 et s.); projette son double et le fait agir à distance (*supra*, nᵒ 514 et s.); dématérialise des objets éloignés pour les transporter au loin à travers tous les obstacles et les rematérialise, au lieu de leur *apport*, dans leur forme primitive (*supra*, nᵒˢ 233 et s.), etc.., etc.

En résumé, de toutes les facultés extraordinaires, et de toutes les sources anormales de connaissances que supposent les phénomènes que je viens de passer en revue, il n'en est pas une seule qui n'aboutisse à faire considérer le subconscient et son organisme spécial comme étant le seul centre d'activité psychique capable d'en fournir une explication rationnelle. Toutes les autres hypothèses qui ont été proposées pèchent par la base, ainsi que je l'ai surabondamment démontré.

Il est vrai qu'en ce qui concerne les phénomènes du médiumnisme, il reste encore la ressource de les nier et un certain nombre de psychologues ne s'en privent pas. Mais cette ressource est aujourd'hui bien précaire et ne tiendra pas longtemps, j'en suis persuadé, contre le nombre, de plus en plus grand, de vrais savants qui étudient cette phénoménologie spéciale et qui, de plus en plus, en reconnaissent la réalité objective.

Dans tous les cas, le temps de la négation pure et simple est passé pour les phénomènes que j'ai principalement étudiés et qui relèvent directement de l'hypnose. Pour ceux-ci, tout au moins, dont l'objectivité est à peu près universellement admise, la cause est entendue, et la force *inductive* des raisons de fait qui militent en faveur de l'hypothèse du subconscient et de son organisme psychique, me paraît rigoureusement établie.

565. — CONCLUSIONS. — SURVIVANCE DE L'AME. — Si l'on me demandait, pour clore le résumé qui précède, de le condenser dans une formule synthétique, je dirais que ce centre de forces, autonome, distinct et virtuellement indépendant des centres nerveux — dont

mon ouvrage a démontré l'existence dans l'être humain et décrit le fonctionnement — qu'on le désigne sous les noms divers, mais identiques au fond : de *subconscient*, de *subliminal*, de *moi intérieur*, d'*être psychique*, avec la plupart des psychologues ; de *périsprit*, avec les spirites ; de *corps astral*, avec les occultistes et les théosophes ; ou qu'on l'appelle simplement, comme je l'ai fait, l'*organisme psychique*, parce qu'il est en somme à l'esprit ce que l'organisme nerveux est au corps [1] — n'est pas autre chose que l'*âme* des anciens spiritualistes, ou, plus exactement, l'instrument, l'intermédiaire nécessaire entre le corps périssable et la *monade spirituelle* à laquelle ce nom d'âme devrait être réservé, puisque c'est elle en effet qui, émanation directe de Dieu, est, dans notre être, le principe véritable et le soutien de toute vie.

Je donne, d'ailleurs, ce nom de *monade*, faute de mieux, à ce centre d'attraction, à *cette essence d'être*, si l'on veut bien me permettre cette expression, que je suppose devoir exister comme le *substratum immatériel* et *indivisible* et, par conséquent, *indestructible*, autour duquel gravitent ici-bas et graviteront dans l'au-delà les consciences successives qui constituent le moi humain. A défaut de ce *postulatum*, qui est au fond de la philosophie de Platon et de tous les sages de l'antiquité, l'organisme psychique pourrait bien survivre à l'organisme corporel, comme cette étude le démontre, mais il ne serait pas certain que notre *moi* fût immortel, comme nous avons de puissantes raisons de

---

1. L'âme meut l'organisme psychique, et celui-ci l'organisme nerveux. Ce qui le prouve, c'est que, lorsque l'organisme psychique s'extériorise, comme dans les expériences de M. de Rochas (V. *supra*, nᵒˢ 201 et suiv.), et, par conséquent, n'agit plus sur les centres nerveux, ceux-ci perdent plus ou moins leur sensibilité. C'est donc bien dans cet organisme psychique qu'est leur moteur, et non en eux-mêmes. Sans lui, ils ne sont plus que des agglomérations de cellules, dont la vie s'est plus ou moins complètement et momentanément retirée, jusqu'à ce que l'organisme psychique les actionne de nouveau.

l'espérer[1]. En effet, il est constant que les divers états de conscience qui contribuent, sur le plan terrestre, et contribueront, sur le plan spirituel, à former notre moi, notre personnalité tout entière, sont et resteront sans doute modifiables ; que, dès lors, appelés à progresser dans leurs évolutions successives, ils pourraient aussi subir des altérations plus ou moins graves, plus ou moins profondes. A défaut d'un centre de forces spirituel et indissoluble, sorte d'influx divin d'où l'être humain est sorti, ils risqueraient donc, sous des causes diverses qui ne peuvent être actuellement déterminées, mais qui n'en sont pas moins à prévoir, de se dissoudre, et, par conséquent, de cesser d'être, en tant que consciences individuelles, comme une planète qui aurait perdu son centre d'attraction.

566. — Ceci posé, j'arrive aux preuves décisives que mon étude, si imparfaite qu'elle soit, ne fournit pas moins en faveur de la survivance de l'âme.

Tout d'abord, il est à remarquer que la question de survivance serait résolue, sans doute possible, soit si l'on admettait, avec le docteur Gyel (*l'Être subconscient*, p. 125) la thèse d'après laquelle les facultés et connaissances anormales du subconscient, de l'être psychique, auraient leur origine et leur explication dans les acquisitions faites par lui au cours de ses réincarnations successives ; soit si l'on se rangeait à l'opinion des spirites qui expliquent ces facultés et ces connaissances par l'intervention des esprits désincarnés (V. *supra*, n° 40).

Mais la première de ces hypothèses me paraît peu sûre, ainsi que je l'ai déjà expliqué (n° 40), et, quant à la seconde, je ne pourrais en faire état dans les conclusions du présent ouvrage, que s'il m'avait été permis d'y insérer l'abondante documentation, en observations et expériences (dont je possède du reste tous les éléments et que j'utiliserai peut-être un jour), que doit pré-

1. Je reviendrai sur ce point un peu plus loin.

senter un traité de spiritisme pour avoir le droit de conclure fermement à la possibilité et à la réalité effective
des communications des vivants avec les morts. Je ne
puis donc, sur ces deux points, que réserver mon opinion. Il me paraît d'ailleurs d'une réelle utilité de pouvoir édifier le principe de la survivance sur sa base
d'observation purement physiologique et psychologique, abstraction faite de toutes hypothèses sujettes à
discussion, telles que celles dont il vient d'être parlé,
et qui, à tort ou à raison, se heurtent encore, à l'heure
actuelle, à de nombreuses objections.

Après avoir ainsi déblayé le terrain, j'entre immédiatement dans le champ de la discussion.

567. — On a vu de quels prodiges est capable le subconscient, avec son organisme psychique, lorsque les
troubles plus ou moins profonds de l'organisme corporel, troubles pouvant aller de l'anesthésie jusqu'à la
mort, lui permettent, exceptionnellement, de manifester
son pouvoir. Sa supériorité sur le conscient est alors
évidente et ne peut plus, après ce qui a été dit, être
contestée. Pourquoi cette supériorité dans un organe
qui, normalement, n'est pas appelé à fonctionner sur le
plan terrestre, et qui, par conséquent, si la personnalité humaine doit disparaître à la mort du corps, est
condamné, dans l'ordre ordinaire des choses, à rester
inutile et sans emploi? Il est un principe qu'on ne con-
teste pas dans la doctrine évolutionniste : c'est, d'une
part, que la nature obéit toujours à la loi du moindre
effort et ne fait rien d'inutile, et, d'autre part, que c'est
la fonction qui crée l'organe. Les êtres vivants, Darwin
l'a magistralement établi, tendent constamment à acquérir et à fixer dans un organe approprié les progrès qu
sont utiles à leur existence. Mais, en retour, ils
laissent s'atrophier et finalement disparaître les organes
laissés sans emploi (Richet, *Essai de psychologie générale*, précité, p. 64). On en conclut qu'une fonction en
grande partie inutile n'est jamais qu'une fonction acces-

soire et ne comporte qu'un organisme rudimentaire.

La nature aurait-elle donc pour cette fois dérogé à ses lois immuables en constituant dans l'homme, à côté de l'organisme nerveux, un autre organisme, cent fois supérieur à ce dernier et doué des plus hautes facultés, mais dans des conditions telles que celles-ci ne dussent que rarement et très exceptionnellement trouver leur emploi ? A-t-elle, en un mot, créé un organisme *véritablement transcendantal*, mais devant demeurer la plupart du temps inutile pour les fins *exclusivement terrestres* qu'elle se proposait ? que dis-je ? Inutile. Dangereux et nuisible, dois-je ajouter, puisque la faculté d'extériorisation, qui est la condition du fonctionnement des facultés supranormales de cet organisme, compromet l'union qui normalement doit exister entre ce dernier et son associé, et, par suite, l'équilibre de l'être tout entier, au point que le sujet, qui subit ces crises de dissociation, a pu justement être considéré comme atteint d'une véritable tare physiologique.

Cette inconséquence, pour peu qu'on y réfléchisse, ni la nature, ni Dieu, son créateur, ne l'ont commise : ce serait leur faire injure que de le supposer. Si l'organisme psychique existe et possède des facultés prodigieuses, inutiles et même dangereuses sur le plan actuel, c'est qu'il est destiné à les exercer *normalement* sur un autre plan, celui des *impondérables*, où il sera affranchi des limitations du temps et de l'espace, et à l'heure précisément où l'organisme nerveux, auquel il est momentanément uni, aura suspendu ou rompu définitivement cette union ; n'ayant, en attendant, d'autre but que d'accroître, grâce à cette union même, son patrimoine moral et intellectuel, d'augmenter ses connaissances et de développer ses facultés et ses énergies latentes, en vue de son prochain avenir.

568. — C'est, en effet, ce qui ressort de toutes mes observations précédentes sur l'activité fonctionnelle du subconscient et de son organisme psychique. Cette acti-

vité ne se manifeste ici-bas qu'exceptionnellement et seulement dans les cas où celle de l'organisme nerveux est momentanément suspendue par l'anesthésie, par le sommeil naturel, somnambulique, hypnotique ou médiumnique, et, en quelque sorte, pour suppléer à cette suspension, puisque l'activité de l'un, ainsi qu'on l'a observé, est toujours en raison inverse de celle de l'autre. C'est, en effet, lorsque ce dernier est dans un état de plus en plus voisin de l'anéantissement, de la mort, que l'être psychique accuse de plus en plus de vitalité. Ceci est remarquable, surtout, dans les phénomènes de *télépathie*, qui, le plus souvent, précèdent de quelques heures, accompagnent ou suivent la séparation définitive des deux organismes. C'est au moment même où cette séparation va lui rendre, ou lui rend, ou lui a rendu sa liberté et son indépendance, que l'être psychique se montre capable de traverser l'espace, de franchir tous les obstacles qui s'opposaient jusque-là à son action, et qu'il manifeste directement toute sa puissance, comme si n'ayant plus à s'occuper, suivant sa fonction habituelle, de l'être corporel qui est sur le point ou vient de l'abandonner, il recouvrait à ce moment et retirait à lui toutes les énergies qui cessent d'être nécessaires à sa tâche désormais remplie, pour les employer exclusivement à la tâche et à la forme de vie nouvelle qui vont désormais être les siennes.

Il serait évidemment absurde de penser que c'est précisément, à ce moment où tout en lui appelle la vie, qu'il va se dissoudre et retomber dans le néant. S'il en était ainsi, au lieu de rayonner, comme il le fait, à des milliers de lieues ; au lieu d'aller droit à ceux qu'il aime et dont il est aimé, pour leur donner une dernière preuve de son attachement, il subirait, comme l'organisme corporel, le trouble de sa dissolution, tomberait comme lui dans le *coma* qui précède l'anéantissement, et serait, par conséquent, incapable d'aller porter au loin la preuve de sa vitalité et de son indissolubilité.

Cette incapacité serait d'ailleurs absolue dès que la mort aurait fait son œuvre, et l'on serait, dès lors, dans l'impossibilité, si l'organisme psychique ne survivait pas à l'organisme corporel, d'expliquer les nombreux faits de télépathie *post mortem* qui se produisent, ainsi qu'on l'a vu, plusieurs heures, quelquefois plusieurs jours et mêmes plusieurs années après la mort.

569. — On ne saurait méconnaître que, parmi les preuves fournies par la psychologie expérimentale en faveur de la survivance de l'âme, cette dernière observation prend une place considérable. Les faits de télépathie *post mortem*, rapportés sous la 3ᵉ section de mon chapitre XII (*supra*, nᵒˢ 527 et s.), ne permettent pas seulement, en effet, *d'en induire* la persistance, après la mort du corps, de l'être psychique. Ils en fournissent la preuve *directe et décisive,* et ne laissent plus au sceptique que la ressource, de plus en plus précaire, de plus en plus difficile, d'en contester l'objectivité.

C'est ainsi que tous les phénomènes qui ont été étudiés dans cet ouvrage présentent dans leur développement une continuité remarquable. Simples au début de cette étude, ils font déjà présumer l'existence, en dehors de l'organisme corporel quoique dans une étroite union avec lui, d'un centre d'activité psychique, distinct de ce dernier, et pouvant, dans certain cas, s'en dissocier pour fonctionner en toute indépendance et par ses propres moyens.

Plus complexes ensuite et supposant une plus grande puissance d'extériorisation, les phénomènes, tels que ceux du somnambulisme, de l'extase, de la clairvoyance, de la prescience, de la télépathie, montrent ce centre d'activité fonctionnant en dehors du corps comme un organisme complet, comme un être psychique distinct de l'organisme nerveux auquel il est associé, accomplissant des actes manifestement interdits à ce dernier et supposant un mode d'existence, des formes d'activité que le plan terrestre habituellement ne comporte pas.

Enfin, dernière étape et conclusion définitive de cette étude, l'être psychique, ainsi révélé aux observateurs, apparaît finalement comme exerçant, *après la mort de l'organisme corporel*, certaines actions télépathiques, telles que son apparition à un vivant, sans compter les diverses manifestations d'activité que le spiritisme lui prête, et démontrant ainsi, par le fait même de cette action, qu'il n'a pas suivi le corps dans sa désagrégation finale, puisqu'il agit encore, et qu'agir c'est vivre.

Rien d'étonnant, du reste, et ceci confirme cela, que l'être psychique, qui avait déjà, du vivant du corps, la faculté d'extérioriser une partie plus ou moins complète de lui-même, en vue, par exemple, de manifester au loin sa présence à un ami éloigné, conserve cette faculté après sa séparation d'avec le corps. Cette séparation même est la plus complète, la plus normale et la plus définitive des extériorisations. L'être psychique, ainsi extériorisé, paraît donc dans les meilleures conditions pour agir télépathiquement, et, s'il n'en profite pas plus souvent pour se manifester à un ami, c'est qu'il y a sans doute à cette action, qui semblerait toute naturelle, des obstacles d'une nature toute particulière, que nous ne pouvons nous expliquer, et dont la connaissance exigerait celle des lois qui régissent le monde supra-sensible et, peut-être aussi, le monde surnaturel.

Il semble qu'arrivé à ce point de l'étude de la loi de l'extériorisation psychique, et à moins de nier les faits, — ce qui serait difficile, en présence de l'accumulation de tant de témoignages et de tant de documents réunis et soigneusement contrôlés par des hommes d'une compétence et d'une honorabilité indiscutables, comme l'ont été ceux recueillis par les enquêtes, soit de la *Société des Recherches psychiques de Londres*, soit de notre éminent astronome, M. Camille Flammarion, — le psychologue a non seulement le droit, mais le devoir de considérer comme faite, et bien faite, la preuve de la survivance de l'âme.

570. — On conçoit sans peine que je renonce à puiser, pour appuyer ces conclusions, dans l'immense arsenal de preuves de toute nature, physiologiques, métaphysiques, morales et religieuses que l'on peut invoquer en faveur de la survivance ; ce qui me reste de vie sur cette terre n'y suffirait pas[1]. La tâche que j'ai entreprise est d'ailleurs plus modeste : ayant trouvé dans l'étude de la psychologie expérimentale, à laquelle je me suis livré depuis plusieurs années pour ma satisfaction personnelle, des preuves très spéciales et saisissantes de la survie, qui ont eu la vertu, que n'avaient pas eu les preuves de toute autre nature, de me faire comprendre et accepter cette vérité, à la fois si importante et si consolante, j'ai senti en moi naître le désir, bien naturel, de ne pas laisser se perdre le fruit de mes nombreuses lectures et de mes réflexions, et d'en faire une synthèse (car je n'ai pas fait autre chose) qui pourrait peut-être déterminer chez d'autres esprits avides de pénétrer le secret de la destinée humaine, une conviction que je suis trop heureux d'avoir acquise pour ne pas avoir l'ambition de la propager.

Cette tâche est aujourd'hui, tant bien que mal, à peu près remplie, puisque je n'ai fait grâce à mes lecteurs d'aucun des aperçus nouveaux que mon étude m'a suggérés, ni d'aucune des preuves que nous fournit la psychologie expérimentale en faveur de la *survivance de l'âme*.

---

1. Je préviens toutefois mes lecteurs qu'ils pourront consulter avec fruit un certain nombre de psychologues modernes qui, ayant abordé l'étude expérimentale de la survivance de l'âme, ont tous conclu dans le même sens que moi et pour des raisons analogues. Je citerai principalement, parmi les plus intéressants : 1° AKSAKOF (*Animisme et Spiritisme*, pp. 523 et suiv.) ; 2° CARL DU PREL (*La Mort, l'Au-delà et la Vie dans l'Au-delà*, pp. 9 et suiv.) ; 3° M. DE ROCHAS (*Les Frontières de la science*, 1re série, pp. 18 et suiv.) ; 4° M. GABRIEL DELANNE, dont le récent ouvrage *les Apparitions matérialisées des vivants et des morts* n'est qu'une longue et savante démonstration, en deux volumes, de la survivance de l'âme, fondée sur une documentation aussi abondante qu'intelligemment choisie ; 5° M. METZGER (*Essai de spiritisme scientifique*, pp. 121 et suiv.) ; et, enfin, M. SAGE (*La Zone frontière*, p. 21)

571. — IMMORTALITÉ DE L'AME. — J'insiste sur ces derniers mots, qui limitent à dessein le champ de mes conclusions. C'est, en effet, qu'on le remarque bien, la *survivance* de l'âme *seulement* qu'établissent les preuves recueillies dans cet ouvrage. Elles sont impuissantes à démontrer son *immortalité*.

Comme l'Infini de l'*espace*, l'Infini du *temps* échappe à notre intelligence et à notre expérimentation. L'immortalité de l'âme est une de ces vérités *de l'ordre surnaturel*, que Dieu seul peut nous révéler d'une manière certaine, et qui constituent précisément le domaine propre et exclusif de l'enseignement religieux, hors duquel l'homme en est réduit à des hypothèses invérifiables, ou à de vagues espérances. La science, en effet, en cette matière, avoue sagement son incompétence ; la philosophie, même spiritualiste, ne fournit que des données incertaines et souvent contradictoires ; la métaphysique en est réduite à invoquer en faveur de cette doctrine de l'Immortalité, la théorie de la permanence et de la transformation de la matière et de l'énergie ; et il suffit de lire l'exposé que fait de cette théorie M. Louis Elbé, dans *la Vie future devant la sagesse antique et la science moderne*, p. 388, pour comprendre combien, dans l'application qu'il en fait à l'âme pour prouver son immortalité, elle est peu concluante.

Le mieux qu'on puisse alléguer en faveur de l'immortalité de l'âme, en dehors de l'enseignement religieux fondé sur la révélation, est ce qu'en dit M. Sage dans son ouvrage (précité) : *Le Sommeil naturel et l'Hypnose*, et que le dogme catholique, du reste, ne contredirait pas, mais qui, abstraction faite de cette source particulière d'information, n'en est pas moins, ainsi que je l'ai fait observer *supra*, n° 565, un véritable postulatum.

Si l'âme est distincte du corps, écrit cet auteur, dont les vues sont toujours aussi originales que profondes (pp. 351 et s.), plus rien ne nous empêche d'avoir confiance en notre sens intime, qui nous affirme que l'âme est *une*, *qu'elle est une* monade[1], c'est-à-dire quelque chose d'indestructible. Détruire, c'est désagréger un agrégat; on ne peut détruire ce qui est un. L'homme cérébral peut-il concevoir cette âme *une*? Très imparfaitement, mais un peu tout de même : « Faraday, dit William Crookes[2], réfléchissant sur les atomes de Lucrèce, infiniment petits, durs et impénétrables, ainsi que sur les forces ou formes de l'énergie qui leur appartiennent, fut amené à rejeter totalement l'existence du noyau et à ne plus envisager que les forces ou formes de l'énergie que l'on associe ordinairement à ce noyau... »

Cette manière de concevoir la constitution de la matière que Faraday préférait à l'opinion courante, est exactement la manière dont je me représente la constitution d'un être spirituel. Cet être serait un centre d'intelligence, de volonté et d'énergie pouvant pénétrer tous les autres, emplissant en entier ce que nous appelons l'espace, tout en conservant son individualité propre et la persistance de son moi...

Cette conception, qui, entre parenthèses, conduit à assimiler la vie de l'âme à l'évolution accomplie par un tourbillon planétaire en vue de constituer une planète autour de son noyau, ou, selon l'hypothèse de Faraday, de son *centre attractif*, est à retenir. Ce centre attractif ne peut être, pour l'âme humaine, comme pour la planète, que le *fiat lux* du Créateur, *l'influx divin* qui, une fois en puissance d'être, s'agrège, par l'énergie spirituelle qui est en lui, en les puisant dans l'ambiance, toutes les forces nécessaires à la constitution de la personnalité humaine.

La vie terrestre ne serait ainsi que l'effort créateur de l'âme en vue de l'accomplissement des destinées qui lui sont réservées: destinées idéalement heureuses, si l'effort a été fait selon le plan divin, et malheureuses, si, pour des causes tenant au mauvais usage que l'âme aura fait de son libre arbitre, elle n'a pas su s'harmoniser avec ce plan et s'est ainsi préparé le regret *éternel* d'avoir manqué sa destinée.

1. Comp. *supra*, n° 565.
2. *Discours récents sur les recherches psychiques*, traduits par M. Sage. Paris, Leymarie, 1903 (pp. 15-16).

572. — C'est pour cela que la religion appelle très justement notre vie terrestre, une vie d'épreuves. Personne n'a ainsi, mieux qu'elle, défini le sens de la vie. L'âme est une synthèse vivante qui s'ébauche sur cette terre et qui doit se compléter dans le monde spirituel pour l'accomplissement des desseins que Dieu a sur elle.

L'épreuve, si elle n'a pas donné entièrement le résultat voulu par Dieu, se continuera dans l'autre monde : ce sera l'épreuve purgatorielle, qui achèvera ce que l'épreuve terrestre aura commencé.

Quand, avant de mourir, il se pose avec angoisse cette question capitale pour lui : Serai-je éternellement heureux, ou éternellement malheureux ? le chrétien se rappelle la grande loi de justice qu'on lui a enseignée : chacun selon ses œuvres ! Les bons seront sauvés, les autres damnés, c'est-à-dire exclus de la magnifique destinée réservée aux élus.

Là-dessus, le libre penseur de se scandaliser et de crier à l'injustice : se peut-il que, pour quelques fautes, presque inévitables, étant donnée la faiblesse humaine, un être intelligent et sensible, créé par Dieu, doive à jamais perdre toute espérance de bonheur et soit condamné à des supplices éternels ?

J'avoue que je ne partage pas l'indignation de la libre pensée contre une hypothèse qu'elle formule elle-même en des termes quelque peu arbitraires.

La question, qui dénature sans doute, en les exagérant, contrairement aux enseignements d'une saine et prudente théologie, les conséquences de la faute, est probablement mal posée. Il ne s'agit pas de savoir exactement quelles seront ces conséquences, et toutes les descriptions que l'on a tenté de faire dans ce sens ne sont que prématurées et quelque peu enfantines. Il s'agit simplement de savoir si la loi de justice, que nous trouvons tous plus ou moins gravée dans nos cœurs, sera observée. Et, sur ce point, nous n'avons qu'à nous en remettre à la sagesse de Dieu, l'être qui, par définition, est la justice même.

En quoi, du reste, la notion des récompenses et des peines serait-elle contraire à cette loi suprême? On invoque contre elle la loi du progrès, — progrès nécessaire pour les individus comme pour l'humanité tout entière — en vertu de laquelle tout homme né de la chair aurait droit au bonheur. Où est écrite cette loi, si ce n'est dans l'imagination des évolutionnistes, dont la thèse tombe de plus en plus en discrédit, parce qu'elle est manifestement contraire aux faits, aux lois mêmes de la nature, qui a mis l'inégalité des conditions dans l'origine et dans la vie de tous les êtres ? On se targue vainement, pour soutenir le contraire, des progrès de la science, qui semblent en effet ne pouvoir être niés, à l'époque où nous vivons. Mais l'histoire des Égyptiens nous montre une nation dans laquelle la civilisation scientifique a été poussée au plus haut degré, pour faire place ensuite à une nuit profonde. Si donc les nations rétrogradent quelquefois dans la voie du progrès, pourquoi n'en serait-il pas de même de l'humanité ?

En outre, le véritable progrès, celui qui importe à notre humanité, à la fois terrestre et supra-terrestre, ne réside pas précisément dans le développement de la science. Une période de progrès scientifique peut très bien coïncider avec une période de recul moral ; et c'est ce qui ne se vérifie que trop de nos jours. Or, le progrès scientifique et matériel, s'il n'est pas accompagné du progrès moral, que fait-il de l'homme ? Il accroît la puissance de l'individu ; mais il affaiblit l'humanité en tant qu'être collectif. Il dissout les liens qui doivent unir les hommes pour le plus grand bien de tous, et crée entre eux des rivalités, des inégalités, des discordances mortelles, au lieu de les fondre dans une heureuse et puissante harmonie.

Ce sont ces discordances qui constituent le mal moral,

et que la Providence, poursuivant son œuvre créatrice, cherche à éliminer. Pour cela, elle a permis qu'un Dieu s'incarnât sur la terre et y souffrit mille tortures pour donner à tous le divin exemple du dévouement et du renoncement. Faut-il s'étonner dès lors qu'elle sacrifie au bien général les individualités qui refusent de se fondre, par l'amour et la pratique du bien, dans l'harmonie universelle, qui est sans doute le but de la création et le terme assigné à l'humanité triomphante, — semblable en cela au chef d'orchestre qui n'hésite pas à retrancher du nombre des exécutants tous ceux qui sont des éléments de trouble et de dissonances ?

De là, la damnation, c'est-à-dire la *sélection néces-saire* pour assurer la victoire de l'humanité sur le mal et son ascension définitive vers les cimes célestes.

Les damnés ne seraient ainsi que des individualités en révolte qui ont préféré leur bonheur personnel au bien général, et que l'orgueil et les passions égoïstes ont empêché de se plier aux conditions inéluctables de la marche de l'humanité vers les splendeurs souveraines. Qu'ils soient victimes de leur égoïsme, qu'ils soient condamnés aux regrets éternels que leur inspireront les conséquences irrémédiables de leur imprévoyance et de leurs faiblesses, rien de moins injuste, rien qui ne soit conforme aux lois mêmes de la nature, qui élimine inexorablement tout ce qui, dans la vie universelle, s'oppose à son action créatrice et conservatrice.

S'en suit-il que Dieu soit cruel et impitoyable pour ces vaincus de la vie, pour ces malheureux déchets de l'humanité, et s'ingénie à les tourmenter et à les soumettre à des supplices effroyables et sans fin ? Je n'ai rien à répondre à une pareille question, si ce n'est que Dieu est par essence la justice, la bonté et la miséricorde même, et que l'avenir des damnés n'appartient qu'à lui.

573. — C'est également dans cette idée fondamentale de la justice et de la bonté divines que l'immortalité de

l'âme — pour en revenir à cette question à laquelle j'ai dit tout à l'heure que la science ne saurait donner une solution satisfaisante — trouve son meilleur et plus solide appui.

L'idée de l'anéantissement d'une conscience humaine, à quelque époque que ce soit, répugne absolument à la conception que nous nous faisons de cette bonté et de cette justice. Si Dieu avait réellement fait ce que prétendent les matérialistes, s'il n'avait appelé l'homme à la conscience de son moi que pour le replonger ensuite dans le néant, il serait le plus capricieux et le plus cruel des despotes. Passe encore d'amuser ses loisirs infinis à créer des êtres inconscients, jouets ignorants de son imagination toute puissante, et de ne leur donner qu'une existence éphémère : n'étant pas conscients, ils ne sentent pas, ils ne souffrent pas.

Mais, à l'égard de l'homme, auquel il a donné, en même temps que l'existence, la curiosité et l'intelligence de l'Univers, la conscience de son être, de son moi, et une aspiration à une existence sans fin et toujours heureuse, il aurait agi, si cette aspiration ne devait pas se réaliser, si la vie consciente devait avoir une fin, comme un prince puissant et magnifique, entouré d'un luxe éclatant et de tout ce qui pourrait contribuer au bonheur, qui aurait eu un jour le caprice de tirer pour quelque temps de leur néant quelques êtres misérables végétant dans son domaine, les aurait appelés à sa table, à sa vie luxueuse et éblouissante ; puis, lorsqu'il aurait ainsi éveillé leurs convoitises et la conscience de ce que peut être une telle vie, les replongerait brusquement et sans retour dans leur misère et leur néant de la veille.

Une supposition aussi injurieuse pour la divinité est-elle admissible ? Non, assurément.

574. — C'est à cette divinité, en effet, telle qu'ils la conçoivent, que tous les êtres capables de descendre au fond d'eux-mêmes, même les plus incrédules, adressent leurs cris désespérés, quand ils sentent la vie leur

échapper. C'est elle que notre grand romancier Pierre Loti, désabusé de tout, implore, sous le nom de la *Pitié suprême*, dans les lignes suivantes, que l'*Eclair* a recueillies dans son numéro du 7 janvier 1912 :

> L'existence de cette Pitié suprême, on la sent plus que jamais s'affirmer universellement dans les âmes hautes qui s'éclairent à toutes les grandeurs nouvelles. De nos jours, il y a bien, c'est vrai, cette lie des demi-intelligences, des quarts d'instruction, que l'actuel régime social fait remonter à la surface et qui, au nom de la science, se rue sans comprendre vers le matérialisme le plus imbécile ; mais, dans l'évolution continue, le rêve de si pauvres êtres ne marquera qu'un négligeable épisode de marche en arrière. La Pitié suprême vers laquelle se tendent nos mains de désespérés, il faut qu'elle existe, quelque nom qu'on lui donne, il faut qu'elle soit là capable d'entendre, au moment des séparations de la mort, notre clameur d'infinie détresse, sans quoi la création, à laquelle on ne peut raisonnablement plus accorder l'inconscience comme excuse, deviendrait une cruauté par trop inadmissible à force d'être odieuse et à force d'être lâche.

Et c'est une inspiration semblable, mais plus sincère parce qu'elle s'appuie sur la foi religieuse, qui dicte au nouveau croyant qu'est devenu, il n'y a pas très longtemps, le poète aimé de tous les Francs-Comtois, Grandmougin, que je suis heureux et fier de compter au nombre de mes amis, les admirables vers que voici :

> Ainsi donc, tu ne crois à rien ! Bien plus encor,
> Tu n'as pas le désir de croire à quelque chose !
> Et ton âme que ne soulève aucun essor,
> Dans les bornes du seul présent demeure enclose !
>
> Pour toi, les morts aimés n'ont pas de lendemains,
> Les cieux n'entendent rien, ni sanglots, ni prières,
> Et le plus grand, parmi tous les êtres humains,
> Entre deux nuits sans fin n'est qu'un peu de lumière ?
>
> Niant Dieu, froidement, mais croyant tout savoir,
> Ballotté sans repos du plaisir à la peine,

Affirmant au hasard que toute vie est vaine,
Tu travailles sans but, tu pleures sans espoir !

Des rêves consolants, tu supprimes les ailes,
Le vice et la vertu devant toi sont égaux ;
L'Univers, à tes yeux, comme au temps du chaos,
Subit les jeux épars de forces éternelles !

Ton esprit, sans logique, à l'Idéal fermé,
Devant le vide, auquel tu crois, est sans détresse,
Et ton orgueil sans base obstinément se dresse
Sur le néant que ta doctrine a proclamé !

Ton cœur est-il un cœur ? Ton âme est-elle une âme ?
Oh ! Non ! Les animaux sont plus nobles que toi,
Toi, le chrétien déchu, la cendre après la flamme,
Le haillon succédant à la pourpre du roi !

Et moi, je me demande en voyant ta misère,
Qui devrait bien plutôt te rendre humilié,
Quel sera devant toi mon cri le plus sincère ?
Ou la colère sainte, ou la sainte pitié !

Ch. GRANDMOUGIN.

(Nº 1 du *Catholica*.)

575. — Je conclurai donc en disant que si l'Immor·
talité de l'âme est une de ces vérités du monde surna·
turel dont ni notre science, ni notre philosophie, ni spé·
cialement les données de la psychologie expérimentale,
telles qu'elles ont été précisées dans cet ouvrage, ne peuvent faire la démonstration, il y a cependant, indépendamment de la révélation religieuse, de très graves
raisons morales en faveur d'une croyance que les peuples
d'une haute culture ont toujours admise et que les
nations les moins policées, dans leurs rites plus ou
moins grossiers et plus ou moins barbares, ont toujours
pressentie.

Cette conclusion est le couronnement de ma longue
étude qui, si elle ne démontre rationnellement et scien-

tifiquement que la *survivance* de l'âme, n'en ouvre pas
moins une large porte au dogme religieux de son immortalité. C'est du reste, qu'on me permette cette dernière
réflexion, un des plus grands bienfaits des travaux de
nos psychologues modernes, d'avoir puissamment contribué à nous donner l'intelligence de ce dogme et à
confirmer ainsi les radieuses espérances à cet égard de
l'enseignement chrétien.

Et, d'une manière générale, je suis heureux d'avoir
pu le constater par ma propre expérience, cet enseignement n'a rien à redouter de l'étude approfondie de la
psychologie expérimentale, à la condition toutefois qu'on
l'aborde avec la sincérité et l'impartialité d'un esprit
ayant conscience de l'action mystérieuse de la Providence dans le monde, et affranchi des sophismes d'une
prétendue libre pensée. Aucune erreur ne serait plus
funeste de la part des défenseurs de la foi catholique,
que celle qui les amènerait à se défier des tendances
d'une philosophie qui fonde ses conclusions spiritualistes sur les données de l'expérience, telles qu'elles ont
été développées dans cet ouvrage. Mgr Chollet, évêque
de Verdun, l'a bien compris, lui qui, dans un petit
livre très substantiel, intitulé *De la contribution de
l'Occultisme à l'Anthropologie*, reconnaît que l'*Occultisme* et, à plus forte raison, semble-t-il, la *Psychologie expérimentale*, « ont apporté à la science de l'homme
et de l'Univers une contribution précieuse, au même
titre que la biologie, la psychologie, la morale, l'ethno-
graphie, la science des religions. » (*Rev. spir.*, mars
1912[1].)

---

1. Il est de mon devoir de reconnaître que l'attitude d'un grand
nombre des psychologues dont j'ai résumé les théories, et particulièrement des spirites, qui prétendent édifier toute une religion
nouvelle sur les prétendues révélations des esprits, justifieraient
amplement les inquiétudes des catholiques à leur égard. Mais le
danger qui pourrait en résulter pour la foi de certains lecteurs
manquant de sens critique, est bien minime et il compense à
peine le bienfait que peut leur procurer (à eux et aux autres) un
spiritualisme établi sur l'expérience, c'est-à-dire sur des bases

576. — Retour a la foi religieuse. — Mes lecteurs connaissent maintenant les conclusions philosophiques auxquelles a abouti mon étude de la psychologie expérimentale. Du positiviste que j'étais et que je suis resté pendant quarante années, elle a fait de moi un spiritualiste convaincu. Immense était déjà le chemin parcouru; mais devais-je m'arrêter à cette première étape? De mon spiritualisme de fraîche date, n'y avait-il pas des conclusions intéressantes à déduire pour la direction de ma vie morale?

La tâche que j'ai entreprise dans ce premier ouvrage ne serait qu'imparfaitement terminée si je n'esquissais dès à présent, d'une manière sommaire, tout au moins, en attendant que je les expose plus complètement dans un second ouvrage, qui sera la suite de celui-ci, les raisons diverses et d'ordre supérieur qui, dans les couches profondes de ma conscience, se sont liguées pour m'amener à accomplir la dernière étape de mon évolution et m'ont déterminé, dans ma soixantième année, à rentrer dans la tradition religieuse qui avait éclairé et dirigé mes premiers pas; à ne pas obéir aux suggestions de la libre pensée qui m'auraient, si je les avais écoutées, poussé volontiers vers un spiritualisme de sur-

inébranlables. Quand l'âme est arrivée à ce point, qu'elle ne doute plus de ses destinées futures, elle est bien près, si j'en juge par mon expérience personnelle, de revenir à Dieu et de se rallier, sans retour possible, à la seule autorité qui puisse lui enseigner les lois surnaturelles de ses rapports envers lui et la manière de l'aimer et de le servir. Pour ceux qu'un rationalisme à outrance éloigne et éloignera indéfiniment de cette solution, ils sont, je le crois, et seront toujours bien peu nombreux. Ils restent d'ailleurs, en général, respectueux des cultes établis pour lesquels ils se sentent, sans vouloir se l'avouer, une mystérieuse attirance, et ils remplacent à notre époque, mais avec une conviction plus entière, parce que s'appuyant sur des faits, ces spiritualistes d'il y a cinquante ans dont parle M. Jules Lemaître *et qui vivaient en dehors de la religion*, mais en coquetterie avec elle (V. *supra*, n° 17).

Ils valent toujours mieux, en tous cas, que les matérialistes, et ce progrès, ils le doivent, quelques-uns du moins, à leur connaissance plus ou moins complète de la psychologie expérimentale.

face, exempt de contraintes et de devoirs précis et impératifs ; en un mot, à traduire en action ma nouvelle philosophie, en adoptant purement et simplement les enseignements et la direction de la plus haute, la plus parfaite, et la plus vivante, quoi qu'on en dise, des religions providentiellement révélées à l'homme, c'est-à-dire de la religion catholique.

577. — La psychologie expérimentale, je l'ai dit et je le répète, prouve la survivance de l'âme. Mais, de même qu'elle est impuissante à démontrer notre immortalité, elle ne nous renseigne ni sur les conditions, heureuses ou malheureuses, de cette nouvelle vie dans laquelle nous entrons après le drame final qui clôt notre vie terrestre, ni sur les devoirs à remplir et les dispositions à prendre pour nous en assurer les bienfaits et en éviter les sanctions douloureuses [1].

Elle nous amène bien, en effet, au seuil du *surnaturel*, mais elle ne nous y fait pas pénétrer.

Je n'ignore pas que les philosophes, et particulièrement, les psychologues nient le surnaturel. Cette négation est au moins imprudente, et, dans tous les cas, peu scientifique, quoi qu'on en dise. Elle est compréhensible, sans doute, de la part des philosophes matérialistes, puisque tout ce qui existe étant pour eux un produit de la matière éternelle et nécessaire, il ne saurait y avoir dans leur esprit aucune place pour la conception d'un Dieu vivant et créateur. Il en est de même des panthéistes pour lesquels Dieu se confond avec la nature et est, par cela même, soumis, comme tout ce qui existe, aux lois d'airain de cette nature aveugle, impersonnelle et sans liberté.

Mais la plupart des psychologues qui ont contribué à

---

1. M. Louis Elbé, qui se pose la même question dans un ouvrage plein de sens et de vues profondes *la Vie future devant la sagesse antique et la science moderne* (Paris, Perrin, 1907), avoue humblement (p. 396) : « que la science ne peut même pas guider notre imagination vers une solution purement théorique, et que la religion paraît seule en mesure de nous apporter la réponse désirée ».

édifier les lois de la psychologie expérimentale, se font une tout autre idée de Dieu, dans lequel ils voient, en même temps que l'Etre nécessaire, l'Etre *personnel conscient* et *libre*, qui a créé le monde et le gouverne *par sa volonté*, dont les lois que nous connaissons sont la plus haute expression. Plusieurs reconnaissent très logiquement qu'après avoir admis que Dieu est infini dans ses attributs et ses perfections, il y aurait une monstrueuse inconséquence à lui refuser, à l'exemple des panthéistes, les qualités qui constituent, dans l'échelle des êtres vivants qu'il a créés, le plus haut degré de perfection et, chez l'homme notamment, la marque distinctive de sa supériorité, à savoir : la personnalité, la conscience et la liberté. Les spirites, en particulier, vont encore plus loin, puisque, dans la doctrine morale et religieuse qu'ils tentent d'édifier sur le fondement de leurs expériences, et dont je parlerai plus loin, ils admettent et enseignent que les prières adressées à Dieu peuvent faire fléchir sa justice, et, par conséquent, modifier sa volonté et constituer une emprise efficace sur son libre arbitre.

S'il en est ainsi, c'est que Dieu, qui a créé les lois de l'Univers, n'est pas enchaîné par elles, et peut, si cela est nécessaire pour ses vues providentielles, les modifier. De là la justification du miracle, que repoussent cependant, par une contradiction inexplicable, les philosophes dont je viens de parler.

De là aussi, non pas seulement la possibilité, mais l'existence certaine du *monde surnaturel*, que Dieu gouverne, non moins certainement et plus directement peut-être que le monde physique, par sa volonté souveraine, mais dont ni notre raison, ni notre science ne connaissent, ni ne peuvent arriver, par leurs seuls moyens, à déterminer les lois.

L'erreur des hommes de science est d'avoir cru un instant qu'il leur fût possible de pénétrer dans ce monde surnaturel. Et, dans l'impuissance où ils se sont trouvés d'y parvenir, ils ont commis une autre erreur, plus grave encore, celle de le nier.

578. — Telle est également celle dans laquelle se complaisent les spirites. Pour n'avoir pas à incliner leur esprit de libre examen devant la seule autorité qualifiée pour nous renseigner sur l'existence et sur les lois de ce monde surnaturel, c'est-à-dire devant les représentants *légitimes du plus grand inspiré*, du plus grand *révélateur des vérités éternelles*, ainsi qu'ils se plaisent à appeler le *fils de Dieu*, le *Christ* de notre religion catholique, ils nient qu'il puisse y avoir un monde dans lequel la *Raison humaine* soit à jamais incapable de pénétrer. Le monde surnaturel n'est pour eux que le monde dont les lois sont encore inconnues, mais cesseront de l'être dans un avenir plus ou moins lointain, et ils en concluent que ses limites reculent tous les jours et reculeront indéfiniment devant les progrès incessants de la Science.

Poussant plus loin encore ce raisonnement spécieux, ils émettent la prétention d'avoir précisément reculé ces limites par leurs investigations dans l'Au-delà, et par les révélations qui leur auraient été faites dans les séances de médiumnisme et sur lesquelles ils s'appuient pour arrêter quelques points de leur doctrine philosophique, morale et religieuse, tels, notamment, que leur dogme, si hypothétique, des réincarnations et des vies successives.

579. — J'en ai assez dit dans les pages qui précèdent pour montrer que je ne suis, ni un défenseur, ni un adversaire résolu du spiritisme, et que je suis, au contraire, disposé à le juger avec impartialité. Sa phénoménologie, quoi qu'on en puisse penser, repose sur des bases sérieuses et sur une accumulation de faits, dont quelques-uns ont été sévèrement contrôlés, et que beaucoup de sciences pourraient lui envier, et l'on se trompe certainement en estimant, comme je l'ai entendu quelquefois affirmer dans des milieux catholiques, qu'on ne

trouve dans le spiritisme, *que diableries et mystifications.* C'est là un jugement trop sommaire pour être fondé, et contre lequel protesteront justement tous ceux qui se sont donné ou se donneront la peine d'apporter à son étude quelques heures de lecture, ou d'assister à quelques expériences sagement dirigées.

Ceci posé, je suis plus à l'aise pour critiquer dans le spiritisme ce qu'il y a de réellement critiquable, à savoir : son interprétation, souvent trop superficielle, des faits, et sa tendance à vouloir faire de ses découvertes psychiques, surtout en France, la base d'une religion nouvelle, religion toute personnelle, libre-penseuse et totalement affranchie des directions traditionnelles. Mieux inspiré et libre de toute préoccupation confessionnelle et de tous préjugés anticatholiques, le mouvement spirite, qui a contribué, dans une large mesure, il faut le reconnaître, et c'est là ce qui lui fera beaucoup pardonner, à arracher la pensée moderne à la tyrannie, si opprimante autrefois, du matérialisme, eût exercé, en se cantonnant sur le terrain des faits et de leurs conséquences *immédiates* en ce qui concerne la survivance de l'âme, une action beaucoup plus féconde et échappé au grave reproche, qui l'atteindra certainement un jour, s'il persiste dans ses errements, d'avoir semé dans nos esprits, déjà si divisés et si désorientés, un nouveau germe de division, et d'avoir ainsi créé dans notre pays, si assoiffé d'ordre, d'autorité et de discipline morale et sociale, une nouvelle cause de désunion, d'affaiblissement et de décomposition.

580. — D'ailleurs, sa prétention de baser sa nouvelle doctrine religieuse sur les *révélations des esprits* ne soutient pas l'examen. Il est facile, en effet, avec les seules données que nous fournit l'étude de la psychologie des esprits, ou des fantômes des morts et de la télépathie *post mortem* (v. *supra*, nᵒˢ 300 et s., et nᵒˢ 528 et s.), d'en faire la preuve et de montrer que, si le spiritisme n'a pas d'autres moyens que ces révélations pour péné-

trer dans le monde surnaturel, en découvrir les secrets
et les mystères, et suppléer ainsi aux renseignements
que nous fournissent sur ce point les religions révélées,
et notamment la religion du Christ, l'heure est venue
de proclamer sa faillite, car il n'est pas en mesure de
tenir ses engagements.

Ainsi que je l'ai abondamment expliqué (*supra* nᵒˢ 300
et s.) — et je demande ici la permission de me répéter,
— outre qu'il est très difficile de discerner si les communications reçues par les groupes dans les séances
de médiumnisme ont bien l'origine spirite qu'elles prétendent avoir et ne sont pas seulement le reflet de la
pensée *subconsciente* du médium, ou encore de celle des
assistants, transmise télépathiquement à ce dernier, il
faut, pour juger de la valeur de ces communications,
même dans le cas où elles auraient réellement une origine spirite, tenir compte de ce fait, observé par les
plus compétents de nos psychologues modernes, notamment par Aksakof, Myers et Carl du Prel (v. *supra*,
nᵒˢ 302, 303 et 304) : que, dans les diverses manifestations par un esprit désincarné de sa personnalité survivante, soit qu'elles aient lieu par l'intermédiaire d'un
médium, soit qu'il s'agisse de ces apparitions spontanées de fantômes dont il a été parlé au cours du chapitre XII (*supra*, nᵒˢ 528 et s.), ce n'est pas, du moins
en général, l'*Ego* de l'au-delà, tel qu'il doit être sans
doute constitué avec son ancienne conscience terrestre,
qui a survécu à la mort, et sa conscience nouvelle en
voie de formation et dont l'union avec la première constitue, en ce nouvel état, la personnalité totale ; ce n'est
pas, dis-je, cet *Ego* tout entier qui se manifeste. Ce doit
être, le plus souvent, la portion survivante de la conscience terrestre, que la monade spirituelle a entraînée
sur le plan supérieur et qui, obéissant à l'attrait de ses
souvenirs, de ses affections et de ses passions d'ici-bas,
dont elle n'est pas encore complètement détachée, s'extériorise sous l'influence de ces suggestions diverses et

vient revivre momentanément son ancienne vie. De là, le caractère manifestement incomplet de ses communications, qui ne sont alimentées que par d'anciens souvenirs à demi effacés, et de là aussi, sans doute, l'absence totale de renseignements précis sur les conditions de son évolution actuelle et de sa vie dans l'au-delà.

Aux observations, toutes concordantes sur ce point, d'Aksakof, Myers et Carl du Prel, je puis joindre mes observations personnelles : Dans les nombreuses expériences de médiumnisme que j'ai faites (plus de 300) avec des médiums de nature et d'aptitudes différentes (l'un d'eux tombait chaque fois *en transe* et était un remarquable sujet d'étude), je n'ai jamais pu obtenir, bien que j'en fisse la demande à chaque expérience, de réponses précises et cohérentes sur les formes et les conditions de la vie dans l'au-delà. C'étaient, la plupart du temps, des renseignements d'une insignifiance désespérante ; très souvent l'Esprit répondait qu'il était interdit aux habitants de l'autre monde de faire des révélations de cette nature, et, quand par hasard il daignait sortir de sa banalité coutumière, c'était pour nous dicter des sentences ou des considérations plus ou moins philosophiques, dont quelques-unes ne manquaient pas d'éloquence ni de valeur littéraire, mais n'ont jamais dépassé la mesure de ce que le subconscient extériorisé d'un esprit cultivé (et nous en avions de tels dans notre groupe) aurait pu produire ou suggérer, et qui, dans tous les cas, ne nous apprenaient jamais rien de ce que nous voulions savoir sur la vie de l'au-delà.

Et pourtant, on en conviendra, s'il est une matière sur laquelle un esprit désincarné puisse utilement fournir des renseignements intéressants et inattendus, c'est assurément celle-là. Il semble même que ce devrait être sa principale préoccupation et que rien ne devrait lui coûter pour donner à ceux qui l'interrogent sur ce point si important, des réponses précises et portant ce cachet

particulier de mystère, d'originalité et *d'extranéité*,
pour ainsi dire, que l'on serait fondé à attendre d'un
esprit devenu étranger à nos préoccupations terrestres,
venant de si loin et d'un monde qui nécessairement doit
être si différent du nôtre. Est-ce qu'un voyageur qui
revient des régions polaires n'a pas à s'entretenir avec
ses proches et ses amis d'autre chose que des petites
nouvelles du jour et des papotages de la vie courante ?

581. — Cette indifférence à peu près totale des esprits
qui sont censés se manifester par l'intermédiaire des
médiums pour les choses de l'au-delà, leur apparente
ignorance en cette matière, qui a frappé et surpris tous
les expérimentateurs, seraient de nature, sans l'explication que je viens d'en donner, à inspirer des doutes
sérieux sur l'origine que les spirites assignent à certaines communications médiumniques. Mais le fait, je
me hâte de le dire, que cette indifférence a été observée
également dans les apparitions *spontanées* de fantômes,
dont l'étude a été faite *supra*, nos 528 et s., doit nous
rassurer à cet égard et démontre que son explication
doit être recherchée uniquement dans ce que j'ai dit
tout à l'heure au sujet de la *diminutio capitis* dont est
affectée la personnalité de l'esprit désincarné, au moment
où il s'extériorise sur le plan terrestre, soit par l'intermédiaire d'un médium, soit spontanément sous la
forme d'un fantôme. Myers caractérise très bien ces
apparitions quand, se fondant sur cette apparence de
personnages de rêves qu'elles affectent le plus souvent,
il dit que le fantôme « peut ne représenter que peu de
chose qui appartienne en propre à la personne décédée
d'où il émane, si ce n'est quelques souvenirs et instincts
vagues dans le genre de ceux qui donnent une individualité diffuse et obscure à nos rêves les plus ordinaires ». (V. *supra*, no 303.)

En passant du reste en revue les mobiles qui inspirent et semblent déterminer les apparitions de fantômes
(v. *supra*, nos 533 et s.), on a été à même de constater

que ce sont presque toujours des préoccupations, des *monoïdéismes* terrestres, absorbant complètement le champ de conscience très limité par lequel ils se manifestent, comme la suggestion hypnotique absorbe complètement le champ de conscience, également très limité, de l'hypnotisé et le rend étranger à toute autre influence que celle de son hypnotiseur.

Il en est de même de l'esprit désincarné quand il se manifeste réellement par l'intermédiaire d'un médium. Le champ de conscience qu'il extériorise dans cette manifestation doit être, comme celui du fantôme, très limité et n'est le plus souvent constitué, ainsi que cela a déjà été dit, que par des souvenirs terrestres. La véritable personnalité de l'Esprit, celle qui résulte de son nouvel état dans l'au-delà, doit, je ne dis pas toujours, mais presque toujours, y rester étrangère. Et c'est précisément parce qu'il en est ainsi que — tandis qu'en France les esprits désincarnés enseignent, quand ce n'est pas le médium lui-même ou les assistants qui remplissent eux-mêmes ce rôle subconsciemment, la doctrine des réincarnations successives — ceux d'Amérique au contraire la condamnent. Les uns et les autres sont sincères ; tous ont retrouvé ces doctrines dans leurs souvenirs terrestres : le réincarnationniste, par exemple, dans les ouvrages d'Allan Kardec ou autres spirites français qu'il a pu lire de son vivant ou dans les cercles qu'il a fréquentés ; l'antiréincarnationniste dans les ouvrages ou dans les cercles spirites américains, où la thèse des vies successives est généralement condamnée.

La conclusion qui s'impose à la suite de ces diverses constatations est que ce qui se montre ou se communique à nous de la personnalité du défunt, dans les apparitions spontanées de fantômes ou dans les séances de médiumnisme, n'étant, d'une manière générale, qu'un pâle reflet de la conscience totale ; un de ces *états de conscience passagers et fragmentaires* que l'étude de l'hypnose nous a permis de connaître et de définir

43

(v. *supra*, n°s 244 et s.), et qu'alimentent seuls des souvenirs terrestres ; une sorte de rêve obscur de l'esprit désincarné, selon la pittoresque remarque de Carl du Prel (*supra*, n° 304), on ne peut avoir aucune confiance dans le contenu de ces manifestations, et que c'est folie de les admettre comme des révélations sur lesquelles on puisse édifier toute une doctrine philosophique, et même simplement une règle de conduite.

582. — Dans ces conditions et arrivé à ce point de mon étude où il ne s'agissait plus pour moi que d'en déduire les *conséquences pratiques*, je ne pouvais longtemps hésiter sur les résolutions à prendre, sur les directions à suivre pour une nouvelle orientation de ma vie intellectuelle et morale.

Déjà les nouvelles conceptions de la destinée humaine que m'avait suggérées l'étude de la psychologie expérimentale, leur conformité sur de nombreux points avec les données de l'enseignement religieux, qu'elles ne faisaient que confirmer, ainsi que j'ai eu plusieurs fois l'occasion de le signaler au cours de cet ouvrage, avaient commencé à ébranler mes préventions de libre penseur contre les dogmes et les mystères du Christianisme. Les dogmes fondamentaux de la Chute de l'homme et de sa Rédemption, contre lesquels mes répugnances avaient été des plus vives, m'apparurent bientôt comme le seul moyen de concilier les espérances de bonheur futur qu'avait fait naître en moi la démonstration de la survivance de l'âme avec le fait indéniable de l'existence et de la prépondérance du mal et de la souffrance sur la terre. Sans doute, je n'ignorais pas qu'un autre moyen de conciliation, fondé sur la loi de l'évolution et du progrès nécessaire, avait été proposé par certains philosophes et formait même la base de la doctrine spirite. Mais, cette prétendue loi n'était-elle pas un pur postulatum absolument démenti par les faits [1] ? C'est ce

---

1. Voir dans *Les Questions actuelles* de BRUNETIÈRE (Paris, Perrin 1907, pp. 140 à 155) des considérations du plus haut intérêt et que

dont une étude plus attentive et plus approfondie ne tardait pas à me convaincre. Je ne puis entrer ici dans le vif de la discussion à laquelle cette question peut donner lieu ; j'en réserve l'examen pour l'ouvrage qui doit compléter celui-ci, dont j'ai déjà recueilli les principaux documents, et que Dieu me permettra peut-être, avant de m'appeler à lui, de mener à bonne fin. Quoi qu'il en soit, je ne pouvais attendre que ce second ouvrage fut achevé pour choisir définitivement la voie vers laquelle je jugeais nécessaire et *urgent* d'orienter ma nouvelle vie morale et religieuse. Il fallait opter sans retard entre les directions d'une philosophie franchement spiritualiste, il est vrai, mais dépourvue de traditions, d'autorité et de sanction, et les directions et la discipline précises, impératives et catégoriques de l'enseignement chrétien ; car la mort pouvait me surprendre et les conséquences en eussent été irréparables.

583. — Et, puisqu'il est constant que la raison humaine est impuissante par elle-même à percer le mystère de notre destinée, et que, d'autre part, nos espérances de bonheur dans l'autre vie impliquent logiquement des obligations et des devoirs envers Dieu et envers nous-mêmes, à accomplir dans celle-ci comme condition de leur réalisation, il m'a paru inadmissible que Dieu eût laissé l'homme sans lumières pour connaître ces devoirs, et sans secours pour les accomplir. De là la nécessité de *la Révélation* et de *la Grâce*, ces deux dogmes fondamentaux de notre religion.

La Révélation divine, d'ailleurs, n'est pas seulement une nécessité, c'est aussi un *fait historique et continu*. M. Edouard Schuré [1], démontre que, sous des formes diverses, elle n'a jamais cessé d'éclairer et de diriger le monde. Le Christianisme, notamment, est le produit de trois révélations successives : la révélation primitive,

---

je regrette de ne pouvoir transcrire ici, sur le caractère purement conjectural de la doctrine de *l'Évolution*.

1. *Les Grands Initiés.* Paris, Perrin et Cie, 1902.

qui n'a pas dû manquer aux premiers hommes et a certainement éclairé leurs premiers pas sur la terre ; la Révélation messianique, et, enfin, celle du Christ qui est, à la fois, le développement, l'aboutissement et le couronnement des deux autres.

584. — On sait ce qu'est cette dernière, la seule véritablement et *directement* divine. Elle a régénéré le monde ; elle y a instauré *la loi d'amour* comme un ciment mystérieux qui relie Dieu à sa créature et toutes les créatures entre elles ; elle a fondé le plus beau, le plus sublime, et le plus efficace code de morale qui ait jamais gouverné les hommes ; les œuvres de beauté et de bonté qu'elle a inspirées couvrent la terre ; son admirable discipline a fait reculer le mal tant que les hommes ont consenti à s'y soumettre et ce n'est que depuis que, dans leur orgueil, ils ont secoué ce joug salutaire, que le vice et l'égoïsme, sous toutes leurs formes, débordent et menacent de tout submerger.

Que dirai-je de plus dans ces conclusions qu'il faut que j'abrège ? Mes lecteurs ne sont pas si ignorants des choses de leur religion, qui fut celle de leurs aïeux, qu'ils ne puissent aisément suppléer à l'insuffisance de mes réflexions. Ils ont certainement compris, et c'est là tout ce qui importe, qu'entre les enseignements que ma raison individuelle, aidée même des prétendues révélations des esprits, dont j'ai fait d'ailleurs ressortir l'incohérence et l'incertitude, pouvait me fournir sur les lois et les espérances du monde surnaturel, et les sublimes révélations que le Christ, ses apôtres et leurs successeurs ont répandues dans le monde, comme un puissant et glorieux ferment qui a si abondamment levé depuis vingt siècles et continue à monter et à s'étendre, chaque jour, avec une force toujours nouvelle — c'est-à-dire, pour parler exactement, entre le néant, ou à peu près, et d'incomparables *réalités* — mon choix ne pouvait être douteux.

Et c'est ainsi que je suis allé au Christ et au légitime

interprète de sa doctrine : l'Église catholique, et cela fermement, résolument, sans autre regret que celui de ne pas y être allé plus tôt, et d'avoir gaspillé une partie de ma vie dans des œuvres, bonnes selon le monde, je veux bien le croire, mais stériles pour la vie qui nous attend, et dont le moindre tort est d'être sans lendemain.

FIN

INDEX ALPHABÉTIQUE

DES

OUVRAGES AUXQUELS ON S'EST RÉFÉRÉ DANS CE VOLUME

AKSAKOF, *Animisme et Spiritisme.* Paris, Leymarie, 1895.

AKSAKOF, *Un cas de dématérialisation.* Paris, Lib. de l'Art indépendant, 1896.

BEAUCIE (Albert de La), *les Grands Horizons de la vie.* Paris, Leymarie, 1900.

BERNHEIM, *Traité de la suggestion.* Paris, 1888.

BERTRIN (L'abbé), *Histoire critique des événements de Lourdes.* Paris, Lecoffre, 1905.

BLANC (Hippolyte), *le Merveilleux dans le jansénisme et le magnétisme.* Paris, Henri Plon, 1865.

BRAID (James), *Neurypnologie. Traité du sommeil nerveux ou hypnotisme.* Paris, Delahaye et Decrosnier, 1883.

BRUNETIÈRE, *Sur les chemins de la croyance.* Paris, Perrin, 1905.

BRUNETIÈRE, *Questions actuelles.* Paris, Perrin, 1907.

BRUNETIÈRE, *Discours de combat.* Paris, Perrin, 1909.

BUÉ (Alphonse), *le Magnétisme curatif* (2 vol.). Paris, Chacornac, 1906.

CARL DU PREL (traduction de Nissa), *la Magie* (1re partie), la Physique magique. Paris, Leymarie, 1908.

CARL DU PREL (traduction de Nissa), *la Magie* (2e partie), la Psychologie magique. Paris, Leymarie, 1908.

CARL DU PREL (traduction de Nissa), *la Mort, l'Au-delà et la Vie dans l'Au-delà.* Paris, Chacornac, 1905.

CHARPIGNON, *Physiologie, médecine et métaphysique du magnétisme.*

DELANNE (Gabriel), *l'Ame est immortelle.* Paris, Chamuel, 1899.

DELANNE (Gabriel), *l'Évolution animique.* Paris, Chamuel, 1897.

DELANNE (Gabriel), *le Phénomène spirite.* Paris, Chamuel, 1897.

DELANNE (Gabriel), *les Apparitions matérialisées des vivants et des morts* (2 vol.). Paris, Leymarie, 1908.

DELANNE (Gabriel), *Recherches sur la médiumnité.* Paris, Lib. des Sciences psychiques, 1902.

MONNIN (L'abbé Alfred), *le Curé d'Ars*. Paris, Donniol, 1907.

MORAND (Le Dr), *le Magnétisme animal. Hypnotisme et Suggestion*. Paris, Garnier, frères, 1899.

MYERS (trad. du Dr S. Jankelevitch), *la Personnalité humaine.* Paris, Alcan, 1905.

NUS (Eugène), *Choses de l'autre monde*. Paris, Flammarion, 5ᵉ éd.

NUS (Eugène), *A la recherche des destinées*. Paris, Lib. des Sciences psych.

OWEN (Robert Dale), *Faux pas sur les frontières de l'autre monde*.

POTET (Le baron du), *Manuel de l'étudiant magnétiseur*. Paris, Alcan, 1893.

REGNAULT (Félix), *Hypnotisme et Religion*. Paris, Schleicher, frères, 1897.

REICHENBACH (Le baron de), *les Phénomènes odiques*. Paris, Chacornac, 1904.

RICHET (Charles), *Essai de psych. gén.* Paris, Alcan, 1891.

ROCHAS (Le colonel Albert de), *les États superficiels de l'hypnose*. Paris, Chamuel, 1893.

ROCHAS (Le colonel Albert de), *les États profonds de l'hypnose.* Paris, Chamuel, 1904.

ROCHAS (Le colonel Albert de), *l'Extériorisation de la motricité*. Paris, Chacornac, 1906.

ROCHAS (Le colonel Albert de), *l'Extériorisation de la sensibilité*. Paris, Chacornac, 1902.

ROCHAS (Le colonel Albert de), *les Frontières de la science*. Paris, Lib. des Sciences psych., 1902-1904.

ROCHAS (Le colonel Albert de), *la Lévitation du corps humain*. Paris, Leymarie, 1897.

ROCHAS (Le colonel Albert de), *la Lévitation du corps humain* (Recueils de documents relatifs à). Paris, Leymarie, 1907.

ROCHAS (Le colonel Albert de), *les Vies successives*. Paris, Chacornac, 1911.

ROUXEL, *Rapports du magnétisme et du spiritisme*. Paris, Lib. des Sciences psychiques, 1892.

SAGE, *Discours récents de William Crookes*, traduits par M. Sage, sur les recherches psychiques. Paris, Leymarie, 1903.

SAGE, *la Zone frontière*. Paris, Leymarie, 1903.

SAGE, *le Sommeil naturel et l'Hypnose*. Paris, Alcan, 1904.

SCHURÉ (Édouard), *les Grands Initiés*. Paris, Perrin, 1902.

SOCIÉTÉ D'ÉTUDES PSYCHIQUES DE GENÈVE, *Autour des Indes à la planète Mars.* Paris, Leymarie, 1901.

STAINTON MOSES (Oxon), *Enseignements des Esprits*. Paris, Leymarie, 1899.

VITOUX (Georges), *les Coulisses de l'Au-delà*. Paris, Chamuel, 1901.

WALLACE (Russel), *les Miracles et le Moderne Spiritualisme*. Paris, Lib. de la Rev. spirite, 1874.

WAHU (Le Dr), *le Spiritualisme dans l'antiquité et dans les temps modernes*. Paris, Lib. de la Rev. spirite, 1885.

WILLIAM CROOKES, *Recherches sur les phénomènes du spiritualisme*. Paris, Lib. des Sciences psychologiques.

TABLE DES MATIÈRES

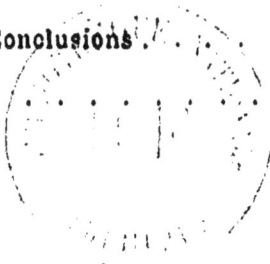

3779. — Tours, imprimerie E. ARRAULT et Cie.